제 8 판

K-IFRS
회계학원론

재무회계의 이해

나 영 · 모경원

박영사

제8판 머리말

우리나라는 2011년부터 국제회계기준(IFRS: International Financial Reporting Standards)을 전면 도입한 이후 **10여 년이 훌쩍 지나가고 있다.** IFRS의 도입은 단순히 회계기준의 변경을 넘어, 기업회계의 **사고방식과 보고문화 전반을 'rule-based approach(세부규정 중심)'에서 'principle-based approach(원칙 중심)'로 전환**하는 계기가 되었다. 이러한 변화는 국제적 신뢰성과 회계정보의 비교가능성을 높였을 뿐만 아니라, 우리나라 회계환경의 투명성과 책임성 제고에도 큰 기여를 하였다.

그러나 IFRS가 도입된 이후, 기업들은 이를 제대로 적용하지 못해 많은 어려움을 겪어왔다. 전문적 역량을 갖춘 국내 대기업들의 분식회계 논란이 불거질 때마다, 회계전문가들 사이에서 "분식회계가 맞다", "아니다." 혹은, "IFRS는 경영자에게 재량권을 부여한다", "그 재량이 기준을 벗어났다"는 등의 논쟁이 끊이지 않았다. 이는 IFRS의 본질이 **형식**(form)이 아니라 **경제적 실질**(substance)을 반영하려는 원리임에도 불구하고, 기업들이 여전히 IFRS를 **rule-based** 방식으로 접근하여 **기준서 문구에만 집착한 결과**라고 판단된다. 저자가 몸담고 있는 여러 **정부회계자문회의**에서도 이러한 문제가 자주 목격된다. 여전히 많은 기업들이 IFRS를 '규정집'처럼 인식하여, 원칙 중심 기준의 취지와 충돌하는 해석을 시도하거나 적용상의 혼선을 겪고 있는 실정이다. 이러한 사례들은 IFRS의 본질적 의미가 단순한 회계규정의 변경이 아니라, **회계적 사고방식과 책임의식의 전환**임을 다시금 일깨워주고 있다.

비록 **기업 단위에서는 IFRS의 원칙 중심 접근에 적응하는 과정에서 혼선을 겪었지만,** 제도적 차원에서는 회계정보의 품질을 높이기 위한 다양한 정책적 노력이 병행되어 왔다. 대표적으로 **주기적 지정감사제와 표준감사시간제,** 그리고 **감사품질 관리기준의 강화**를 통해 감사인의 독립성과 감사품질이 크게 향상되었다. 또한 **내부회계관리제도의 전면적 의무화와 외부감사 확대**를 통해, 재무보고의 신뢰성을 높이는 기반이 마련되었다. 이러한 제도적 보완은 단순히 형식적 감시수단이 아니라, 기업 스스로가 재무정보의 품질과 투명성 제고에 대해 주체적 책임

(accountability)을 지도록 유도하는 장치로 작동되고 있다.

이러한 국내의 제도적 개선 노력은 기업 회계의 투명성을 높이는 데 그치지 않고, **국제회계기준의 변화에 능동적으로 대응할 수 있는 토대**를 마련하였다. 실제로 **국제회계기준을 제정하는** International Accounting Standards Board(IASB)는 변화하는 경제·금융 환경과 기업거래 형태에 맞추어 **끊임없이 세부 기준서를 개정**해 왔다. 우리나라 역시 이에 발맞추어 개정된 기준서의 내용을 이해하고 적용하기 위해 많은 노력을 기울여 왔다. 그 과정에서 여러 시행착오와 논의가 있었지만, 결과적으로 이러한 경험들은 국내 회계기준의 적용역량을 한층 성숙하게 만드는 계기가 되었다

본 저서는 이러한 변화에 부응하기 위해 끊임없이 개정판을 통해 새 기준서를 반영해 왔다. 특히, 이번 제8판(2026년판)에서는 **최근 개정된 개념체계와 금융자산 기준서**(K-IFRS 1109호 등)**의 변경내용**을 충실히 담고자 하였다. 더불어 향후에는 **IASB가 2024년 4월에 발표한** IFRS 18「Presentation and Disclosure in Financial Statements」(**재무제표 표시 및 공시**) 기준서가 2027년 1월 1일 이후 회계연도부터 적용될 예정이다 이에 따라 그 내용을 충실히 반영한 차기 개정판을 제시할 계획이다. 이와 함께 독자 여러분이 **최신의 회계기준**을 익히고, 변화하는 기업환경 속에서도 **회계기준을 유연하게 적용할 수 있는 사고능력**을 키우길 바라는 마음이다.

한편, 최근의 **인공지능**(AI) 기술 발전은 회계업무의 방식과 회계전문가의 역할에 큰 변화를 가져오고 있다. 단순한 자료입력이나 기계적인 분개·검증 등 반복적 업무는 이미 자동화되고 있다. 이러한 흐름은 향후 더욱 가속화될 전망이다. 실제로 최근 회계법인들은 **AI를 활용하여 저숙련 CPA들이 수행하던 단순·반복 업무를 대체**하고 있으며, 동시에 신규 채용 규모를 축소하고 있다. 이로 인해 최근에는 **공인회계사 시험 합격자들조차도 실무 배정을 받지 못하는 '미지정 상태'가 발생**하고 있다. 이러한 현상은 단순한 회계처리 기능만으로는 더 이상 충분하지 않음을 여실히 보여준다. 이제 회계전문가에게 요구되는 역량은 **'스스로 사고하는 능력**(thinking skill)'이다. 즉 기준서에 명시되어 있지 않은 새로운 상황에서도 거래의 실질을 파악하고, **기준의 원리를 스스로 해석·적용할 수 있는 판단력과 창의력**이다.

본 저서는 이러한 시대적 요구에 부응하여, 단순한 계정과목 처리법을 넘어 **다양한 실제 사례를 통해 원칙 중심의 회계사고방식**을 제시하는 데 주안점을 두었다. 특히, 별표(*)로 표시된 모든 객관식문제는 각장의 말미에 해답을 제시하여 독자들로 하여금 풀이과정을 확인할 수 있도록 하였다. 독자 여러분이 본서를 통해 회계의 **'왜(Why)'를 이해하고, '어떻게 적용할 것인가(How)'를 스스로 사고할 수 있는 학습 여정**을 시작하기를 기대한다.

앞으로도 저자들은 국제회계기준의 제·개정 동향을 면밀히 살피며, 우리나라 기업 현실에 적합한 교육과 연구를 이어갈 것이다. 아울러 독자 여러분과 현장의 회계전문가, 교수님들의 소중한 의견을 적극적으로 수렴하여, 본 교재가 회계 교육과 실무의 균형 있는 발전에 기여할 수 있도록 최선을 다하고자 한다. 특별히 본 개정판의 출간에 도움을 주신 박영사 대표이사 안상준 님과 편집부 전문위원 우석진 님의 노고에 감사의 마음을 전한다.

2026년 2월

중앙대학교 나 영

중앙대학교 모경원

목 차

제 1 부 회계의 기초개념

제 1 장 회계와 회계시스템

제 2 장 기업활동과 재무제표: 재무보고의 개념체계와 회계기준

제 3 장 회계거래의 분석과 측정

제 4 장 재무상태의 측정과 보고: 재무상태표

제 5 장 경영성과의 측정과 보고: 포괄손익계산서

제 2 부 회계정보의 산출과정

제 6 장 회계기간 중의 회계기록: 회계의 순환과정 I

제 7 장 회계기간 말의 회계기록: 회계의 순환과정 II

제 3 부 회계정보의 내용

제 9 장 현금 및 현금성자산

제10장 재고자산

제11장 채권과 채무: 수취채권과 지급채무

제13장 금융자산과 투자자산

제14장 비유동부채: 금융부채와 충당부채

제 4 부 회계정보의 공시와 활용

제16장 재무제표의 기본구조 및 표시

제17장 현금흐름표

제18장 재무제표를 활용한 기업분석

부 록

찾아보기

제 1 부

회계의 기초개념

K-IFRS 회계학원론

제 1 장 회계와 회계시스템

본장에서는 회계가 어떤 내용을 포함하고 회계시스템 내에서 어떻게 움직이는지 간단하게 소개한다. 회계의 역사적인 발자취를 더듬어 보고 쉬운 사례를 통해 회계정보가 제시하는 내용이 무엇인지, 누가 회계정보를 이용하는지, 그리고 이러한 이용자들에 따라 회계가 어떻게 다양하게 분류되는지를 설명한다.

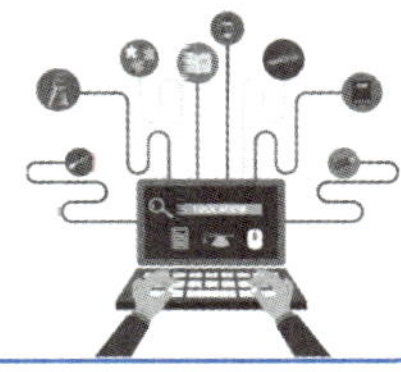

제 1 절 회계(會計)의 필요성

일반적으로 사람들은 회계학을 접하기 전에 회계(accounting)라는 단어 자체에 큰 부담을 가지고 있다. 또한 회계학은 수학적인 사전지식을 갖고 있지 않을 경우에는 쉽게 배울 수 없다는 선입관을 가진다.[1] 그러나 실제 우리들은 일상생활에서 회계개념 및 기법들을 헤아릴 수 없을 만큼 많이 활용하고 있다. 싫든 좋든 우리의 삶은 회계와 연관된다. 예를 들면 집에서 주부가 가계부를 작성한다든지, 은행에서 통장금액과 실제 잔액을 확인한다든지, 자신이 투자한 자산을 관리하거나 국가에 소득세신고를 하기 위해 세무보고서를 작성하는 등 개인적으로도 이러한 회계개념 및 기법들을 많이 활용하고 있으며, 기업은 경영활동과정에서 회계개념과 기법들을 더욱 많이 활용하고 있다.

이제 회계시스템은 현대사회에서 기업이 경영활동을 하는 데 없어서는 안 될 필수적인 요소가 되었다. 왜냐하면 기업을 경영하기 위해서는 많은 정보들이 필요한데, 이 정보들 중 대부분을 회계정보시스템이 산출하기 때문이다. 이와 같이 회계는 우리의 일상생활에 필요불가결한 것이다. 회계를 한마디로 표현하면 기업의 언어(language of business)라고 할 수 있다. 과거에는 회계가 특정한 경제단위

1) 회계는 우리말로 “셈하다, 계산하다, 측정하다”라는 뜻을 가지고 있으며, 영어로는 accounting, 불어로는 comptabilité, 독어로는 rechungswese로 각각 표현된다. 학문적으로 회계는 경제단위의 재산변동을 화폐로 측정하여 이해관계자에게 전달하는 과정이라 할 수 있다. 여기에서 회계는 재산에 대한 수탁책임과 회계보고책임이 수반된다.

의 재무활동을 측정·분류·요약하여 재무정보를 산출하고, 그 산출된 재무정보를 필요로 하는 정보이용자에게 전달하고 분석해 주는 기능을 가진다고 하여 정보의 생산측면을 강조하였다. 하지만 현대에 이르러서는 회계의 주된 기능이 기업의 많은 이해관계자들의 의사결정(decision making)을 위해 유용한 정보를 제공하는 의사결정에서의 유용성측면을 강조하고 있다.

1. 의사소통으로서의 회계

회계는 기업경영에 있어서 언어(language)의 역할을 수행한다. 회계의 주된 기능은 기업의 재무상태와 경영성과를 측정하여 이해관계자들에게 보다 알기쉽게 전달하는 것이다. 회계를 통한 의사소통방법에는 의사들이 환자를 진찰하여 그 결과를 전달하는 것과 비교될 수 있다. 의사들은 먼저 건강상태를 측정한다. 예를 들면 체온 36도, 심장박동 60회, 혈압 120/80mmHg 등으로 요약하여 전달한다. 이러한 의사들의 언어는 의사들 사이에서뿐만 아니라 약간의 의학상식을 가진 일반인들에게도 효과적인 의사소통이 될 수 있는 것이다.

기업경영의 언어로서 회계의 의사소통기능은 의사들의 언어보다 훨씬 강력하다. 의사들은 진단항목에 따라 서로 다른 측정단위를 사용하고 있기 때문에 이를 종합하여 의미를 전달하는 데에는 어려움이 따른다. 그러나 회계는 측정 기준을 화폐단위로 통일하여 사용함으로써 훨씬 강력한 의사소통수단이 되는 것이다. 그러나 회계는 경제적 사건을 화폐단위로서 측정하기 때문에 측정할 수 있는 범위의 제약을 받게 된다. 예를 들어 기업의 최고경영진이 바뀐 사실, 인적 자원의 능력 등은 화폐로 측정될 성격은 아니지만 이해관계자들에게는 중요한 정보임에는 틀림없다. 근래에 와서는 회계의 의사소통기능을 확대하기 위하여 화폐단위로 평가할 수 없는 질적 정보까지 주석으로 공시하고 있다.[2)]

미국공인회계사회와 미국회계학회에서 내린 회계의 학문적 정의를 살펴보고 의사결정을 위한 정보시스템으로서의 회계의 의미를 살펴보도록 하자. 1961년 미국공인회계사회(AICPA: American Institute of Certified Public Accountants)의 회계용어공보 No. 1에서 “회계는 적어도 부분적으로 재무적 성격을 갖는 거래나 사상을 의미 있는 방법으로 화폐단위에 의하여 기록·분류·요약하고, 그 결과를 해석하

2) 주석은 본문에 표시되는 항목에 관한 설명이나 금액의 세부내역뿐만 아니라 우발상황 또는 약정사항과 같이 기본 재무제표에 인식되지 않는 항목에 대한 추가정보를 포함하고 있다.

는 기술이다"라고 정의하였다.[3] 이것은 전통적 회계기능의 관점에서 정의한 것으로 회계를 주로 회계보고서인 재무제표(financial statements)의 작성과 보고에 관련된 기술적이고 분석적인 영역으로 본 것이다(전통적 회계). 이 정의는 또 회계가 과학이 아닌 실무 또는 기술적인 영역임을 묵시적으로 강조하고 있다.

1966년 미국회계학회(AAA: American Accounting Association)가 '기초적 회계이론에 관한 보고서'라는 회계이론의 가장 혁신적인 연구보고서를 통하여 "회계란 정보이용자가 합리적인 판단 또는 경제적인 의사결정을 할 수 있도록 경제적 정보를 식별·측정하고 의사소통하는 과정이다"라고 정의하고 있다.[4] 이는 회계를 정보지향적 접근법에 의해 정의한 것으로 정보의 측정과 전달 그리고 정보이용자의 의사결정에 유용한 정보의 제공을 강조하였다. 이 정의로부터 회계학에서 정보이론·측정이론·의사결정이론·커뮤니케이션이론 등 사회과학이론들이 논의될 수 있게 되었고, 회계학이 기술의 범주에서 벗어나 사회과학으로서도 발전하게 되었다(현대회계).

결론적으로 회계는 경제실체에 관한 재무정보를 수집하고 측정하고 기록해서 그 이용자가 합리적인 의사결정을 할 수 있도록 전달하는 정보시스템이다. 회계는 기업의 활동을 인식하고 측정하여 기록한 다음, 이를 분류·요약하여 유용한 정보를 생산하고 정보이용자들에게 제공한다. 그리고 정보이용자들은 생산된 회

[그림 1-1] 의사결정을 위한 회계시스템

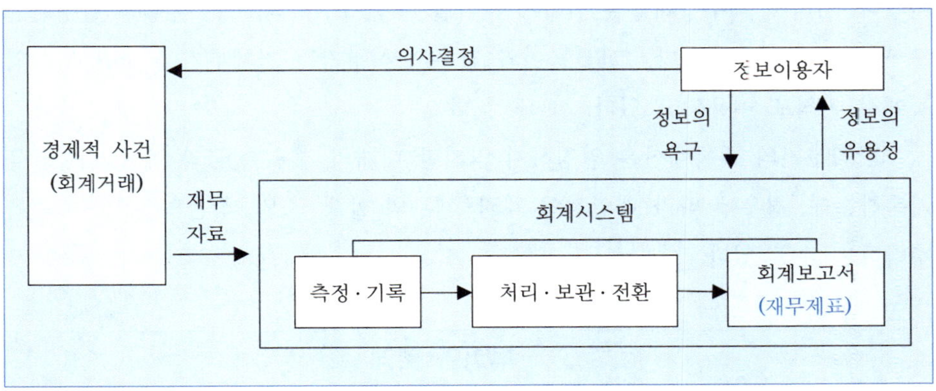

3) Committee on Terminology, Review and Résumé, *Accounting Terminology Bulletin*, No. 1(New York: AICPA, 1961), p. 9.

4) Committee to Prepare a Statement of Basic Accounting Theory, *A Statement of Basic Accounting Theory*(Evanston, Ⅲ: American Accounting Association, 1966), p. 1.

계정보를 이용하여 희소한 경제자원의 효율적 배분에 관한 경제적 의사결정을 합리적으로 내리게 된다.

회계의 정의를 요약하면 [그림 1-1]과 같다. 회계는 기업의 경제적 활동과 정보이용자를 연결시키는 교량역할을 한다. 이러한 서비스활동을 수행하기 위해서 회계는 ① 미래의 의사결정을 위해 과거의 기업활동에 관한 경제적 사건(회계거래)을 측정·기록하고, ② 기록된 자료를 유용한 정보로 전환시키고, ③ 유용한 정보를 정보이용자에게 재무제표 등의 보고서를 통하여 전달하는 기능을 갖고 있다.

2. 회계거래의 기록 및 회계의 역사

기업활동을 장부에 기입하는 부기는 기록하는 방법에 따라 단식부기와 복식부기로 나누어진다.

(1) 단식부기(single-entry book-keeping)

단식부기란 거래가 발생하면 한 번만 장부에 기록하는 부기법으로 보통 경영활동의 일부만을 기록하는 불완전한 부기를 말한다. 이것은 조직적이고 체계적인 방법에 의하여 기록하는 것이 아니므로 복식부기에 비하여 불완전하고, 회계보고서 자체도 완전하게 작성될 수 없으며, 기록의 정확성 여부도 검증되기 곤란한 부기이다. 따라서 재무상태를 완전하게 파악할 수 없고, 이익 또는 손실의 발생원인도 명확하게 알 수 없다. 그러나 이와 같은 단식부기는 가계부기나 소규모 기업 등에서 아직도 이용되고 있다.

단식부기의 기록대상은 일정하지 않지만 대개의 경우 현금과 예금의 출납을 기록하는데, 경우에 따라 대인적인 채권·채무의 발생·소멸, 상품의 매입·매출을 추가하는 수도 있다.

부기와 회계

부기(簿記)와 회계는 동일하지 않고 구별되는 개념이지만, 많은 사람들은 가끔 두 개의 개념을 동일한 것으로 오인하고 있다. 부기(book-keeping)란 원래 '장부기입(帳簿記入)'의 약어로서 장부를 갖추어 모든 거래(경제적 사건)를 기록하는 것을 뜻하며, 개인의 현금(금전)수지의 기록이나 가계부의 기록도 부기의 범주에 속할 수 있다. 그러나 일반적으로 부기(특히 복식부기)라 하면 조직의 경제활동을 대상으로 하며, 현금의 입출뿐만 아니라 특정의 경제주체(예: 기업)에 속하는 자산·부채·자본의 증감을 일정한 장부기입의 법칙에 따라 장부에 기록·계산하는 것을 말한다.

그러므로 부기는 회계의 한 과정으로서 경제적 사건을 기록하고 보관하는 기법에 불과하며, 그것은 반복적이고 기계적인 특징을 가지고 있다. 반면에 회계는 기업의 실체에 대한 정보를 산출할 뿐만 아니라 산출된 정보를 정보이용자들의 의사결정의 목적을 위해 분석하고 해석하며 활용하는 것까지 포함한다. 즉 부기는 회계의 기술적 측면을 가리키지만, 회계는 부기개념을 포함함과 동시에 인식, 측정, 합리적 판단, 의사소통 등 과학적인 측면까지 포괄하고 있다. 따라서 회계의 영역 속에는 정보이용자의 욕구에 맞추어 회계정보시스템을 설계하는 일에서부터 제공된 회계정보가 의사결정에 미친 영향을 분석하는 문제까지 모두 포함되며 부기는 회계의 일부라 할 수 있다.

(2) 복식부기(double-entry book-keeping)

복식부기란 일정한 원리·원칙에 따라 거래를 두 개로, 즉 왼쪽인 차변과 오른쪽인 대변으로 나누어 이중으로 장부를 기입하는(거래의 이중성 : duality of transactions) 방법으로 경영활동의 모든 부문을 기록하고자 하는 부기법이다.

복식부기는 기장에 있어서 반드시 대차의 이중기록을 하므로 대차평균의 원리(貸借平均의 原理 : principle of equilibrium)가 적용된다. 따라서 복식부기는 회계장부를 작성할 때에 자동적으로 오류가 발견될 수 있는 자기검증의 기능을 가지고 있는 데 반해, 단식부기에는 이러한 기능이 없기 때문에 복식부기가 단식부기보다 우월하다고 할 수 있는 것이다. 따라서 오늘날 회계정보의 산출과정은 복식부기를 전제로 하고 있으며, 복식부기의 원리에 따라 회계시스템에 의해 처리된 정보를 기업의 경영활동에 관심을 가진 정보이용자들에게 전달하는 것이다.

(3) 복식부기의 기원

복식부기는 1340년경 이탈리아 제노아(Genoa) 중세상인의 기록에 그 원형이 남아 있다. 그러나 오늘날 복식부기에 관한 최초의 저서는 1494년 베니스에서 출간한 루카 파치올리(Lucas Pacioli)의 「산술, 기하, 비례 및 비율총람」이다. 이 저서는 주로 수학에 관한 논문형식의 저술로서 그 논문의 한 장에서 부기이론(treatise on book-keeping)이라는 제목으로 복식부기시스템을 설명하고 있다. 이러한 서양부기에 대하여 우리나라에서도 「四介松都簿記法(사개송도부기법)」[5]이라는 고유의 부기가 존재하였다는 사실이 밝혀지고 있다. 장부조직은 봉차(자산) 1개, 급차(부채) 1개, 이익 1개, 손해 1개로서 장부가 4개로 이루어져 있으며, 복식부기시스템은 500년이 지난 지금까지도 별로 달라진 것이 없다.

제 2 절 회계시스템의 기본구조

복식부기시스템은 루카 파치올리의 저서에서 나타난대로 기업의 자산과 이에 대한 청구권의 등식관계에 기초를 두고 있다. 회계의 보고주체가 되는 기업은 출자자와는 별개의 경제단위이다. 따라서 회계는 독립된 경제단위인 기업의 입장에서 자산의 증감과 청구권의 증감을 나타내게 된다.

복식부기시스템을 이해하기 위하여 다음과 같이 Sunny 씨가 현금 10,000,000원을 출자하여 커피숍을 개업한 경우를 가정해 보기로 하자. Sunny 씨는 장사가 잘 되는지를 그때그때 알아볼 수 있도록 영업에 쓰이는 돈과 개인적인 돈을 구분하여 보관하고, 그 내역을 기록하여 비치하고 있다. Sunny 씨로부터 현금을 출자받은 커피숍의 입장에서 볼 때, 자산과 이에 대한 청구권의 등식관계를 표로 나타내면 다음과 같다.

자산		=	청구권	
현 금	10,000,000		Sunny 씨 자본금	10,000,000

Sunny 씨가 현금 10,000,000원을 출자한 경제적 사건을 커피숍의 입장에서 보면 현금 10,000,000원을 출자받아서 자산으로 보유한 것과 동시에 Sunny 씨가 그 금액만큼 청구권을 가지게 되는 것으로 나타낼 수 있다. 개업 후 첫날부터 장

5) 四介松都簿記法은 松都簿記 또는 開城簿記라고도 하는데, 서양부기보다 약 200년 앞선 것으로 추측되고 있으며, 생성된 시기에 대해서는 아직 명확하게 밝혀진 바는 없으나 대체적으로 고려시대인 것으로 의견이 모아지고 있다. 그 후 이탈리아의 복식부기는 18~19세기에 영국에서 발전되어 산업혁명과 더불어 주식회사제도의 도입과 함께 경영의 계속성이 이루어지면서 기업회계로 발전되었다.

사가 잘 되어 첫달에 커피를 팔아 수입 2,000,000원을 올렸으며, 그 커피값을 모두 현금으로 받았다면 커피숍의 현금총액은 12,000,000원이 된다. 한편 커피값에 따른 수입은 Sunny 씨가 차지하게 되어 Sunny 씨의 청구권도 동시에 증가한다. 자산과 청구권의 등식관계를 다시 요약하면 다음과 같다.[6)]

자산			=	청구권		
현 금		12,000,000		Sunny 씨 자본금		12,000,000
(내역)	출자금	10,000,000			출자금	10,000,000
	커피매출액 (현금)	2,000,000			커피매출액	2,000,000

만약 커피숍의 종업원 2명의 급여합계 900,000원과 커피원료 등 소모품대금으로 700,000원을 지급한다면 커피숍에서 보유하고 있는 현금은 이제 10,400,000원(=12,000,000원－1,600,000원)으로 줄어들게 된다. 한편 1,600,000원(=900,000원＋700,000원)의 비용은 커피의 판매수입을 얻기 위하여 사용된 것이므로, 커피값 수입을 모두 차지한 Sunny 씨가 자기의 청구권인 Sunny 씨 자본금에서 부담하여야 한다. 그러므로 자산과 청구권의 등식관계를 표로 나타내면 다음과 같다.

자산			=	청구권		
현 금		10,400,000		Sunny 씨 자본금		10,400,000
(내역)	출자금	10,000,000			출자금	10,000,000
	＋ 커피매출액	2,000,000			＋ 커피매출액	2,000,000
	－ 급여 및 소모품비 지급	1,600,000			－ 급여 및 소모품비 지급	1,600,000

이와 같이 개업 1개월 동안 영업을 마친 커피숍의 재무상태는 자산으로서의 현금 10,400,000원과 청구권으로서의 Sunny 씨 자본금 10,400,000원으로 구성된다. 1개월 동안의 경영성과는 Sunny 씨 자본금 400,000원이 증가되었다는 점에서 측정될 수 있다. 즉 커피숍은 400,000원의 순이익을 기록한 것이다. 또한 이 순이

---

6) 여기에서 자산은 현금과 같은 사업밑천으로 청구권은 '자산은 내 것이다라고 주장할 수 있는 권리' 정도로 이해하면 된다. 보다 자세한 내용은 제2장을 참조할 것.

익 400,000원은 커피숍의 커피매출액 2,000,000원과 급여 및 소모품 사용액 1,600,000원의 차액과 일치하게 된다.

이상의 간단한 사례에서 살펴본 바와 같이 복식부기시스템은 기업의 자산과 청구권의 증감변동을 기록하는 체계적인 과정인 것이다. 따라서 기본적인 회계시스템은 이와 같은 복식부기시스템을 기본으로 하여 경제적 사건을 기록하고, 그 결과를 정보이용자에게 전달하는 과정으로 구성되어 있다.

제 3 절 회계정보이용자 및 회계분류

1. 회계정보이용자

오늘날 시장경제가 발전됨에 따라 회계정보에 대한 욕구는 점점 증대되고 있다. 특히 소유와 경영이 분리되는 대규모 기업의 경우에는 투자자(소유주)들이 경영자들로부터 재무상태와 경영성과에 관한 적절한 보고를 받을 수 있는 제도적 장치가 요구되기 시작했다. 기업의 투자자 이외에도 금융기관인 채권자, 물가를 통제하고 세금을 부과하는 정부, 다양한 소비자와 각종 소비단체, 종업원과 노동조합, 그리고 금융감독기관 등이 회계정보를 요구하고 있다.

(1) 투자자(소유주)

주식회사의 주주를 비롯한 기업의 소유주들은 자신들이 투자한 기업의 재무상태와 경영성과에 대해 그 누구보다도 깊은 관심을 가지게 된다.[7] 특히 기업의 재무상태가 건전하게 유지되어 도산의 위험은 없는지, 그리고 경영성과가 양호하여 계속적으로 적정수준의 배당금을 지급할 수 있는지에 대해 관심을 가지고 회계정보를 이용하게 된다. 또한 기업의 현재 소유주뿐만 아니라, 그 기업의 주식을

7) 투자는 이익을 창출하기 위해 자금을 굴리는 일이라고 말할 수 있는데 실물투자와 금융투자가 있다. 일반적으로 실물투자는 부가가치를 창출하지 않는다. 땅값이 오른다고 모두가 좋은게 아니다. 전체적으로 볼 때 국민소득의 실질적 증가는 일어나지 않는다. 반면 금융투자는 사회전체에 부를 안겨준다. 주식이나 사채에 투자하면 기업에서는 이 자금을 생산활동에 사용하여 부를 창출하고 사회전체에 경제적 혜택을 안겨준다. 이때 회계는 많은 이해관계자들의 합리적인 부의 배분에 공헌할 수 있다(정헌석·정병수, 이야기 회계, 2015, p. 39).

구입하여 소유주가 될 것을 고려하고 있는 잠재적 소유주, 즉 일반투자자들도 회계정보에 관심을 가지게 된다.

(2) 채 권 자

기업은 금융기관으로부터 장·단기자금을 빌려 쓰기도 하며, 영업에 필요한 원재료나 기계장치 등을 외상으로 구입하기도 한다. 기업에 자금을 대여한 채권자는 원금과 이자의 회수가능성에, 그리고 재화의 공급자는 공급대가의 회수가능성에 대한 확신을 얻기 위하여 그 기업의 재무상태 및 경영성과 등에 관한 회계정보에 관심을 가지게 된다. 또한 현재의 채권자뿐 아니라 그 기업에 대해 자금대출 또는 재화 등의 공급을 고려하고 있는 잠재적 채권자들도 회계정보에 관심을 가지게 된다.

(3) 정 부

정부는 기업활동에 있어서 여러 부문에 깊이 관여하고 있다. 특히 석유, 전기, 가스, 철도, 통신분야 같은 독과점 산업에서 기업들이 마음대르 가격을 올리지 못하도록 가격관리를 실시하며, 기업활동에서 얻어지는 소득에 대해서 세금을 부과한다. 정부는 이와 같은 공공요금 규제나 세금의 부과를 위해 기업의 회계정보를 활용한다. 또한 정부는 대기업의 계열사간 불공정 거래를 통제하거나 경제정책을 수립하기 위하여 각종 회계정보를 필요로 한다.

(4) 소 비 자

근래에 와서는 소비자들도 각종 소비단체를 형성하여 기업에 대한 압력단체로 등장하고 있다. 특히 소비자단체에서는 기업의 제품이나 서비스가 적절한 가격과 품질수준을 유지하고 있는지를 조사하여 소비자들에게 알리기도 하고, 기업과 직접 교섭을 벌이기도 한다. 이와 같은 활동을 원활히 수행하기 위하여 소비자들도 각종 회계정보를 필요로 한다. 또한 일반 소비자들은 특정기업의 제품이나 서비스를 선택할 때 안정적인 사후서비스를 받을 수 있는지를 평가하기 위해 회계정보를 이용하기도 한다.

(5) 종 업 원

종업원들은 기업의 경영활동에 있어서 가장 중요한 위치를 차지하고 있다. 왜냐하면 기업의 경영성과는 종업원의 노력에 의하여 크게 좌우되기 때문이다. 종업원들은 기업의 경영성과에 관심을 가지고 더 높은 경영성과를 올리기 위하여 노력하는 한편, 달성된 성과의 적정한 배분을 요구하기도 한다. 이를 위하여 종업원들도 기업의 재무상태와 경영성과에 대한 회계정보를 필요로 한다. 미래 특정 기업의 종업원이 되고자 하는 잠재적 종업원들도 재무구조가 튼튼하고, 수익성이 좋은 기업을 선택하기 위해 회계정보를 필요로 한다.

(6) 경 영 자

기업의 경영자들은 경영목표를 수립하고 경영활동을 평가하며, 적절한 통제를 행하기 위하여 회계정보를 이용하게 된다. 경영자는 기계장치의 구입, 자금조달 및 원재료구입 등과 같은 의사결정과정에서 회계정보를 적절하게 활용할 필요가 있다. 경영자는 외부에 공표되는 회계정보뿐만 아니라 내부적인 회계정보도 필요로 한다.

2. 회계의 분류

회계시스템에 의하여 산출된 정보는 기업의 경영활동에 관심을 갖고, 그 정보를 이용하려는 정보이용자들에게 목적적합하게 제공되어야 한다. 다음의 [그림 1-2]는 회계시스템에 의하여 산출되는 회계보고서와 이 보고서를 이용하는 정보이용자들과의 관계를 나타내고 있다. 그림에서 보는 바와 같이 회계는 정보이용자와 회계보고의 목적에 따라 재무회계·관리회계·세무회계·정부회계·비영리회계 등 기타특수회계로 분류되고 있는데, 이에 대한 개괄적인 내용은 다음과 같다.

(1) 의사결정과 재무회계(財務會計, financial accounting)

재무회계는 재무제표(financial statements) 중심의 회계로서 기업의 외부정보이용자, 즉 투자자(소유주), 채권자, 일반소비자, 정부 등의 의사결정에 유용한 정보를 제공하는 회계이다. 재무제표는 외부정보이용자에게 회계정보를 전달하는 핵심적 수단이 되는 회계보고서이다. 기업외부의 정보이용자들은 [그림 1-2]에서

[그림 1-2] 회계시스템하에서 정보이용자와 회계보고서의 관계

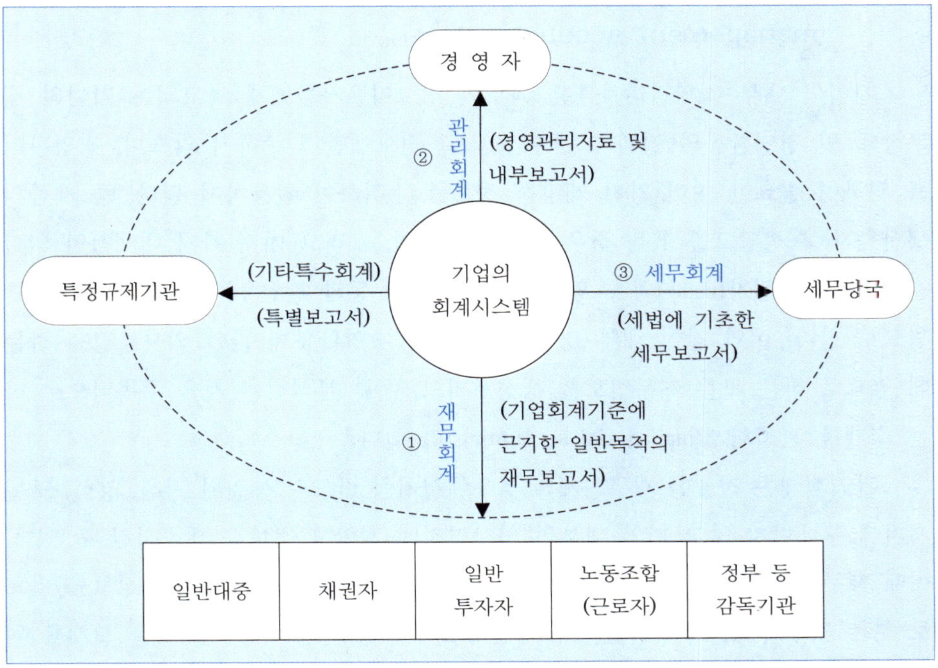

와 같이 다양한 집단으로 구성되어 있다. 이들은 기업과의 이해관계가 서로 상이하기 때문에 그들의 기업정보에 대한 욕구는 매우 다양하다.

기업이 이렇게 다양한 이해관계자의 욕구를 모두 충족시켜 줄 수 있는 재무보고서를 작성하는 것은 매우 어렵다. 그러므로 기업들은 정보이용자들의 기업정보에 대한 다양한 욕구를 어느 정도 충족시킬 것으로 예상되는 일반목적의 재무보고서를 작성하여 보고한다. 일반목적의 재무보고서는 보편타당한 지침에 따라 작성되며, 모든 정보이용자들이 공통적으로 이해할 수 있도록 작성된다. 또한 다양한 정보이용자들이 정보를 필요로 할 때마다 수시로 작성되지 않으며 일정기간마다 정기적으로 작성된다. 이러한 일반목적의 재무보고서는 재무제표뿐만 아니라 계량화하기 어려운 비재무적 정보를 포함하고 있다. 재무제표의 작성 및 보고를 주목적으로 하는 회계가 재무회계(financial accounting)이며, 재무회계에 의해 작성되는 재무제표는 다른 분야의 회계, 즉 관리회계·회계감사·세무회계의 기초가 된다.

따라서 본서에서는 재무제표의 작성과정과 보고에 관련된 재무회계분야에 초점을 두어 회계의 기초원리를 설명하고 있다.

(2) 경영관리와 관리회계(管理會計, managerial accounting 혹은 management accounting)

기업의 내부 경영관리자들은 외부의 정보이용자들에게 보고되는 기업의 재무상태 및 경영활동의 결과에 관한 요약된 정보에만 의존하지 않으며, 경영관리를 위하여 필요한 여러 가지 계량적 정보를 수집하여 활용하게 된다. 즉 제품의 생산원가, 특정광고를 했을 경우 기대되는 이익, 그리고 여러 가지 대체적인 의사결정에 따른 원가(costs)와 효익(benefit)의 비교 등과 같은 추가적인 예측정보를 필요로 한다. 이와 같이 내부 경영관리자들이 경영활동에 관한 의사결정을 하는데 필요로 하는 모든 재무정보를 생성시키고, 이를 분석하는 것을 주목적으로 하는 회계를 관리회계(managerial accounting)라 한다.

관리회계는 전술한 재무회계의 경우에서처럼 반드시 통일된 지침, 양식, 또는 시기에 구애받지 않고 기업 내부의 의사결정에 적합한 정보를 생성시킬 수 있다. 이때 재무제표의 작성이나 조직 내부의 의사결정을 위해 제품의 원가정보를 필요로 하는 경우가 많다. 이러한 원가계산정보의 제공을 주목적으로 하는 회계를 원가회계라 하며 일반적으로 관리회계의 범주에 포함된다. 관리회계에 대한 특별한 규정은 없으며, 다만 원가계산은 재무보고에 직접 영향을 주기 때문에 원가계산준칙의 규정을 따른다.

(3) 세금계산과 세무회계(稅務會計, tax accounting)

세금은 국가 혹은 지방자치단체가 제공하는 재화나 용역을 사용하기 위해 그 수요자인 조직의 구성원이 지불하는 대가라고 할 수 있다. 정부는 법인세(corporate income tax) 또는 개인소득세(individual income tax)를 징수한다. 법인세는 주식회사와 같이 법인형태로 운영되는 기업의 소득에 부과되며, 소득세는 개인기업(또는 개인)의 소득에 대해 부과된다. 한편 법인세의 과세대상이 되는 소득의 개념은 재무회계상의 순손익과는 차이가 있다. 이러한 차이를 고려하여 기업이 부담할 세금을 산정하기 위한 회계를 세무회계라고 한다. 세무회계는 기업이 세법에 따라 정부에 대해 납부하는 법인세·부가가치세 등의 세금에 관련된 회계로서 과세표준 및 세액결정, 세무신고서 작성, 세무계획, 세무관리 등을 다룬다.

(4) 정부활동과 정부회계(governmental accountion)

영리를 목적으로 하는 기업과는 다르게 예산통제를 강조하는 비영리단체의 예로서 정부기관을 들 수 있다. 예산(budget)은 미래의 계획과 청사진을 화폐단위로 표시한 것이다. 정부회계는 중앙정부나 지방자치단체 조직의 경제활동을 기록, 분류, 요약, 보고하는 과정이다. 정부회계는 세입과 세출의 예산과 결산을 다루는 예산회계와 정부조직의 재무상태와 운영성과 등을 다루는 재무회계로 구분할 수 있다. 지방자치단체는 2007년부터 재무회계보고가 시행되었으며, 중앙정부는 2011년부터 재무회계보고를 시행하고 있다.

회계학을 일반적인 대학의 교과과정에 따라 분류하면 다음과 같이 요약할 수 있다. 특히 회계감사(auditing)는 재무제표를 통해 제공되는 회계정보의 신뢰성을 확보하기 위한 영역이므로 회계의 주범주에 포함된다.

회계학
- 재무회계: 회계이론 · 재무분석 · 중급회계 · 고급회계
- 관리회계: 관리회계 · 원가회계 · 회계정보시스템
- 세무회계: 세법 · 세무회계
- 회계감사: 감사이론 · 감사실무
- 정부회계: 정부기관의 경제적 활동을 측정, 기록, 보고하는 회계
- 기타특수회계: 비영리회계* · 녹색회계**

* 기업의 회계투명성을 높이겠다는 취지로 금융감독원이 도입한 전자공시시스템(DART)이 있으며, 비영리법인의 투명성 강화 및 기부활성화를 위해 국세청이 운영하는 '공익법인 결산서류 등 공시시스템'이 있다.

** 1990년대 이후부터 지구의 사회환경과 관련된 회계처리문제를 다루는 회계(green accounting)를 말한다. 우리나라에서는 환경과 관련된 사항들을 재무제표 주석사항으로 공시하도록 규정하고 있다.

제 4 절 회계정보시스템과 회계정보

1. 회계정보시스템의 정의

회계정보시스템(AIS: accounting information system)은 기업의 경제적 활동에 대하여 경영자 및 외부정보이용자가 합리적인 의사결정을 내릴 수 있도록 회계정보의 흐름을 중심으로 회계정보의 측정·처리·전달을 수행하는 시스템이라고 말할 수 있다. 회계정보시스템은 단순히 회계시스템(accounting system)이라고도 부르는데, 컴퓨터의 도입과 함께 경영정보시스템(MIS: management information system)의 구조 내의 하부구조로서 회계정보의 입력·처리·출력을 다루는 컴퓨터 시스템이라는 의미로 사용하기도 한다.

경영정보시스템은 기업경영을 위한 정보를 수집·정리하고 산출하는 시스템이다. 이는 경영의 기능에 따라 다시 회계정보시스템·생산정보시스템·재무정보시스템·마케팅정보시스템·인사정보시스템 등으로 세분된다.

회계정보시스템은 회계과정에 의하여 설명되기도 한다. 이러한 회계과정(accounting process)은 회계처리과정과 회계보고과정으로 나누어진다. 회계처리과정은 측정과정으로서 거래를 기록·분류·요약하는 과정, 즉 거래발생부터 회계보고서의 작성까지의 과정이다. 그리고 회계보고과정은 측정된 회계정보를 정보이용자에게 전달하는 과정이다. 구체적으로, 회계정보시스템은 자산, 부채, 자본의 변동이 발생하면 이를 정확하게 기록하고 빠르게 정리하는 회계처리시스템이라 할 수 있다.[8)]

8) 회계정보시스템을 인터넷(internet)과 관련하여 생각해 볼 수 있다. 세계적으로 다양한 컴퓨터와 연결되어 있는 인터넷은 여러 개 묶어놓은 네트워크 연합으로서 많은 정보가 컴퓨터 네트워크를 통해 흐르고 있다. 반면, 인트라넷(intranet)은 회사의 직원만 사용할 수 있으며, 회사에서 사용하는 다양한 프로그램들을 마치 인터넷을 사용하는 것처럼 사업부문간에 또 지역간에 시스템을 통합하는 것을 말한다. 이외에도 엑스트라넷(extranet)은 인트라넷과 유사하지만 회사의 종업원 이외에도 협력회사나 고객에게 사용할 수 있도록 한 네트워크라 할 수 있다.

2. 회계정보시스템과 회계정보의 흐름

회계담당자는 기업의 경제적 사건(회계거래)을 측정·기록·분석하고 이를 요약하여 재무제표와 같은 회계보고서를 작성하여 정보이용자에게 보고하게 되는데, 이러한 회계정보의 흐름을 [그림 1-3]과 같이 나타낼 수 있다. 재무제표는 기업의 회계정보시스템을 통해 산출되는 대표적인 회계정보이며 재무회계의 최종 산물이라 할 수 있다. 기업의 재무제표는 재무상태표, 포괄손익계산서, 현금흐름표 등의 보고서를 포함하는데 구체적인 내용은 후술된다.

[그림 1-3] 회계거래에서 정보이용자까지의 회계정보 흐름

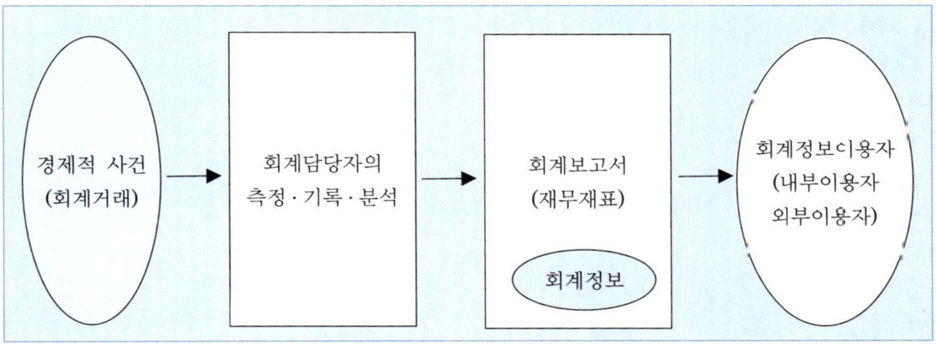

연습문제

[1] 회계란 무엇인지 정보의 유용성 측면에서 약술하라.

[2] 회계와 부기가 동일한가? 다르다면 그 차이점을 설명하라.

***[3] 회계정보이용자들이 원하는 정보를 전달하는 일반적인 수단에 대해 이용자를 구분하여 설명하라.**

***[4] 경영자의 계획, 평가 그리고 통제의 목적으로 작성하는 회계를 무엇이라고 지칭하는가?**

① 재무회계
② 관리회계
③ 세무회계
④ 회계감사

***[5] 다음 중 기업의 대표적인 회계정보인 기본 재무제표가 아닌 것은?**

① 재무상태표
② 포괄손익계산서
③ 현금흐름표
④ 감사보고서

***[6] 회계의 기능에 대한 다음의 설명 중 타당한 것은?**

① 회계는 기업의 이해관계자들이 합리적 의사결정을 하는데에 정보를 제공하는 유용성 측면을 강조하지 않는다.
② 기업활동을 기록하는 복식부기는 회계장부를 작성할 때 쉽게 오류가 발견될 수 있는 자기검증기능이 없다.
③ 일반목적의 재무보고서는 재무제표뿐만 아니라 계량화하기 어려운 비재무적 정보를 포함하여 모든 회계정보 이용자에게 필요할 때마다 수시로 필수적인 정보를 제공한다.
④ 회계의 사회적 기능은 희소한 경제적 자원이 자본시장을 통해 효율적으로 배분되도록 도와준다.

***[7] 다음 중 회계의 사회적 기능(역할)과 관련하여 타당하지 않은 것은?**

① 기업의 이해관계자들의 의사결정을 위한 유용한 정보를 제공한다.
② 희소한 경제적 자원의 효율적인 배분과 관련된다.
③ 경제단위의 재산에 대한 수탁책임의 보고와 관련된다.
④ 자본주의 시장경제체제에서 강한 사회적 통제의 도구로 사용된다.

연습문제 해답

3. (1) 경영자 및 근로자: 각종 원가 및 관리회계 보고서(특정한 형식이 없으며, 기업마다 보고서 형식 및 내용이 달라짐)
   (2) 투자자 및 채권자: 재무상태표 및 포괄손익계산서 등 재무제표(정해진 형식이 있으며, 기업마다 조금씩 다를 수는 있지만, 담고 있는 내용과 기본적인 틀은 동일함)
   (3) 정부: 재무제표 및 세무보고서(특정한 형식이 있으며, 세무보고서는 세법에 따라 국세청에 매년도마다 제출해야 함)

4. ②

5. ④

6. ④

7. ④

제 2 장

기업활동과 재무제표: 재무보고의 개념체계와 회계기준

재무회계는 기업의 활동을 정리하여 외부이용자들에게 전달하는 데 목적이 있다. 본장에서는 이러한 목적을 달성하기 위해 먼저 기업활동을 설명하고, 이러한 활동이 재무정보로 변환되는 내용을 재무제표와 연계시킨다. 또한 국제회계기준의 재무보고를 위한 개념체계를 간략하게 설명하고, 재무보고가 정보로서 가져야 하는 질적 특성을 제시하여, 재무제표를 구성하는 기본요소인 자산, 부채, 자본, 수익, 비용에 대해 설명한다.

제 1 절 기업과 회계정보

1. 기업의 개념

우리는 일상생활 속에서 많은 기업들과 관계를 맺고 살고 있다. 예를 들어, 자동차 운전을 하다가 주유소에 들러 연료를 보충한다든지, 가족의 식사를 위해 동네 슈퍼에 들러 장을 보기도 한다. 또한 생활에 필요한 가전제품, 개인용 컴퓨터, 혹은 휴대폰 등을 구매하기 위해 전자제품 대리점을 들르기도 한다.

기업은 인적·물적 자원을 이용하여 고객이 원하는 재화나 서비스를 제공하는 경제실체(economic entities)라 할 수 있다. 기업은 동네 슈퍼나 커피숍과 같이 작은 규모의 기업으로부터 1년에 수백조원 어치의 물건을 판매하는 삼성전자와 같은 대규모 기업에 이르기까지 다양하다. 기업은 개인소비자를 고객으로 영업을 하기도 하고, 다른 기업들을 상대로 영업을 하기도 한다. 기업의 목적은 이익을 극대화하는 것이다. 이러한 영리목적의 기업을 영리기업이라 한다. 그러나 일부 기업들은 이익극대화 이외의 목적을 가지고 운영되기도 한다. 예를 들어, 병원이나 공기업과 같이 비영리를 목적으로 운영되는 기업이 있는데, 이러한 기업을 비영리기업이라 한다.

한편, 기업은 그 영업의 특성에 따라 제조기업, 상품매매기업, 그리고 서비스기업으로 구분할 수 있다. 제조기업은 고객에게 판매할 재화를 직접 제조한다. 즉 원재료를 구입하고 인력과 장비를 이용하여 생산하고 완성품을 고객에게 판매한다. 예를 들어, 삼성전자는 가전제품, 반도체, 이동통신기기, 개인용 컴퓨터 및 주변기기 등을 제조하여 판매한다. 현대자동차는 자동차를 생산하여 고객에게 판매한다. 이와 같이 삼성전자나 현대자동차와 같은 기업을 제조기업이라 한다. 상품매매기업은 다른 기업이 이미 만든 완성품을 구매하여 다시 고객에게 판매한다. 예를 들어, 이마트는 여러 기업들이 만든 생필품, 가전제품, 혹은 음식료품 등을 구매하여 진열하고 이를 판매한다. YES24는 인터넷으로 서적, 음반, 비디오 등을 소매로 고객들에게 판매한다. 이와 같이 이마트나 YES24와 같은 기업을 상품매매기업이라 한다. 서비스기업은 고객에게 재화가 아닌 용역을 제공한다. 예를 들어, Hilton호텔은 숙박과 연회 등의 서비스를 고객에게 제공한다. SK텔레콤은 무선이동통신서비스를 고객에게 제공한다. 이와 같이 Hilton호텔이나 SK텔레콤과 같은 기업을 서비스기업이라 한다. 본서에서는 영리기업으로서 상품매매기업을 중심으로 설명하고자 한다.

2. 소유형태에 따른 기업의 유형

기업의 소유형태에 따라 기업조직의 유형이 나누어질 수 있다. 기업조직을 개인이 소유하는지 혹은 법인이 소유하는지에 따라 개인기업(개인사업자)과 법인기업으로 구분할 수 있다.

개인기업은 자연인인 개인이 기업을 소유하고 기업운영의 주체가 되는 경우를 의미한다. 법인기업은 둘 이상의 자연인이 모여 조직을 형성하고 법률상 인격을 인정받아 기업의 주체가 되는 경우를 의미한다. 우리나라의 경우에 개인기업은 2013년도 말 현재 5,379,731개이며, 법인기업은 517,805개이다.[1] 상법상 기업을 유형별로 구분하면 다음의 표와 같다.

구 분	주식회사	유한회사	합자회사	합명회사	합 계
기 업 수	490,120	23,368	3,532	785	517,850
비 율	94.6%	4.5%	0.7%	0.2%	100%

1) 국세청, www.nts.go.kr(국세통계연보, 2014, p. 234와 p. 342).

합명회사는 무한책임(無限責任) 사원만으로 구성되는 회사이다. 각 사원은 회사의 채무에 대해 무한책임을 부담한다. 따라서 합명회사에 참여하는 사원간에는 강한 신뢰관계가 전제가 되지 않으면 회사를 운영하기가 어려운 형태의 회사라 할 수 있다.

합자회사는 사업의 경영은 회사의 채무에 대해 무한책임을 지는 사원이 하고, 회사에 필요한 자본은 유한책임을 부담하는 사원이 제공하는 형태의 회사이다. 여기서 회사에 자본을 제공한 유한책임을 지는 사원은 사업에서 생기는 이익의 분배에 참여한다. 합자회사는 합명회사와 유사하게 사원의 책임이 무겁기 때문에 인적인 신뢰를 바탕으로 하는 회사라 할 수 있다. 그러나 이러한 회사의 형태를 가지고 거액의 자본을 축적하는 데에는 한계가 있다.

유한회사는 사원이 회사에 대하여 출자금액을 한도로 유한책임을 진다. 합명회사나 합자회사에 비해서는 사원의 책임이 무겁지 않아 상대적으로 많은 사원을 경영에 참여시킬 수 있는 회사형태이다. 그러나 주식회사와 같이 불특정 다수의 투자자로부터 자금을 모집하여 설립하는 것이 불가능하고 지분의 자유로운 양도가 제한될 수도 있다. 따라서 폐쇄적인 형태의 회사라고 할 수 있으며, 대규모의 자본을 축적하기에는 한계가 있다.[2)]

주식회사는 주식을 발행하여 투자자가 주식을 매입하면 주인(주주)이 되는 회사이다. 따라서 주주(株主)의 출자로 이루어지며 소액단위의 주식의 보유비율에 따라 회사에 권리를 행사할 수 있다. 모든 주주는 그 주식의 인수가액을 한도로 하는 유한책임을 부담한다. 이러한 주주의 유한책임과 소액단위의 주식발행은 소액자본가들로부터 거액의 자본을 축적할 수 있게 해 준다. 또한 주주는 자유롭게 주식을 양도하거나 처분할 수 있기에 권리의 양도에 제약이 없어 오늘날 대표적인 회사의 형태로 널리 이용되고 있다.

본서에서는 법인기업 중 주식회사 형태의 기업을 중심으로 설명하고자 한다.

3. 기업의 경영활동과 재무제표

(1) 기업의 세 가지 활동

기업은 그 목적을 달성하기 위해 일련의 활동을 수행한다. 우선 기업의 목표를 정하고 이를 달성하기 위한 투자계획, 자금조달계획, 영업계획 등을 수립하고

2) 2012년 개정된 상법에 의하면 유한회사와 비슷한 유한책임회사를 회사의 형태로 인정하고 있다.

이를 실행하기 위해 인적·물적 자원을 어떻게 확보하고 쓰는지를 정하는 기획을 한다. 이러한 기획에 따라 구체적으로 기업활동이 이루어지는데, 크게 다음 세 가지 활동으로 구분할 수 있다. 즉, 기업활동에 필요한 자금을 조달하는 재무활동, 조달한 자금을 이용하여 기업이 목적하고 있는 재화나 용역을 공급할 수 있는 설비를 확보하는 투자활동, 그리고 재화나 용역을 생산하고 판매하는 영업활동으로 구분할 수 있다. 이러한 세 가지 기업활동을 구체적으로 정리하면 다음과 같다.

1) 재무활동: 자금조달

재무활동은 기업이 필요한 자금을 조달하고 빚을 갚거나 혹은 자금사용에 대한 대가로 기업이 얻은 이익을 배분하는 활동이다. 기업이 필요한 자금은 두 가지 방법에 의해 얻을 수 있다. 하나는 주식을 발행하여 주주들로부터 자금을 확보하는 방법이다. 이는 기업의 소유주인 주주에게서 자금을 조달하는 방법이다. 이렇게 마련된 자금을 자본 또는 자기자본이라고 부르며, 이 방법을 자기자본조달이라고 한다. 이들에게는 기업이 얻은 과실인 이익이 났을 경우에 배당으로 대가를 지불하게 되는데, 이러한 배당금의 지불도 재무활동에 속한다.

다른 한 방법은 기업이 금융기관 등을 통해, 혹은 채권의 발행·판매를 통해 돈을 빌리는 것이다. 이 방법은 기업이 채권자로부터 자금을 조달하는 것이다. 이는 기업의 주인인 주주 이외의 타인으로부터 자금을 조달하는 방법이다. 이렇게 자금을 빌리는 것을 부채 또는 타인자본이라고 부르며, 이 방법을 타인자본조달이라고 한다. 이렇게 타인으로부터 자금을 조달하면 일정한 약정기간이 경과한 만기일에 원금을 상환해야 한다. 이러한 원금의 상환도 재무활동에 속한다.

2) 투자활동: 자산운용

투자활동은 영업활동에 필요한 자산을 취득하거나 혹은 불필요한 자산을 처분하는 활동이다. 예를 들면, 공장이나 사옥건물, 기계 등과 같은 설비, 또는 다른 회사가 발행한 주식이나 사채를 취득하거나 처분하는 것이 전형적인 투자활동이 될 수 있다. 이러한 투자활동에 의해 확보된 자산을 이용하여 기업은 목표를 정하고 세부사업을 계획한 후 실행에 옮겨 제품이나 서비스를 생산하고 판매하게 된다. 이러한 활동 이외에 불필요하거나 노후화된 구형기계나 놀리고 있는 토지를 처분하거나 사용하던 공장을 매각하는 것도 투자활동에 속한다.

3) 영업활동: 수익과 비용관리

영업활동은 기업의 주요 사업목적인 재화 또는 용역의 수익창출활동을 말한다. 즉, 기업이 돈을 버는 것과 관련된 일체의 활동이다.[3] 다시 말해, 제품이나 서비스를 만들어 고객에게 전달하는 활동이다. 구체적으로 원재료의 구입(또는 상품의 구입), 생산, 판매, 대금회수 등과 관련되는 모든 활동이 이에 속한다. 결국 기업의 목표는 재무활동과 투자활동의 결과를 토대로 하여 영업활동을 함으로써 구현된다.

(2) 재무제표의 종류[4)]

기업은 앞서 설명한 바와 같이 기업의 목표를 달성하기 위해 재무활동, 투자활동, 영업활동을 수행한다. 이러한 기업활동은 기업을 둘러싼 기업환경에 대한 분석과 이에 대응한 경영전략의 수립, 그리고 이러한 전략에 기초하여 구체적인 실행계획을 작성하고 이를 실행에 옮기는 과정이라 할 수 있다. 이러한 기업활동 과정에서 경영자는 끊임없이 의사결정을 한다. 다시 말해, 기업의 목표와 사업방향을 정하고 사업목표를 달성하기 위해 필요한 자금조달방법 및 시기에 대한 의사결정(재무의사결정), 확보된 자금으로 목표한 사업에 배분하는 의사결정(투자의사결정), 그리고 생산량이나 생산시기의 결정, 구매, 광고, 판매에 관한 여러 의사결정(영업의사결정)을 지속적으로 하게 된다.

이러한 기업의 경영활동에 대한 결과를 체계적으로 정리하여 의미 있는 정보로 만들어 기업의 경영진 또는 기업에 투자한 주주들이나 돈을 빌려준 채권자들에게 제공하는 것이 재무보고이며, 재무보고의 대표적인 수단이 재무제표이다. 기본 재무제표에는 재무상태표, 포괄손익계산서, 현금흐름표, 자본변동표, 주석이 있다.

4. 회계기간과 재무제표

다음의 사례를 생각해 보자. A기업은 영업활동의 결과로 이익이 1억원 생겼으며, B기업도 영업활동의 결과로 이익이 1억원 생겼다고 하면, 어느 기업이 경영성과가 더 좋은 것일까? 이 경우 A기업과 B기업의 경영성과는 동일하다고 할 수 있다. 그러나 A기업의 이익 1억원은 1년 6개월 동안의 경영성과이고, B기업의 이

---

3) 따라서, 원재료 구입에서부터 생산, 판매 및 대금회수까지의 활동을"정상적인 영업활동"이라고 한다. 또한 정상적인 영업활동이 소요되는 기간을 "정상영업주기"라고 한다. 정상적인 영업활동 및 정상영업주기의 개념은 후술될 유동 및 비유동의 구분, 매입채무 및 미지급금의 구분, 매출채권 및 미수금의 구분 등에 있어서 중요한 기준이 되므로 정확하게 이해할 필요가 있다.

4) 기본 재무제표와 관련하여, 독자의 이해를 돕기 위해 한국채택 국제회계기준(K-IFRS)에 따른 재무제표의 종류별 기본구조와 표시에 대한 구체적인 예시는 제4부 제16장에서 제시되었다.

익 1억원은 1년 동안의 경영성과라고 한다면 어떨까? 아마도 A기업보다는 B기업의 경영성과가 더 좋다고 말할 수 있을 것이다. 만약 모든 기업들이 경영성과를 보고할 때, 저마다 경영성과를 계산하고 보고하는 기간이 다르다면 이 수치를 통해 의사결정을 하는 회계정보이용자들은 기업간 성과 비교시 또는 동일 기업 내에서의 기간별 성과 비교시 매우 혼란스러울 수밖에 없을 것이다.

이와 같이 기업의 경영성과 등을 보고하고, 이를 통한 의사결정에 유용하게 사용하려면 모든 기업의 재무보고 기간이 동일해야 하는데, 이를 회계기간(회기)이라고 한다. 모든 기업이 동일하게 가지는 회계기간은 1년이다. 그러나 이 1년은 반드시 우리가 익히 알고 있는 달력상의 1월 1일부터 12월 31일까지의 1년이어야 하는 것은 아니다. 각 기업마다 회계기간은 다음과 같이 다양하게 선택하여 적용할 수 있다.[5)]

- 1월 1일~12월 31일까지의 1년
- 4월 1일~다음 연도 3월 31일까지의 1년
- 7월 1일~다음 연도 6월 30일까지의 1년
- 10월 1일~다음 연도 9월 30일까지의 1년

그렇다면 대부분 기업들의 1회계기간은 4가지 중 언제일까? 짐작할 수 있겠지만, 대부분 기업들의 회계기간은 1월 1일~12월 31일까지이다.[6)] 따라서 본서에서 설명되고 제시되는 모든 기업들의 회계기간 역시 1월 1일~12월 31일까지로 한다. 한편, 회계기간이 종료되는 날을 보고기간종료일 또는 결산일(closing date)이라고 한다. 따라서 기업의 회계기간에 따라 결산일은 각각 3월 31일, 6월 30일, 9월 30일, 12월 31일이 될 수 있으며, 역시 대부분 기업들의 결산일은 매년 12월 31일이다.

모든 기업의 1회계연도는 1년이지만, 연간보다 짧은 기간을 대상으로 재무제표가 작성되어 보고되는 경우가 있다. 1년 회계기간을 대상으로 작성되는 재무제표를 연차재무제표라 하고, 1년 미만을 회계기간으로 작성되는 재무제표를 중간재무제표라 한다. 한편 한국거래소에 주식을 상장한 상장기업 등은 중간재무제표

5) 각 기업마다 회계기간은 자유롭게 하나를 선택할 수 있으나, 회계기간을 한 번 정하면 특별한 사유가 있는 경우를 제외하고는 매년도마다 동일하게 적용해야 한다. 또한 한 회계기간을 회계연도(FY: fiscal year)라고도 한다.

6) 증권회사, 보험회사 등의 회계기간은 4월 1일~다음 연도 3월 31일까지로 하는 경우가 많다.

를 반드시 공시하도록 규정되어 있다. 현재 기업의 중간재무제표는 회계연도 개시일로부터 3개월 간격으로 작성되는 분기 및 반기재무제표의 형태를 취하고 있다. 이밖에도 재무제표 본문에는 포함되지 않지만 주주총회에서 주주들에게 보고하기 위한 영업보고서가 있는데 회사의 최고경영자는 과거 영업 주요지표에 대한 내역과 사업전망에 대한 견해를 제시함으로써 자료이용자가 의사결정시 적합한 자료로 활용할 수 있도록 한다.

어떤 기업의 회계기간이 1월 1일~12월 31일까지라고 할 때, 회계기간의 절반이 되는 날은 6월 30일이다. 따라서 1월 1일~6월 30일까지의 기간을 반기라고 한다. 또한 한 회계기간을 4등분하여 첫 번째 1/4에 해당하는 기간(예: 1월 1일~3월 31일)을 1분기, 두 번째 1/4에 해당하는 기간(예: 4월 1일~6월 30일)을 2분기, 세 번째 1/4에 해당하는 기간(예: 7월 1일~9월 30일)을 3분기, 마지막 1/4에 해당하는 기간(예: 10월 1일~12월 31일)을 4분기라고 한다.

5. 재무제표의 공시

외부감사를 받은 재무제표는 정보이용자에게 일정한 주기별로 전달된다. 일반적으로 기업의 한 회계기간은 1년이다. 예를 들어, 1월 1일부터 12월 31일까지이다. 전술한 바와 같이 이러한 회계기간의 재무제표를 연차재무제표라 한다. 이러한 연차재무제표 이외에 1년 미만의 기간을 대상으로 재무제표를 작성하여 공시하기도 하는데, 분기별 또는 반기별 재무제표가 그 예이다. 우리나라는 상장기업의 경우에 분기별, 반기별로 재무제표를 작성하여 공시하여야 한다.

한편 한 기업이 타기업의 주식을 과반수 이상 취득하여 지배권을 획득한 경우에는 법률적으로 독립적인 회사들이라 하더라도 두 기업을 하나의 기업으로 간주한 재무제표를 작성하여야 하는데 이를 연결재무제표(consolidated financial statements)라 한다.

예를 들어, 국민(주)가 한국(주)의 주식을 100% 소유하고 있다고 하자. 이 경우에 지배회사(parent company)인 국민(주)는 종속회사(subsidiary)인 한국(주)과 마치 하나의 기업인 것으로 가정한 연결재무제표를 작성하여야 한다. 한국채택국제회계기준(K-IFRS)에 의하면 지배회사인 국민(주)가 외부에 공시하여야 하는 재무제표는 국민(주)와 한국(주)를 하나의 기업으로 간주하여 작성되는 연결재무제표이어야 한다. 이때 지배회사와 종속회사간의 내부거래를 제거한 후 각각의 개별

[그림 2-1] 재무재표의 공시체계

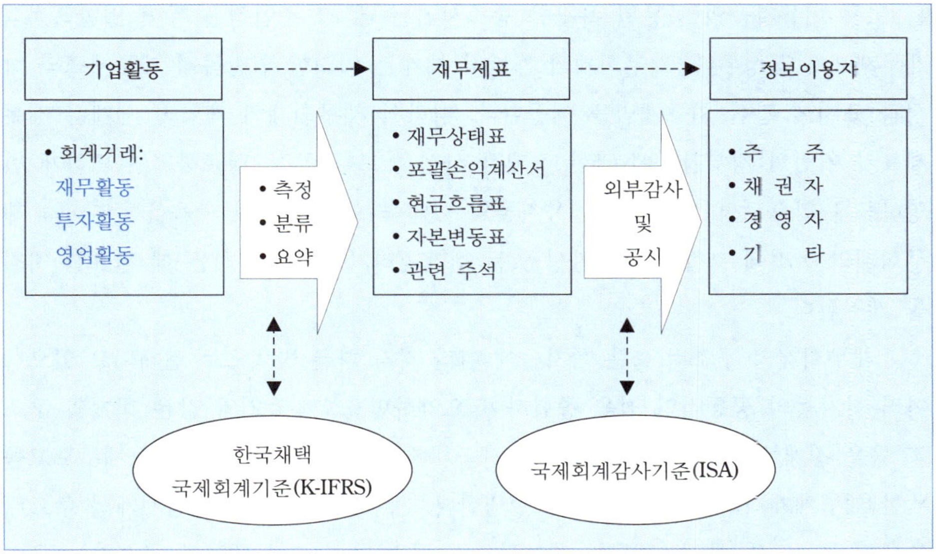

재무제표를 결합하여 연결재무제표를 만들어야 한다. [그림 2-1]에서는 정보이용자에게 공시되는 재무제표의 공시체계를 나타내고 있다.

제 2 절 재무보고의 개념체계

재무회계는 주로 기업의 외부정보이용자를 위하여 기업활동을 정리하고 재무제표를 통하여 전달하는 분야이다. 재무회계의 틀(framework of accounting)이란 회계의 목적을 분명히 하고 이러한 목적을 달성하는 데 유용한 기초개념을 제공하는 개념적 체계를 말한다. 이러한 재무회계의 개념체계는 회계이론과 회계실무가 논리적·체계적으로 설계되도록 정립된 모형이라고 볼 수 있는 것으로 회계목적의 정립으로부터 회계실무가 이루어지기까지 논리적 체계라 할 수 있다.

회계정보이용자들은 주주·정부기관·소비자·채권자 등을 포함하여 다양하기 때문에 이들의 회계정보에 대한 욕구도 다양할 수밖에 없으며, 이해관계가 상충되는 경우도 많을 것이다. 이렇게 다양한 욕구를 모두 수용하여 충족시켜 주어야 하기 때문에 재무회계에서는 특정이용자의 구체적인 욕구를 충족시키려 하기보다는 모든 이용자들의 공통된 욕구를 충족시키는 데 그 주안점을 두어 일반목적의 재무제표가 작성된다. 재무회계의 개념적 체계는 이러한 일반목적 재무제표의 작성과 표시에 관한 기초개념을 제공한다. 따라서 재무회계의 개념적 체계는 재무제표가 기업의 경영활동에 관한 경제적 사실을 보다 공정·명료하고 완벽하게 반영하도록 함으로써 모든 외부이용자들의 이익을 보호하는 데 도움을 준다. 즉 재무회계의 목적에 부합되어 일관성 있는 회계처리기준을 마련하는 데 필요한 지침을 제공한다.

재무회계의 구조적 틀은 학자들에 따라 각각 다른 방법으로 전개되고 있으나 여러 학자들의 공통적인 점을 종합하여 요약하면 [그림 2-2]와 같은 회계의 구조적 틀을 전개할 수 있다. 이하에서는 한국채택국제회계기준(K-IFRS)의 재무보고를 위한 개념체계의 내용을 중심으로 설명한다. 재무보고를 위한 개념체계의 주요내용은 재무보고의 목적, 유용한 재무정보의 질적 특성, 재무제표를 구성하는 요소의 정의, 인식, 측정 및 공시, 자본과 자본유지의 개념 등을 포함하고 있다. 이러한 기본개념은 이른바 재무회계 개념체계(conceptual framework for financial accounting)로 구체화되어 이를 정리하면 [그림 2-2]와 같다.

[그림 2-2] 재무보고 개념체계의 구성

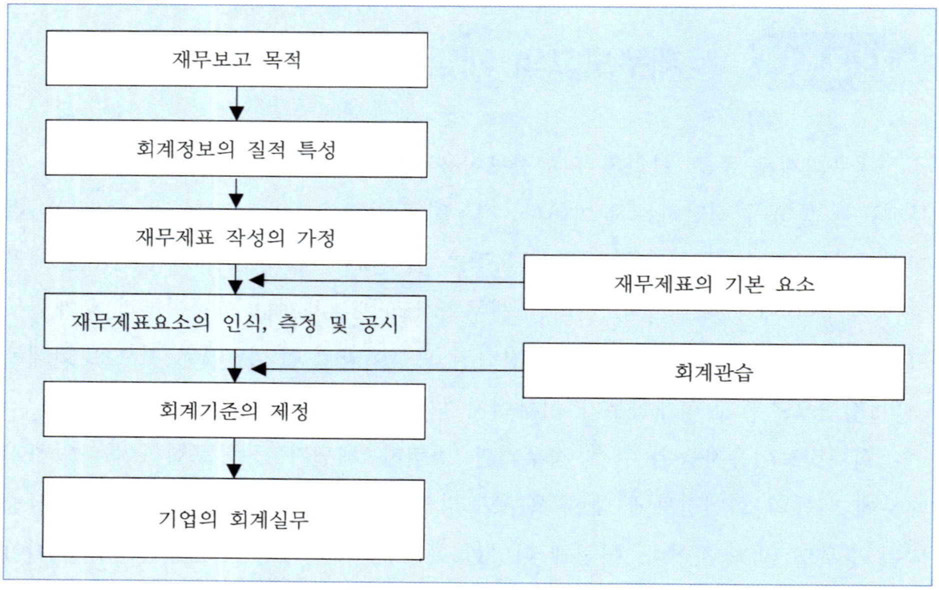

[그림 2-2]에서 보는 바와 같이 회계의 틀은 회계목적으로부터 회계실무에 이르기까지의 과정이 계층적·체계적으로 되어 있는 점이다. 즉 이것은 회계목적에 따라 회계정보의 질적 특성이나 회계원칙(회계기준)이 정립되어 회계실무가 이루어져야 한다는 것을 뜻하는 것이다(연역적 방법: deductive approach). 이와 반대로 회계실무로부터 회계목적에 맞는 실용적이고 공정한 회계기준을 정립하여 회계실무에서 사용하고 있는 회계처리방법을 관찰하는 이른바 경험적 관찰(empirical observation)을 중시할 수도 있다(귀납적 방법: inductive approach).

제 3 절 재무보고의 목적

재무회계의 기능은 기업의 경제활동 결과를 화폐적으로 측정하고 정리하여 주로 기업 외부의 이해관계자에게 전달하는 과정이라 할 수 있다. 이와 같은 재무회계 정보를 정보이용자에게 보고하는 것을 재무보고라고 한다. 앞서 언급한 바와 같이 재무보고의 주된 수단은 재무제표이다. 재무보고의 목적은 정보이용자의 경제적 의사결정과 경영자의 수탁책임을 평가하는데 유용한 정보, 즉 기업의 재무상태(financial position)와 경영성과(performance), 그리고 재무상태 변동에 관한 정보를 제공하는 것이다.

재무제표의 이용자가 경제적 의사결정을 하려면 기업의 현금창출능력과 그 시기 및 확실성에 대한 평가가 필요하다. 이러한 능력은, 예를 들어 기업의 종업원과 공급자에 대한 지급능력, 차입금의 이자 및 원금 지급능력과 소유주에 대한 배당금 지급능력을 궁극적으로 결정한다. 이에 부가하여 정보이용자에게 기업의 재무상태, 경영성과와 재무상태 변동에 초점을 둔 정보가 제공된다면 기업의 현금창출능력을 보다 잘 평가할 수 있을 것이다. 재무상태에 관한 정보는 주로 재무상태표를 통해 제공되며, 경영성과에 관한 정보는 주로 포괄손익계산서를 통해 제공된다. 재무상태 변동에 관한 정보는 별도의 재무제표(현금흐름표, 자본변동표 등)를 통해 제공된다.

제 4 절 회계정보의 질적 특성

회계정보의 질적 특성(qualitative characteristics)이란 재무제표를 통해 제공되는 정보가 이용자의 의사결정에 유용하기 위해 갖추어야 할 속성으로 회계정보의 자격요건이라 할 수 있다. 한국채택국제회계기준(K-IFRS: Korean-International Financial Reporting Standards)에서 발표한 재무제표의 개념체계에서는 목적적합성과 충실한 표현을 근본적 질적 특성으로 제시하고 있다. 또한 보강적 질적특성으로는 비교가능성, 검증가능성, 적시성 및 이해가능성을 제시하고 있다. 유용한 회계정보의 질적

[그림 2-3] 회계정보의 질적 특성

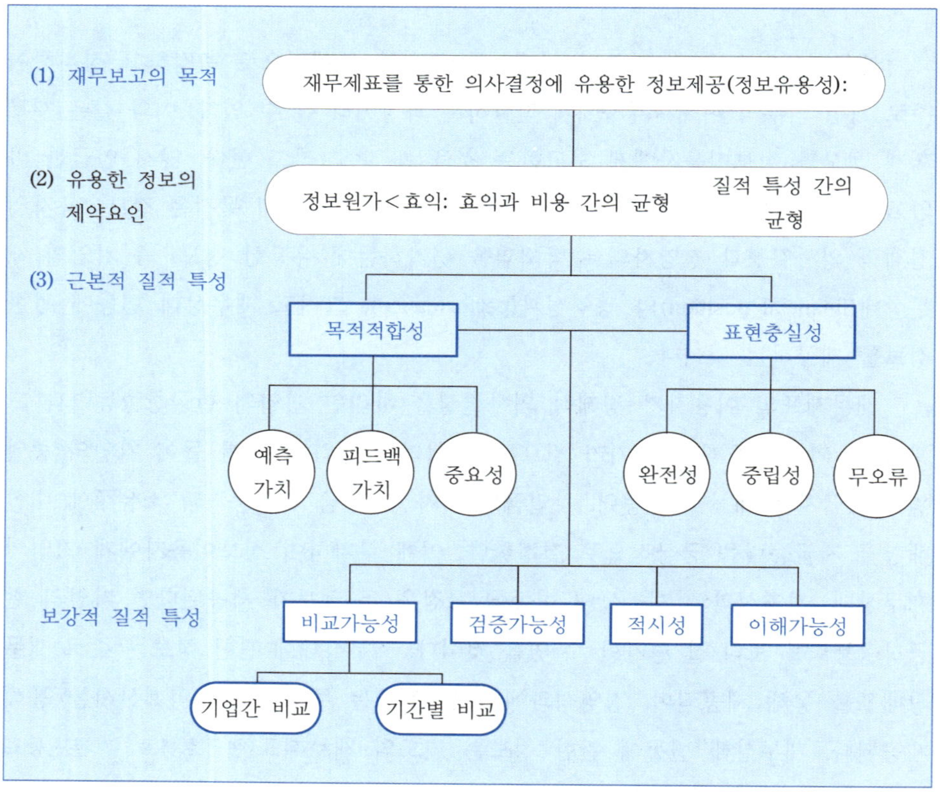

특성을 정리하면 [그림 2-3]과 같다.

1. 근본적 질적 특성

(1) 목적적합성(relevance)

회계정보가 유용하기 위해서는 이용자의 의사결정에 목적적합해야 한다. 목적적합한 정보란 이용자가 과거, 현재 또는 미래의 사건의 결과를 예측할 수 있는 ① 예측가치(predictive value)를 가지거나, 과거의 평가를 확인 또는 수정하도록 도와주는 ② 확인가치(confirmatory value, feedback value)를 가져 정보이용자의 경제적 의사결정에 영향을 미치는 정보를 말한다. 이와같이 회계정보의 예측가치와 확인가치는 상호간에 연관되어 있다. 예를 들면, 기업이 현재 보유하고 있는 자산 규모와 그 구성에 관한 정보는 이용자가 기업의 미래 수익창출 잠재력과 위험을 예측하는 데 유용한 정보이다. 이러한 정보는 기업의 재무상태에 대한 이용자의 과거 예측이 적절하였는지를 확인하는 역할을 하기도 한다. 또한 과거 거래나 사건이 표시되는 방법에 따라 재무제표의 예측능력이 제고될 수 있다. 예를 들면, 수익이나 비용의 비경상적·비정상적 그리고 비반복적인 항목이 구분 표시되는 경우 포괄손익계산서의 예측가치는 제고된다.

한편 정보의 목적적합성은 정보의 성격과 금액의 ③ 중요성(materiality)에 따라 영향을 받는다. 어떤 정보가 누락되거나 왜곡 표시되어, 재무제표에 기초한 이용자의 경제적 의사결정에 영향을 미친다면 이는 목적적합성이 있는 중요한 정보이다. 그러나 정보이용자의 의사결정에 영향을 미치지 않는 정보는 목적적합성이 있는 정보라 할 수 없을 것이다. 예를 들어, 기업규모에 비추어 백만원 미만의 금액이 큰 의미를 갖지 못할 경우에는 재무제표에 표시하는 금액 단위를 백만원 단위로 표시할 수 있을 것이다. 어떤 경우에는 정보의 성격 그 자체만으로 목적적합성을 충족한다. 예를 들면, 신규 사업부문에 대한 재무보고는 동 기간 중 해당 사업부문이 달성한 이익의 금액적 중요성에 관계없이 기업의 위험과 기회를 평가하는 데 영향을 미칠 수 있다. 그 정보에 중요한 오류나 편의가 없고, 그 정보가 나타내고자 하는 대상을 충실하게 표현하고 있다고 이용자가 믿을 수 있는 정보를 의미한다.

목적적합한 정보일지라도 신뢰성 부족으로 해당 정보를 인식하는 경우 정보이용자에게 오해를 유발할 수 있다. 예를 들면, 진행중인 소송에서 손해배상요구액의 타당성과 그 금액에 대한 논란이 있을 때 배상요구액을 전액 재무상태표에 인식하는 것은 부적절할 수 있다. 이와 같이 신뢰성이 확보되지 않았을 경우에는 손해배상요구액과 소송의 진행상황을 주석으로 공시하는 정도가 적절할 것이다.

(2) 표현충실성(faithful representation)

회계정보가 유용성을 갖기 위해서는 그 정보가 나타내고자 하거나 나타낼 것이 합리적으로 기대되는 거래나 그 밖의 사건을 충실하게 표현하여야 한다. 예를 들면, 리스약정에 의해 자산을 취득하였지만 자산, 부채의 인식요건을 충족하는 경우에는 자산의 소유권이 없고, 부채의 차입약정이 없다하더라도 리스자산과 리스부채를 재무상태표에 표시하여야 한다. 반면, 시간의 경과에 따라 내부적 영업권이 발생하게 되는데 이와 같은 영업권은 신뢰성 있게 식별하거나 측정하기 어려워 자산으로 표시할 수 없다.

회계정보가 나타내고자 하는 바를 충실하게 표현하기 위해서는 거래나 그 밖의 사건을 그 실질에 따라 회계처리하고 표시하여야 한다. 예를 들면, 특정 기업이 자산을 다른 기업이나 개인에게 처분하여 서류상으로는 자산의 법률적 소유권을 이전하지만 자산을 처분한 기업이 그 자산에 내재된 미래경제적 효익을 계속 향유하기로 합의할 수 있다. 이 경우 해당 거래를 자산의 매각으로 회계처리한다면 표현의 충실성을 충족한 것으로 볼 수 없다.

회계정보가 표현의 충실성을 갖기 위해서는 중립적이어야 한다. 즉, 편의가 없어야 한다. 특정의 정보이용자에게만 유리한 정보를 선택하거나 표시하여 다른 이용자의 의사결정이나 판단에 영향을 미친다면 그 재무제표는 중립적이라 할 수 없다. 한편 재무회계 정보가 표현의 충실성을 갖기 위해서는 거래나 사건을 충실하게 표현함으로써 서술이 완전해야 한다. 즉 필요한 기술과 설명을 포함하여 정보이용자가 서술되는 현상을 이해하는데 필요한 모든 정보를 포함해야 한다.

무엇보다 재무회계 정보가 표현충실하기 위해서는 정보를 생산하는 과정과 절차에 오류가 없어야 한다. 물론 재무제표에 표기되는 정보에는 때때로 추정에 근거하기 때문에 실제 경제적 사건과 달라지는 오류가 발생할 수 있다. 하지만 추정하는 과정에 오류가 없었다면 그 추정치의 표현은 충실하다고 할 수 있다.

2. 보강적 질적 특성

(1) 비교가능성(comparability)

이는 정보이용자가 두 개의 경제현상간의 유사성과 차이점을 구별할 수 있게 하는 정보의 요건을 말하는데, 여기에는 기업간 비교가능성(interfirm comparability)과 기간별 비교가능성(interperiod comparability)의 두 가지 종류가 있다. 특히 이 중 기간별 비교가능성과 관련하여 계속성(consistency) 또는 일관성이 중요하다. 왜냐하면 회계정보가 기간별 비교가능성이 높아지기 위해서는 계속성 혹은 일관성이 유지되어야 하기 때문이다.

다시 말해 정보이용자의 특정 기업에 대한 의사결정은 대부분 그 기업의 과거 기간이나 경쟁기업 등과의 비교에 의하여 이루어진다. 따라서 정보이용자의 의사결정을 도와주기 위해서는 특정 기업의 재무상태와 경영성과가 기간별로 비교가능해야 한다. 또한 다른 기업의 상대적인 재무상태와 경영성과 및 재무상태 변동을 평가할 수 있도록 기업 간 재무제표의 비교가 가능하여야 한다. 따라서 유사한 거래나 그 밖의 사건의 재무적 영향을 측정하고 표시할 때 한 기업 내에서 그리고 당해 기업의 기간별로 일관된 방법이 적용되어야 하며, 기업 간에도 일관된 방법이 적용되어야 한다. 만일 특정 기업의 기간 간 회계방법이 다르거나 경쟁기업과도 회계방법이 상이할 경우에는 이용자가 재무제표의 작성에 사용된 회계정책 및 회계정책의 변경과 그 영향에 대해 알 수 있도록 공시하여야 한다.

(2) 검증가능성(verifiability)

검증가능성은 정보가 나타내고자 하는 경제적 현상을 충실히 표현하는지를 정보이용자가 확인하는 데 도움을 준다. 검증가능성은 합리적인 판단력이 있고 독립적인 서로 다른 관찰자가 어떤 서술이 충실한 표현이라는 데 의견이 일치할 수 있다는 것을 의미한다. 검증은 직접적 또는 간접적으로 이루어질 수 있다.

직접 검증은, 예를 들어, 현금을 세는 것과 같이, 직접적인 관찰을 통하여 금액이나 그 밖의 표현을 검증하는 것을 의미한다. 간접 검증은 모형, 공식 또는 그 밖의 기법에의 투입요소를 확인하고 같은 방법을 사용하여 그 결과를 재계산하는 것을 의미한다. 예를 들어, 투입요소(수량과 원가)를 확인하고 같은 원가흐름가정을 사용(예: 선입선출법)하여 기말 재고자산을 재계산하여 재고자산의 장부금액을 검증하는 것이다. 어느 미래 기간 전까지는 어떤 설명과 미래전망 재무정보를 검증하는 것이 전혀 가능하지 않을 수 있다. 따라서 정보이용자가 그 정보의 이용 여부를 결정하는 데 도움을 주기 위해서는 일반적으로 기초가 된 가정, 정보의 작성 방법과 정보를 뒷받침하는 그 밖의 요인 및 상황을 공시하는 것이 필요하다.

(3) 적시성(timeliness)

회계정보가 이용자의 의사결정목적에 부합하려면 의사결정을 하고자 하는 시점에서 당해 정보가 제공되어야 한다. 일반적으로 적시에 제공되지 못하는 오래된 정보는 유용성이 낮아진다. 중간재무보고는 적시성을 중요시하는 관점에서 작성된다고 할 수 있다. 그러나 일부 정보는 오랫동안 적시성을 가질 수 있다. 예를 들어, 정보이용자가 기업이익에 대한 최근의 기간추세를 파악하고자 할 때 과거정보는 적시성을 갖는다.

(4) 이해가능성(understandability)

재무회계 정보가 갖추어야 할 필수적인 특성의 하나는 이용자가 그 정보를 쉽게 이해할 수 있어야 한다는 것이다. 아무리 유용한 회계정보라도 정보이용자가 그 정보를 이해할 수 없다면 의미가 없을 것이다. 여기서 문제는 어느 정도 수준의 정보이용자를 대상으로 이해가능성이 있는 정보를 제공해야 하는가이다. 재무제표의 개념체계에서는 정보이용자가 경영 및 경제활동과 회계에 대한 합리적인 지식을 가지고 있으며 관련 정보를 분석하기 위하여 합리적인 노력을 기울일 의지가 있는 것으로 가정한다. 한편 복잡한 내용의 정보가 일부 이용자에게는 이해가 어렵지만 다수 이용자의 경제적 의사결정 목적에 적합한 경우에는 그 정보를 재무제표에 포함하여야 한다.

3. 회계정보 제공에 대한 원가 제약요인(constraints)

회계정보가 유용하기 위해서는 목적적합성과 표현충실성을 갖추어야 한다. 그러나 이러한 회계정보를 제공하지 못하게 하는 상황이나 조건이 있는데, 이를 제약요인이라고 한다. 이러한 제약요인에는 효익과 비용 간의 균형(benefit-cost balance)과 질적 특성 간의 균형을 들 수 있다.

효익과 원가 간의 균형은 질적 특성이라기보다는 포괄적 제약요인이다. 효익과 원가 간의 균형이란 특정 정보를 이용함으로써 기대되는 효익이 그 정보를 제공하기 위하여 소요되는 원가보다 커야 한다는 것이다. 실무에서는 때때로 정보의 질적 특성 간의 균형 또는 상충관계를 고려할 필요가 있다. 예를 들어, 목적적합성을 높이기 위해 예측정보를 제공할 수 있으나 자칫하면 표현충실성을 상실할 가능성이 있다. 일반적으로는 재무제표의 목적을 달성하기 위해서는 질적 특성 간에 적절한 균형을 이루는 것이 중요하다.

제 5 절 재무제표의 기본가정 및 구성요소

재무제표는 재무상태표, 포괄손익계산서, 재무상태변동표(현금흐름표, 자본변동표), 주석을 통해 기업의 재무상태, 경영성과, 재무상태변동 그리고 본문에 제시하지 못한 추가적인 정보를 제공한다. 이러한 재무제표는 계속기업의 가정하에 작성된다. 재무상태표에서 재무상태의 측정과 직접 관련된 요소는 자산, 부채 및 자본이다. 그리고 포괄손익계산서에서 경영성과의 측정과 직접 관련된 요소는 수익과 비용이다. 재무상태변동표는 일반적으로 재무상태표 요소의 변동을 반영하므로 별도의 구성요소를 식별하지 아니한다.[7)]

1. 재무제표의 기본가정 - 계속기업

재무제표를 작성하기 위해 기업의 거래나 그 밖의 사건을 인식하는 데 필요한 기본 전제를 재무제표의 기본가정이라 한다. 한국채택국제회계기준(K-IFRS)에서는 재무제표를 작성하는 대상이 되는 기업의 환경(상황)에 대한 기본가정으로 계속기업(going-concern)의 가정을 열거하고 있다.

계속기업의 가정에 따라 재무제표는 기업이 가까운 장래에 청산되는 것이 아니라 영속적으로 존재하고, 기업의 경영활동도 영구히 계속될 것이라는 가정하에 작성된다. 이러한 계속기업의 가정은 자산을 역사적원가로 평가하는 근거를 제공

---

7) 한국채택국제기준에 따른 재무제표의 개념 및 재무제표의 기본구조와 내용은 제16장에서 구체적으로 제시되었다.

하고 있다. 따라서 기업은 그 경영활동을 청산하거나 중요성을 축소할 의도나 필요성을 갖지 않는다는 가정을 적용한다.[8)]

만약 이러한 의도나 필요성이 있다면 재무제표는 계속기업을 가정한 기준과는 다른 기준을 적용하여 작성하는 것이 타당할 수 있으며, 이때 적용한 기준은 별도로 공시하여야 한다.

2. 재무상태의 구성요소

재무상태의 측정에 직접 관련되는 요소는 자산, 부채 및 자본이다. 이러한 요소의 정의는 다음과 같다.

(1) 자산(assets)

자산은 미래경제적 효익이 기업에 유입될 잠재력을 지닌 경제적 자원으로 기업의 통제하에 있는 것을 의미한다. 여기서 미래경제적 효익이란 수익창출에 기여할 수 있는 능력 또는 미래 현금및현금성자산이 기업에 유입되는 데 기여하게 될 잠재력을 말한다. 자산의 예로는 현금및현금성자산, 매출채권, 상품, 토지, 건물, 기계 등이 있다. 자산은 토지나 건물과 같이 물리적 형태를 갖는 경우도 있지만 특허권이나 저작권과 같이 물리적 형태가 없어도 미래에 그로부터 경제적 효익이 창출되고 기업이 통제한다면 자산이 될 수 있다. 매출채권이나 부동산 등 대부분의 자산은 법률적인 소유권을 갖는다. 그러나 법적인 소유권이 없어도 자산이 될 수 있다. 예를 들면, 기업이 리스계약에 따라 점유하고 있는 부동산에서 기대되는 경제적 효익을 통제할 수 있다면 그 부동산은 기업의 자산이다.

(2) 부채(liabilities)

부채는 금융기관으로부터의 차입과 같은 과거 사건에 의하여 발생하였으며 미래에 현금이나 서비스 등을 제공하여 갚아야 할 현재의무이다. 부채의 예로는

8) 재무제표는 그 목적에 부합하도록 발생기준을 적용하여 작성된다. '재무회계 개념체계'는 수익과 비용을 인식함에 있어 발생기준 회계를 채택하고 있다. 발생기준 하에서는 거래나 그 밖의 사건의 영향을 현금의 수취나 지급시점이 아니라 발생한 기간에 인식하며 해당기간의 장부에 기록하고 재무제표에 표시한다. 발생기준을 적용하여 작성한 재무제표는 현금의 수지를 수반한 과거의 거래뿐 아니라 미래에 현금을 지급해야 하는 의무와 현금의 수취가 기대되는 자원에 대한 정보를 이용자에게 제공한다. 이렇게 함으로써 재무제표는 과거의 거래와 그 밖의 사건에 대해 정보이용자의 경제적 의사결정에 가장 유용한 형태의 정보를 제공하게 되는 것이다.

매입채무, 미지급비용, 단기차입금, 장기차입금, 사채 등이 있다. 부채는 과거의 거래나 그 밖의 사건에서 발생한다. 예를 들어 매입채무는 재화를 구입하거나 용역을 제공받음으로써 발생한다. 미지급비용은 전기의 사용과 같은 과거의 사건에 의해 비용이 발생했지만 아직 지급하지 않았을 경우에 해당한다. 단기 또는 장기 차입금은 은행대출을 받은 경우에 발생하는 상환의무이다. 일부 부채는 상당한 정도의 추정을 해야만 측정이 가능할 수 있다. 이러한 부채는 충당부채라고도 한다. 그러한 예로는 제품보증에 따른 충당부채가 있다.

(3) 자본(capital)

자본은 자산에서 부채를 뺀 잔여지분으로 이를 소유주의 지분 또는 청구권이라고도 한다.[9] 재무상태표에서 자본은 소유주(주식회사의 경우에 주주)가 납입한 자본, 납입한 자본을 활용하여 설립 이후 기업이 벌어들인 금액 중 배당을 하지 않고 유보한 이익잉여금, 기타의 자본항목 등으로 구분하여 표시할 수 있다.

3. 경영성과의 구성요소

이익은 흔히 기업의 경영성과(results of operation)에 대한 측정치로 사용된다. 또한 투자수익률이나 주당이익과 같은 지표를 측정할 때도 기초로 사용된다. 이익의 측정과 직접 관련된 요소는 수익과 비용이다.

(1) 수익(revenues)

수익은 자산의 유입이나 증가 또는 부채의 감소에 따라 자본의 증가를 초래하는 특정 회계기간 동안에 발생한 경제적 효익의 증가로서, 소유주의 출연과 관련된 것은 제외한다. 수익의 발생에 따라 다양한 자산이 수취되거나 증가될 수 있는데, 제공하는 재화나 용역의 대가로 받은 현금, 수취채권 및 재화나 용역이 그 예이다. 수익은 또한 부채의 상환에 따라 발생할 수도 있는데 예를 들면, 기업이 차입금의 상환의무를 이행하기 위해 대여자에게 재화나 용역을 제공하는 경우가 이에 해당한다.

9) 주식회사의 자본은 보유중인 모든 자산에서 갚아야 할 모든 부채(빚)을 차감하고 순수하게 남는 자산을 의미한다. 따라서 자본을 "순자산"이라고도 하며, 순자산이라는 용어는 회계학의 다른 부분에서도 상당히 많이 사용되는 용어이니 기억해둘 필요가 있다.

광의의 수익의 정의에는 수익과 차익(gains; 이익, 이득)이 모두 포함된다. 수익은 기업의 정상영업활동의 일환으로 발생하며 매출액, 수수료수익, 이자수익, 배당수익, 로열티수익 및 임대료수익 등 다양한 명칭으로 구분된다. 차익은 광의의 수익의 정의를 충족하는 그 밖의 항목으로 기업의 정상영업활동 이외의 활동에서 발생할 수 있다. 차익도 경제적 효익의 증가를 나타내므로 본질적으로 수익과 차이가 없다.

예를 들면, 차익은 비유동자산의 처분에서 발생한다. 또한 광의의 수익의 정의는 시장성 있는 유가증권의 재평가나 장기성 자산의 장부금액 증가로 인한 미실현이익을 포함한다. 차익을 포괄손익계산서에 표시하는 경우 일반적으로 구분표시하는데, 의사결정자가 이를 알면 경제적 의사결정에 도움이 되기 때문이다. 차익은 흔히 관련 비용을 차감한 금액으로 보고된다.

(2) 비용(expenses)

비용은 자산의 유출이나 소멸 또는 부채의 증가에 따라 자본의 감소를 초래하는 특정 회계기간 동안에 발생한 경제적 효익의 감소로서, 지분참여자에 대한 분배와 관련된 것은 제외한다.

광의의 비용의 정의에는 기업의 정상영업활동의 일환으로 발생하는 비용뿐만 아니라 차손(losses; 손실)도 포함된다. 기업의 정상영업활동의 일환으로 발생하는 비용은 예를 들면, 매출원가, 급여 및 감가상각비 등이다. 비용은 일반적으로 현금및현금성자산, 재고자산 또는 유형자산과 같은 자산의 유출이나 소모의 형태로 나타난다.

차손은 비용의 정의를 충족하는 그 밖의 항목으로 기업의 정상영업활동 이외의 활동에서 발생할 수 있다. 차손도 경제적 효익의 감소를 나타내므로 본질적으로 다른 비용과 차이가 없다. 예를 들면, 차손은 화재나 홍수와 같은 자연재해 또는 비유동자산의 처분에서 발생한다. 또한 비용의 정의는 미실현손실도 포함하는데, 기업의 외화차입금에 관련된 환율상승의 영향으로 발생하는 미실현손실을 그 예로 들 수 있다. 차손을 포괄손익계산서에 표시하는 경우 일반적으로 구분표시하는데, 의사결정자가 이를 알면 경제적 의사결정에 도움이 되기 때문이다. 차손은 흔히 관련 수익을 차감한 금액으로 보고된다.

제 6 절 재무제표 구성요소의 인식

인식(recognition)은 재무제표 요소, 즉 자산, 부채, 수익, 비용의 정의어 부합하고 다음과 같은 인식기준을 충족하는 항목을 재무상태표나 포괄손익계산서에 반영하는 과정을 말한다.

> **재무제표 구성요소의 인식기준**
>
> (1) 해당 항목과 관련된 미래경제적 효익이 기업에 유입되거나 해당 항목의 존재가 확실하여 이용자들의 의사결정에 목적적합한 정보이어야 한다.
>
> (2) 해당 항목의 원가 또는 가치가 나타내고자 하는 속성을 충실하게 대변하도록 표현되어야 한다.

구체적인 인식의 과정은 해당 항목을 서술하는 계정명칭과 화폐금액으로 기술하고 그 금액을 재무상태표 또는 포괄손익계산서에 표시하는 것을 포함한다.

1. 자산의 인식

자산은 자산의 정의를 만족하면서 목적적합하고 충실하게 표현할 수 있을 때만 재무상태표에 인식될 수 있다. 특정 자산의 경우, 자산의 정의를 만족하여도 목적적합하지 않을 수 있다. 예를 들어, 해당 자산의 존재가 불확실하거나 확실하더라도 경제적 효익의 유입가능성이 낮은 경우에 그러하다. 표현충실성은 측정 불확실성에 근거하여 판단한다. 많은 자산이 추정에 근거하여 측정되는데 이 경우 추정의 불확실성이 높은 경우에는 인식될 수 없다.

2. 부채의 인식

부채는 과거사건의 결과로 기업이 경제적 자원을 이전해야 하는 현재의무에 대한 정보를 제공하는 것이 목적적합하고 표현충실하게 측정할 수 있을 때 재무상태표에 인식한다. 경제적 자원의 유출가능성이 높다하더라도 결제될 금액을 신뢰성 있게 측정할 수 없다면 재무상태표에 부채로 인식하지 아니한다. 예를 들어,

진행중인 소송에 대해 패소할 가능성이 높다하더라도 손해배상금액을 신뢰성 있게 측정할 수 없다면 부채로 인식할 수 없다.

3. 수익의 인식

수익은 자산의 증가나 부채의 감소와 관련하여 미래경제적 효익이 증가하는 정보를 제공하는 것이 목적적합하고 이를 표현충실하게 측정할 수 있을 때 포괄손익계산서에 인식한다. 이는 실제로 수익의 인식이 자산의 증가나 부채의 감소에 대한 인식과 동시에 이루어짐을 의미한다. 예를 들면, 재화나 용역의 매출에 따라 자산의 순증가가 인식되며 미지급채무의 면제에 따라 부채의 감소가 인식된다. 일반적으로 수익은 재화나 용역을 판매하였을 때 인식하는데, 이는 판매시점에서 미래경제적 효익의 증가는 물론 그 금액을 신뢰성 있게 측정할 수 있기 때문이다.

4. 비용의 인식

비용은 자산의 감소나 부채의 증가와 관련하여 미래경제적 효익이 감소하는 정보를 제공하는 것이 보다 목적적합하고, 이를 표현충실하게 측정할 수 있을 때 포괄손익계산서에 인식한다. 이는 실제로 비용의 인식이 부채의 증가나 자산의 감소에 대한 인식과 동시에 이루어짐을 의미한다. 예를 들면, 종업원급여의 발생에 따라 부채의 증가가 인식되며 설비의 감가상각에 따라 자산의 감소가 인식된다.

비용은 발생된 원가와 특정 수익항목의 가득 간에 존재하는 직접적인 관련성을 기준으로 특정 기간에 인식한 수익에 대응하여 포괄손익계산서에 인식한다. 재화의 판매에 따라 수익이 발생됨과 동시에 매출원가가 비용요소로 인식되는 것이 그 예이다. 경제적 효익이 여러 회계기간에 걸쳐 발생할 것으로 기대되고 수익과의 관련성이 단지 포괄적으로 또는 간접적으로만 결정될 수 있는 경우 비용은 체계적이고 합리적인 배분절차를 기준으로 포괄손익계산서에 인식된다. 유형자산, 영업권, 특허권과 상표권 같은 자산의 사용과 관련된 비용을 사용가능한 기간에 걸쳐 감가상각비 또는 상각비로 인식하는 것이 그 예이다. 그 밖에 미래경제적 효익이 기대되지 않는 지출이거나, 제품보증에 따라 부채가 발생하는 경우에도 포괄손익계산서에 비용으로 인식되어야 한다.

제 7 절 재무제표 구성요소의 측정

측정(measurement)은 재무상태표와 포괄손익계산서에 인식되고 평가되어야 할 재무제표 요소의 화폐금액을 결정하는 과정이다. 측정은 특정 측정기준의 선택과정을 포함한다.

1. 측정기준

재무제표를 작성하기 위해서는 다수의 측정기준이 다양한 방법으로 결합되어 사용된다. 크게 분류하면 취득원가로 측정(평가)하는 방법과 공정가치로 측정(평가)하는 방법이 있는데, 자산과 부채의 측정에 사용될 수 있는 측정기준의 예는 다음과 같다.

(1) 역사적 원가

자산은 취득의 대가로 취득 당시에 지급한 현금 또는 현금성자산이나 그 밖의 대가의 공정가치로 기록한다. 부채는 부담하는 의무의 대가르 수취한 금액으로 기록한다. 어떤 경우(예: 법인세)에는 정상적인 영업과정에서 그 부채를 이행하기 위해 지급할 것으로 예상되는 현금이나 현금성자산의 금액으로 기록할 수도 있다.

(2) 현행원가

자산은 동일하거나 또는 동등한 자산을 현재시점에서 취득할 경우에 그 대가로 지불하여야 할 현금이나 현금성자산의 금액으로 평가한다. 부채는 현재시점에서 그 의무를 이행하는 데 필요한 현금이나 현금성자산의 할인하지 아니한 금액으로 평가한다.

(3) 실현가능(이행)가치

자산은 정상적으로 처분하는 경우 수취할 것으로 예상되는 현금이나 현금성자산의 금액으로 평가한다. 부채는 이행가치로 평가하는데, 이는 정상적인 영업과정에서 부채를 상환하기 위해 지급될 것으로 예상되는 현금이나 현금성자산의 할인하지 아니한 금액으로 평가한다.

(4) 현재가치

자산은 정상적인 영업과정에서 그 자산으로부터 창출될 것으로 기대되는 미래 순현금유입액의 현재할인가치로 평가한다. 부채는 정상적인 영업과정에서 그 부채를 상환할 때 필요할 것으로 예상되는 미래 순현금유출액의 현재가치로 평가한다.

2. 측정기준의 선택

재무제표를 작성할 때 기업이 가장 보편적으로 채택하고 있는 측정기준은 역사적 원가이다. 역사적 원가는 일반적으로 다른 측정기준과 함께 사용된다. 예를 들면, 재고자산은 통상적으로 역사적 원가와 순실현가능가치를 비교하여 저가로 평가되고, 시장성 있는 유가증권은 시가로 평가되기도 하며 퇴직급여채무는 현재가치로 평가된다. 일부 기업은 비화폐성자산에 대한 가격변동효과를 반영하지 못하는 역사적 원가 모형에 대한 대응책으로 현행원가기준을 사용하기도 한다.

제 8 절 기업회계기준과 회계감사제도

1. 회계기준의 국제화

기업활동결과를 정리하여 이해관계자에게 전달하는 수단인 재무제표는 일정한 기준에 따라 작성된다. 이러한 기준은 기업들이 재무제표를 작성할 때 지침의 역할을 하는 것으로 기업회계기준이라고 한다. 재무제표를 작성하는 통일된 지침이 존재하지 않는다면 기업마다 자신의 이해관계에 따라 유리한 방식으로 재무제표를 포장할 수 있다. 이렇게 되면 기업활동의 결과가 재무제표에 제대로 반영되었다는 확신을 할 수 없을 뿐 아니라 기업간에 비교가 불가능하게 된다. 이러한 재무제표를 이용하여 자금을 대여해 주거나 해당기업의 주식에 투자한 경우에는 이해관계자들이 경제적 손실을 입을 수도 있다. 따라서 기업이 재무제표를 작성하는 데에는 일정한 회계기준을 따라야 하는데, 이를 일반적으로 인정된 회계원칙(GAAP: generally accepted accounting principles)이라고 한다.

GAAP는 일반적으로 받아들여지고 있는 회계원칙(회계기준)으로서 회계실무와 재무제표의 작성을 지도하는 일반원칙을 말한다. 이는 광범위한 연구조사와 해당 전문가의 의견을 종합하여, 공식적인 회계기준 제정기관에서 규정한 회계처리기준뿐만 아니라 회계규정 자체의 구체적인 회계실무지침 또는 회계실두로부터 발전되어 광범위하게 인정되는 회계원칙을 포함한다.

우리나라의 회계기준은 1999년에 설립된 한국회계기준원(KAI: Korean Accounting Institute)에서 정부로부터 위탁을 받아 회계기준의 제·개정에 대한 업무를 담당하고 있다. 구체적으로는 회계기준원 산하에 한국회계기준위원회(KASB: Korean Accounting Standards Board)에서 회계기준의 제·개정업무를 맡고 있다. 국제회계기준위원회(IASB)는 범세계적으로 통용될 수 있는 회계기준을 제정하기 위한 조직이다. 현재 150여 개국에서 국제회계기준을 자국의 회계기준으로 채택하고 있다. 이러한 상황에서 독자적인 회계기준을 유지하는 것은 대외 신뢰도 면에서 불리하게 된다. 따라서 한국회계기준원에서는 2007년 11월에 회계기준의 국제정합성을 확보하여 회계정보의 신뢰성을 높이기 위해 국제회계기준(IFRS)을 우리나라의 회계기준으로 채택하기로 의결하였다.

이러한 국제회계기준에 근거하여 한국이 제정한 회계기준을 한국채택국제회계기준(K-IFRS: Korean-International Financial Reporting Standards)이라고 한다. 구체적으로 2009년부터 기업들이 선택적으로 적용할 수 있었으며 2011년부터는 모든 상장기업들이 한국채택국제회계기준(K-IFRS)을 의무적으로 적용하고 있다. 상장기업들이 재무제표를 작성할 때 한국채택국제회계기준을 적용하면 우리나라 기업의 재무제표와 외국기업의 재무제표간의 비교가능성이 제고되며 국제사회에서 우리나라의 회계신뢰도가 향상될 것으로 기대하고 있다.[10]

10) 국제회계기준(IFRS)의 도입에 따른 중요한 변화는 다음과 같다: (1) 기업의 연결재무제표가 기본재

현재 우리나라 기업에 적용되는 기업회계기준은 총 세 가지인데, 이를 구분하면 다음과 같다.

구 분	적용 대상 기업	제·개정기관
한국채택 국제회계 기준 (K-IFRS)	• 상장기업(KOSPI, KOSDAQ) • 비상장기업 중 자발적 적용 기업	• 국제회계기준위원회(IASB) • 한국회계기준원 회계기준위원회 (KASB)
일반기업 회계기준 (K-GAAP)	• 외부감사 대상인 비상장기업	• 한국회계기준원 회계기준위원회 (KASB)
중소기업 회계기준	• 외부감사 대상이 아닌 중소 규모 주식회사	• 법무부

2. 회계관습

회계관습(accounting conventions)은 회계에 있어서 관습적인 규칙으로 회계실무에 있어서 존중되고 받아들여지며 지켜지고 있는 것을 말한다. 회계관습은 일반인의 동의(common consent)에 의해 이루어지는 실무규칙으로서 회계실무에 있어서 실무적 편의를 고려하여 형성된다. 이론적인 회계원칙과는 차이가 있지만 관습적인 관행 내지는 실무의 특수성을 회계원칙에서 수용한 것이라고 할 수 있다. 회계관습은 회계원칙의 경직성을 완화시켜 주기 때문에 수정된 회계원칙으로서의 의미가 있다. 즉 위에서 논의된 모든 개념들이 실제로 적용될 때에는 주위의 회계환경변화에 대응할 수 있도록 어느 정도의 신축성이 부여될 필요가 있다. 이러한 회계관습이 회계원칙으로 굳어진 예로는 중요성, 보수주의, 산업별 실무 등을 들 수 있다. 이 중에서도 보수주의란 안정성 혹은 신중성이라고도 하는데, 대체적인 회계처리방법이 존재하여 어느 방법이 타당한지 판단하기 어려운 경우, 즉 회계시스템을 통해 측정·기록하고자 하는 현재의 사건에 불확실성이 존재할 경우, 회계담당자는 당기순이익이나 재무상태에 낙관적인 방법보다는 불리한 영향을 미치는 방법을 선택하여야 한다는 것이다. 그러나 의도적으로 자산이나 당

무제표가 되며, (2) 투자자에게 과거정보인 역사적 원가보다는 시장가치를 토대로 한 공정가치를 기업의 장부에 반영하도록 하고 있으며, (3) 실무적 적용지침을 제공하는 것보다 전문가의 판단을 중시하는 원칙주의 회계기준을 따른다. 또한 (4) 정보이용자를 보호하고자 공시를 강화하고 있다.

기순이익을 과소계상하는 것은 정보이용자의 의사결정을 왜곡하는 것이다.

산업별 실무는 그 기업 또는 그 기업이 속한 산업에서 특수하게 인정되어야 할 회계실무로서 정상적인 회계원칙으로서는 처리될 수 없는 사항에 대해서 인정된다. 산업별 실무로는 보험법, 은행법 또는 정부투자기관의 요청에 의하여 발생하는 경우가 있다. 예를 들어, 보험계약, 건설계약, 농림어업에 관한 기준서는 산업별 특수성을 감안하여 인정되는 기준이다.

3. 회계감사제도

재무제표는 일정한 회계기준을 적용하여 작성하여야 한다. 재무제표의 작성 지침이 되는 회계기준을 준수하지 않고 기업이 임의로 작성한 재무제표는 신뢰하기 어려울 것이다. 일반투자자들이나 채권자들은 기업들이 실지로 회계기준을 준수하여 재무제표를 작성하였는지를 확인하기 어렵다. 회계감사(Auditing)는 기업의 재무제표가 회계기준에 따라 적정하게 작성되었는지를 기업과 이해관계가 없는 독립적인 지위를 갖는 외부전문가가 재무제표를 확인한 후 전문가로서 의견을 표시하는 절차이다. 신뢰성 있는 회계정보를 이용하여 이해관계자들이 기업에 관한 의사결정을 잘 내릴 수 있도록 재무제표는 공인회계사(CPA: Certified Public Accountant)와 같은 전문가의 외부회계감사를 받은 후에 이해관계자에게 전달된다.

실제로 재무제표에 대한 외부회계감사(재무제표감사)는 공인회계사에 의해 이루어진다.[11] 공인회계사는 기업이 작성한 재무제표가 기업회계기준에 따라 적정하게 기업활동의 결과를 표시하고 있는지를 확인하고 감사보고서를 통하여 의견을 표명한다. 공인회계사가 표명하는 감사의견의 종류에는 적정의견, 한정의견, 부적정의견, 의견거절이 있다. 적정의견을 표명한 경우에는 재무제표가 기업회계기준에 따라 적정하게 작성되어 신뢰할 수 있음을 의미한다. 외부감사제도와 관련된 구체적인 내용은 다음과 같다.

11) 감사(auditing)의 종류에는 기업의 재무제표감사 이외에도 업무감사(operational audit)와 이행감사(compliance audit)로 구분된다. 업무감사는 조직의 영업활동 혹은 업무절차에 대해 능률과 효과 및 개선을 위한 권고사항을 확인할 목적으로 실시하는 감사를 말한다. 반면, 이행감사는 기업 혹은 비영리조직에서 정하는 특정법률, 절차, 규정 등을 제대로 이행하고 있는지를 살펴보는 감사를 말한다.

(1) 외부감사제도의 의의

재무제표는 경영자가 주주로부터 수탁받은 자원의 운영결과에 대한 재무적 보고책임의 이행수단이다. 따라서 경영자는 한국채택국제회계기준(K-IFRS)을 준수하여 재무제표를 작성해야 할 의무가 있다. 그러나 경영자가 수행한 경영활동을 직접 관찰할 수 없는 기업외부의 정보이용자인 주주나 채권자, 기타 외부이용자들은 경영자가 회계기준을 준수하여 재무제표를 작성하였는지를 확인하는 것이 쉽지 않다. 만일 경영자가 외부정보이용자들에 비해 기업활동의 내용에 대한 우월적인 정보를 이용하여 재무제표의 정보를 왜곡시켰다면 이러한 왜곡된 정보를 이용하여 의사결정을 한 많은 정보이용자들이 피해를 볼 수 있다.

외부감사제도는 전문적 지식을 갖는 독립된 제3자를 통하여 재무제표가 회계기준을 준수하여 작성되었는지를 확인하도록 하고 의견을 표명하게 하는 제도이다. 이러한 외부감사제도는 재무제표정보에 대한 신뢰성을 높여준다. 감사받은 재무제표는 부정확한 정보의 생명을 단축시키고 그러한 정보의 유출을 저지함으로써 자본시장의 효율성을 보장하는 데 도움을 준다.

우리나라는 「주식회사의 외부감사에 관한 법률」(외감법)에 의해 직전연도 말 기준 자산총액이 일정규모 이상(120억원)인 기업 및 상장기업(혹은 자산총액이 70억원 이상인 기업 중에서 부채총액이 70억원 이상이거나 종업원수가 300명 이상인 기업)은 의무적으로 외부감사를 받도록 하고 있다. 또한 외부감사를 담당할 독립된 전문가에 대한 자격시험제도를 두고 있는데, 이러한 자격시험에 합격한 자를 공인회계사(CPA: Certified Public Accountant)라 한다.

(2) 감사의견의 종류

감사인은 기업이 작성한 재무제표가 회계기준을 잘 준수하였는지에 대한 의견을 표명한다. 감사인이 재무제표에 대해 표명하는 감사의견(audit opinion)의 종류를 구체적으로 살펴보면 다음과 같다.

① 적정의견(unqualified opinion; clean opinion): 재무제표가 중요하게 왜곡표시되지 않아 중대한 오류가 없으며 회계기준에 따라 적정하게 표시된 경우에 표명되는 의견이다.
② 한정의견(qualified opinion): 재무제표의 왜곡표시가 특정한 항목의 중대한 오류를 제외하고는 회계기준에 따라 적정하게 표시된 경우에 표명되는 의견

이다.
③ 부적정의견(adverse opinion): 재무제표가 중요하게 왜곡표시되어 중대한 오류를 많이 포함하여 전반적으로 신뢰할 수 없는 경우에 표명되는 의견이다.
④ 의견거절(disclaimer of opinion): 감사인의 독립성이 결여되거나 감사의 범위에 제한을 받아서 충분한 감사증거를 입수할 수 없어, 이로 인해 재무제표의 왜곡표시가 중요한 경우에 표명되는 의견이다.

다음의 [표 2-1]은 2019년과 2020년 우리나라 상장기업들의 재무제표에 대한 감사의견 현황을 보여준다. 과거에는 적정의견을 표명한 경우가 대부분이고 부적정의견을 표명한 기업은 거의 없다. 감사인이 재무제표를 감사하여 회계기준에 위배되는 점을 지적하고 이를 기업이 수정한 경우에는 적정의견을 표명하고 기업이 감사인의 요구를 거부하지 않는 한 한정의견이나 부적정의견을 받을 가능성은 없기 때문이다.[12)]

그러나 최근에는 의견거절과 한정의견 등 감사의견의 '비적정'을 받은 상장회사는 71개사로 과거에 비해 높게 나타났다. 주로 규모가 작은 상장기업들이 비적정의견을 받았다. 비적정의견의 사유로는 감사범위가 제한되거나 계속기업에 대한 불확실성 순으로 나타났다.

한편 감사인이 감사업무를 수행할 때 지켜야 할 지침을 회계감사기준이라 한다. 우리나라는 한국채택국제회계기준(K-IFRS)의 적용에 발맞춰 2011년도부터 국제감사기준(ISA: International Standards on Auditing)을 도입하여 감사인이 준수해야 할 지침으로 채택하였다.

12) 회계감사(audit)와는 사뭇 다른 회계감리(audit review)가 있다. 감리란 감사인(회계법인)이 작성한 감사보고서가 외부감사법에 의거하여 회계기준과 감사기준에 적합한지의 여부를 금융감독원 혹은 한국공인회계사회가 검토하는 행위를 말한다. 감리의 목적은 감사인의 공정한 회계감사 수행을 유도하고자 회계법인의 감사보고서를 감리하도록 하고 있다.

[표 2-1] 우리나라 기업의 감사의견 현황

구분	2019년							
	유가증권		코스닥		코넥스		합계	
	회사수	비율	회사수	비율	회사수	비율	회사수	비율
적정	768	99.1%	1,330	96.4%	138	93.9%	2,236	97.2%
비적정	7	0.9%	49	3.6%	9	6.1%	65	2.8%
한정	–	–	6	0.4%	1	0.7%	7	0.3%
의견거절	7	0.9%	43	3.2%	8	5.4%	58	2.5%
부적정	–	–	–	–	–	–	–	–
합계	775	100.0%	1,379	100.0%	147	100.0%	2,301	100.0%

구분	2020년							
	유가증권		코스닥		코넥스		합계	
	회사수	비율	회사수	비율	회사수	비율	회사수	비율
적정	768	98.7%	1,397	96.5%	128	92.1%	2,293	97.0%
비적정	10	1.3%	50	3.5%	11	7.9%	71	3.0%
한정	2	0.3%	4	0.3%	–	–	6	0.3%
의견거절	8	1.0%	46	3.2%	11	7.9%	65	2.7%
부적정	–	–	–	–	–	–	–	–
합계	775	100.0%	1,379	100.0%	147	100.0%	2,301	100.0%

주) 1) 동기간의 감사의견 중 '의견거절'의 수와 비율은 지속적으로 증가하였다.
2016년: 10개(0.48%), 2017년: 25개(1.16%), 2018년: 35개(1.57%), 2019년 58개(2.52%), 2020년: 65개(2.75%)
2) 2016년부터 2020년까지 상장 피감법인에 대해 '부정적' 감사의견을 표명한 감사인은 없다.
출처: http://www.fss.or.kr

보 론 A 회계원칙

재무제표 작성에 대한 기본적 가정하에서 회계실무담당자들이 거래를 기록하고 보고할 경우에 준수해야 할 핵심적인 원칙이 있다. 예를 들어 ① 취득원가의 원칙, ② 수익인식의 실현주의 원칙, ③ 비용의 대응원칙, ④ 완전공시의 원칙 등을 들 수 있다.

(1) 취득원가의 원칙(cost principle)

취득원가원칙은 모든 자산·부채·자본·수익·비용의 취득 및 발생은 취득일자의 교환가치인 취득원가로 평가하여야 한다는 것을 말한다. 취득원가는 다른 평가방법에 비해 신뢰성이 높은데, 이는 역사적 원가(historical cost)라고도 한다.

(2) 수익인식의 수행의무이행원칙(revenue recognition principle)

과거 회계이론에서는 수익 인식을 위해 가득(earned)과 실현(realized) 두 조건이 충족되어야 한다고 보았다. 즉 기업이 재화나 용역을 제공하여 수익을 얻을 자격이 생겼고(earned), 그 금액이 객관적으로 측정 가능하며 회수 가능(realized) 할 때 수익이 인식된다고 설명하였다.

그러나 현행 K-IFRS(제1115호「수익」)에서는 이러한 '실현주의'나 '가득조건'이라는 용어를 사용하지 않고, 기업이 고객과의 계약에서 약속한 재화나 용역을 고객에게 이전함으로써 수행의무를 이행할 때 수익을 인식한다는 원칙을 제시하고 있다.

따라서 K-IFRS에서는 실현주의 원칙이 '수행의무의 이행(performance obligation satisfied)'이라는 개념으로 대체되었다. 즉 실질적으로는 가득조건(성과의 실현)이 수익 인식의 핵심 원리로 계승되었다고 볼 수 있다. 일반적으로, 수익의 인식시점은 고객에게 재화가 인도되거나 용역이 제공되어 수행의무가 충족되는 시점이며, 거래가격은 고객으로부터 받을 대가로 측정된다.

(3) 비용의 대응원칙(matching principle)

대응의 원칙이란 수익·비용대응의 원칙(principle of matching costs with revenues)이라고도 하는데, 비용인식의 근간이 되는 원칙이다. 대응원칙이란 간단히 말해서 "비용은 수익을 따라 다닌다"(expense follows revenue)는 뜻이다. 즉 비용이 발생됨에 따라 창출된 수익이 인식되는 같은 기간에 비용을 인식하여야 한다는 뜻이다. 대응은 단계적으로 ① 인과관계(cause-and-effect relationship)에 의한 대응, ② 합리적인 배분, ③ 즉시 비용화 순으로 이루어진다.

(4) 완전공시의 원칙(full disclosure principle)

이는 기업실체가 공표하는 재무상태표 및 포괄손익계산서 등 재무제표에는 그 실체의 경제적 사건에 대한 모든 중요한 정보가 공정하고 완전하며 명확하게 표시되어 있어야 한다는 원칙이다. 이는 정보이용자들이 회계정보를 보다 유용하게 이용할 수 있도록 하기 위한 것이다.

보론 B 자본 및 자본유지 개념

1. 자본의 개념

대부분의 기업은 자본의 재무적 개념에 기초하여 재무제표를 작성한다. 자본을 투자된 화폐액 또는 투자된 구매력으로 보는 재무적 개념하에서 자본은 기업의 순자산이나 지분과 동의어로 사용된다. 자본을 조업능력으로 보는 자본의 실물적 개념하에서는 자본은 예를 들면, 1일 생산수량과 같은 기업의 생산능력으로 간주된다.

기업은 재무제표 이용자의 정보요구에 기초하여 적절한 자본개념을 선택하여야 한다. 따라서 재무제표의 이용자가 주로 명목상의 투하자본이나 투하자본의 구매력 유지에 관심이 있다면 재무적 개념의 자본을 채택하여야 한다. 그러나 이용자의 주된 관심이 기업의 조업능력 유지에 있다면 실물적 개념의 자본을 사용하여야 한다. 비록 자본개념을 실무적으로 적용하는 데는 측정의 어려움이 있을 수 있지만 선택된 자본개념에 따라 이익의 결정 목표가 무엇인지 알 수 있게 된다.

2. 자본유지의 개념

자본개념에 따라 다음과 같은 자본유지개념이 도출된다.

(1) 재무자본유지

재무자본유지 개념하에서 이익은 해당 기간 동안 소유주에게 배분하거나 소유주가 출연한 부분을 제외하고 기말 순자산의 재무적 측정금액(화폐금액)이 기초 순자산의 재무적 측정금액(화폐금액)을 초과하는 경우에만 발생한다. 재무자본유지는 명목화폐단위 또는 불변구매력단위를 이용하여 측정할 수 있다.

(2) 실물자본유지

실물자본유지 개념하에서 이익은 해당 기간 동안 소유주에게 배분하거나 소유주가 출연한 부분을 제외하고 기업의 기말 실물생산능력이나 조업능력(또는 그러한 생산능력을 갖추기 위해 필요한 자원이나 기금)이 기초 실물생산능력을 초과하는 경우에만 발생한다. 구체적으로 살펴보면, 자본유지 개념은 기업이 유지하려고 하는 자본을 어떻게 정의하는지와 관련되며, 이익이 측정되는 준거기준을 제공함으로써 자본개념과 이익개념 사이의 연결고리를 제공한다. 자본유지 개념은 기업의 자본에 대한 투자수익과 투자회수를 구분하기 위한 필수요건이다. 자본유지를 위해 필요한 금액을 초과하는 자산의 유입액만이 이익으로 간주될 수 있고 결과적으로 자본의 투자수익이 된다. 따라서 이익은 수익에서 비용(필요한 경우 자본유지 조정액을 포함)을 차감한 후의 잔여액이다. 만일 비용이 수익을 초과한다면 그 초과액은 손실이다.

다시말해 기업이 유지하려는 자본이 재무적 개념의 자본일 경우, 즉 재무자본유지 개념하에서 이익은 해당 기간 동안 소유주에게 배분하거나 소유주가 출연한 부분을 제외하고 기말 순자산의 재무적 측정금액(화폐금액)이 기초 순자산의 재무적 측정금액(화폐금액)을 초과하는 경우에만 발생한다. 재무자본유지는 명목화폐단위 또는 불변구매력단위를 이용하여 측정할 수 있다.

반면 기업이 유지하려는 자본이 실물적 개념의 자본일 경우, 즉 실물자본유지 개념하에서 이익은 해당 기간 동안 소유주에게 배분하거나 소유주가 출연한 부분을 제외하고 기업의 기말 실물생산능력이나 조업능력(또는 그러한 생산능력을 갖추기 위해 필요한 자원이나 기금)이 기초 실물생산능력을 초과하는 경우에만 발생한다.

연습문제

[1] **재무회계를 지탱하는 기본적인 회계의 기본가정은 무엇인가?**

[2] **회계정보가 유용하기 위한 근본적 질적 특성과 보강적 질적 특성이 무엇인가?**

[3] **'일반적으로 인정된 회계원칙(GAAP)'이란 무엇인지 당신이 회계를 전혀 모르는 사람에게 설명해야 한다면 어떤 점을 강조할 수 있는가?**

[4] **외부회계감사는 왜 필요한가? 외부감사인이 표명하는 감사의견에는 어떤 것이 있는가?**

*[5] **유용한 회계정보를 제공하는 데 있어서의 제약요인에는 어떠한 것들이 있는가?**

*[6] **회계정보의 질적 특성에 대한 설명으로 올바른 것은?**

① 사건의 결과를 예측하는 데 도움을 주는 능력 및 과거에 예측했던 기대치를 확인하거나 수정하는 데 도움을 주는 능력은 질적 속성 중 목적적합성과 관련된다.
② 취득원가의 원칙을 따르면 목적적합성 있는 정보를 제공할 수 있다.
③ 회계정보를 반기나 분기에도 공시하는 것은 회계정보의 신뢰성을 높이기 위한 노력이다.
④ 회계정보가 기간별로 일관성 있게 제시되어야 하는 것은 신뢰성과 관련된다.

*[7] **K-IFRS에서 제시한 회계정보의 질적특성 중 그 속성이 다른 것은?**

① 완전성 ② 중립성 ③ 무오류 ④ 중요성

*[8] **다음 중 K-IFRS에서 제시한 유용한 회계정보가 되기 위한 질적특성에 해당되지 않는 것은?**

① 목적적합성 ② 적시성 ③ 비교가능성 ④ 신뢰성

*[9] **K-IFRS에서 제시한 회계정보의 질적특성 중에서 계속성 또는 일관성과 가장 관련이 있는 것은?**

① 비교가능성 ② 검증가능성 ③ 적시성 ④ 목적적합성

*[10] **K-IFRS에서 제시한 회계정보의 질적특성 중 보강적 질적특성으로 옳지 않은 것은?**

① 비교가능성 ② 적시성 ③ 예측가능성 ④ 검증가능성

*[11] **재무제표의 작성과 표시의 책임은 누구에게 있는가?**

① 회계담당자 ② 공인회계사 ③ 내부감사인 ④ 경영자

*[12] **국제회계기준의 주요 특징이 아닌 것은?**

① 원칙주의 회계 ② 연결재무제표 중심의 회계 ③ 공시강화 회계 ④ 원가주의 회계

*[13] **특정항목이 재무제표에 반영되기 위한 인식기준에 대한 다음의 설명 중 옳지 않은 것은?**

① 해당 항목이 재무제표 기본요소의 정의에 부합하여야 한다.
② 해당 항목의 원가 또는 가치가 충실하게 표현되어야 한다.
③ 해당 항목과 관련된 미래경제적 효익이 기업에 유입되거나 해당 항목의 존재가 확실하여 목적적합한 정보이어야 한다.
④ 해당 항목의 측정되는 금액이 추정에 의한 측정치로서 합리적인 근거가 있을 경우에도 인식에 사용되어서는 안된다.

*[14] **다음의 연결재무제표에 대한 설명 중 옳지 않은 것은?**

① 연결재무제표는 지배회사와 종속회사가 하나인 기업으로 간주하여 작성한 재무제표이다.
② IFRS에서는 연결재무제표를 주재무제표로 공시하도록 규정하고 있다.
③ 연결재무제표는 지배회사와 종속회사 간의 내부거래를 제거한 후 각각의 개별재무제표를 결합하여 작성된다.
④ 지배회사와 종속회사가 법률적으로 동일한 실체인 경우에만 연결재무제표가 작성된다.

*[15] **국제회계기준의 개념체계에 표시된 '계속기업의 가정'과 관련하여 다음의 개념 중 타당성이 가장 적은 것은?**

① 취득원가에 의한 자산평가
② 유형자산에 대한 감가상각
③ 수익과 비용의 인식
④ 청산가치에 의한 자산평가

연습문제 해답

5. (1) 효익과 비용(원가) 간의 균형: 특정 정보를 이용함으로써 기대되는 효익이 그 정보를 제공하기 위하여 소요되는 원가보다 커야 한다는 것이다.
   (2) 질적 특성간의 균형: 회계정보의 질적 특성간의 균형 또는 상충관계를 고려할 필요가 있다는 것이다.

6. ①

7. ④

8. ④

9. ①

10. ③

11. ④

12. ④

12. ④

13. ④

14. ④

15. ④: 청산가치는 계속기업의 가정과 불일치라는 개념이다.

제 3 장 회계거래의 분석과 측정

재무제표를 작성하려면 기업에서 발생하는 다양한 경제적 사건들을 회계상의 거래로 인식하고 이를 정확하게 기록해야 한다. 본장에서는 회계거래란 무엇인지, 그리고 이 거래가 회계기록으로 정리되는 과정을 설명한다. 회계거래는 자산, 부채, 자본, 수익, 비용이라는 재무제표의 요소에 증감을 발생시키는 데 어떻게 상호 연계되는지를 살펴보고, 거래기록의 근간이 되는 복식부기제도와 재무제표 등식에 대해서 논의한다.

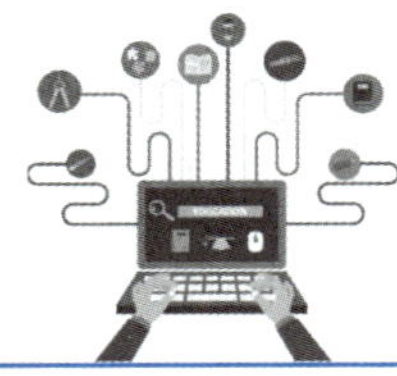

기업은 고객들이 원하는 재화나 용역을 제공하여 이익을 창출하기 위해 많은 경영활동을 하고 있다. 이러한 경영활동 가운데 기업의 재무상태와 경영성과에 영향을 미치는 경제적 사건들은 회계장부에 기록되어 재무제표에 반영되는 회계처리의 대상이 된다. 이와 같이 자산·부채·자본의 증감과 수익·비용의 발생을 가져오는 모든 경제적 사건을 회계거래(accounting transactions)라고 한다.

이 회계거래는 우리가 보통 사용하고 있는 일상적인 거래의 개념과 반드시 일치하지는 않는다. 예를 들면 도난·화재·홍수 등에 의해 발생하는 자산의 감소는 일상적 거래는 아니지만 자산의 감소를 가져오는 경제적 사건이므로 회계상의 거래이다. 그러나 단순한 매입계약·임대차계약 등은 일상생활에서 거래라고는 할 수 있지만 자산·부채·자본에 영향을 주지 않아 회계상 거래가 성립되지 않는다. 즉 자산·부채·자본의 증감·변동과 수익·비용의 발생을 가져오는 경제적 사건만이 회계상의 거래이며 재무제표에 반영되는 기록의 대상이 된다.

제 1 절 회계거래의 종류

1. 명시적 거래

명시적 거래(explicit transactions)는 기업 대 고객·공급자·종업원·은행·소유주·정부 등과의 관계에서 발생한 거래이다. 이러한 거래에서는 기업과 거래 당사자간에 급부와 반대급부의 교환이 이루어지며 객관적인 거래의 증빙에 의해 입증될 수 있다. 현금수입, 현금지출, 신용구입, 신용판매 등 통상적인 기업활동에서 발생되는 대부분의 거래가 여기에 속한다.

2. 암묵적 거래

암묵적 거래(implicit transactions)는 기업내부에서 객관적인 거래의 증빙이 없지만 자산, 부채, 자본, 수익, 비용의 변동을 유발시키는 거래이다. 이러한 암묵적 거래는 기중의 회계기록을 통해 장부에 반영되지 않고 기말에 파악하여 장부에 반영한다. 예를 들면, 기말결산시에 감가상각비의 인식, 이자비용의 인식 등이 있다.

제 2 절 회계거래의 기록을 위한 복식부기제도

회계정보이용자가 필요로 하는 다양한 정보를 정확하고 신속하게 전달해 주기 위해서는 회계상의 거래를 체계적으로 기록·분류·요약·보고할 수 있는 정형화된 회계시스템이 필요하게 된다. 복식부기제도(double-entry book-keeping system)는 바로 이러한 필요성을 충족시키기 위해 발전되어 온 회계시스템 중의 하나이다.

복식부기(double-entry bookkeeping)란 일정한 원리·원칙에 따라 회계상의 거래를 왼쪽인 차변과 오른쪽인 대변으로 나누어 두 번 장부에 기입하는 장부기입법으로서 경영활동을 체계적으로 기록하는 전형적인 방법이다. 따라서 복식부기에 의해 한 회계거래가 기록되면 기록된 차변금액의 합계와 대변금액의 합계는 항상 일치하게 되어 있다.

예를 들어 용돈 기입장이나 가계부 등을 쓸 때에는 전기료 20,000원 지급에 대하여 단순히 전기료 20,000원을 현금지출로 기록하지만 복식부기에서는 왼쪽(차변)에 전기료 20,000원, 오른쪽(대변)에 현금 20,000원을 기록한다. 이는 전기료 비용으로 20,000원을 현금으로 지출하였음을 표시하게 된다. 이렇게 하면 왼쪽(차변)에 20,000원, 오른쪽(대변)에 20,000원이 각각 기록되며 동일한 금액이 두 번 기록되기 때문에 복식(double-entry)부기라고 하는 것이다.

복식부기는 거래를 반드시 차변과 대변에 이중기록을 하므로 대차평균의 원리(principle of equilibrium)가 적용된다. 따라서 복식부기는 회계장부를 작성할 때에 자동적으로 오류가 발견될 수 있는 자기검증의 기능을 가지고 있다.

제 3 절 거래의 이중성(거래의 양면성)과 대차평균의 원리

1. 차변과 대변의 정의

복식부기에 의한 회계기록은 동일한 금액을 두 번 기록하여 자산·부채·자본·수익·비용의 증감을 파악한다. 두 번 기록할 때 먼저 기록되는 왼쪽을 차변, 다음으로 기록되는 오른쪽을 대변이라고 한다. 복식부기법에 따라 자산·부채·자본·수익·비용의 증감을 직접 기록하는 개별장소를 계정(Accounts)이라고 한다.[1]

모든 계정의 지면을 중앙에서 구분하여 왼쪽을 차변(Dr.: debit), 오른쪽을 대변(Cr.: credit)이라 하고 한쪽에는 증가를, 다른 한쪽에는 감소를 기입한다. 그리고 계정의 왼편에 금액을 기입하는 것을 차변기입(debit entry) 또는 차기한다고 하고, 오른편에 기입하는 것을 대변기입(credit entry) 또는 대기한다고 한다.

차변합계액과 대변합계액과의 차액을 계정잔액(account balance)이라 하고, 차변합계액이 대변합계액보다 크면 차변잔액(debit balance), 반대의 경우는 대변잔

1) 계정에 대한 자세한 설명은 제5절을 참조할 것.

액(credit balance)이라고 한다. 특히 주의할 점은 차변과 대변은 영문 명칭의 사전적 정의처럼 차입이나 대여 혹은 부채나 신용 등과 같은 의미를 전혀 뜻하지 않는다는 것이다. 이러한 차변과 대변의 분리는 회계의 오랜 관행으르 차변은 계정의 왼쪽, 대변은 계정의 오른쪽 이상의 의미를 갖지 않는다.

2. 거래의 이중성

거래의 이중성(duality of transactions)이란 회계상의 거래가 발생하면 반드시 차변과 대변이 같은 금액으로 변동한다는 것이다. 즉 차변에 자산이 증가하면 대변에 동액의 자산이 감소하거나 부채 또는 자본이 증가하여 항상 차변과 대변은 동액이 증감하고, 하나의 거래에 대해 이중적 인식이 가능해진다는 것이다. 거래의 이중성은 다음에 설명하는 대차평균의 원리와 함께 복식부기가 수행될 수 있는 가장 기초가 되는 원리이다.

회계상의 거래는 자산·부채·자본의 증가 및 감소와 수익·비용의 발생이라는 8개 요소 중에 반드시 2개 이상이 결합되어 이루어진다. 즉 거래는 자산·부채·자본의 증감과 수익·비용의 발생이라는 8개의 요소 중 최소한 두 개 이상의 결합으로 나타나는데 이들 거래의 요소들을 거래의 8요소라고 브른다. 또한 거래는 차변과 대변 양쪽에 같은 금액으로 기록된다. 모든 거래의 결합관계를 요약하면 [그림 3-1]과 같다.

[그림 3-1] 거래요소의 결합관계도

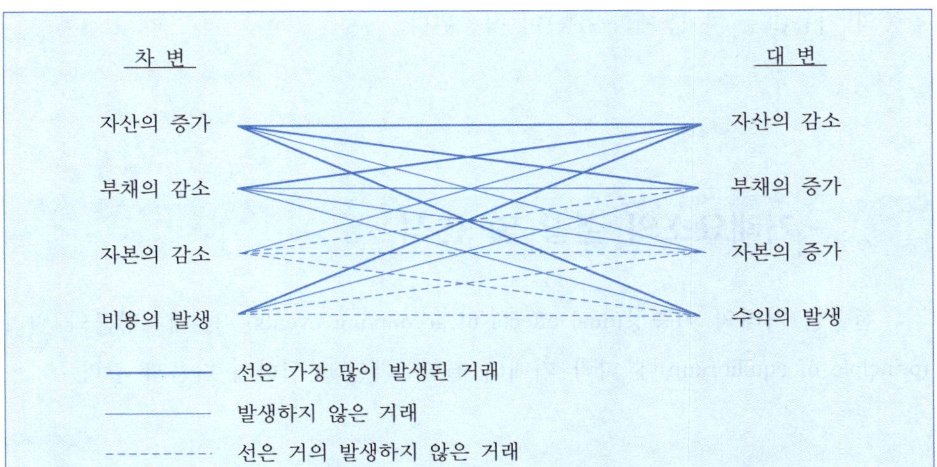

모든 거래는 왼쪽인 차변요소와 오른쪽인 대변요소가 결합·대립하여 발생되는 것이지, 왼쪽(借邊) 또는 오른쪽(貸邊)만의 요소가 결합하여 하나의 거래를 발생시키는 일은 있을 수 없다. 예를 들어 현금 10,000원의 증가(차변)와 차입금 10,000원의 감소(차변)인 거래는 발생될 수 없다는 것이다.

3. 대차평균의 원리

거래의 이중성에서 보는 바와 같이 어느 계정의 차변에 어떤 금액이 기입되면 반드시 다른 계정의 대변에도 똑같은 금액이 기입되어 아래와 같은 등식이 성립된다.

차변기입금액합계 = 대변기입금액합계

이와 같이 모든 거래의 차변금액합계와 대변금액합계가 반드시 일치하게 되는데, 이 일치관계를 대차평균의 원리(principle of equilibrium)라고 하며, 이는 복식부기의 가장 중요한 기본원리의 하나이다.

대차평균의 원리는 하나의 거래에 대해서만 아니라 모든 거래에 대하여 성립한다. 그러므로 복식부기는 이 원리를 이용하여 기업의 모든 계정의 차변합계와 대변합계를 상호비교(예: 합계시산표)하여 그것이 일치하는가를 확인함으로써 거래의 기록·계산이 옳고 그름을 자동적으로 검증할 수 있다. 이 대차평균의 원리를 통해 회계장부를 작성할 때 자동적으로 오류를 발견할 수 있는 복식부기의 자기검증의 기능(또는 자기통제의 기능)이 작용된다.

제 4 절 거래요소의 결합 및 분석

전술한 거래의 이중성(dual effects of accounting events) 및 대차평균의 원리(principle of equilibrium)에 따라 거래의 결합관계를 분석하면 다음과 같다.

1. 자산증가 거래분석의 예시

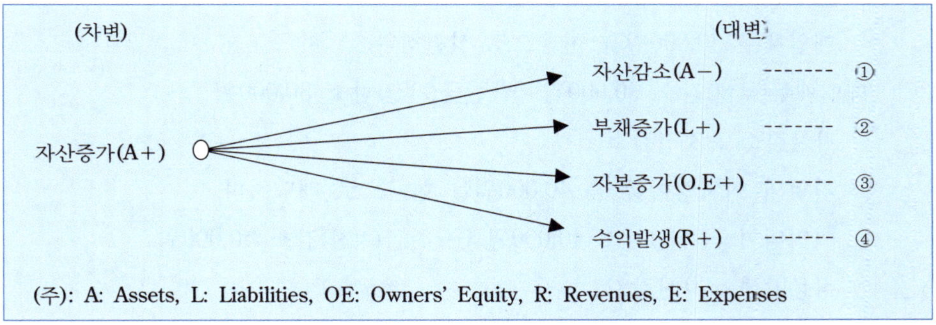

〈예〉:

① 자산증가 : 자산감소

건물을 20,000원에 매입하고, 대금은 현금으로 지급하다.

건물(자산)증가 20,000원 ↔ 현금(자산)감소 20,000원

② 자산증가 : 부채증가

상품 30,000원을 외상으로 매입하다.

상품(자산)증가 30,000원 ↔ 매입채무(부채)증가 30,000원

③ 자산증가 : 자본증가

현금 150,000원을 출자하여 개업하다.

현금(자산)증가 150,000원 ↔ 자본금(자본)증가 150,000원

④ 자산증가 : 수익발생

수입수수료 8,000원을 현금으로 받다.

현금(자산)증가 8,000원 ↔ 수수료수익(수익)발생 8,000원

2. 자산감소 거래분석의 예시

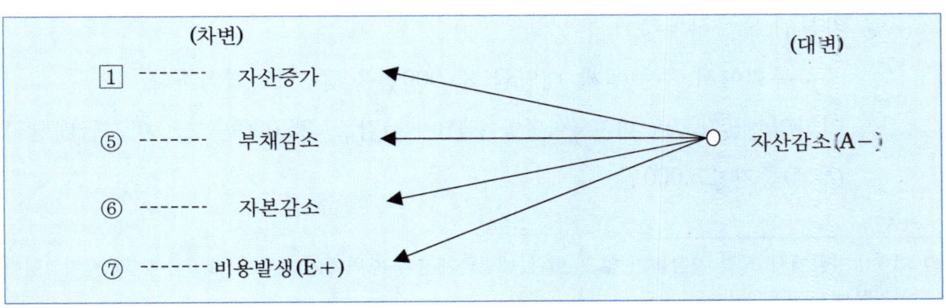

〈예〉:

⑤ 부채감소 : 자산감소

매입채무 30,000원을 현금으로 상환하다.

매입채무(부채)감소 30,000원 ↔ 현금(자산)감소 30,000원

⑥ 자본감소 : 자산감소

기업의 이익잉여금 중 40,000원을 현금으로 배당하다.

이익잉여금(자본)감소 40,000원 ↔ 현금(자산)감소 40,000원

⑦ 비용발생 : 자산감소

화재보험료 20,000원을 현금으로 지급하다.

보험료(비용)발생 20,000원 ↔ 현금(자산)감소 20,000원

3. 부채증가 거래분석의 예시

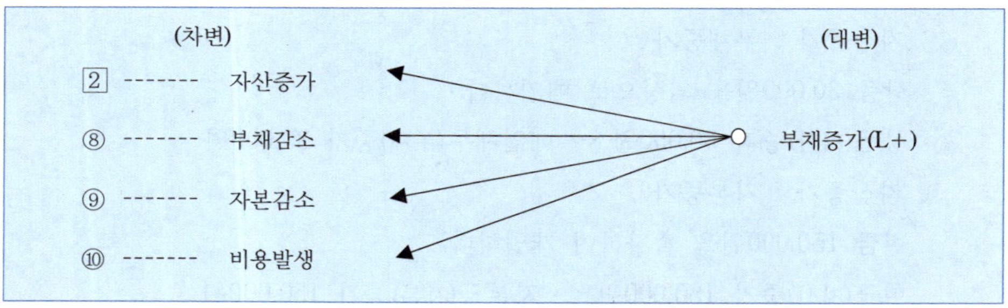

〈예〉:

⑧ 부채감소 : 부채증가

단기차입금 20,000원의 상환이 어려워 은행과 협의하여 2년 후 만기가 되는 장기차입금으로 전환하였다.

단기차입금(부채)감소 20,000원 ↔ 장기차입금(부채)증가 20,000원

⑨ 자본감소 : 부채증가

주주총회에서 주주에게 배당금 25,000원을 주기로 결의하다.

이익잉여금[2](혹은 미처분이익잉여금)(자본)감소 25,000원 ↔ 미지급배당금(부채)증가 25,000원

---

2) 이익잉여금에서 직접 차감하지 않고 일단 배당금계정의 차변에 기입하여 배당금에 의한 이익잉여금처분액을 파악할 수도 있다.

⑩ 비용발생 : 부채증가

결산시 미지급급여 5,000원을 계상하다.

급여(비용)발생 5,000원 ↔ 미지급급여(부채)증가 5,000원

4. 부채감소 거래분석의 예시

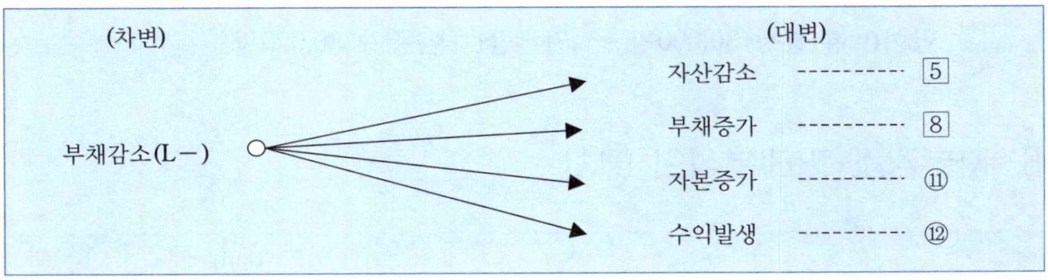

〈예〉:

⑪ 부채감소 : 자본증가

전환사채[3] 20,000원을 주식(자본금)으로 전환하여 주다.

전환사채(부채)감소 20,000원 ↔ 자본금(자본)증가 20,000원

⑫ 부채감소 : 수익발생

임대료 6개월분을 미리 받아 선수임대료로 처리되어 있던 6,000원을 기간이 경과되어 임대료수익으로 처리하다.

선수임대료(부채)감소 6,000원 ↔ 임대료수익(수익)발생 6,000원

5. 자본증가 거래분석의 예시

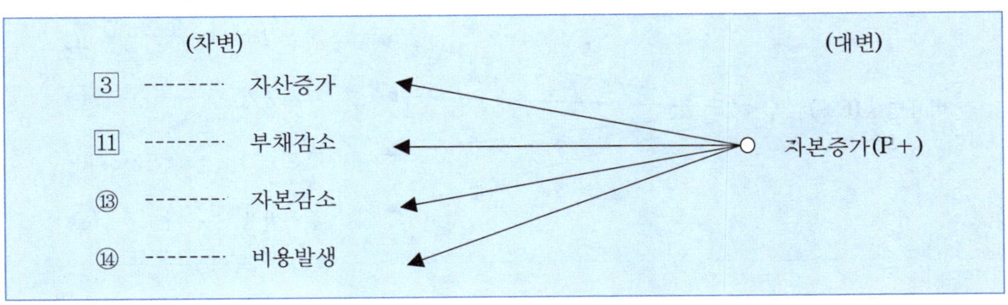

3) 전환사채란 사채를 발행한 후 일정기간이 지난 뒤에 회사의 보통주식으로 전환이 가능한 사채를 말하는데, 투자대상으로 매력이 높은 증권이다. 구체적인 내용은 제14장에서 설명된다.

〈예〉:

⑬ 자본감소 : 자본증가

주식발행초과금 50,000원을 무상증자하여 자본금을 증가시키다.

주식발행초과금(자본)감소 50,000원 ↔ 자본금(자본)증가 50,000원

⑭ 비용발생 : 자본증가(실제로 거의 발생되지 않는 거래임)

종업원급여 30,000원을 현금으로 주지 않고 주식을 발행하여 주다.

급여(비용)발생 30,000원 ↔ 자본금(자본)증가 30,000원

6. 자본감소 거래분석의 예시

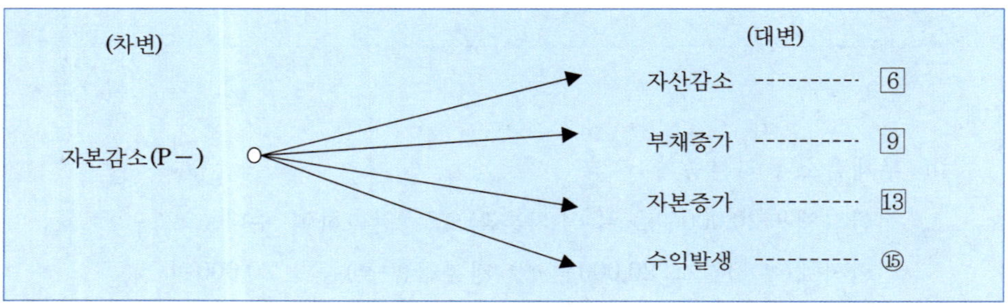

〈예〉:

⑮ 자본감소 : 수익발생(실제로 발생되지 않은 거래임)

7. 비용발생 거래분석의 예시

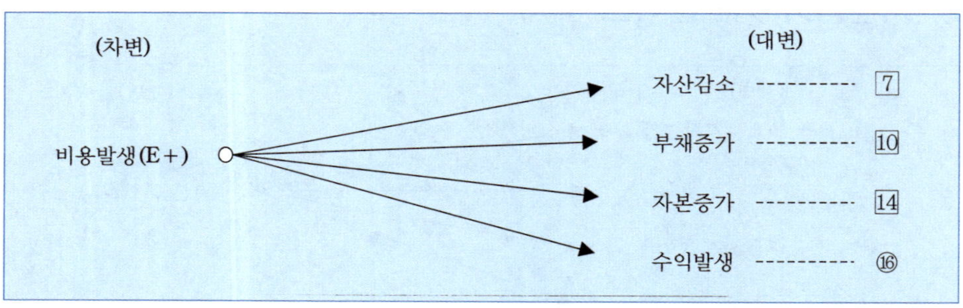

〈예〉:

⑯ 비용발생: 수익발생(실제로 발생되지 않는 거래임)

8. 수익발생 거래분석의 예시

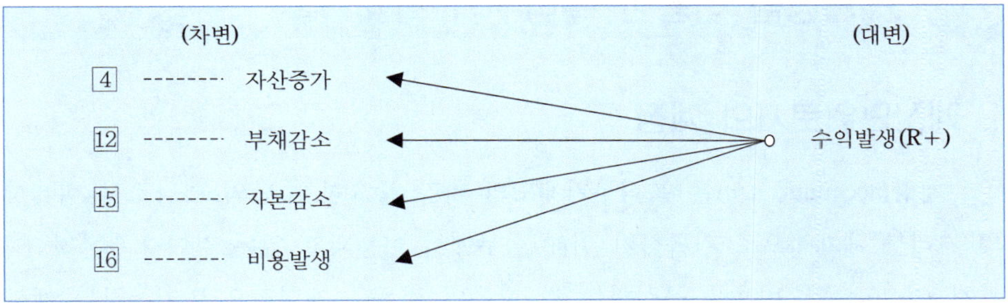

예제 3-1

서울주식회사 20×1년 9월 1일부터 9월 30일까지의 영업활동 중에서 장부상에 기록되었던 회계이다. 이 거래들을 발생순으로 거래의 8요소에 의해 각각 분석하면 다음과 같다.

(1) 서울주식회사는 현금 100,000원으로 영업을 개시하다.

현 금(A+)	100,000	자 본 금(O.E+)	100,000

(2) 건물 20,000원을 구입하고, 그 대금은 현금으로 지급하다.

건 물(A+)	20,000	현 금(A−)	20,000

(3) 목포상사로부터 30,000원의 상품을 외상으로 구입하다.

상 품(A+)	30,000	매 입 채 무(L+)	30,000

(4) 인천상사에 구입원가 20,000원의 상품을 25,000원에 외상판매하다.

매출채권(A+)	25,000	매 출(R+)	25,000
매출원가(E+)	20,000	상 품(A−)	20,000

(5) 목포상사의 매입채무 10,000원을 현금으로 상환하다.

매입채무(L−)	10,000	현 금(A−)	10,000

(6) 현금 50,000원을 우리은행에 당좌예입하다.

당좌예금(A+)	50,000	현 금(A−)	50,000

(7) 종업원에 대한 급여 10,000원을 현금으로 지급하다.

급 여(E+)	10,000	현 금(A−)	10,000

(8) 목포상사의 매입채무 10,000원이 기일이 되었으나 자금부족으로 목포상사로부터 2년 동안 장기차입하는 것으로 전환하다.

매입채무(L−)	10,000	장기차입금(L+)	10,000

(9) 차입금에 대한 이자 8,000원을 현금으로 지급하다.

이자비용(E+)	8,000	현 금(A−)	8,000

(10) 광주상사로부터 수입수수료 25,000원을 현금으로 받다.

현 금(A+)	25,000	수수료수익(R+)	25,000

제 5 절 계정을 이용한 복식부기 회계기록

1. 계산단위로서의 계정

계정(accounts; a/c)은 복식부기제도의 가장 중요한 수단의 하나로서 회계상의 거래를 체계적으로 기록하기 위해 실무에서 이용되고 있는 것이다. 즉 자산·부채·자본·수익·비용을 구성하는 각 항목의 변동을 개별적으로 기록하는 계산단위가 계정이다. 예를 들면, 현금계정은 현금의 수취와 지급을 초래하는 여러 가지 거래로 인하여 발생한 현금의 증감상황을 집계하기 위하여 설정된 별도의 기록 단위라 할 수 있다.

모든 계정이 모여 하나의 장부를 구성하고 있는데, 이러한 계정의 집합을 원장(ledger) 또는 총계정원장(general ledger)이라고 한다. 그리고 현금계정·매출채권계정처럼 각 계정의 명칭을 계정과목(title of account)이라고 한다.

2. 계정의 분류

(1) 재무상태표계정과 포괄손익계산서계정

계정은 재무제표상의 분류에 따라 재무상태표계정과 포괄손익계산서계정으로 분류된다. 재무상태표계정은 기업의 재무상태를 표시하는 자산·부채·자본의 계정으로 구성된다. 그리고 포괄손익계산서계정은 기업의 경영성과를 표시하는 계정들로 수익·비용의 계정으로 구성된다. [표 3-1]은 계정을 기업의 경영성과와 재무상태를 표시한 포괄손익계산서와 재무상태표 계정과목으로 분류한 예시이다.

(2) 실질계정과 명목계정

계정을 각 항목의 잔액이 계속 유지되는지 여부에 따라 실질계정과 명목계정으로 구분할 수 있다.

실질계정(real accounts)이란 잔액이 계속 유지되는 계정으로서 자산·부채·자본계정 등 재무상태표계정과 일치하며, 실질계정을 영구계정(permanent accounts)

[표 3-1] 포괄손익계산서계정과 재무상태표계정의 분류 예시

- 계정 (a/c)
  - 재무상태표 계정
    - 자산계정: 현금및현금성자산 · 매출채권 · 상품 · 기계장치 · 비품 등
    - 부채계정: 매입채무 · 차입금 · 사채 등
    - 자본계정: 자본금 · 자본잉여금 · 이익잉여금 등
  - 포괄손익계산서 계정
    - 수익계정: 매출 · 이자수익 · 배당금수익 · 임대료 · 외환차익 등
    - 비용계정: 매출원가 · 급여 · 임차료 · 보험료 · 이자비용 · 외환차손 등

이라고도 한다. 왜냐하면 계속기업을 가정할 때 각 항목은 매 결산기말에 잔액을 가지고 있으며, 이 잔액은 차기로 이월되어 영구적으로 존재하기 때문이다.

명목계정(nominal accounts)이란 실제로 잔액이 계속 유지되지 않고 일시적으로 유지되는 계정이다. 명목계정은 자본의 순증감을 일으키는 수익 · 비용의 계정을 말하는데, 보통 손익계산서계정을 가리키며 명목계정을 일시계정 혹은 임시계정(temporary accounts)이라고도 한다. 왜냐하면, 각 계정은 결산기 말에 마감이 되면 다음 기로 이월되지 않고 특정회계기간에만 일시적으로 존재하기 때문이다. 한편 재무상태표계정에 속한 것으로서 배당금은 임시계정에 속한다. 이와 같은 배당금계정도 장부마감이 되면 다음 기로 이월되지 않는다.

3. 계정의 양식

계정은 [표 3-2]에서 보는 것처럼 ① 계정과목 및 계정번호, ② 차변란의 금액, ③ 대변란의 금액, ④ 일자 및 거래내용을 설명하는 적요 등 네 가지 기본요소로 구성된다.

계정의 양식에는 표준식(standard form)과 잔액식(balance form)의 두 가지가 있다. 표준식은 계정을 좌우 양쪽으로 똑같이 나누어 왼쪽을 차변, 오른쪽을 대변으로 구분 · 표시하므로 거래의 기록 · 계산의 표시가 대단히 명료하게 표시된다는 장점이 있다.

잔액식은 계정에 차변 · 대변금액을 나란히 하여 잔액을 기입하도록 한 것으로서, 언제든지 계정의 잔액을 알 수 있는 편리한 형식이다. 따라서 실무에서는 잔액식이 많이 이용된다. 계정에 기입하는 방법은 다음과 같다.

[표 3-2] 계정의 양식

(표준식) 현금계정

일자		적요	분면	금액	일자		적요	분면	금액
1	1	전기이월	√	20,000	1	3	급여지급	2	10,000
1	5	서울상사에 매출	1	50,000					

(잔액식) 현금계정

일자		적요	분면	차 변	대 변	차 또는 대	잔액
1	1	전기이월	√	20,000		차	20,000
1	3	급여지출	2		10,000	차	10,000
1	5	서울상사에 매출	1	50,000		차	60,000

(1) 일자란에는 거래가 발생한 일자를 기입한다.
(2) 적요란에는 거래분개시 상대편계정을 기입하고 거래내용을 설명한다.
(3) 분면란에는 거래요소가 기입된 분개장 면수를 기입한다.
(4) 차변과 대변에는 거래금액을 기입한다.
(5) 차 또는 대란에는 잔액이 차변에 있으면 '차', 잔액이 대변에 있으면 '대'라고 표시한다.
(6) 잔액란에는 대변금액과 차변금액의 잔액을 기입한다.

그리고 모든 계정은 하나로 집합되어 장부에 모아지게 되는데, 이러한 장부를 원장(ledger) 또는 총계정원장(general ledger)이라고 한다. 한편 거래를 실제로 장부에 기입하는 것이 아니고 장부기입을 연습하는 경우에는 표준식계정의 약식을 이용하는데, 이러한 약식계정은 T자형(T-form)으로 생겼기 때문에 T-계정(T-account)이라고도 한다. 회계학교과서와 수업시간에는 일반적으로 T-계정을 이용한다.

(차 변) ×××계정 (대 변)

왼쪽	오른쪽

제 6 절 회계등식과 계정기입

1. 회계등식

기업의 어떤 경제적 활동이 회계거래(accounting transactions)로 인식되어 회계시스템에 기록되면 이는 회계등식(자산=부채+자본)의 한 개 이상의 요소에 영향을 미친다. 어떤 기업활동이 회계거래로 인식되어 기록되면 [그림 3-2]에서 보는 바와 같이 「자산=부채+자본」이라는 회계등식은 항상 유지되어야 한다. 이것이 앞에서 설명한 복식부기제도의 가장 기본이 되는 원리이다.

[그림 3-2] 회계거래와 회계등식의 관계

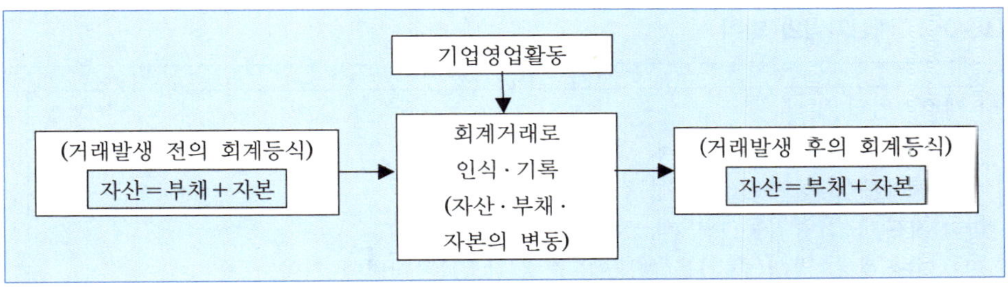

2. 계정기입의 원칙

회계등식을 자산, 부채, 자본, 수익, 비용을 포함하여 정리하면 다음과 같이 요약할 수 있다.

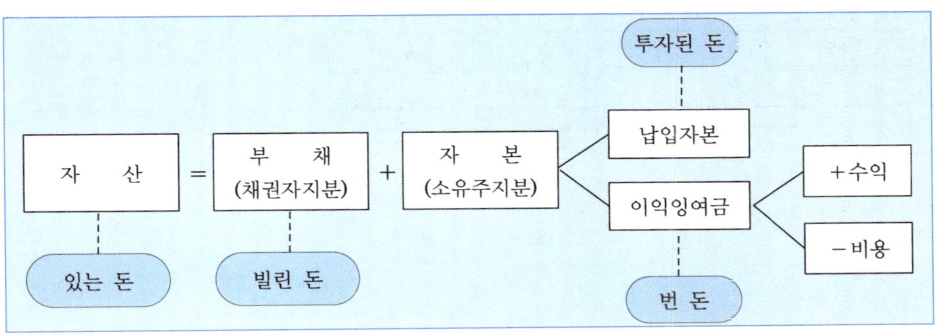

또한 이 회계등식은 다음과 같이 표시될 수 있다.

자 산	+	비 용	=	부 채	+	자 본	+	수 익

모든 거래를 계정에 기입하는 법칙은 위의 회계등식의 원리에 따른다. 이것을 계정기입의 법칙(또는 분개의 법칙)이라고 하는데, 구체적인 계정기입 방식은 [표 3-3]에 정리되어 있다. 회계등식의 왼쪽에 있는 자산과 비용에 속하는 계정들의 증가액은 해당 계정의 왼쪽, 즉 차변에 기입하고, 감소하는 경우에는 계정의 오른쪽, 즉 대변에 기입한다. 한편 회계등식의 오른쪽에 있는 부채·자본 및 수익에 속하는 계정들의 증가액은 해당 계정의 오른쪽인 대변에 기입하고, 감소액은 왼쪽, 즉 차변에 기입한다.

[표 3-3] 계정기입의 법칙

계정기입의 법칙
① 자산계정: 증가는 차변에, 감소는 대변에 기입
② 부채계정: 증가는 대변에, 감소는 차변에 기입
③ 자본계정: 증가는 대변에, 감소는 차변에 기입
④ 비용계정: 발생(증가)은 차변에, 소멸(감소)은 대변에 기입
⑤ 수익계정: 발생(증가)은 대변에, 소멸(감소)은 차변에 기입

자산계정		부채계정		자본계정	
증 가	감 소	감 소	증 가	감 소	증 가
잔 액			잔 액		잔 액

비용계정		수익계정	
발생(증가)	소멸(감소)	소멸(감소)	발생(증가)
잔액			잔액

예제 3-2

서울주식회사의 20×1년 6월 1일부터 20×1년 6월 30일까지의 다음 거래를 계정기입의 원칙에 따라 각 계정에 기입하라.

거래예시:

6월 1일 현금 200,000원을 출자하여 개업하다.
6월 2일 상품 50,000원을 매입하고, 대금은 현금으로 지급하다.
6월 5일 여비·교통비 10,000원을 현금으로 지급하다.
6월 10일 비품 20,000원을 현금으로 구입하다.
6월 20일 종업원급여 5,000원을 현금으로 지급하다.
6월 29일 수입수수료 30,000원을 현금으로 받다.

① 거래의 계정기입 원칙:

6/1	(차)	현 금	200,000	(대)	자 본 금	200,000
6/2	(차)	상 품	50,000	(대)	현 금	50,000
6/5	(차)	여비·교통비	10,000	(대)	현 금	10,000
6/10	(차)	비 품	20,000	(대)	현 금	20,000
6/20	(차)	급 여	5,000	(대)	현 금	5,000
6/29	(차)	현 금	30,000	(대)	수수료수익	30,000

② 계정기입원칙에 따라 계정에 기입:

현 금

6/1	200,000	6/2	50,000
6/29	30,000	6/5	10,000
		6/10	20,000
		6/20	5,000

자본금

		6/1	200,000

상 품

6/2	50,000		

여비·교통비

6/5	10,000		

비 품

6/10	20,000		

급 여

6/20	5,000		

수수료수익

		6/29	30,000

연습문제

[1] **복식부기와 대차평균의 원리를 설명하라.**

[2] **거래의 이중성(양면성)이란 무엇을 의미하는가?**

[3] **실질계정과 명목계정의 의미와 그 예를 들어라.**

[4] **다음은 서울상사의 거래내역이다. 각 거래와 관련하여 적절한 분개를 하라.**

(1) 비품 30,000원을 현금으로 구입하다.
(2) 상품 50,000원을 외상매입하다.
(3) 구입원가 30,000원의 상품을 35,000원에 외상판매하다.
(4) 은행으로부터 현금 40,000원을 차입하다.
(5) 단기차입금에 대한 이자 5,000원을 현금으로 지급하다.
(6) 매입채무 15,000원을 현금지급하다.
(7) 35,000원을 현금배당하다.
(8) 종업원급여 25,000원을 수표발행해 주다.
(9) 매출채권 35,000원을 현금으로 회수하다.
(10) 건물임대료수입 8,000원을 현금으로 수령하다.

[5] **다음의 관계를 나타내는 회계거래의 예를 하나씩 들라.**

(1) 자산의 증가 - 자본의 증가
(2) 비용의 발생 - 부채의 증가
(3) 자본의 감소 - 부채의 증가

[6] **다음 계정 중 증가가 차변일 경우에는 (차), 증가가 대변일 경우에는 (대)를 표시하라.**

(1) 현금 및 현금성자산 ( ) (2) 매 출 채 권 ( )
(3) 장 기 차 입 금 ( ) (4) 매 입 채 무 ( )
(5) 자 본 금 ( ) (6) 수수료수익 ( )
(7) 급 여 ( ) (8) 매 출 ( )
(9) 건 물 ( ).

[7] 서울상회의 다음 거래를 분개장에 기입하고 총계정원장에 전기하라.

5월 1일 현금 300,000원과 건물 200,000원으로 영업을 개시하다.

5월 5일 사무용비품 50,000원을 구입하고, 대금은 현금으로 지급하다.

5월 10일 A상사로부터 상품 150,000원을 구입하고, 대금은 외상으로 하다.

5월 15일 B상사에 구입원가 80,000원의 상품을 100,000원에 외상으로 판매하다.

5월 20일 광주상사에 현금 40,000원을 대여하다.

5월 22일 B상사로부터 매출채권 60,000원을 현금으로 회수하다.

5월 25일 한국전력(주)에 전기료 30,000원을 현금으로 지급하다.

[8]* 다음 중 회계상 거래에 해당되지 않는 거래는 어떤 것인가?

① 고객으로부터 현금을 받고 세무용역을 제공하다.

② 상품을 40,000원에 외상으로 매입하다.

③ 목장영업을 하고 있는 사업장에서 소가 새끼 두 마리를 낳다.

④ 제조업회사가 신장개업을 하여 친지들로부터 시가 1,500,000원의 비품기증을 약속받았다.

[9]* 회사가 지급어음의 액면가액과 이자를 현금지급할 경우에 다음 중 맞는 것은?

① 지급어음계정의 잔액이 증가한다.

② 이자비용계정의 잔액이 감소한다.

③ 지급어음계정과 이자비용계정에 차변기록이 발생한다.

④ 현금계정의 차변기록이 발생한다.

[10]* 재고자산을 신용판매할 경우 다음 중 맞는 것은?

① 재고자산계정에 차변기록한다.

② 매출채권계정에 차변기록한다.

③ 매출계정에 차변기록한다.

④ 매출원가계정에 대변기록한다.

[11]* 다음 중 명목계정에 속하지 않는 것은?

① 매출원가

② 이자수익

③ 임차료

④ 선급비용

[12]* 다음 거래 중 자산총액, 부채총액, 자본총액 어느 것에도 영향을 주지 않는 것은?

① 금융기관으로부터 빌린 차입금을 이자과 함께 현금으로 갚았다.
② 보유중인 금융자산에 대해 평가이익이 발생하였다.
③ 보유중인 건물을 장부금액으로 매각하고 매각대금을 현금으로 수령하였다.
④ 주주총회에서 현금배당을 실시하기로 결의하였다.

[13]* 회계거래의 결과, 자산이 증가하였다. 다음 중 이 거래와 동시에 발생할 수 있는 거래는?

① 다른 자산계정이 동일한 금액만큼 증가한다.
② 부채계정이 동일한 금액만큼 증가한다.
③ 자본계정이 동일한 금액만큼 감소한다.
④ 답 없음

[14]* (주)서울이 차입금 ₩5,000과 이자 ₩100을 현금으로 변제 및 지급하였다. 이 거래에 대한 분석으로 올바른 것은?

	차변	금액	대변	금액
①	(차) 차입금	5,000	(대) 현 금	5,100
	이자비용	100		
②	(차) 차입금	5,000	(대) 현 금	5,100
	이자비용	100		
③	(차) 현 금	5,100	(대) 차입금	5,000
			이자수익	100
④	(차) 현 금	5,100	(대) 차입금	5,000
			이자수익	100

[15]* 다음은 회계상의 거래요소의 결합관계를 나타내고 있다. 적절하지 못한 것은?

차변	대변
① 자본의 감소	자산의 감소
② 비용의 발생	자산의 증가
③ 자산의 증가	수익의 발생
④ 부채의 감소	자산의 감소

연습문제 해답

8. ④

9. ③: 지급어음계정과 이자비용계정의 차변기록과 현금계정의 대변기록이 발생한다.

10. ②: 차변 매출채권, 대변 매출이 발생한다.

11. ④

12. ③

13. ②

14. ①

15. ②

제 4 장 재무상태의 측정과 보고: 재무상태표

투자자들은 기업의 재무상태에 큰 관심을 갖는다. 재무상태란 기업이 보유하고 있는 경제적 자원인 자산과 이에 대한 채무자의 청구권인 부채, 그리고 소유주의 청구권인 자본의 내용과 규모가 어떠한지를 나타낸다. 본장에서는 자산, 부채 및 자본의 정의와 어떤 세부 항목들이 여기에 포함되는지를 설명하고, 재무상태를 보여주는 재무상태표의 구조 및 양식에 대하여 논의한다. 또한 재무상태표를 통하여 정보의 유형과 내용을 파악할 수 있도록 하며, 특정 시점간 재무상태의 변화가 재무상태표에 반영되는 과정을 구체적으로 습득한다.

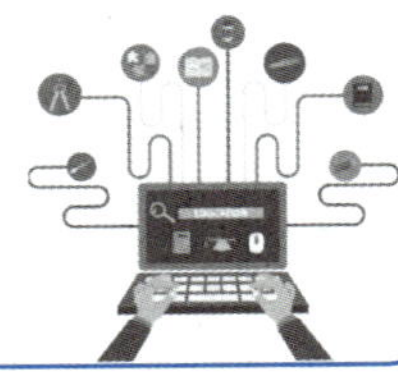

제 1 절 재무상태의 개념 및 구성

1. 재무상태와 재무상태표

재무상태(financial position)란 일정시점에 있어서 기업의 부(wealth)·경제적 상태를 나타내는 것이다. 재무상태는 주어진 특정시점에서 측정되므로 스톡(stock, 貯量)의 개념에 의하여 측정되는 것이다. 기업의 재무상태는 재무상태표(B/S: Balance Sheet 또는 statement of financial position)로 요약된다. 이 재무상태표에는 자산·부채·자본(소유주지분)이 구분되어 표시된다.

2. 자 산

(1) 자산의 의의

자산(assets)은 기업의 소유하고 있는 자원(resources) 또는 경제적 자원(economic resources)이다. 자산은 과거의 거래나 사건의 결과로서 특정 실체에 의해 획득되었고, 현재 통제하고 있으며, 미래의 경제적 효익(future economic benefits)을 창출할 수 있는 잠재력을 갖춘 자원(resources) 또는 경제적 자원(economics resources)이라고 정의할 수 있다. 자산의 예로는 현금및현금성자산,

매출채권, 상품 등의 재고자산, 토지, 건물, 기계장치 등이 있다. 여기서 미래의 경제적 효익이라는 것은 미래에 자산을 처분함으로써 현금이 들어오거나, 현금의 지출을 대신할 수 있음을 뜻한다.[1]

따라서 상품처럼 판매를 통하여 현금의 수입을 가져오는 것도 자산이지만, 선급보험료처럼 미래에 받을 효익에 대비하여 미리 현금을 지급함으로써 미래의 현금지출을 불필요하게끔 하는 항목도 자산이다. 이러한 자산은 그 항목과 관련된 미래 경제적 효익이 기업에 유입될 가능성이 높고 객관적인 화폐가치로 측정될 수 있어야 재무제표에 인식된다.

(2) 자산의 분류

자산은 유동성을 기준으로 유동자산과 비유동자산으로 분류할 수 있고, 비유동자산의 경우에는 형태의 유무에 따라 유형자산과 무형자산으로 분류할 수 있다.

1) 유동자산과 비유동자산

유동자산(current assets)은 현금및현금성자산, 당기손익-공정가치측정금융자산, 매출채권, 상품, 반제품, 재공품, 원재료, 저장품 및 선급비용 등 현금으로의 전환 속도가 빨라서 1년(또는 1영업주기) 이상 동일형태를 지속하지 못하고 빈번하게 변동하는 성질의 자산이다. 반면에 비유동자산(noncurrent assets)은 변동하는 속도가 늦어 그 성질상 원칙적으로 형태의 변화에 1년 이상 소요되는 자산이다. 여기에는 기타포괄손익-공정가치측정금융자산, 장기미수금, 투자부동산, 관계기업투자주식 등의 투자자산(long-term investments)과 토지 · 건물 · 비품 · 구축물 · 기계장치 · 건설중인 자산 등의 유형자산(tangible assets), 영업권 · 산업재산권 · 광업권 · 개발비 등의 무형자산(intangible assets), 그리고 이연법인세자산 등과 같은 기타비유동자산이 포함된다. 이와 같이 유동자산과 비유동자산을 분류하는 데 있어 일반적으로 1년 기준을 사용한다. 1년 기준으로 구별하는 방법을 1년기준법(one year rule)이라고 한다.

---

1) 현금및현금성자산은 통화 및 타인발행수표 등 통화대용증권과 당좌예금, 보통예금 및 현금등가물을 말한다. 또한 현금성자산은 큰 거래비용 없이 현금으로 전환이 용이하고 이자율변동에 따른 가치변동의 위험이 중요하지 않은 유가증권 및 단기금융상품으로서 취득 당시 만기(또는 상환일)가 3개월 이내에 도래하는 것이다. 따라서 기업이 현금계정과 예금계정을 분리하여 회계처리하더라도 재무제표작성시에는 현금및현금성자산이라는 계정과목으로 보고하여야 한다. 그러나 본서에서는 편의상 현금, 현금과 예금, 현금및현금성자산(당좌예금 분리)을 혼용하고 있다. 이에 대한 자세한 내용은 제9장에서 다루기로 한다.

2) 유형자산과 무형자산

유형자산(tangible assets)은 기업이 영업활동에 직접 사용할 목적으로 보유하는 물리적 형태를 가지고 있는 자산으로서 토지·건물·건설중인 자산 등을 들 수 있고, 무형자산(intangible assets)은 형태를 가지고 있지는 않지만 미래의 여러 기간에 걸쳐 기업의 수익창출에 기여할 것으로 예상되는 자산이다. 여기에는 영업권·산업재산권(특허권)·상표권·광업권·어업권·개발비 등의 자산을 들 수 있다.

3) 한국채택국제회계기준(K-IFRS)에 의한 자산분류의 예시

K-IFRS에 따른 자산의 분류를 예시하면 다음과 같다.[2)]

자 산

유동자산	비유동자산		
	투자자산	유형자산	무형자산
현금및현금성자산	기타포괄손익공정가치측정금융자산	토지	영업권
당기손익공정가치측정금융자산	(FVOCI금융자산)	건물	지적재산권
(FVPL 금융자산)	관계기업투자주식	구축물	특허권
매출채권	투자부동산	기계장치	상표권
재고자산	………………	선박	실용신안권
선급비용		차량운반구	광업권
……………………		건설중인자산	어업권
		……………	개발비

3. 부 채

(1) 부채의 의의

부채(liability)란 기업이 부담하는 경제적 의무로서 미래에 금전, 재화 또는 용역 등을 제공하여 갚아야 할 빚이다. 기업은 기업경영에 필요한 자원을 획득하기 위해 빚을 지는 수가 흔히 있다. 예를 들면 기업이 상품 및 원재료를 매입하였거나 용역의 제공을 받았기 때문에 그것의 대금을 지급할 의무를 나타내는 채무로서 매입채무나 미지급비용을 부담할 수 있다. 그리고 은행 또는 남에게 금전을 차입하였기 때문에 미래에 갚아야 할 빚인 차입금도 부채의 전형적인 예이다. 이와

2) K-IFRS에서는 유동자산, 비유동자산으로 구분할 뿐 비유동자산의 투자자산, 유형자산, 영업권, 기타 무형자산 등으로 구분하여 표시하도록 요구하지는 않는다.

같이 기업이 미래에 자산을 인도하거나 용역을 제공하는 등 경제적 자원의 희생이 예상될 경우 이를 부채로 분류한다.

기업의 부채로 인식되기 위해서는 i) 과거의 거래결과 나타난 것으로서 현재 시점에서 부담하는 의무가 존재하는 것이어야 하며, ii) 미래경제적 효익이 기업으로부터 유출될 가능성이 높고 신뢰성 있게 그 금액을 측정할 수 있어야 한다.

(2) 부채의 분류

부채도 자본과 마찬가지로 유동부채와 비유동부채로 구분할 수 있다. 또한 금융부채와 충당부채로 구분할 수 있다.

1) 유동부채와 비유동부채

부채는 만기가 도래하는 순서대로 재무상태표상에 구분하여 표시할 수 있다. 유동부채(current liabilities)는 단기부채(short-term liabilities)라고도 하며, 이는 회계기간 말로부터 1년(또는 영업주기) 이내에 지급기일이 도래하는 부채를 말한다. 비유동부채(noncurrent liabilities)는 장기부채(long-term liabilities)라고도 하며, 회계기간 말로부터 기산하여 1년(또는 영업주기) 이내에 지급기일이 도래되지 않는 부채를 말한다.

2) 금융부채와 충당부채

금융부채는 차입금과 같이 계약에 의해 특정 채권자에게 현금으로 갚아야 할 부채이다. 충당부채는 제품판매 보증과 같은 계약에 의해 부담하는 의무이며, 갚아야 할 금액과 시기가 현재 시점에서 확정되지 않은 부채이다.

3) 한국채택국제회계기준(K-IFRS)에 의한 부채분류의 예시

K-IFRS에 따른 부채의 분류를 간략하게 예시하면 다음과 같다.

부 채

유동부채	비유동부채
매입채무	사채
단기차입금	장기차입금
선수금	퇴직급여채무
미지급비용	이연법인세부채
제품보증충당부채	임대보증금
유동성장기부채	…………
…………	

4. 자 본

(1) 자본의 의의

자본(capital)은 기업이 가지고 있는 자산에 대한 기업의 소유주 또는 주주의 청구권, 즉 소유주의 지분이다. 다시 말해서 자산총액에서 부채총액을 차감한 잔액인 순자산(net assets 또는 net worth)을 회계에서는 자본이라고 한다. 또한 자본은 잔여지분(residual equity) 혹은 자기자본이라고도 부르는데, 자산으로부터 우선적 청구권을 가진 채권자의 지분인 부채를 차감한 후에 남는 잔여금액이기 때문이다. 이를 공식으로 표시하면 다음과 같다.

자산(A) (assets)	−	부채(L) (liabilities)	=	자본(O.E.) (owners' equities)

이러한 등식에 의하여 자본액이 계산되므로 이것을 자본등식이라고 말한다. 따라서 자본은 기업소유주의 지분 또는 투자액을 뜻한다.

이와 같은 소유주지분인 자본은 다시 소유주의 납입자본, 이익잉여금, 기타자본요소(기타의 자본)로 구분된다. 납입자본은 주주가 회사에 출자한 금액으로 다시 자본금(capital stock)과 자본잉여금으로 구분된다. 자본금은 주식 액면에 주식수를 곱한 금액으로 법정자본금이라고도 한다. 자본잉여금은 액면을 초과하여 납입한 금액을 의미한다. 이익잉여금(retained earnings)은 영업활동(손익거래: profit and loss transactions)에서 발생된 당기순이익의 누적금액이다. 기타자본요소에는 기타포괄손익누계액과 자기주식과 같은 자본조정이 있다. 기타포괄손익누계액[3] (accumulated other comprehensive income)은 손익거래로부터 발생한 자본의 증감부분이지만 최종적으로 거래를 통하여 확정되지 않은 평가상의 항목을 표시한다. 자본조정으로는 자기주식, 자기주식처분손실, 출자전환채무 등이 있다.

---

3) 재무상태표 상의 기타포괄손익누계액은 포괄손익계산서 상의 당기말까지 누적된 기타포괄손익을 말한다.

참고

지분이론(equity theories)의 대표적인 것으로 기업의 존재를 자본주(소유주)와는 별도로 인식하는 페이턴(W.A. Paton)의 지분설로 부르는 기업실체이론(entity theory)이 있다. 이는 회계의 주체는 기업이고, 기업의 목적은 기업의 부를 극대화하는 것이며, 기업의 부나 경제적 활동의 결과는 자본주와는 상관 없이 모두 기업에 귀속된다는 이론이다.

자산(assets) = 청구권 또는 지분(equities)
자산 = 채권자지분(creditor's equities) + 소유주지분(owners'equities)
자산 = 부채(채권자지분) + 자본(소유주지분) …… 재무상태표등식과 같다.

총 자 산 (total assets) = 총 지 분 (total equities) = 채권자지분(부채) (creditors'equity) + 소유주지분(자본) (owners'equity 또는 residual equity)

(2) K-IFRS에 의한 자본분류의 예시

자 본

납입자본	이익잉여금	기타자본요소
자본금	**적 립 금**	**기타포괄손익누계액**
자본잉여금	**미처분이익잉여금**	• 기타포괄손익-공정가치측정금융자산평가손익
• 주식발행초과금		• 해외사업장환산외환차이
		(확정급여제도와 관련됨)
• 기타자본잉여금		• 보험수리적손익
…………………		• 자산재평가잉여금
		………………………
		자본조정
		• 자 기 주 식
		• 자기주식처분손실
		• 주식할인발행차금
		………………………

제 2 절 재무상태표

1. 재무상태표의 의의

재무상태표(Statement of Financial Position)란 기업의 일정시점의 재무상태를 보고하기 위하여 작성되는 회계보고서이다. 여기서 재무상태란 특정일 현재 기업의 자산·부채·자본의 각각의 구성내용 및 그 크기를 의미한다. 재무상태표의 기본양식을 공식으로 나타내면 다음과 같다.

자산 = 부채 + 자본(소유주지분)

위의 등식은 재무상태표등식 또는 회계등식이라고 하는데, 기업이 소유하고 있는 경제적 자원(자산)의 합계는 이들 자산에 대한 청구권(부채와 자본)의 합계와 같다는 사실을 나타내 주고 있다. 재무상태표는 회계기간 말(결산기 말)에 작성되어 기말재무상태표가 되고, 이것은 다음 회계기간을 시작하는 재무상태표가 된다. 한편, 필요에 따라 반기 말, 분기 말 또는 월말에 재무상태표를 작성하기도 한다.

2. 재무상태표의 구조 및 양식

재무상태표는 기본적으로 자산·부채·자본의 세 가지 기본요소로 구성된다. 한국채택국제회계기준(K-IFRS)에서 규정하고 있는 재무상태표의 구조를 예시하여 나타내면 [표 4-1]과 같은데, 자산=부채+자본의 회계등식이 성립하고 있다.

재무상태표의 서식으로는 계정식과 보고식이 있다. 계정식(account form)의 재무상태표는 [표 4-1]과 같이 차변(왼쪽)에 자산, 대변(오른쪽)에 부채와 자본을 배열하는 것이고, 보고식(report form)의 재무상태표는 자산·부채·자본의 순서대로 연속적으로 표시하는 형식이다.

[표 4-1] 재무상태표의 예시(계정식)

재무상태표

회사명: ××× (20×1. 12. 31 현재) (단위: 금액)

자 산		부 채	
Ⅰ. 유동자산	×××	Ⅰ. 유동부채	×××
(1) 현금및현금성자산		Ⅱ. 비유동부채	×××
(2) 재고자산		자 본	
(3) 매출채권	×××	Ⅰ. 납입자본	×××
Ⅱ. 비유동자산		Ⅱ. 이익잉여금	×××
(1) 투자자산		Ⅲ. 기타자본요소	×××
(2) 유형자산			
(3) 무형자산			
(4) 기타비유동자산			
자산총계	×××	부채와 자본총계	×××

제 3절 재무상태표의 작성 예시

1. 회계거래와 회계등식

기업은 이익을 창출하기 위하여 여러 가지 영업활동을 끊임없이 수행하고 있다. 이러한 영업활동의 대부분은 기업의 재무상태(자산 · 부채 · 자본)와 경영성과(수익 · 비용)에 영향을 미치게 된다. 회계거래란 자산 · 부채 · 자본 · 수익 · 비용에 증감변화를 일으키는 모든 사항, 즉 재무상태와 경영성과에 변동을 가져오는 모든 사건(events)을 말한다. 기업의 영업활동이 회계상의 거래로 인식되어 회계시스템에 기록되면, 이는 회계등식의 한 개 이상의 요소에 영향을 미친다. 그러나 어떤 경업활동이 회계상의 거래로 인식되어 기록되면 [그림 4-1]에서 보는 바와 같이 「자산＝부채＋자본」이라는 회계등식은 항상 유지되어야 한다는 것이 복식부기제도(double-entry book-keeping system)의 기본원리이다.

[그림 4-1] 회계거래와 회계등식과의 관계

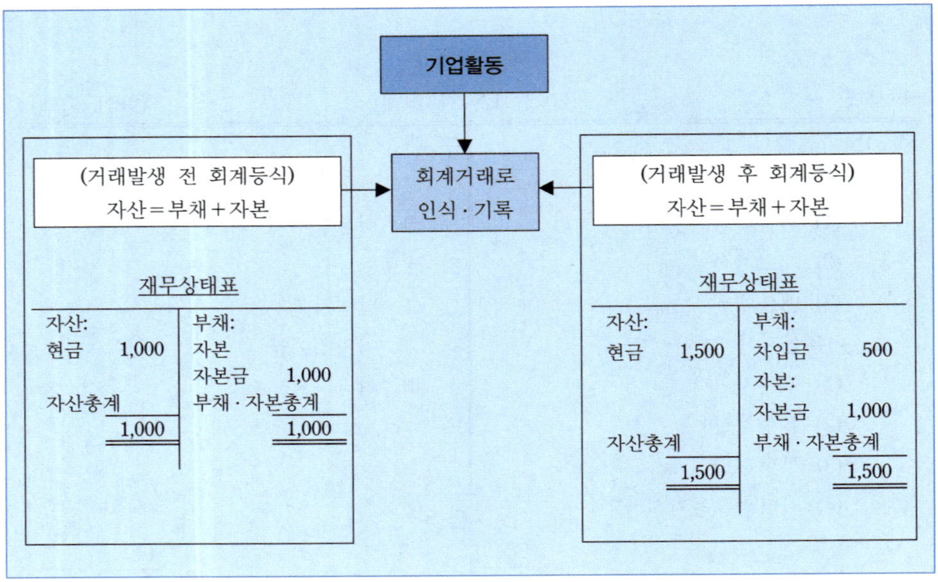

2. 재무상태표의 작성

재무상태표는 기업에 투하된 자본이 어떠한 형태로 쓰이고 있고, 어떠한 원천으로부터 조달되었는가를 밝혀 준다. 재무상태표에는 재무상태가 어느 기업의 것이며, 어느 시점의 것인가를 밝히기 위하여 기업명칭과 작성연월일을 반드시 기입하여야 한다.

먼저 예제 4-1을 통해 계정식 재무상태표를 작성한 후 예제 4-2를 통해 보고식 재무상태표를 작성해 보자.

예제 4-1

서울주식회사의 20×1년 1월 1일 현재 자산·부채가 다음과 같다고 할 경우 재무상태표를 작성하여 보자.

자 산		부 채	
현 금	₩10,000	매 입 채 무	₩25,000
매출채권	20,000	단기차입금	35,000
상 품	40,000		
건 물	30,000		
자산합계	₩100,000	부 채 합 계	₩60,000

20×1년 1월 1일 현재의 서울주식회사의 자본은 자본등식에 의하여 다음과 같이 계산된다.

자산합계(100,000) − 부채합계(60,000) = 자본(40,000)

재무상태표(계정식)

서울주식회사 (20×1. 1. 1 현재) (단위: 원)

현 금	10,000	매 입 채 무	25,000
매출채권	20,000	단기차입금	35,000
상 품	40,000	**자 본 금**	**40,000**
건 물	30,000		
자산합계	100,000	부채·자본합계	100,000

회계등식에 의하여 검토하여 보면 다음과 같다.

회계등식 ……	자산	=	부채	+	자본
	(100,000)	=	(60,000)	+	(40,000)

다음의 예제 4-2에서 K-IFRS(한국채택국제회계기준)에 따라 재무상태표를 작성해 보자.

아래 예제 4-2에서 재무상태표는 20×1년과 20×2년을 비교하는 형식으로 작성되었다. 이는 회계정보의 비교가능성을 높여줌으로써 의사결정에 유용하도록 하기 위함이다.

K-IFRS에서는 자산과 부채를 유동-비유동으로 구분하여 재무상태표에 표시할 수 있도록 하고 있으나, 유동성이 높은 순서로 배열하도록 요구하지 않고 있다. 따라서 유동자산이나 유동부채를 비유동자산이나 비유동부채에 앞서 표시하여도 되고 반대로 비유동자산이나 비유동부채를 유동자산이나 유동부채에 앞서 표시할 수도 있다.

예제 4-2

다음은 서울주식회사의 20×1년 12월 31일과 20×2년 12월 31일 현재 재무상태에 관련된 자료이다. 이 자료를 이용하여 K-IFRS에 따른 보고식 재무상태표를 작성해 보자.

(20×1년 12월 31일)			
현 금	₩3,000	당좌예금	₩10,000
매출채권	40,000	상 품	20,000
토 지	50,000	건 물	80,000
매입채무	15,000	단기차입금	25,000
사 채	60,000	자 본 금	50,000
자본잉여금	10,000	이익잉여금	43,000
(20×2년 12월 31일)			
현 금	₩5,000	당좌예금	₩15,000
매출채권	45,000	상 품	25,000
토 지	100,000	건 물	90,000
매입채무	20,000	단기차입금	30,000
미지급비용	5,000	장기차입금	40,000
사 채	60,000	자 본 금	50,000
자본잉여금	10,000	이익잉여금	65,000

재무상태표(보고식)

서울주식회사: 20×2년 12월 31일 / 20×1년 12월 31일 현재 (단위: 원)

	20×2년 12월 31일	20×1년 12월 31일
자 산:		
유동자산		
현금및현금성자산	20,000	13,000
매 출 채 권	45,000	40,000
상 품	25,000	20,000
	90,000	73,000
비유동자산		
토 지	100,000	50,000
건 물	90,000	80,000
	190,000	130,000
자산총계	**280,000**	**203,000**
부 채:		
유동부채		
매 입 채 무	20,000	15,000
단기차입금	30,000	25,000
미지급비용	5,000	
	55,000	40,000
비유동부채		
장기차입금	40,000	
사 채	60,000	60,000
	100,000	60,000
부채총계	155,000	100,000
자 본:		
자 본 금	50,000	50,000
자본잉여금	10,000	10,000
이익잉여금	65,000	43,000
자본총계	125,000	103,000
자본 및 부채총계	**280,000**	**203,000**

보 론 재무상태표 종합예제

예제 1

본문 예제 4-1의 20×1년 1월 1일 현재의 재무상태표에 다음과 같은 1월 중의 회계상의 거래가 있다고 볼 경우, 20×1년 1월 말 재무상태표를 만들어 보자.

(1) 1월 10일 매출채권 10,000원을 현금으로 회수하다.
(차) 현 금 10,000 (대) 매출채권 10,000
(2) 1월 15일 매입채무 5,000원을 현금으로 변제하다.
(차) 매입채무 5,000 (대) 현 금 5,000
(3) 1월 25일 현금 10,000원을 당좌예금하다.
(차) 당좌예금 10,000 (대) 현 금 10,000

재무상태표(계정식)

서울주식회사: (20×1. 1. 31 현재) (단위: 원)

자산	금액	부채·자본	금액
현 금*	5,000	매 입 채 무*	20,000
당좌예금*	10,000	단기차입금	35,000
매출채권*	10,000		
상 품	40,000	자 본 금	40,000
건 물	30,000		
자산합계	95,000	부채·자본합계	95,000

① 현금·매출채권·매입채무·당좌예금은 아래와 같이 계산된다.

* • 현 금 = 기초 10,000 + (1) 10,000 − (2) 5,000 − (3) 10,000 = 5,000원
• 당좌예금 = 기초 0 + (3) 10,000(예금) = 10,000원
• 매출채권 = 기초 20,000 − (1) 10,000(회수) = 10,000원
• 매입채무 = 기초 25,000 − (2) 5,000(변제) = 20,000원

② 회계등식에 의하여 검토하면 다음과 같다.

회계등식 ……

자산	=	부채	+	자본
(₩95,000)	=	(₩55,000)	+	(₩40,000)

20×1년 1월 거래결과, 자본에는 변동이 없었다. 이러한 경우에는 자산·부채에 관련된 회계상의 거래만 발생하였기 때문에 자산·부채의 금액만 변동하였고, 자본은 변동이 없었다. 한편, 자본에는 영향이 있지만 수익이나 비용에 영향을 끼치지 않은 회계상의 거래를 자본거래(capital transaction)라 한다. 전형적인 자본거래의 유형으로 자본금의 출자, 증자, 감자, 주식교환, 주식분할, 배당금의 지급 등을 들 수 있다.

예제 2

앞의 **예제 1** 의 결과인 20×1년 1월 31일 현재의 재무상태표에 20×1년 2월 중의 수익·비용에 관련된 회계거래가 다음과 같다고 할 경우, 재무상태표를 만들어 보자.

(1) 2월 10일 원가 20,000원의 상품을 30,000원에 외상으로 판매하다.

(차) 매출채권	30,000	(대) 매 출	30,000
(차) 매출원가	20,000	(대) 상 품	20,000

(2) 2월 25일 종업원의 급료 2,000원을 현금으로 지급하다.

(차) 급 여	2,000	(대) 현 금	2,000

재무상태표(계정식)

서울주식회사: (20×1. 2. 28 현재) (단위: 원)

현 금*	3,000	매 입 채 무*	20,000
당좌예금*	10,000	단기차입금	35,000
매출채권*	40,000	자 본 금	40,000
상 품*	20,000	당기순이익*	8,000
건 물	30,000	(이익잉여금)	
자산합계	103,000	부채·자본합계	103,000

① 현금·매출채권·상품·당기순이익은 다음과 같이 계산되어 결정된다.

*• 현 금 = 기초 5,000 − ② 2,000(급여지급) = 3,000원
• 매출채권 = 기초 10,000 + ① 30,000(매출) = 40,000원
• 상 품 = 기초 40,000 − ① 20,000(상품판매) = 20,000원
• 당기순이익 = 30,000(매출액) − 20,000(매출원가) − 2,000(급여)
= 8,000원

② 회계등식에 의하여 검토하면 다음과 같다.

회계등식 ……	자산	=	부채	+	자본
	(₩103,000)	=	(₩55,000)	+	(₩48,000)

유상증자나 배당 등이 없다면 재무상태표의 기초자본과 기말자본을 비교하여 당기순손익을 산출할 수 있다. 즉 기말자본이 기초자본보다 증가하면 순이익이 발생한 것이고, 반대로 감소하면 순손실이 발생한 것이다. 이러한 손익계산방법을 재산법이라고 한다.[4]

상기 사례를 재산법에 의하여 순손익을 계산하면 다음과 같다.

기말자본(48,000) — 기초자본(40,000) = 당기순이익(8,000)

상기 20×1년 2월 말 보고식의 재무상태표로 변형하여 작성하면 다음과 같다.

재무상태표(보고식)

서울주식회사:	(20×1. 2. 28 현재)	(단위: 원)
자 산:		
Ⅰ. 유동자산:		
현 금	3,000	
당좌예금	10,000	
매출채권	40,000	
상 품	20,000	73,000
Ⅱ. 비유동자산:		
건 물	30,000	
		30,000
자산총계		103,000
부 채		
Ⅰ. 유동부채		
매입채무	20,000	
단기차입금	35,000	55,000
Ⅱ. 비유동부채		
부채총계		55,000

4) 재산법에 관해서는 제4장의 포괄주의에 의한 이익의 측정방법에서 상세히 설명된다.

자 본		
Ⅰ. 납입자본		
자본금		40,000
자본잉여금		–
Ⅱ. 기타자본요소		
자본조정		–
기타포괄손익누계액		–
Ⅲ. 이익잉여금		–
당기순이익	8,000	8,000
자본총계		48,000
부채와 자본총계		103,000

연습문제

[1] 재무상태표의 구성요소인 자산·부채·자본의 개념을 약술하라.

[2] 자본금과 이익잉여금은 어떻게 다른지 약술하라.

[3] 서울상사는 현금 100,000원을 출자하여 영업을 개시하고 1년 후에 20,000원의 순이익을 얻었다. 이 때 자산총액이 250,000원이라면 부채총액은 얼마인가?

*[4] 다음은 서울(주)의 20×1. 12. 31의 재무상태에 관련된 자료이다. K-IFRS에 의한 재무상태표를 작성하라.

현금및현금성자산	₩20,000	매출채권	₩30,000	재고자산	₩35,000
선급비용	10,000	기타포괄손익공정가치측정금융자산	50,000	투자부동산	60,000
토지	100,000	건물	120,000	특허권	30,000
매입채무	20,000	단기차입금	30,000	사채	100,000
장기차입금	50,000	자본금	150,000	이익잉여금	60,000
기타포괄손익누계액	45,000				

*[5] 국민기업의 회계정보가 다음과 같을 때 20×2년 12월 31일의 부채는 얼마인가?

20×1년 12월 31일	자산	₩12,000
	부채	7,300
20×2년 12월 31일	자산	22,000
	부채	?
20×2년중	당기순이익	8,000
	유상증자	12,000
	배당금	7,800

*[6] (재무제표) 다음은 남산산업의 20×1년도 말 재무제표 계정과목이다. 남산산업의 20×1년도 말 재무상태표를 작성하라.

대 손 충 당 금	₩7,200	기타포괄손익-공정가치측정금융자산	₩80,000	현 금	₩130,000
자 본 잉 여 금	80,000	기초이익잉여금	40,000	재 고 자 산	76,000
미 지 급 비 용	22,000	당 기 순 이 익	25,000	사 채	98,000
감가상각누계액	21,000	단 기 차 입 금	50,000	자 본 금	120,000
매 입 채 무	25,000	매 출 채 권	77,200		
선 급 비 용	45,000	유 형 자 산	80,000		

*[7] 한국채택국제회계기준(K-IFRS)에 의하여 자본을 분류하고 간단히 설명하라.

[8] (주)중앙의 기초자본이 ₩100,000이라고 할 때, 재무상태표등식을 적용하여 다음 중 기초자본에 비하여 기말자본이 더 크게 나타나는 경우는?

① 매출채권 ₩200,000 증가, 매입채무 ₩300,000 증가
② 상품 ₩100,000 증가, 단기차입금 ₩200,000 증가
③ 현금 ₩300,000 증가, 매입채무 ₩100,000 증가
④ 당좌예금 ₩100,000 증가, 단기차입금 ₩150,000 증가

*[9] 다음 중 재무상태표를 사용하여 추정할 수 없는 기업의 현황은?

① 유동성
② 안전성
③ 수익성
④ 재무적 유연성

*[10] 기업의 순자산은 다음 중 어느 것인가?

① 유동자산에서 유동부채를 뺀 값
② 총자산에서 총부채를 뺀 값
③ 총자산에서 자기자본을 뺀 값
④ 정답 없음

*[11] 자본에 대한 다음의 설명 중 옳은 것은?

① 자본총액은 그 기업이 발행한 주식의 시가총액을 말한다.

② 자본은 기업의 자산에서 유동부채를 차감한 지분을 말한다.
③ 소유주지분인 자본은 재무상태표상에 자본잉여금과 이익잉여금 그리고 투자주식으로 구분표시할 수 있다.
④ 기타포괄손익누계액은 손익거래로부터 발생한 자본의 증감부분으로 당기순손익에 포함되지 않는 수익과 비용항목의 누계액이다.

*
[12] 다음의 설명 중 틀린 것은?

① 홍수가 나서 회사의 창고가 소실된 것은 회계상의 거래에 해당한다.
② 상품매매회사가 보유중인 토지를 현금으로 처분하면 부채의 증가, 수익의 발생이라는 두 가지 요소에 영향을 준다.
③ 재무보고에 의한 정보는 정보이용자의 의사결정에 유용한 정보가 모두 포함된다.
④ 납입자본은 주주가 회사에 출자한 금액으로 다시 자본금과 자본잉여금으로 구분된다.

*
[13] 다음의 계정 중 재무상태표계정이 아닌 것은?

① 이익잉여금
② 선급비용
③ 사채
④ 기타포괄손익

*
[14] 재무상태표에 대한 다음의 설명 중 틀린 것은?

① 재무상태표는 기업의 일정기간의 자산·부채·자본의 내용 및 크기를 나타내는 회계보고서이다.
② 재무상태표는 기업의 자산·부채·자본의 세 가지 기본요소로 구성된다.
③ 재무상태표상의 자산은 유동항목과 비유동항목으로 분류할 수 있으며, 배열순서는 유동성배열법을 반드시 따를 필요는 없다.
④ 재무상태표상의 자산의 합계는 부채와 자본의 합계와 항상 동일하다.

*
[15] 재무상태표의 계정에 대한 다음의 설명 중 적절하지 않은 것은?

① 재무상태표에는 자산, 부채, 자본의 계정으로 구분 표시된다.
② 자산은 현재 기업실체에 의해 획득되었거나 통제되고 있는 미래의 경제적 효익을 창출할 수 있는 잠재력을 가진 경제적 자원이다.
③ 부채는 현재 기업실체가 부담하는 경제적 의무로서 미래에 재화나 용역 등의 유출이 예상되는 의무이다.
④ 자본은 자산에서 부채를 차감한 금액으로 현재 기업실체가 발행하는 시가총액이다.

연습문제 해답

4.

재무상태표

(20×1. 12. 31)

서울주식회사:	(단위: 원)
자 산	
유동자산	
현금및현금성자산	20,000
매출채권	30,000
선급비용	10,000
재고자산	35,000
	95,000
비유동자산	
기타포괄손익-공정가치측정금융자산	50,000
투자부동산	60,000
토 지	100,000
건 물	120,000
특 허 권	30,000
	360,000
자산총계	455,000
자본 및 부채	
유동부채	
매입채무	20,000
단기차입금	30,000
	50,000
비유동부채	
장기차입금	50,000
사 채	100,000
부채총계	200,000
자 본	
자 본 금	150,000
이익잉여금	60,000
기타포괄손익누계액	45,000
자본총계	255,000
자본 및 부채 총계	455,000

5. 기초: 12,000 = 7,300 + 자본(4,700)

기말: 22,000 = 부채(5,100) + 16,900*

* 16,900 = 4,700 + 당기순이익(8,000) + 유상증자(12,000) − 배당금(7,800)

6.

재무상태표

(20×1. 12. 31 현재)

남산산업		(단위: 원)
자　산		
(1) 비유동자산		
유형자산	80,000	
감가상각누계액	(21,000)	59,000
기타포괄손익-공정가치측정금융자산		80,000
		139,000
(2) 유동자산		
재고자산		76,000
매출채권	77,200	
대손충당금	(7,200)	70,000
선급비용		45,000
현　　금		130,000
		321,000
자산총계		**460,000**
자　본		
자 본 금		120,000
자본잉여금		80,000
이익잉여금		(25,000 + 40,000) = 65,000
자본총계		**265,000**
부채		
사　　채		98,000
미지급비용		22,000
매 입 채 무		25,000
단기차입금		50,000
부채총계		**195,000**
부채와자본총계		**460,000**

7. (1) 자본금: 소유주(주주)의 출자원금이다.
   (2) 자본잉여금: 영업활동 이외의 자본거래에서 발생한 잉여금(자븐금 초과분)이다.
   (3) 이익잉여금: 영업활동에서 발생한 잉여금이다.
   (4) 자본조정: 자본거래로부터 발생하였으나 최종 납입이 이루어지지 않았거나 아직 자본금이나 자본잉여금으로 분류할 수 없는 항목이다.
   (5) 기타포괄손익누계액: 손익거래로부터 발생한 자본의 증감부분이지만 최종적으로 거래를 통하여 확정되지 않은 평가상의 항목이다.

8. ③

9. ③: 수익성은 포괄손익계산서 정보를 사용하여 추정할 수 있음.

10. ②: 순자산은 총자산에서 총부채를 뺀 값으로 자기자본과 동일함.

11. ④

12. ②

13. ④

14. ①

15. ④

제 5 장 경영성과의 측정과 보고: 포괄손익계산서

투자자들의 또 다른 큰 관심사는 일정기간 동안 기업의 경영성과가 얼마나 좋은지를 알아보는 것인데 이는 포괄손익계산서를 통하여 전달된다. 본장에서는 포괄손익계산서를 구성하는 수익 및 비용의 개념과 분류를 설명하고, 이익을 측정하는 방법으로서 당기업적개념과 포괄개념을 소개한다.

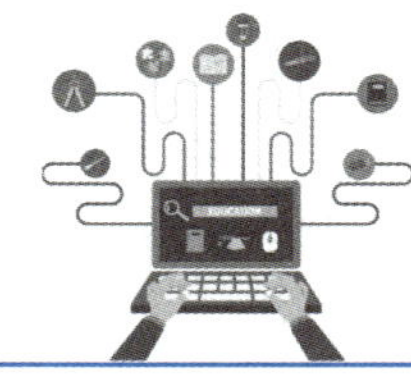

제 1 절 경영성과의 개념 및 구성

1. 경영성과와 포괄손익계산서

경영성과(results of operation)란 일정기간에 있어서 기업의 경영활동의 결과로 나타난 경제적 성과를 말한다. 제3장에서 언급한 바와 같이 기업의 재무상태는 특정시점에서 측정되므로 스톡(stock, 貯量)의 개념에 의하여 측정되나, 경영성과는 일정기간에 있어서 기업의 성과를 측정하므로 플로우(flow, 流量)의 개념에 의하여 측정되는 것이다.

K-IFRS하에서 기업의 경영성과는 포괄손익계산서(statement of comprehensive income)를 통해 보고된다. 포괄손익계산서는 수익과 비용으로 구분되고, 이들의 차이는 포괄손익으로 표시된다. 포괄손익(comprehensive income)은 ① 당기순손익(earnings)과 ② 기타포괄손익(포괄손익 중에서 당기순손익 이외의 것)의 두 가지 요소로 구성된다.[1] 여기에서 말하는 경영성과가 바로 포괄손익이다.

포괄손익을 표시하는 방법에는 두 가지가 있다. 첫째는 두 가지 요소를 하나의 포괄손익계산서에 표시하는 방법이다. 둘째는 각각의 요소를 두 개의 별개보

---

1) 한국채택국제회계기준(K-IFRS) 도입 이후에는 당기순손익 이외에 기타포괄손익을 함께 공시하는 포괄손익계산서 구조로 전환되었다. 이러한 변화는 과거 손익계산서 구조하에서는 자산·부채 평가 원칙이 취득원가주의이었으며, 예외적으로 일부 자산에 대해 공정가치 평가를 했기 때문에 기타포괄손익이 손익계산서상에 누락되어도 큰 영향은 없었지만, K-IFRS에서는 공정가치평가가 원칙이므로 기타포괄손익 정보를 포괄손익계산서상에 공시할 필요성이 증대되었다.

고서로 표시하는 방법이다. 즉 두 개의 별개보고서인 경우, 손익계산서에는 당기순손익을 표시하고 포괄손익계산서에서는 손익계산서의 당기순손익에 기타포괄손익을 가감하여 표시한다. 본장에서는 두 개의 요소를 하나의 단일보고서에 표시하는 포괄손익계산서에 주로 초점을 맞추고자 한다.

2. 수익과 비용

(1) 수익과 비용의 개념

손익계산서의 기본요소는 수익·비용·이익(또는 손실)이다. 손익은 수익과 비용의 차이로 수익이 비용보다 많을 경우에 이익이 생기지만 적을 경우에는 손실이 생긴다.

수익(revenue)은 기업이 일정한 회계기간 동안 고객에게 제공한 재화나 용역을 화폐액으로 표시하는 가액이다. 예를 들면, 상품매매업에서는 상품의 판매로부터 벌어들인 매출액을 말하고, 금융업에서는 자금을 대여하고 이로부터 생기는 이자의 수취액이며, 보험업에서는 수취한 보험료가 수익이 된다.

비용(expenses)은 수익을 얻기 위하여 소비 또는 지출된 영업상의 원가 또는 소비액이다. 예를 들면, 상품매매기업에서 판매상품에 대한 상품의 구입원가(매출원가)나 판매비와 관리비가 대표적인 비용이다.

위에서 설명한 수익·비용에 관한 예를 들어 보자. 만약 구입원가 100,000원의 상품을 130,000원에 현금판매하였다고 한다면, 수익은 매출액 130,000원이며 비용은 구입가격(매출원가) 100,000원이다. 이와 같은 상품판매의 결과로서 나타난 차액 30,000원을 매출총이익(gross margin on sales)이라고 한다.

(2) 수익과 비용의 구분

1) 수익의 분류

한국채택국제회계기준(K-IFRS)에서는 모두 수익을 표시한다면 별다른 형식을 요구하고 있지 않다. 그러나 관례적으로 수익을 크게 기업의 활동이나 기능에 따라 분류하면 영업수익 또는 매출액, 영업외수익, 중단영업손익으로 분류할 수 있다. 이하에서 살펴보기로 한다.

(가) 영업수익(operating revenue) 영업수익은 기업고유의 영업활동에서 나타난 수익을 말한다. 그러나 상품매매업이나 제조업에서 본래 영업활동은 상품 또는 제품의 판매활동이기 때문에 상품 또는 제품의 매출액이 영업수익이 된다. 그리고 운송업의 경우는 운송료수익, 보험업에서는 보험료수익, 보관업에서는 보관료수익이 영업수익이 된다.

(나) 영업외수익(non-operating income) 영업외수익은 기업본래의 영업활동 이외의 활동으로부터 나타난 수익과 차익으로서 중단영업손익에 해당하지 않는 것을 의미한다. 예를 들면 상품매매업을 영위하고 있는 기업이 여유자금이 있어 이를 은행에 예금하고 이자를 받은 경우라든가, 국채 등 채권에 투자하여 이자를 받은 경우 등의 이자수익, 다른 회사가 발행한 주식을 보유함에 따라 수령한 배당금수익 등을 들 수 있다. 다만, 지분법손익은 K-IFRS에서는 다른 손익과 구별해서 표시하도록 요구하고 있다.

2) 비용의 분류

비용도 한국채택국제회계기준(K-IFRS)에서는 모든 비용을 표시한다면, 별다른 구분을 하도록 요구하지 않는다. 그러나 관례적으로 비용을 기업활동 또는 기능별로 분류하면 크게 매출원가, 판매비와 관리비, 영업외비용, 법인세비용 등으로 분류할 수 있다.[2)]

(가) 매출원가(cost of sales) 상품매매기업의 경우에는 판매된 상품의 구입원가를 말하고, 제조기업의 경우에는 판매한 제품의 제조원가를 말한다.

(나) 판매비와 관리비(selling and administrative expenses) 판매비와 관리비는 상품과 용역의 판매활동 또는 기업의 관리와 유지에서 발생하는 비용으로서 매출원가에 속하지 아니하는 모든 영업비용을 말하는데, 여기에는 급여·판매수수료·운반비·교통비·통신비·보험료·복리후생비·접대비·감가상각비·무형자산상각비·광고선전비·연구비·경상개발비·대손상각비 등이 포함된다.

(다) 영업외비용(non-operating expenses) 영업외비용은 기업 본래의 영업활동 이외의 투자나 재무활동 등으로부터 발생되는 비용으로서 이자비용과 당기손익-공정가치측정금융자산평가손실·재고자산평가손실·기부금·외화환산손실·사채상환

---

2) 비용을 성격별로 분류할 수 있다. 예를들어, 감가상각비, 원재료 사용액, 종업원 급여, 광고비 등으로 분류할 수 있다. 제조기업에서 기능별 분류를 할 경우, 공장건물 감가상각비는 매출원가로 사무용건물 감가상각비는 판매비와 관리비로 분류된다. 성격별 분류 및 기능별 분류에 대한 구체적인 포괄손익계산서의 예시는 제16장에서 제시된다.

손실·법인세추납액·기타 대손상각비 등이 이에 해당된다. 다만, K-IFRS에서는 금융원가(이자비용 등)는 다른 비용과 반드시 구분해서 표시하도록 요구하고 있다.

(라) 법인세비용(income tax expense) 법인이 획득한 소득에 대하여 국가가 부과하는 조세를 법인세비용이라고 하며, 개인사업자에 대하여는 소득세가 부과된다. 여기에는 법인세·농어촌특별세·주민세가 포함된다.

(3) 계속영업손익과 중단영업손익(income from discontinued operation)

중단영업손익은 당해 중단영업으로부터 발생한 영업손익과 처분손익, 그리고 중단영업자산손상차손을 포함한다. 이때 계속영업손익과 구분하여 중단영업손익과 중단영업자산손상차손, 그리고 중단영업자산처분손익은 법인세효과를 차감한 순액으로 보고하고 산출내역은 주석으로 기재하며 법인세효과는 주기해야 한다.

(4) 기타포괄손익의 구분

기타포괄손익은 총포괄이익 중에서 당기순손익 이외의 항목을 말한다. 즉 관련자산과 부채의 미실현평가손익을 당기손익에 반영하지 않고 자본에 별도의 항목으로 잠정적으로 분류한 후 나중에 당기손익으로 재분류하거나 이익잉여금에 직접 반영하는 항목이다(예: 자산재평가차익, 기타포괄손익-공정가치측정금융자산평가손익, 확정급여제도의 퇴직급여에서 발생하는 보험수리적손익 등).

제 2 절 이익의 측정방법

회계상 이익(accounting income)을 회계장부상으로 어떻게 산출하여야 할 것인가에 대한 방법으로 포괄주의와 당기업적주의가 있다.[3)]

3) 회계학적 이익(accounting income)은 회계기간 중 획득하거나 발생한 화폐액으로서 소유주지분의 증가분이 되며, 보통 수익에서 비용을 차감하여 계산한다. 한편 경제학적 이익(economic income)은 실질소득에 기초하여 미래의 기대가치를 일정시점에서 현재가치(PV; present value)로 측정하여 두 지점의 가치를 비교한다. 이것은 주로 힉스(Hicks)가 주장한 자본유지개념에 의한 측정방법에 근거하고 있다.

1. 포괄개념에 의한 이익측정

포괄개념(all-inclusive concept)에서는 중단영업손익은 물론 보유손익인 기타포괄손익도 손익측정에 포함시켜야 한다는 것이다. 포괄개념에서의 회계상 기업의 순이익은 전술한 바와 같이 자본등식으로부터 구한 기초자본과 기말자본을 비교하여 산출한 금액과 일치한다. 기말자본이 기초자본보다 크면 그 차액이 순이익이고, 반대로 기초자본이 기말자본보다 크면 그 차액이 순손실이 된다. 따라서 자본거래가 아닌 모든 거래로 발생한 주주지분의 변동을 손익계산서에 보고한다.

> 기말자본액 — 기초자본액 = 순이익(순손실)
> (즉, 총포괄손익)

포괄개념에 의한 순이익은 비정상·비반복 항목(중단영업손익, 재해손실, 전기오류수정손익 등)은 물론이고 장기미실현보유손익(기타포괄손익)을 모두 당기의 손익에 포함하게 되어 기간중의 모든 손익변동이 완전공시된다. 위 공식을 재산법에 의한 당기순손익 산출식이라고 한다.

2. 당기업적개념에 의한 이익측정

당기업적개념(current operating performance concept)에서는 비정상·비반복 항목은 손익측정에서 제외시켜야 한다는 것이다. 즉 당기업적개념에 의한 손익산정은 일정기간에 실현된 정상적인 영업활동으로부터 발생하는 수익과 발생된 비용과의 차액만으로 산출하는 방법이다. 수익이 비용보다 크면 순이익이 발생되고, 반대로 비용이 수익보다 크면 순손실이 발생된다. 이 개념에서는 비정상·비반복 항목이나 중단영업손익 등은 물론 기타포괄손익을 이익으로 보고하지 않는다.

> 기간수익 — 기간비용 = 순이익(순손실)

당기업적개념에 의한 이익측정은 정상·반복적인 기업거래로 인한 수익과 비용만을 포함하여 기업의 전년도 경영성과 또는 다른 기업의 경영성과 간의 비교가능성이 높고 미래의 경영효율성과 수익성을 예측하는 데 도움이 될 수 있다.

한국채택국제회계기준(K-IFRS)에서는 포괄개념을 사용함으로써 중단영업손익은 물론, 장기미실현보유손익과 같은 기타포괄손익도 포괄손익계산서에 보고하되 계속영업손익, 중단영업손익, 기타포괄손익을 구분하여 표시하도록 하고 있다. 이는 포괄개념과 당기업적개념의 장점을 활용하고 한계점을 보완하는 방법이다.

제 3 절 포괄손익계산서

1. 포괄손익계산서의 의의

포괄손익계산서(Statement of Comprehensive Income)는 일정기간에 있어서 기업의 경영성과를 나타내는 회계보고서이다. 여기서 경영성과는 순이익의 크기로 압축되는데, 순이익이란 일정기간 동안 기업에서 벌어들인 수익과 수익을 창출하기 위해 발생된 비용간의 차이를 말한다. 포괄손익계산서는 재무상태표와 함께 재무제표 중에서 가장 중요시되고 있는 보고서이다.

포괄손익계산서의 이익계산방법을 공식으로 표현하면 다음과 같다.

수익 − 비용 = 당기순이익

수익 = 비용 + 당기순이익

총포괄손익 = 당기순이익 + 기타포괄손익

포괄손익계산서는 수익과 비용이라는 경영활동의 흐름을 일정기간 집적하여 나타낸 플로우(flow, 流量)의 계산서로서 동태적인 보고서라고 할 수 있다. 이익창출은 가장 중요한 기업의 목적 중의 하나이다. 이러한 이익정보는 기업의 미래 현금흐름의 예측에 유용한 정보를 제공하며, 기업활동의 성과를 측정하는 데 유용하다. 기타포괄손익으로는 토지, 건물 등에 대한 자산재평가차익을 들 수 있는데, 이러한 이득도 당기순이익처럼 자본을 증가시키지만 기업의 주된 경영활동을 통해 얻어진 것이 아니라는 점에서 당기순이익과는 구별된다.

2. 포괄손익계산서의 구조 및 양식

전술한 대로, 총포괄손익은 당기순이익과 기타포괄이익으로 구성되는데, 총포괄손익을 표시할 때는 두 가지 방법이 있다. 하나는 포괄손익계산서라는 한 보고서에 보고하는 방법이고, 다른 하나는 손익계산서 및 포괄손익계산서라는 각각의 별개보고서에 보고하는 방법이다. 여기에서는 총포괄손익을 단일의 보고서에

[표 5-1] 포괄손익계산서의 예시

포괄손익계산서

20×2. 1. 1 부터 12. 31까지

20×1. 1. 1 부터 12. 31까지

×××(주): (단위: 원)

	20×2	20×1
Ⅰ. 매출액(수익)	×××	×××
Ⅱ. 매출원가	(×××)	(×××)
Ⅲ. 매출총이익	×××	×××
Ⅳ. 판매비와 관리비(판매비용, 관리비용 등)	(×××)	(×××)
Ⅴ. 영업이익	×××	×××
Ⅵ. 영업외수익(금융수익, 기타수익 등)	×××	×××
Ⅶ. 영업외비용(금융원가*, 기타비용 등)	(×××)	(×××)
Ⅷ. 법인세비용차감전계속영업이익	×××	×××
Ⅸ. 계속영업이익법인세비용	(×××)	(×××)
Ⅹ. 계속영업이익	×××	×××
XⅠ. 중단영업이익(법인세효과 차감후)	×××	×××
XⅡ. 당기순이익	×××	×××
XⅢ. 기타포괄손익	×××	×××
XⅣ. 총포괄이익	×××	×××
주당이익	×××	×××

* K-IFRS에서는 금융원가를 포괄손익계산서에 별도로 구분하여 표시하도록 하고 있다(구체적인 내용은 제16장을 참조).

표시하고 당기손익 내 비용을 기능별(function of expense method)로 분류하는 포괄손익계산서의 구조와 양식을 중심으로 설명한다. 비용의 성격별 분류는 원재료비, 소모품비, 종업원급여, 감가상각비 등과 같이 비용을 성격별로 분류하

는 것을 말하며, 비용의 기능별 분류는 매출원가, 판매비, 관리비 등과 같이 비용을 기능별로 분류하는 것을 말한다.

[표 5-1]에 예시된 바와 같이, 포괄손익계산서의 머리부분에는 보고서의 명칭, 보고대상기간, 기업명칭, 금액단위가 표시된다. 포괄손익계산서의 본문에는 계속영업이익, 중단영업손익, 당기순이익, 기타포괄손익, 총포괄손익, 주당손익이 각각 구분표시된다.

제 4 절 수익과 비용의 인식: 현금주의회계와 발생주의회계

1. 현금주의회계

현금주의회계(cash basis accounting)에서는 상품이나 용역을 제공하고 그 대가로 현금을 받은 기간에 수익으로 인식하고, 이러한 수익을 발생시키는 데 소요되는 지출을 현금으로 지급한 기간에 비용으로 인식한다. 즉 다음과 같은 등식이 성립한다.

현금의 수입 = 수익	현금의 지출 = 비용

현금주의회계는 적용이 간편하다는 장점 때문에 유형자산 및 재고자산 등이 필요없는 변호사사업·공인회계사사업 등 소규모의 인적 용역업에 적당한 기준이다. 그러나 현금주의회계에 의해서 작성된 재무제표는 기업의 재무상태와 경영성과를 왜곡시킬 우려가 있다. 왜냐하면 현금수입액에서 현금지출액을 차감하여 당기의 성과를 측정하면 수익과 비용을 대응시키지 못하여 기업의 수익성과 미래의 현금창출능력을 정확하게 파악할 수 없는 큰 단점이 있기 때문이다. 따라서 현행 회계제도에서는 원칙적으로는 현금주의회계를 사용하지 않고 후술하는 발생주의회계를 채택하고 있다.

2. 발생주의회계

발생주의회계(accrual basis accounting)란 현금수취 및 현금지출거래 그 자체보다는 현금을 발생시키는 거래나 경제적 사건이 발생한 기간에 수익과 비용을 기록해야 한다는 것이다. 따라서 발생주의에서는 현금을 받지 못하였으나 기간의 경과로 수익의 획득과정이 완료되었으면(earned) 수익을 인식하고, 현금이 지출되었더라도 비용이 발생되지 않으면 비용으로 계상하지 않고, 또한 현금의 지출이 없더라도 비용이 발생되면(incurred) 비용으로 계상되어야 한다.

현대회계에서는 원칙적으로 발생주의원칙을 채택하고 있다. 발생주의회계에서는 현금의 증감을 야기시킬 수 있는 거래가 발생하였을 때 그에 따른 현금의 수입 및 지출을 합리적으로 예측할 수 있기 때문에 현금주의회계보다는 더 합리적인 회계처리방법이다. 따라서 현금주의회계는 소규모 서비스업에서 사용되고 있지만, 기업의 재무상태 및 경영성과를 왜곡시킬 수 있기 때문에 일반적으로 대부분의 기업에서는 이를 채택하고 있지 않다.

물론, 발생주의회계는 관련자산과 부채를 인식하는 기초를 제공한다. 일반적으로 발생주의회계에서 수익은 실현주의의 원칙, 비용은 수익·비용대응의 원칙에 의거하여 인식한다. 제7장에서 설명되는 기말 수정분개는 현행회계제도가 현금주의회계를 사용하지 않고 발생주의회계를 사용하기 때문에 필요한 절차이다.

3. 수익인식: 수행의무이행원칙(Performance Obligation Principle)

과거 회계이론에서는 수익을 인식하기 위해 가득(earned)과 실현(realized) 두 가지 조건을 충족해야 한다고 보았다. 즉, 기업이 상품이나 용역을 고객에게 제공하여 수익을 얻을 자격이 생기고(가득), 그 대가가 현금이나 현금화 가능한 자산으로 확정될 때(실현) 수익이 인식된다고 설명하였다. 이러한 접근을 실현주의(realization principle)라 한다.

그러나 현행 K-IFRS 제1115호(수익)는 실현주의 대신 “기업이 고객과의 계약에서 약속한 재화나 용역을 이전함으로써 수행의무를 이행할 때” 수익을 인식한다는 원칙을 제시한다. 따라서 수익 인식의 핵심은 ‘실현(realization)’이 아니라 ‘수행의무 이행(performance obligation satisfied)’이다.

예를 들어, 기업이 상품을 판매한 경우, 고객에게 재화의 통제권이 이전되는 시점(인도시점)에 수행의무가 이행되므로 그 시점에 수익을 인식한다. 대금의 회수는 현금이든 외상이든 관계없으며, 외상 부분은 매출채권으로 인식한다.

요약하면, K-IFRS 하에서는 수익 인식의 본질이 성과의 실현(가득조건)에 있고, 이는 수행의무 이행 시점으로 표현된다. 실현주의는 역사적 개념으로 남아 있지만, 현대 기준에서는 이를 성과 기반 수익인식 원칙으로 해석하는 것이 타당하다.

발생주의회계에서는 현금주의회계와 달리 기업이 현금을 실제로 수취했는지의 여부와 수익인식과는 상관 없다. 예를 들면, 고객에게 상품을 100,000원에 판매(상품구입원가 80,000원)하고 현금으로 50,000원만 받았다고 하더라도 100,000원의 전체를 상품이 판매된 시점(인도시점)이 속하는 회계기간의 수익으로 인식한다. 상품의 판매대가로 발생한 미회수분 50,000원은 수취채권으로서 자산항목인 매출채권계정을 증가시킨다. 이 경우 매출채권 50,000원에 현금으로 수취한 50,000원을 가산하면 상품판매로 인한 자산의 총증가액은 100,000원이 된다. 여기에서 발생한 수취채권(매출채권) 50,000원을 그 후에 현금으로 회수할 때에는 수익이 인식되지 않고, 매출채권이란 자산이 현금이란 자산으로 대체될 뿐이다.[4)]

4. 비용인식: 수익·비용대응원칙

기업이 수익을 실현하기 위하여 영업활동을 수행하는 과정에서 비용이 발생하게 된다. 그래서 비용은 때때로 영업활동의 원가(costs)라고도 한다. 비용이 발생하면 기업의 이익이 감소하고, 이에 대응하여 ① 자산이 감소하거나, ② 부채가 증가한다. 즉 비용이 발생된 시점에서 현금을 지급한 경우에는 자산이 감소하지만, 비용이 발생되었으나 아직 지급하지 않았다면 부채가 증가한다.

수익의 실현과 비용의 발생 사이에는 밀접한 관계가 존재한다. 왜냐하면 비용이란 수익을 실현시키기 위하여 발생되기 때문이다. 특정회계기간의 순이익은 그 회계기간에 실현된 총수익에서 수익을 창출하기 위하여 발생된 모든 비용을 차감하여 측정된다. 따라서 대응의 원칙(matching principle)이란 수익·비용대응의 원칙(principle of matching costs with revenues)이라고도 하는데, 간단히 말해서 비용은 수익을 따라 다닌다(expense follows revenue)는 의미이다. 즉 회계기간의 성과를 적절히 측정하기 위해 비용은 창출된 수익이 인식되는 기간에 같이 인식되

4) 정상적 영업활동과 관련된 수취채권과 지급채무는 매출채권과 매입채무로 기록하며, 유형자산의 구입이나 처분 등의 기타거래와 관련된 수취채권과 지급채무는 미수금과 미지급금으로 기록한다.

어야 한다는 뜻이다. 따라서 비용의 인식은 수익의 인식과 연결되어 있다. 비용을 수익에 대응하는 방식에는 ① 인과관계(cause-and-effect relationship)에 의한 대응, ② 합리적인 배분, ③ 즉시비용화가 있다.

수익·비용대응의 원칙에 근거하여 비용을 인식하는 예를 들어 보면 ① 상품의 판매수익에 대한 그 상품의 구입원가를 비용으로 인식, ② 판매하는 영업부서의 종업원의 인건비·출장여비·전화요금 등 영업부서에서의 모든 경비는 발생한 회계기간에 비용으로 인식, ③ 운영자금에 사용되는 차입금의 이자를 비용으로 인식하는 것 등이다.

제 5 절 포괄손익계산서의 작성 예시

전술한 바와 같이 포괄이익을 보고할 때 손익계산서와 포괄손익계산서라는 두 개의 별개보고서를 사용하거나, 단일의 보고서에 포괄손익을 표시하되 당기순이익과 기타포괄손익을 구분하고 당기순이익에 기타포괄손익을 가감하여 총포괄손익을 보고할 수 있다.

예제 5-1에서는 단일보고서에 총포괄손익을 표시하는 포괄손익계산서의 작성을 예시하고 있다. 당기순이익은 계속영업이익과 중단영업손익으로 구분하여 표시하고, 당기순이익에 기타포괄손익을 가감하여 총포괄손익을 보여주고 있다. 또한 20×2년과 20×1년을 비교하는 형식으로 포괄손익계산서가 작성되었음을 알 수 있다.

예제 5-1

다음은 서울(주)의 20×1년도와 20×2년도 포괄손익에 관련된 자료이다. 이를 이용하여 20×1년도와 20×2년도의 비교포괄손익계산서를 작성하라.

(단위: 천원)

20×1년도

매 출 액	355,000	매 출 원 가	230,000	물 류 원 가	8,700
기 타 수 익	11,300	관 리 비	21,000	기 타 비 용	1,200

금 융 원 가	7,500	유형자산처분이익	30,100	법인세비용	32,000
중단영업손실	30,500	자산재평가이익	28,000		

20×2년도

매 출 액	390,000	매 출 원 가	245,000	물류원가	9,000
기 타 수 익	20,000	관 리 비	20,000	기타비용	2,100
금 융 원 가	8,000	유형자산처분이익	35,100	법인세비용	39,750
기타포괄손익-공정가치측정금융자산평가손실			14,000		

포괄손익계산서

20×2. 1. 1 부터 12. 31까지

20×1. 1. 1 부터 12. 31까지

서울(주): (단위: 천원)

	20×2년	20×1년
매출액	390,000	355,000
매출원가	(245,000)	(230,000)
매출총이익	145,000	125,000
물류원가	(9,000)	(8,700)
관리비	(20,000)	(21,000)
영업이익	116,000	95,300
기타수익	20,000	11,300
기타비용	(2,100)	(1,200)
금융원가	(8,000)	(7,500)
유형자산처분이익	35,100	30,100
법인세비용차감전순이익	161,000	128,000
법인세비용	(39,750)	(32,000)
계속영업이익	121,250	96,000
중단영업손실	–	(30,500)
당기순이익	121,250	65,500
기타포괄손익:		
기타포괄손익-공정가치측정금융자산평가손실	(14,000)	–
자산재평가차익	–	28,000
법인세비용차감후기타포괄손익	(14.000)	28,000
총포괄이익	107,250	93,500
주당이익(단위: 원)		
기본 및 희석	0.46	0.30

보론 A 이익측정방법

1. 자본유지접근법에 의한 이익측정(capital maintenance approach)

이 방법은 자본의 가치변동에 의하여 이익을 산출하는 방법이다. 이것은 경제학자인 힉스(J. R. Hicks)의 경제학적 이익개념에 의한 것으로 기말과 기초의 자본화가치(capitalized value)를 비교하여 이익을 측정하는 방법이다. 기말과 기초의 자본화가치는 현가계산(현재가치: present value)에 의한 할인율을 적용하여 계산된 자본화한 가치이다.

2. 거래접근법에 의한 이익측정(transaction approach)

이 방법은 일정한 기간 동안 기업에서 발생한 거래를 수익과 비용으로 식별하여 수익과 비용의 총계를 대응시킴으로써 회계학적 이익을 산출하는 방법이다. 이 방법에 의하면 자산·부채평가액의 변동(증감)도 거래의 결과로 나타난 것으로 보는 것이다. 거래접근법에서는 영업활동별로 수익과 비용을 구분하여 이익을 측정하기 때문에 이익의 원천에 대한 유용한 정보를 제공한다.[5]

---

5) 당기의 경영성과인 포괄손익이란 기초 대비 기말 자본의 증감액 중 자본거래(주주와의 거래)로 인한 증감액을 제외한 나머지를 의미한다. 즉, 당기의 포괄손익이란 기초 대비 기말 자본의 증감액 중에서 손익거래로 인한 변동분을 의미하는데, 이에 대한 예를 살펴보면 다음과 같다.

> 20×1년 1월 1일(기초) 총자본액 ₩1,000,000
> 20×1년 5월 1일 주주로부터의 추가 출자 ₩500,000
> 20×1년 12월 31일(기말) 총자본액 ₩3,000,000

이 경우, 기초 대비 기말 총자본액의 증가액은 ₩2,000,000이다. 그런데 이 ₩2,000,000 중에서 ₩500,000은 주주들이 당기에 추가로 자본금을 투자하여 증가된 것이기 때문에, 당기의 경영성과와는 관련이 없는 금액이다. 따라서, ₩2,000,000에서 ₩500,000을 차감한 ₩1,500,000이 당기의 포괄이익으로 계산된다.

보 론 B 발생주의회계와 현금주의회계의 예시

현행 회계제도는 현금의 수입이나 지출시점이 아닌 현금수입이나 지출의 원인이 발생한 시점에서 수익·비용·자산·부채를 인식하고 장부에 기록하는 발생주의에 근거하고 있다. 아래의 영업활동으로부터 발생한 회계상의 거래들을 통하여 발생주의와 현금주의를 비교해 보자.

> 20×1년 3월 1일부터 3월 31일까지의 종로상사의 영업활동에 관한 자료는 다음과 같다. 단, 회계기간은 3월 1일부터 3월 31일 1개월이라고 가정한다.

(1) 3월 2일 상품 300,000원을 구입하고, 대금 중 100,000원은 현금으로 구입하고, 잔액은 4월 2일 지급하기로 한다.

① 발생주의회계: 수익·비용 영향 없음

(차) 상 품[6]	300,000	(대)	현 금	100,000
			매입채무	200,000

② 현금주의회계: 비용 100,000 인식

(차) 매출원가	100,000	(대)	현 금	100,000

(2) 3월 5일, 3월과 4월에 해당한 화재보험료 100,000원을 현금으로 지급하다.

---

6) 상품계정은 다른 계정과는 달리 이중적 성격을 갖고 있다. 매출의 경우, 상품의 감소라는 자산의 감소로 인식할 수 있는 한편 매출이라는 수익의 발생으로도 인식할 수 있다. 매입의 경우도 마찬가지다. 상품의 증가라는 자산의 증가로 인식할 수 있고, 매입이라는 비용의 발생으로도 인식할 수 있다. 전자를 순수계정분기법, 후자를 3분법이라고 한다. 본 예제에서는 두 방법을 혼합해서 사용하고 있으며, 3분법에 의한 자세한 회계처리는 결산시에 행하는 정리분개를 설명할 때 다루기로 한다.

① 발생주의회계: 50,000 인식

(차)	보 험 료	50,000	(대) 현 금	100,000
	선급보험료	50,000		

② 현금주의회계: 비용 100,000 인식

(차) 보 험 료	100,000	(대) 현 금	100,000

(3) 3월 15일 상품(구입원가 200,000원)을 250,000원에 판매하고, 대금 중 150,000원은 현금으로 받고 잔액은 1개월 후에 받기로 하다.

① 발생주의회계: 수익 250,000 인식, 비용 200,000 인식

(차)	현 금	150,000	(대) 매 출	250,000
	매출채권	100,000		
*(차)	매출원가	200,000	*(대) 상 품	200,000

* 상품의 회계처리시 계속기록법을 사용한 경우이다. 실지재고조사법의 경우는 매출원가를 고려한 분개가 필요하지 않다. 자세한 내용은 재고자산편에서 다룬다.

② 현금주의회계: 비용 150,000 인식

(차) 현 금	150,000	(대) 매 출	150,000

(4) 3월 20일 운영자금으로 차입한 차입금에 대한 3월분의 이자 100,000원 중 50,000원은 현금으로 지급하고 잔액은 4월 1일 지급하기로 하다.

① 발생주의회계: 100,000 인식

(차) 이자비용	100,000	(대)	현 금	50,000
			미지급이자비용	50,000

② 현금주의회계: 비용 50,000 인식

(차) 이자비용	50,000	(대) 현 금	50,000

(5) 3월 25일 상업은행의 정기예금에 대한 3월분의 수입이자 100,000원 중 50,000원은 현금으로 받고, 잔액 50,000원은 4월 1일 받기로 하다.

① 발생주의회계: 수익 100,000 인식

(차)	현 금	50,000	(대) 이자수익	100,000
	미수이자	50,000		

② 현금주의회계: 수익 50,000 인식

(차) 현 금 50,000 (대) 이자수익 50,000

(6) 3월 30일 마포상사에 상품(구입원가 100,000원)을 150,000원에 외상으로 판매하고, 대금은 4월 30일*에 받기로 하다.

① 발생주의회계: 수익 150,000 인식, 비용 100,000 인식

(차) 매출채권	150,000	(대) 매 출	150,000
(차) 매출원가	100,000	(대) 상 품	100,000

② 현금주의회계: 수익·비용 영향 없음

3월 30일에는 수익을 인식하지 않고 4월 30일에 현금으로 회수한 경우에 수익을 인식한다.

*4월 30일이 되어 위의 (6)의 거래를 분석하면 다음과 같다.

① 발생주의회계:

(차) 현 금 150,000 (대) 매출채권 150,000

② 현금주의회계:

(차) 현 금 150,000 (대) 매 출 150,000

주 1) 발생주의 수익과 비용

- 수익: 매출(250,000 + 150,000)+이자수익(100,000) = 500,000
- 비용: 매출원가(200,000 + 100,000) + 보험료(50,000) + 이자비용(100,000) = 450,000

주 2) 현금주의 수익과 비용

- 수익: 매출(150,000) + 이자수익(50,000)=200,000
- 비용: 상품구입(100,000) + 보험료(100,000) + 이자비용(50,000) = 250,000

연습문제

[1] 현금주의회계와 발생주의회계를 비교설명하라.

[2] 실현주의 원칙이란 무엇인가?

*[3] 수익·비용대응의 원칙에 근거하여 비용을 인식하는 예를 들어 보라.

*[4] 다음 자료에 의하여 기타포괄손익을 계산하라.

• 기초 자본총액	₩100,000
• 기말 자본총액	₩800,000
• 당기 중 자본거래로 인한 자본 증가액	₩200,000
• 당기순이익	₩400,000

*[5] 다음은 대전(주)의 20×1년도와 20×2년도 포괄손익에 관련된 자료이다. 이 자료를 이용하여 20×1년도와 20×2년도의 비교포괄손익계산서를 작성하라.

(단위: 천 원)

20×1년도

매 출 액	177,500	매 출 원 가	115,000	물류원가	4,350
기타수익	5,650	관 리 비	10,500	기타비용	600
금융원가	3,750	기타포괄손익-공정가치측정자산처분이익	15,050	법인세비용	16,000
중단영업손실	15,250	자산재평가이익	14,000		

20×2년도

매 출 액	195,000	매 출 원 가	122,500	물류원가	4,500
기타수익	10,000	관 리 비	10,000	기타비용	1,050
금융원가	4,000	유형자산처분이익	17,550	법인세비용	19,875
기타포괄손익-공정가치측정금융자산평가손실	7,000				

*
[6] 국민기업의 회계정보가 다음과 같을 때 20×2년 당기순이익은 얼마인가?

20×1년 12월 31일	자 산	₩12,000
	부 채	7,500
20×2년 12월 31일	자 산	25,000
	부 채	10,000
20×2년중	당기순이익	?
	유상증자	10,000
	배 당 금	7,200

*
[7] 다음 문제를 읽고 맞으면 ○, 틀리면 × 표시하라.

(1) 포괄손익계산서상 영업이익이란 매출총이익에서 이자수익이나 이자비용 등과 같은 항목들을 조정하여 계산한 값으로 기업 본연의 영업분야에 대한 수익성을 보여준다. ( )

(2) 순수한 당기업적주의에 따른 손익계산서는 유형자산처분손익, 전기오류수정손익 회계변경의 누적효과 등을 포함시키지 않는다. ( )

[8] 포괄손익계산서의 유용성으로 볼 수 없는 것은?

① 기업의 과거성과를 평가할 수 있게 한다.
② 기업의 미래성과를 예측할 수 있는 근거를 제공한다.
③ 미래 현금흐름에 대한 불확실성을 판단하는 데 도움이 된다.
④ 기업의 유동성을 파악하는 데 근거를 제공한다.

*
[9] 당해연도 당기순이익에 영향을 미칠 가능성이 낮은 것은?

① 10년 전 주주가 현물출자한 사무용 건물의 처분
② 단기매매 투자주식에 대해 당해연도에 수령한 배당금
③ 기 확정된 과거 재무제표에 대한 중요한 오류의 당해연도 수
④ 과거 취득한 타 기업 단기매매 주식의 당해연도 가치 감소

*
[10] 다음은 수익과 비용의 인식과 관련된 내용이다. 틀린 것은?

① 수익을 인식하면 자본이 증가한다.
② 수익과 비용은 영업활동 이외의 부수적인 거래에서 발생하는 차익과 차손을 포함한다.

③ 발생주의회계에서는 현금을 발생시키는 거래가 발생한 기간에 현금수취여부와는 상관없이 수익으로 인식한다.

④ 수익은 기업소유주에 의한 출연을 포함하여 보고기간 동안에 발생한 자본의 증가를 의미한다.

[11]* **K-IFRS하에서는 당기순이익과 총포괄이익이 일치하지 않을 수 있다. 다음 항목 중 불일치의 원인이 될 수 있는 것은?**

① 기타포괄손익-공정가치측정금융자산평가이익
② 유형자산처분이익
③ 중단영업이익
④ 법인세비용차감전순이익

[12]* **다음의 계정 중 성격을 달리하는 것은?**

① 급여
② 복리후생비
③ 광고선전비
④ 임대료

[13]* **K-IFRS에서는 기업이 포괄손익계산서를 작성할 때 비용을 기능별로 분류할 수 있고 성격별로 분류할 수도 있도록 두 가지 방법을 허용하고 있다. 다음 항목 중에서 두 가지 방법에 공통으로는 나타나지 않는 것은?**

① 법인세비용
② 당기순이익
③ 금융원가
④ 매출원가

[14]* **다음 중 K-IFRS에 따른 포괄손익계산서 상의 본문에 구분 표시될 수 없는 내역은?**

① 이익잉여금
② 중단영업손익
③ 기타포괄손익
④ 주당손익

연습문제 해답

3. ① 상품판매수익에 대한 그 상품의 구입원가를 비용으로 인식한다.
② 상품을 판매하는 영업부서 직원의 급여를 비용으로 인식한다.
③ 운영자금에 사용되는 차입금의 이자를 비용으로 인식한다.

4. 기초 대비 기말 자본증가액 = 800,000 − 100,000 = ₩700,000
총포괄손익 = 700,000 − 자본거래로 인한 증가액 200,000 = ₩500,000
기타포괄손익 = 총포괄손익 500,000 − 당기순이익 400,000 = ₩100,000

5.

포괄손익계산서
20×2. 1. 1 부터 12. 31까지
20×1. 1. 1 부터 12. 31까지

서울(주): (단위: 천원)

	20×2년	20×1년
매출수익	195,000	177,500
매출원가	(122,500)	(115,000)
매출총이익	72,500	62,500
기타수익	10,000	5,650
물류원가	(4,500)	(4,350)
관리비	(10,000)	(10,500)
기타비용	(1,050)	(600)
금융원가	(4,000)	(3,750)
기타포괄손익-공정가치측정금융자산처분이익	–	15,050
유형자산처분이익	17,550	–
법인세비용차감전순이익	80,500	64,000
법인세비용	(19,875)	(16,000)
계속영업이익	60,625	48,000
중단영업손실	–	(15,250)
당기순이익	60,625	32,750
기타포괄손익:		
기타포괄손익-공정가치측정금융자산처분이익	(7,000)	–
자산재평가차익	–	14,000
법인세비용차감후기타포괄손익	(7,000)	14,000
총포괄이익	53,625	46,750

6. 20×1. 12. 31: 자본 = 자산 − 부채 = 12,000 − 7,500 = ₩4,500
   20×2. 12. 31: 자본 = 25,000 − 10,000 = ₩15,000
   기초자본 + 당기순이익 + 유상증자 − 배당금 = 기말자본
   ₩4,500 + X + 10,000 − 7,200 = ₩15,000
   ∴ X = 15,000 + 7,200 − 4,500 − 10,000 = ₩7,700

7. (1) × (2) ○

8. ④

9. ③: 기 확정된 과거 재무제표에 대해 중요한 오류를 발견하게 되면 해당금액을 당기손익에 반영하지 않고 비교목적으로 작성되는 과거연도 재무제표를 재작성해야 함.

10. ④

11. ①

12. ④

13. ④

14. ①

제 2 부

회계정보의 산출과정

K-IFRS 회계학원론

제 6 장 회계기간 중의 회계기록: 회계의 순환과정 Ⅰ

본 장에서는 회계의 순환과정 중 기중의 회계처리를 설명한다.회계의 가장 기본적인 출발은 회계거래의 측정과 기록에 있다. 회계거래를 인식하여 기록하는 행위를 분개라고 하는데, 본장에서는 분개의 법칙을 소개하고, 분개장의 양식과 기록정보 및 기록방법을 논의한다. 또한 분개장의 기록을 총계정원장에 옮겨적는 전기의 과정과 총계정원장의 구성 및 양식을 소개한다.

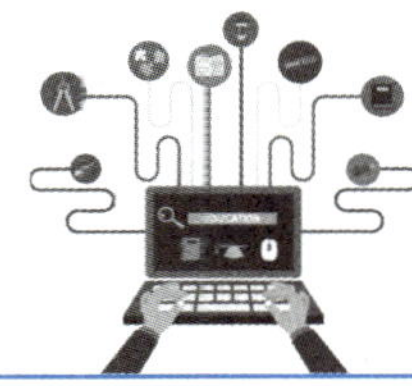

제 1 절 분개와 회계기록

기업의 재무상태와 경영성과의 변동(자산·부채·자본 증감과 수익·비용 발생)을 가져오는 거래를 계정과목별로 기입할 때 ① 어느 계정과목에 기입할 것인가, ② 그 기입은 차변인가 대변인가, ③ 그 금액은 얼마인가를 결정하여야 한다. 회계거래가 발생한 경우, 어떤 계정의 차변 또는 대변 어느 쪽에 얼마의 금액을 기입할 것인가를 결정하는 것을 분개(journal entry 혹은 journalization)라 한다.

예를 들면, 서울상사가 6월 30일 비품 50,000원을 구입하고, 그 대금을 현금으로 지급하였다고 할 때 이를 분개하면 다음과 같다.

(차) 비 품	50,000	(대) 현 금	50,000

분개를 거래가 발생한 순서대로 기입하는 장부를 분개장(journal)이라고 한다. 이는 기업의 일기장이라고 불릴 만큼 기업활동의 역사를 기록·표시하는 매우 중요한 장부이며, 거래를 계정에 기입하는 데 있어서 기초가 된다. 분개에 의해 회계장부에 처음으로 거래가 기록되므로 분개가 잘못되면 잘못된 회계정보가 공시된다. 따라서 거래를 분개장에 기입하지 않고 원장의 각 계정에 기입하면 틀리기 쉬우므로 먼저 거래를 분개장에 기입하고 다음에 이것을 원장의 각 계정에 옮기는데, 이러한 절차를 전기(posting)라고 한다.

제 2 절 분개의 법칙

분개는 회계상의 거래를 해당 계정으로 분류하여 각 계정에 기록을 누적시키기 위한 기초수단이므로, 거래를 분개할 때는 먼저 차변 또는 대변에 기입할 계정을 구분해야 한다. 이것을 분개의 법칙이라고 한다. 그러므로 분개의 법칙은 계정기입의 원칙과 같은 것이라고 말할 수 있다. 예를 들어, 6월 30일 비품 50,000원을 현금구입한 거래를 분개절차 모델(model)에 의해서 분석하면 [표 6-1]과 같이 정리할 수 있다.

[표 6-1]에서 보는 바와 같이, 회계기록의 대상이 되는 거래임이 확인되면 우

[표 6-1] 분개절차의 모델(model)

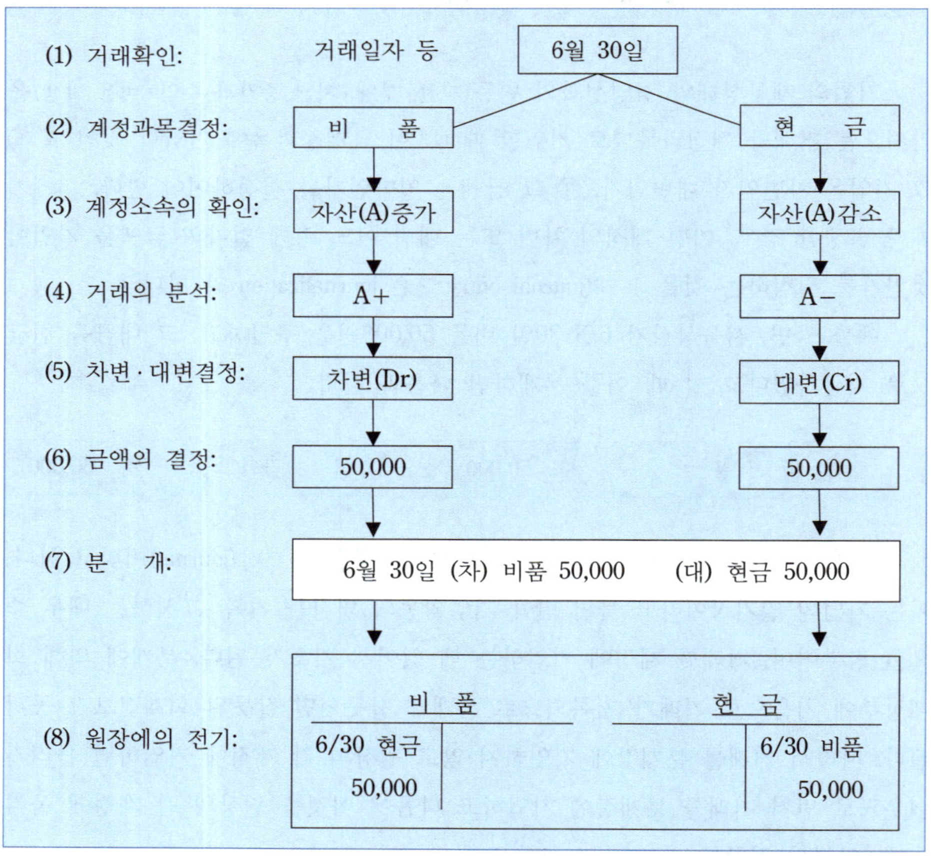

선 해당 계정과목을 결정해야 한다. 예에서 계정과목은 비품과 현금이다. 비품(자산)의 증가는 차변에 현금(자산)의 감소는 대변에 기입하면 되고 기입할 금액은 각각 50,000원이다. 이러한 절차를 정리하면 비품계정의 차변에 50,000원을, 현금계정의 대변에 50,000원을 기입하도록 요구하는 분개가 이루어진다. 분개의 요구에 따라 해당 계정의 원장에 전기(posting)하면 거래의 기록이 완성된다.

제 3 절 분 개 장

1. 분개장의 형식

분개장(journal)은 거래를 발생순서에 따라 분개하는 장부를 말한다. 회계장부는 크게 그 기능에 따라 주요장부와 보조장부로 나누어지는데, 분개장은 원장(총계정원장)과 함께 주요장부를 구성하고 있다.[1] 그리고 분개장은 다음과 같은 기능을 가지고 있다.

(1) 거래를 발생순서대로 기록하므로 영업일지의 역할을 한다.

(2) 총계정원장의 각 계정기록을 위한 준비와 매개기능을 가지고 있다. 즉 분개장에는 특정거래와 관련된 모든 정보가 한 곳에 나타난다.

(3) 분개장을 이용함으로써 회계기록과정에서 발생할 수도 있는 오류를 방지하는 데 도움이 된다.

분개장의 형식에는 아래와 같이 표준식과 병립식의 두 가지가 있는데, 실무에서는 대부분 병립식을 이용하고 있다.

(표준식) 분 개 장

차 변	원 면	적 요	원면	대 변
50,000	3	6/30(비품) (현금) 서울상사로부터 책상구입	1	50,000

1) 보조장부는 주요장부에 대해 보충적인 장부로서 주요장부의 특정계정과목의 내역을 상세히 표시하는 장부이며, 특수분개장이라고 한다. 예를 들면, 현금출납장·매입장·매출장 등이 있다.

(병립식) 분 개 장

일	자	적 요	원면	차변	대변
6	30	(비 품)	3	50,000	
		(현 금)	1		50,000
		서울상사로부터 책상구입			

2. 분개전표

분개전표는 거래발생의 증빙서류의 하나이다. 이는 분개를 기입하는 수단으로 쓰이며 1거래에 대하여 1매를 사용하는 것이 특징이다. 거래가 복잡해지고 기업의 규모가 커지면 전표가 분개장을 대신하여 사용된다. 분개전표는 일반적으로 연속 번호를 붙여 일정기간별(예: 1개월)로 묶어서 보관한다. 요즈음 실무에서는 분개장을 사용하는 회사는 거의 없고, 대부분 전표를 사용하고 있다. 전표에 관한 구체적인 내용은 본장의 보론에서 설명하였다. 분개전표의 일반 양식은 아래와 같다.

분 개 전 표 No.

담당		과장		부장	

20×1. 6. 30

금 액	원면	과목	적 요	과목	원면	금 액
50000	3	비품	서울상사로부터 책상 구입	현금	1	50000

3. 분개장의 종류

(1) 일반분개장(general journal)

일반분개장이란 한 개의 분개장에 모든 회계거래를 기입하는 분개장을 말하는데, 통상적으로 분개장이라 하면 일반분개장을 말한다.

(2) 특수분개장(special journal)

특수분개장이란 특정유형의 거래가 보다 간편히 기록될 수 있도록 특별히 고안된 분개장이다. 회계실무에서는 일반분개장 이외에도 다음과 같은 네 가지 종류의 특수분개장을 많이 이용하고 있다.

특수분개장의 종류	기록되는 거래유형
① 매출장(sales journal)	상품의 외상매출
② 매입장(purchase journal)	상품의 외상매입
③ 현금수입장(cash receipts journal)	모든 현금의 수입
④ 현금지출장(cash disbursements journal)	모든 현금의 지출

위와 같은 특수분개장을 이용하는 회계시스템에서는 특수분개장에 기입되지 않는 그 밖의 모든 거래를 일반분개장에 기입한다.

4. 분개장의 기입방법

기업실무에서 대부분 사용되는 병립식분개장에 대한 기입방법을 살펴보면 다음과 같다.

(1) 일자란에는 거래발생의 연월일을 기입한다.

(2) 적요란에는 분개의 계정과목을 (   )에 묶어서 기입하는데, ① 차변계정과목을 윗줄에, 대변계정과목은 다음 줄에 기입하고, ② 하나의 거래에 있어서 차변과목이나 대변과목이 2개 이상일 때는 그 위에 제좌라고 쓰며, ③ 계정과목을 기입한 다음 줄에 거래의 내용을 한 칸의 정도의 작은 글씨로 간단하게 기입한다.

(3) 원면란에는 분개를 원장에 전기하였을 때 계정의 번호 또는 페이지를 기입한다.

(4) 금액란에는 차변·대변의 각각의 금액을 기입한다.

(5) 기타 기입할 사항으로는 ① 한 거래의 분개가 끝나면 다른 거래와 구별하기 위하여 적요란에 붉은 잉크로 선을 긋고, ② 한 거래의 분개를 두 페이지에 걸쳐 기입해서는 안 되며, ③ 각 페이지의 마지막 적요란에는 차면에 또는 다음

예제 6-1

전술한 서울주식회사의 20×1년 9월분의 영업거래를 분개하고, 그 거래를 일반분개장에 기입하라(제3장 예제 3-1 참조).

1. 분 개: 전술한 제3장 예제 3-1의 거래를 다시 분개하면 다음과 같다.

①	(차) 현 금	100,000	(대) 자 본 금	100,000
②	(차) 건 물	20,000	(대) 현 금	20,000
③	(차) 상 품	30,000	(대) 매입채무	30,000
④	(차) 매 출 채 권	25,000	(대) 매 출	25,000
	(차) 매 출 원 가*	20,000	(대) 상 품	20,000
⑤	(차) 매입채무	10,000	(대) 현 금	10,000
⑥	(차) 당좌예금	50,000	(대) 현 금	50,000
⑦	(차) 급 여	10,000	(대) 현 금	10,000
⑧	(차) 매입채무	10,000	(대) 장기차입금	10,000
⑨	(차) 이자비용	8,000	(대) 현 금	8,000
⑩	(차) 현 금	25,000	(대) 수수료수익	25,000

*매출원가는 상품판매 시마다 계산할 수 있지만, 그 회계기말에 재고자산을 평가하여 산출할 수도 있다. 구체적인 내용은 후술된다.

2. 분개장: 상기의 분개내용을 분개장에 기입하면 다음과 같다.

서울주식회사: 분 개 장 (1)

일자		적 요	원면	차 변	대 변
9	1	(현 금)	1	100,000	
		(자본금)	8		100,000
		(현금출자하여 영업 개시하다)			
9	2	(건 물)	5	20,000	
		(현 금)	1		20,000
		(인천상사에서 건물 100평을 현금지급하여 구입하다)			
9	3	(상 품)	4	30,000	
		(매입채무)	6		30,000
		차면에		150,000	150,000

(2)

일자		적 요	원면	차 변	대 변
		전면에서		150,000	150,000
9	4	(매출채권)	3	25,000	
		(매출)	9		25,000
		(매출원가)	13	20,000	
		(상품)	4		20,000
		(인천상사에 상품을 외상매출하다)			
9	5	(매입채무)	6	10,000	
		(현금)	1		10,000
		(목포상사에 대한 매입채무를 현금으로 상환하다)			
9	6	(당좌예금)	2	50,000	
		(현금)	1		50,000
		(우리은행에 당좌예입하다)			
9	7	(급여)	11	10,000	
		(현금)	1		10,000
		(종업원 9월분 급여를 현금으로 지급하다)			
9	8	(매입채무)	6	10,000	
		(장기차입금)	7		10,000
		(목포상사에 대한 매입채무를 장기차입금으로 전환하다)			
9	9	(이자비용)	12	8,000	
		(현금)	1		8,000
		(제일은행 차입금에 대한 이자를 현금으로 지급하다)			
9	10	(현금)	1	25,000	
		(수수료수익)	10		25,000
		(광주상사로부터 수입수수료를 수령하다)			
				308,000	308,000

페이지에라고 적고, 그 페이지의 차변·대변의 합계액을 각각 그 금액난에 기입한다. ④ 다음 페이지의 첫줄의 적요란에 전면에서 또는 앞 페이지에서라고 적고 전 페이지의 차변·대변합계액을 그대로 기입하며, ⑤ 한 회계기간의 모든 분개가 끝나면 차변·대변합계액을 기입하고, 그 난의 윗쪽에 단선을 긋고 아랫쪽에는 이중선을 긋는다. ⑥ 일자란에도 동시에 이중선을 긋는다.

제 4 절 총계정원장(원장)

1. 원장과 전기

분개장에 기입된 거래는 거래일자·계정과목·금액 등을 원장의 각 계정에 옮겨 적게 된다. 원장은 계정과목별로 작성되는 장부인데, 기업의 모든 계정을 포함한 장부이므로 총계정원장(general ledger)이라 한다. 총계정원장은 자산·부채 및 자본의 재무상태와 수익·비용의 경영성과를 표시하는 일체의 계정을 포함하고, 거래를 분개하여 분개장에 기입된 내용을 각 계정에 옮겨서 기입하여 그 증감을 계산하는 장부이다.

이와 같이 분개장에서 분개의 내용을 총계정원장의 각 계정에 기입하는 것을 전기(posting)라 한다. 즉 분개는 거래를 측정·분류·요약하는 과정이라고 할 수 있는 데 반하여, 전기는 분개한 것을 계정과목별로 다시 분류·요약하는 과정이라고 할 수 있다.

2. 총계정원장의 형식

총계정원장의 형식에는 다음과 같은 표준식과 잔액식의 두 가지가 있다. 이 두 가지 형식 중에서 실무에서는 잔액식을 많이 사용하고 있다.

총계정원장

(표준식) ×××계정

일자	적요	분면	금액	일자	적요	분면	금액

(잔액식) ×××계정

일자		적요	분면	차변	대변	차 또는 대	잔액

3. 총계정원장의 기입방법

먼저 표준식 총계정원장에 대한 기입방법을 살펴보면 다음과 같다.

(1) 일자란에는 거래발생의 연월일을 기입한다.

(2) 적요란에는 차변기입이면 상대계정인 대변과목을, 대변기입이면 상대계정인 차변과목을 기입한다. 단, 상대계정이 둘 이상이면 제좌라고 기입한다.

(3) 분면란에는 전기한 분개가 기입되어 있는 분개장의 페이지를 기입한다.

다음은 서울주식회사의 9월분 거래의 일부를 분개장에서 표준식 총계정원장에 전기한 것이다.

분 개 장 (1)

일자		적 요	원면	차변	대변
9	1	(현금)	1	100,000	
		(자본금)	8		100,000
		(현금출자하여 영업을 개시하다)			
9	2	(건물)	5	20,000	
		(현금)	1		20,000
		(인천상사로부터 건물 100평을 현금으로 구입하다)			

총계정원장

현금계정 (1)

일자		적요	분면	차변	일자		적요	분면	대변
9	1	자본금	1	100,000	9	2	건물	1	20,000

자본금계정 (8)

					9	2	현금	1	100,000

건물계정 (5)

9	2	현 금	1	20,000					

기업실무에서 많이 사용되고 있는 잔액식의 원장에 대한 기입방법을 살펴보면 다음과 같다.

(1) 일자란에는 거래발생의 연월일을 기입한다.

(2) 적요란에는 차변기입이면 상대계정인 대변과목을, 대변기입이면 상대계정인 차변과목을 기입한다. 단, 상대계정이 둘 이상이면 제좌라고 기입한다.

(3) 분면란에는 전기한 분개가 기입되어 있는 분개장 페이지를 기입한다.

(4) 잔액란에는 차변금액합계와 대변금액합계의 차액을 기입한다.

(5) 차 또는 대란에는 잔액란금액이 차변잔액이면 '차'라고 적고, 대변잔액이면 '대'라고 기입한다.

예제 6-2

전술한 **예제 6-1** 인 서울주식회사의 20×1년 9월 1일부터 9월 30일까지의 거래를 분개장에서 잔액식 총계정원장으로 전기하면 다음과 같이 작성할 수 있다.

총계정원장(잔액식)

현 금 (1)

일자		적 요	분면	차 변	대 변	차/대	잔 액
9	1	자 본 금	1	100,000		차	100,000
9	2	건 물	1		20,000	차	80,000
9	5	매입채무	2		10,000	차	70,000
9	6	당좌예금	2		50,000	차	20,000
9	7	급 여	2		10,000	차	10,000

일자		적요	분면	차변	대변	차/대	잔액
9	9	이 자 비 용	2		8,000	차	2,000
9	10	수수료수익	2	25,000		차	27,000

자본금 (8)

일자		적 요	분면	차 변	대 변	차/다	잔 액
9	1	현 금	1		100,000	대	100,000

건 물 (5)

일자		적 요	분면	차 변	대 변	차/대	잔 액
9	2	현 금	1	20,000		차	20,000

상 품 (4)

일자		적 요	분면	차 변	대 변	차/대	잔 액
9	3	매입채무	1	30,000		차	30,000
9	4	매출원가	2		20,000	차	10,000

매입채무 (6)

일자		적 요	분면	차 변	대 변	차/대	잔 액
9	3	상 품	1		30,000	대	30,000
9	5	현 금	2	10,000		대	20,000
9	8	장기차입금	2	10,000		다	10,000

매출채권 (3)

일자		적 요	분면	차 변	대 변	차/대	잔 액
9	4	매 출	2	25,000		차	25,000

매 출 (9)

일자		적 요	분면	차 변	대 변	차/대	잔 액
9	4	매출채권	2		25,000	대	25,000

당좌예금 (2)

일자		적 요	분면	차 변	대 변	차/대	잔 액
9	6	현 금	2		50,000	차	50,000

급 여 (11)

일자		적 요	분면	차 변	대 변	차/대	잔 액
9	7	현 금	2	10,000		차	10,000

매출원가 (13)

일자		적 요	분면	차 변	대 변	차/대	잔 액
9	4	상 품	2	20,000		차	20,000

장기차입금 (7)

일자		적 요	분면	차 변	대 변	차/대	잔 액
9	8	매입채무	2		10,000	대	10,000

이자비용 (12)

일자		적 요	분면	차 변	대 변	차/대	잔 액
9	9	현 금	2	8,000		차	8,000

수수료수익 (10)

일자		적 요	분면	차 변	대 변	차/대	잔 액
9	10	현 금	2		25,000	대	25,000

제 5 절 주요장부와 보조장부[2)]

1. 주요장부(main books 또는 principle books)

복식부기에서 없어서는 안 될 기본적인 회계장부는 분개장(또는 분개전표)과 총계정원장이다. 그러므로 이 두 장부를 주요장부라고 한다.

분개장은 전술한 바와 같이 기업의 재무상태와 경영성과의 변동을 가져오는 거래를 발생순서에 따라 분개의 형식으로 기록하는 장부로서, 이는 거래기록의 누적장부라는 점에 중요성을 갖는다. 이에 반하여 총계정원장은 각 계정과목별로 증감액이 일자순으로 기입되어 있어서 각 계정의 증감과 현재액을 알 수가 있다.

총계정원장에서의 각 계정과목의 증감 및 현재액은 회계기말에 재무상태표와 손익계산서 등의 재무제표를 작성할 때 기초자료가 되기 때문에 분개장보다 총계정원장의 중요성이 더욱 강조된다. 한편 분개장에서는 거래로부터 직접 기입된다는 점에서 원장의 기록에 비해 원시기록으로서의 성질을 갖고 있기 때문에 중요하다.

이와 같은 점에서 분개장과 총계정원장은 그 성격과 기능을 달리하고 있으나, 복식부기에서는 없어서는 안 될 회계장부라는 점에서 주요장부라고 말한다.

2. 보조장부(subsidiary books)

보조장부란 총계정원장의 각 계정에 관한 거래를 상세하게 기록하는 장부로서 주요장부의 부족한 점을 보충하기 위하여 기록하는 장부를 말한다. 그러므로 보조장부는 주요장부와 같이 필요불가결한 장부가 아니고, 기업규모의 대소, 거래의 성격, 거래의 빈도 등을 고려하여 필요한 거래에 대하여 적절히 설정되는 회계장부를 말한다.

이와 같은 보조장부는 다시 다음과 같이 크게 두 가지로 분류할 수 있다.

2) 회계실무에서는 상법 등 관계법령에 의해 주요장부, 보조장부, 전표 및 증빙서류 등을 모두 전산시스템에서 출력하여 일정기간 동안 보관하고 있다.

(1) 보조기입장(subsidiary register)

매입, 매출 혹은 현금출납, 당좌예금 등 기업경영에 대한 핵심적인 거래내용에 대하여 그 발생순서에 따라서 내용을 상세히 기록하는 장부를 말한다.

(2) 보조원장(subsidiary ledger)

총계정원장에 매출채권·매입채무 등의 통제계정이 설정된 경우 그 명세로서 원장의 형식과 똑같이 인명마다 개별계정을 설정하여 기록하는 장부를 말한다.

제 6 절 회계순환과정

1. 회계순환과정의 의의

회계순환과정(accounting cycle 또는 accounting process)이란 복식부기제도하에서 기업이 재무보고를 위하여 채택하고 있는 일련의 회계처리과정을 말한다. 여기에서 순환과정이라고 부르는 이유는 기업이 회계기간중에 회계거래를 기록하고, 그 기록의 결과를 요약·정리한 재무제표를 정기적으로 작성하는데 이와 같은 일련의 회계처리과정을 매 회계기간마다 반복적으로 수행해야 하기 때문이다.

2. 회계순환과정의 단계

수작업자료처리 시스템에 있어서 회계순환과정은 일반적으로 다음과 같은 단계로 나눌 수 있다.

제 1 단계(기록): 회계상 거래를 식별하고 거래의 효과를 화폐금액으로 측정한 후, 계정기입의 원칙에 따라 분개하여 분개장(또는 전표)에 기록한다.

제 2 단계(분류): 분개장(또는 전표)에서 원장 및 보조부에 전기하여 분류한다.

제 3 단계(요약): • 수정사항 기록 전의 원장잔액에 의하여 수정전시산표를 요약·작성한다.

[표 6-2] 회계순환과정(accounting cycle)

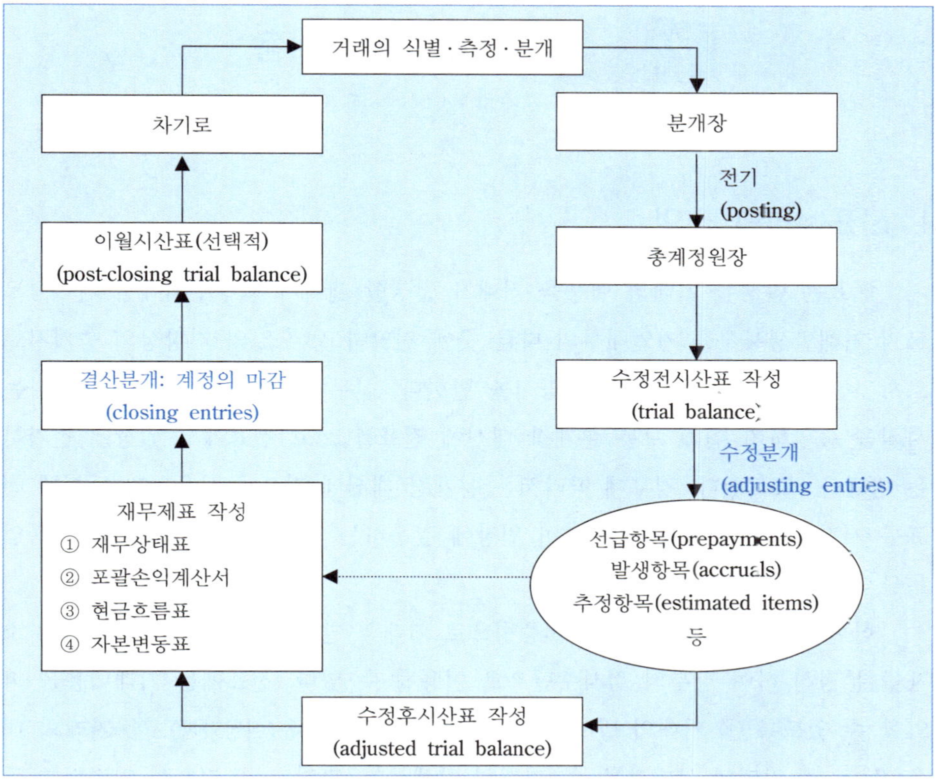

- 수정사항을 분개하여 분개장·원장에 각각 기록한다.
- 원장의 각 잔액에 의해 수정후시산표와 정산표를 요약·작성한다.

제 4단계(보고): · 재무상태표 및 포괄손익계산서 등의 재무제표를 작성한다.
- 결산분개를 하고 장부를 마감한다.
- 이월시산표를 작성한다.

이상에서 설명한 회계순환과정을 그림으로 요약하면 [표 6-2]와 같이 표시된다. 각 기업은 거래를 기록하여 재무제표를 작성할 때 일반적으로 이와 같은 절차를 거친다. 제1단계와 제2단계는 본장에서 설명된 것으로 거래의 회계기록을 누적해 가기 위해 회계기간중에 지속적으로 이루어진다. 그리고 제3단계부터 제4단계까지는 재무제표 작성을 위해 회계기간 말에 수행되며, 구체적인 내용은 제7장에서 다룬다.

보 론 전표제도의 이용

1. 전표(slip)의 정의

전표는 발생한 거래의 내용을 거래가 발생할 때마다 발생부서에서 기록함으로써 거래발생사실을 기업내부의 다른 곳에 전달하고, 후일의 기장상의 증거자료로서 보존하는 일정형식의 서류양식를 말한다. 실무에서는 거래가 발생하였다는 사실을 증명하기 위해 보통 분개장 대신에 전표를 쓰고 전표에서 원장에 전기하는 방법을 쓰고 있다. 경우에 따라서는 분개장 대신에 전표를 사용함과 동시에 전표를 계정과목별로 분류·정리하여 원장에 갈음하는 방법을 이용하여 회계기록업무를 간편하게 하기도 한다.

한편 전표는 회계기록의 원천증빙으로 거래의 발생과 기록에 대한 책임의 소재를 분명히 하여 장부의 검사수단으로 이용될 수 있다. 전표에는 거래내용을 파악할 수 있도록 ① 거래의 발생일자, ② 거래의 발생사유(계정과목), ③ 거래의 내용(적요), ④ 거래의 상대과목, ⑤ 거래의 발생금액, 그리고 ⑥ 전표의 일련번호 등과 같은 사항이 기재된다.

2. 전표의 종류와 기입법

회계상 일반적으로 사용되는 전표에는 분개전표·입금전표·출금전표 및 대체전표 등이 있다. 회계거래의 예시를 통하여 각 전표에 기입하는 방법을 살펴보자.

(1) 분개전표

거래가 발생할 때에 분개장에 기입하지 않고 전표에 차변·대변으로 나누어 분개기입하는 전표를 분개전표 또는 대차분개전표라고 한다. 분개전표는 한 거래에 대해 1매의 전표만을 사용하며, 거래발생순서별로 전체를 합치면 분개장과 같아진다. 구체적인 분개전표의 작성 예는 다음 사례 1 과 같다.

사례 1

20×1년 5월 5일 서울주식회사에 상품 80,000원(A상품 100개 @ 800원)을 판매하고, 대금 중 50,000원은 현금으로 받고 잔액은 외상으로 하다(단, 상품의 구입원가는 @ 700원이다).

분개전표

계원	인	과장	인	부장	인	상무	인

No.1 20×1. 5. 5

계정과목	원면	금액	계정과목	원면	금액
현　　금	1	50000	매　　출	3	80000
매출채권	2	30000			
합　　계		80000	합　　계		80000
적요	서울주식회사에 A상품 100개 @ ₩800 판매(대금 중 50,000원은 현금, 잔액은 외상)				

(차) 매출원가 70,000 (대) 상　품 70,000

(2) 입금전표·출금전표·대체전표

거래는 현금의 수지에 따라 입금거래·출금거래 및 대체거래로 나뉘는데, 입금거래에 대하여는 입금전표(赤色), 출금거래에 대하여는 출금전표(青色), 그리고 대체거래는 대체전표(黑色)에 거래를 기입한다. 오늘날 실무에서 가장 많이 사용되고 있는 전표들이다.

1) 입금전표

입금전표는 입금거래를 기록하는 전표, 즉 현금수입을 동반하는 거래를 기록하는 전표로서 분개의 차변에 현금이 나타난 거래를 기입한다. 입금전표의 작성은 먼저 발생한 일자를 기입하고 다음에 전표번호를 붙인다. 전표번호는 ① 전표의 종류별로 일련번호를 붙이는 방법, ② 그 담당자가 발행하는 전표의 종류가 입금·출금·대체 어느 것이든지 각 담당자별로 일련번호를 붙이는 방법, ③ 입금·출금·대체전표의 구별 없이 전체전표에 통하는 일련번호를 붙이는 방법이 있다.

입금전표의 계정과목란에는 언제나 당해 입금거래를 분개할 때 대변과목만이 기입되며, 차변과목은 비록 입금전표상에 기입되지 않더라도 언제나 현금이라는 것을 잊어서는 안 된다. 입금전표의 적요란에는 입금사유를 기입한다. 단, 입금사유를 증명하는 증빙서류들이 입금전표에 첨부될 때에는 적요란의 입금사유란은 생략해도 무방하다. 구체적인 입금전표 작성 예는 다음 사례 2 와 같다.

사례 2

20×1년 5월 10일 종로상사에 B상품 50,000원(50개 @ 1,000원)을 매출하고, 대금은 현금으로 받다(상품의 구입원가는 @ ₩800이다).

입금전표

계원	인	과장	인	부장	인	상무	인

No.2 20×1. 5. 10

계정과목	적 요	금 액
매 출	종로상사에 B상품 50개 @ ₩1,000 매출	50000
합 계		50000

(차) 매출원가 40,000 (대) 상 품 40,000

이러한 경우 일반분개장에는 차변 및 대변과목 모두 기입하지만, 사례 2 에서와 같이 입금전표에는 대변과목만 기입하면 된다.

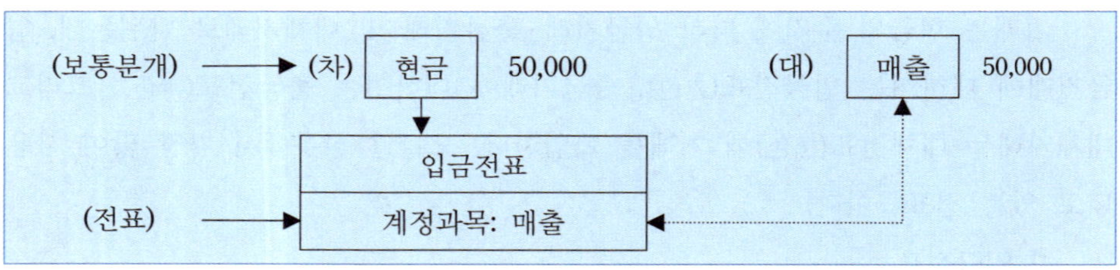

2) 출금전표

출금전표는 출금거래를 기록하는 전표(즉 현금지출을 수반하는 거래를 기록하는 전표)로서 보통분개에서 대변에 현금이 나타나는 거래를 기입한다. 출금전표를 작성할 때 계정과목란에는 출금거래를 분개했을 때의 차변과목만을 기입한다. 그러므로 출금전표의 대변과목이 표시되어 있지 않더라도 그 자체가 현금이라는 것을 명심해야 한다.

출금사유에 대하여는 적요란에 상세히 기입할 필요가 있다. 특히 출금에 대하여 현금지출사실을 증명할 수 있는 증빙서류를 반드시 출금전표에 첨부해 두어야 한다. 이러한 경우 출금전표의 적요란의 기입은 간소화될 수 있다. 구체적인 출금전표 작성 예는 다음 **사례 3**과 같다.

사례 3

20×1년 5월 15일 용산상사로부터 상품 60,000원(100개 @ 600원)을 매입하고, 대금은 현금으로 지급하다. 이 거래를 일반분개장과 출금전표에 기입하면 다음의 출금전표와 같다.

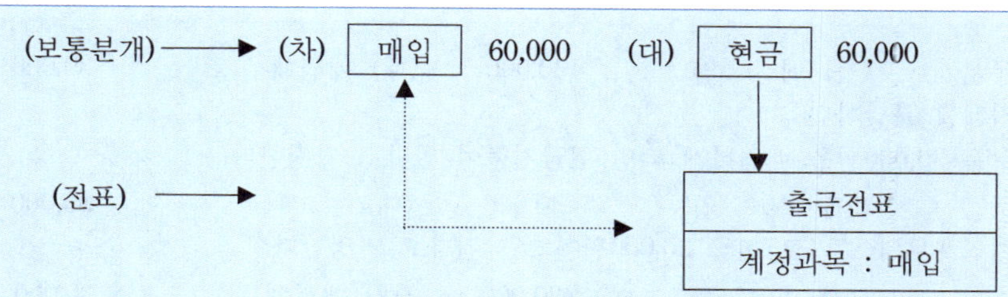

출금전표(지급전표)

		계원	인	과장	인	부장	인	상무	인
No.3	20×1. 5. 10								

계정과목	적 요	금 액
매 입	용산상사로부터 A상품 100개 @ ₩600 매입	60000
합 계		60000

3) 대체전표

대체전표는 현금수입과 지출이 수반되지 않은 대체거래를 기입하는 전표를 말한다. 대체거래는 일부입금대체거래·일부출금대체거래 및 전부대체거래가 있으므로 각 거래의 종류에 따라 대체전표의 작성이 달라진다.

대체전표의 기입법에는 현금식 분개법에 따라 기입하는 방법과 또 하나는 분개장식 분개법에 따라 기입되는 두 가지 방법이 있다.

(가) 현금식 분개법에 따른 전표 현금식 분개법에 따라 사용하고 있는 방법은 현재 은행실무에서 사용하고 있는 방법인데, 이는 대체전표를 대체입금전표와 대체출금전표로 구분하여 대체입금전표는 입금전표와 같이, 그리고 대체출금전표는 출금전표와 같이 사용·기입한다.

여기서는 대체거래를 마치 현금거래처럼 출금거래와 입금거래로 분할하여 분할된 출금거래를 대체출금전표에, 분할된 입금거래를 대체입금전표에 분개한다. 이와 같이 분할된 거래를 ①은 대체출금전표에, ②는 대체입금전표에 기입한다. 이 때 대체입금전표와 대체출금전표의 형식 및 작성법은 입금전표 및 출금전표와 동일하며, 차이점은 단순히 입금전표와 출금전표 명칭 앞에 대체문구만 더 들어간다.

사례 4

20×1년 5월 20일 동대문상사로부터 A상품 30,000원(300개 @ 100원)을 구입하고, 대금은 외상으로 하다.

(보통분개)	(차) 매 입	30,000	(대) 매입채무	30,000

이 거래를 분할하면

① 상품 30,000원을 매입하게 되면 현금지출이 있다고 가정한다.

(차) 매 입	30,000	(대) 현 금	30,000

② 매입채무의 증가로 현금 30,000원이 조달된다고 가정한다.

(차) 현 금	30,000	(대) 매입채무	30,000

사례 4 를 이용하여 대체입금전표와 대체출금전표의 작성 예는 다음과 같다.

대체입금전표

No.4

계원	인	계장	인	과장	인	부장	인	상무	인

계정과목	적 요	금 액
매입채무	동대문상사로부터 A상품 300개 @ ₩100 외상 매입	30000
합 계		30000

대체출금전표

No.5

계원	인	계장	인	과장	인	부장	인	상무	인

계정과목	적 요	금 액
매 입	동대문상사로부터 A상품 300개 @ ₩100 외상 매입	30000
합 계		30000

(나) 분개장식 분개법에 따른 대체전표　현금식분개장식 분개법에 따라 기입하는 대체전표는 차변과 대변으로 나누어 분개장에 기입하는 방법과 같이 기입한다. 이것은 전술한 분개전표의 작성과 동일하다.

사례 4 의 거래를 분개장식 분개법에 따라 기입하는 대체전표로 작성하면 다음과 같다.

<u>대체전표</u>

계원	인	계장	인	과장	인	부장	인	상무	인

No.6

계정과목	금 액	계정과목	금 액
매 입	30000	매입채무	30000
합 계	30000		30000
적요	동대문상사로부터 A상품 300개 @ 100 외상매입		

연습문제

[1] **회계의 순환과정이 무엇인지 약술하라.**

[2] **회계장부 중 주요장부가 무엇인지 설명하라.**

[3] **다음의 회계거래를 분개절차 모델을 사용하여 입력·분석하고 해당계정에 날짜와 금액을 기입하라.**

- 1월 1일 현금 ₩300,000을 출자하여 영업을 개시하다.
- 1월 20일 사무실 임차료 ₩50,000을 현금으로 지급하다.

*[4] **다음 거래에 대하여 (1) 회계처리가 모두 완료된 후 현금계정의 차변잔액은 얼마인가? (2) 회계처리가 모두 완료된 후 당기순이익은 얼마인가?**

- 현금 ₩1,000,000을 출자하여 영업을 개시하다.
- ₩500,000의 상품을 외상으로 구입하다.
- ₩700,000의 상품을 현금으로 구입하다.
- 구입원가 ₩200,000의 상품을 ₩700,000에 현금으로 판매하다.
- 은행에서 현금 ₩200,000을 단기차입하다.
- 종업원 급여 ₩400,000을 현금으로 지급하다.

*[5] **재무상태표 등식($A=L+E$)은 다음 어느 경우에 성립되는가?**

① 회계순환의 모든 단계에서 성립된다.
② 분개가 이루어질 때만 성립된다.
③ 시산표를 작성할 때만 성립된다.
④ 재무제표를 작성할 때만 성립된다.

*[6] **다음 중 분개의 대상이 되는 항목은?**

① 경영정책의 변경 ② 인적자원의 가치
③ 직원의 변경④ 정답 없음

*[7] **다음 중 복식부기에서 없어서는 안될 기본적인 회계장부(주요장부)는?**

① 분개장과 원장 ② 매입장과 매출장
③ 현금출납장과 예금기입장 ④ 현금출납장과 전표

*[8] **분개장 상에서 분개의 내용을 총계정원장의 각 계장에 옮기는 과정은?**

① 전기(posting) ② 측정(measurement)
③ 인식(recognition) ④ 분류(classification)

*[9] **회계에서 인식(recognition)이라는 용어를 설명한 다음의 내용 중 옳은 것은?**

① 기록하다 ② 측정하다
③ 실현하다 ④ 공시하다

*[10] **분개장에 수익을 인식하기 위한 회계처리를 할 때 나타날 수 있는 계정과목의 영향 중에서 옳은 것은?**

① 자산계정의 증가 ② 부채계정의 증가
③ 자본계정의 증가 ④ 자산계정의 증가

*[11] **(주)중앙의 매입채무 ₩15,000이 기일이 되었으나 자금부족으로 (주)서울로부터 1년 이상 장기차입하는 것으로 전환하였다. 다음 중 이 거래에 대한 올바른 분개는?**

① (차) 매입채무 15,000 (대) 매출채권 15,000
② (차) 매출채권 15,000 (대) 단기대여금 15,000
③ (차) 단기차입금 15,000 (대) 매입채무 15,000
④ (차) 매입채무 15,000 (대) 장기차입금 15,000

[12] **다음 계정과목은 차변 또는 대변 어느 쪽에 증가액(발생액)이 기입되는가?**

① 매출채권 ( ) ② 매입채무 ( )
③ 사채 ( ) ④ 상품 ( )
⑤ 자본금 ( ) ⑥ 건설중인 자산 ( )
⑦ 유가증권 ( ) ⑧ 연구비 ( )
⑨ 이자비용 ( ) ⑩ 장기차입금 ( )
⑪ 현금및현금성자산 ( ) ⑫ 단기대여금 ( )

연습문제 해답

4. (1)

(차)	현 금	1,000,000	(대)	자 본 금	1,000,000
(차)	상 품	500,000	(대)	매 입 채 무	500,000
(차)	상 품	700,000	(대)	현 금	700,000
(차)	현 금	700,000	(대)	매 출	700,000
	매출원가	200,000		상 품	200,000
(차)	현 금	200,000	(대)	단기차입금	200,000
(차)	급 여	400,000	(대)	현 금	400,000

현금 증가액(차변 기재액) = 1,000,000 + 700,000 + 200,000 = ₩1,900,000

현금 감소액(대변 기재액) = 700,000 + 400,000 = ₩1,100,000

따라서 현금계정의 차변잔액 = 1,900,000 − 1,100,000 = ₩800,000

(2) 매출액 700,000 − 매출원가 200,000 − 급여 400,000 = 당기순이익 <u>₩100,000</u>

5. ①: 재무상태변동표 등식은 분개 및 전기시뿐만 아니라, 시산표 및 재무제표상에서 항상 성립한다.

6. ④: 분개의 대상은 기업 내의 경제적 사건으로서 객관적인 재무적 측정이 가능해야 한다.

7. ①

8. ①

9. ①

10. ①

11. ④

제 7 장

회계기간 말의 회계기록: 회계의 순환과정 Ⅱ

본장에서는 회계의 순환과정 중 기말의 회계처리를 설명한다. 구체적으로, 회계기간의 말에 이루어지는 결산을 소개하고 결산절차의 단계별 과정들을 각각 설명한다. 결산을 위한 시산표의 작성과 수정분개에 대해서 설명하고, 정산표를 작성하여 재무제표를 만드는 과정을 소개한다. 또한 한 회계기간을 마감하고 다음 회계기간을 준비하는 마감분개를 설명하여 당기순이익과 이익잉여금으로 이전되는 과정을 살펴본다.

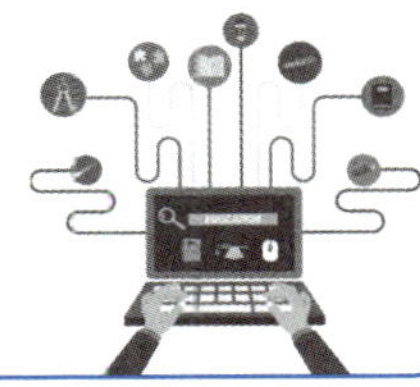

제 1 절 기말 회계기록

회계기간중에 발생한 거래는 분개장에 발생순서별로 분개기입한 후 이것을 총계정원장에 전기하게 된다. 기말이 되면 재무제표 작성을 위해 제6장에서 설명한 회계순환과정의 3단계부터 8단계를 수행한다. 우선 회계기간중에 기록·유지된 총계정원장의 차변·대변의 합계액 또는 잔액을 한 표에 모아 계정기입이 정확하게 되었는가를 검산한다. 이러한 목적으로 만든 표를 시산표(T/B: trial balance)라 한다. 분개가 바르게 행해졌으면 분개장의 차변금액의 합계와 대변금액의 합계는 반드시 일치한다. 따라서 이 금액을 그대로 전기한 원장 각 계정의 차변합계와 대변합계의 총계도 당연히 일치하지 않으면 안 된다. 실무에서는 일반적으로 기말에 재무제표를 작성하기 전에 시산표를 작성한다. 기말 재무제표 작성을 위한 회계기록은 시산표의 작성으로부터 시작된다. 시산표의 계정잔액이 정확하다면 시산표의 자산, 부채, 자본, 수익, 비용을 이용하여 재무제표를 작성할 수 있다.

그러나 회계기간중의 회계기록이 오류가 있을 수 있고 또한 기말까지 회계기록에 반영하지 못한 거래가 있을 수 있다. 이러한 이유 때문에 계정잔액이 정확하지 않게 되면 이를 바로잡기 위한 수정기록이 필요하다. 수정기록은 수정분개에 의해 이루어진다. 수정분개를 반영하여 다시 작성한 시산표를 수정후시산표라 한다(수정분개를 반영하기 전 시산표를 수정전시산표라 함). 이와 같이 수정후시산표가 작성되면 수정후시산표의 잔액을 토대로 재무제표를 작성하면 된다. 재무제표를 작성하고 나면 한 회계기간 동안 유지했던 회계장부를 마감하는 절차가 필요하다. 회계장부의 마감 후 잔액이 유지되는 계정과목을 하나의 표에 모아 마감후시산표(이월시산표)를 작성하여 마감 과정의 정확성을 검증하고 다음 회계기간의 기록준비를 마친다.

제 2 절 시산표의 작성

1. 시산표의 작성방법

(1) 합계시산표

합계시산표(trial balance of total)는 원장 각 계정의 차변합계액과 대변합계액

합계시산표

서울주식회사: (20×1. 9. 30) (단위: 원)

차 변	원 면	계 정 과 목	대 변
125,000	1	현 금	98,000
50,000	2	당 좌 예 금	
25,000	3	매 출 채 권	
30,000	4	상 품	20,000
20,000	5	건 물	
20,000	6	매 입 채 무	30,000
	7	장기차입금	10,000
	8	자 본 금	100,000
	9	매 출	25,000
	10	수수료수익	25,000
10,000	11	급 여	
8,000	12	이 자 비 용	
20,000	13	매 출 원 가	
308,000			308,000

을 집계하여 하나의 표로 만든 것을 말한다. 이 합계시산표는 분개장의 합계액과 반드시 일치하여야 하므로 분개장에서 원장으로 전기할 때 발생한 오류나 탈루를 발견하는 기능을 가지며, 또한 회계기간의 총거래액을 알 수 있는 장점이 있다. 그러나 합계시산표는 단순히 차변합계와 대변합계액을 보여주기 때문에 각 계정의 현재잔액을 알 수 없는 단점이 있다.

전술한 제6장 사례 6-2에서 서울주식회사의 20×1년 9월 거래의 기록결과 각 계정의 금액을 기준으로 합계시산표를 작성하면 앞과 같다.

(2) 잔액시산표

잔액시산표(trial balance of balance)는 각 계정의 잔액만을 집계하여 하나의 표로 만든 것이다. 합계시산표와 마찬가지로 차변합계액과 대변합계액이 반드시 일치한다. 잔액시산표는 총계정원장 각 계정의 현재액을 집계한 표이고, 기말의 자산·부채·자본·수익·비용을 나타내기 때문에 이 표를 보면 기업의 경영성과와 재무상태의 윤곽을 알 수 있다.

잔액시산표의 구조는 복식부기제도의 가장 기본이 되는 원리인 시산표등식으로 표현될 수 있다. 즉 다음 식의 왼쪽은 잔액시산표의 차변을, 오른쪽은 잔액시산표의 대변을 표시하게 된다.

기말자산 + 총비용 = 기말부채 + 기초자본 + 총수익
기말자산 = 기말부채 + [기초자본 + (총수익 − 총비용)]
= 기말부채 + 기말자본

잔액시산표의 구조를 시산표등식에 의해 다음 [표 7-1]과 같이 나타낼 수 있다.

[표 7-1] 잔액시산표의 구조

차변		대변	
기말자산	×××	기말부채	×××
		기초자본	×××
총 비 용	×××	총 수 익	×××
합 계	×××	합 계	×××

앞의 잔액시산표의 구조에서 보면 잔액시산표의 왼쪽에는 기말자산과 비용계정이 기록되고, 오른쪽에는 기말부채, 기초자본, 수익계정이 기록된다. 자본계정

은 기초자본으로 당기순이익이 산출되기 이전의 것임을 주의하여야 한다.

전술한 제6장 사례 6-2 에서 서울주식회사의 20×1년 9월 거래의 기록결과를 기초로 잔액시산표를 작성해 보면 다음과 같다.

잔액시산표

서울주식회사: (20×1. 9. 30) (단위: 원)

차 변	원 면	계 정 과 목	대 변
27,000	1	현 금	
50,000	2	당 좌 예 금	
25,000	3	매 출 채 권	
10,000	4	상 품	
20,000	5	건 물	
	6	매 입 채 무	10,000
	7	장기차입금	10,000
	8	자 본 금	100,000
	9	매 출	25,000
	10	수수료수익	25,000
10,000	11	급 여	
8,000	12	이 자 비 용	
20,000	13	매 출 원 가	
170,000			170,000

(3) 합계잔액시산표

합계잔액시산표(trial balance of total and balance)는 일정기간의 거래총액을 표시하는 합계시산표와 각 계정의 현재잔액을 표시하는 잔액시산표가 합쳐진 것이라 할 수 있다. 합계잔액시산표는 작성할 때 노력이 조금 더 들지만 두 시산표의 장점을 모두 지니고 있기 때문에 실무에서는 이 시산표가 많이 작성되고 있다.[1)]

전술한 제6장 예제 6-2에서 서울주식회사의 20×1년 9월의 거래 기록결과에 기초하여 합계잔액시산표를 작성하면 다음과 같다.

1) 감사인으로서 공인회계사(CPA)가 회계감사를 수행할 때도 일반적으로 재무제표와 함께 합계잔액시산표를 이용한다.

합계잔액시산표

서울주식회사: (20×1. 9. 30) (단위: 원)

차변 잔액	차변 합계	원면	계정과목	대변 합계	대변 잔액
27,000	125,000	1	현금	98,000	
50,000	50,000	2	당좌예금		
25,000	25,000	3	매출채권		
10,000	30,000	4	상품	20,000	
20,000	20,000	5	건물		
	20,000	6	매입채무	30,000	10,000
		7	장기차입금	10,000	10,000
		8	자본금	100,000	100,000
		9	매출	25,000	25,000
		10	수수료수익	25,000	25,000
10,000	10,000	11	급여		
8,000	8,000	12	이자비용		
20,000	20,000	13	매출원가		
170,000	308,000			308,000	170,000

2. 시산표상의 오류

시산표의 차변합계와 대변합계가 일치하지 않을 때에는 기록·계산의 어딘가에 오류가 있음을 나타낸다. 시산표오류에는 시산표 자체의 오류뿐 아니라 시산표 이전의 원천서류들인 분개장·원장·전표 등에 발생한 오류도 포함된다.

(1) 오류의 종류

시산표의 자기검증기능에 의해 차변합계와 대변합계가 불일치가 확인되었을 경우, 기록상의 오류의 주요 원인으로 다음과 같은 예를 들 수 있다.[2)]

2) 오늘날의 전산 환경에서는 시산표를 통해 발견할 수 있는 오류(박스 ①, ②, ③ 오류)는 거의 발생되지 않는다. 이에 따라 시산표가 오류를 검증하는 역할보다는 계정별 총 증가 및 감소금액, 전체 현황 등을 파악하는 기능을 수행하는 것이라고 볼 수 있다. 특히 기업의 내부통제 측면에서 후술되는"시산표에서 발견될 수 없는 오류"를 최소화하려는 노력이 중요하다.

① 분개장에서의 오류: 분개에 있어서 대차 불일치의 기입오류 등
② 원장에서의 오류: 전기의 누락, 전기금액의 오기, 대차가 잘못된 전기, 계정집계상의 오류 등
③ 시산표에서의 오류: 원장에서 시산표에 이기할 때 오류, 원장에서 시산표에 이기할 때 대차를 반대로 기입한 오류, 시산표상의 계산오류 등

시산표작성을 통하여 발견한 오류는 정정분개(수정분개: correcting entries)를 행하여야 한다.

(2) 시산표에서 발견할 수 없는 오류

시산표의 차변과 대변의 금액이 일치하더라도 오류가 전혀 발생하지 않았다고는 볼 수 없다. 시산표는 단지 원장의 차변합계와 대변합계가 일치하는지를 검증하기 위한 수단으로 이용될 뿐이다. 다음과 같은 오류는 시산표에서 발견할 수 없는 오류이다.

① 하나의 거래 전체가 분개장기입에 누락되거나 원장전기가 탈락되는 경우
② 거래를 이중으로 분개하여 분개장에 기입하거나 대차양변에 이중으로 기입하는 경우
③ 대차 다같이 틀린 동일한 금액으로 분개하여 원장에 전기하는 경우
④ 오류가 우연히 대차상계되는 경우
⑤ 발생기준회계에 따라 기말현재 장부에 반영하지 못한 항목이 있는 경우

3. 작성단계에 따른 시산표종류

시산표는 작성단계에 따라 수정전시산표·수정후시산표·마감후시산표(이월시산표)의 세 가지로 나누어진다.

(1) 수정전시산표(unadjusted trial balance)

수정전시산표는 회계기말의 결산정리를 위한 수정분개(조정분개, 정리분개)를 하기 이전에 기록이 적절하게 이루어졌는지를 검토하기 위하여 작성한 시산표를 말한다. 앞에서 설명한 합계시산표, 잔액시산표 및 합계잔액시산표는 모두 수정전시산표에 해당된다.

(2) 수정후시산표(adjusted trial balance)

수정후시산표는 수정전시산표에 결산(기말)정리사항을 수정분개(조정분개, 정리분개)하여 조정한 후의 시산표를 말한다. 즉 결산분개(계정마감)를 하기 전에 작성되는 시산표이다. 여기서 수정분개는 회계기말에 행하는 분개로 자산·부채의 계정 또는 금액수정과 수익·비용의 계정 또는 금액수정에 대한 분개로서 발생주의 회계를 채택한 오늘날의 회계에 필연적으로 나타나는 결산처리사항이다. 이에 대한 자세한 내용은 후술하기로 한다.

(3) 마감(결산)후시산표(이월시산표: post-closing trial balance)

마감후시산표(이월시산표)는 결산분개(수익과 비용을 집합손익계정에 대체하는 분개)를 하여 수익과 비용계정이 마감된 후 작성된 시산표로서, 자산·부채·자본으로 구성된 재무상태표계정으로만 작성되는 시산표이다. 이 시산표에 계상되는 모든 계정잔액은 재무상태표의 자산·부채·자본의 기말잔액이 된다. 마감후시산표의 작성은 선택적이며, 특히 기말재무상태표의 계정과 금액이 동일하기 때문에 실무에서는 일반적으로 재무상태표의 작성으로 대체하고 있다.

제 3 절 수정분개(adjusting entry: 정리분개, 조정분개)

회계기간중에는 발생된 거래를 분개장에 기입한 후 주기적으로 분개장에서 원장으로 전기하는 과정이 반복된다. 회계기간 말이 되면 재무제표 작성을 위한 회계의 결산이 시작된다.

분개장에서 원장에 전기가 정확하게 기입되어 대차평균의 원리에 의하여 시산표의 대차합계가 일치하였다 하더라도 이것은 계산상 정확한 것에 불과하고, 실제로 조사하여 보면 장부가액과 실제가액간에는 차이가 나타나는 경우가 많다. 예를 들면 상품계정의 잔액은 기말의 상품재고액을 표시한 것이지만, 실제로 재고를 조사하면 도난·부패 등으로 인하여 부족액이 생길 수 있다. 그리고 영업용 건물·기계장치·비품·자동차 등도 사용으로 인하여 노후화(또는 파손)되어 그 가치가 감소된다.

무엇보다도 회계기간중에 발생기준회계를 엄격하게 적용하지 않아 계정잔액이 실제와 다를 수 있다. 따라서 장부가액과 실제가액이 다르면 수정기입하여 이를 실제가치로 일치시켜야 한다. 발생주의 회계원칙에 따라 회계기간중에 수익 또는 비용이 발생되었으나 장부에는 아직 반영되지 않은 항목들이 있다. 이러한 항목들을 회계기간 말에는 반드시 장부를 수정하여 반영하여야 한다. 이와 같이 관련 자산의 장부가액과 실제가액을 일치시키거나, 발생된 수익·비용 등을 장부에 적절히 반영하기 위하여 필요한 수정사항의 전형적인 예는 다음과 같다.

① 상품계정의 수정, ② 유형자산에 대한 감가상각액, ③ 무형자산에 대한 상각액, ④ 자산계정의 평가, ⑤ 수취채권에 대한 대손충당금설정, ⑥ 수익항목에 대한 미수액·선수액의 계상, ⑦ 비용항목에 대한 선급·미지급액의 계상 등이다. 이와같이 발생주의 회계에서 수익 혹은 비용 중에서 둘 이상의 회계기간에 영향을 미치는 회계거래에 대해 각 회계기간에 귀속되는 수익과 비용을 올바르게 나누어 주는 분개를 해야 한다. 이러한 수정사항을 장부에 반영하기 위한 분개를 수정분개라 한다.

1. 상품 등 재고자산의 수정

(1) 재고자산의 실제재고액 파악

재고조사표에 상품 등 재고자산의 실제수량을 조사하여 확정하고, 여기에 취득원가를 곱하여 실제재고액을 평가한다.[3)]

상품별 재고수량 × 상품별 취득단가 = 기말상품재고액

(2) 실제재고액과 장부재고액의 차이계산

재고자산의 파손·분실·도난·진부화 등으로 인하여 감모손실이 발생한다. 이와 같은 감모손실로 인하여 상품의 재고수량이 장부의 기록에 비해 부족할 경우에는 부족한 금액만큼을 당기비용으로 처리하고 상품재고자산을 감소시킨다.

---

3) 상품별 취득단가를 산정하는 방법에는 ① 개별법, ② 평균원가법, ③ 선입선출법 등이 있는데, 기업에서는 이 중 하나의 방법을 선택할 수 있으나 해마다 계속해서 사용하여야 한다. 이에 대한 자세한 내용은 제10장에서 논의된다.

예제 7-1

상품의 장부가액이 100,000원인데, 실제재고조사에 의한 평가금액은 80,000원일 경우의 회계처리는 다음과 같다.

(차) 재고자산감모손실	20,000	(대) 상 품	20,000

(3) 상품매출원가산정

기록의 편의상 상품을 판매할 때마다 매출수익만 기록하고 매출원가는 기록하지 않을 수 있다. 이렇게 되면 기말시점에서 상품장부금액과 매출원가가 실제와 차이가 난다. 따라서 기말상품금액과 매출원가를 수정하기 위한 수정분개가 필요하다.

예제 7-2

기말시점 현재, 기초상품재고액 40,000원, 당기매입액 250,000원, 당기매출액 280,000원, 그리고 실사를 통한 기말상품재고액(차기이월액) 70,000원일 경우, 매출원가를 산정하는 수정분개(결산정리분개)를 살펴보면 다음과 같다.

(1) 기초상품재고액: 기초상품재고액을 매출원가계정의 차변에 대체한다.

(차) 매출원가	40,000	(대) 상 품	40,000

(2) 당기매입액: 매입계정의 차변잔액을 매출원가계정의 차변에 대체한다.

(차) 매출원가	250,000	(대) 매 입	250,000

(3) 기말상품재고액: 기말상품재고액을 상품계정의 차변과 매출원가계정의 대변에 기입한다.

(차) 상 품	70,000	(대) 매출원가	70,000

상 품

차변		대변	
기초이월액	40,000	(1) 매출원가	40,000
(2) 매 출 원 가	70,000	차기이월	70,000
	110,000		110,000

매 입

차변		대변	
당기매입액	250,000	(3) 매출원가	250,000

매 출

		당기매출액	280,000

매출원가

(1) 상 품	40,000	(2) 상 품	70,000
(3) 매 입	250,000		
	290,000		

예제 7-2 의 수정분개를 설명하면 다음과 같다.

① 수정분개 (1)은 기초상품 40,000원이 모두 판매되었다고 가정한 분개이다.

② 수정분개 (2)는 당기매입상품 250,000원이 모두 판매되었다고 가정한 분개이다.

③ 수정분개 (1)과 (2)에 의해서 상품금액은 '0'이고 매출원가는 290,000원이 된다. 그러나 기말 현재 상품재고는 70,000원이다.

따라서 수정분개 (3)은 기말재고상품을 70,000원으로 수정하고 매출원가를 220,000원으로 수정하는 분개이다. 재고자산과 매출원가에 대한 상세한 내용은 제10장에서 설명한다.

2. 유형자산 및 무형자산에 대한 감가상각

토지를 제외한 유형자산과 무형자산은 이를 사용하거나 시간이 경과함에 따라 그 가치가 감소되는데, 이러한 가치의 감소를 감가(減價)라고 한다. 그러나 시시각각으로 발생하는 가치의 감소분을 발생과 동시에 기록할 수 없다. 그러므로 기말에 기간손익을 정확하게 계산하기 위하여 회계기간중에 해당 자산의 가치가 감소된 부분은 비용이 되는데 이 비용을 감가상각비(depreciation expense)로 기록한다. 동시에 해당 자산의 장부가액을 감소시킨다. 이것을 감가상각(depreciation)이라고 한다.

만일 회계기간 동안 건물에 대하여 50,000원, 무형자산에 대하여 30,000원의 감가상각비가 계산되었다면 다음과 같이 회계처리한다.

(차) 감가상각비	50,000	(대) 건물감가상각누계액	50,000
(차) 무형자산상각	30,000	(대) 무 형 자 산	30,000

위의 수정분개에 의해 회계기간 동안 기록하지 않았던 건물감가상각비 50,000원이 수정반영되고 건물의 장부가액은 50,000원만큼 감소된다. 또한 무형자산도 회계기간 동안 기록하지 않았던 상각비 30,000원이 수정반영되고 무형자산 장부가액이 30,000원만큼 감소된다.[4)]

3. 수취채권계정에 대한 대손충당금설정

매출채권(외상매출금·받을어음)·대여금 등을 포함한 수취채권이 현금으로 회수되지 않으면 자산으로서의 가치가 없게 된다. 그러나 실제로 거래처 또는 거래업자의 파산 등으로 수취채권 중 그 일부는 회수할 수 없는 경우가 항상 존재한다. 회수불가능한 수취채권을 차기로 이월하게 되면 기간손익을 정확하게 계산하지 못하는 결과가 되고 자산을 과대평가한 결과가 된다. 그러므로 결산시에 과거의 경험으로부터 거래처에 대한 장래의 대손예상액을 추산하여 당기의 비용으로 계상함과 동시에 수취채권을 회수가능금액으로 보고해야 한다.

이와 같이 기업이 수취채권을 받을 수 없게 되었을 때 발생하는 손실을 대손이라 하며, 장래의 대손추산액을 당기의 비용으로 계상한 것을 대손상각비라 하며, 그 상대계정(대변)은 대손충당금(allowance for uncollectible accounts)이라 한다. 이 대손충당금계정은 수취채권계정의 차감계정이다. 예를 들어, 기말에 300,000원의 매출채권에 대하여 6,000원이 대손(bad debt expenses)될 것으로 추산되어 대손충당금을 설정한 경우에는 다음과 같이 회계처리한다.[5)]

(차) 대손상각비	6,000	(대) 대손충당금	6,000
			(부실채권 추정금액)

4) 유형자산인 건물의 경우에는 감가상각비만큼 대변에 건물계정을 직접 감소시키지 않고 건물감가상각누계액 계정을 사용하여 건물계정의 감소를 간접적으로 표시한다. 반면에 무형자산의 경우에는 무형자산상각비만큼 대변에 무형자산계정을 직접 감소시킨다. 이에 대한 자세한 내용은 제12장에서 다룬다.

5) 만약에 대손충당금의 전기이월액 2,000원이 있다면 다음과 같이 분개된다.

(차) 대손상각비	4,000	(대) 대손충당금	4,000

4. 이연항목(deferrals)

(1) 비용의 이연(선급비용)

보험료·임차료 등 당기에 지급한 비용 중에 당기에 인식하는 것이 아니라 이연시켜서 차기의 기간에 비용으로 인식할 항목이 있다. 왜냐하면 비용이 발생하기 전에 비용항목을 현금으로 선급하였기 때문이다. 이 경우 차기에 속할 비용을 결산시에 선급비용(prepaid expenses) 등의 자산계정으로 처리하여 차기로 이월시킨다. 기말 <선급비용회계처리>의 예를 들면 다음과 같다.[6)]

1) 7월 1일 화재보험료 1년분 40,000원을 현금으로 지급하다.

(차) 보 험 료 40,000 (대) 현 금 40,000

2) 12월 31일 결산시 보험료 중 선급분 20,000원을 계상하다.

(차) 선급비용(선급보험료) 20,000 (대) 보 험 료 20,000

보 험 료

7/1 현 금	40,000	12/31 선급보험료	20,000

선급보험료(자산)

12/31 보험료	20,000		

(2) 수익의 이연(선수수익)

선급비용과 반대로 임대수익·이자수익 등 수익계정에 기입된 금액 중 당기 이후에 속한 금액(선수분)이 있을 경우는 이 금액을 수익의 당해 계정에서 차감하여야 한다. 이 경우 선수수익(unearned revenue)이라는 부채계정으로 처리하여 차기의 수익으로 이월시킨다.

즉 선수수익이란 대금을 먼저 받고 부채로 기록한 항목으로서 아직 상품의 인도나 용역의 제공이 이루어지지 않은 금액이다. 기말에 <선수수익회계처리>의

---

6) 선급비용에 대한 회계처리는 다음의 방법으로 할 수도 있다.

(1) 7/1 (차) 선급비용(선급보험료) 40,000 (대) 현 금 4,000

(2) 12/31 (차) 보 험 료 20,000 (대) 선급비용(선급보험료) 20,000

예를 들면 다음과 같다.[7]

1) 7월 1일 수입이자 1년분 50,000원을 현금으로 받다.

(차) 현 금	50,000	(대) 이자수익	50,000

2) 12월 31일 결산시 수입이자 중 선수분 25,000원을 차기로 이월하다.

(차) 이자수익	25,000	(대) 선수수익 (선수이자수익)	25,000

이자수익

12/31 선수이자수익	25,000	7/1 현 금	50,000

선수이자수익(부채)

		12/31 이자수익	25,000

5. 예상항목(발생항목: accruals)

(1) 비용의 예상(미지급비용)

기중에 발생한 비용으로 용역의 제공을 받고도 아직 비용으로 장부에 기입하지 않은 미지급분이 있는데, 이것을 미지급비용(accrued expenses)이라 한다. 미지급분이 있는 경우에는 이를 비용계정에 계상함과 동시에 미지급비용이라는 부채계정으로 계상하여 차기이월시킨다. 이렇게 기록될 때 기간손익 및 기말재무상태를 적정하게 반영하게 된다. 대표적인 예로는 미지급이자·미지급급여·미지급재산세 등을 들 수 있다. 기말에 <미지급비용회계처리>의 예를 들면 다음과 같다.

• 12월 31일 결산시 당기분의 미지급이자 30,000원을 계상하다.

(차) 이 자 비 용	30,000	(대) 미지급비용 (미지급이자비용)	30,000

7) 선급비용과 마찬가지로 선수수익에 대한 회계처리는 다음과 같은 방법으로도 할 수 있다.

(1) 7/1	(차) 현 금	50,000	(대) 선수수익(선수이자수익)	50,000
(2) 12/31	(차) 선수수익(선수이자수익)	25,000	(대) 이자수익	25,000

이자비용

차변		대변	
12/31 미지급이자비용	30,000		

미지급이자비용(부채)

차변		대변	
		12/31 이자비용	30,000

(2) 수익의 예상(미수수익)

미지급비용과 반대로 기중에 획득한 수익으로서 당기에 용역을 타인에게 제공하고, 그에 대한 대가를 아직 받지 못함으로써 수익계정에 기입하지 않았을 경우에는 기간손익을 정확하게 하기 위하여 수익으로 계상하여야 한다. 이 때 수익이 발생했으나 회수되지 않은 것을 미수수익(accrued revenue)이라 한다. 이와 같은 항목의 대표적인 예로서는 미수임대수익·미수이자수익 등이 있다.

미수수익이 있을 때는 미수분을 당기에 수익으로 계상함과 동시에 동일금액을 미수수익이라는 자산계정으로 처리하여 차기로 이월시킨다. 기말에 <미수수익 회계처리>의 예를 들면 다음과 같다.

• 12월 31일 결산시 공채에 대한 이자미수분 60,000원을 계상하다.

(차) 미수수익 (미수이자수익)	60,000	(대) 이자수익	60,000

이자수익

차변		대변	
		12/31 미수이자수익	60,000

미수이자수익(자산)

차변		대변	
12/31 이자수익	60,000		

제 4 절 결산마감절차

기말에 각 계정금액을 기초로 하여 시산표를 작성하고, 그 다음에 각 계정의 장부가액과 현재가액이 다른 것을 정리기입(수정기입)한 후 수정후시산표를 작성한다. 그리고 수정후시산표를 이용하여 재무제표를 작성한다. 이러한 재무제표작성과정은 정산표를 이용하여 이루어질 수 있다. 재무제표를 작성하고 나면 다음 회계기간의 회계기록을 준비하기 위한 결산마감절차를 수행한다. 이때 계정을 마감하기 위한 마감분개(closing entries)가 필요하다. 결산마감절차는 ① 집합손익계정(혹은 손익계정)의 설정, ② 비용·수익에 속하는 모든 계정의 잔액을 집합손익계정에 대체, ③ 집합손익계정에서 순이익 또는 순손실을 산정하여 자본계정에 대체, ④ 비용·수익계정의 마감, ⑤ 자산·부채·자본계정에 속하는 계정의 마감, ⑥ 분개장 및 기타 장부의 마감, ⑦ 이월시산표의 작성 등의 순서로 진행된다.

1. 집합손익계정의 설정

수익과 비용계정은 당기순이익의 산정내역을 파악하기 위해 일시적으로 특정 회계기간에만 유지되는 임시계정(temporary account)이다. 이러한 임시계정을 마감하기 위해서는 집합손익계정(income summary account) 또는 손익계정(profit and loss account)을 설정하여 총계정원장에 있는 수익·비용에 속하는 계정을 여기에 집계한다. 집합손익계정도 장부의 마감단계에서 일시적으로 나타나는 임시계정으로 수익과 비용계정을 마감하고 자본계정에 대체하는 수단으로 이용된다.

2. 수익·비용계정을 집합손익계정에 대체

집합손익계정을 설정한 후 총계정원장에서 수익에 속한 모든 계정과목을 집합손익계정의 대변에 대체(transfer)시키고, 비용에 속한 모든 계정과목을 집합손익계정의 차변에 대체시킨다. 결과적으로 한 기간 동안의 수익과 비용의 발생내용이 모두 집합손익계정에 반영된다. 이와 같이 모든 수익계정과 비용계정은 집합손익계정의 대변과 차변에 대체되고 계정잔액이 '0'이 되어 마감(closing)된다.

그리고 집합손익계정의 잔액은 이익잉여금(자본계정)에 대체시킴으로써 잔액은 '0'이 되고 마감된다. 만약 기타포괄손익이 있다면 그 계정잔액을 '0'으로 만들면서 기타포괄손익누계액(자본계정)에 대체시킨다.

예제 7-3

아래의 약식 T-계정금액을 참조하여 집합손익계정에 대체기입하면 다음과 같다(서울주식회사 20×1년 9월분 거래, 제6장 사례 6-1 참조).

① (차) 매 출	25,000	(대) 집합손익	25,000
② (차) 수수료수익	25,000	(대) 집합손익	25,000
③ (차) 집 합 손 익	10,000	(대) 급 여	10,000
④ (차) 집 합 손 익	8,000	(대) 이자비용	8,000
⑤ (차) 집 합 손 익	20,000	(대) 매출원가	20,000

매 출 (9)

9/30 집합손익	25,000		25,000

수수료수익 (10)

9/30 집합손익	25,000		25,000

급 여 (11)

	10,000	9/30 집합손익	10,000

이자비용 (12)

	8,000	9/30 집합손익	8,000

매출원가 (13)

	20,000	9/30 집합손익	20,000

집합손익계정 (14)

9/30 급 여	10,000	9/30 매 출	25,000
9/30 이자비용	8,000	9/30 수수료수익	25,000
9/30 매출원가	20,000		

수익과 비용계정을 집합손익계정에 대체하고 집합손익계정을 이익잉여금계정에 대체시키는 결산마감절차를 분개장에 표시하면 다음과 같다.

서울주식회사: 분 개 장 (2)

일	자	적 요		원 면	차 변	대 변
					308,000	308,000
9	30	제 좌	(집합손익)	14		50,000
		(매 출)		9	25,000	
		(수수료수익)		10	25,000	
		수익계정을 집합손익계정에 대체하다				
		(집합손익)	제 좌	14	38,000	
			(급 여)	11		10,000
			(이자비용)	12		8,000
			(매출원가)	13		20,000
		비용계정을 집합손익계정에 대체하다				
		(집합손익)		14	12,000	
			(이익잉여금)	15		12,000
		순이익을 계상하여 이익잉여금계정에 대체하다				

앞에서 설명한 수익과 비용에 속하는 각 계정을 집합손익계정에 대처시켜 마감하는 절차는 각 계정원장에서 이루어질 것이다. 다음은 매출계정원장에서 이루어진 마감절차의 예이다.

매 출 (9)

일자		적 요	분면	차 변	일자		적 요	분면	대변
9	30	집합손익	2	25,000	9	4	외상매출금	1	25,000

3. 순손익을 자본계정에 대체

집합손익계정에 한 회계기간의 모든 수익과 비용이 집계되므로 이 집합손익계정에서 순손익이 산정된다. 즉 집합손익계정의 대변잔액이면 순이익이 되는 것이고, 반대로 차변잔액이면 순손실이 되는 것이다. 결과적으로 순손익은 자본의 증감에 영향을 준다. 순이익일 때는 자본의 증가를 가져오는 것이고, 반대로 순손실일 때는 자본의 감소를 가져오는 것이다.

집합손익계정에서 순이익이 발생할 경우, 순이익을 자본에 대체하는 분개는 다음과 같다.

(차) 집합손익	12,000	(대) 이익잉여금	12,000

반대로 집합손익계정에서 순손실 5,000원이 발생하였다고 가정하면 자본대체 분개는 다음과 같다.

(차) 이익잉여금	5,000	(대)집합손익	5,000

전술한 예제의 결과에 의하여 집합손익계정에 기입하여 보면 다음과 같다.

집합손익

9/30 급 여	10,000	9/30 매 출	25,000
9/30 이자비용	8,000	9/30 수수료수익	25,000
9/30 매출원가	20,000		
9/30 이익잉여금 (당기순이익)	12,000		
	50,000		50,000

4. 재무상태표계정의 마감

포괄손익계산서의 수익·비용계정은 집합손익계정을 설정하고 수익계정은 집합손익계정 대변에, 비용계정은 집합손익계정 차변에 대체시킨 후, 여기서 순손익을 산정해서 순손익을 이익잉여금계정에 대체함으로써 마감하였다. 이에 비해 재무상태표항목인 자산·부채·자본계정의 마감은 각 계정에서 기말잔액을 확인하고 다음 회계기간으로 이월시키는 간단한 절차에 의해 이루어진다.

(1) 자산·부채·자본계정의 마감

자산·부채·자본에 속하는 계정의 대차차액을 금액이 적은 쪽 적요란에 주의를 환기시키기 위해서 붉은 잉크로 '차기이월'이라고 기입하고 대차합계를 평균시켜 마감한다. 이 차기이월기입은 기말에 남아 있는 자산·부채·자본의 계정에 대해서만 이루어진다. 이 잔액은 다음 회계연도에 다시 기업활동을 위하여 이용된다. 따라서 차기이월을 기입하여 마감한 다음에 차기의 최초 날짜로 차기이월을 기입한 반대쪽에 '전기이월'이라고 기입한다. 이와 같은 방법으로 장부의 정리가 모두 끝나면 다음 회계기간의 회계순환과정이 또 다시 시작되는 것이다. 차기이월과 전기이월의 기입은 분개장의 기입에 의하지 않고 총계정원장인 자산·부채·자본계정에서 직접 이루어지는 것이 특징이므로 원장의 분면란에는 √표(tick mark)를 기입한다.

전술한 제6장 **사례 6-2**에서 나타난 서울주식회사의 원장 각 계정을 지금까지 설명한 방법과 절차에 따라 마감하면 다음과 같다.

총계정원장

현 금 (1)

일자		적 요	분면	금액	일자		적 요	분면	금 액
9	1	자 본 금	1	100,000	9	2	건 물	1	20,000
9	10	수수료수익	2	25,000	9	5	매 입 채 무	1	10,000
					9	6	당 좌 예 금	1	50,000
					9	7	급 여	1	10,000
					9	9	이 자 비 용	1	8,000
					9	30	차 기 이 월	√	27,000
				125,000					125,000
10	1	전 기 이 월	√	27,000					

당좌예금 (2)

일자		적 요	분면	금액	일자		적 요	분면	금 액
9	6	현 금	1	50,000	9	30	차 기 이 월	√	50,000
10	1	전 기 이 월	√	50,000					

매출채권 (3)

일자		적 요	분면	금액	일자		적 요	분면	금 액
9	4	매 출	1	25,000	9	30	차 기 이 월	√	25,000
10	1	전 기 이 월	√	25,000					

상 품 (4)

월	일	적요	분면	금액	월	일	적요	분면	금액
9	3	매입채무	1	30,000	9	4	매출원가	1	20,000
					9	30	차기이월	√	10,000
				30,000					30,000
10	1	전기이월	√	10,000					

건 물 (5)

월	일	적요	분면	금액	월	일	적요	분면	금액
9	2	현금	1	25,000	9	30	차기이월	√	25,000
10	1	전기이월	√	25,000					

매입채무 (6)

월	일	적요	분면	금액	월	일	적요	분면	금액
9	5	현금	1	10,000	9	3	상품	1	30,000
9	8	장기차입금	1	10,000					
9	30	차기이월	√	10,000					
				30,000					30,000
					10	1	전기이월	√	10,000

장기차입금 (7)

월	일	적요	분면	금액	월	일	적요	분면	금액
9	30	차기이월	√	10,000	9	8	매입채무	1	10,000
					10	1	전기이월	√	10,000

자본금 (8)

월	일	적요	분면	금액	월	일	적요	분면	금액
9	30	차기이월	√	100,000	9	1	현금	1	100,000
					10	1	전기이월	√	100,000

매 출 (9)

월	일	적요	분면	금액	월	일	적요	분면	금액
9	30	집합손익	2	25,000	9	4	매출채권	1	25,000

수수료수익 (10)

월	일	적요	분면	금액	월	일	적요	분면	금액
9	30	집합손익	2	25,000	9	4	매출채권	2	25,000

급 여 (11)

월	일	적요	분면	금액	월	일	적요	분면	금액
9	7	현금	1	10,000	9	30	집합손익	2	10,000

이자비용 (12)

월	일	적요	분면	금액	월	일	적요	분면	금액
9	9	현 금	1	8,000	9	30	집 합 손 익	2	8,000

매출원가

월	일	적요	분면	금액	월	일	적요	분면	금액
9	4	상 품	1	20,000	9	30	집 합 손 익	2	20,000

이익잉여금(당기순이익) (13)

월	일	적요	분면	금액	월	일	적요	분면	금액
9	30	차 기 이 월	√	12,000	9	30	집 합 손 익	2	12,000
					10	1	전 기 이 월	√	12,000

집합손익 (14)

월	일	적요	분면	금액	월	일	적요	분면	금액
9	30	급 여	2	10,000	9	30	매 출	2	25,000
9	30	이 자 비 용	2	8,000	9	30	수수료수익	2	25,000
9	30	매 출 원 가	2	20,000					
9	30	이익잉여금 (당기순이익)	2	12,000					
				50,000					50,000

(2) 마감후시산표(이월시산표)의 작성

앞서 설명한 바와 같이 장부의 마감절차가 끝나면 재무상태표계정인 자산·부채·자본에 속하는 계정만 잔액이 남아 차기로 이월된다. 재무상태표계정이 마감된 후에 대차평균의 원리에 의하여 계정잔액의 이월이 올바로 되었는가를 확인하기 위하여 원장 각 계정의 차기이월금액(잔액금액)을 모아 시산표를 작성할 수 있다. 이를 이월시산표라 한다.

서울주식회사의 이월시산표(마감후시산표: post-closing trial balance 혹은 after-closing trial balance)를 작성해 보면 다음과 같다. 이 시산표에는 재무상태표와 관련된 자산, 부채, 그리고 자본계정만이 나타나며, 차변합계와 대변합계가 일치됨을 알 수 있다.

이월시산표

서울주식회사: (20×1.9.30) (단위: 원)

차 변	원면	계정과목	대 변
27,000	1	현 금	
50,000	2	당 좌 예 금	
25,000	3	매 출 채 권	
10,000	4	상 품	
20,000	5	건 물	
	6	매 입 채 무	10,000
	7	장기차입금	10,000
	8	자 본 금	100,000
	13	이익잉여금	12,000
132,000		총 계	132,000

제 5 절 정산표를 활용한 재무제표 작성

1. 정산표의 정의 및 양식

기업의 재무제표인 재무상태표와 손익계산서는 총계정원장의 계정잔액에 의하여 작성되나, 장부에 의해서 직접 작성하는 것은 복잡하고 오류가 발생할 우려가 있다. 따라서 기업은 결산하기 전에 장부결산을 신속하고 정확하게 하고 단순한 절차로서 기업의 경영성과와 재무상태를 파악하기 위하여 임시적으로 사용되는 양식인 정산표를 작성한다.

이와 같이 잔액시산표를 기초로 하여 손익계산서와 재무상태표를 작성하는 과정이 한 표에서 이루어지도록 한 것을 정산표(W/S: working sheet)라고 한다. 정산표의 작성은 선택적이지만 학교교육에서는 결산절차를 체계적으로 이해하고 정리할 수 있도록 자주 사용한다. 정산표는 회계기말에 재무제표의 작성을 앞두고 수정전시산표의 작성에서부터 수정분개(정리분개) 및 수정후시산표의 작성단계까지의 과정을 처리한다.

정산표에는 6위식·8위식 및 10위식의 정산표가 있는데, 보통 10위식을 많이 사용하고 있다. 10위식정산표는 수정전시산표 2칸, 수정분개란 2칸, 수정후시산표 2칸, 손익계산서와 재무상태표 각 2칸씩 총 10칸으로 구성된다. 10위식정산표의 양식을 예시하면 다음과 같다. 정산표의 본문에는 각각 차변과 대변란을 가지는 10개의 금액란이 있다.

×××회사: 정산표(10위식) (20×1. . .)

계정과목	수정전시산표		수정기입		수정후시산표		포괄손익계산서		재무상태표	
	차변	대변	차변	대변	차변	대변	차변	대변	차변	대변

2. 정산표의 목적

첫째, 정산표를 작성하는 중요한 목적은 포괄손익계산서 및 재무상태표의 작성을 용이하게 하기 위해서이다. 재무제표작성은 회계정보의 산출에 있어 궁극적인 목표이므로 회계기말에 신속히 작성되어야 할 것이다. 따라서 수정분개를 분개장에서 행하고, 이를 각 원장에 전기하는 것보다는 정산표상에서 하는 것이 신속하게 처리되므로 먼저 정산표상에서 모든 결산절차를 예비적으로 행하고, 그것에 의하여 재무제표를 작성한 후 정식적인 결산절차를 회계장부상에서 행하는 것이 실무상 일반화되어 있다.

둘째, 수정분개나 장부마감 없이도 가결산서를 작성할 수 있도록 하기 위해서이다. 장부의 마감은 회계기간에 한번 하지만, 분기별·반기별 재무제표를 작성하려면 부득이 정산표에 의하여 포괄손익계산서 및 재무상태표를 작성하지 않으면 안 된다.

셋째, 결산절차를 하나의 표에 표시함으로써 수정분개의 내용, 계정 상호간의 관계 등 결산에 필요한 사항을 이해하기 쉽도록 해 준다. 그러므로 이를 이용하여 회계정보의 산출 및 회계장부의 마감을 보다 용이하게 할 수 있다. 즉 정산표는 수정분개, 재무제표의 작성, 그리고 마감분개(결산분개)를 하는 데 있어서 중요한 정보의 원천으로 활용될 수 있다.

3. 정산표의 작성방법

정산표는 다음과 같은 절차에 의하여 작성한다.

제 1 단계: 총계정원장의 각 계정잔액을 수정전시산표란에 기입한다. 자산·비용은 차변란에, 부채·자본·수익은 대변란에 기입한다.

제 2 단계: 수정기입을 행하는 데 필요한 자료를 수집하고, 수정분개를 행하는 데 필요한 계정과목이 수정전시산표에 없을 경우에는 계정과목란의 하부에 추가하여야 한다. 그리고 수정을 요하는 사항의 수정분개를 수정기입란에 한다. 모든 수정분개가 다 되었으면 수정기입란의 대차합계를 각각 계산하고 대차평균 여부를 확인한다.

제 3 단계: 수정후시산표란에다 각 계정과목별로 대차잔액을 기입한다. 이 때 대차잔액은 수정전시산표상의 각 계정잔액에 수정기입란에 기입되어 있는 대차금액을 가감하여 계산된다.

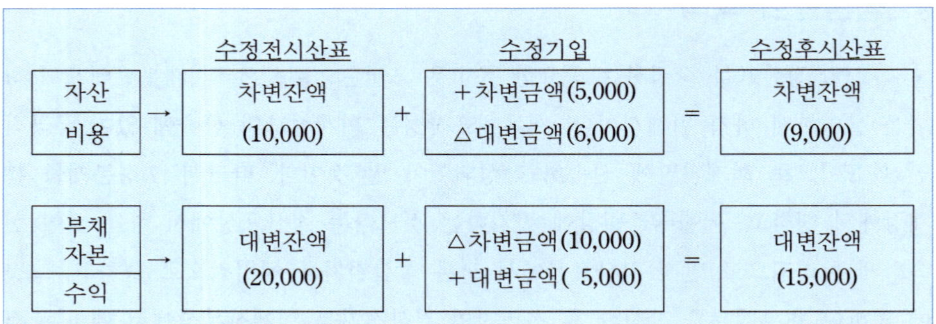

제 4 단계: 수정후시산표란에 기입되어 있는 각 계정의 금액을 그 계정성격에 따라 재무상태표란과 포괄손익계산서란으로 옮겨 적는다.

제 5 단계: 포괄손익계산서란의 차변과 대변금액을 합계하고 그 차액을 계산한다. 이 차액은 당기순이익(차변 부족) 또는 당기순손실(대변 부족)을 나타낸다. 그리고 차변과 대변금액의 합계를 일치시킨다.

제 6 단계: 재무상태표란의 차변과 대변금액을 합계하고 그 차액을 계산한다. 이 차액은 포괄손익계산서상의 차액과 동일한 금액으로서 당기순이익(대변 부족) 또는 당기순손실(차변 부족)을 나타낸다. 그리고 차변과 대변금액의 합계를 일치시킨다.

제 7 단계: 포괄손익계산서와 재무상태표의 각각 금액합계 밑에 두 줄을 그음으로써 정산표 작성을 완료한다.[8)]

4. 정산표와 재무제표

정산표의 작성절차에 의하여 완성된 정산표상의 손익계산서와 재무상태표에 나타난 당기순이익은 12,000원으로 각각 동일한 금액이 산정된다. 그러나 당기순이익은 손익계산서상에는 차변에, 재무상태표상에는 대변에 나타나고 있는 것이 복식부기의 특징 중의 하나이다. 이와 같은 관계를 도시해 보면 [그림 7-1]과 같다.

[그림 7-1] 정산표와 재무제표의 구조

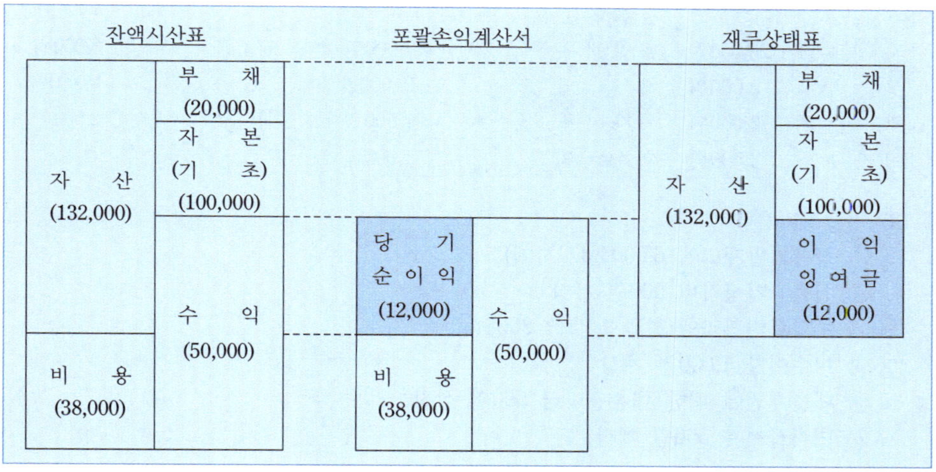

제 6 절 정산표를 활용한 재무제표 작성 예시

일단 정산표가 완성되면 이것을 기초로 하여 포괄손익계산서와 재무상태표를 쉽게 작성할 수 있다. 전술한 바와 같이 포괄손익계산서는 일회계기간의 기업의 경영성과를 표시하는 보고서이며, 재무상태표는 일정시점의 기업의 재무상태

8) 정산표의 재무상태표란에 당기순이익(당기순손실)을 기입해야만 대변합계와 차변합계가 일치되는 이유는 재무상태표 항목에서 이익잉여금계정의 잔액은 기초의 잔액을 나타내지만, 기타의 모든 계정은 기말 현재의 잔액을 반영하고 있기 때문이다. 그러므로 이익잉여금 잔액을 기말 현재의 잔액으로 표시하기 위해서는 기초의 잔액에서 배당금을 차감하고 당기순이익을 가산시켜야 한다.

를 표시하는 보고서이다. 다음의 예제 7-4에 의하여 작성된 정산표에 근거하여 서울주식회사의 20×1년도의 손익계산서와 20×1년도 말 현재의 재무상태표를 작성하여 보자.

예제 7-4

서울주식회사의 20×1년 1월 1일부터 12월 31일까지의 회계기간 동안 아래의 수정전 시산표상 계정잔액과 기말정리사항에 의하여 재무상태표를 작성하라.

(1) 총계정원장의 각 계정잔액

현 금	5,000원	매 출 채 권	6,000원	당기손익-공정가치측정금융자산	7,000원
단기대여금	3,000원	기타포괄손익-공정가치측정금융자산	2,000원	건 물	5,000원
자 본 금	20,000원	매 입 채 무	7,000원	차 입 금	3,000원
상 품	5,000원	매 입	10,000원	매 출	15,000원
광고선전비	2,000원	이 자 비 용	1,500원	보 험 료	2,500원
이 자 수 익	3,000원	수수료수익	1,000원		

(2) 기말정리사항

① 상품기말재고액 6,000원(실사액)
② 건물감가상각비 500원 계상
③ 보험료미경과액(선급보험료) 800원
④ 미수이자 1,000원 계상
⑤ 매출채권에 대한 대손충당금 500원 설정
⑥ 미지급이자 500원 계상

수정분개(결산정리분개)[9]

①	a.	(차) 매출원가*	5,000	(대) 상 품	5,000
	b.	(차) 상 품	6,000	(대) 매출원가*	6,000
	c.	(차) 매출원가*	10,000	(대) 매 입	10,000

9) 상품계정의 기말정리에 있어서 상품을 어느 계정으로 처리하는가에 따라 달라질 수 있다. 일반적으로 ① 매출원가계정으로 처리하는 방법과 ② 매입계정으로 처리하는 방법이 있는데, 본 예제에서는 매출원가계정으로 처리하였다. 두 가지 회계처리방법은 다음과 같다.

①의 방법에 의할 경우:	기초상품에 대해;	매출원가	×××	/상 품	×××
	기말상품에 대해;	상 품	×××	/매출원가	×××
	매입에대해;	매출원가	×××	/매 입	×××
②의 방법에 의할 경우:	기초상품에 대해;	매 입	×××	/상 품	×××
	기말상품에 대해;	상 품	×××	/매 입	×××

②	(차) 감가상각비	500	(대)	감가상각누계액—건물	500
③	(차) 선급보험료	800	(대)	보 험 료	800
④	(차) 미수이자수익	1,000	(대)	이 자 수 익	1,000
⑤	(차) 대손상각비	500	(대)	대 손 충 당 금	500
⑥	(차) 이 자 비 용	500	(대)	미지급이자비용	500

서울주식회사:

정 산 표

(20×1. 1. 1~20×1. 12. 31)

(단위: 원)

No	계정과목	수정전시산표		정리(수정)분개		수정후시산표		포괄손익계산서		재무상태표	
		Dr 차변	Cr 대변	Dr 차변	Cr 대변	Dr 차변	Cr 대변	Dr 차변	Cr 대변	Dr 차변	Cr 대변
1	현 금	5,000				5,000				5,000	
2	매 출 채 권	6,000				6,000				6,000	
3	당기손익공정가치측정금융자산	7,000				7,000				7,000	
4	단 기 대 여 금	3,000				3,000				3,000	
5	기타포괄손익-공정가치측정금융자산	2,000				2,000				2,000	
6	건 물	5,000				5,000				5,000	
7	매 입 채 무		7,000				7,000				7,000
8	차 입 금		3,000				3,000				3,000
9	자 본 금		20,000				20,000				20,000
10	상 품	5,000		① 6,000	② 5,000	6,000				6,000	
11	매 입	10,000			① 10,000						
12	매 출		15,000				15,000		15,000		
13	광 고 선 전 비	2,000				2,000		2,000			
14	이 자 비 용	1,500		⑥500		2,000		2,000			
15	보 험 료	2,500			③800	1,700		1,700			
16	이 자 수 익		3,000		④ 1,000		4,000		4,000		
17	수 수 료 수 익		1,000				1,000		1,000		
18	감 가 상 각 비			②500		500		500			
19	감가상각누계액				②500		500				500
20	선 급 보 험 료			③800		800				800	
21	미수이자수익			④ 1,000		1,000				1,000	
22	대 손 상 각 비			⑤500		⑤500		500			

23	대 손 충 당 금				⑤500		500				500
24	미지급이자비용				⑥500		500				500
25	매 출 원 가*			5,000 ① a 10,000 ① c	6,000 ① b	9,000		9,000			
26		49,000	49,000	24,300	24,300	51,500	51,500	15,700	20,000	35,800	31,500
27	당 기 순 이 익							4,300			4,300
28								20,000	20,000	35,800	35,800

*매출원가를 산출하기 위하여 매출원가계정을 설정한 예시이다.

이와 같이 정산표를 이용하면 포괄손익계산서와 재무상태표를 쉽게 작성할 수 있다. 여기에서 정산표의 포괄손익계산서란과 재무상태표란의 금액은 수정후

포괄손익계산서

20×1. 1. 1부터
20×1.12.31까지

서울주식회사: (단위: 원)

매 출 액		15,000
매출원가		9,000
기초상품재고액	5,000	
당 기 순 매 입 액	10,000	
	15,000	
기말상품재고액	(6,000)	
매출총이익		6,000
판매비와 관리비		4,700
광고선전비	2,000	
보 험 료	1,700	
감가상각비	500	
대손상각비	500	
영 업 이 익		1,300
영업외수익		5,000
이 자 수 익	4,000	
수수료수익	1,000	
영업외비용		2,000
이자비용	2,000	
당기순이익		4,300
기타포괄손익		0
총포괄이익		4,300

시산표로부터 옮겨 적은 것이다. 그러나 실무에서는 반드시 정산표를 통하지 않고 수정후시산표로부터 직접 포괄손익계산서와 재무상태표를 작성하기도 한다. 또한 다음 장에서 설명할 결산과 장부마감을 행한 다음에 총계정원장에 의하여 손익계산서와 재무상태표를 작성할 수도 있다.

오늘날 컴퓨터의 이용이 일반화되면서 시산표와 정산표는 자동적으로 작성되어 쉽게 출력할 수 있다. 또한 재무제표의 작성도 손쉽게 이루어진다. 결국 정확한 거래전표의 작성(분개)과 이의 입력에 오류가 없다면 그 이후의 모든 작업은 자동적으로 진행되어 재무제표가 작성되는 것이다. 회계거래를 분개하는 데에는 사람의 판단이 필요하므로 컴퓨터가 분개를 대신해 주지는 못한다.

재무상태표

서울주식회사:	(20×1. 12. 31 현재)	(단위: 원)
현 금		5,000
매출채권	6,000	
대손충당금	(500)	5,500
당기손익-공정가치측정금융자산		7,000
단기대여금		3,000
상 품		6,000
선급보험료		800
미수이자수익		1,000
기타포괄손익-공정가치측정금융자산		2,000
건 물	5,000	
감가상각누계액	(500)	4,500
자 산 총 계		34,800
매입채무		7,000
차 입 금		3,000
미지급이자비용		500
부채총계		10,500
자 본 금		20,000
이익잉여금[10]		4,300
자본총계		24,300
부채 및 자본총계		34,800

10) 재무상태표의 이익잉여금을 증감시키는 항목들은 다양하지만 두 가지 주요 요인은 당기순이익과 배당금이다. 즉 기초잔액에 당기순이익과 배당금이 반영되어 다음과 같이 기말잔액이 산출된다.

기초이익잉여금(0원)+당기순이익(4,300원)-배당금(0원)=기말이익잉여금(4,300원)

연습문제

[1] **회계기말에 시산표 작성의 목적을 설명하라.**

[2] **당기순이익이 이익잉여금으로 대체되는 과정을 약술하라.**

[3] **부산주식회사의 20×1년 12월 31일의 수정전 시산표이다. 다음의 기말수정사항을 반영하여 회사의 재무상태표를 작성하라.(예제 7-4 참조)**

시 산 표

부산주식회사: (20×1. 12. 31) (단위: 원)

차변	금액	대변	금액
현 금	10,000	감가상각누계액	30,000
당기손익-공정가치측정금융자산	30,000	매 입 채 무	50,000
매 출 채 권	50,000	장 기 차 입 금	40,000
상 품	20,000	자 본 금	200,000
기타포괄손익-공정가치측정금융자산	40,000	매 출	350,000
건 물	80,000	이 자 수 익	30,000
매 입	300,000		
보 험 료	50,000		
광고선전비	30,000		
접 대 비	40,000		
이 자 비 용	50,000		
	700,000		700,000

수정사항:

(1) 연말실사에 의한 상품재고액은 30,000원이다.

(2) 당기에 계상된 건물감가상각비는 10,000원이다.

(3) 장기차입금에 대한 미지급이자는 5,000원이다.

(4) 당기의 미경과보험료는 20,000원이다.

[4]* **(회계순환) 다음은 백마통상의 20×1년 12월 31일자 정리기입 전 시산표의 일부이다.**

20×1. 12. 31

	차변	대변
상 품	3,000	
선급보험료	4,000	
단기차입금		50,000
매 출		180,400
매 입	150,000	
이 자 비 용	4,600	

기말정리기입에 필요한 정보는 다음과 같다.
1) 20×1년 중 발생한 이자비용은 총 ₩4,000이다.
2) 선급보험료 중 ₩1,200은 당해연도 보험료로 파악되었다.
3) 재고실사결과 기말상품재고액은 ₩1,000인 것으로 판명되었다.

(1) 필요한 수정분개를 하라.
(2) 수정분개 후 마감분개를 하라.

[5]* **다음은 (주)중앙의 20×1년 재무상태표에서 추출한 자료이다.**

계정과목	기초잔액	기말잔액
선급보험료	₩600,000	₩700,000

포괄손익계산서에 비용으로 인식된 보험료가 ₩800,000이라고 할 때, (주)중앙의 20×1년 중 현금으로 지급된 보험료는 얼마인가?

[6]* **(주)중앙은 20×1년 중 회계처리시 다음과 같은 오류가 발생되었다. 오류정정에 필요한 수정분개를 하라.**

(1) 20×1년도분 차입금 이자 ₩150,000을 현금으로 지급하다.
기중 회계처리: (차) 선급이자 150,000 (대) 현 금 150,000
(2) 매출채권 ₩100,000을 현금으로 회수하다.
기중 회계처리: (차) 현 금 100,000 (대) 매 출 100,000

[7]* 다음은 북악기술(주)의 20×1년도 말 수정후시산표의 계정과목이다. 포괄손익계산서를 작성하라.

대 손 충 당 금	₩7,200	선 급 비 용	₩43,000	유 형 자 산	₩80,000
당기손익-공정가치측정금융자산	80,000	현 금	130,000	대 손 상 각 비	2,000
매 출 원 가	196,000	이 자 수 익	3,000	상 품	76,000
자 본 잉 여 금	20,000	이익잉여금	40,000	급 여	7,000
감가상각누계액	21,000	단기차입금	50,000	사 채	98,000
매 입 채 무	25,000	매 출 채 권	77,200	이 자 비 용	2,000
미 지 급 이 자	2,000	자 본 금	120,000	매 출 액	230,000
감 가 상 각 비	4,000	법인세비용	2,000	주식발행초과금	80,000
수 수 료 수 익	3,000				

[8] 다음 빈 칸에 알맞은 숫자를 넣어라.

기초자산	기초부채	기초자본	기말자산	기말부채	기말자본	총수익	총비용	순이익
50,000	( )	( )	60,000	( )	25,000	( )	80,000	5,000

[9]* 20×1년 6월 1일에 한남(주)는 향후 1년간 임차료 ₩1,800,000을 현금지급하고 선급임차료계정에 차변기록하였다. 20×1년 12월 31일에 해야 할 수정분개는?

① ₩750,000을 선급임차료계정에 차변기록하고 임차료계정에 대변기록
② ₩1,050,000을 선급임차료계정에 차변기록하고 임차료계정에 대변기록
③ ₩1,050,000을 임차료계정에 차변기록하고 선급임차료계정에 대변기록
④ ₩750,000을 선급임차료계정에 차변기록하고 현금계정에 대변기록

[10]* (주)중앙의 20×1년 12월 31일 수정전시산표 상의 선급보험료의 잔액은 ₩24,000이다. 20×1년 9월 1일에 (주)중앙은 1년분의 보험료를 지급하면서 선급보험료 계정으로 회계처리하였다. 20×1년 12월 31일에 (주)중앙이 해야 할 수정분개는?

① (차) 보 험 료 8,000 (대) 선급보험료 8,000
② (차) 보 험 료 12,000 (대) 선급보험료 12,000
③ (차) 보 험 료 16,000 (대) 선급보험료 16,000
④ (차) 선급보험료 12,000 (대) 보 험 료 12,000

[11]* 다음 중 수정분개에 포함될 수 없는 것은?

① 비용계정 차변기록; 부채계정 대변기록
② 비용계정 차변기록; 수익계정 대변기록
③ 자산계정 차변기록; 수익계정 대변기록
④ 수익계정 차변기록; 부채계정 대변기록

[12]* 당기에 현금을 받은 수익은 일단 수익계정에 기입하고 결산시에 당기 이후에 속한 선수금액을 계산하여 당기의 수익계정에서 차감한 후 선수수익이자는 부채계정으로 처리하여 차기로 이월시키는 것을 무엇이라고 하는가?

① 비용의 예상
② 수익의 예상
③ 비용의 이연
④ 수익의 이연

[13]* 다음의 설명 중 틀린 것을 모두 고르면?

① 시산표를 작성한 후 차변의 합계와 대변의 합계가 일치하면 회계기록에 오류가 없다.
② 명목계정들은 집합손익계정을 이용하여 장부를 마감하고, 집합손익계정은 다시 이익잉여금계정으로 장부를 마감한다.
③ 보험을 가입한 후 선납입한 보험료를 자산으로 처리한 경우, 결산일에 등보험료 중에서 기간경과분을 보험료의 과목으로 비용처리를 하는 기말수정분개가 반드시 필요하다.
④ 기업은 발생주의 회계기준을 사용하여 모든 재무제표를 작성한다.

[14]* 다음의 계정 중 마감후시산표(이월시산표)에 나타나지 않는 것은?

① 이익잉여금
② 장기차입금
③ 미지급이자비용
④ 대손상각비

[15]* 회계기간말에 포괄손익계산서 계정인 모든 수익계정과 비용계정의 잔액을 '0'으로 만들기 위해 이들을 손익계정(집합손익계정)으로 대체한 후 이를 다시 재무상태표의 이익잉여금 계정으로 대체하는 절차를 무엇이라고 하는가?

① 수정분개
② 전기
③ 마감분개
④ 정산표 작성

연습문제 해답

4. (1)

(차) 선급이자	600	(대) 이 자 비 용	600
(차) 보 험 료	1,200	(대) 선급보험료	1,200
(차) 매출원가	3,000	(대) 상 품	3,000
(차) 매출원가	150,000	(대) 매 입	150,000
(차) 상 품	1,000	(대) 매 출 원 가	1,000

(2)

(차) 매 출	180,400	(대) 집합손익	180,400
(차) 집합손익	157,200	(대) 이자비용 보 험 료 매출원가	4,000 1,200 152,000

(차) 집합손익	23,200	(대) 이익잉여금	23,200

5.

선급보험료

기 초 잔 액	600,000	당기발생액	800,000
현금지급액	x		
	₩700,000		

즉, 기초잔액 600,000 + x − 당기발생액 800,000 = 기말잔액 700,000 ∴ x = 900,000

6. (1) 차입금 이자

(차) 이자비용	150,000	(대) 선급이자	150,000

또는

(차) 현 금	150,000	(대) 선급이자	150,000
이자비용	150,000	현 금	150,000

(2) 매출채권 회수

(차) 매 출	100,000	(대) 매출채권	100,000

또는

(차) 매 출	100,000	(대) 현 금	100,000
현 금	100,000	매출채권	100,000

7.

손익계산서

㈜북악기술	20×1. 1. 1~20×1. 12. 31	(단위: 원)
매 출 액		230,000
매 출 원 가		196,000
매 출 총 이 익		34,000
판매비와 관리비		
급 여	7,000	
감가상각비	4,000	
대손상각비	2,000	13,000
영 업 이 익		21,000
영 업 외 손 익		
이 자 수 익	3,000	
수수료수익	3,000	
이 자 비 용	−2,000	4,000
법인세비용차감전순이익		25,000
법 인 세 비 용		2,000
당 기 순 이 익		23,000

9. ③: $1,800,000 \div 12 \times 7 = 1,050,000$

10. 9월~12월까지 4개월의 보험료: $₩24,000 \times \frac{4}{12} = ₩8,000$

∴ (차) 보 험 료 8,000 (대) 신급보험료 8,000

따라서 12월 31일 현재 선급보험료(자산)의 잔액은 ₩24,000−₩8,000=₩16,000

11. ②: 수익과 비용계정은 맞 상계되지 않음.

12. ④

13. ①: 시산표의 대변과 차변의 합계가 일치하는 경우, 회계오류가 있을 수도 있다.

④: 현금흐름정보는 발생주의 회계기준을 사용하지 않는다.

14. ④

15. ③

제 8 장

재무제표의 작성: 종합 사례

재무보고는 궁극적으로 기업의 재무제표를 통하여 전달된다. 재무제표는 회계기간중에 발생하는 낱낱의 회계거래로부터 출발하여 이를 기록·분류·요약하여 작성된다. 본장에서는 제6장과 제7장에서 설명한 회계의 순환과정을 기업의 유형별 종합사례를 활용하여 재습득하도록 한다. 특히 결산과정에 대해 상세한 설명을 제시한다.

제 1 절 복식부기와 회계기록의 기초

기업활동을 정리하여 재무제표라는 보고서를 작성하기 위해서는 어떤 과정을 거쳐야 할까? 어떻게 기업활동을 체계적으로 측정하고 기록하고 요약하여 정리할 수 있을까? 복식부기제도는 이러한 질문에 대한 해답을 제공해 준다. 주판, 계산기, 컴퓨터 프로그램 등이 여러 기업활동의 결과를 집계하는 데 계산의 효율성을 높여주는 회계의 물리적인 도구라 한다면, 복식부기는 기업활동을 기록하는 데 오류를 최소화하고 편리하게 재무제표에 담겨질 구성항목들의 최종적인 금액을 산출해 낼 수 있도록 해 주는 회계의 개념적인 도구라 할 수 있다. 마치 농부가 밭을 갈기 위해 사용하는 트랙터가 농사의 물리적 도구라 한다면 씨앗을 뿌리고 물을 주는 시기를 정하는 경작방법은 개념적인 도구가 되는 것과 같은 이치이다.

1. 복식부기에 의한 회계기록

기업의 경제활동이 기록되어 재무제표를 작성하기 위해서는 복식부기의 기록방식에 따라 자산, 부채, 자본, 수익, 비용, 차익(또는 차손)의 각각의 구성항목에 대한 금액을 산출해 내야 한다. 이를 위해서 재무제표의 각 구성항목(계정과목이라고 함)이 기업활동에 의해 일정기간 동안 어떻게 변동되었는지를 기록해 두는 장소가 필요하다. 이러한 기록장소를 계정이라고 하고 이러한 계정들을 모아둔 것을 기업의 장부(총계정원장)라고 한다. 이러한 계정의 잔액을 효율적으로 산출하는 방법은 각 계정을 왼쪽과 오른쪽 양면으로 나누어 한쪽 면에는 증가금액을 기록하고 다른 쪽 면에서는 감소금액을 기록하는 것이다. 복식부기 회계기록은 한 계정의 왼쪽 면에 한 번, 다른 계정의 오른쪽 면에 한 번 동일한 금액을 기록하여 계정의 잔액을 증가 또는 감소시킨다.

구체적으로 계정이 다음과 같이 T자 형태를 갖는다고 생각해 보자(형식상 설명의 편의를 위해 약식으로 계정의 왼쪽과 오른쪽을 T자 형태로 나눈 것을 T계정이라고도 함).

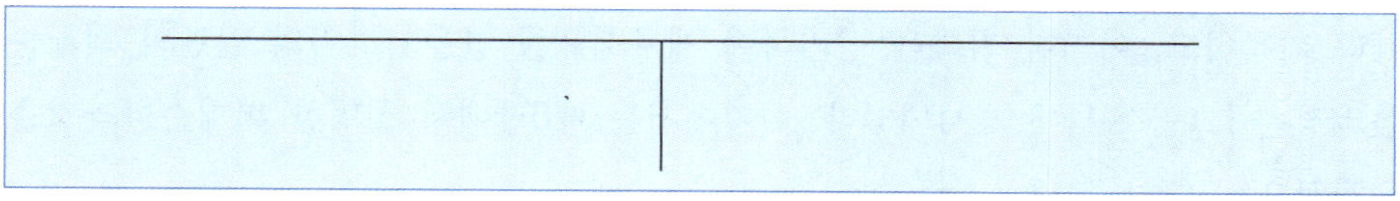

그렇다면 자산, 부채, 자본, 수익, 비용, 차익(또는 차손)의 각 계정의 증가와 감소를 왼쪽과 오른쪽 어디에 기록할 것인가? 회계등식을 생각해 보자.

회계등식: 자산 = 부채 + 자본(수익 − 비용 + 차익 − 차손 포함)

자산은 등식의 왼편에 있고 부채와 자본은 오른편에 있다. 따라서 자산의 증가는 계정의 왼쪽에, 자산의 감소는 계정의 오른쪽에 기록한다. 그리고 부채와 자본은 오른쪽에 증가를, 왼쪽에 감소를 기록한다. 이렇게 되면 자산은 항상 왼쪽에 잔액이 남게 되고 부채와 자본은 오른쪽에 잔액이 남게 된다. 한편 수익(차익)의 증가는 자본의 증가와 같이 오른쪽에, 비용(차손)의 증가는 자본의 감소와 같이 왼쪽에, 각각의 감소에 대해서는 반대쪽에 기록한다. 그래서 왼쪽에 잔액이 남은 모든 자산계정들의 합계금액과 오른쪽에 잔액이 남은 모든 부채와 자본계정들의 합계금액이 일치하게 된다.

자산계정		= 부채계정		+ 자본계정	
왼쪽증가	오른쪽 감소	왼쪽감소	오른쪽 증가	왼쪽감소	오른쪽 증가

회계거래가 기록되는 계정의 왼쪽 면을 그것의 증가 또는 감소에 관계없이 **차변**이라 한다. 계정의 오른쪽 면을 그 증감에 관계없이 **대변**이라 한다. 이러한

복식부기제도를 이용할 때, 오류를 찾아내고 수정하는 것이 훨씬 더 용이하다. 어떤 거래를 기록하더라도 왼쪽(차변)과 오른쪽(대변)에 동일한 금액을 두 번 기록하기 때문에 기록 후에 차변합계와 대변합계는 일치하여야 한다. 그래서 만일 개별 거래가 균형을 이루지 않는다면 기록에 오류가 있다는 자가진단을 할 수 있게 된다.

2. 재무제표 작성과정(회계순환과정)

기업의 경제적 활동, 즉 거래가 발생되면 그것을 복식부기의 회계기록방식에 따라 기록하고, 이러한 기록을 정리하여 제무제표를 만들기까지의 일련의 회계순환과정은 [그림 8-1]에 제시되었다. 여기에서는 제6장에서 설명한 회계순환과정을 구체적으로 다시 정리하기로 한다.

(1) 거래의 분석 및 분개

기업활동이 일어나면 먼저 그 활동이 자산, 부채, 자본, 수익, 비용, 차익(또는

[그림 8-1] 회계순환과정

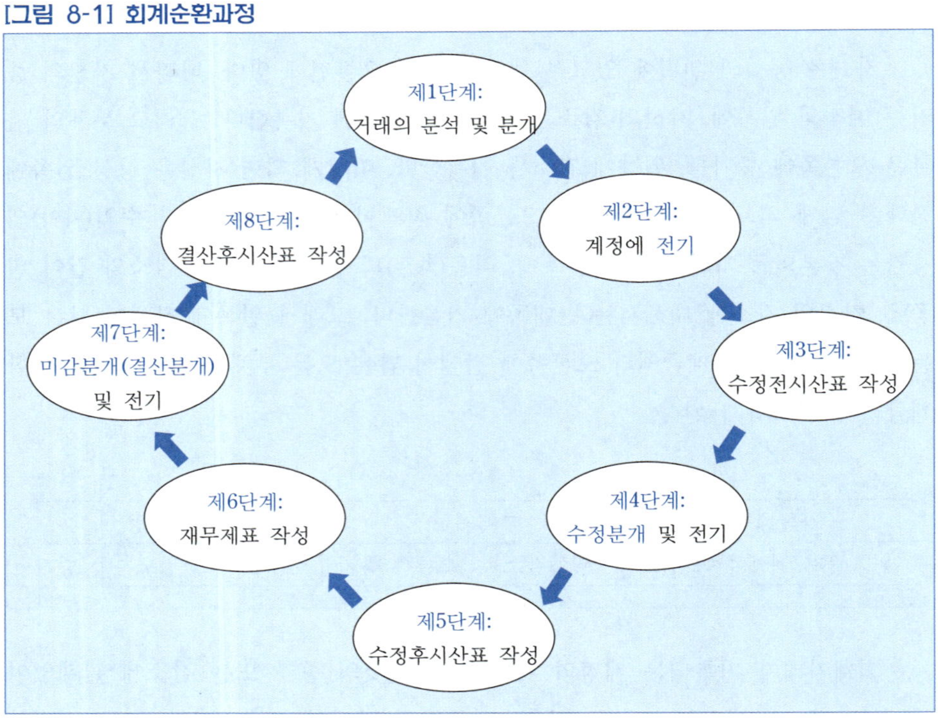

차손)에 영향을 미친 것인지(이를 회계에서 거래라 함)를 판단한다. 회계상의 거래임이 확인되면 구체적으로 재무제표의 어느 항목에 얼마의 금액이 증가 또는 감소하였는지를 분석한다. 그리고 자산, 부채, 자본, 수익, 비용, 차익, 차손의 증가와 감소에 대한 복식부기 기록방식에 따라 왼쪽에 기록할 구체적인 재무제표 항목과 금액, 오른쪽에 기록할 구체적인 재무제표 항목과 금액을 결정한다. 이와 같이 거래가 발생하면 거래를 분석하여 왼쪽과 오른쪽으로 구분하여 구체적으로 기록할 장소와 금액을 정해 주는 것을 분개라고 한다. 분개는 곧 재무제표의 항목의 증감을 기록하도록 하는 작업지시와도 같은 것이다. 거래의 발생순서에 따라 분개를 기입하는 장부를 분개장이라고 한다.

(2) 전 기

거래의 분석과 분개가 완료되면 재무제표의 각 항목의 증감을 기록하는 장소인 계정에 분개의 지시에 따라 증가 또는 감소를 직접 옮겨 기록하게 되는데, 이를 전기(posting)라 한다. 이와 같이 분개의 내용에 따라 각각의 계정에 전기가 되고 나면 재무제표에 담겨질 각 항목의 잔액을 쉽게 구할 수 있게 된다. 각 계정의 잔액은 계정의 왼쪽 합계금액과 오른쪽 합계금액의 차이로 산출한다. 구체적으로 자산은 왼쪽 합계금액에서 오른쪽 합계금액을 뺀 차액으로 계산된다. 수익(차익)은 오른쪽 합계금액에서 왼쪽 합계금액을, 비용(차손)은 왼쪽 합계금액에서 오른쪽 합계금액을 뺀 차액으로 계산된다.

(3) 수정전시산표 작성

전기에 의해 자산, 부채, 자본, 수익, 비용, 차익 또는 차손의 모든 항목의 계정잔액이 산출되면 이를 모아 각 계정의 명칭과 금액을 왼쪽 잔액과 오른쪽 잔액으로 구분하여 요약한 하나의 표를 작성한다. 이러한 표를 시산표(trial balance)라 한다. 이러한 시산표는 재무제표를 작성하려고 하는 회계기간 달에 보통 작성된다. 시산표는 회계기간중에 발생한 거래들을 복식부기에 의해 기록한 결과를 정리한 것이기 때문에 시산표의 왼쪽 총합계와 오른쪽 총합계 금액은 일치하여야 한다. 시산표는 거래기록의 정확성을 검증하는 역할을 한다.

(4) 수정분개 및 전기

수정전시산표에 정리된 계정잔액은 몇 가지 이유 때문에 재무제표의 모든 항목의 잔액을 정확하게 반영하지 못할 수 있다. 첫째, 계정잔액의 변동이 시간이 지남에 따라 지속적으로 발생하여 그때마다 기록에 옮기기에는 회계처리만 복잡하고 실익이 없어 회계기간 말에 일괄하여 기록하는 경우가 있다. 둘째, 회계기간 중 기록하는 데 오류가 있을 수 있다. 이와 같은 이유로 수정전시산표에 나타난 계정잔액이 정확하지 않을 경우에 계정잔액을 바로잡기 위해 수정기록을 지시하는 것이 수정분개이다. 수정분개가 끝나면 수정분개의 기록 지시에 따라 관련 계정을 직접 증가 또는 감소시켜주는 전기를 한다.

(5) 수정후시산표

수정분개 및 전기에 의해 수정된 재무제표의 모든 계정잔액을 모아 다시 정리한 표가 수정후시산표이다. 수정후시산표에는 자산, 부채, 자본, 수익, 비용, 차익 또는 차손의 모든 항목의 정확한 잔액을 포함하고 있기 때문에 이를 기초로 재무제표를 작성할 수 있게 된다. 한편 수정전시산표와 같이 수정후시산표도 왼쪽 합계금액과 오른쪽 합계금액이 일치하는지를 확인함으로써 수정기록 과정의 정확성을 검증할 수 있다.

(6) 재무제표의 작성

수정후시산표의 계정잔액 중 자산, 부채, 자본관련 계정을 모아 재무상태표를 작성하고, 수익, 비용, 차익 또는 차손계정을 모아 포괄손익계산서를 작성한다. 또한 현금계정을 분석하여 현금흐름표를 작성한다. 자본변동표도 자본의 세부 구성항목별로 회계기간 동안의 증감변동 내역을 파악하여 작성한다.

(7) 계정의 마감: 마감분개

회계기간의 말에 재무제표가 작성되고 나면, 재무제표의 각 계정은 다음 회계기간의 거래를 기록하기 위해 마감절차를 거치게 된다. 손익계산서계정은 다음 회계기간의 손익을 새롭게 집계하기 위해 잔액을 '0'으로 하는 마감절차를 거치게 된다. 이러한 계정의 마감은 손익계정의 금액을 감소시켜 잔액을 '0'으로 하기 위한 마감분개(closing entries)와 마감분개에 따른 해당 계정으로의 전기에 의해 이루어진다. 구체적으로 수익계정은 잔액을 '0'으로 하기 위해 계정의 오른쪽에 남아 있는 잔액과 동일한 금액을 왼쪽에 기록하여 감소시켜줌과 동시에 손익계정을 자본의 증가로 기록해 주면 된다. 그리고 비용계정은 잔액을 '0'으로 하기 위해 계정의 왼쪽에 남아 있는 잔액과 동일한 금액을 오른쪽에 기록하여 감소시켜줌과 동시에 손익계정을 자본의 감소로 기록해 주면 된다.

자본계정은 구체적으로 이익잉여금계정에 기록되는데, 이러한 여러 개의 손익계정을 이익잉여금에 전기하면 복잡하기 때문에 집합손익이라는 임시계정을 사용한다. 수익과 비용계정들을 각각 집합손익의 오른쪽과 왼쪽에 기록하고 왼쪽 잔액이 더 큰 경우는 순손실, 오른쪽 잔액이 더 큰 경우는 순이익을 이익잉여금에 포함시키는 마감분개를 하게 된다. 만약 당기순이익에 포함되지 않은 기타포괄손익이 있다면 마감분개를 하면서 해당자본항목(기타포괄손익누계액)의 계정에 옮기는 분개를 하면 된다.

재무상태표계정의 잔액은 손익계산서계정과는 달리 소멸되지 않고 다음 회계기간으로 기초잔액으로 이월된다. 따라서 별도의 마감을 위한 분개가 필요하지 않으며 단지 다음 회계기간의 기초잔액만을 명확하게 표현해 주는 형식적인 마감이 이루어진다.

(8) 마감(결산)후시산표

마감분개 및 전기에 의해 계정이 마감된 후에는 손익계정은 잔액이 없고 단지 재무상태표계정만 잔액이 남게 된다. 마감후시산표는 계정 마감 후에 잔액이 있는 재무상태표계정의 잔액을 하나의 표에 모아 정리한 것이다. 이러한 마감후시산표를 작성함으로써 계정의 마감과정의 정확성을 확인할 수 있게 된다.

제6장에서 설명한 회계의 순환과정에서 마감후시산표(이월시산표)를 작성하여 역분개를 할 수 있다. 역분개(reversing entries)는 선택적인 절차로서 어느 한 거래가 두 기간에 영향을 미칠 때 ① 나중에 기록되는 분개를 할 때 정상분개를 가능하게 하고 ② 한 손익거래가 두 기간에 걸쳐서 이중계상되는 것을 방지하는 역할을 한다. 보통 빈번한 현금흐름을 초래하는 발생항목(accruals)에 대한 수정분개를 대상으로 한다. 예를 들어, 20×1년 10월 1일 1년분 보험료 120,000원 현금지급하고 전액 보험료로 처리한 경우, 다음과 같이 수정분개하였다.

(차) 선급보험료	90,000	(대) 보 험 료	90,000

만약, 여기에서 다음 연도 1월 1일에 역분개를 한다면, 다음과 같다.

(차) 보 험 료	90,000	(대) 선급보험료	90,000

제 2 절 회계정보의 산출과정: 종합

결산의 본 절차가 끝나면 각 원장의 기록을 기초로 하여 손익계산서와 재무상태표 등과 같은 재무제표(financial statements)를 작성하게 된다. 이 재무제표는 재무보고의 가장 중추적이며 핵심적인 전달수단이지만, 오늘날 회계의 주관심 대상인 포괄적인 재무보고(financial reporting)의 개념은 재무제표뿐만 아니라 영업보고서·부속명세서·감사보고서 등을 통해 수록되는 영역까지도 포함한다. 한국채택국제회계기준(K-IFRS)에 의한 재무제표는 재무상태표·포괄손익계산서·자본변동표·현금흐름표·주석으로 되어 있다.

손익계산서는 수익·비용에 속한 계정 및 집합손익계정을 기초자료로 하여 작성한다. 그러나 재무상태표는 자산·부채·자본계정에 속하는 계정의 기말잔액이나 이월시산표를 기초로 하여 작성하게 된다. 자본변동표와 현금흐름표는 손익계산서와 재무상태표를 이용하여 작성한다. 본절에서는 손익계산서와 재무상태표만 작성하기로 한다.

예제 8-1

인천주식회사의 20×1년 7월거래를 분개장에 기입하고, 원장에 전기하되 7월 말 기준으로 결산을 수행하라.

7월 1일 현금 500,000원, 상품 100,000원, 건물 300,000원을 출자하여 영업을 개시하다.
7월 3일 사업용 비품 100,000원을 구입하고, 대금은 현금으로 지급하다.
7월 5일 광주상사로부터 상품 150,000원을 구입하고, 대금은 현금지급하다.
7월 7일 광주상사로부터 상품 250,000원을 구입한 후 현금 50,000원을 지급하고 나머지는 외상으로 하다.
7월 9일 부산상사에 구입원가 200,000원의 상품을 250,000원에 외상으로 매출 하다.
7월 11일 한빛은행에 당좌거래를 개설하고, 현금 150,000원을 예금하다.
7월 13일 부산상사에 대한 매출채권 100,000원을 당좌수표로 회수하여 즉시 좌예입하다.
7월 15일 반포상사에 대한 매입채무상환을 위해서 130,000원의 수표를 발행하여 지급하다.

7월 17일 전주상사에 구입원가 240,000원의 상품을 300,000원에 매출하고, 대금 중 150,000원은 현금으로 받고 잔액은 외상으로 하다.
7월 19일 수원상사에 현금 100,000원을 6개월간 대여하다.
7월 21일 전주상사에 대한 매출채권 150,000원을 현금으로 받다.
7월 23일 한빛은행으로부터 현금 200,000원을 6개월 내에 갚기로 하고 차입하다.
7월 25일 7월분 종업원급여 50,000원을 현금으로 지급하다.
7월 27일 차입금의 원금일부인 150,000원과 이자 30,000원을 현금지급하다.
7월 29일 보험료 60,000원을 수표를 발행하여 지급하다.
7월 30일 수원상사로부터 대여금에 대한 이자 40,000원을 현금으로 받다.

예제 8-1 의 거래를 분개장에 기입하면 다음과 같다.

분 개 장 (1)

일자		적 요	원면	차 변	대 변
7	1	제 좌 (자본금)	10		900,000
		(현 금)	1	500,000	
		(상 품)	5	100,000	
		(건 물)	7	300,000	
		현금·상품·건물을 출자하여 영업개시			
	3	(비 품)	6	100,000	
		(현 금)	1		100,000
		사무용비품 구입			
	5	(매 입)	16	150,000	
		(현 금)	1		150,000
		광주상사로부터 상품구입			
	7	(매 입) 제 좌	16	250,000	
		(현 금)	1		50,000
		(매입채무)	8		200,000
		반포상사로부터 상품구입			
	9	(매출채권)	3	250,000	
		(매 출)	11		250,000
		부산상사에 외상으로 상품판매			
		차면에		1,650,000	1,650,000

(2)

일자		적 요	원면	차 변	대 변
	11	전면에서		1,650,000	1,650,000
7		(당좌예금)	2	150,000	
		(현 금)	1		150,000
		한빛은행에 당좌예금			
	13	(당좌예금)	2	100,000	
		(매출채권)	3		100,000
		부산상사의 매출채권 회수하여 당좌예입			
	15	(매입채무)	8	130,000	
		(당좌예금)	2		130,000
		반포상사의 매입채무 수표로 상환			
	17	제 좌			
		(현 금)	1	150,000	
		(매출채권)	3	150,000	
		(매 출)	11		300,000
		전주상사에 상품판매			
	19	(단기대여금)	4	100,000	
		(현 금)	1		100,000
		수원상사에 현금대여			
	21	(현 금)	1	150,000	
		(매출채권)	3		150,000
		전주상사의 매출채권 회수			
	23	(현 금)	1	200,000	
		(단기차입금)	9		200,000
		한빛은행으로부터 현금차입			
	25	(급 여)	13	50,000	
		(현 금)	1		50,000
		7월분 급여지급			
	27	제 좌 (현 금)	1		180,000
		(단기차입금)	9	150,000	
		(이자비용)	15	30,000	
		단기차입금의 일부상환과 이자시급			
		차면에		3,010,000	3,010,000

(3)

일자	적 요	원면	차 변	대 변
	차면에서		3,010,000	3,010,000
29	(보험료)	14	60,000	
	(당좌예금)	2		60,000
	보험료 수표발행 지급			
30	(현 금)	1	40,000	
	(이자수익)	12		40,000
	수원상사대여금 이자수령			
31	정리분개(수정분개): (매출원가)	17	100,000	
	(상 품)	5		100,000
	(상 품)	5	60,000	
	(매출원가)	17		60,000
	(매출원가)	17	400,000	
	(매 입)	16		400,000
			3,670,000	3,670,000

매출원가를 제외하고 결산정리사항은 없으며, 실사에 의한 상품기말재고는 60,000원이라 가정하였다(이에 대한 상세한 설명은 제10장을 참조).

7/31 매출원가계정에서 매출원가를 산정한다.

(1) 기초상품재고액을 매출원가계정 차변에 대체하다.
(차) 매출원가 100,000 (대) 상 품 100,000

(2) 매입계정잔액을 매출원가계정 차변에 대체하다.
(차) 매출원가 400,000 (대) 매 입 400,000

(3) 기말상품재고액을 매출원가계정 대변에 대체하다.
(차) 상 품 60,000 (대) 매출원가 60,000

현 금 (1)

일자		적 요	분면	금 액	일자		적 요	분면	금 액
7	1	자 본 금	1	500,000	7	3	비 품	1	100,000
7	17	매 출	2	150,000	7	5	매 입	1	150,000
7	21	매 출 채 권	2	150,000	7	7	매 입	1	50,000
7	23	단기차입금	3	200,000	7	11	당좌예금	2	150,000

월	일	적 요	분면	금 액	월	일	적 요	분면	금 액
7	30	이자수익	3	40,000	7	19	대 여 금	2	100,000
					7	25	급 여	3	50,000
					7	27	제 좌	3	180,000
					7	31	차기이월	√	260,000
				1,040,000					1,040,000
8	1	전기이월	√	260,000					

당좌예금 (2)

일자		적 요	분면	금 액	일자		적 요	분면	금 액
7	11	현 금	2	150,000	7	15	매입채무	2	130,000
7	13	매출채권	2	100,000	7	29	보 험 료	3	60,000
					7	31	차기이월	√	60,000
				250,000					250,000
8	1	전기이월	√	60,000					

매출채권 (3)

월	일	적 요	분면	금 액	월	일	적 요	분면	금 액
7	9	매 출	2	250,000	7	13	당좌예금	2	100,000
7	17	매 출	2	150,000	7	21	현 금	2	150,000
					7	31	차기이월	√	150,000
				400,000					400,000
8	1	전기이월	√	150,000					

단기대여금 (4)

월	일	적 요	분면	금 액	월	일	적 요	분면	금 액
7	19	현 금	2	100,000	7	31	차기이월	√	100,000
8	1	전기이월	√	100,000					

상 품 (5)

월	일	적 요	분면	금 액	월	일	적 요	분면	금 액
7	1	자 본 금	1	100,000	7	31	매출원가	3	100,000
7	31	매출원가	3	60,000	7	31	차기이월	√	60,000
				160,000					160,000
8	1	전기이월	√	60,000					

비 품 (6)

월	일	적 요	분면	금 액	월	일	적 요	분면	금 액
7	3	현 금	1	100,000	7	3	차기이월	√	100,000
8	1	전기이월	√	100,000					

건 물 (7)

월	일	적 요	분면	금 액	월	일	적 요	분면	금 액
7	1	자 본 금	1	300,000	7	31	차기이월	√	300,000
8	1	전기이월	√	300,000					

매입채무 (8)

일자		적 요	분면	금 액	일자		적 요	분면	금 액
7	15	당좌예금	2	130,000	7	7	매 입	1	200,000
7	31	차기이월	√	70,000					
				200,000					200,000
					8	1	전기이월	√	70,000

단기차입금 (9)

일자		적 요	분면	금 액	일자		적 요	분면	금 액
7	27	현 금	3	150,000	7	23	현 금	3	200,000
7	31	차기이월	√	50,000					
				200,000					200,000
					8	1	전기이월	√	50,000

자본금 (10)

일자		적 요	분면	금 액	일자		적 요	분면	금 액
7	31	차기이월	√	900,000	7	1	제 좌	1	900,000
				900,000					900,000
					8	1	전기이월	√	900,000

매 출 (11)

일자		적 요	분면	금 액	일자		적 요	분면	금 액
7	31	집합손익	3	550,000	7	9	매출채권	2	250,000
						17	제 좌	2	300,000
				550,000					550,000

이자수익 (12)

일자		적 요	분면	금 액	일자		적 요	분면	금 액
7	31	집합손익	3	40,000	7	30	현 금	3	40,000

급 여 (13)

일자		적 요	분면	금 액	일자		적 요	분면	금 액
7	25	현 금	3	50,000	7	31	집합손익	3	50,000

보 험 료 (14)

일자		적 요	분면	금 액	일자		적 요	분면	금 액
7	29	당좌예금	3	60,000	7	31	집합손익	3	60,000

이자비용 (15)

일자		적 요	분면	금 액	일자		적 요	분면	금 액
7	27	현 금	3	30,000	7	31	집합손익	3	30,000

매 입 (16)

일자		적 요	분면	금 액	일자		적 요	분면	금 액
7	5	현 금	1	150,000	7	31	매출원가	3	400,000
〃	7	제 좌	1	250,000					
				400,000					400,000

매출원가 (17)

7	31	상 품	3	100,000	7	31	상 품	5	60,000
7	31	매 입		400,000		31	집합손익	4	440,000
				500,000					500,000

① 총계정원장의 차변·대변합계에 의하여 합계잔액시산표와 정산표의 작성:

합계잔액시산표

인천주식회사: (20×1. 7. 31) (단위: 원)

차변잔액	차변합계	원면	계정과목	대변합계	대변잔액
260,000	1,040,000	1	현 금	780,000	
60,000	250,000	2	당좌예금	190,000	
150,000	400,000	3	매출채권	250,000	
100,000	100,000	4	단기대여금		
60,000	160,000	5	상 품	100,000	
100,000	100,000	6	비 품		
300,000	300,000	7	건 물		
	130,000	8	매입채무	200,000	70,000
	150,000	9	단기차입금	200,000	50,000
		10	자 본 금	900,000	900,000
		11	매 출	550,000	550,000
		12	이자수익	40,000	40,000
50,000	50,000	13	급 여		
60,000	60,000	14	보 험 료		
30,000	30,000	15	이자비용		
	400,000	16	매 입	400,000	
440,000	500,000	17	매출원가	60,000	
1,610,000	3,670,000			3,670,000	1,610,000

정 산 표

인천주식회사: (20×1. 7. 31) (단위: 원)

계정과목	원면	수정후시산표		손익계산서		재무상태표	
		차변	대변	차변	대변	차변	대변
현 금	1	260,000				260,000	
당좌예금	2	60,000				60,000	
매출채권	3	150,000				150,000	

단기대여금	4	100,000				100,000	
상 품	5	60,000				60,000	
비 품	6	100,000				100,000	
건 물	7	300,000				300,000	
매 입 채 무	8		70,000				70,000
단기차입금	9		50,000				50,000
자 본 금	10		900,000				900,000
매 출	11		550,000		550,000		
이 자 수 익	12		40,000		40,000		
급 여	13	50,000		50,000			
보 험 료	14	60,000		60,000			
이 자 비 용	15	30,000		30,000			
매 출 원 가	17	440,000		440,000			
당기순이익				10,000			▶10,000
		1,610,000	1,610,000	590,000	590,000	1,030,000	1,030,000

② 재무제표작성: 포괄손익계산서 및 재무상태표

포괄손익계산서

20×1. 7. 1부터
20×1. 7. 31까지

인천주식회사: (단위: 원)

매 출 액		550,000
매출원가		(440,000)
기초상품재고액	100,000	
당 기 매 입 액	400,000	
	500,000	
기말상품재고액	(60,000)	
매출총이익		110,000
판매비와 관리비		(110,000)
급 여	50,000	
보 험 료	60,000	
영업이익		0
영업외수익		40,000
이자수익	40,000	
영업외비용		(30,000)
이자비용	30,000	
당기순이익		10,000
기타포괄손익		0
총포괄손익		10,000

재무상태표

인천주식회사:	20×1. 7. 31 현재	(단위: 원)
자 산		
유동자산:		
현금및현금성자산*	320,000	
매출채권	150,000	
단기대여금	100,000	
상품	60,000	630,000
비유동자산:		
비 품	100,000	
건 물	300,000	400,000
자산총계		1,030,000
부 채		
유동부채:		
매입채무	70,000	
단기차입금	50,000	120,000
부채총계		120,000
자 본		
자 본 금		900,000
이익잉여금		10,000
자본총계		910,000
부채와 자본총계		1,030,000

*현금과 당좌예금은 재무상태표에서 현금및현금성자산 계정과목으로 합하여 보고한다.

③ 마감(결산)분개의 분개장기입 및 원장 마감:

분 개 장 (3)

일자		적 요	원면	차변	대변
		결산분개			
7	31	제 좌 (집합손익)	18		590,000
		(매 출)	11	550,000	
		(이자수익)	12	40,000	
		수익계정잔액을 집합손익계정에 대체			
	31	(집합손익) 제 좌	18	580,000	
		(급 여)	13		50,000
		(보험료)	14		60,000

		(이자비용)	15		30,000
		(매출원가)	17		440,000
		비용계정잔액을 집합손익계정에 대체			
7	31	(집합손익)	18	10,000	
		(이익잉여금)	19		10,000
		당기순이익을 자본계정에 대체			
				1,180,000	1,180,000

④ 집합손익계정 설정 및 수익－비용계정 마감:

집합손익 (18)

일자		적 요	분면	금 액	일자		적 요	분면	금 액
7	31	급 여	3	50,000	7	31	매 출	3	550,000
7	31	보 험 료	3	60,000	7	31	이자수익	3	40,000
7	31	이 자 비 용	3	30,000					
7	31	매 출 원 가	3	440,000					
		이익잉여금	3	10,000					
				590,000					590,000

이익잉여금(당기순이익) (19)

일자		적 요	분면	금 액	일자		적 요	분면	금 액
7	31	차기이월	√	10,000	7	31	집합손익	3	10,000
					8	1	전기이월	√	10,000

⑤ 자산 · 부채 · 자본계정 마감: 마감 과정 생략

⑥ 결산후시산표작성:

결산후시산표

인천주식회사: (20×1. 7. 31) (단위: 원)

차 변	원면	계정과목	대 변
260,000	1	현 금	
60,000	2	당 좌 예 금	
150,000	3	매 출 채 권	
100,000	4	단기대여금	
60,000	5	상 품	
100,000	6	비 품	

300,000	7	건 물	
	8	매 입 채 무	70,000
	9	단기차입금	50,000
	10	자 본 금	900,000
	19	이익잉여금	10,000
1,030,000			1,030,000

제 3 절 재무제표의 작성: 사례 I (서비스업)

서비스업은 서비스를 제공하여 수익을 창출하는 기업이다. 이러한 서비스업 기업은 서비스 제공대가로 수수료를 받는데, 이를 용역수익(수수료수익)이라 한다. 이때 수수료수익을 얻기 위해 인건비, 관리비 등의 비용이 발생한다. 아래에서 한밭Q서비스(주)의 사례를 통해서 서비스 기업의 재무제표 작성과정을 검토해 보자.

1. 거래의 분석 및 분개

다음은 택배서비스를 사업목적으로 하는 한밭Q서비스(주)의 20×1년 3월 1일 설립일로부터 4월 30일까지 2개월간의 거래를 분석하고 분석결과에 따라 분개한 것이다.

(거래 1) 3월 1일: 자본금 50,000,000원(액면 5,000원의 보통주 10,000주)으로 회사를 설립했다.

거래의 분석	• 보통주의 발생으로 현금이 50,000,000원 증가 • 보통주자본금이라는 자본이 50,000,000원 증가
거래의 분개	(차) 현금(재무활동) 50,000,000 (대) 보통주자본금 50,000,000

(거래 2) 3월 1일: 오피스텔을 임차하고 월 300,000원씩 1년분 임차료 3,600,000원을 선불하였다.

거래의 분석	• 오피스텔을 1년간 사용할 권리인 선급임차료 자산 3,600,000원 증가 • 현금 자산 3,600,000원 감소
거래의 분개	(차) 선급임차료 3,600,000 (대) 현금(영업활동) 3,600,000

(거래 3) 3월 1일: 대한은행으로부터 연리 8%로 60,000,000원을 1년간 차입하고, 이자는 원금과 함께 20×2년 2월 말에 지급하기로 했다.

거래의 분석	• 차입에 의해 현금 자산 60,000,000원 증가 • 단기차입금이라는 부채 60,000,000원 증가
거래의 분개	(차) 현금(재무활동) 60,000,000 (대) 단기차입금 60,000,000

(거래 4) 3월 3일: 오토바이 5대를 빌려 연료비만 자체 부담하고 수리유지비를 포함하여 대당 월 60,000원의 사용료는 매월 말 지불하기로 했다. 오트바이 연료비는 주유소와의 계약에 의해 월말에 한달 분 사용량에 기초하여 정산하기로 했다.

오토바이 사용과 연료사용 약정만 이루어졌고 재무제표의 어떤 항목에도 변동이 없기 때문에 기록할 필요가 없다.

(거래 5) 3월 31일: 3월 4일부터 본격적인 영업을 시작하여 3월 한 달 동안 총 500건의 주문을 접수하여 서비스를 완료하였다. 서비스는 건당 15,000원이며 현금거래로 이루어진다. 이 서비스 수수료는 3월 31일에 한 번 기록하기로 한다.

거래의 분석	• 서비스 제공대가로 현금 자산 7,500,000원 증가 • 수수료수익 7,500,000원 증가
거래의 분개	(차) 현금(영업활동) 7,500,000 (대) 수수료수익 7,500,000

(거래 6) 3월 31일: 한 달간 총 연료비 800,000원을 현금 지급했다. 그리고 오토바이 사용료 5대분 300,000원을 현금 지급했다.

거래의 분석	• 연료비 비용 800,000원 증가, 오토바이 사용료 비용 300,000원 증가 • 현금 자산 총 1,100,000원 감소
거래의 분개	(차) { 연료비 800,000 사용료 300,000 (대) 현금(영업활동) 1,100,000

(거래 7) 3월 31일: 대표이사 급여 1,500,000원과 아르바이트 직원 급여 3,500,000원을 합해 총 5,000,000원을 지급했다.

거래의 분석	• 급여 비용 5,000,000원 증가 • 현금 자산 총 5,000,000원 감소
거래의 분개	(차) 급 여 5,000,000 (대) 현금(영업활동) 5,000,000

(거래 8) 4월 한 달간 총 800건의 주문을 접수하였고, 4월 26일부터는 신용카드 가맹점으로 등록되어 일부는 신용카드로 결제받게 되었다. 신용카드로 수수료를 결제하면 은행에서 1주일 후에 현금으로 회수된다. 주문당 수수료는 지난달과 같은 15,000원이다. 4월 26일부터 4월 30일까지 신용카드로 결제된 건수는 200건으로 금액은 총 3,000,000원이다. 서비스 수수료는 4월 30일 한번 기록한다.

<table>
<tr><td>거래의 분석</td><td colspan="2">• 서비스 제공 대가로 현금 9,000,000원과 신용판매로 고객에게 받을 돈인 매출채권 3,000,000원 증가
• 수수료수익 총 12,000,000원 증가</td></tr>
<tr><td>거래의 분개</td><td>(차) 현금(영업활동) 9,000,000
매 출 채 권 3,000,000</td><td>(대) 수수료수익 12,000,000</td></tr>
</table>

(거래 9) 4월 29일: 광고전단을 제작하여 신문에 첨부하여 배포하였다. 이 광고전단 제작은 한밭인쇄(주)에 의뢰하여 완성하였으며 계약금액은 200,000원이고 50,000원만 지급하고 나머지 잔금은 5월 10일에 지급하기로 했다.

<table>
<tr><td>거래의 분석</td><td colspan="2">• 광고비 비용 200,000원 증가
• 광고비 일부 지급으로 현금 50,000원 감소, 나머지 갚아야 할 금액, 즉 미지급비용(부채) 150,000원 증가</td></tr>
<tr><td>거래의 분개</td><td>(차) 광고비 200,000</td><td>(대) 현금(영업활동) 50,000
미지급광고비 150,000</td></tr>
</table>

(거래 10) 4월 30일: 한 달간 총 연료비 1,600,000원과 오토바이 사용료 300,000원을 현금 지급했다.

<table>
<tr><td>거래의 분석</td><td colspan="2">• 연료비 비용 1,600,000원과 오토바이 사용료 300,000원 증가
• 현금 자산 총 1,900,000원 감소</td></tr>
<tr><td>거래의 분개</td><td>(차) 연료비 1,600,000
사용료 300,000</td><td>(대) 현금(영업활동) 1,900,000</td></tr>
</table>

(거래 11) 4월 30일: 대표이사 급여 2,000,000원과 아르바이트 직원 급여 5,000,000원을 합하여 총 7,000,000원을 현금 지급했다.

거래의 분석	• 급여 비용 7,000,000원 증가 • 현금 자산 7,000,000원 감소
거래의 분개	(차) 급 여 7,000,000 (대) 현금(영업활동) 7,000,000

(거래 12) 4월 30일: 중고 오토바이 10대와 소형차량 1대를 30,000,000원에 현금 취득했다.

거래의 분석	• 차량(오토바이, 소형차) 자산 30,000,000원 증가 • 현금이라는 자산이 30,000,000원 감소
거래의 분개	(차) 차 량 30,000,000 (대) 현금(투자활동) 30,000,000

2. 전기(posting)

앞에서 설명한 한밭Q서비스(주)의 3월과 4월 두 달간의 거래에 대한 분개를 해당 계정에 전기(posting)하면 다음과 같다.

(단위: 원)

현 금	
(1) 50,000,000	(2) 3,600,000
(3) 60,000,000	(6) 1,100,000
(5) 7,500,000	(7) 5,000,000
(8) 9,000,000	(9) 50,000
	(10) 1,900,000
	(11) 7,000,000
	(12) 30,000,000

매출채권	
(8) 3,000,000	

선급임차료	
(2) 3,600,000	

차 량	
(12) 30,000,000	

단기차입금	
	(3) 60,000,000

미지급광고비	
	(9) 150,000

자본금	
	(1) 50,000,000

광고비	
(9) 200,000	

사용료	
(6) 300,000	

수수료수익	
	(5) 7,500,000
	(8) 12,000,000

연료비	
(6) 800,000	
(10) 1,600,000	

급 여	
(7) 5,000,000	
(11) 7,000,000	

3. 수정전시산표

기말(4월 말)이 되어 재무제표를 작성하기 위한 기초작업으로 수정전시산표가 작성된다. 수정전시산표에는 두 달간의 거래를 각 계정에 누적기록한 결과로서 각 계정잔액이 표시된다.

수정전시산표

한밭Q서비스(주): (20×1.4.30) (단위: 원)

계정과목	차 변	대 변
현 금	77,850,000	
매 출 채 권	3,000,000	
선 급 임 차 료	3,600,000	
차 량	30,000,000	
단 기 차 입 금		60,000,000
미지급광고비		150,000
자 본 금		50,000,000
수 수 료 수 익		19,500,000
급 여	12,000,000	
사 용 료	600,000	
광 고 비	200,000	
연 료 비	2,400,000	
합 계	129,650,000	129,650,000

수정전시산표의 차변과 대변잔액은 각각 129,650,000원으로 동일하여 일차적으로 회계기록상 오류가 없음을 확인할 수 있다.

4. 수정분개 및 전기

수정전시산표의 차변과 대변잔액이 일치하더라도 발생주의회계의 적용에 따라 기록에 반영되지 않은 계정잔액의 수정이 필요할 수 있다. 한밭Q서비스(주)의 경우에는 선급임차료가 기간이 경과됨에 따라 비용으로 소멸된 부분과 단기차입금에 대한 이자비용 발생분에 대한 수정분개와 전기가 필요하다.

(수정 1: 거래 2)	• 3월~4월 2개월분 임차료 비용 600,000원 증가 • 2개월분 임차료만큼 선급임차료 자산 600,000원 감소
수정분개	(차) 임 차 료 600,000 (대) 선급임차료 600,000

(수정 2: 거래 3)	• 단기차입금 2개월분 사용대가 이자비용 800,000원 증가 • 미지급이자비용 부채 800,000원 증가
수정분개	(차) 이자비용 800,000 (대) 미지급이자비용 800,000

(단위: 원)

선급임차료

차변		대변	
(2)	3,600,000	(수정 1)	600,000

임차료

차변		대변	
(수정 1)	600,000		

이자비용

차변		대변	
(수정 2)	800,000		

미지급이자비용

차변		대변	
		(수정 2)	800,000

5. 수정후시산표

수정분개 및 전기 후에 모든 계정잔액은 올바른 잔액이 될 것이다. 수정 후 계정잔액을 하나의 표에 모아 표시한 것이 수정후시산표이다.

아래와 같이 수정후시산표의 차변과 대변잔액은 각각 130,450,000원으로 일치하여 수정분개 및 전기과정에 오류가 없음을 확인할 수 있다.

수정후시산표

한밭Q서비스(주): (20×1. 4. 30) (단위: 원)

계정과목	차 변	대 변
현 금	77,850,000	
매 출 채 권	3,000,000	
선 급 임 차 료	3,000,000	
차 량	30,000,000	

계정과목	차변	대변
단 기 차 입 금		60,000,000
미지급광고비		150,000
자 본 금		50,000,000
수 수 료 수 익		19,500,000
급 여	12,000,000	
사 용 료	600,000	
광 고 비	200,000	
연 료 비	2,400,000	
임 차 료	600,000	
이 자 비 용	800,000	
미지급이자비용		800,000
합 계	130,450,000	130,450,000

6. 재무제표의 작성

수정후시산표에 기초하여 작성된 포괄손익계산서[1]와 재무상태표, 그리고 현금계정의 증감내역을 활동별로 분석하여 작성된 현금흐름표는 아래와 같다.

(1) 포괄손익계산서의 작성

포괄손익계산서

한밭Q서비스(주): (20×1. 3. 1~20×1. 4. 30) (단위: 원)

수 익:		
수수료수익		19,500,000
비 용:		
급 여	12,000,000	
사 용 료	600,000	
연 료 비	2,400,000	
임 차 료	600,000	
이 자 비 용	800,000	
광 고 비	200,000	

1) 서비스 기업인 경우에는 포괄손익계산서상에 매출원가가 없고, 따라서 매출총이익도 나타나지 않는다.

	16,600,000
당기순이익	2,900,000
기타포괄손익	0
총포괄이익	2,900,000

(2) 재무상태표의 작성

재무상태표

한밭Q서비스(주): 20×1. 4. 30 현재 (단위: 원)

자산		부채	
현금	77,850,000	미지급이자	800,000
매출채권	3,000,000	미지급광고비	150,000
선급임차료	3,000,000	단기차입금	60,000,000
차량	30,000,000	부채합계	60,950,000
자산합계	113,850,000	자본	
		자본금	50,000,000
		이익잉여금	2,900,000
		자본합계	52,900,000
		부채 및 자본합계	113,850,000

(3) 현금흐름표의 작성

1) 현금계정의 분석

현금

			(2)	3,600,000	영업활동
			(6)	1,100,000	영업활동
(1)	50,000,000	재무활동	(7)	5,000,000	영업활동
(3)	60,000,000	재무활동	(9)	50,000	영업활동
(5)	7,500,000	영업활동	(10)	1,900,000	영업활동
(8)	9,000,000	영업활동	(11)	7,000,000	영업활동
			(12)	30,000,000	투자활동

2) 현금흐름표의 작성

현금흐름표

(20×1. 3. 1~20×1. 4. 30)

한밭Q서비스(주): (단위: 원)

1. 영업현금흐름		
가. 서비스 제공으로 인한 현금유입[=(5)+(8)]	16,500,000	
나. 종업원 급여 현금지출[=(7)+(11)]	(12,000,000)	
다. 기타 영업관련 현금[=(2)+(6)+(9)+(10)]	(6,650,000)	(2,150,000)
2. 투자현금흐름		
가. 차량의 취득으로 인한 현금지출[=(12)]	(30,000,000)	(30,000,000)
3. 재무현금흐름		
가. 자금의 단기차입으로 인한 현금유입[=(3)]	60,000,000	
나. 보통주 발행으로 현금유입[=(1)]	50,000,000	110,000,000
4. 현금의 증가		77,850,000
5. 기초현금		–
6. 기말현금		77,850,000

7. 계정마감 및 마감분개(결산분개)

손익계정은 기간손익을 산정하기 위한 일시적 계정이다. 다음은 한밭Q서비스(주)의 손익계정을 마감하는 결산분개이다.

(결산분개 1)	(차)	집합손익	12,000,000	(대)	급여	12,000,000
(결산분개 2)	(차)	집합손익	600,000	(대)	사용료	600,000
(결산분개 3)	(차)	집합손익	2,400,000	(대)	연료비	2,400,000
(결산분개 4)	(차)	집합손익	600,000	(대)	임차료	600,000
(결산분개 5)	(차)	집합손익	800,000	(대)	이자비용	800,000
(결산분개 6)	(차)	집합손익	200,000	(대)	광고비	200,000
(결산분개 7)	(차)	수수료수익	19,500,000	(대)	집합손익	19,500,000
(결산분개 8)	(차)	집합손익	2,900,000	(대)	이익잉여금	2,900,000

(단위: 원)

집합손익

(결산분개 1)	12,000,000		
(결산분개 2)	600,000		
(결산분개 3)	2,400,000		
(결산분개 4)	600,000	(결산분개 7)	19,500,000
(결산분개 5)	800,000		
(결산분개 6)	200,000		
(결산분개 8)	2,900,000		

이익잉여금

		(결산분개 8)	2,900,000

8. 결산후시산표

계정마감 및 결산분개가 끝난 다음 계정에 잔액이 남아 있는 재무상태표계정만을 하나의 표에 나타낸 것이 결산후시산표이다. 다음은 한밭Q서비스(주)의 결산후시산표이다. 결산후시산표의 차변과 대변잔액은 각가 113,850,000원으로 동일하여 결산과정에 오류가 없었음을 알 수 있다.

결산후시산표

한밭Q서비스(주): (20×1.4.30) (단위: 원)

계정과목	차 변	대 변
현 금	77,850,000	
매 출 채 권	3,000,000	
선 급 임 차 료	3,000,000	
차 량	30,000,000	
단 기 차 입 금		60,000,000
미 지 급 광 고 비		150,000
미지급이자비용		800,000
자 본 금		50,000,000
이 익 잉 여 금		2,900,000
합 계	113,850,000	113,850,000

제 4 절 재무제표의 작성: 사례 II(상품매매업)

상품매매업은 다른 기업이 제조한 상품을 매입, 보관, 판매, 대금회수의 과정을 통해 수익을 창출한다. 다음은 상품매매업을 영위하는 대한할인마트(주)의 20×1년 1월 1일부터 12월 31일까지 1년간의 거래내역이다. 대한할인마트(주)의 20×1년도 재무제표를 작성하여 보자.

1. 거래의 분석 및 분개

다음은 상품매매업인 대한할인마트(주)의 20×1년도 1년간의 거래내역과 각 거래일자별로 거래를 분석하고 분개한 것이다.

(거래 1) 20×1. 1. 1: 주식수 10,000주(액면 5,000원)의 출자로 대한할인마트(주)를 설립하다.

거래의 분석	• 보통주 발행으로 현금 자산 50,000,000원 증가 • 보통주 자본금이라는 자본 50,000,000원 증가
거래의 분개	(차) 현금(재무활동) 50,000,000 (대) 자본금 50,000,000

(거래 2) 20×1. 1. 1: 회사업무용 건물을 임차함. 임차료는 6/30, 12/31에 각각 현금 5,000,000원씩 지급하기로 하다.

> 건물을 임차하였으나 회사의 자산, 부채, 자본, 수익, 비용에 변동을 가져오지 않았으므로 당장에 회계기록은 필요하지 않다.

(거래 3) 20×1. 2. 28: 사업계획을 발표하고 50,000,000원을 5년 동안 매년 1/5씩 분할상환하기로 하고 이자율 12%, 이자는 매 6개월마다 지급하기로 하고 은행으로부터 차입하다.

거래의 분석	• 은행 차입으로 현금 자산 50,000,000원 증가 • 장기차입금 부채 50,000,000원 증가
거래의 분개	(차) 현금(재무활동) 50,000,000 (대) 장기차입금 50,000,000

(거래 4) 20×1. 1. 15: 30,000,000원 상당의 상품을 현금으로 매입하다.

거래의 분석	• 상품구입으로 상품 자산 30,000,000원 증가 • 현금 자산 30,000,000원 감소
거래의 분개	(차) 상 품 30,000,000 (대) 현금(영업활동) 30,000,000

(거래 5) 20×1. 2. 15: 15,000,000원 상당의 상품을 36,000,000원에 현금판매하다.

거래의 분석	• 상품판매로 현금 자산 36,000,000원 증가, 매출수익 36,000,000원 증가 • 상품판매로 매출원가 비용 15,000,000원 증가, 상품 자산 15,000,000원 감소
거래의 분개	(차) { 현금(영업활동) 36,000,000 / 매출원가 15,000,000 } (대) { 매 출 36,000,000 / 상 품 15,000,000 }

(거래 6) 20×1. 3. 15: 10,000,000원 상당의 상품을 외상으로 매입하다.

거래의 분석	• 상품매입으로 상품 자산 10,000,000원 증가 • 외상매입으로 매입채무 부채 10,000,000원 증가
거래의 분개	(차) 상품 10,000,000 (대) 매입채무 10,000,000

(거래 7) 20×1. 3. 31: 회사 사옥의 부지로 30,000,000원 상당의 토지를 현금구입하다.

거래의 분석	• 토지 자산 30,000,000원 증가 • 토지 구입대금 지급으로 현금 자산 30,000,000원 감소
거래의 분개	(차) 토 지 30,000,000 (대) 현금(투자활동) 30,000,000

(거래 8) 20×1. 4. 1: 단기 운전자금 20,000,000원을 15%에 6개월간 은행으로부터 차입하고 이자와 원금은 6개월 후인 2001. 9. 30에 상환하기로 하다.

거래의 분석	• 운전자금 차입으로 현금 자산 20,000,000원 증가 • 단기차입금 부채 20,000,000원 증가
거래의 분개	(차) 현금(재무활동) 20,000,000 (대) 단기차입금 20,000,000

(거래 9) 20×1. 4. 30: 10,000,000원 상당의 상품을 20,000,000원에 외상판매하다.

거래의 분석	• 상품판매로 매출채권 자산 24,000,000원 증가, 매출수익 24,000,000원 증가 • 매출원가 비용 12,000,000원 증가, 상품 자산 12,000,000원 감소
거래의 분개	(차) { 매출채권 24,000,000 / 매출원가 12,000,000 } (대) { 매 출 24,000,000 / 상 품 12,000,000 }

(거래 10) 20×1. 5. 15: 2001. 3. 15에 외상매입한 대금 10,000,000원을 지급하다.

거래의 분석	• 대금결제로 매입채무 부채 10,000,000원 감소 • 현금 자산 10,000,000원 감소
거래의 분개	(차) 매입채무 10,000,000 (대) 현금(영업활동) 10,000,000

(거래 11) 20×1. 5. 30: 15,000,000원 상당의 상품을 외상으로 매입하다.

거래의 분석	• 상품매입으로 상품 자산 15,000,000원 증가 • 매입채무 부채 15,000,000원 증가
거래의 분개	(차) 상 품 15,000,000 (대) 매입채무 15,000,000

(거래 12) 20×1. 6. 15: 20×1. 4. 30에 외상판매한 대금 20,000,000원을 현금으로 회수하다.

거래의 분석	• 매출채권 회수로 현금 자산 20,000,000원 증가 • 매출채권 자산 20,000,000원 감소
거래의 분개	(차) 현금(영업활동) 20,000,000 (대) 매출채권 20,000,000

(거래 13) 20×1. 6. 30: 사원의 급여 6개월분(1/1~6/30) 10,000,000원을 현금 지급하다(급여는 매월 지급되는 것이 통상적이지만, 예를 간단하게 하기 위해 6개월 단위로 후불하는 것으로 가정함).

거래의 분석	• 급여 비용 10,000,000원 증가 • 현금 자산 10,000,000원 감소
거래의 분개	(차) 급 여 10,000,000 (대) 현금(영업활동) 10,000,000

(거래 14) 20×1. 6. 30: 건물임차료 6개월분(1/1~6/30) 5,000,000원을 현금지급하다.

거래의 분석	• 건물임차료 비용 5,000,000원 증가 • 현금 자산 5,000,000원 감소
거래의 분개	(차) 건물임차료 5,000,000 (대) 현금(영업활동) 5,000,000

(거래 15) 20×1. 7. 30: 12,000,000원 상당의 상품을 24,000,000원에 외상판매하다.

거래의 분석	• 상품판매로 매출채권 자산 24,000,000원 증가, 매출수익 24,000,000원 증가 • 매출원가 비용 12,000,000원 증가, 상품 자산 12,000,000원 감소
거래의 분개	(차) { 매출채권 24,000,000 / 매출원가 12,000,000 } (대) { 매 출 24,000,000 / 상 품 12,000,000 }

(거래 16) 20×1. 8. 31: 20×1. 2. 28에 차입한 장기차입금 이자 6개월분 3,000,000원을 현금지급하다.

거래의 분석	• 장기차입금에 대한 이자비용 3,000,000원 증가 • 현금 자산 3,000,000원 감소
거래의 분개	(차) 이자비용* 3,000,000 (대) 현금(영업활동) 3,000,000

(거래 17) 20×1. 9. 15: 20×1. 5. 15에 외상매입한 대금 15,000,000원을 현금지급하다.

거래의 분석	• 매입채무 부채 15,000,000원 감소 • 현금 자산 15,000,000원 감소
거래의 분개	(차) 매입채무 15,000,000 (대) 현금(영업활동) 15,000,000

(거래 18) 20×1. 9. 30: 20×1. 4. 1 차입한 단기차입금을 이자 1,500,000원과 원금 20,000,000원을 합쳐 총 21,500,000원을 지급하다.

거래의 분석	• 단기차입금 부채 20,000,000원 감소, 현금 자산 20,000,000원 감소 • 이자비용 1,500,000원 증가, 현금 자산 1,500,000원 감소
거래의 분개	(차) { 단기차입금 20,000,000 / 이 자 비 용 1,500,000 } (대) { 현금(재무활동) 20,000,000 / 현금(영업활동) 1,500,000 }

(거래 19) 20×1. 10. 15: 20×1. 7. 30에 판매한 외상판매대금 24,000,000원을 현금회수하다.

거래의 분석	• 매출채권 회수로 현금 자산 24,000,000원 증가 • 매출채권 자산 24,000,000원 감소
거래의 분개	(차) 현금(영업활동) 24,000,000 (대) 매출채권 24,000,000

(거래 20) 20×1. 10. 31: 20,000,000원 상당의 상품을 외상으로 매입하다.

거래의 분석	• 상품구입으로 상품 자산 20,000,000원 증가 • 매입채무 부채 20,000,000원 증가
거래의 분개	(차) 상 품 20,000,000 (대) 매입채무 20,000,000

(거래 21) 20×1. 11. 15: 15,000,000원 상당의 상품을 20,000,000원에 외상판매하다.

거래의 분석	• 상품판매로 매출채권 20,000,000원 증가, 매출수익 20,000,000원 증가 • 매출원가 비용 15,000,000원 증가, 상품 자산 15,000,000원 감소
거래의 분개	(차) { 매출채권 20,000,000 / 매출원가 15,000,000 } (대) { 매 출 20,000,000 / 상 품 15,000,000 }

(거래 22) 20×1. 12. 31: 임차료 6개월분(7/1~12/31)을 현금으로 5,000,000원을 지급하다.

거래의 분석	• 건물임차료 비용 5,000,000원 증가 • 현금 자산 5,000,000원 감소
거래의 분개	(차) 건물임차료 5,000,000 (대) 현금(영업활동) 5,000,000

(거래 23) 20×1. 12. 31: 종업원 급여 6개월분(7/1~12/31)을 10,000,000원을 현금지급하다.

거래의 분석	• 급여 비용 10,000,000원 증가 • 현금 자산 10,000,000원 감소
거래의 분개	(차) 급 여 10,000,000 (대) 현금(영업활동) 10,000,000

2. 전기(posting)

대한할인마트(주)의 20×1년도 1년간의 거래에 대한 분개내역을 해당 총계정원장에 전기하면 다음과 같다.

(단위: 원)

현 금	
(1) 50,000,000	(4) 30,000,000
(3) 50,000,000	(7) 30,000,000
(5) 36,000,000	(10) 10,000,000
(8) 20,000,000	(13) 10,000,000
(12) 20,000,000	(14) 5,000,000
(19) 24,000,000	(16) 3,000,000
	(17) 15,000,000
	(18) 20,000,000
	(18) 1,500,000
	(22) 5,000,000
	(23) 10,000,000

상 품	
(4) 30,000,000	(5) 15,000,000
(6) 10,000,000	(9) 10,000,000
(11) 15,000,000	(15) 12,000,000
(20) 20,000,000	(21) 15,000,000

토 지	
(7) 30,000,000	

매출채권	
(9) 20,000,000	(12) 20,000,000
(15) 24,000,000	(19) 24,000,000
(21) 20,000,000	

매입채무	
(10) 10,000,000	(6) 10,000,000
(17) 15,000,000	(11) 15,000,000
	(20) 20,000,000

단기차입금	
(18) 20,000,000	(8) 20,000,000

장기차입금	
	(3) 50,000,000

자본금	
	(1) 50,000,000

건물임차료	
(14) 5,000,000	
(22) 5,000,000	

매 출

차변	대변
	(5) 36,000,000
	(9) 20,000,000
	(15) 24,000,000
	(21) 20,000,000

급 여

차변	대변
(13) 10,000,000	
(23) 10,000,000	

매출원가

차변	대변
(5) 15,000,000	
(9) 10,000,000	
(15) 12,000,000	
(21) 15,000,000	

이자비용

차변	대변
(16) 3,000,000	
(18) 1,500,000	

3. 수정전시산표

기말에 재무제표 작성을 위한 사전준비단계로 총계정원장의 잔액을 시산표에 옮겨적은 수정전시산표는 아래와 같다.

수정전시산표

한밭Q서비스(주): (20×1. 4. 30) (단위: 원)

계정과목	차 변	대 변
현 금	60,500,000	
매출채권	20,000,000	
상 품	23,000,000	
토 지	30,000,000	
매입채무		20,000,000
건물임차료	10,000,000	
장기차입금		50,000,000
자 본 금		50,000,000
매 출		100,000,000
급 여	20,000,000	
매출원가	52,000,000	
이자비용	4,500,000	
합 계	220,000,000	220,000,000

위의 수정전시산표에서 차변합계와 대변합계는 각각 216,000,000원으로 일치함을 알 수 있다.

4. 수정분개 및 전기

수정전시산표에서 차변과 대변의 잔액은 일치하지만 기말 현재 기록에 반영되지 않은 수정분개 항목이 있다. 장기차입금에 대한 이자비용 2,000,000원이 발생했지만 아직 비용으로 반영되지 않았다. 이를 수정분개하고 해당 계정에 전기하면 다음과 같다.

(수정 1: 거래 3)	• 장기차입금에 대한 이자비용 2,000,000원 증가 • 미지급이자비용 부채 2,000,000원 증가			
수정분개	(차) 이자비용	2,000,000*	(대) 미지급이자	2,000,000

*50,000,000 × 12% × 4/12 (9.1~12.31) = 2,000,000원

이자비용 (차변)	이자비용 (대변)	미지급이자 (차변)	미지급이자 (대변)
(16) 3,000,000			(수정 1) 2,000,000
(18) 1,500,000			
(수정 1) 2,000,000			

5. 수정후시산표

수정분개를 계정에 반영한 후 각 계정잔액을 하나의 표에 모아 정리한 것이 수정후시산표이다. 대한할인마트(주)의 20×1년도 말 수정후시산표는 다음과 같다.

수정후시산표

한발Q서비스(주): (20×1. 4. 30) (단위: 원)

계정과목	차 변	대 변
현 금	60,500,000	
매 출 채 권	20,000,000	
상 품	23,000,000	
토 지	30,000,000	
매 입 채 무		20,000,000
건물임차료	10,000,000	
장기차입금		50,000,000
자 본 금		50,000,000
매 출		100,000,000
급 여	20,000,000	
매 출 원 가	52,000,000	
이 자 비 용	6,500,000	
미지급이자		2,000,000
합 계	222,000,000	222,000,000

6. 재무제표의 작성

수정후시산표의 잔액을 이용하여 아래와 같이 포괄손익계산서와 재무상태표를 작성할 수 있다. 또한 현금계정의 차변(증가)과 대변(감소)의 내역분석을 통해 현금흐름표도 작성할 수 있다.

(1) 포괄손익계산서의 작성

포괄손익계산서

대한할인마트(주): (20×1. 1. 1~20×1. 12. 31) (단위: 원)

매 출		100,000,000
매 출 원 가		52,000,000
매 출 총 이 익		48,000,000
판매와 관리비:		
건 물 임 차 료	10,000,000	
급 여	20,000,000	(30,000,000)

영 업 이 익		18,000,000
영업외비용:		
이 자 비 용	6,500,000	(6,500,000)
당기순이익		11,500,000
기타포괄손익		0
총포괄이익		11,500,000

(2) 재무상태표의 작성

재무상태표

대한할인마트(주): (20×1. 12. 31 현재) (단위: 원)

자 산			부 채		
유동자산			유 동 부 채		
현 금	60,500,000		매입채무	20,000,000	
매 출 채 권	20,000,000		미 지 급 이 자	2,000,000	22,000,000
상 품	23,000,000	100,500,000	비 유 동 부 채		
비유동자산			장기차입금		50,000,000
토 지		30,000,000	부 채 총 계		72,000,000
자 산 총 계		133,500,000	자 본		
			자 본 금		50,000,000
			이 익 잉 여 금		11,500,000
			자 본 총 계		61,500,000
			부채 및 자본총계		133,500,000

(3) 현금흐름표의 작성

1) 현금계정의 분석

현 금

(1)	50,000,000	재무활동	(4)	30,000,000	영업활동
(3)	50,000,000	재무활동	(7)	30,000,000	투자활동
(5)	36,000,000	영업활동	(10)	10,000,000	영업활동
(8)	20,000,000	재무활동	(13)	10,000,000	영업활동

(12)	20,000,000	영업활동	(14)	50,000,000	영업활동
(19)	24,000,000	영업활동	(16)	3,000,000	영업활동
			(17)	15,000,000	영업활동
			(18)	20,000,000	재무활동
			(18)	1,500,000	영업활동
			(22)	5,000,000	영업활동
			(23)	10,000,000	영업활동

2) 현금흐름표의 작성

현금흐름표

대한할인마트(주): (20×1. 1. 1~20×1. 12. 31) (단위: 원)

1. 영업활동 현금흐름		
가. 매출로 인해 고객으로부터 받은 현금유입액[=(5)+(12)+(19)]	80,000,000	
나. 상품구입으로 거래처에 지급한 현금유출액[=(4)+(10)+(17)]	(55,000,000)	
다. 종업원에 대한 급여로 지급된 현금유출액[=(13)+(23)]	(20,000,000)	
라. 기타 영업비용 지급으로 인한 현금유출액[=(14)+(22)]	(10,000,000)	
마. 차입금에 대한 이자지급으로 인한 현금유출액[=(16)+(18)]	(4,500,000)	(9,500,000)
2. 투자활동 현금흐름		
가. 토지의 취득으로 인한 현금유출액[=(7)]	(30,000,000)	(30,000,000)
3. 재무활동 현금흐름		
가. 보통주의 발행으로 인한 현금유입액[=(1)]	50,000,000	
나. 장기차입에 의한 현금유입액[=(3)]	50,000,000	
다. 단기차입에 의한 현금유입액[=(8)]	20,000,000	
라. 단기차입금 상환에 따른 현금유출액[=(18)]	(20,000,000)	100,000,000
4. 현금의 증가		60,500,000
5. 기초현금		–
6. 기말현금		60,500,000

7. 계정마감 및 마감분개(결산분개)

재무제표가 작성되고 나면 기존의 계정을 마감정리하여 다음 회계기간의 기록을 준비하게 된다. 대한할인마트(주)의 마감 및 결산분개, 전기는 다음과 같다.

	차변	금액	대변	금액
(결산분개 1)	집합손익	52,000,000	매출원가	52,000,000
(결산분개 2)	집합손익	10,000,000	건물임차료	10,000,000
(결산분개 3)	집합손익	20,000,000	급여	20,000,000
(결산분개 4)	집합손익	6,500,000	이자비용	6,500,000
(결산분개 5)	매출	100,000,000	집합손익	100,000,000
(결산분개 6)	집합손익	11,500,000	이익잉여금	11,500,000

집합손익

차변		대변	
(결산분개 1)	52,000,000	(결산분개 5)	100,000,000
(결산분개 2)	10,000,000		
(결산분개 3)	20,000,000		
(결산분개 4)	6,500,000		
(결산분개 6)	11,500,000		

이익잉여금

차변		대변	
		(결산분개 6)	11,500,000

8. 결산후시산표

결산후시산표는 모든 계정이 마감된 후에 계정잔액이 남아 있는 재무상태표 계정잔액을 모아 하나의 표에 나타낸 것이다. 결산후시산표에서 차변과 대변의 잔액은 각각 133,500,000원으로 일치하여 마감과정에서 기록상의 오류가 없음을 확인할 수 있다.

결산후시산표

대한할인마트(주) (20×1. 12. 31) (단위: 원)

계정과목	차 변	대 변
현 금	60,500,000	
매 출 채 권	20,000,000	
상 품	23,000,000	
토 지	30,000,000	
매 입 채 무		20,000,000
미지급이자		2,000,000
장기차입금		50,000,000
자 본 금		50,000,000
이익잉여금		11,500,000
합 계	133,500,000	133,500,000

제 5 절 재무제표의 작성: 사례 III(제조기업)

제조기업(manufacturing company)은 기계와 노동력을 통하여 원재료를 완성품으로 가공하여 판매하는 기업이다. 상품매매기업의 영업활동은 상품의 매입, 보관, 판매, 대금회수의 과정을 포함한다. 제조기업의 영업활동은 상품매매기업에 비해 원재료의 매입하여 생산공정에 투입하고 기계와 노동력을 사용하여 완성품으로 가공하는 제조의 과정이 추가된다. 따라서 제조기업의 경우에는 생산활동에 대한 회계기록과정이 추가되어 상품매매기업이나 서비스 기업보다 재무제표의 산출과정이 다소 복잡하다.

구체적으로 제조기업의 경우에는 구입하여 아직 생산에 투입되지 않는 원재료를 기록하는 원재료계정(raw materials), 생산에 투입된 원재료를 기록하는 재료비계정, 원재료를 가공하는 과정에서 투입된 인건비와 경비를 집계하는 제조경비(또는 제조간접비)계정이 필요하다. 또한 완성품을 만들기 위해 투입된 제조원가 즉, 재료비, 노무비, 제조간접비를 집계하는 제조계정, 아직 가공이 끝나지 않아 완성을 기다리고 있는 미완성품을 기록하는 재공품계정(work in process), 그리고 완성품을 기록하는 제품계정(finished goods)이 필요하다. 다음에서는 폐식용유를 회수하여 비누를 생산하는 한밭환경(주)의 거래내역을 이용하여 제조기업의 재무제표 산출과정을 살펴보자.

제조기업의 재고자산과 매출원가

제조기업의 재고자산은 크게 3가지로 구분할 수 있다. 매입하였으나 아직 생산에 투입되지 않고 대기 중에 있는 자산으로 원재료(raw materials), 생산공정이 완료되지 않아 작업이 진행 중에 있는 완성 대기 자산으로 재공품(work in process), 생산공정이 완료되어 완성되었으나 아직 판매되지 않아 판매 대기 중에 있는 자산으로 제품(finished goods)이 있다. 제조기업의 제품을 생산하기 위해서는 우선 원재료를 생산에 투입하고, 원재료를 완성품으로 변형하기 위해 노무비와 제조경비와 같은 가공비를 투입한다. 이와 같이 제품의 완성을 위해 투입되는 원재료, 노무비, 제조경비를 제조원가라 한다. 기간별로 생산에 투입된 제조원가는 가공이 완료되어 완성제품이 되거나 아직 가공이 완료되지 않아 완성을 대기하고 있는 재공품으로 구분될 수 있다. 완성된 제품에 투입된 제조원가는 제품으로 보고되고 이러한 제품이 고객에게 판매되면 매출원가로 보고된다. 상품매매기업의 매출원가는 판매된 상품의 구입원가이지만, 제조기업의 매출원가는 판매된 제품의 제조원가이다.

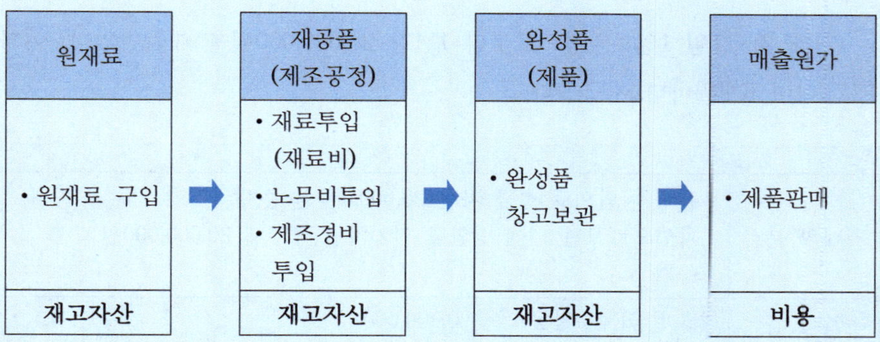

1. 거래의 분석 및 분개

다음은 20×1년 10월 1일에 설립한 한밭환경(주)의 20×1년 10월 1일부터 12월 31일의 거래내역과 각 거래일자별로 거래를 분석하고 분개한 것이다.

(거래 1) 10월 1일: 보통주 자본금 50,000,000원(액면가 5,000원)의 한밭환경(주)를 설립하였다.

거래의 분석	• 보통주를 발행으로 현금이 50,000,000원 증가 • 보통주자본금이라는 자본이 50,000,000원 증가
거래의 분개	(차) 현 금(재무활동) 50,000,000 (대) 보통주자본금 50,000,000

(거래 2) 10월 1일: 공장건물과 설비를 임차하고 1년간 임차료를 12,000,000원을 지급하였다.

거래의 분석	• 임차료 지급으로 현금 자산 12,000,000원 감소 • 1년간 건물과 설비 사용권리인 선급임차료 자산 12,000,000원 증가
거래의 분개	(차) 선급임차료 12,000,000 (대) 현금(영업활동) 12,000,000

(거래 3) 11월 1일: 은행으로부터 1년간 20,000,000원을 대출받았다. 이자율은 12%이며 6개월마다 지급한다.

거래의 분석	• 은행 차입으로 현금 자산 20,000,000원 증가 • 차입으로 1년 내에 상환할 단기차입금 부채 20,000,000원 증가
거래의 분개	(차) 현금(재무활동) 20,000,000 (대) 단기차입금 20,000,000

(거래 4) 11월 30일: 폐식용유 등 원재료 3,600,000원을 매입하였다.

거래의 분석	• 원재료 매입으로 원재료 재고자산 3,600,000원 증가 • 원재료 매입대금 지급으로 현금 자산 3,600,000원 감소
거래의 분개	(차) 원 재 료 3,600,000 (대) 현금(영업활동) 3,600,000

(거래 5) 12월 15일: 비누 생산공장 작업자의 임금 3,000,000원을 지급하였다.

거래의 분석	• 작업자 임금지급으로 제조원가 3,000,000원 증가 • 임금지급으로 현금 자산 3,000,000원 감소
거래의 분개	(차) 제조-노무비 3,000,000 (대) 현금(영업활동) 3,000,000

(거래 6) 12월 20일: 생산공장의 수도, 전기요금 등 공장 제조경비로 2,400,000원을 지급하였다.

거래의 분석	• 제조경비 지급으로 제조원가 2,400,000원 증가 • 경비지급으로 현금 자산 2,400,000원 감소
거래의 분개	(차) 제조-경비 2,400,000 (대) 현금(영업활동) 2,400,000

(거래 7) 12월 24일: 완성된 세탁비누 800세트 중 500세트를 10,000,000원에 현금 판매하였다.

거래의 분석	• 제품 판매로 매출수익 10,000,000원 증가 • 판매대금으로 현금 자산 10,000,000원 증가
거래의 분개	(차) 현금(영업활동) 10,000,000 (대) 매 출 10,000,000

(거래 8) 12월 31일: 영업, 인사, 재경 관리직 급여 등 판매관리비로 1,000,000원을 지급하였다.

거래의 분석	• 급여발생으로 비용 1,000,000원 증가 • 급여지급으로 현금 자산 1,000,000원 감소
거래의 분개	(차) 판매관리비(급여) 1,000,000 (대) 현금(영업활동) 10,000,000

(기말 재고자산 실사결과) 12월 31일 현재 세탁비누(제품) 재고액은 3,500,000원, 재공품재고액은 600,000원, 원재료 재고액은 400,000원이었다.

2. 전기(posting)

한밭환경(주)의 20×1년 10월 1일부터 12월 31일까지 거래에 대한 분개의 지시에 따라 총계정원장에 전기하면 다음과 같다.

(단위: 원)

현 금

(1) 50,000,000	(2) 12,000,000
(3) 20,000,000	(4) 3,600,000
(7) 10,000,000	(5) 3,000,000
	(6) 2,400,000
	(8) 1,000,000

선급임차료

(2) 12,000,000	

원재료

(4) 3,600,000	

제조-노무비

(5) 3,000,000	

제조-경비

(6) 2,400,000	

단기차입금

	(3) 20,000,000

자본금

광고비

사용료

자본금

	(1) 50,000,000

매 출

	(7) 10,000,000

급 여

(8) 1,000,000	

3. 수정전시산표

20×1년 12월 31일 회계기간 중에 이루어진 거래의 기록이 누적된 총계정원장의 잔액을 시산표에 옮기면 다음과 같다.

수정전시산표

한발한경(주): (20×1. 12. 31) (단위: 원)

계정과목	차 변	대변
현 금	58,000,000	
선급임차료	12,000,000	
원 재 료	3,600,000	
제조-노무비	3,000,000	
제 조-경 비	2,400,000	
단기차입금		20,000,000
자 본 금		50,000,000
매 출		10,000,000
급 여	1,000,000	
합 계	80,000,000	80,000,000

4. 수정분개 및 전기

수정전시산표의 차변과 대변이 일치하지만, 아직 총계정원장에 반영하지 않은 기록이 남아있다. 즉, 선급임차료의 기간 경과분을 임차료비용으로 인식하여야 하고, 단기차입금에 대한 기간이자를 아직 비용으로 반영하지 않았다. 또한 제조공정에 투입된 원재료, 제조공정을 거쳐 완성된 제품과 미완성된 재공품의 구분, 제품 판매에 따른 매출원가를 아직 장부에 반영하지 않았다. 이러한 사항을 수정분개하고 해당 계정에 전기하면 다음과 같다.

(수정 1)	• 10월~12월 3개월분 임차료 비용 3,000,000원 증가 • 3개월분 임차료 만큼 선급임차료 자산 3,000,000원 감소
수정분개	(차) 임 차 료 3,000,000* (대) 선급임차료 3,000,000

(수정 2)	• 단기차입금 2개월분 사용대가 이자비용 400,000원 증가 • 미지급이자비용 부채 400,000원 증가
수정분개	(차) 이자비용 400,000 (대) 미지급이자비용 400,000

(수정 3)	• 제조공정에 투입된 원재료 제조－원재료비 3,200,000원 증가 (실사 결과에 따라 3,600,000원 중 400,000원이 재고로 남아있음을 확인) • 제조공정에 투입되어 원재료 자산 3,200,000원 감소
수정분개	(차) 제조－원재료비 3,200,000 (대) 원 재 료 3,200,000

(수정 4)	• 공정에 투입된 원재료비, 노무비, 경비를 제조계정에 통합 8,600,000원 증가 • 원재료비, 노무비, 경비계정 각각 3,200,000원, 3,000,000원, 2,400,000원 감소
수정분개	(차) 제 조 8,600,000 (대) 제조－원료비 3,200,000 제조－노무비 3,000,000 제조－경비 2,400,000

(수정 5)	• 제조계정에 누적된 제조원가 8,600,000원을 완성제품과 미완성 재공품으로 구분하여 재공품 600,000원, 제품 8,000,000원을 증가시킴 • 제조계정 8,600,000원 전액을 감소시켜 잔액을 정리
수정분개	(차) 재공품 600,000 (대) 제 조 8,600,000 제 품 8,000,000

(수정 6)	• 제품계정 8,000,000원 중 실사결과에 따라 남아 있는 3,500,000원을 제외한 매출원가 4,500,000원을 인식 • 제품계정에서 판매로 인한 감소액 4,500,000원을 감소시킴
수정분개	(차) 매출원가 4,500,000 (대) 제 품 4,500,000

(단위: 원)

선급임차료			
(2)	12,000,000	(수정 1)	3,000,000

임 차 료			
(수정 1)	3,000,000		

이자비용			
(수정 2)	400,000		

미지급이자비용			
		(수정 2)	400,000

(단위: 원)

제조-원재료비			
(수정 3)	3,200,000	(수정 4)	3,200,000

원 재 료			
(4)	3,600,000	(수정 3)	3,200,000

제 조			
(수정 4)	3,200,000	(수정 5)	600,000
(수정 4)	3,000,000	(수정 5)	8,000,000
(수정 4)	2,400,000		

제조-노무비			
(5)	3,000,000	(수정 4)	3,000,000

(단위: 원)

제조-경비			
(6)	2,400,000	(수정 4)	2,400,000

재 공 품			
(수정 5)	600,000		

제 품			
(수정 5)	8,000,000	(수정 6)	4,500,000

매출원가			
(수정 6)	4,500,000		

5. 수정후시산표

수정분개를 계정원장에 전기한 후에 다시 계정의 잔액을 시산표에 정리하여 수정후시산표를 작성하면 다음과 같다.

수정후시산표

한밭한경(주): (20×1. 12. 31) (단위: 원)

계정과목	차 변	대 변
현 금	58,000,000	
선 급 임 차 료	9,000,000	
원 재 료	400,000	
단 기 차 입 금		20,000,000
자 본 금		50,000,000
매 출		10,000,000
급 여	1,000,000	
임 차 료	3,000,000	
이 자 비 용	400,000	
미지급이자비용		400,000
매 출 원 가	4,500,000	
재 공 품	600,000	
제 품	3,500,000	
합 계	80,400,000	80,400,000

위의 수정후시산표에서 보듯이 수정분개를 반영한 차변합계액과 대변합계액은 각각 80,400,000원으로 일치하여 수정분개와 전기의 과정에서 오류가 없었음을 알 수 있다.

6. 재무제표의 작성

수정후시산표의 잔액을 이용하여 포괄손익계산서와 재무상태표를 작성하면 다음과 같다.

(1) 포괄손익계산서의 작성

포괄손익계산서

한밭환경(주):	(20×1. 10. 1~20×1. 12. 31)	(단위: 원)
매 출		10,000,000
매출원가		4,500,000
매출총이익		5,500,000
급 여	1,000,000	
임 차 료	3,000,000	
이자비용	400,000	4,400,000
당기순이익		1,100,000
기타포괄손익		0
총포괄손익		1,100,000
주당이익		110

(2) 재무상태표의 작성

재무상태표

한밭환경(주):		(20×1. 12. 31)	(단위: 원)
자 산		부채와 자본	
유동자산		부 채	
현 금	58,000,000	단기차입금	20,000,000
선급임차료	9,000,000	미지급이자비용	400,000
원 재 료	400,000	자 본	
재 공 품	600,000	자 본 금	50,000,000
제 품	3,500,000	이익잉여금	1,100,000
자산합계	71,500,000	부채와자본총계	71,500,000

(3) 현금흐름표의 작성

1) 현금계정의 분석

현 금

(1) 50,000,000	재무활동	(2)	12,000,000	영업활동
(3) 20,000,000	재무활동	(4)	3,600,000	영업활동
(7) 10,000,000	영업활동	(5)	3,000,000	영업활동
		(6)	2,400,000	영업활동
		(8)	1,000,000	영업활동

2) 현금흐름표의 분석

현금흐름표

한밭환경(주): (20×1. 10. 1~20×1. 12. 31) (단위: 원)

1. 영업활동현금흐름		
가. 판매로 인한 현금유입[=(7)]	10,000,000	
나. 원재료 구입대금 지급[=(4)]	(3,600,000)	
다. 종업원 급여 현금지출[=(5)+(8)]	(4,000,000)	
다. 기타 영업관련 현금 지출[=(2)+(6)]	(14,400,000)	(12,000,000)
2. 투자활동현금흐름		
3. 재무활동현금흐름		
가. 자금의 단기차입으로 인한 현금유입[=(3)]	20,000,000	
나. 보통주 발행으로 현금유입[=(1)]	50,000,000	70,000,000
4. 현금의 증가		58,000,000
5. 기초현금		–
6. 기말현금		58,000,000

7. 계정마감 및 마감분개(결산분개)

(결산분개 1) (차) 집합손익 1,000,000 (대) 급 여 1,000,000

(결산분개 2)	(차)	집합손익	3,000,000	(대)	임 차 료	3,000,000
(결산분개 3)	(차)	집합손익	400,000	(대)	이자비용	400,000
(결산분개 4)	(차)	집합손익	4,500,000	(대)	매출원가	4,500,000
(결산분개 5)	(차)	매 출	10,000,000	(대)	집합손익	10,000,000
(결산분개 6)	(차)	집합손익	1,100,000	(대)	이익잉여금	1,100,000

(단위: 원)

집합손익

차변		대변	
(결산분개 1)	1,000,000		
(결산분개 2)	3,000,000		
(결산분개 3)	400,000	(결산분개 5)	10,000,000
(결산분개 4)	4,500,000		
(결산분개 6)	1,100,000		

이익잉여금

차변		대변	
		(결산분개 6)	1,100,000

8. 결산후시산표

결산후시산표

한발환경(주): (20×1. 12. 31) (단위: 원)

계정과목	차 변	대 변
현 금	58,000,000	
선 급 임 차 료	9,000,000	
원 재 료	400,000	
제 공 품	600,000	
제 품	3,500,000	
단 기 차 입 금		20,000,000
미지급이자비용		400,000
자 본 금		50,000,000
이 익 잉 여 금		1,100,000
합 계	71,500,000	71,500,000

연습문제

[1] 수정분개(결산정리분개)와 마감분개가 무엇이며, 필요한 이유를 설명하라.

[2] 기말시점에 다음의 결산정리사항에 대한 수정분개를 하라.

(1) 당기손익-공정가치측정금융자산에 대하여 40,000원의 평가손을 계상하다.
(2) 매출채권에 대한 대손충당금 5,000원을 설정하다.
(3) 건물에 대한 감가상각비 10,000원을 계상하다.
(4) 보험료선급액(보험료미경과액) 20,000원이 있다.
(5) 미수이자 10,000원을 계상하다.
(6) 미지급이자 40,000원을 계상하다.

[3] 다음 (주)국민의 20×2. 12. 31. 결산분개와 미완성이월시산표에 의하여 결산직전에 작성되는 잔액시산표를 추정하여 이월시산표를 완성하라.

결산분개:

①	(차) 집합손익	65,000	(대)	급 여	40,000
				임차료	25,000
②	(차) 매 출	500,000	(대)	집합손익	500,000
③	(차) 집합손익	395,000	(대)	매출원가	395,000
④	(차) 이자수익	5,500	(대)	집합손익	5,500

결산후시산표(이월시산표)

㈜국민: (20×1. 12. 31) (단위: 원)

차 변	계정과목	대 변
100,000	현 금	
167,500	매 출 채 권	
90,000	단기대여금	
190,000	상 품	
55,000	비 품	
	매 입 채 무	102,000
	자 본 금	455,000
	이익잉여금	?
?		?

[4] * **다음은 (주)중앙의 20×1년 12월 31일 현재 수정전시산표이다.**

시 산 표

㈜중앙: (20×1. 12. 31) (단위: 원)

계정과목	차 변	대 변
현 금	25,000	
매 출 채 권	80,000	
상 품	33,000	
소 모 품	30,000	
건 물	216,000	
감가상각누계액		30,000
매 입 채 무		48,000
사 채		60,000
자 본 금		105,000
이 익 잉 여 금		12,000
매 출		300,000
임 대 료 수 익		60,000
이 자 수 익		24,000
매 출 원 가	210,000	
급 여	45,000	

위의 시산표에서는 다음의 수정사항을 반영하지 않았다.

- 건물에 대한 당기 감가상각비는 ₩15,000이다.
- 사용하지 않고, 기말에 남아 있는 소모품은 ₩6,000이다.
- 시산표상의 임대료수익 ₩60,000은 20×1년 8월 1일에 향후 1년분을 받은 것이다.
- ₩9,000의 급여를 기말 현재 아직 지급하지 않고 있다.
- ₩18,000의 이자가 아직 회수되지 않은 것으로 나타났다.

(1) 위의 수정사항에 대한 기말 수정분개를 하라.

(2) 위의 수정사항을 반영한 후 다음 항목을 산출하라.

① 당기순이익 ② 자산총계

③ 기말이익잉여금(수정후 이익잉여금) ④ 자본총계

[5]* 다음 중 복식부기에서 없어서는 안될 기본적인 회계장부(주요장부)는?

1. 원재료		2. 재공품	
당기매입액	₩2,000	기초재고원가	₩1,900
기초재고액	200	기말재고원가	1,000
기말재고액	420		
		4. 제조경비	
3. 노무비		전 력 비	₩600
급 여	₩2,400	감가상각비	640
퇴직급여	800	수리유지비	660
5. 제품		6. 매출액	₩16,000
기초재고	₩5,000		
기말재고	3,000		

(1) 20×1년 한밭전자(주)의 총제조원가와 완성품제조원가를 계산하라.

(2) 20×1년 한밭전자(주)의 매출원가를 계산하라.

[6]* 분수정분개 이후 (주)대명의 총수익은 ₩200,000, 총비용은 ₩120,000이고 배당금으로 지급될 금액은 ₩30,000이다. 기말에 집합손익계정을 마감하여 이익잉여금으로 대체할 때 다음 중 이익잉여금계정에 기록될 금액은?

① ₩50,000 차변기록

② ₩80,000 차변기록

③ ₩50,000 대변기록

④ ₩80,000 대변기록

[7]* (주)청담의 20×1년도 매출총이익은 ₩75,000, 상품기초재고는 ₩25,000, 상품기말재고는 ₩32,000, 당기의 상품매입액은 ₩307,000이다. 20×1년 중의 매출총액은 얼마인가?

① ₩382,000

② ₩375,000

③ ₩357,000

④ ₩350,000

*[8] **(주)중앙은 2012년 9월 1일에 향후 1년분의 이자 ₩1,200과 보험료 ₩1,200을 각각 현금으로 지출하였다. 그 외에 다른 거래가 전혀 없었다면 2012년 12월 31일 회계기말의 재무상태표상의 자산잔액과 포괄손익계산서상의 비용잔액은 각각 얼마인가? 단 2012년 9월 1일 (주)중앙의 기업자산은 현금 ₩2,400뿐이었다(이는 이자 및 보험료 지급전의 금액임).**

재무상태표		포괄손익계산서	
① 자산	₩1,600	비용	₩800
② 자산	3,200	비용	400
③ 자산	800	비용	400
④ 자산	3,200	비용	800

*[9] **중앙상사는 기중에 사무용품 ₩2,000,000을 대량구매하고 이를 자산계정으로 처리하였다. 결산시 사무용품을 조사한 결과 ₩1,200,000만큼 사용함을 발견하였다. 올바른 기말수정분개는?**

① (차) 사무용품비	1,200,000		(대) 사 무 용 품	1,200,000
② (차) 사 무 용 품	1,200,000		(대) 사무용품비	1,200,000
③ (차) 사무용품비	800,000		(대) 사 무 용 품	800,000
④ (차) 사 무 용 품	800,000		(대) 사무용품비	800,000

*[10] **포괄손익계산서에 관한 다음의 설명 중 틀린 것은?**

① 포괄손익계산서에서는 당기순이익뿐만 아니라 총포괄손익을 표시한다.
② IFRS에 의해 작성된 당기순이익은 회계기간 동안 기업의 경제적 이익을 표시한다.
③ 포괄손익계산서에는 미래 기업에 유입될 현금흐름의 금액 및 시기, 불확실성을 평가하는 데 도움이 되는 정보를 제공한다.
④ 포괄손익계산서는 한 회계기간 동안 기업의 영업성과를 표시한다.

*[11] **다음 중 재무상태표에 나타날 수 없는 계정과목은?**

① 기타포괄손익　　② 미지급이자비용
③ 이익잉여금　　④ 기타포괄손익누계액

[12]* 다음 (주)중앙의 20×1년 말 현재 각 계정과목에 대한 잔액(단위: ₩)이다. 괄호안의 자본금을 계산하면 얼마인가?

현　금	200	대손충당금	7
매출채권	257	이익잉여금	300
상　품	150	사　채	250
건　물	500	자 본 금	(　)

① ₩500
② ₩550
③ ₩600
④ ₩650

연습문제 해답

4. (1)

(차)	감가상각비	15,000	(대)	감가상각누계액	15,000
(차)	소 모 품 비	24,000	(대)	소 모 품	24,000
(차)	임대료수익	35,000	(대)	선 수 임 대 료	35,000
(차)	급 여	9,000	(대)	미 지 급 급 여	9,000
(차)	미 수 이 자	18,000	(대)	이 자 수 익	18,000

(2) ① 당기순이익

매 출	₩300,000	
임대료수익	25,000	= (60,000 − 35,000)
이 자 수 익	42,000	= (24,000 + 18,000)
매 출 원 가	(210,000)	
급 여	(54,000)	= (45,000 + 9,000)
소 모 품 비	(24,000)	
감가상각비	(15,000)	
당기순이익	₩64,000	

② 자산총액

현 금	₩25,000	
매 출 채 권	80,000	
미 수 이 자	18,000	
상 품	33,000	
소 모 품	6,000	= (30,000 − 24,000)
건 물	216,000	
감가상각누계액	(45,000)	= (30,000 + 15,000)
자 산 총 계	₩333,000	

③ 기말이익잉여금(수정후 이익잉여금): ₩76,000 = 12,000 + 64,000

④ 자본총액

자 본 금	₩105,000	
이익잉여금	76,000	= (12,000 + 64,000)
자 본 총 계	₩181,000	

5. (1) • 총제조원가 : [원료비 1,780 + 노무비 3,200 + 제조경비 1,900] = ₩6,880
원재료비 : 200 + 2,000 − 420 = ₩1,780
노 무 비 : 2,400 + 800 = ₩3,200
제조경비 : 600 + 640 + 660 = ₩1,900
• 완성품제조원가 : 1,900(기초재공품) + 6,880[원재료비 1,780 + 노무비 3,200 + 제조경비 1,900] − 1,000(기말재공품) = ₩7,780
(2) 5,000(기초제품) + 7,780(당기완성품 제조원가) − 3,000(기말제품) = ₩9,780

6. ④: 총수익에서 총비용을 차감한 값인 ₩80,000이 당기순이익으로 이익잉여금계정에 대변기록되어야 한다. 즉, 배당금 차감전의 이익잉여금이다.

7. ②: ₩75,000 + (25,000 + 307,000 − 32,000) = ₩375,000

8. ①

9. ①: 기중에 사무용품 구입시 자산으로 처리한 경우에는 기말에 당기의 사용분을 비용으로 처리하고 남은 미사용분은 계속 자산으로 처리한다.

10. ②: 당기순이익은 경제적 이익이 아닌 회계적 이익이다.

11. ①

12. ②: 예시된 계정과목의 잔액으로 재무상태표를 나타내면,

재무상태표

차변	금액	대변	금액
현 금	200	사 채	250
*매출채권	250	자 본 금	( )
상 품	150	이익잉여금	300
건 물	500		
	1,100		1,100

*매출채권: ₩257 − ₩7 = ₩250
∴ 자본금: ₩11,000 − (250 + 300) = ₩550

제 3 부

회계정보의 내용

K-IFRS 회계학원론

제 9 장 현금 및 현금성자산

현금은 기업활동에서 가장 중요한 자산 중의 하나로 기업의 생명과도 같다. 현금은 가장 유동적(liquid)이기 때문에 기업의 다양한 거래의 수단이 되며, 관리하기도 쉽지 않다. 본장에서는 현금및현금성자산의 유형과 계정처리, 그리고 관리의 안전성을 유지하면서 동시에 원활한 현금의 사용을 위한 소액현금제도를 소개하고 현금관리를 위한 내부통제에 대해 설명한다.

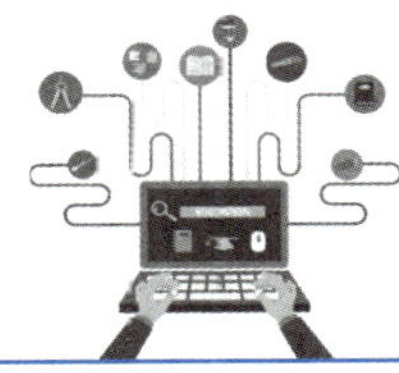

제 1 절 현 금

현금은 유동성(liquidity)이 가장 높은 자산으로서 교환의 매개수단이 되며, 측정과 회계처리의 기초를 제공해 주는 역할을 한다. 현금은 통화 및 타인발행수표 등 통화대용증권과 당좌예금·보통예금 등 요구불예금을 말한다. 현금성자산이라 함은 큰 거래비용 없이 확정된 금액의 현금으로 전환이 용이하고 이자율변동에 따른 가치변동의 위험이 중요하지 않은 단기투자자산으로서 취득 당시 만기(또는 상환일)가 3개월 이내에 도래하는 것을 말한다. 현금과 현금성자산을 합하여 현금및현금성자산이라 한다.[1)]

따라서 기업이 현금계정, 예금계정 혹은 현금성자산에 포함되는 단기투자자산을 분리하여 회계처리하더라도 재무제표작성시에는 현금및현금성자산계정이라는 통합된 계정과목으로 보고하여야 한다.[2)]

1) 유동성(liquidity)이란 자산의 경우에는 실현되거나 현금화하는 데에 걸리는 시간을 의미하며, 부채의 경우에는 부채의 지불시까지 걸리는 시간을 말한다. 즉 현금화의 용이성(nearness to cash)이란 말로 표현할 수 있다. 또한 현금성자산에 포함되는 단기투자자산은 취득시점에서 만기가 3개월 이내인 MMF, CD, CMA 등의 금융상품을 말한다.
한국채택국제회계기준(K-IFRS)에 따르면 현금및현금성자산은 원칙적으로 금융자산에 해당된다. 그러나 현금및현금성자산에 대한 충분한 설명과 독자들의 이해를 제고하기 위해 본서에서는 일반적인 금융자산에 해당되는 금융상품 등과 현금및현금성자산을 구분하여, 별개의 장(제13장)으로 구성하였다.
2) 현금흐름표상에서도 현금의 개념은 현금및현금성자산을 의미한다.

1. 현금계정

현금계정(cash account)은 현금자산의 수입과 지출을 처리하는 계정으로서 현금의 증가(현금수입)는 이 계정의 차변에, 현금의 감소(현금지출)는 이 계정의 대변에 기입되는데, 잔액은 이 계정의 차변에 남아서 현금의 현재액을 나타낸다.

회계에서 현금(cash on hand)으로 취급되는 것은 일반적으로 우리가 사용하고 있는 지폐나 동전 등의 통화(화폐)뿐만 아니라 언제든지 통화로 즉시 바꿀 수 있는 통화대용증권, 즉 타인발행수표, 우편환증서, 자기앞수표, 송금수표, 만기가 도래한 공·사채이자표, 배당금지급통지표 등도 모두 현금계정에 포함된다. 그러나 수입인지나 우표 등은 소모품이므로 현금및현금성자산에 포함되지 않는다.

예제 9-1

다음 거래를 분개하라.

(1) 5월 1일 서울주식회사는 현금 300,000원을 출자하여 영업을 개시하다.

(2) 5월 5일 종로상사로부터 상품(100개, @ 900) 90,000원을 구입하고, 대금 중 50,000원은 현금으로 지급하고 잔액은 외상으로 하다(실지재고조사법).

(3) 5월 15일 금포상사에 원가 45,000원의 상품을 50,000원에 판매하고, 대금 중 20,000원은 현금으로 받고 잔액은 외상으로 하다.

풀이

	일자	차변	금액	대변	금액
(1)	5월 1일	(차) 현 금	300,000	(대) 자 본 금	300,000
(2)	5월 5일	(차) 매 입	90,000	(대) 현 금	50,000
				매입채무	40,000
(3)	5월 15일	(차) 현 금	20,000	(대) 매 출	50,000
		매출채권	30,000		

2. 현금과부족계정

현금의 실재액과 회계기록상의 장부가액간에 차이가 가끔 발생할 수가 있는데, 현금과부족계정(cash over and short account)은 현금과부족이 발생할 때 그 원인을 발견하여 해당 계정으로 대체하기 전까지 일시적으로 처리하는 계정(임시계정)이다. 현금의 실재액이 장부가액보다 부족할 때에는 그 차액을 현금과부족계정의 차변에 기입하고, 반대로 실재액이 장부가액보다 많을 때에는 이 계정의 대변에 각각 일시적으로 기입했다가 그 원인이 조사되어 판명될 때에는 해당 계정에 대체한다. 그러나 결산기까지 그 원인이 판명되지 않으면 현금부족액은 잡손실계정(영업외비용)에, 반대로 초과액은 잡이익계정(영업외수익)에 대체하여야 한다. 이 경우에도 그 원인은 차후에까지 내부통제(internal control)의 목적을 위해 계속적으로 추적하는 노력이 필요하다.

예제 9-2

(1) 현금실재액은 90,000원인데, 장부상의 현금계정의 잔액은 100,000원이었다. 현재 그 원인을 알 수 없다.

(차) 현금과부족 10,000 (대) 현금및현금성자산 10,000

(2) 현금과부족 중 8,000원이 종업원출장여비로 지출되었으나 이에 대한 기장이 누락되었음을 후일에 알았다.

(차) 여비·교통비 8,000 (대) 현금과부족 8,000

(3) 그러나 현금과부족 2,000원은 결산기까지 그 원인이 밝혀지지 않았다.

(차) 잡 손 실 2,000 (대) 현금과부족 2,000

3. 현금장부

현금장부(cash book)는 현금계정의 보조장부로서 현금의 수지내용을 상세하게 기록하는 장부이다. 현금장부에는 단순히 현금계정에 대한 보조기입만을 하는 보조기입장과 분개장역할을 하는 특수분개장으로 나눌 수 있다.

현금장부에는 현금수입장(cash receipts journal), 현금지출장(cash disbursements journal), 그리고 현금출납장(cash receipts and disbursement journal)이 있는데, 여기에서는 현금출납장만 살펴보기로 한다. 현금출납장은 현금거래가 상대적으로 적은 중소기업에서 많이 사용하고 있다.

예제 9-3

다음 거래를 현금출납장에 기입하라.

6월 1일 전기이월된 현금 40,000원이 있다.

6월 3일 한빛은행에 현금 20,000원을 당좌예입하다.

6월 5일 서울상사로부터 상품 80,000원을 외상으로 구입하다.
6월 7일 광주상사에 상품 50,000원을 현금판매하다.
6월 9일 서울상사 매입채무 40,000원을 현금으로 지급하다.

현금출납장

일자		적 요	수 입	지 출	잔 액
6	1	전기이월액	40,000		40,000
6	3	한빛은행에 당좌예입		20,000	20,000
6	7	광주상사에 상품판매	50,000		70,000
6	9	서울상사 매입채무 지급		40,000	30,000
			90,000	60,000	
6	30	차기이월		30,000	
			90,000	90,000	
7	1	전기이월	30,000		30,000

4. 현금관리 및 내부통제

현금은 영업활동 중에서 가장 빈번하게 사용되고 있어 횡령과 같은 부정에 노출되기 쉽기 때문에 이에 대한 특별한 관리가 요구된다. 그러므로 경영자는 현금거래의 관리와 관련하여 적절한 내부통제시스템(internal control system)을 운용하여야 한다. 내부통제(internal control)는 ① 회계실체를 현금, 재고자산 등과 같은 자산의 분실 및 도난으로부터 보호하고, ② 회계기록의 신뢰성을 높이기 위해 기업이 채택하고 있는 모든 제도와 절차를 의미한다. 현금에 대한 부정을 방지하고 기록의 오류를 방지하기 위해 대부분의 회계실무에서 사용되고 있는 내부통제 절차는 다음과 같다.

(1) 현금의 수납업무와 기장업무는 각각 분담하도록 한다.
(2) 모든 현금수입액은 즉시 은행의 당좌예금에 예입하고, 소액현금지급 이외에는 취급하지 않도록 한다(즉 소액현금제도의 이용).
(3) 소액현금 이외의 모든 지급은 수표에 의해서 행하고, 수표에 서명날인하도록 한다.
(4) 출납이나 수표발행업무에 종사하지 않는 직원이 은행계정조정표를 정기적으로 작성하도록 한다.
(5) 현금담당직원에 대해 정기적인 직무순환이 이루어지도록 한다.
(6) 현금(예산) 담당 직원은 신용보증보험에 가입하도록 한다.

5. 소액현금제도

현금은 다른 자산에 비하여 도난·분실·오류 및 부정 등의 많은 위험이 따르는 자산이다. 그러므로 이러한 위험을 미연에 방지하기 위해서는 현금수입액은 즉시 은행에 당좌예입하고, 모든 지급은 수표를 발행하여 지급하도록 함으로써 횡령 등의 위험성을 사전에 방지할 수 있다. 나아가서는 출납사무를 간소화하는 데에도 기여할 수 있을 것이다.

그러나 통신비·교통비·문방구류·식비 등과 같은 소액의 지출항목까지 수표를 발행한 후 지급하여 회계처리한다는 것은 그 실익보다는 불편이 크므로 일정 금액을 인출하여 소액지급에 충당하게 하는 것이 편리하고 능률적일 것이다. 이와 같이 소액의 현금지출을 요하는 거래를 위해 일반적으로 이용되고 있는 것이 소액현금제도(petty cash system)이다. 이 때 인출된 일정금액을 소액현금(petty cash) 또는 소액자금이라 하고, 소액현금계정(petty cash account)에서 처리한다.[3]

소액현금제도의 대표적인 예로서 정액소액현금제도를 들 수 있다. 정액소액현금제도(imprest petty cash system 혹은 imprest fund system)는 일정기간(1주일 또는 1개월)에 필요한 소액현금액을 예정하여 월초 또는 주초에 일정한 소액현금액을 전도하였다가 월말 또는 주말에 실제로 지출된 금액만큼의 수표를 발행하여 자금을 보충시켜 주면서 비용정산을 하는 제도이다. 이 제도는 실무에서 일반적으로 이용되는데, 현금관리 및 정리에 편리하며 전도액이 일정액으로 정해지기 때문에(즉, 정액전도금) 현금출납담당자의 책임이 명확하게 한정된다. 현금지출 영수증에 기초하여 보충해 준 금액과 현금잔액을 합계하면 최초로 설정된 정액자금과 일치되어야 한다.

예제 9-4

(1) 4월 1일 정액소액현금제도를 채택하고 있는 중앙주식회사는 한디은행 당좌수표 50,000원을 발행하여 지방 영업소에 소액현금으로 송금하다(소액현금제도를 최초로 채택한 경우).

(차) 현금－영업소 50,000 (대) 당 좌 예 금 50,000

(2) 4월 30일 지방 영업소로부터 다음과 같은 지출사실을 보고받고 즉시 동액의 수표를 발행하여 보충하다(소액현금보충시).

교통비 10,000원, 통신비 15,000원, 소모품비 5,000원, 현금잔액 20,000원

3) 실무에서는 대부분의 기업들이 소액현금제도와는 별도로 각 부서에 예산을 편성한 후에 법인카드를 사용하도록 하고 있다.

(차)	교 통 비	10,000	(대) 당좌예금[4]	30,000
	통 신 비	15,000		
	소모품비	5,000		

(3) 위에서 만약 현금잔액이 20,000원이 아닌 19,000원이라면 다음과 같이 현금과부족계정이 발생한다.

(차)	교 통 비	10,000	(대) 당좌예금	31,000
	통 신 비	15,000		
	소 모 품 비	5,000		
	현금과부족	1,000		

제 2 절 예 금

1. 당좌예금

(1) 당좌예금계정

금융기관에 맡긴 예금은 예입 및 인출방법과 계약조건에 따라 당좌예금·보통예금·통지예금·정기예금·각종 적금·금전신탁 및 대체예금 등 여러 가지가 있다. 이 중에서도 당좌예금은 기업에서 가장 많이 이용하고 있는 대표적인 예금이다. 당좌예금(current deposit)은 언제라도 수표를 발행하여 현금을 인출할 수 있는 은행예금을 말한다. 다시 말하면 기업이 당좌예금계좌를 개설하려면 먼저 은행과 당좌거래계약을 맺고 예금할 때는 당좌계정입금표를 사용하고 당좌예금을 찾을 때, 즉 인출할 때에는 수표를 이용한다. 예입할 때에는 현금뿐만 아니라 타인발행수표·자기앞수표도 가능하다.[5]

4) 소액현금계정은 내부통제의 편의상 설정한 계정이므로 외부보고용 재무상태표에는 당좌예금계정이 아닌 현금및현금성자산계정에 포함되어 보고되며, 별도의 계정으로는 나타나지 않는다.

5) 당좌예금계좌를 개설할 때는 먼저 은행에 당좌개설보증금을 예치시켜야 하는데, 이는 당좌거래가 지속되는 기간 동안에는 인출이 불가능하다. 당좌개설보증금은 기타비유동자산으로 처리하고 동시에 사용이 제한되어 있다는 사실을 주석에 기재한다. 또한 당좌예금은 기업의 필요에 의해 개설하는 계좌이므로, 사실상 무이자예금이다.

당좌예금계정(current account, checking account)의 회계처리에 있어서는 은행과 당좌거래계약을 맺은 후 현금이나 타인이 발행한 수표 등을 당좌예입하였을 때에는 이 계정의 차변에 기입하고, 상품 등의 구입대금을 지급한다든가 현금으로 인출하기 위해서 수표를 발행하면 동 계정의 대변에 기입한다. 동 계정의 잔액은 당좌차월계약을 맺고 있지 않는 한 일반적으로 차변에 남아서 당좌예금계정의 현재액을 나타낸다.

예제 9-5

(1) 6월 2일 서울상사에 상품 90,000원을 매출하고, 서울상사발행 당좌수표를 받아 곧 당좌예입하다.

(차) 당좌예금 90,000 (대) 매 출 90,000
(현금및현금성자산)

(2) 6월 3일 제일상사로부터 상품 50,000원을 매입하고, 대금은 한빛은행수표를 발행하여 지급하다.

(차) 매 입 50,000 (대) 당좌예금 50,000
(현금및현금성자산)

(2) 당좌예금출납장

당좌예금출납장은 당좌예금의 상세한 명세로서 당좌예금의 예입과 인출을 기록하는 보조기입장이다. 원칙적으로 기업은 당좌예금의 효과적인 관리와 통제를 위해 당좌예금출납장을 은행별로 설정함이 좋다. 그리고 현금출납장과 당좌예금출납장이 합쳐 있는 것을 현금당좌예금출납장(cash & bank book)이라고 하는데, 소규모기업인 경우 현금당좌예금출납장을 많이 이용하고 있다.

예제 9-6

예제 9-5의 거래를 당좌예금출납장에 기입하라.

당좌예금출납장

일자		적 요	예 입	인 출	잔 액
6	2	서울상사에서 받은 수표를 당좌예입	90,000		90,000
	3	제일상사로부터 상품매입		50,000	40,000

2. 당좌차월

원칙적으로 당좌예금의 인출은 당좌예금잔액의 한도범위 내에서만 가능하다. 만일 이 잔액을 초과하여 수표를 발행하게 되면 이는 부도수표(dishonored check)가 되어 은행에서는 이 수표의 지급을 거절하게 된다. 그러나 처음부터 은행과 당좌차월(bank overdraft) 계약을 체결하고 동시에 근저당권을 설정하여 당좌차월한도액과 그 기간을 정해 두면 당좌예금잔액을 초과하여 그 한도액까지 수표를 발행해도 은행에서 지급하게 할 수 있다. 당좌차월은 은행에 대한 일종의 단기차입금(유동부채)이다.[6] 당좌차월이 발생할 때는 다음과 같은 두 가지 회계처리방법이 있다.

① 당좌예금과 당좌차월을 구별하는 경우: 당좌예금잔액을 초과하여 발행할 경우 잔액을 초과하는 부분을 당좌차월계정으로 처리한다.
② 당좌예금과 당좌차월을 구별하지 않은 경우: 회계기간중에는 당좌예금과 당좌차월을 구별하지 않고 당좌예금으로만 처리하였다가, 기말에는 당좌예금잔액이 차변잔액이면 당좌예금계정으로, 반대로 대변잔액이면 당좌차월(단기차입금)계정으로 처리한다.

예제 9-7

단기차입금을 상환하기 위해 대금 14,000원의 한빛은행앞수표를 발행하여 지급하다.

(1) 단, 한빛은행 당좌예금 잔액은 10,000원이며, 당좌차월 한도액은 50,000원이다.

(차) 단기차입금	14,000	(대)	당좌예금 (현금및현금성자산)	10,000
			당좌차월	4,000

(2) 후에 당좌예금계정에 현금 5,000원을 예입하다.

6) 근저당권이란 은행과 반복적 거래가 있을 경우, 장래에 발생할지도 모를 위험에 대비하기 위해 은행이 채권을 담보할 목적으로 설정하는 담보물권이다. 차입금으로 분류되는 당좌차월은 우리가 일반적으로 사용하는 은행의 마이너스통장으로 이해하면 된다. 이를 현금흐름표에서는 현금및현금성자산의 구성요소로 볼 수도 있고, 재무활동으로 인한 단기차입금으로 포함시킬 수도 있다. 은행의 입장에서는 당좌차월을 당좌대월이라고 부른다.

(차)	당좌차월	4,000		
	당좌예금 (현금및현금성자산)	1,000	(대) 현 금	5,000

한편, 한국채택국제회계기준(K-IFRS)에서는 당좌차월에 대해 다음과 같이 규정하고 있다.

> ① 금액이 중요하지 않은 경우 기본적으로 단기차입금으로 보고한다.
> ② 그러나 금액이 중요한 경우 별도의 계정과목으로 보고할 수 있다.
> ③ 당좌예금 잔액에서 직접 차감할 수 있다. 그러나 여러 은행과 당좌거래를 하고 있는 경우, 특정 은행의 당좌예금에서 회계 기말에 당좌차월이 발생한 때에는 총액기준의 원칙에 따라 이를 상계하지 않고 당좌차월을 구분표시하여야 한다.

3. 부도수표(dishonored check or not sufficient funds checks: NSF checks)

수표발행인이 당좌예금액이나 당좌차월계약한도를 초과하여 발행한 수표에 대해 은행에서는 이의 지급을 거절하게 되는데, 이러한 지급거절수표를 부도수표라 한다.

예제 9-8

(1) 화신상사에 상품 40,000원을 매출하고, 대금은 동사발행 수표를 받다.

(차) 현 금 (현금및현금성자산)	40,000	(대) 매 출	40,000

(2) (1)의 거래에서 받았던 화신상사가 발행한 수표 40,000원이 부도가 되었다.

(차) 부도수표	40,000	(대) 현 금 (현금및현금성자산)	40,000

(3) (2)의 거래 부도수표 40,000원을 발행인인 화신상사로부터 현금으로 회수하다.

(차) 현 금 (현금및현금성자산)	40,000	(대) 부 도 수 표	40,000

(4) (2)의 거래의 부도수표가 발행인인 화신상사가 다시 정상화되기 어려워 부도수표의 현금회수가 불가능하다고 판명되어 대손처리하다.

(차) 대손상각비	40,000	(대) 부 도 수 표	40,000

4. 기타예금계정

은행 등의 금융기관이 취급하는 예금의 종류에는 당좌예금(current deposit) 이외에 보통예금(ordinary deposit) · 정기예금(time deposit) · 통지예금(deposit at notice) · 기타 적금 · 별단예금 · 금전신탁 및 대체저금(postal transfer deposits) 등의 여러 종류가 있다. 이들 예금의 성격이나 금액이 중요한 경우에는 예금의 각 종류별로 계정을 설정하여야 하겠지만, 그렇지 않을 경우에는 기타예금계정에서 통합처리할 수 있다. 은행에 예입하였을 때에는 기타예금(또는 제예금) 계정의 차변에 기입하고, 예금을 인출하였을 때에는 대변에 기입한다. 또한 예금이자가 발생되었을 때에는 기타예금(또는 제예금) 계정의 차변과 이자수익계정의 대변에 기입한다.

요구불예금(cash on demand)의 경우, 현금인출에 제한이 없어 현금으로 전환이 용이하다면 유동자산 중 현금및현금성자산으로 표시한다. 기한이 1년 이내에 도래하는 정기예금, 정기적금 등은 유동자산 중 단기금융자산으로 표시한다. 그러나 만기가 1년 이후에 도래하거나 사용이 제한되어 있는 예금은 유동자산으로 분류하지 않고 비유동자산 항목으로 보고한다[예: 자금차입에 대한 담보로 제공된 강제예금(담보성 강제예금), 즉, 은행에서 기업이 대출할 때 일정비율만큼을 예금 또는 적금으로 예치하도록 한 양건예금(compensating balance)].

예제 9-9

(1) 현금 50,000원을 한미은행에 보통예금하다.

(차) 보 통 예 금	50,000	(대) 현 금	50,000

(2) 인천상사에 상품 80,000원을 매출하고, 대금은 동사발행 수표를 받아 즉시 은행에 요구할 수 있는 보통예금으로 하다.

(차) 보 통 예 금	80,000	(대) 매 출	80,000

(3) 은행에서 보통예금 30,000원을 인출하다.

(차) 현 금	30,000	(대) 보 통 예 금	30,000

5. 사용이 제한된 현금과 예금

기업이 현금 또는 예금으로 보유하고 있는 것이라도 법률에 의하여 압류당하고 있다거나 자금차입에 대한 담보성 강제예금(compensating balance) · 당좌계약을 체결할 때 예치해 놓은 당좌개설보증금 · 종업원퇴직보험예치금 · 주주배당특정예금

·감채충당특정예금·종업원연금기금 및 기타 특정기금 등 사용이 제한된 현금과 예금은 자유롭게 사용할 수 없다. 이와 같이 사용이 제한된 현금과 예금은 일반적인 현금과 예금계정에서 분리하여 별도로 특정현금과 예금계정(restricted cash and bank account)을 설정하여 처리한다. 그리고 사용제한 기간의 장단에 따라 그 기간이 1년 이상이면 비유동자산으로 분류하고, 1년 이내의 경우에는 유동자산으로 분류한다.

예제 9-10

현금 40,000원을 종업원퇴직금자원에 충당하기 위해서 제일은행에 종업원퇴직보험예치금으로 예입하다.

(차) 특정현금과 예금 40,000 (대) 현 금 40,000
(장기금융자산)

6. 외화표시예금

외화표시예금은 은행에 예입된 외화예금으로 인출할 때의 환율에 의해 찾을 수 있는 예금을 말한다. 외화표시예금의 예입 및 인출은 외화표시예금계정에서 처리한다. 외화표시예금도 만기에 따라 만기가 1년 이상인 경우에는 장기금융자산으로 처리하고, 1년 이내의 경우에는 단기금융자산으로 처리한다. 그리고 화폐성 외환항목인 외화표시예금과 같은 화폐성외화자산·화폐성외화부채의 평가는 보고기간말의 현물환율인 마감환율로 환산한다. 화폐성항목의 결제시점에 발생하는 외환차이 또는 화폐성항목의 환산에서 발생하는 외환차이는 그 외환차이가 생기는 회계기간의 당기손익으로 인식한다. 다만, 화폐성항목의 모든 외환차이가 당기손익으로 인식되지 않으며, 기타포괄손익으로 인식되는 경우도 있다. 이에 대한 구체적인 내용은 고급회계에서 다루어진다.

제 3 절 은행계정조정표

1. 은행계정조정표의 필요성

기업은 현금에 대한 내부통제와 회계정보이용자에게 올바른 정보를 제공하기 위해 당좌예금잔액을 정확하게 파악하고 있어야 한다. 이를 위해 회계기말에 기업의 당좌예금계정이나 당좌예금출납장의 잔액은 거래은행이 가지고 있는 해당 기업에 대한 당좌예금잔액과 언제나 일치하여야 한다. 그러나 실제로는 일정시점(일반적으로 매월 말)에 있어서 양자의 잔액이 종종 일치하지 않는 경우가 있다. 따라서 기업은 거래은행이 매월말에 보내주는 은행거래명세서(bank statement)를 확인하여 이 명세서와 당좌예금계정 또는 당좌예금출납장과 대조하여 불일치원인을 조사함과 동시에 당좌예금잔액의 정확성을 확인할 필요가 있다. 이 때 불일치원인을 명확히 열거하여 조정한 표를 은행계정조정표(bank reconciliation statement)라 한다.

기업의 장부상의 금액과 은행의 당좌예금잔액이 일치하지 않는 원인은 다음과 같이 구분할 수 있다.

(1) 기업에서 입금기장하였지만 은행에서 기장하지 않은 경우인데, 예를 들면 ① 기업이 당좌이체의 통지를 받고 당좌예금계정 및 당좌예금출납장에 기입하였으나 은행에 이체가 지연된 경우, ② 기업이 거래처로부터 수표를 받아 당좌예금의 증가로 기장하였으나 은행에 예입되지 않아 기입되지 않은 경우가 있다.

(2) 은행에서는 입금기장하였지만 기업에서는 기장하지 않은 경우인데, 예를 들면 ① 은행에 당좌이체되었으나 기업에 보고가 지연된 경우와, ② 어음추심이 완료되어 은행에서는 기장하였는데 기업에 보고가 지연된 경우가 있다.

(3) 기업에서 출금기장하였지만 은행에서 기장하지 않은 경우로서, 예를 들면 ① 기업에서 수표발행하여 지급하였으나 수표소지인이 은행에 추심하지 않은 수표와, ② 기업에서 수표발행하고 기장하였으나 아직 인도하지 않은 수표가 있는 경우이다.

(4) 은행에서 출금기장하였지만 기업에서 기장하지 않은 경우로서, 예를 들면 ① 은행에서 어음추심비용·송금수수료·당좌차월이자 등을 공제기장하였으나 기업에는 그 보고가 지연되고 있는 경우와, ② 예입된 타점발행수표가 부도가 되어 그 보고가 기업에 미달한 경우가 있다.

(5) 기업 또는 은행 중 어느 한쪽이 기장상의 오류를 범한 경우인데, 이에는 ① 기업이 은행에 예입된 수표의 금액보다 과대·과소기입한 경우, ② 은행에서 기업이 발행한 수표권면금액보다 과대·과소기입한 경우, ③ 기업이 발행한 수표를 은행이 잘못하여 기업의 명칭이 유사한 타기업의 당좌예금계정에서 차감한 경우 등이 있다.

대부분의 경우 은행과 기업의 장부잔액이 일치하지 않는다. 이것은 부정이나 오류를 범했을 가능성도 있지만 일반적으로 기업에서 당좌예금계정에 입출금을 기록하는 시점과 은행에 입출금이 기록되는 시점이 일치하지 않기 때문에 발생한다.[7] 은행계정조정표를 작성한 후에는 기업의 장부상의 당좌예금잔액을 조정하기 위해 수정분개를 해야 하는데, 이 때 수정분개의 대상은 기업의 장부상에 아직 기록되지 않은 항목들과 기업측의 오류항목만 해당된다.

2. 은행계정조정표의 작성법

기업의 장부상의 당좌예금기록과 은행으로부터 송부된 은행계정명세서(bank statement)와 서로 차이가 날 경우 은행계정조정표를 작성하게 된다. 구체적으로는 기업의 당좌예금계정잔액과 은행의 당좌예금잔액증명서의 양 수치로부터 출발하여 조정잔액을 산출하는데, 다음과 같이 설명할 수 있다. ① 기업의 장부상 당좌예금출납장잔액을 기초하여 여기에다가 불일치의 발생원인을 초래한 거래금액을 가감해서 정확한 기업의 당좌예금계정의 잔액을 산정하고, ② 은행의 장부상 당좌예금잔액증명서 잔액을 기초하여 여기에다 불일치원인을 초래한 거래금액을 가감해서 은행측의 정확한 당좌예금계정잔액을 산정하며, ③ 기업과 은행측의 조정된 당좌예금계정잔액을 서로 비교하여 당좌예금 잔액의 정확성을 확인한다.

7) 그러나 은행계정조정표를 작성한 후에도 잔액이 일치하지 않는 경우, 현금과 관련된 부정가능성을 의심할 수 있다.

예제 9-11

20×1년 12월 31일자 은행계정조정표를 작성하고 필요한 수정분개를 표시하라.

20×1년 12월 31일 현재 서울주식회사의 당좌예금계정잔액(현금출납장)은 254,000원이나 은행에 당좌예금잔액증명서를 청구한 결과 285,000원이었다. 그래서 그 차이원인을 조사해 보니 다음과 같은 사실이 판명되었다.

(1) 12월 31일 은행에 14,000원을 당좌예입하였으나, 은행에서는 다음 연도 1월 1일에 예입처리되었다.
(2) 제일주식회사로부터 배당금 15,000원을 은행의 당좌예금에 이체하였다는 통지를 받았으나 아직 은행에 예입되지 않았다.
(3) 거래처로부터 받았던 송금수표(#101) 16,000원을 은행에 당좌예입하였으나 은행에서는 보통예금에 기장하였다.
(4) 회사는 수표발행하여 기장하였으나 수표소지인의 지급청구가 없어 은행측 장부에 기장되지 않은 수표는 다음과 같다.

# 103	13,500원	# 107	14,500원
# 110	13,000원	# 123	12,000원

(5) 당사발행수표(#105) 6,000원을 은행의 잘못으로 상호가 비슷한 다른 회사의 당좌예금에서 차감한 것을 발견하였다.
(6) 광주상사로부터 외상매출금 23,000원이 은행의 당좌예금계정에 입금되었으나 아직 거래처로부터 통지받지 못함으로써 기장되지 않았다.
(7) 당좌차월에 대한 이자 2,000원을 은행에서는 당사 당좌예금계정에서 공제하였으나, 당사는 아직 기장하지 않았다.
(8) 외상매출금을 회수한 수표(#25) 3,000원을 당좌예입하였으나, 이 수표가 부도처리되어[8] 은행에서는 입금취소되었으나 당사는 기장하지 못하였다.
(9) 당좌거래 송금수수료 1,000원을 은행에서는 당사 당좌예금계정에서 공제하였으나 당사는 기장하지 못하였다.

---

8) 외상매출대금으로 수취한 수표가 부도처리되면 일단 수취채권을 복원시키고 우선 거래처의 사정을 조회해야 한다. 이때 거래처가 지급능력이 없는 것으로 판명되면 대손처리를 해야 한다. 회사의 수정분개(8)을 참조할 것.

풀이

서울주식회사:	은행계정조정표				(20×1. 12. 31)
은행의 당좌예금잔액증명서금액:					285,000
(가산)	미기입예금(마감후예금)	(1)		14,000	
	배당금미기입	(2)		15,000	
	예입수표기장오류	(3)		16,000	45,000
					330,000
(차감)	기발행미인출수표	(4)			
	(미결제수표)	#103	13,500		
		#107	14,500		
		#110	13,000		
		#123	12,000	53,000	
	당사발행수표(# 105) 기장오류	(5)		6,000	(59,000)
수정 후 은행의 당좌예금계정잔액					271,000
회사의 당좌예금계정잔액:					254,000
(가산)	미통지입금	(6)		23,000	23,000
	(당좌예금미기록)				277,000
(차감)	당좌차월이자	(7)		2,000	
	부도수표	(8)		3,000	
	송금수수료	(9)		1,000	(6,000)
수정 후 회사의 당좌예금계정잔액					271,000

회사의 수정분개:

(1), (2), (3), (4), (5)는 분개 필요 없음*

(6)	(차) 당 좌 예 금 (현금및현금성자산)	23,000	(대) 매 출 채 권	23,000
(7)	(차) 이 자 비 용	2,000	(대) 당 좌 예 금 (현금및현금성자산)	2,000
(8)	(차) 매 출 채 권 (부도수표)	3,000	(대) 당 좌 예 금 (현금및현금성자산)	3,000
(9)	(차) 지 급 수 수 료 (은행수수료)	1,000	(대) 당 좌 예 금 (현금및현금성자산)	1,000

*수정분개의 대상은 회사장부상에 아직 기록되지 않은 항목들과 회사의 오류 항목만 해당된다.

연습문제

[1] 회계상 '현금및현금성자산'은 어떤 계정과목을 하고 있는가? 왜 기업에서는 현금의 대부분을 요구불예금 형태로 보유하는가?

[2] 당좌차월은 무엇을 의미하며, 재무제표상에 어떻게 보고하여야 하는가?

[3] 다음 분개에 대한 거래를 추정하라.

	차변	금액	대변	금액
(1)	(차) 매입	20,000	(대) 당좌예금	20,000
(2)	(차) 장기금융자산	30,000	(대) 현금	30,000
(3)	(차) 매입	70,000	(대) 당좌예금	50,000
			당좌차월	20,000
(4)	(차) 당좌예금-공정가치측정	20,000	(대) 매출	40,000
	당좌차월	20,000		
(5)	(차) 당기손익-공정가치측정금융자산	50,000	(대) 매출	50,000
(6)	(차) 현금과부족	10,000	(대) 현금	10,000
(7)	(차) 현금	80,000	(대) 당좌예금	50,000
			당좌차월	30,000

[4]* (은행계정조정표) 북악기업의 20×1년 11월 30일자 당좌예금출납장 잔액은 ₩1,062,000으로 이 중 ₩87,000은 은행미기록예금(deposit in transit)이다. 은행의 당좌예금잔액증명서에 다음과 같은 당좌예금출납장과의 차이점을 발견하였다.

월말잔액	₩1,200,000
부도수표(은행에서는 입금취소, 당사는 미기장)	20,000
수수료(은행에서는 공제, 당사는 미기장)	7,000
당좌차월이자(은행에서는 공제, 당사는 미기장)	5,000
무통장입금(은행에 입금, 당사에 미통지)	150,000

북악기업이 발행한 당좌수표 중 ₩107,000은 아직 은행에서 인출되지 않았다. 은행계정조정표를 작성하여 기말시점의 재무제표상에 표시되어야 할 당좌예금잔액을 구하라.

* [5] (현금및현금성자산) **다음은 (주)한발의 현금및현금성자산, 금융자산과 관련된 자료이다.**

- 환매채(취득당시 만기가 60일) ₩80,000
- 만기가 2년 남은 정기예금 ₩200,000
- 당좌예금 ₩55,000
- 만기가 1년 내에 도래하는 채무증권 ₩33,000
- 타인이 발행한 수표 ₩50,000
- 만기가 도래한 국채이자표 ₩10,000
- 배당금지급통지표 ₩15,000
- 타인이 발행한 약속어음 ₩70,000
- 유동성이 매우 높은 지분증권 ₩30,000
- 사용이 향후 2년간 제한된 저축성예금 ₩25,000
- 우편환증서 ₩18,000

위의 자료에서 현금및현금성자산에 포함되어야 할 항목을 표시하라.

* [6] (소액현금제도와 정액현금제도) **(주)중앙은 회사의 각 부서별로 필요한 소액의 지출에 충당하게 할 목적으로 소액현금제도를 사용하고 있다. 다음은 영업부서에 적용된 소액현금제도의 운영상황이다.**

- 20×1년도 3월 초 영업부서에 배정된 월 전도금 ₩300,000의 현금을 은행에서 인출하여 전달하였다.
- 20×1년 3월 말 영업부서에서는 다음과 같은 지출내역과 영수증을 첨부하고 경리부서에 정산보고를 하였다.

출장여비	₩150,000	교통비	₩75,000
사무용문구류 구입비	₩24,000	우편요금 및 택배비 (통신비)	₩15,000
다과 및 음료비 (복리후생비)	₩22,000		

- 20×1년 4월 초 경리부서는 정산결과에 따라 영업부서에 전도금을 보충해 주었다.

위와 같은 소액현금제도 운영결과에 대한 적절한 회계처리를 하라.

[7] * **다음의 자료를 이용하여 20×1년과 20×2년의 외화차손익을 각각 구하라.**

20×1년 3월 1일	ABC은행의 외화정기예금에 $100,000 예입 (환율 $1 = ₩1,200)
20×1년 12월 31일	환율 $1 = ₩1,300
20×2년 5월 1일	ABC은행의 외화정기예금에 $100,000 추가예입 (환율 $1 = ₩1,100)
20×2년 12월 31일	환율 $1 = ₩1,000

[8] * **다음 자료를 이용하여 20×1년 말 현재 재무상태표상 현금및현금성자산으로 보고될 금액을 계산하면?**

> ⓐ 사무실 금고에 보유중인 지폐 및 수표 ₩10,000,000
> ⓑ 당좌예금(ABC은행계좌) ₩20,000,000
> ⓒ 당좌차월(XYZ은행계좌) ₩2,500,000
> ⓓ 당좌개설보증금 ₩3,000,000
> ⓔ 만기가 1년 이내 도래하는 저축성예금 ₩40,000,000
> ⓕ 외화보통예금 $4,000(결산일 현재 환율 $1 = ₩1,200)

① ₩34,800,000　② ₩80,300,000　③ ₩77,300,000
④ ₩74,800,000　⑤ ₩30,000,000

[9] * **현금성자산이란 단기성이면서 매우 유동성이 높아 정해진 금액으로 현금전환이 용이하고 동시에**

① 유동부채를 결재하기 위한 수단이 될 수 있어야 한다.
② 역사적 원가보다 현재시장가치가 더 커야 한다.
③ 처분시에 최소한 프라임레이트에 해당하는 이자율이 되어야 한다.
④ 만기 기간이 매우 짧아 이자율 변동에 따른 위험이 무시될 정도여야 한다.

[10] * **당좌예금잔액을 정확한 현금잔액에 맞추기 위해 은행측의 잔액을 은행계정조정표에서 조정할 때 맞는 것은?**

	기발행미지급수표	미기입예금(마감후예금)
①	가 산	가 산
②	차 감	가 산
③	가 산	차 감
④	차 감	차 감

*[11] **한국채택국제회계기준에서 '현금및현금성자산'으로 분류하지 않는 것은?**

① 취득당시 만기가 3개월 이내인 단기투자금융상품
② 취득당시 상환일이 3개월 이내인 우선주
③ 결산일 현재 만기가 3개월 이내인 특정현금과 예금
④ 타인발행수표

*[12] **다음의 설명 중 틀린 것은?**

① 현금의 실재액이 장부금액에 미달하는 경우, 동 미달액은 잡손실의 과목으로 하여 즉시 당기 비용으로 처리한다.
② 은행과 당좌차월계약을 맺고 당좌예금에 부(−)의 잔액이 발생하면 재무상태표에 단기차입금으로 기록한다.
③ 취득일로부터 만기가 3개월 이내에 도래하는 현금성자산은 현금및현금성자산으로 분류한다.
④ 은행예정조정표를 작성한 이후에도 기업과 거래은행의 당좌예금 잔액이 불일치할 수 있다.

*[13] **20×1년 12월말 현재 (주)한국의 당좌예금 잔액은 ₩18,000이다. 그러나 20×1년 12월말 현재 은행거래내역서상의 당좌예금 잔액은 ₩20,000으로 차이가 있다. 20×1년 12월말 현재 (주)한국의 정확한 당좌예금잔액은 얼마인가? 은행의 당좌예금잔액증명서에 아래와 같은 당좌예금출납장과의 차이를 발견했다. 단, 은행 및 회사 내의 현금과 관련된 부정과 횡령은 없다고 가정한다.**

(1) 회사 미통지 입금: ₩500
(2) 기발행미인출수표(미결제수표): ₩1,500

① ₩17,500
② ₩18,500
③ ₩21,500
④ ₩22,000

연습문제 해답

4.

회 사		은 행	
당좌예금출납장 잔액	₩1,062,000	당좌예금잔액증명서 잔액	₩1,200,000
가산:	150,000	가산:	87,000
차감:	(20,000)		
	(7,000)	차감:	(107,000)
	(5,000)		
수정후 올바른 잔액	₩1,180,000	수정후 올바른 잔액	₩1,180,000

5.

환매채(취득당시 만기가 60일)	₩80,000	당좌예금	₩55,000
타인이 발행한 수표	₩50,000	우편환	₩18,000
만기가 도래한 국채이자표	₩10,000	배당금지급통지표	₩15,000

참고

- 장기금융자산: 만기가 2년 남은 정기예금 ₩200,000과 사용이 향후 2년간 제한된 저축성예금 ₩25,000
- 당기손익-공정가치측정금융자산: 만기가 1년 내에 도래하는 채무증권 ₩33,000과 유동성이 매우 높은 지분증권 ₩30,000

6. • 20×1년도 3월 초 전도금 지급:

(차) 현금(전도금-영업부) 300,000 (대) 당좌예금 300,000

• 20×1년도 4월 초 전도금 정산 및 보충:

(차)	여 비	150,000	(대) 당좌예금	286,000
	교 통 비	75,000		
	소 모 품 비	24,000		
	통 신 비	15,000(우편요금 및 택배비)		
	복리후생비	22,000(다과 및 음료비)		

7. • 20×1년 3월 1일 외화정기예금 잔액 = $100,000 × ₩1,200 = ₩120,000,000

• 20×1년 12월 31일 기말평가 후 잔액 = $100,000 × ₩1,300 = ₩130,000,000

따라서 20×1년 외화차익 = ₩130,000,000 − ₩120,000,000 = ₩10,000,000

• 20×2년 5월 1일 외화정기예금 잔액

= ($100,000 × ₩1,100) + 20×1년 기말 잔액 ₩130,000,000

= ₩240,000,000

• 20×2년 12월 31일 기말평가 후 잔액 = \$200,000 × ₩1,000 = ₩200,000,000
따라서 20×2년 외화차손은 다음과 같다.
20×2년 5월 1일 잔액 ₩240,000,000 − 12월 31일 기말 잔액 ₩200,000,000 = ₩40,000,000

8. ①

9. ④

10. ②: 기발행미지급수표는 당좌예금에서 빠져나갈 금액이고, 미기입현금은 당좌예금에 더해질 것이기 때문에 정확한 현금잔액 계산을 위해서는 기발행미지급수표는 당좌예금잔액에서 차감하고, 미기입현금은 당좌예금잔액에 가산해야 한다.

11. ③: 예금의 경우 취득일로부터 만기가 3개월 이내인 경우 현금성자산으로 분류한다. 결산일로부터 3개월 이내가 아니다.

12. ①

13. ②: 조정후 (주)한국의 잔액 ₩18,000 + ₩500 = ₩18,500
조정후 은행 잔액 ₩20,000 − ₩1,500 = ₩18,500

제10장 재고자산

재고자산은 서비스업을 제외한 대부분의 상품매매업과 제조업에서 판매를 목적으로 보유하거나 혹은 생산과정에서 보유하고 있는 자산이다. 본장에서는 재고자산의 유형과 회계처리를 간략히 소개하고, 상품거래를 중심으로 재고자산에 포함되는 각종 비용항목을 설명하며, 매입할인, 매입에누리와 매입환출 등의 개념과 회계처리 방법을 제시한다.

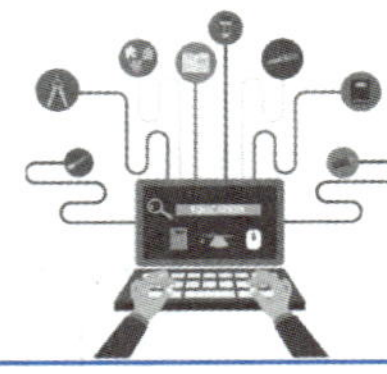

제 1 절 재고자산의 개념

기업은 용역(service) 제공을 주된 영업목적으로 하는 용역회사, 도·소매상과 같이 상품매매를 주된 영업목적으로 하는 상품매매회사, 그리고 원재료를 투입해서 완제품을 제조·생산하여 판매하는 제조회사 등으로 분류될 수 있다. 대부분의 기업들은 재고자산을 수익창출의 원천으로 보유하게 된다. 재고자산에 대한 회계는 기업의 주요한 영업활동에 대한 회계처리라는 점에서 매우 중요하게 다루어지는 부분이다.

상품매매회사의 경우에는 이미 완성된 제품을 매입해서 판매하지만, 제조회사의 경우에는 원재료를 가공하여 제품을 만들어서 판매하기 때문에 제품원가계산을 추가로 하여야 한다. 이 제품원가계산에 대한 자세한 내용은 원가회계의 분야에서 다룬다.

본 장에서는 재고자산에 대한 정의를 포괄적으로 내리지만, 재고자산회계를 이해하는 데 기본이 되는 상품매매회사에서 취급하는 상품(merchandise)을 중심으로 설명하고자 한다.

1. 재고자산의 분류

재고자산(inventory)이란 기업의 정상적인 영업활동과정에서 판매할 목적으로 보유하거나(제품 . 상품), 제품의 완성을 위해 생산과정에 있거나(재공품), 판매할 제품의 생산과정에 사용되거나 소비될 자산(원재료 . 저장품)을 말한다. 일반적으로 재고자산은 1년 이내에 최종소비자에게 판매되는 것으로 보아 유동자산으로 분류한다.

이와 같은 재고자산은 그 자산의 물리적인 속성에 따라 결정되는 것이 아니고 그 자산의 경제적인 속성에 따라 결정된다. 예를 들어 증권회사가 판매를 목적으로 구입하여 보유하고 있는 유가증권은 투자자산이 아니라 재고자산으로 분류된다. 또한 부동산개발회사가 판매목적으로 보유하는 토지는 재고자산으로 분류한다. 다시 말해 기업이 자산을 '정상적인 영업활동과정에서 판매할 목적'으로 보유하는 경우에는 재고자산에 포함된다는 것이다.

K-IFRS에서 분류하고 있는 재고자산의 유형별 정의를 살펴보면 다음과 같다.

① 상 품: 기업의 정상적인 영업활동과정에서 판매를 목적으로 구입한 상품 · 미착상품 · 적송품 등으로 하며, 부동산매매업에 있어서 판매를 목적으로 소유하는 토지, 건물, 기타 이와 유사한 부동산은 이를 상품에 포함하는 것으로 한다.
② 제 품: 기업내부에서 판매를 목적으로 제조한 생산품·부산물 등으로 한다.
③ 반 제 품: 자가제조한 중간제품과 부분품 등으로 한다.
④ 재 공 품: 제품 또는 반제품의 제조를 위하여 제조과정에 있는 것으로 한다.
⑤ 원 재 료: 원제품을 제조 · 가공할 목적으로 구입한 원료 · 재료 · 매입부분품 · 미착원재료 등으로 한다.
⑥ 소 모 품: 소모공구기구비품 · 수선용 부분품 및 기타저장품으로 한다.
⑦ 기타 재고자산: 위에 속하지 아니하는 재고자산을 말한다.

재고자산은 경영자의 입장에서나 기업회계상 매우 중요하게 다루어지는데, 그 이유는 다음과 같다.

첫째, 재고자산은 기업이 보유하는 자산 중에서 차지하는 비중이 클 뿐만 아니라 기업의 이익창출을 위한 기본적 자원이다.

둘째, 재고자산은 평가방법에 따라 당기의 순이익결정에 직접적인 영향을 미치고, 그에 따라 자산평가가 달라질 수 있다.

셋째, 재고자산규모의 결정에 의하여 바로 생산계획 및 자금계획이 수립된다.

2. 재고자산의 등식

재고자산의 등식(inventory equation)이란 재고자산의 흐름을 등식관계로 나타내는 식으로 수량과 금액으로 나누어 설명할 수 있다.

(1) 수량으로 표시된 경우

기초재고수량 + 당기매입수량 − 당기판매(감소)수량 = 기말재고수량

(기초재고수량 + 당기매입수량: 판매가능수량) (당기판매(감소)수량: 기중판매수량) (기말재고수량: 기말보유수량)

위의 식을 다음과 같이 변형할 수 있다.

(판매가능수량: goods available for sale)				
기초재고수량 + 당기매입수량(순매입량)	−	기말재고수량	=	당기판매(감소)수량

예를 들면 상품을 기초재고수량으로 5,000개를 갖고 있고, 당기에 8,000개를 매입하면 판매가능수량은 13,000개가 된다. 판매가능상품수량 13,000개 중에서 10,000개를 매출하면 기말재고수량은 3,000개가 된다. 동시에 판매가능수량 13,000개 중에서 기말재고수량이 3,000개가 남아 있다는 것을 알면 당기의 상품판매량이 10,000개임을 알 수 있다.

(2) 금액으로 표시된 경우

아래의 식에서 각 금액은 원가로 표시되는데, 매출원가는 판매가격이 아니라 판매한 상품의 원래 구입가격인 구입원가를 나타낸다. 그리고 당기매입액은 당기의 순매입액이 되는데, 이는 총매입액에서 매입에누리와 환출액, 매입할인을 차감한 금액이다. 판매가능액(cost of goods available for sale)은 기초상품재고액에 당기에 추가로 매입한 금액(순매입액)을 더한 금액을 의미한다.

(판매가능액: cost of goods available for sale)				
기초재고액 + 당기매입액(순매입액)	−	기말재고액	=	매출원가

매출원가는 보통 기초상품재고액에 당기의 매입액을 합한 판머가능액(cost of goods available for sale)으로부터 기말상품재고액을 차감하여 산출한다. 위의 식은 손익계산서상의 매출원가를 계산하는 공식이 된다. 이 공식에 의하여 산출된 대출원가는 당기의 매출액과 대응되어 매출총이익이 산출된다.

이와 같은 기말상품재고액과 매출원가와의 관계를 금액을 넣어 예시하면 다음과 같다.

	기초재고액	(₩10,000)	보유(기말)
(+)	당기매입액	(₩80,000)	→ (1) 기말재고액(₩30,000) → 재무상태표에 반영
	판매가능액	(₩90,000)	+
	판매가능원가		→ (2) 매 출 원 가(₩60,000) → 손익계산서에 반영
			판매(당기)

위의 그림에서 보는 바와 같이 판매가능액이 주어졌을 때 오른쪽 부분의 기말재고액과 매출원가 중 어느 하나가 먼저 결정되면, 다른 한편의 금액은 상대적으로 연계되어 결정된다. 회계실무에서는 일반적으로 기말재고액을 먼저 결정한 후 매출원가를 결정한다. 또한 재무상태표에 표시되는 기말재고액은 다음의 공식에 의해 결정된다.

기말재고액 = 기말재고수량 × 기말재고단가

제 2 절 상품거래의 절차와 조건

1. 상품거래의 절차

상품의 구매자와 판매자는 상품거래가 발생할 때마다 상품의 가격 및 지급조건, 그리고 운임의 부담조건 등과 같은 거래조건에 대하여 합의하여야 한다. 상품거래의 수행절차는 상거래의 관행이나 기업의 규모에 따라 상이하다. 소규모기업의 경우에는 일반적으로 전화를 통하거나 구두약속으로 거래조건이 결정되고 이에 따라 거래가 이루어진다. 그러나 대규모기업의 경우에는 일반적으로 다음과 같은 절차에 따라 거래가 이루어진다.

(1) 상품재고관리자는 특정상품의 구입이 필요할 경우, 구매의뢰서를 작성하여 구매부서에 발송한다.
(2) 구매부서에서는 공급자의 견적서·가격표 등을 참조하여 구매주문서를 작성하여 상품판매자에게 보낸다(이 때 대금지급조건과 운반조건이 명시됨).
(3) 상품판매자는 구매주문서를 받은 후 상품을 선적하고, 세금계산서 또는 송장(invoice)을 구매자에게 발송한다.
(4) 구매부서에서는 도착한 상품을 인수하여 상품의 수량과 상태를 검사하고 검수보고서를 작성한다.
(5) 구매자의 회계담당부서에서는 상품구입대금의 지급을 승인하기 전에 구매주문서, 매입송장(또는 세금계산서), 그리고 검수보고서를 비교하여 구매한 상품의 명세·수량·가격 등의 거래조건이 일치하는지 여부를 확인하고 장부에 기록한다.

2. 거래가격 및 지급조건

일반적으로 기업들은 고객에게 상품에 대한 권장소비가격이 표시된 가격표나 상품목록을 제시하고 있다. 이러한 가격을 표시가격(list price, 목록가격: catalog price)이라고 한다. 그러나 실제로 도매상이나 소매상 같은 구매자가 재판매를 위하여 상품을 구매할 때 지급하는 가격은 권장소비가격이 아니고, 여기에서 일정액(또는 일정률)을 공제한 가격을 말한다. 이 가격이 실제로 상품판매자가 상품을 선적한 후 구매자에게 발송되는 서류인 송장에 나타나게 되는 송장가격(invoice price)이다. 표시가격과 송장가격의 차이, 즉 이 할인액을 거래할인(trade discount) 또는 수량할인(quantity discount)이라고 한다.

거래할인은 단지 송장가격을 결정하는 데 이용되는 수단일 뿐이다. 그러므로 표시가격이나 거래할인은 판매자나 구매자의 장부에 반영되지 않으며, 구매자와 판매자가 상품거래와 관련하여 장부에 기록하는 금액은 송장가격이다. 즉 취득원가주의에 의하여 송장가격으로 기록하는 것이다.

상품은 인도즉시 현금을 주고 받는 조건으로 거래될 수 있으나, 오늘날 일반적인 상거래는 일정한 신용조건에 따라 외상으로 이루어지고 있다. 따라서 상품이 외상으로 판매될 때는 신용기간(credit period)이라고 하는 특정기간 내에 현금결제가 이루어지게 된다. 신용기간은 기업의 거래상황에 따라 달라질 수 있다. 신용기간을 나타내기 위하여 일반적으로 "n/(일자로 표시된 신용기간)"이란 기호를 사용한다. 예를 들면 "n/30"은 신용기간(외상기간)이 30일임을 나타낸다.[1)]

많은 기업은 상품판매에 따른 현금의 회수를 촉진시키기 위하여 신용기간보다 짧은 할인기간(discount period)을 거래조건에 명시하고 구매자가 이 할인기간 내에 대금을 지급하면 송장가격으로부터 일정금액을 공제해 준다. 이와 같이 송장가격에서 공제되는 금액을 현금할인(cash discount)이라 한다.

할인기간과 현금할인율은 "할인율/일자로 표시된 할인기간"과 같은 기호를 이용하여 표시한다. 예를 들어 "2/15"는 구매자가 15일 이내에 상품대금을 지급할 경우, 송장가격에서 2%를 현금할인을 받을 수 있다는 것을 뜻한다. 상품의 거래가격과 지급조건을 간단히 예시하면 다음 그림과 같다.

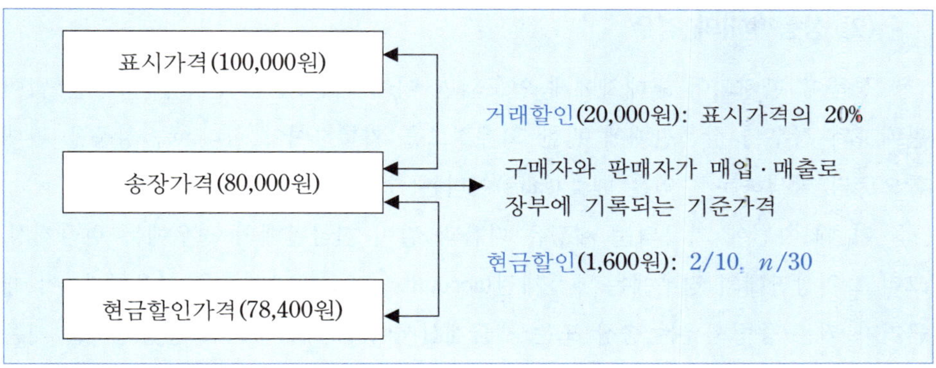

1) n/30에서 n은 순액(net)의 약자다. 현금할인기간을 이용하지 않을 경우에는 늦어도 외상기간 30일 이내에 송장가격을 지급하여야 한다는 의미이다.

제 3 절 상품매매거래의 회계처리

1. 상품의 구입과 판매

(1) 상품구입의 경우

상품이 구입되어 판매자로부터 인도받으면 이에 따른 현금의 지출과는 관계없이 구매자의 장부에 상품구입에 관한 회계정보를 기록하여야 한다. 즉 고객에게 판매할 목적으로 상품의 구입계약을 하고 인도받을 때 그 구입원가는 매입(purchase)계정의 차변에 기록된다.

이 때 이것에 대응되는 대변기입으로는 구입대금의 지급조건이 현금이냐, 외상이냐에 따라 다음과 같이 각각 현금계정이나 매입채무(accounts payable)계정을 이용한다.

(차) 매 입	×××	(대) 현금(또는 매입채무)	×××

이러한 매입계정의 사용은 기말에 남아 있는 재고의 수량을 실사하여 파악하는 실지재고조사법을 적용할 경우에 나타난다. 따라서 본 절에서는 기업이 실지재고조사법을 사용한다는 전제하에서 설명하기로 한다.

(2) 상품판매의 경우

상품이 판매되어 구매자에게 인도되면 이에 따른 현금의 수입과 상관 없이 판매자의 장부에 상품판매에 관한 회계정보를 기록하여야 한다. 즉 상품을 판매함으로써 발생하는 수익은 매출(sales)이라는 수익계정의 대변에 기록한다.

이 때 차변에 기록되는 계정은 다음과 같이 현금판매의 경우에는 현금계정, 그리고 외상판매의 경우에는 매출채권(accounts receivable)계정을 사용한다. 이 때 근거가 되는 증빙서류는 송장 또는 세금계산서이며, 매출금액도 송장가격을 기준으로 한다.

(차) 현금(또는 매출채권)	×××	(대) 매 출	×××

예제 10-1

20×1년 4월 10일 종로주식회사는 마포주식회사로부터 컬러 TV 100대를 @30,000원에 구입하였다(거래조건 2/10, n/30). 이 상품매매와 관련하여 종로와 마포주식회사가 20×1년 4월 10일에 다음과 같은 분개를 한다.

① 구입자인 종로주식회사:
(차) 매 입 3,000,000 (대) 매입채무 3,000,000
② 판매자인 마포주식회사:
(차) 매출채권 3,000,000 (대) 매 출 3,000,000

(3) 상품거래와 기타자산거래의 회계처리비교

기업에서 업무수행에 필요한 기타자산(예: 비품·운반용 차량)을 구입했다면, 매입계정을 이용하지 않고 직접 당해 자산계정의 차변에 기록하여 자산계정을 증가시킨다. 그리고 상품 등 재고자산 이외의 자산을 외상으로 구입할 경우, 대변에 매입채무계정 대신에 미지급금계정을 사용하며, 이 자산을 외상으로 판매할 경우, 차변에 매출채권계정 대신에 미수금계정을 사용한다.

만약 상품이 아닌 다른 자산을 처분했는데, 그 자산의 원가와 처분가액이 차이가 있다면 그 차액만 해당 자산의 처분손익으로 기록한다.

예제 10-2

반포부동산회사가 토지 200평을 2,000,000원에 외상으로 구입하였으며, 이 중 100평은 1,500,000원에 외상으로 판매했다고 할 경우의 회계처리는? 이 거래는 구입된 토지가 판매목적(상품)으로 구입되었느냐, 아니면 건물의 신축 등과 같이 다른 목적을 위해서 구입된 유형자산이냐에 따라 다음과 같은 상이한 회계처리가 된다.

상품인 경우(판매목적)	유형자산인 경우
① 토지구입시:	
(차) 매 입 2,000,0000 (대) 매입채무 2,000,000	(차) 토지(유형자산) 2,000,000 (대) 미지급금 2,000,000

②토지판매시:	
(차) 매출채권 1,500,000 (대) 매 출 1,500,000	(차) 미 수 금 1,500,000 (대) { 토 지 1,000,000 유형자산처분이익 500,000

2. 상품의 매입제비용과 판매제비용

(1) 상품의 매입제비용

상품을 매입할 때 상품의 매입대금 이외에도 추가적으로 드는 비용이 있는데, 이를 매입제비용 또는 매입부대비용이라 한다. 매입제비용에는 상품이 도착할 때까지의 운임[2]·매입수수료·보험료·수입관세·보관료·하역비 등이 있다. 이들 매입제비용은 상품의 매입원가를 구성하므로 상품매입시 매입계정으로 처리한다.

예제 10-3

종로주식회사는 마포주식회사로부터 컬러 TV 10대를 구입하고 구입하는 데 발생된 운반비 20,000원을 현금지급하였다면, 다음과 같이 회계처리한다.

(차) 매입(또는 매입운임) 20,000 (대) 현 금 20,000

위의 예제에서와 같이 운반비 20,000원을 직접 매입계정의 차변에 기록하는 대신에 매입운임(transportation-in)이라는 계정을 사용하기도 한다. 이 경우에 매입운임은 손익계산서상의 매입계정에 가산되어 당기상품총매입액을 산출하는 데 기록되어야 한다.

(2) 상품의 판매제비용

상품을 판매할 경우 추가적으로 드는 비용을 판매제비용 또는 판매부대비용

---

2) 선적지인도조건(F.O.B. shipping point)으로 수송중인 상품은 선적을 함으로써 상품에 대한 판매자의 권리와 책임이 구매자에게 이전되기 때문에 매입자의 재고자산에 포함된다. 따라서 매입자가 운임을 부담하는데, 이는 매입운임(transportation-in; 매입계정에 가산)으로 분류한다. 한편 도착지인도조건(F.O.B. destination)으로 수송중인 상품은 도착지에서 상품의 소유권이 매입자에게 이전되므로 계속 판매자의 재고자산에 포함된다. 따라서 판매자가 운임을 부담하는데, 이는 판매자의 판매관리비에 속하는 매출운임(transportation-out)으로 분류한다.

이라 한다. 판매제비용에는 상품이 발송될 때까지의 발송운임·판매수수료·포장비·보험료·보관료·선적료 등이 있다. 이들 비용은 상품의 매출원가에 포함되어서는 안 되며, 판매에 따른 판매비의 성격이므로 판매관리비로서 회계처리한다.

예제 10-4

마포주식회사가 종로주식회사에 판매한 컬러 TV의 발송에 대한 운임 30,000원을 현금으로 지급하였다면, 다음과 같이 회계처리한다.

(차) 운 반 비	30,000	(대) 현 금	30,000

3. 매입에누리와 환출 및 매출에누리와 환입

(1) 매입에누리와 환출(purchase allowances and returns)

상품매매계약에서 구입한 상품에 중대한 결함이 있거나 운송중에 파손되어 상품의 상태가 만족스럽지 못한 경우 구매자가 그 상품을 판매자에게 반품할 수 있다. 이를 구매자의 입장에서 매입환출(purchase returns)이라 한다. 구입한 상품을 되돌려 보냈을 때 구매자는 이에 해당하는 금액만큼을 현금 등으로 환급받거나 또는 원래의 송장가격의 외상매입금에서 이를 차감하여 지급하게 된다. 따라서 매입한 상품의 취득원가는 줄어들게 된다.

그러나 상품의 결함이 경미한 경우 구매자는 적당한 송장가격의 값깎기, 즉 매입에누리(purchase allowances)를 받는 조건으로 해당 상품을 그대로 인수하는 것이 보통이다. 매입에누리가 발생하게 되면 구매자는 종전의 매입으로 기록했던 금액을 감소시켜야 한다. 혹은 매입환출이나 매입에누리를 이미 기록한 대입계정에서 직접 차감하는 대신에 매입에누리와 환출(구매자)이라는 별도계정을 이용하여 기록하기도 한다. 이 방법은 반품된 상품이나 에누리의 발생액을 별도로 파악할 수 있다는 장점을 갖는다.

손익계산서상에 표시할 매출원가를 산정할 때는 총매입액으로부터 매입에누리와 환출이 차감된 순매입액을 기초로 한다.

(2) 매출에누리와 환입(sales allowances and returns)

매출에누리와 매출환입은 매입에누리와 매입환출과 반대로 판매자의 입장에서 판매한 상품의 중대한 결함으로 반품을 받은 경우와 경미한 하자로 판매대금의 일부를 깎아주는 경우에 해당된다. 손익계산서상에서는 총매출액으로부터 매출에누리와 환입이 차감되어 순매출액이 표시된다.

예제 10-5

종로주식회사는 마포주식회사로부터 구입한 컬러 TV 10대 중 1대가 불량품이어서 이를 반품하고, 그 대금은 외상금액에서 차감하기로 하다(TV 1대의 가격은 300,000원이다).

① 구매자(종로주식회사)	
(차) 매입채무 300,000	(대) 매 입 300,000 (매입에누리와 환출)
② 판매자(마포주식회사)	
(차) 매 출 300,000 (매출에누리와 환입)	(대) 매출채권 300,000
기말에 손익계산서를 작성하는 시점에서는 매입에누리와 환출 및 매출에누리와 환입이 매입액과 매출액에서 직접 차감되도록 해야 한다.	

예제 10-6

종로주식회사는 마포주식회사로부터 구입한 컬러 TV 10대 중 1대가 경미한 흠이 있어 그 상품에 대하여 송장가격에서 100,000원의 에누리를 받고 대금은 외상금액에서 차감하기로 하다.

① 구매자(종로주식회사)	
(차) 매입채무 100,000	(대) 매 입 100,000 (매입에누리와 환출)
② 판매자(마포주식회사)	
(차) 매 출 100,000 (매출에누리와 환입)	(대) 매출채권 100,000

전술한 예제에서와 같이 상품을 매입할 경우, 매입에누리와 환출이 발생하게 되면 매입채무가 감액되지만, 현금으로 매입한 경우에는 현금은 다시 되돌려 받게 된다. 매입에누리와 환출(또는 매출에누리와 환입)이 발생하면 매입액(또는 매출액)에서 직접 차감시키거나, 매입환출계정(또는 매입에누리계정)을 사용하여 별도로

기록하더라도 무방하다. 다만, 기말에 손익계산서에 매입액(또는 매출액)을 공시할 때에는 매입계정(또는 매출계정)에서 매입에누리와 환출(또는 매출에누리와 환입)을 직접 차감한 순매입액(또는 순매출액)으로 공시한다.

4. 대금결제에 있어서 매입할인과 매출할인

앞에서 설명한 현금할인의 경우, 구매자의 입장에서는 매입할인이 되며, 판매자의 입장에서는 매출할인이 된다. 매입할인(purchase discount)이란 상품매입시 매입대금을 매출처에 약정한 지급기일보다 빨리 지급함으로써 매입가격(송장가격)에서 일정률을 할인받는 것을 말한다. 반면에 매출할인(sales discount)이란 상품매출시 매출대금을 매입처로부터 약정한 지급기일보다 빨리 회수함으로써 매출가격(송장가격)에서 일정률을 할인하여 주는 것을 말한다.

매입할인을 받게 되면 매입한 상품의 취득원가가 그만큼 줄어든다. 또한 매출할인을 해 주게 되면 매출액이 그만큼 줄어들게 된다. 따라서 매입할인과 매출할인은 매입액과 매출액에서 각각 차감처리해 주면 된다.

예제 10-7

부산상사는 광주상사로부터 냉장고 10대, 대당 200,000원에 외상으로 구입하였는데, 대금지급조건은 "2/10, n/30"이었다. 그런데 자금의 여유가 있어 10일 이내(현금할인기간)에 대금을 결제하고 대금을 할인받았다.

구매자(부산상사)	판매자(광주상사)
① 구입시 분개:	
(차) 매　　입　2,000,000 　(대) 매입채무　2,000,000	(차) 매출채권　2,000,000 　(대) 매　　출　2,000,000
② 10일 이내에 대금지급시 분개:	
(차) 매입채무　2,000,000 (대) { 현　　금　1,960,000 　　　매입할인　40,000	(차) { 현　　금　1,960,000 　　　매출할인　40,000 (대) 매출채권　2,000,000
③ 10일 이후에 대금지급시 분개:	
(차) 매입채무　2,000,000 　(대) 현　　금　2,000,000	(차) 현　　금　2,000,000 　(대) 매출채권　2,000,000

위의 예제에서와 같이 “2/10, n/30”의 할인조건일 경우 현금할인기간인 10일 내에 지급하면 20일 동안에 약 2%의 할인이 가능하므로 연이율로 계산하면 약 37%가 된다.[3] 이와 같이 현금할인(cash discount)조건을 연이율로 환산해 보면 시중금리와 비교하여 할인을 받는 것이 과연 유리한지를 판단할 수 있다.

제 4 절 기말재고액과 매출원가의 결정

상품매매업에서 영업활동은 재고상품의 구입, 보관, 판매로 이루어진다. 앞서 제1절에서 설명한 바와 같이 판매가능한 재고상품 총액은 기말이 되면 판매되어 소멸된 매출원가와 남아 있는 기말재고로 구분될 수 있다. 기말재고액과 매출원가를 산정하기 위해 재고자산을 회계처리하는 방법에는 다음과 같이 계속기록법과 실지재고조사법의 두 가지가 있다.

1. 계속기록법(perpetual inventory system)

계속기록법은 상품 등 재고자산이 구입될 때 상품 등 당해 재고자산계정의 차변에 기입하고, 상품 등 재고자산이 판매되었을 때 상품 등 당해 재고자산계정의 대변에 기입하여 즉시 차감함과 동시에 매출원가를 결정하여 매출원가계정의 차변에 기입함으로써 상품거래의 발생시점에서 매출원가와 기말재고액을 동시에 파악하는 방법이다.

이 방법은 상품의 구입과 판매가 있을 때마다 재고자산을 계속적으로 가감하는 분개를 하므로 어느 시점에서나 상품의 재고액을 장부에서 정확히 파악할 수 있으며, 또한 매출원가가 판매할 때마다 즉시 기록된다는 점에 그 특징이 있다. 따라서 고가의 상품을 취급하는 기업의 경우에 이 방법을 이용할 수 있다. 상품기말재고액은 상품계정에서 다음과 같은 등식에 의해서 어느 시점에서나 수시로 계산이 가능하다.

---

3) 구체적으로 본다면 20일 동안에 2.04% = ($\frac{2}{98}$)의 이자가 붙는 은행차입금과 같은 성격이므로, 연이자율은 $\frac{365}{20일}$ × 2.04% = 약 37.23%이다.

상품의 기초재고액 + 당기매입액 − 매출원가 = 상품의 기말재고액

계속기록법은 상품의 구입과 판매가 있을 때마다 장부상 재고자산과 매출원가를 즉시 갱신한다. 따라서 어느 시점에서나 재고자산의 수량과 금액을 실시간으로 파악할 수 있다는 장점이 있다. 또한 거래흐름 속에서 재고자산감모손실(도난·파손·분실 등) 징후를 신속히 식별할 수 있다는 점도 큰 이점이다.

한편, 모든 거래를 실시간으로 기록·통제하기 위한 시스템 구축·운영에 시간과 비용이 많이 드는 부담이 있다. 따라서 규모가 작거나 품목 구성이 단순한 기업에는 적용 부담이 클 수 있다.

최근에는 바코드·RFID·ERP 등 정보기술의 발전으로 계속기록법의 효율성이 높아져 적용이 확대되고 있다. 그러나 실무에서는 결산 시 다음에서 설명하는 실지재고조사로 장부를 검증하는 등 두 방법을 병행하는 운용이 일반적이다.

2. 실지재고조사법(periodic inventory system)

실지재고조사법에서는 상품의 구입과 판매가 있을 때마다 상품계정에 기록하여 상품의 재고액을 갱신시키는 계속기록법과는 달리 회계기말에 기업이 보유하고 있는 상품 등 재고자산을 실사하여 파악한 수량에 단가(일반적으로 취득원가)를 곱하여 재무상태표상의 상품의 기말재고액으로 보고하고, 이에 근거하여 다음과 같은 공식(정보원천)에 의하여 매출원가를 역산하는 방법이다.

실지재고조사법은 회계기간 말 실사로 재고를 파악하므로 적용이 간편하고 회계처리가 단순하다는 장점이 있다. 다만, 기중에는 재고자산·매출원가를 실시간으로 파악하기 어렵고, 감모·도난 등의 재고자산감모손실을 즉시 추적·분리하기 어렵다는 한계가 있다.

상품의 기초재고액	+ 당기매입액	− 상품의 기말재고액	= 당기의 매출원가
(전기말 장부가액을 통해)	(매입계정의 잔액을 통해)	(실사를 통해)	

앞의 식에서 상품의 기초재고액은 수정전시산표 또는 전기말총계정원장의

상품계정에서 확인되고, 당기매입액은 상품의 구입시 상품계정의 차변기록(계속기록법) 대신에 임시적으로 매입(purchases)계정을 사용하여 당기순매입액을 파악하며, 상품의 기말재고는 회계기말에 실사에 의하여 결정된 상품가액을 이용한다. 회계실무에서는 계속기록법과 실지재고조사법을 병행하는 경우가 대부분이며, 한 방법만 적용하는 기업은 드문 편이다.

실지재고조사법을 사용하는 기업의 경우에는 상품을 판매할 때마다 매출원가를 계산하여 기록할 필요가 없으며, 또한 상품의 기말재고액도 실사에 의하여 파악되므로 상품의 입·출고에 대한 기록을 기중에 할 필요가 없어 간편하다. 그리고 당기매입액을 기록하기 위하여 차변에 상품 대신에 매입계정을 사용하는 이유도 기중에 상품계정의 증감기록을 할 필요가 없는 데서 연유되었다고 볼 수 있다. 이러한 실지재고조사법은 상대적으로 단위당 원가가 적고, 입고 및 출고가 빈번한 상품을 취급하는 기업에 적절한 방법이다. 하지만 이 방법은 재고자산의 계정잔액과 매출원가를 수시로 파악할 수 없다는 단점이 있다.

3. 계속기록법과 실지재고조사법의 회계처리비교

다음의 예제를 통하여 계속기록법과 실지재고조사법에 의한 회계처리를 비교해 보자.

예제 10-8

반포상사의 20×1년 6월 중의 상품의 매입 및 매출에 관련된 회계자료는 다음과 같다. 계속기록법과 실지재고조사법을 사용하는 경우의 회계처리를 비교설명하라.

	수 량	구입단가	판매단가	금 액
기초재고	300	1,000		300,000
당기매입(외상)	1,000	1,000		1,000,000
당기매출(외상)	800		1,500	1,200,000
기말재고*	500	1,000		500,000

*기말재고는 계속기록법의 경우 장부상 상품계정에서 직접 파악된다. 반면, 실지재고조사법의 경우는 기말에 실사에 의하여 평가한다. 두 방법에 의한 기말재고액 평가액은 다를 수 있지만, 본 예제에서는 일치한다고 가정한다.

구 분	계속기록법	실지재고조사법
(1) 상품구입시	(차) 상품 1,000,000 (대) 매입채무 1,000,000	(차) 매 입 1,000,000 (대) 매입채무 1,000,000
(2) 상품판매시	(차) 매출채권 1,200,000 (대) 매 출 1,200,000 (차) 매출원가 800,000 (대) 상 품 800,000	(차) 매출채권 1,200,000 (대) 매 출 1,200,000 (매출원가에 대해서는 분개없음)
(3) 기말결산시 정리분개	(분개없음)	① 기초재고액을 매출원가계정 차변에 대체: (차) 매출원가 300,000 (대) 상 품 300,000 ② 매입계정 차변잔액을 매출원가계정 차변에 대체: (차) 매출원가 1,000,000 (대) 매 입 1,000,000 ③ 기말재고액을 매출원가계정 대변에 대체: (차) 상 품 500,000 (대) 매출원가 500,000
(4) 결산분개 (장부마감)	① 매출원가계정 차변잔액을 집합손익계정 차변에 대체: (차) 집합손익 800,000 (대) 매출원가 800,000 ② 매출계정 대변잔액을 집합손익계정 대변에 대체: (차) 매 출 1,200,000 (대) 집합손익 1,200,000	(차) 집합손익 800,000 (대) 매출원가 800,000 (차) 매 출 1,200,000 (대) 집합손익 1,200,000

앞의 예제에서 두 방법 모두 기말재고평가액이 동일하다고 가정하였기 때문에 당기매출원가는 800,000원으로 계산된다. 그러나 실제 상황은 그렇지 않을 수 있다.

계속기록법하에서의 상품계정은 매시점에 보유하고 있는 실제 상품을 표시한다. 그러나 계속기록법을 사용한다 하더라도 실지재고조사를 하지 않으면 장부상의 재고가 실제로 존재하는지 알 수 없게 된다. 따라서 1년에 한번 정도 재고조사를 통해 도난이나 마모된 부분이 어느 정도인지 실제 확인을 한다. 만일 실지재고가 장부상의 재고보다 부족한 경우, 다음과 같이 재고자산감모손실로 조정한다.[4)]

(차) 재고자산감모손실	×××	(대) 재고자산	×××

그러나 실지재고조사법의 경우에는 기말재고는 실사에서 파악된 수량이므로 감모된 수량이 별도로 파악되지 않고 판매된 수량으로 간주되고 재고자산감모손실은 매출원가의 일부로 자동적으로 산입된다. 따라서 실지재고조사법만을 적용하면 재고의 도난 등으로 인한 감모손실을 파악할 수 없기 때문에 재고자산을 효율적으로 관리할 수 없다. 이와 같이 계속기록법과 실지재고조사법은 각각 장·단점을 가지고 있기 때문에 현실적으로 실지재고조사를 하기 어려운 업종을 제외하고는 대부분의 기업들이 계속기록법과 실지재고조사법을 병행하고 있다.

4. 실지재고조사법에서의 기말정리분개

실지재고조사법을 적용할 때의 매출원가산정을 위한 기말정리분개는 복잡하게 보일 수 있으나, 그 원리를 이해하면 비교적 간단하게 처리될 수 있다.

상품과 관련한 기말정리분개는 ① 기초재고액과 매입액을 합하여 판매가능상품원가를 계산하고, ② 실사에 의하여 평가된 상품의 기말재고액을 재무상태표상에 표시하고, 매출원가를 역산하여 손익계산서상의 당기비용(매출원가)으로 처리하는 일이다.

첫째 단계로 ①과 관련하여 다음과 같은 <기말정리분개 1·2>를 실시하여야 한다.

〈기말정리분개 1〉: 기초상품을 매출원가계정으로 대체
수정전시산표 또는 전기말총계정원장상의 상품계정(기초) 차변금액을 제거하는 대신에 판매가능원가를 산정하기 위하여 매출원가계정의 차변에 대체한다

4) K-IFRS에서는 재고자산감모손실을 당기의 비용으로 처리하도록 규정하고 있다.

(전술한 예제 10-8의 자료를 기초하여 처리한다).

(차) 매출원가 300,000 (대) 상품(기초) 300,000

〈기말정리분개 2〉: 매입계정을 매출원가계정으로 대체

일시계정인 매입계정의 차변잔액을 제거하고, 이를 판매가능상품원가를 산정하기 위하여 매출원가계정의 차변에 대체한다.

(차) 매출원가 1,000,000 (대) 매 입 1,000,000

둘째 단계로 손익계산상의 매출원가를 계산하기 위한 목표 ②와 관련하여 <기말정리분개 3>을 실시한다.

〈기말정리분개 3〉: 기말상품을 매출원가계정으로 대체

실사에 의하여 평가된 상품의 기말재고액을 재무상태표상에 표시하기 위하여 상품계정의 차변에 기록하고, 기말재고액은 아직 판매되지 않은 재고액이므로 판매가능원가에서 차감하기 위하여 동 금액을 매출원가계정의 대변에 대체한다.

(차) 상품(기말) 500,000 (대) 매출원가 500,000

이상과 같이 <기말정리분개 1·2·3>을 완료하면 매출원가계정에서 「기초재고액+당기매입액−기말재고액」의 공식에 의하여 당기매출원가가 산정된다.

매출원가계정

기초상품재고액 (기말정리분개 1)	300,000	기말상품재고액 (기말정리분개 3)	500,000
당기매입액 (기말정리분개 2)	1,000,000	집합손익 (매출원가)	800,000
판매가능상품원가	1,300,000	합 계	1,300,000

위에서 설명한 것은 상품의 매출원가를 매출원가계정을 설정하여 계산하는 것을 전제로 한 것이다. 본서에서는 상기의 방법을 기준으로 하여 대부분 설명한다.

제5절 재고자산의 수량결정과 가격결정

1. 재고자산의 수량결정

재무상태표에 표시되는 재고자산가액을 결정하기 위하여서는 다음과 같이 기말재고자산의 수량과 가격(단가)을 결정하여야 한다.

> 기말재고자산가액 = 기말재고수량 × 가격(취득원가)

우선 기말재고자산의 수량을 결정하는 문제로는 크게 두 가지로 대별할 수 있다. 첫째는 어떤 방법으로 수량을 결정하느냐의 문제이고, 둘째는 어떤 항목이 기말재고자산에 포함되느냐의 문제이다.

(1) 재고자산의 수량결정방법

기말재고자산의 수량을 결정하는 방법에는 계속기록법과 실지재고조사법이 있다. 전술한 바와 같이 어느 한 방법만을 선택하면 각 방법의 결점 때문에 두 방법을 절충한 수정계속기록법(modified perpetual inventory system)을 이용하는 회사도 많다. 수정계속기록법은 기본적으로는 실지재고조사법에 따라 회계처리를 하면서 재고자산의 수량증감만 재고자산수불부에 계속 기록하는 방법이다.

1) 계속기록법(perpetual inventory system)

계속기록법은 재고자산의 종류 및 규격에 따라 상품재고장 등을 만들어 그 품목의 입고와 출고에 대하여 장부에 계속적으로 기록함으로써 상품의 판매수량과 재고수량을 알 수 있는 방법이다. 상품재고장이란 상품의 수입·불출·재고를 기입하는 장부로 보조원장에 속한다. 상품재고장의 양식을 예로 들면 다음과 같다.

상품재고장

일자		적 요	수 입			불 출			재 고		
			수량	단가	금액	수량	단가	금액	수량	단가	금액

상품재고장은 각 상품별로 작성되는데, 수입란·불출란·재고란을 두고 각 란은 수량·단가·금액의 란으로 세분된다. 수입란에는 전기이월액과 당기매입액이 기입되고, 불출란에는 판매한 상품의 원가가 기입되며, 재고란에는 남아 있는 상품의 재고액을 기입한다. 수입란의 합계액은 전기이월액을 제외하면 당기매입액이 되고, 불출란의 합계액은 매출원가가 되며, 재고란의 맨 마지막 금액은 기말재고액이 된다.

계속기록법은 상품의 입출고의 수량과 금액을 계속 기록하는 방법이기 때문에 매출에 관한 기록에 의하여 한 회계기간의 매출수량과 금액(매출원가)을 장부에 의하여 직접적으로 파악하는 것이 가능하며, 기말 장부에 남은 수량(금액)이 기말재고로 자동파악된다.

(기초재고수량 + 당기매입수량) − 당기판매수량 = 기말재고수량

판매가능수량

전술한 대로 계속기록법을 택하고 있는 기업에서도 기말결산 때 기말재고상품을 실제조사하여 장부상 잔액과 실제잔액과의 비교를 함으로써 기중에 발생한 재고자산감모손실(도난·증발·감모 등의 재고부족)을 파악할 수 있다.

2) 실지재고조사법(periodic inventory system)

이 방법은 실제조사법 또는 실사법이라고도 하는데, 실지재고상품을 종류별·규격별로 재고조사하여 기말상품재고수량(금액)을 확정하는 방법이다.

기초재고수량(금액) + 당기매입수량(금액) − 기말재고수량(금액) = 당기판매수량(금액)

⋮

(실사)

상기의 등식에서 알 수 있는 바와 같이 판매된 수량이 판매가능한 총재고수량에서 당기 말의 재고수량을 공제하여 산정되므로, 당기판매량 중에는 실제판매수량 이외 도난·증발·파손 기타 원인에 의해서 발생된 감모수량이 포함될 수 있다는 단점이 있다. 이와 같이 재고자산감모손실을 구분하여 기록할 수 없는 점이 실지재고조사법의 주요한 결점이다. 즉 재고자산감모손실은 모두 매출원가에 포함된다. 따라서 재고자산의 적절한 관리를 위해서는 계속기록법과 실지재고조사

법을 병행하는 것이 보다 나은 방법이라고 할 수 있다.

(2) 기말재고자산에 포함될 항목

일반적으로 실무에서는 매입상품을 받은 날에 소유권이전이 있는 것으로 간주하여 매입을 기록하게 된다. 또한 기말 현재 기업이 판매 혹은 생산목적으로 실제보유하고 있으며, 동시에 소유권이 있는 상품·제품 및 원료 등은 당연히 그 기업의 기말재고자산에 포함되어야 할 것이다. 그러나 다음과 같이 상품매매와 관련한 특수한 경우에는 해당 항목을 기말재고자산에 포함시킬지의 여부를 결정하는 것이 쉽지 않다.

1) 미착상품(goods in transit)

미착상품이란 상품을 주문하였으나 운송중에 있기 때문에 아직 기업에 도착하지 않은 상품을 말한다. 미착상품이 재고자산에 포함될 수 있는지의 결정은 법적 소유권의 존재 여부에 따라 판단되어야 한다. 이 경우, 상품에 대한 법적 소유권이 구매자에게 이전되었을 경우에만 구매자의 재고자산에 포함하여야 한다.

법적 소유권의 이전 여부는 매매조건에 따라 다를 수 있다. 예를 들어, 본선인도조건(F.O.B.; Free on Board)이라고 하더라도 선적지인도기준(F.O.B. shipping point)의 경우에는 판매자가 상품을 선적함으로써 법적 소유권이 구매자에게 이전되므로 구매자의 입장에서는 판매자가 선적한 시점에서 미착상품을 재고자산(미착품)으로 보고하여야 한다. 이 경우 매입운임(transportation-in)이 발생되는데, 이는 매입상품의 원가에 포함시켜야 한다. 목적지인도기준(F.O.B. destination)은 구매자의 창고에 상품이 도착하기 전까지는 법적 소유권이 구매자에게 이전되지 않으므로 미착상품은 판매자의 재고자산으로 보고되어야 하며, 이 경우에는 판매자가 운임을 부담한다. 이 때 판매자는 매출운임(transportation-out) 혹은 운반비(delivery expense)로 분류한다.

2) 위탁상품(consigned goods)

위탁상품은 위탁자(consigner)가 수탁자(consignee)에게 판매를 위탁하기 위하여 발송한 상품을 말하는데, 이를 적송품(위탁품)이라고도 한다. 비록 수탁자가 위탁상품을 보관하고 있더라도 위탁상품에 대한 소유권은 위탁자에게 속하며, 수탁자는 상품이 제3자에게 팔릴 때까지 위탁자를 대신하여 이를 관리하고 있을 뿐이다. 따라서 위탁상품은 위탁자의 재고자산으로 보고되어야 하며, 수탁자는 이를 비망기록(memorandum)만 하면 된다. 이 때 위탁자는 위탁상품(적송품)을 적송운임을 포함한 취득원가로 기록하여야 한다. 한편 K-IFRS에 따르면 수탁자가 최종 소비자에게 상품을 판매한 시점에 위탁자는 이 때 상품이 판매된 것으로 보고 재고자산에서 제외시키고, 매출원가와 매출수익을 인식하게 된다.

3) 시 송 품

고객에게 상품을 시험적으로 사용하게 한 뒤 고객이 매입하겠다는 의사표시를 하면 판매가 성립된 것으로 보는 판매방식이 있다. 이를 시용판매(sales on approval)라 하고 고객이 시험사용하는 상품을 시송품이라 한다. 이 경우 소비자가 상품을 보유하고 있다 하더라도 매입의 의사표시를 보내 오지 않는 한 시송품은 판매자의 재고자산으로 포함되어야 한다. 따라서 시용판매는 고객이 구입하겠다는 의사표시를 한 날을 기준으로 판매자의 재고자산에서 제외시키며, 동시에 시송품매출수익으로 인식하게 된다.

4) 할부판매상품

할부판매(installment sales)란 상품을 인도한 후 할부계약에 의하여 판매대금을 일정기간 동안 분할해서 지급하는 것을 조건으로 하는 판매방법이다. 할부판매의 경우에는 경제적 실질의 관점에서 보면 소비자가 할부구입한 상품을 실제로 사용하고 있으며(예: 자동차의 할부구입), 그 상품과 관련된 경제적 효익이나 위험은 사실상 소비자에게 모두 이전되었다고 볼 수 있다.

따라서 할부대금의 회수가능성, 즉 대손위험이 어느 정도 합리적으로 추정될 수 있을 때에는 상품의 인도시점에서 판매가 완료된 것으로 보아 판매자의 기말 재고자산에서 제외시켜야 한다. 다만, 장기할부판매의 경우처럼 할부매출의 총액(명목금액)과 현재가치가 중요하게 차이가 날 경우에는 인도시점에 현재가치 평가액으로 매출을 인식하여야 한다. 이 경우 이자상당액은 기간의 경과에 따라 이자수익으로 인식한다.

5) 특별주문판매

구매자의 특별주문에 의해 생산된 제품은 일반적으로 생산이 완료된 시점에서 법적 소유권이 구매자에게 이전되는 것으로 간주된다. 그 이유는 생산완료시점은 구매자에게 인도가능한 시점이며, 이 때는 일반적으로 구매자의 검수가 완료된 시점이므로 사실상 인도시점과 동일하기 때문이다. 따라서 특별주문품은 생산의 완료시점에 구매자에게 귀속되는 것으로 간주하여 구매자의 재고자산으로 처리하는 것이 일반적인 관행이다.

2. 재고자산의 가격결정

(1) 재고자산의 가격결정방법

동일한 재고상품이라도 구입단가는 구입시점에 따라 상이할 수 있다. 이 경우에 매출원가와 기말재고상품금액을 산정하기 위해서는 어떤 시점에서 구입한 상품이 판매되고 어떤 시점에서 구입한 상품이 기말에 재고로 남는지를 결정하여야 한다. 원칙적으로 상이한 단가로 구입된 재고상품의 판매가 이루어질 때마다 개별적으로 판매된 상품의 구입단가를 파악하는 것이 타당할 것이다. 그러나 이와 같이 개별적으로 판매된 재고상품과 기말에 남아 있는 재고상품의 구입단가를 파악하는 것은 불가능하거나 비경제적일 수 있다. 이 경우에 재고자산의 단가를 결정하는 방법으로서 원가흐름에 대해 어떤 가정을 할 수 있다. 이것을 원가흐름(cost flow)의 가정 혹은 원가배분(cost allocation)에 대한 가정이라고 한다.

원가흐름에 대한 가정은 상이한 단가로 구입된 재고상품의 판매순서를 정하는 것이다. 다음의 모형에서 보는 바와 같이 판매가능액(기초재고액＋당기순매입액) 중에서 재고자산의 원가를 결정(배분)하는 데 있어서 어떤 원가흐름을 가정하여 계산하는가에 따라 매출원가 또는 재고자산의 금액이 각각 다르게 배분된다. 이 때문에 재무상태표와 손익계산서에 미치는 영향이 달라진다.

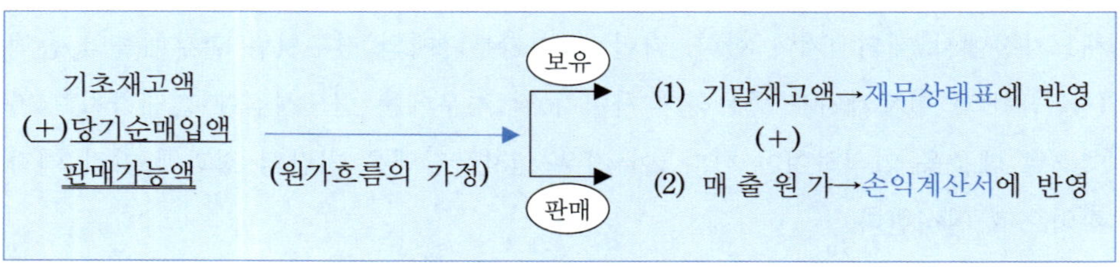

재고자산의 원가흐름에 대한 가정으로는 개별법, 선입선출법, 후입선출법, 이동평균법, 총평균법 등이 있다.

(2) 재고자산의 원가흐름 가정

1) 개별법(specific identification method)

개별법은 동일상품이라 할지라도 구입원가가 서로 다를 때에는 개별적으로 구입단가표를 부착시켜 보관하였다가 그 상품이 판매되었을 때 구입단가에 기재된 단가를 적용하여 매출원가를 계산하고 남아 있는 재고상품의 구입단가표를 합계하여 기말재고를 계산하는 방법이다. 이 방법은 개별성이 강한 비교적 고가의 제품으로서 개개의 단가가 현저한 차이가 나는 귀금속품·보석, 자동차, 선박 등의 경우에 적합하다.

개별법을 적용하면 실지재고조사법이나 계속기록법의 사용 여부에 관계 없이 기말재고액과 당기의 매출원가는 항상 두 방법 모두 동일하게 계산된다. 왜냐하면 개별법을 사용할 경우 어느 방법하에서나 물량흐름(physical flow)과 원가흐름(실물흐름, cost flow)이 일치하기 때문이다. 이와같이 개별법을 적용하면 실물흐름과 원가흐름이 일치하며 수익과 비용이 정확하게 대응된다. 따라서 원가흐름의 가정에 따라 재고자산의 원가가 결정된다고 볼 수 없다.

2) 선입선출법(FIFO: first-in first-out method)

선입선출법은 먼저 구입한 상품부터 먼저 불출하여 사용한다는 가정하에 재고자산을 평가하는 방법으로서 매입순법이라고도 한다. 대부분의 기업들은 오래된 상품을 먼저 팔려고 하는 성향이 있기 때문에 가능한 한 실제의 물량흐름과 원가흐름을 충실하게 나타내는 방법이라 할 수 있다. FIFO의 장점은 기말재고자산이 최근의 가격, 즉 시가나 혹은 현행원가(current cost)에 근접하여 재무상태표에 표시된다는 점에서 그 타당성이 있다(특히 재고의 회전이 빠른 경우). 그러나 매출원가는 과거의 구입원가로 표시되고, 매출액은 현행의 판매가격으로 보고된다는 점에서 수익과 비용이 적절히 대응되지 않는다는 문제점이 있다.

한편 FIFO를 적용하면 실지재고조사법이나 계속기록법에 관계 없이 기말재고자산 및 매출원가는 모두 동일하게 계산된다. 그 이유는 FIFO를 사용할 경우, 항상 먼저 입고된 것이 먼저 출고된 것으로 가정하여 기록하므로 한 회계기말에 기말재고와 매출원가를 계산하든(실지재고조사법), 입고 및 출고시마다 그 시점에서의 재고와 매출원가를 계산하든(계속기록법) 그 결과는 같을 수밖에 없기 때문이다.

예제 10-9

A상품의 매매거래는 다음과 같다. 이를 선입선출법에 의하여 상품재고장에 기입하여 기말재고와 매출원가를 계산하라(계속기록법 적용).

10월 1일 전기이월 50개 @ 100원
10월 5일 서울상사로부터 A상품 100개 @ 120원으로 외상매입하다.
10월 10일 용산상사에 A상품 50개 @ 150원에 외상판매하다.
10월 15일 목포상사로부터 A상품 60개 @ 130원으로 매입하고, 수표를 발행하여 지급하다.
10월 20일 광주상사에 A상품 70개 @ 150원에 외상판매하다.
10월 25일 종로상사에 A상품 50개 @ 155원에 현금판매하다.

A상품재고장(선입선출법)

일자		적 요	수 입			불 출			재 고		
			수량	단가	금액	수량	단가	금액	수량	단가	금액
10	1	전기이월	50	100	5,000				50	100	5,000
10	5	서울상사	100	120	12,000				50	100	5,000
									100	120	12,000
10	10	용산상사				50	100	5,000	100	120	12,000
10	15	목포상사	60	130	7,800				100	120	12,000
									60	130	7,800
10	20	광주상사				70	120	8,400	30	120	3,600
									60	130	7,800
10	25	종로상사				30	120	3,600			
						20	130	2,600	40	130	5,200*
10	31	차기이월				40	130	5,200			
			210		24,800	210		24,800			
11	1	전기이월	40	130	5,200				40	130	5,200

(주): * 기말재고: 40×@ 130=5,200원
그러므로 매출원가: 19,600원(=24,800원−5,200원)

3) 후입선출법(LIFO: last-in first-out method)[5)]

후입선출법은 선입선출법과는 반대로 제일 나중에 구입한 상품을 제일 먼저

5) K-IFRS(한국채택국제회계기준)에서는 후입선출법이 재고자산의 흐름을 충실하게 반영하고 있지 못하기 때문에 이를 허용하지 않지만, K-GAAP(일반기업회계기준)에서는 허용하고 있다.

불출한다는 가정하에 취득일이 가까운 것부터 순차적으로 불출상품에 구입단가를 적용하여 계산하는 방법이다.

LIFO는 재고자산의 구입단가가 계속적으로 상승할 때에 기말재고자산이 낮은 가액으로 평가되기 때문에 매출원가는 높게 계상되며, 이에 따라 순이익은 낮게 보고된다. 수익과 비용 모두 현행가격에 근접하게 됨으로써 수익과 비용의 대응이 적절히 이루어진다는 논리적 타당성을 갖는다. 또한 물가가 상승하는 기간에 후입선출법을 사용할 경우, 순이익이 적게 보고되면 기업이 실지 현금으로 납부하는 법인세액이 낮아져 법인세이연효과(현금흐름효과)를 기대할 수 있다. 그러나 LIFO의 단점으로는 재고자산의 일반적인 물량흐름과는 상반된 가정을 하고 있다는 점과 기업의 역사가 오래될수록 재무상태표에 표시되는 재고자산가액과 시가와의 사이에 지나친 괴리가 발생된다는 점을 들 수 있다.

LIFO의 경우에는 실지재고조사법과 계속기록법 사이에 매출원가 및 기말재고가 상이하게 계산된다. 왜냐하면 실지재고조사법에서는 당기의 판매량을 기말 시점에서부터 시작하여 최근 매입한 상품순으로 매출되었다고 가정하나, 계속기록법의 경우는 매번 상품이 매출될 때마다 그 시점을 기준으로 기업이 보유하고 있는 상품 중 가장 최근에 매입한 상품이 판매된 것으로 간주되기 때문이다.

예제 10-10

예제 10-9의 거래를 후입선출법에 의하여 상품재고장에 기입하여 기말재고와 매출원가를 계산하라(계속기록법 적용)

A상품재고장(선입선출법)

일자		적요	수입			불출			재고		
			수량	단가	금액	수량	단가	금액	수량	단가	금액
10	1	전기이월	50	100	5,000				50	100	5,000
10	5	서울상사	100	120	12,000				50	100	5,000
									100	120	12,000
10	10	용산상사				50	120	6,000	50	100	5,000
									50	120	6,000
10	15	목포상사	60	130	7,800				50	100	5,000
									50	120	6,000
									60	130	7,800

10	20	광주상사				60	130	7,800	50	100	5,000
						10	120	1,200	40	120	4,800
10	25	종로상사				40	120	4,800	40	100	4,000*
						10	100	1,000			
10	31	차기이월				40	100	4,000			
			210		24,800	210		24,800			
11	1	전기이월	40	100	4,000				40	100	4,000

(주): * 기말재고: 40×@100=4,000원
그러므로 매출원가: 20,800원(=24,800원−4,000원)

한편 인플레이션시에 재고자산의 수량이 감소하게 되면 오래된 재고가 매출원가로 계상되어 오히려 이익을 과대계상하게 되므로 과다한 법인세를 부담하는 기현상이 발생할 수 있다. 이와 같은 현상을 후입선출청산(LIFO liquidation)이라고 한다.

4) 평균원가법(average cost method)

평균원가법은 상이한 단가로 구입된 상품들이 골고루 판매된다고 가정하는 방법으로 여기에는 가중평균원가법과 이동평균원가법의 두 가지로 나누어진다.

(가) **가중평균원가법(weighted average cost method)** 가중평균원가법은 판매가능한 상품의 총액을 총수량으로 나누어 계산된 평균단가를 기말재고자산의 단가로 가정하는 방법이다. 재고자산을 실지재고조사법의 결합하에서 적용될 경우에는 기말시점에서 전체적으로 단위당 가중평균원가를 계산하므로 이를 가중평균원가법이라고 부른다. 가중평균원가법하에서의 단위당 평균단가를 산정하는 방식을 식으로 표현하면 다음과 같다.

$$\text{단위당 가중평균단가} = \frac{\text{판매가능총원가}}{\text{판매가능총수량}} = \frac{\text{기초재고액} + \text{당기매입액}}{\text{기초재고량} + \text{당기매입량}}$$

예제 10-10의 자료를 이용하여 가중평균원가법에 의한 기말재고와 매출원가를 계산하면 다음과 같다.

A상품재고장(가중평균원가법): 실지재고조사법

일자		적요	수입			불출			재고		
			수량	단가	금액	수량	단가	금액	수량	단가	금액
10	1	전기이월	50	100	5,000						
10	5	서울상사	100	120	12,000						
10	10	용산상사				50					
10	15	목포상사	60	130	7,800						
10	20	광주상사				70					
10	25	종로상사				50					
		계	210	*118.095	24,800	170	118.095	20,076	40	*118.095	**4,724
11	1	전기이월	40	118.095	4,724				40	118.095	4,724

(주): * 단위당 평균단가 $= \frac{5,000+12,000+7,800}{50+100+60} = 118.^{095}$

** 기말상품재고액 $= 40 \times 118.^{095} = 4,724$원

그러므로 매출원가 = 판매가능액(24,800원) − 기말재고액(4,724원) = 20,076원

(나) 이동평균원가법(moving average cost method) 재고자산을 계속기록법과 결합하여 적용하는 경우에는 매 취득시마다 새로운 평균단가를 계산하므로 이를 이동평균원가법이라 한다. 이동평균원가법은 상품을 구입할 때마다 그 수량 및 금액을 구입 전의 재고수량과 재고가액에 가산하여 이동평균단가를 구하고, 이 단가를 다음 상품을 구입하기 전까지의 불출단가로 사용하는 방법이다. 이 방법은 물가변동을 완화하고 불출단가(매출원가)를 평준화하는 장점이 있으나, 상품구입횟수가 빈번한 경우 매번 평균단가를 계산해야 하는 복잡성이 있다는 단점이 있다. 이 방법은 장부를 계속적으로 기록하기 때문에 계속기록법에서만 사용가능하다.

앞의 예제 10-10의 자료를 이용하여 이동평균원가법에 의한 기말재고와 매출원가를 계산하면 다음과 같다.[6]

A상품재고장(이동평균원가법): 계속기록법

일자		적요	수입			불출			재고		
			수량	단가	금액	수량	단가	금액	수량	단가	금액
10	1	전기이월	50	100	5,000				50	100	5,000
10	5	서울상사	100	120	12,000				150	113.333	17,000
10	10	용산상사				50	113.333	5,667	100	113.333	11,333

10	15	목포상사	60	130	7,800				160	$119.^{58}$	19,133
10	20	광주상사				70	$119.^{58}$	8,371	90	$119.^{58}$	10,762
10	25	종로상사				50	$119.^{58}$	5,979	40	$119.^{58}$	4,783 *
10	31	차기이월				40	$119.^{58}$	4,783			
			210		24,800	210		24,800			
11	1	전기이월	40	$119.^{58}$	4,783						

(주): * 기말상품재고액 $= 40 \times 119.^{58} = 4,783$원

그러므로 매출원가 $= 20,017$원$(= 24,800$원$- 4,783$원$)$

• 10월 5일 이동평균단가 $= \dfrac{5,000 + 12,000}{50 + 100} = 113^{333}$원

• 10월 15일 이동평균단가 $= \dfrac{11,333 + 7,800}{100 + 60} = 119.^{58}$원

3. 재고자산의 원가추정방법

재고자산을 실사하는 목적은 장부상의 재고자산이 정확한지를 검증하거나(계속기록법의 경우), 기말재고액을 평가하기 위해서이다(실지재고조사법의 경우). 그러나 때로는 재고자산의 실사에 비용과 시간이 많이 소요되기 때문에 실사(또는 계속기록)를 하지 않고 추정에 의해 재고자산을 평가하는 경우가 있다. 그리고 취급하는 상품의 종류가 많아 개별적으로 또는 선입선출 등의 가정하에 각 상품별로 판매된 상품과 기말재고상품의 구입원가를 계산하기 어려울 경우가 있다. 예를 들어, 백화점이나 대형할인점의 경우에 판매된 상품이나 매장의 기말재고상품의 판매가격은 쉽게 파악되지만 각 상품의 구입원가를 파악하는 것은 매우 번거로울 수 있다. 이 때 재고자산을 추정하는 방법은 두 가지가 있는데, 하나는 매출총이익법(gross profit method)이며, 다른 하나는 소매재고법(retail inventory method)이다.

예제 10-11

다음 서울상사의 자료에 의하여 매출총이익률법에 의한 기말재고상품원가를 추정하라. 단, 서울상사의 과거 3년간 매출총이익률은 큰 변동이 없었으며 평균 40%였다.

---

6) 재고자산의 취득원가가 계속 상승하는 경우, 다음과 같은 관계가 성립된다는 것을 알 수 있다.

기말재고: 선입선출법 > 이동평균원가법 > 가중평균원가법 > 후입선출법

기초재고상품원가	120,000
당기매입액	400,000
당기매출액	560,000

풀이

기초재고상품원가		120,000
당기매입액		400,000
판매가능상품원가		520,000
당기매출액	560,000	
(−)매출총이익(40%×560,000)	(224,000)	
매출원가추정액		336,000
기말재고상품원가추정액		184,000

매출총이익률법은 기업의 기초재고상품원가, 당기매입액, 매출액, 과거 매출총이익률 등의 자료를 이용하여 기말재고상품의 원가를 추정하는 방법이다. 즉, 기초재고상품원가와 당기 매입액을 합하여 판매가능한 상품의 원가를 구하고, 당기 매출액에 과거의 경험에 의한 매출원가율(또는 매출총이익률)을 적용하여 매출원가를 추정계산한 후에 이 매출원가를 판매가능한 상품의 원가에서 차감해 주면 기말재고상품원가의 추정치가 계산되는 방식이다.

이러한 매출총이익률법은 재고실사나 계속기록이 없이도 기말재고상품의 원가 추정치를 어림계산할 수 있는 장점이 있어 기업들이 실무에서 내부적으로 월말 결산을 하거나 보험회사 등에서 손해액을 추정할 때 사용된다. 그러나 한국채택국제회계기준(K-IFRS)에서는 허용되지 않는 방법이다. 왜냐하면 당기의 이익률을 적용하지 못하고 기업의 과거의 이익률 혹은 유사경쟁기업의 이익률을 적용하여 기말재고의 원가를 추정하기 때문이다.

소매재고법은 주로 취급하는 상품이 많은 소매업에서 사용되는 재고자산원가 추정방법이다. 소매업을 전문으로 하는 백화점이나 슈퍼마켓의 경우는 대부분 실사를 통하여 기말재고를 파악하게 된다. 이러한 유형의 기업은 보통 개별상품에 정찰가격을 표시하여 진열하고 있기 때문에 판매가격기준 기말재고액을 파악할 수 있다. 이 때 기업이 장부 혹은 증빙 등에 의하여 판매가능상품의 원가합계액과 매출가격기준합계액을 파악하고, 여기서 당기의 매출액을 차감함으로써 매출가격기준의 기말재고액을 계산할 수 있게 된다. 그리고 매출가격으로 계산된 기말재고액에 원가율을 곱하여 원가기준의 기말재고액이 계산되는데, 이러한 방법을 소매재고법이라 한다. 소매재고법은 매출가격환원법이라고도 하는데, 이와 같은 소매재고법에 의해 기말재고액을 산출하는 절차를 요약하면 다음과 같다.

원가기준의 기말재고액 = 매출가격기준의 기말재고액* × 원가율**

* 매출가격기준의 기말재고액 = 매출가격기준의 판매가능액 − 당기매출액
** 원가율 = 원가기준의 판매가능액 ÷ 매출가격기준의 판매가능액

예제 10-12

다음 자료에 의하여 소매재고법을 이용할 경우 기말상품재고액을 추정하라.

	원 가	매출가격(소매가)
기초상품재고액	30,000	36,000
당기매입액	85,000	100,000
판매가능액	115,000	136,000
당기매출액		110,000

풀이

① 원가율 $= \frac{115,000}{136,000} \times 100 = 84.56\%$

② 매출가격기준기말재고액 = 136,000 − 110,000 = 26,000원

③ 기말상품재고액 = 26,000 × 84.56% = 21,986원

소매재고법은 추정에 의한 기말재고상품원가 결정방법이기 때문에 다품종의 상품을 취급하며 실무적으로 다른 방법을 적용하는 것이 어려울 때 유통업에서 사용될 수 있는 방법이다. 국제회계기준(IFRS)에서는 실무상의 편의를 위해 소매재고법의 사용을 허용하고 있다.

소매재고법에서 적용되는 원가율이 실제와 다르게 되면 추정기말재고상품원

가가 실제원가와 차이가 날 것이다. 따라서 원가율이 유사한 품목별로 묶어서 소매재고법을 적용할 필요가 있다.

4. 저가기준과 재고자산평가손실

저가기준(LCM: lower of cost or market)은 원가 또는 순실현가능가액(net realizable value) 중 낮은 것을 평가의 기준으로 하는 것이다. 이 기준에 의하면 일반적으로 자산을 원가기준에 의하여 원가로 평가하나, 순실현가능가액이 원가보다 하락한 경우에는 신중성 내지 보수주의(conservatism)를 적용하여 시가로 평가하는 것이다.

재고자산은 원칙적으로 취득원가를 기준으로 하여 재무상태표에 표시한다. 그러나 재고자산의 순실현가능가액이 원가보다 하락한 경우에는 순실현가능가액을 재무상태표가액으로 한다. 저가기준을 선택할 경우 원가와 순실현가능가액의 차액은 재고자산평가손실(loss from decline in value of inventory)로서 발생한 기간에 당기의 비용(매출원가)으로 보고하고, 상대계정은 재고자산의 차감계정(재고자산평가충당금; allowance to reduce inventory to market)으로 표시한다.

K-IFRS에 따르면 재고자산에 대하여 저가기준을 사용하는 경우에 원칙적으로 종목별 기준을 적용하는 것이 타당하다. 그러나 용도와 품목이 유사한 경우에는 그룹으로 묶어서 조별기준을 선택적으로 적용해도 문제가 없을 것이다. 재고자산평가손실을 인식하는 크기는 종목별기준≥조별기준의 순서가 될 것이다. 예외적이기는 하지만, 모든 종목에서 평가손실이 발생할 경우에는 종목별기준과 조별기준에서 인식하는 재고자산평가손실의 크기가 같아지게 된다.

일반적으로 시가(market price)란 현재 보유하고 있는 자산과 동일한 자산을 구입하고자 할 때 기업이 지불해야 하는 금액, 즉 현행원가(current cost)를 말하는데, 여기서 시가는 재고자산의 순실현가능가액으로서 추정판매가액에서 판매시까지의 정상적으로 발생하는 추정판매비용을 차감한 가액이다.

예제 10-13

중앙상사는 FIFO를 사용하여 기말재고자산(상품)을 취득원가로 평가한 결과 2,500,000원으로 평가되었다. 그러나 동 상품과 유사한 신제품이 개발되어 시판됨에 따라 기말시점의 동 재고자산의 판매가격이 2,230,000원으로 하락하게 되었고, 추정판매비용은 30,000원이다. 중앙상사가 저가기준에 의하여 상품을 평가할 경우 회계처리를 하여라.*

(차) 재고자산평가손실 (혹은 매출원가)	300,000	(대) 재고자산평가충당금	300,000

*저가기준에 따라 회계처리를 한 후 나중에 시가가 장부가액보다 상승한 경우에는 최초의 장부가액(2,500,000원)을 초과하지 않는 범위 내에서 평가손실을 환입한다. 이때 환입은 비용으로 인식된 재고자산의 금액의 차감액으로 인식한다. 즉, 다음과 같이 매출원가에서 차감하는 것이 합리적이다.

(차) 재고자산평가충당금	×××	(대) 재고자산평가손실환입 (혹은 매출원가)	×××

5. 수량부족과 재고자산감모손실

재고자산의 분실, 도난, 파손 혹은 증발 등으로 인하여 실제의 기말재고수량이 장부상의 재고수량보다 감소되었을 경우에는 이를 재고자산감모손실(loss from inventory shortage)로 회계처리하여야 한다. 그러나 재고자산의 수량부족으로 실제 판매할 수 있는 상품이 없어졌기 때문에 충당금을 설정하여 회계처리하지 않는다.

재고자산감모손실은 계속기록법이나 실지재고조사법 중 어느 한 방법만을 선택하는 경우에는 파악할 수 없다. 따라서 계속기록법을 적용하되 회계기말에 실사를 통하여 재고수량을 확인함으로써 장부상의 수량차이를 확인하거나, 혹은 실지재고조사법을 사용하되 재고자산의 입·출고 수량에 대해서는 계속적으로 장부 등에 기록을 유지함으로써 수량차이를 파악할 수 있다. 재고자산의 수량부족에 따른 재고자산감모손실은 재고자산평가손실과 마찬가지로 발생한 기간에 당기의 비용(매출원가)으로 처리한다.[7]

7) IFRS도입 이전에는 영업활동과정에서 불가피하게 발생하는 경우의 정상적 감모손실은 매출원가에 포함시키고, 예외적으로 발생하는 경우의 비정상적 감모손실은 기타영업비용으로 분류하였다.

예제 10-14

중앙상사는 상품에 대하여 계속기록법을 사용하고 있으며, 단가결정은 선입선출법을 사용하고 있다. 기말상품재고액은 100,000원(1,000원×100개)인데, 동 상품에 대하여 실사를 하였더니 5개(금액 5,000원)가 부족한 상태이다. 이 경우 수량부족분 5,000원에 대하여 회계처리하라.

(차) 재고자산감모손실	5,000	(대) 재고자산	5,000

보론 A 특수한 형태의 상품거래

상거래에 있어서 일반적으로 매출수익은 상품을 인도했을 때 수익이 실현된 것으로 하는 인도기준 또는 판매기준(sales basis)을 적용하여 회계처리한다. 대개의 경우에는 상품의 인도와 함께 판매가 이루어지고 매출수익이 실현된다. 그러나 다음과 같은 특수한 거래의 경우에는 상품의 인도시점이나 판매시점에서 수익이 실현되었다고 보기 어렵다.

1. 위탁판매(consignment sales)

위탁판매란 수탁자에게 일정한 판매수수료를 지급하는 조건으로 자기상품을 다른 사람에게 위탁하여 판매하는 것을 말한다. 판매위탁을 하는 사람을 위탁자(consignor)라고 하고, 위탁받은 사람을 수탁자(consignee)라 한다. 이러한 형태의 상품판매거래는 위탁자가 수탁자에게 상품을 인도한 시점과 수탁자가 수탁상품을 소비자에게 판매한 시점이 다르다. 위탁판매는 수탁자가 위탁상품(적송품)을 소비자에게 판매한 날을 수익인식의 시점으로 본다.

위탁판매를 위하여 상품을 적송할 때에는 다른 상품과 구별하기 위하여 매입원가로서 매입계정에서 위탁상품계정(inventory on consignment a/c)의 차변에 대체한다. 상품의 적송에 소요된 제비용은 위탁상품의 원가에 가산한다. 이와 같은 위탁판매에 관한 회계처리의 예는 다음과 같다.

예제 1

(1) 광성주식회사는 하은상사에 A상품 1,000개(@ ₩500)를 위탁판매로 적송하고, 적송제비용 5,000원을 현금으로 지급하다.

(차) 위탁상품(적송품)	505,000	(대)	재고자산(혹은 매입)	500,000
			현금	5,000

(2) 하은상사는 위 상품을 인수하다(분개 없음: 비망기록).

(3) 하은상사는 위 수탁품 전량을 600,000원에 현금판매하다. 판매에 따른 운반비

10,000원을 현금으로 지급하다(수탁자입장).

(차)	현 금	600,000	(대)	수탁매출*	600,000
	수탁매출*	10,000		현 금	10,000

*수탁자가 기록한 수탁매출은 부채계정임

(4) 하은상사는 판매한 날에 다음과 같이 매출계산서를 작성하여 광성주식회사에 송부하고, 판매대금에서 판매운임과 판매수수료를 공제한 540,000원을 수표발행하여 송금하다.

매출계산서

No. 10

광성주식회사 귀중

20×1. ×. ×

하은상사 ××× 인

귀사의 위탁상품을 다음과 같이 판매하였음을 통지합니다.
대금잔액은 수표(#5)로 발송합니다.

적 요	공 제 액	매 출 액
A상품 1,000개 @ ₩600		600,000
판 매 운 임	10,000	
판매수수료	50,000	60,000
실 송 금 액		540,000

〈수탁자〉:

(차)	수탁매출	590,000	(대)	수수료수익	50,000
				당좌예금	540,000

〈위탁자〉

(차)	현 금	540,000			
	운 반 비	10,000	(대)	위탁매출	600,000
	수수료비용 (위탁수수료)	50,000			
(차)	위탁매출원가	505,000	(대)	위탁상품(적송품)	505,000

〈결산시〉: 위탁자

(차)	위 탁 매 출	600,000	(대)	집 합 손 익	600,000
(차)	집 합 손 익	505,000	(대)	위탁매출원가	505,000

2. 할부판매(installment sales)

할부판매란 상품판매계약이 성립되었을 때 상품을 인도하고 매입자로부터 상품대금을 장기에 걸쳐서 여러 차례 분할하여 받는 판매형태를 말한다. 할부판매의 경우에도 일반적인 상품매매거래에 있어서와 같이 '상품 등을 인도한 날'인 상품의 인도시점이 상품매출수익이 실현되는 시점이다. 다만, 전술한 대로 장기할부판매의 경우에는 인도일에 현재가치로 수익을 인식하고 현재가치할인차금(이자상당액 부분)은 기간의 경과에 따라 수익으로 인식하여야 한다. 현재가치할인차금은 기간의 경과에 따라 상각을 통하여 이자수익으로 인식한다.

할부매출의 회계처리방법에는 다음과 같은 예를 들 수 있다.

(1) 판매기준(sales basis)

이 방법은 할부매출하였을 때 일반상품판매와 같이 처리한다. 즉 할부매출계약을 맺고 상품을 인도하였을 때 상품매출대금청구액을 (할부)매출채권계정(자산)의 차변에 기입함과 동시에 판매액을 매출계정 또는 (할부)매출계정(수익)의 대변에 기입한다.

예제 2

(1) 서울주식회사는 원가 640,000원의 상품을 800,000원에 단기할부판매하였다. 판매대금은 매월말 100,000원씩 8회에 걸쳐 회수하기로 하였다.

(차)	(할부) 매출채권	800,000	(대)	(할부) 매출	800,000
	(할부) 매출원가	640,000		재 고 자 산	640,000

(2) 제1회의 월부금으로 현금입금하다.

(차)	현　　금	100,000	(대)	(할부) 매출채권	100,000

(3) 월부금 6회분을 각각 회수한 후 결산일을 맞다.

결산정리분개는 필요 없다. 회수총액은 600,000원(=100,000원×6)이며, 미회수분은 200,000원이다. 그러므로 결산시에 재무상태표에 표시되는 (할부)매출채권은 200,000원이며, 손익계산서에 표시되는 (할부)매출총이익은 160,000원(=800,000−640,000)이다.

(2) 회수기준(collection basis)

할부판매의 대금을 회수할 가능성이 매우 불확실하여 궁극적으로 현금화되어 실현될 수익금액을 판매시점에서 결정하기 어려울 때가 있다. 이 경우에는 할부계약을 한 뒤 비망적으로 할부매출계약과 할부가매출이라는 대조계정으로 기입하였다가 할부금을 현금이나 수표로 회수한 금액만큼 매출이 실현된 것으로 보아 매출계정 또는 할부매출계정의 대변에 기입하는 방법을 적용할 수 있다. 이러한 수익인식의 기준을 회수기준이라 한다.

이 방법을 채택한 경우 결산시에는 할부판매의 대조계정의 잔액을 구하여 매입원가를 산정한 뒤 상품의 기말재고에 가산하여야 한다. 여기에서 주의할 점은 할부매출계약계정과 할부가매출계정은 기업 내부적으로 할부매출에 대한 관리를 위해서 사용된 계정이기 때문에 외부보고용 재무제표에 표시되어서는 안 된다는 것이다.

예제 3

예제 2의 자료에 의하여 회수기준에 의한 방법에 따라 회계처리하라.

(1)의 분개(할부판매에 대하여 대조계정으로 분개)

(차) 할부매출계약 800,000 (대) 할부가매출 800,000

(2)제1회 월부금을 현금으로 회수하다.

(차)	현 금	100,000	(대)	할부매출(또는 매출)	100,000
	할부가매출	100,000		할부매출계약	100,000

(3) 당사는 월부금 6회분이 현금회수된 후 결산일을 맞다.

현금회수총액 = 100,000원 × 6 = 600,000원
미회수액 = 800,000원 − 600,000원 = 200,000원
미회수액에 대한 원가 = 200,000 × (640,000 ÷ 800,000) = 160,000원

(차) 매출원가 480,000 (대) 상 품 480,000

3. 시용판매(sales on approval)

시용판매란 고객이 상품을 시험적으로 사용하여 본 후 마음에 들면 매입하고, 그렇지 않으면 반송해도 좋다는 조건으로 상품을 판매하는 형태를 말한다. 따라서 시용판매는 '매입자로부터 매입의 의사표시를 받은 날'에 매출(수익)이 실현된 것으로 보아야 한다. 이 판매형태는 신제품의 시장개척 및 통지판매에서 많이 이용되고 있다. 그리고 시용판매를 위해서 거래처에 발송된 상품을 시송품이라 한다.

시용판매를 위하여 상품을 발송하면 대조계정으로 상품의 판매가격으로 시송품계정의 차변과 시용가매출계정의 대변에 기입(혹은 분개 없이 비망기록만 함)하였다가 후일에 상대방으로부터 매입의 의사표시가 있으면 반대기입을 하고 정상적인 매출로 기입한다. 그리고 매입의 의사표시가 없다는 통지가 오면 이 대조계정을 반대기입하여 정리하여야 한다. 특히 기말에 거래처에 발송된 시송품(상품)이 있을 때에는 시송품계정의 기말잔액을 원가로 환산하여 기말상품재고액에 가산하여야 한다.

예제 4

(1) 서울주식회사는 신제품 500,000원(원가 400,000원)을 대전상사에 시용판매하여 시송하다(대조계정사용 혹은 분개 없이 비망기록만 함).

(차) 시 송 품	500,000	(대) 시용가매출	500,000
(차) 매출원가	400,000	(대) 상 품	400,000

(2) 위의 시송품 중 300,000원을 매입하겠다는 통지를 받다.

(차) 매 출 채 권	300,000	(대) 시용매출(또는 매출)	300,000
(차) 시용가매출	300,000	(대) 시 송 품	300,000

(3) 기말결산시 시송품잔액이 반품되어 기말재고에 가산하고 기말정리분개하다.

(차) 시용가매출	200,000	(대) 시 송 품	200,000
(차) 상품(기말)	160,000	(대) 매출원가	160,000*

*기말상품재고액 추가분(시송품원가)

$$(500{,}000\text{원} - 300{,}000\text{원}) \times \frac{400{,}000}{500{,}000} = 160{,}000\text{원}$$

4. 예약판매(subscription)

예약판매란 고객으로부터 특별주문상품(special-order merchandise)에 대한 예약금을 받고 장래에 상품 또는 제품을 인도할 것을 약속하는 판매형태이다. 예약판매의 경우에는 '상품 등을 인도한 날'에 수익이 실현된 것으로 본다. 따라서 예약금만을 받으면 수익을 인식할 수 없으므로 일단 선수수익계정을 설정하여 그 계정의 대변에 기입하고, 상품 또는 제품을 고객에게 인도한 날에 선수수익계정을 매출계정에 대체기입한다.

보 론 B 도급공사(건설계약: construction contracts)

도급공사란 건설업자(도급업자)가 특정고객(시공주)의 주문에 의하여 토목·건축 및 이에 준하는 공사를 계약조건에 따라 완성할 것을 약정하고, 그 일의 결과에 대해 대가를 지급받기로 약정하는 계약형태를 말한다. 도급공사의 수익은 공사계약의 성질에 따라 공사진행기준 또는 공사완성기준에 따라 실현된 것으로 한다. 도급공사라는 용어는 일반적으로 대규모사업으로서 장기건설공사로 이해할 수 있는데, K-IFRS 제1011호(건설계약)에서는 이러한 장기건설공사의 회계처리와 재무보고에 관한 기준을 제시하고 있다.

예를 들어, 주택업자가 주택단지 또는 아파트를 건설하는 도중에 분양하기 위하여 사전에 입주자를 모집하여 분양계약을 체결하고 착수금·중도금 등을 받는 경우, 원칙적으로는 당해 주택 또는 아파트가 완공되어 입주자들에게 양도되는 시점에 분양수익으로 인식해야 한다. 그러나 공사기간 또는 제조기간이 장기인 건설계약, 그리고 장기간 소요되는 용역매출의 경우에는 진행기준에 따라 수익을 인식할 수 있다.

진행기준(percentage of completion basis)이란 공사의 진행 정도에 따라 계약수익(계약금액)을 공사기간중에 배분하여 수익을 인식하는 방법이다. 장기건설공사인 경우 도급가액과 도급금액이 이미 정해져 있기 때문에 생산 그 자체가 수익을 얻기 위한 결정적 사건(critical event)으로 볼 수 있으며, 그러므로 공사진행 정도에 따라 수익을 인식하는 것이 타당하다. 진행기준에 따라 수익을 인식할 때에는 우선 계약진행률(percentage of completion)을 결정하여야 한다.

계약진행률을 결정하는 방법에는 ① 공사의 물리적·기술적 진척도로 측정하는 방법과, ② 발생된 원가소비액으로 측정하는 방법이 있으나 실무에서는 후자의 방법을 많이 이용하고 있다. 발생된 원가에 기초하여 계약진행률을 산정할 경우에 다음과 같이 가장 최근에 추정한 총계약원가에 대한 당기까지 누적된 실제 계약원가발생액의 비율로 계산할 수 있다.

① 계약진행률 = $\frac{\text{당기까지 누적된 실제계약원가 발생액}}{\text{추정 총계약원가}}$

② 당해 사업연도의 계약수익 = 총계약수익 × 계약진행률 − 전기말까지 인식한 계약원가
(당기 계약수익)

이와 같이 당해 사업연도의 계약수익은 총계약수익에 계약진행률을 곱하여 전기말까지 인식한 계약원가를 차감함으로써 계산된다.

한편, 회사가 사옥이나 공장건물을 취득하기 위해 자가건설중인 자산은 유형자산(건설중인 자산)으로 보고하는데, 판매를 위해 현재 생산중인 자산은 재고자산으로 보고한다. 제조업의 경우에는 '재공품'으로 분류하지만, 예제 1과 같이 건설업 중에서 건설계약의 경우에는 '미성공사'(construction in progress)로, 용역제공의 경우에는 '미성용역'으로, 분양공사의 경우에는 '미완성주택'으로 분류한다.

예제 1

다음은 (주)한밭건설이 20×1년에 수주하여 20×3년 말에 완공한 건설공사 관련 자료이다. 이 건설공사계약금액은 1,500,000원이다. (주)한밭건설은 이 건설공사계약에 대해 진행기준을 적용하여 수익을 인식하고 있으며, 계약진행률은 누적발생계약원가를 총계약원가추정액으로 나누어 계산한다.

구 분	20×1년	20×2년	20×3년
당기발생계약원가	200,000원	400,000원	400,000원
총계약원가추정액	800,000	1,000,000	1,000,000
계약대금청구액	375,000	525,000	600,000
계약대금회수액	300,000	500,000	700,000

(1) 연도별 계약진행률과 계약손익의 계산

구 분	20×1년	20×2년	20×3년
누적계약 진행률	25% (=200,000/800,000)	60% [=(200,000)+400,000)/1,000,000]	100% [=(200,000+400,000+400,000)/1,000,000]
실현된 누적 계약수익	375,000 (=1,500,000×25%)	900,000 (=1,500,000×60%)	1,500,000 (=1,500,000×100%)

당기 계약수익	375,000	525,000 (=900,000－375,000)	600,000 (=1,500,000－375,000－525,000)
당기 계약원가	200,000	400,000	400,000
당기 계약손익	175,000	125,000	200,000

(2) 연도별 회계처리

구 분	분 개	20×1년	20×2년	20×3년
계약원가의 발생	(차) 미성공사	200,000	400,000	400,000
	(대) 현 금	200,000	400,000	400,000
계약대금의 청구	(차) 계약미수금	375,000	525,000	600,000
	(대) 진행청구액	375,000	525,000	600,000
계약대금의 회수	(차) 현 금	300,000	500,000	700,000
	(대) 계약미수금	300,000	500,000	700,000
계약손익의 인식	(차) 계약원가	200,000	400,000	400,000
	미성공사	175,000	125,000	200,000
	(대) 계약수익	375,000	525,000	600,000
계약완료 시점	(차) 진행청구액			1,500,000
	(대) 미성공사			1,500,000

반면 완성기준(completed-contract basis)이란 장기건설공사가 완성되어 공사를 발주한 고객에게 인도되는 시점에서 공사수익을 인식하는 방법이다. 즉 완성시점에서 수익을 인식하는 방법이다. 이 경우에 완성 이전까지 발생된 원가는 재고자산으로 보고한다. 그러나 완성기준에 의하면 공사가 완성되어 인도될 때까지 수익의 인식을 보류하고 있다가 공사가 완성되어 인도될 때에 전액을 일시에 계상하므로 기간별 손익이 불균형하게 되어 궁극적으로는 목적적합한 회계정보를 제공하지 못할 수 있다.

실제 건설회사에서는 건설계약수익의 인식을 일반적으로 진행기준에 의하여 인식하고 있다. 이는 공사기간중에 발생한 영업활동에 대한 성과를 기간별로 적절하게 공시함으로써 목적적합한 회계정보를 제공할 수 있다고 보기 때문이다.

한국채택국제회계기준(K-IFRS)에서도 용역계약이나 건설계약의 경우, 진행기준을 사용하여 계약의 완성 정도에 따라 계약기간 중에 수익과 비용을 인식할 수 있도록 규정하고 있다.

연습문제

[1] 재고자산수량결정방법으로서 실지재고조사법과 계속기록법을 정의하고 회계처리상의 차이점을 비교설명하라.

[2] 기말재고자산의 가격결정방법 중 FIFO와 LIFO를 비교설명하라. 물가가 상승추세에 있는 경우 기말재고액과 당기순이익에 미치는 영향을 비교설명하라.

[3] 기업회계기준상 재고자산의 평가시 사용하는 시가의 개념은 무엇인지 설명하라.

[4] 재고자산을 평가할 때 실사를 하지 않고 추정에 의해 평가할 수 있다. 이 때 추정하여 평가하는 방법이 무엇인지 설명하라.

[5] 다음 자료를 이용하여 소매재고법에 의하여 기말상품재고액을 추정하라.

	원 가	매출가격(소매가)
기초재고액	₩50,000	₩60,000
당기매입액	640,000	720,000
당기매출액		700,000

*[6] 다음은 (주)대흥의 20×1년 3월분 상품거래 관련 사항이다.

월초 상품계정 잔액	₩300,000
매 출	3,500,000
매출총이익	400,000
기말상품재고	600,000

(주)대흥의 당기 상품매입액은 얼마인가?

***[7] 20×6년 5월 동안 대상기업은 다음과 같은 매입 및 매출활동이 있었다.**

거래내용	개 수	단 가	판매가	재고수량
기초재고자산	200	₩40		200
5월 6일 매입	400	36		600
5월 11일 매출	400	–	₩60	200
5월 13일 매입	600	42		800
5월 18일 매출	500	–	65	300
5월 28일 매입	400	46		700

(1) 이 회사가 계속기록법하에서 후입선출법을 사용한다면 5월의 기말재고자산, 매출원가, 매출총이익은 각각 얼마가 되겠는가?

(2) 이 회사가 실지재고조사법을 사용하고 재고자산의 흐름에 대하여 평균법을 채택했다면 5월의 기말재고자산, 매출원가, 매출총이익은 각각 얼마가 되겠는가?

(3) 당신은 이 회사의 최고경영자이며, 보너스와 재임용여부가 당기순이익과 연결되어 있다고 가정하자. 향후 매입단가가 하락할 것이며, 이러한 경향이 장기화될 것이라고 전망할 때, 어떠한 재고자산 회계처리방법을 쓸 것이며 그 이유는 무엇인지 설명하라.

***[8] 다음은 (주)중앙의 외상거래 및 대금회수와 관련된 내역이다. 10월에 유입된 현금은 얼마인가?**

- 10월 5일 한라상사에 상품 ₩10,000을 외상으로 판매하였다.
- 10월 10일 판매대금의 60%가 회수되었다.
- 10월 25일 판매대금의 30%가 회수되었다.
- 외상판매에 대한 신용조건: 5/10, n/30

*
[9] (주)한밭의 2010년 3월 한 달간의 상품매매에 관련된 거래내역이다. 다음의 자료에 의하여 매출원가를 산정하라. 그리고 매출원가를 기능별로 표시할 경우와 성격별로 표시할 경우를 구분하여 설명하라. 단, 기말재고수량 파악은 실사법을, 원가흐름에 대한 가정은 선입선출법을 사용한다. 3월말 재고의 실사결과 파악된 재고수량은 500개이었다.

일 자	거 래 내 역
3월 1일	기초재고액 ₩100,000(단가 ₩100, 수량 1,000개)
3월 5일	상품구입액 ₩150,000(단가 ₩150, 수량 1,000개)
3월 15일	상품판매액 ₩300,000(단가 ₩250, 수량 1,200개)
3월 20일	상품구입액 ₩140,000(단가 ₩140, 수량 1,000개)
3월 25일	상품판매액 ₩325,000(단가 ₩250, 수량 1,300개)

*
[10] (주)한밭은 재고상품에 대하여 실사법에 의한 선입선출법을 적용하고 있다. 다음은 20×1년도 재고상품에 관련된 장부로부터 발췌한 자료이다. 다음의 자료를 이용하여 매출원가를 산정하라.

- 기초상품재고 ₩1,000,000(수량 1,000개)
- 당기매입상품 ₩12,000,000(수량 10,000개)
- 기말상품재고 ₩2,600,000(수량 2,000개)
- 기말상품재고 실사수량 : 1,800개

*
[11] (주)한밭은 20×1년 9월 30일 상품보관창고의 화재로 인해 보관중인 상품의 전부가 소실되는 피해를 입었다. 회사의 기초재고상품은 ₩400,000이었고, 화재 직전까지의 매출액과 매입액은 각각 ₩4,500,000과 ₩3,000,000이었다. 회사의 최근 평균 매출총이익률은 40%이었다. (주)한밭의 화재로 인한 상품손실액(즉 화재 직전의 재고상품 추정액)을 추정하면?

*
[12] (주)한밭할인점은 20×1년 1분기의 매장재고상품금액을 계속기록이나 실사에 의하지 않고 소매재고법에 의해 추정하려고 한다. 다음의 자료를 이용하여 1분기말의 매장재고상품금액을 추정하라.

	원 가		소 매 가	
기초재고	₩240,000	A	₩400,000	B
매 입 액	₩1,320,000		₩2,000,000	
매 출 액			₩1,500,000	

*
[13] **(주)한밭의 2010년도 말 상품의 재고에 관련된 자료이다.**

재고상품명	재고수량	취득원가	추정판매가격	추정판매비용
A	100	₩100	₩150	₩30
B	200	₩150	₩200	₩45
C	300	₩200	₩250	₩60
D	400	₩250	₩300	₩75

위의 자료를 이용하여 재고상품의 평가손실을 계산하라.

*
[14] **(주)XYZ의 20×1년 상품과 관련된 정보가 다음과 같을 때, 20×1년 (주)XYZ의 재무제표에 반영될 내용과 금액에 대한 다음의 설명 중 맞는 것은?**

상품명	장부수량	단위당금액 (장부금액)	실제수량	단위당 금액 (순실현가능가치)
A	200개	₩2,000	200개	₩2,500
B	300개	₩3,000	250개	₩3,500
C	100개	₩1,000	80개	₩1,200
D	100개	₩1,000	100개	₩800
E	500개	₩1,500	300개	₩1,500

① 상품 A의 재고자산평가손실은 ₩100,000이다.
② 상품 D의 재고자산감모손실은 ₩20,000이다.
③ 상품 C의 재고자산평가손실은 ₩20,000이다.
④ 상품 B의 재고자산감모손실은 ₩150,000이다.
⑤ 상품 E의 재고자산평가손실은 ₩300,000이다.

*
[15] **다음 각 항목에 대해서 현행원가와 가장 가까운 값을 갖게 하는 재고자산 회계처리방법은 어느 것인가?**

	기말 재고자산	매출원가
①	선입선출법	선입선출법
②	선입선출법	후입선출법
③	후입선출법	선입선출법
④	후입선출법	후입선출법

[16]* 물가상승기에 선입선출법 대신 후입선출법을 사용하게 되면 다음 항목들에 미칠 효과가 맞게 짝지어진 것은?

	당기순이익	매출원가	기말재고
①	더 높아짐	더 높아짐	더 높아짐
②	더 높아짐	더 낮아짐	더 높아짐
③	더 낮아짐	더 높아짐	더 낮아짐
④	더 낮아짐	더 낮아짐	더 높아짐

[17]* 재고자산의 구입가격이 계속상승하고 기말재고수량이 기초재고수량과 같거나 증가한 경우, 원가결정 방법 중 법인세비용이 많게 계상되는 것부터 올바르게 표시한 것은?

① 선입선출법 > 평균원가법 > 후입선출법
② 선입선출법 > 후입선출법 > 평균원가법
③ 후입선출법 > 평균원가법 > 선입선출법
④ 평균원가법 > 선입선출법 > 후입선출법

[18]* 재고자산을 저가법으로 평가하는 방법 중 가장 보수적인 방법이라 할 수 있는 것은?

① 종목별기준
② 조별기준
③ 총계기준
④ 모두 보수적인 방법임

[19]* (주)중앙의 20×1년 12월 31일 현재 실사재고액은 ₩50,000이다. 실사재고액은 아래의 내용이 반영되지 않았으며 주어진 금액은 모두 원가이다. 아래의 사항이 모두 반영될 경우 20×1년 12월 31일 올바른 재고액은 얼마인가?

- 20×1년 12월 20일 FOB선적지인도조건으로 구입한 상품 ₩10,000이 12월 31일 현재 운송중에 있다.
- 20×1년 12월 21일 FOB도착지인도조건으로 판매한 상품 ₩30,000이 12월 31일 현재 운송중에 있다.
- 위탁판매로 발송한 상품 중 수탁자가 12월 31일까지 판매하지 못한 적송품 ₩20,000이 있다.
- 시용판매분 중 고객이 12월 31일까지 매입의사를 표시하지 않은 시송품 ₩50,000이 있다.

① ₩160,000　　② ₩150,000
③ ₩140,000　　④ ₩130,000

*
[20] (주)중앙은 20×1년 2월 1일에 원가 ₩500,000의 상품을 ₩700,000에 할부판매하였다. 판매대금은 20×1년 2월말부터 매월말에 ₩100,000씩 7회에 걸쳐 회수하기로 하였다. 당해 거래에서는 할부매출의 명목금액과 현재가치의 차이가 중요하지 않다. 20×1년도의 매출총이익은 얼마인가? 단, 당해 거래 이외의 매출거래는 없다고 가정한다.

① ₩400,000 ② ₩350,000 ③ ₩300,000
④ ₩250,000 ⑤ ₩200,000

*
[21] 재고자산과 관련된 다음의 설명 중 옳지 않은 것은?

① 기업의 정상적인 영업활동 중에서 판매할 목적으로 보유하는 자산이다.
② 재고자산 매입시 발생하는 운송비, 제세금, 기타 부대비용은 취득원가에 가산된다.
③ 재고자산 매입시 발생하는 매입에누리와 매입할인은 취득원가에서 차감된다.
④ 재고자산 판매시 발생하는 운송비, 제세금, 기타 부대비용은 취득원가에 가산된다.

*
[22] 재고자산 평가시 저가기준 적용에 대한 다음의 설명 중 옳지 않은 것은?

① 재고자산은 취득원가와 순실현가능가액을 비교하여 낮은 금액을 재무상태표가액으로 보고한다.
② 재고자산의 순실현가능가액이 장부가액보다 하락하여 발생한 평가손실은 재그자산의 차감계정인 재고자산평가충당금으로 기록하고 당기비용인 매출원가로 인식한다.
③ 재고자산을 저가기준으로 평가할 경우에는 항목별기준은 적용하지단, 재고자산의 용도와 품목이 유사한 경우에는 조별기준으로 평가할 수 있다.
④ 재고자산을 저가기준으로 평가한 후 나중에 순실현가능가액이 장부가액을 초과하여 상승한 경우에는 초과분 모두 환입하고 매출원가에서 차감한다.

*
[23] (주)중앙은 20×1년말 기말재고자산의 가치를 재무상태표에 표시하기 위해 실지재고조사를 실시하였다. 그 결과, 재고자산의 장부가액보다 순실현가능가액이 상당히 하락하였다는 것을 발견하였다. 이런 상황에서 (주)중앙이 기말에 어떤 회계처리방법을 수행해야 하는가?

① 선입선출법
② 후입선출법
③ 평균원가법
④ 저가법

연습문제 해답

6. 매출원가 = 3,500,000 − 400,000 = 3,100,000
기초재고 + 당기매입 − 기말재고 = 매출원가
300,000 + 당기매입 − 600,000 = 3,100,000
그러므로 당기매입 ⇒ 3,100,000 + 600,000 − 300,000 = 3,400,000

7. (1) 매출원가 = 400 × 36 + 500 × 42 = 35,400
기말재고 = 66,000 − 35,400 = 30,600
매출총이익 = 56,500 − 35,400 = 21,100

(2) 평균단가 = 66,000 ÷ 1,600 = − 41.25
재고자산 = 700 × 41.25 = 28,875
매출원가 = 900 × 41.25 = 37,125
매출총이익 = 56,500 − 37,125 = 19,375

(3) • 최고경영자로서 당기순이익을 증가시키는 것이 자신의 보너스 금액과 재임용가능성을 높일 수 있다.
• 매입단가가 지속적으로 하락할 것이라면 선입선출법보다는 후입선출법을 쓰는 것이 매출원가를 낮출 수 있다. 또한 실지재고조사법을 사용하는 경우 재고를 추가매입하는 등의 방법을 사용하여 매출원가를 조정할 수 있는 가능성이 크다. 따라서 실지재고조사법에 따른 후입선출법을 쓰는 것이 가장 유리한 방법이다.
• 그러나 주주의 관점에서는 세금이 과도하게 부과되어 주주의 부가 사외로 유출되는 결과를 갖게 될 것이다.

8. 10월 현금유입액 = [₩10,000 × 0.6 × (1 − 5%)] + ₩10,000 × 0.3
= ₩5,700 × ₩3,000
= ₩8,700

9.

매출원가: 기초재고액 ₩100,000 + 당기매입액 ₩290,000(₩150,000 + ₩140,000) − 기말재고액(₩70,000)* = ₩320,000
*선입선출법: 판매수량 2,500개(3월 1일분 1,000개, 3월 5일분 1,000개, 3월 20일분 500개), 재고수량 500개(3월 20일분 500개)

• 매출원가를 기능별로 표시할 경우:

매 출 액	₩625,000
매 출 원 가	320,000
매출총이익	₩305,000

• 매출원가를 성격별로 표시할 경우:

매 출 액	₩625,000
상 품 변 동	30,000
상품매입액	290,000

10. 실사법에 의한 매출원가: ₩1,000,000 + ₩12,000,000 − ₩2,600,000 = ₩10,400,000
감모손실: ₩2,600,000/2,000 × (2,000 − 1,800) = ₩260,000
한국채택국제회계기준에서는 감모손실은 모두 당기비용에 포함시킨다.
따라서, 감모손실을 반영한 당기비용은 ₩10,660,000(₩10,400,000 + ₩260,000)이다.

11. 화재직전까지의 판매가능상품재고액: ₩400,000 + ₩3,000,000 = ₩3,400,000
화재직전까지의 매출원가 추정액: ₩4,500,000 × 60% = ₩2,700,000
화재직전의 재고상품추정액: ₩3,400,000 − ₩2,700,000 = ₩700,000

12. 기말재고상품의 소매가 산정: ₩400,000 + ₩2,000,000 − ₩1,500,000 = ₩900,000
원가율 산정: (₩240,000 + ₩1,320,000)/(₩400,000 + ₩2,000,000) = 65%
매출원가추정액: ₩1,500,000 × 65% = ₩975,000
기말재고상품추정액: (₩240,000 + ₩1,320,000) − ₩975,000 = ₩585,000

13. • 재고상품 A: 취득원가 ₩100 vs. 순실현가능가액 ₩150 − ₩30 = ₩120
순실현가능가액이 취득원가에 비해 높기 때문에 평가손실은 없음.

• 재고상품 B: 취득원가 ₩150 vs. 순실현가능가액 ₩200 − ₩45 = ₩155
순실현가능가액이 취득원가에 비해 높기 때문에 평가손실은 없음.

• 재고상품 C: 취득원가 ₩200 vs. 순실현가능가액 ₩250 − ₩60 = ₩190
순실현가능가액이 취득원가에 비해 낮기 때문에 평가손실이 인식됨.
평가손실금액은 (₩200 − ₩190) × 300 = ₩3,000

• 재고상품 D: 취득원가 ₩250 vs. 순실현가능가액 ₩300 − ₩75 = ₩225
순실현가능가액이 취득원가에 비해 낮기 때문에 평가손실이 인식됨. 평가손실금액은 (₩250 − ₩225) × 400 = ₩10,000

따라서 2010년도 말 재고상품평가손실 인식금액은 ₩13,000(₩3,000 + ₩10,000)이며 회계처리는 다음과 같다.

(차) 재고자산평가손실 13,000 (대) 재고자산평가충당금 13,000

14. ④

15. ②: 선입선출법에 따른 기말재고자산은 가장 최근에 매입한 부분이고, 후입선출법에 따른 매출원가는 가장 최근의 매입분이 포함된다.

16. ③: 물가상승기의 매출원가는 선입선출법에 비해 더 높고, 따라서 당기순이익은 더 낮으며, 기말재고는 가장 오래 전에 낮은 가격으로 매입한 부분이기 때문에 더 낮아진다.

17. ①

18. ①

19. ①:

12월 31일 실사금액	₩50,000
수정반영사항	
• 선적지인도조건 미착상품	10,000
• 도착지인도조건 판매상품	30,000
• 위탁상품(적송품)	20,000
• 시송품	50,000
12월 31일 올바른 재고액	₩160,000

20. ⑤: 할부매출은 인도시점에 수익을 인식한다. 당해 거래는 단기할부판매이며 명목가치와 현재가치의 차이가 중요하지 않기 때문에 명목금액 전액을 수익으로 인식한다. 따라서 ₩700,000 − 500,000 = ₩200,000이다.

21. ④

22. ④: 선순실현가능가액이 장부가액보다 상승한 경우에는 최초의 장부가액을 초과하지 않는 범위 내에서 평가손실을 환입한다.

23. ④

제11장 채권과 채무: 수취채권과 지급채무

본장에서는 기업의 주영업활동에서 발생하는 채권과 상대회사의 채무의 유형에 따라 외상매출채권과 외상매입채무, 어음의 수수에 따른 받을어음과 지급어음, 기타의 채권과 채무로 구분하여 각각의 이슈 및 회계처리방법을 설명한다. 또한 수취채권의 회수가능성을 고려한 평가와 그에 따른 대손의 인식방법을 소개하고 학습한다.

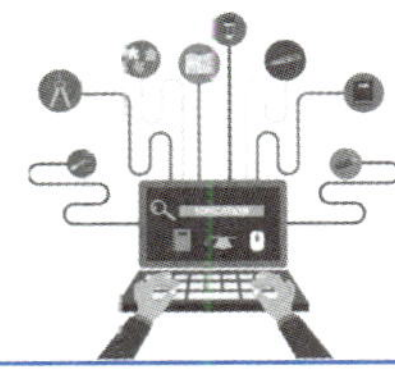

제 1 절 수취채권과 지급채무

수취채권(receivables)은 받을 채권이라고도 하며 이는 기업이 재화나 용역 등을 판매하고 그 대가로 미래에 현금을 수취할 수 있는 권리를 획득하는 경우에 발생하는 채권을 포괄적으로 말하는 개념이다. 수취채권은 회수기간의 장단(1년 기준)에 따라 1년 이내에 회수될 단기수취채권은 유동자산으로 분류하고 1년 이후에 회수될 장기수취채권은 비유동자산으로 분류된다.

또한 수취채권은 그 발생원인에 따라 외상매출금(accounts receivable) · 받을어음(notes receivable)과 같이 상거래에서 발생하는 매출채권(trade receivables)과 미수금 등과 같이 상거래 이외의 거래에서 발생하는 비매출채권(nontrade receivables)으로 분류할 수 있다.[1)]

지급채무(payables)란 기업이 영업활동을 수행하는 과정에서 재화나 용역을 외상으로 매입 · 취득하여 미래에 갚아야 할 의무를 포괄적으로 지칭한다. 지급채무도 지급의무의 이행기간의 장단(1년 기준)에 따라 1년 이내에 지급할 단기지급채무는 유동부채로, 1년 이후에 지급할 장기지급채무는 비유동부채로 분류

1) 비매출채권의 대표적인 유형으로서 예를 들면, 단기대여금은 현금을 단기간 대여해 주고 만기일에 상환받기로 약속한 채권을 말하는데, 단기예금 등과 통합하여 당기손익-공정가치측정금융자산으로 표시할 수 있다. 미수금은 재고자산 이외의 자산을 처분하고 나중에 지급받게 될 때 나타나는 수취채권이다. 반면 미수수익은 매출 이외에 이자수익, 임대료수익 등이 발생하였지만 아직 대금을 받지못한 경우에 인식하는 수취채권을 말한다. 구체적인 내용은 제4절에서 설명한다.

된다.

또한 지급채무는 그 발생원인에 따라 외상매입금(accounts payable)·지급어음(notes payable)과 같이 상거래에서 발생하는 매입채무(trade payables)와 미지급금 등과 같이 상거래 이외에서 발생하는 비매입채무(nontrade payables)로 분류할 수 있다.

제 2 절 매출채권과 매입채무: 외상매출금과 외상매입금

매출채권(trade receivables)은 기업의 중요한 영업활동과 관련해 상품을 판매하거나 용역을 제공하는 과정, 즉 일반적인 상거래에서 발생하는 채권을 말한다. 일반적인 상거래에서 발생한 매출채권에는 외상매출금과 받을어음이 포함된다.

매입채무(trade payables)란 기업의 중요한 영업활동과 관련하여 상품이나 원재료 혹은 용역을 매입하는 과정에서 발생하는 채무(즉 일반적인 상거래에서 발생하는 채무)를 말한다. 매입채무로는 외상매입금(accounts payable)과 지급어음(notes payable)이 있다. 먼저 외상매출금과 외상매입금에 대해 살펴보자.

1. 외상매출금과 외상매입금의 기록

외상거래 또는 외상매매(credit transaction)란 매매거래에 있어서 매매대상인 상품 또는 용역 등은 수수되었지만, 이에 대한 대금은 일정기간이 경과한 후 결제되는 거래를 말한다. 그러므로 외상거래는 대금이 결제될 때까지 회사가 고객에게 무이자로 제공한 단기간의 신용공여로 볼 수 있으며, 이를 통해 거래처 사이에는 대차관계인 채권·채무의 관계가 발생된다. 즉, 외상매출금과 외상매입금이 발생된다. 여기서 외상거래의 대상은 주로 상품·제품·원재료 등의 재고자산으로서 기업의 주된 영업활동과 관련된 것이다.

상품을 외상으로 매매한 경우에 외상매출한 회사는 매출채권계정의 차변에 기입하고, 외상매입한 회사는 매입채무계정의 대변에 기입한다. 이와 같은 매출채권계정과 매입채무계정의 구조를 받을어음(또는 지급어음)계정을 제외한 일반적인

[표 11-1] 매출채권계정과 매입채무계정의 구조

매출채권계정

차변		대변	
전 기 이 월 액	×××	외상매출회수액	×××
당기외상매출액	×××	매출에누리와 환입	×××
		대 손 처 리 액	×××
		차 기 이 월 액	×××

매입채무계정

차변		대변	
외상매입지급액	×××	전 기 이 월 액	×××
매입에누리와 환출	×××	당기외상매입액	×××
차 기 이 월 액	×××		

상거래에서 발생한 외상매출금(또는 외상매입금)을 기준으로 한다면 [표 11-1]과 같이 나타낼 수 있다.

2. 외상매출금의 조기현금화

외상매출금은 회수할 때까지 기업에 자금의 부담을 줄 수 있다. 기업의 운전자금부담을 줄이고 외상매출금을 조기에 현금화할 수 있는 수단으로 팩터링(factoring)과 같은 외상매출금양도가 있다. 팩터링이란 판매자가 자금의 조기이용 및 대금회수에 따르는 위험을 회피하기 위하여 자신이 보유하고 있는 외상매출금을 팩터링회사(캐피탈회사 등의 금융기관)에게 이전하는 판매형태이다. 금융기관은 채권매수인(factor)으로서 외상매출금을 매입하고, 기업의 거래처로부터 직접 외상매출금을 회수하는 것이다. 한편 기업(채권자)은 외상매출금을 채권매수인(금융기관: factor)에게 양도하고, 일정한 수수료를 차감한 잔액을 현금으로 받아 외상매출금을 직접 현금회수한 것과 같은 효과를 보는 것이다.

팩터링은 상환청구권의 유무에 따라 상환청구가능 팩터링과 상환청구불능 팩터링으로 나누어진다. ① 상환청구불능 팩터링(factoring without recourse)의 경우 채권매수인(factor)인 금융기관이 상환청구권(소구권)을 행사할 수 없는 팩터링으로, 외상매출금의 매입자인 금융기관은 판매자로부터 모든 권리와 의무를 양도받아 대손의 위험 등 일체의 비용을 부담한다. 그리고 ② 상환청구가능 팩터링

(factoring with recourse)은 외상매입한 고객이 금융기관에게 대금을 지급하지 않을 경우, 금융기관(factor)이 외상매출금을 양도한 기업에 대하여 대신 상환할 것을 청구할 수 있는 권리가 부여된 외상매출금 양도계약이다.

외상매출금을 양수인에게 양도매각한 경우, 당해 채권에 대한 권리와 의무가 양도인과 분리되어 실질적으로 이전되기 때문에 그 외상매출금을 재무상태표에서 제거한다. 그 이외에 예를 들어, 양수인이 상환청구가 가능한 경우에는 외상매출금을 재무상태표에서 제거해서는 안 된다. 전자의 경우에는 사실상 외상매출금이 매각[매도거래(sale)]된 것으로 볼 수 있으며, 후자의 경우에는 외상매출금을 담보로 자금을 차입[차입거래(borrowing)]한 것으로 간주할 수 있다. 매도거래로 간주되는 경우에는 양도시 매출채권에서 직접 차감하며, 차입거래로 간주되는 경우에는 양도시 매출채권이 아닌 차입금으로 계상하고, 양도사실을 주석으로 기재한다. 이에 대한 회계처리를 살펴보면 다음과 같다.

예제 11-1

서울주식회사는 외상매출금 1,000,000원을 금융기관(factor)에 매각하고, 수수료 10,000원을 차감한 후 잔액 990,000원을 현금으로 회수하다.

① 매도거래로 보는 경우:

(차)	현 금	990,000	(대) 매 출 채 권	1,000,000
	매출채권처분손실* (팩터링수수료비용)	10,000		

*기업이 외상매출금을 금융기관에 양도함으로써 발생하는 손실로서 금융기관에 지급하는 금융비용(지급수수료)을 말한다.

② 차입거래로 보는 경우:

(차)	현 금	990,000	(대) 단기차입금	1,000,000
	이자비용	10,000		

② −1 정상적으로 회수된 경우:

(차) 단기차입금	1,000,000	(대) 매 출 채 권	1,000,000

② −2 정상적으로 회수되지 않은 경우:

(차) 단기차입금	1,000,000	(대) 현 금	1,000,000

제 3 절 매출채권과 매입채무: 받을어음과 지급어음

1. 어음의 종류

기업이 상품의 매매대금을 결제할 때에는 현금·수표 이외에 어음을 많이 이용한다. 어음은 상업어음과 금융어음으로 구분할 수 있는데, 상업어음은 상거래에 기반을 두고 그 지급이 좀더 확실하다는 점에서 진성어음이라고도 부른다. 반면 금융어음은 기업이 단순히 자금을 융통하기 위하여 발행된다는 점에서 융통어음(기업어음)이라고도 한다.

상업어음에는 크게 약속어음(promissory note)과 환어음(bill of exchange)의 두 종류가 있다. 약속어음은 발행인(어음작성자)이 일정한 기일에 일정한 금액을 특정 수취인에게 또는 어음의 소지인에게 지급하겠다는 것을 서면으로 약속한 증권이고, 환어음은 발행인이 지명인(지급인)에 대하여 일정 기일에 일정한 금액을 특정 수취인에게 지급하도록 위탁한 증권이다. 즉 환어음은 발행인이 이를 작성하여 수취인에게 주어 수취인으로 하여금 지명인으로부터 어음금액을 받게 하는 것이다. 따라서 환어음의 경우, 수취인이 발행인으로부터 어음을 받으면 지명인에게 제시하여 어음금액을 지급할 의사가 있는지 여부를 확인하고,지명인이 어음의 인수란에 서명·날인하여 지급할 의사를 표명하게 된다. 그 때부터 지명인은 어음지급인이 되어 어음채무자가 된다. 이러한 행위를 어음의 담당 또는 어음의 인수(acceptance)라 한다.

그러나 약속어음의 경우에는 환어음에 있어서의 지명인이 바로 발행인이고, 또 발행인 자신이 지급할 것을 약속한 어음이므로 이와 같은 인수행위가 필요 없다. 일반적인 상거래에서는 대부분 약속어음이 사용되며, 환어음은 대부분 국제적인 수출입거래에서 사용되고 있다. 약속어음과 환어음의 당사자들을 분류하면 다음과 같다.

약속어음	발행인(작성인): 어음금액 지급인(채무자) 수취인: 어음금액의 수취인(채권자)
환 어 음	발행인(작성인): 어음상 채권·채무가 발생되지 않음 지명인: 어음금액 인수인·지급인(채무자) 수취인: 어음금액 수취인(채권자)

한편 어음은 그 권면에 이자가 표시되어 있느냐의 여부에 따라 이자부어음과 무이자부어음으로 나눌 수 있다. 이자부어음(interest bearing note)은 발행인이 만기일에 액면가액(face-amount) 이외에 일정 금액의 이자를 별도로 지급할 것을 약정하는 어음이고, 무이자부어음(non-interest bearing note)은 발행인이 만기일에 단지 액면가액만을 지급할 것을 약정하는 어음을 말한다. 우리나라의 경우 상거래에서 발행한 어음은 일반적으로 무이자부어음만이 사용된다. 따라서 무이자부어음의 액면가액은 통상 어음기간 동안의 이자를 포함한 금액이 된다.

2. 받을어음과 지급어음의 기록

회계에서는 약속어음과 환어음을 구별하지 않고 어음상의 채권을 매출채권계정에서, 어음상의 채무는 매입채무계정에서 처리한다. 그러나 관리목적상 어음상의 채권은 받을어음계정에서, 어음상의 채무는 지급어음계정에서 처리할 수 있다. 이 경우에도 공표되는 재무상태표상에서는 받을어음계정의 금액은 매출채권계정에 포함시키고, 지급어음계정의 금액은 매입채무계정에 포함시켜야 한다.

(1) 받을어음: 어음상의 채권인 매출채권

어음상의 채권인 매출채권계정은 약속어음과 환어음의 구별 없이 상품의 매매, 용역의 제공 등 상거래의 결과로 어음금액을 수취할 권리의 발생 및 소멸을 처리하는 계정이다. 즉 약속어음이나 환어음을 수취하였을 때에는 어음채권의 발생으로 매출채권계정의 차변에 기입한다. 또한 어음대금의 회수, 소유어음의 배서양도, 어음할인 및 어음의 부도 등이 발생하면 매출채권계정의 대변에 기입한다.

이와 같은 어음상의 채권을 기록하는 매출채권계정(또는 받을어음계정)의 증감거래사항을 다음과 같이 종합할 수 있다.

(차) 매출채권계정(또는 받을어음계정)	(대)
(어음채권의 발생): ① 타인발행약속어음 수취 ② 타인지급의 환어음 수취 ③ 약속어음·환어음의 양수	(어음채권의 소멸): ① 어음금액의 회수 ② 어음의 배서양도[2)] ③ 어음의 할인 ④ 어음의 부도

(2) 지급어음: 어음상의 채무인 매입채무

어음상의 채무인 매입채무계정은 약속어음과 환어음의 구별 없이 상품의 매매, 용역의 제공 등 상거래의 결과로 어음금액을 지급할 의무의 발생 및 소멸을 처리하는 계정이다. 즉 약속어음의 발행, 환어음의 인수 등에 의하여 어음채무가 발생하면 매입채무계정의 대변에 기입하고, 어음금액을 지급했을 대 매입채구계정의 차변에 기입한다.

이와 같은 매입채무계정의 증감거래사항을 다음과 같이 종합할 수 있다.

(차)	매입채무계정(또는 지급어음계정) (대)
(어음채무의 소멸):	(어음채무의 발생):
① 어음금액 지급	① 약속어음 발행
	② 환어음의 인수

3. 어음의 발행과 수취

(1) 어음발행과 어음금액지급

1) 약속어음의 발행

기업이 상거래상 결제수단으로 약속어음을 발행할 때에는 일정 기일에 일정 금액을 지급할 의무가 생기므로 어음상의 채무발생으로 매입채무계정의 대변에 기입하고, 만기일에 어음금액을 지급할 경우에는 부채감소로 매입채무계정의 차변에 기입한다.

2) 환어음의 발행

타인앞 환어음을 발행할 경우에는 발행인에게 어음상의 채무는 발생하지 않는다. 일반적으로 환어음은 매출채권이 있는 자가 매출거래처를 지급인으로 하여 매입채무를 상환하기 위하여 발행된다. 이 경우 차변에 매입채무, 대변에 매출채권을 기입하며 채권과 채무를 상쇄한다.

3) 어음개서에 의한 약속어음발행

어음발행인이 만기일에 어음금액을 지급할 수 없을 경우에 어음소지인에게

2) 어음의 배서양도(endorsement)란 현금지급 대신 본인이 지급인이 아닌 타인발행의 어음을 배서하여 지급하는 것을 말하며, 어음의 할인(discounting)이라는 말은 금융기관 등에 현금을 받고 거음을 매각하는 것을 말한다. 그러나 실무적으로는 어음의 할인이 배서양도의 형태로 이루어지고 있으며, 순수한 의미의 배서양도는 거의 이루어지지 않고 있다.

지급연기를 요청할 수 있다. 이 때 어음소지인이 승낙하면 새로 발행한 신어음을 만기가 된 구어음과 교환한다. 이를 어음의 개서(renewal of notes)라고 하는데, 이 경우는 처음 약속어음 발행과 동일한 회계처리를 한다.

예제 11-2

(1) 서울상사에서 상품 50,000원을 매입하고, 대금은 약속어음을 발행하여 지급하다.

(차) 매 입	50,000	(대) 매입채무 (또는 지급어음)	50,000

(2) 위 약속어음금액을 만기일에 지급제시가 있어 수표를 발행하여 지급하다.

(차) 매입채무 (또는 지급어음)	50,000	(대) 당좌예금	50,000

(3) 서울상사의 외상매입액 40,000원을 지급하기 위하여 외상매출액이 있는 부산상사 앞 환어음을 발행하여 지급하다.

(차) 매입채무	40,000	(대) 매출채권	40,000

(2) 어음수취와 어음금액회수

1) 타인발행 약속어음의 수취

타인이 발행한 약속어음을 수취한 경우에는 어음금액을 받을 권리가 발생하므로 매출채권계정의 차변에 기입하고, 만기일에 약속어음금액을 회수하였을 경우에는 동 계정의 대변에 기입하여야 한다.

2) 환어음의 수취

환어음의 수취는 약속어음과 동일한 회계처리를 한다. 그러나 환어음은 그 성질상 어음금액의 인수(acceptance)에 의해서 어음상의 효력이 발생하므로 지급인(지명인)으로부터 인수를 받은 후 매출채권계정의 차변에 기입하여야 한다.

3) 자기발행 약속어음의 수취

자기가 발행한 약속어음을 만기일 이전에 수취할 경우에는 약속어음을 발행할 당시 부채증가로서 매입채무계정의 대변에 기입했던 것이 되돌아오는 것이므로 반대로 부채감소로 매입채무계정의 차변에 기입한다.

(3) 환어음의 인수

환어음은 수취인이 발행인으로부터 어음을 받으면 지명인(지급인)에게 제시하고, 지명인이 어음의 수취란에 서명날인하여 지급할 의사를 표명함으로써 거래가 성립된다. 어음지급인이 환어음을 인수(acceptance, 즉 어음의 인수)할 때에는 부채증가로 매입채무계정의 대변에 기입하고, 동 어음금액을 지급할 대에는 부채감소로 매입채무계정의 차변에 기입한다.

예제 11-3

(1) 당사와의 거래에서 동액의 매출채권을 가지고 있는 광주상사의 발행 당사 앞 환어음 50,000원을 인천상사로부터 제시받아 즉시 환어음에 인수해 주다(즉 어음의 발행인은 광주상사, 수취인은 인천상사, 지명인은 당사임).

(차) 매입채무(광주상사)	50,000	(대) 매입채무(인천상사)	50,000

(2) 위 환어음 금액을 만기일에 지급지시가 있어 수표발행하여 지급하다.

(차) 매입채무(인천상사)	50,000	(대) 당좌예금	50,000

4. 어음할인·배서양도와 우발부채

(1) 어음할인과 우발부채

어음을 보유하고 있는 기업은 어음의 만기일 전에 은행 등 금융기관에 받을어음을 양도하고 만기가액에서 소정의 이자비용 및 수수료를 차감한 금액을 현금으로 융통하는 경우가 있는데, 외상매출금의 팩터링과 구분하여 어음의 할인(discounting on notes receivables)이라고 한다. 이 때 차감되는 이자비용과 수수료를 할인료(discounts)라고 하며, 할인료를 차감한 잔액을 실수금(proceeds)이라고 한다.

어음을 할인하게 되면 양도인(배서인)의 경우, 기업의 채권은 사실상 소멸하게 되나, 일반적으로 어음의 이면에 배서양도(endorsement)하는 절차를 거쳐 만기일에 양수인(피배서인)인 금융기관이 어음발행자로부터 원리금을 회수하지 못할 경우에는 발행인 대신 양도인이 지불하여야 할 의무를 지게 된다.

이 경우에 양수인(금융기관)은 부도발생시 배서양도된 어음에 대해 양도인에게 지급을 청구할 수 있으므로 이를 상환청구권부어음이라고 한다. 결과적으로 상환청구권을 부여한 배서양도의 경우, 할인어음이 만기일에 결제되기 전까지는 할인해준 은행에 대해 우발부채(contingent liabilities)가 존재하게 된다.

우발상황(contingency)이란 기업이 전적으로 통제할 수 없는 미래의 불확실한 사건의 발생을 말하는데 이에 따라 기업의 잠재적 의무가 발생할 수 있다. 이 중

① 손실의 발생가능성이 높고, ② 그 금액을 신뢰성 있게 추정가능한 경우는 충당부채로서 재무상태표상 부채로 기록한다. 한편 우발상황의 발생으로 자원의 유출가능성이 높지 않거나 또는 자원의 유출가능성은 높지만 그 금액을 신뢰성 있게 추정할 수 없는 경우에는 우발부채로서 재무제표의 주석사항으로 공시한다. 따라서 충당부채는 재무제표의 본 항목에 표기되는 부채인 반면 우발부채는 주석사항에만 기록되기 때문에 부채라고 할 수 없다.

어음의 할인 또는 어음의 배서의 경우에는 어음발행인이 만기일에 어음대금의 지불불능으로 부도가 발생하고, 배서인(양도인)이 이를 변제해야 할 경우에만 부채가 발생하는 것이다. 따라서 어음의 할인과 배서양도와 관련한 우발부채는 확정부채와는 달리 일반적으로 재무상태표상의 부채로 보고하지 않는다. 다만, 전술한 바와 같이 매출채권의 양도액 및 할인액 등의 처리에 있어서, 매출채권을 타인에게 양도, 할인 또는 배서양도한 경우에는 당해 채권에 대한 권리와 의무가 양도인과 분리되어 실질적으로 이전되는 경우에는 동 금액을 매출채권에서 제거(매도거래)한다. 그 이외의 경우에는 매출채권 등을 담보제공하여 자금을 차입(차입거래)한 것으로 보고 그 내용을 주석으로 기재한다. 어음 할인의 경우, 매출채권의 양도와 같이 매도거래와 차입거래 모두를 인정하고 있다.

어음할인의 회계처리(이자부어음·무이자부어음의 경우)는 아래와 같은 단계를 거쳐 이루어진다.

① 어음의 만기가액 계산: 액면가액 + 만기까지의 이자
② 할인료의 계산: 만기가액 × 할인율 × 할인기간
③ 현금수취액의 계산: 만기가액 − 할인료
④ 어음의 장부가액의 계산: 액면가액 + 할인시점까지의 기발생한 이자수익
⑤ 채권양도손익(또는 이자수익·이자비용)의 계산*: (현금수취액 − 장부가액: 매도거래인 경우) 또는 (현금수취액 − 단기차입금: 차입거래인 경우)
⑥ 분 개
*기업회계기준에서는 이를 금융비용으로 기록하도록 규정하고 있다.

이러한 어음의 할인은 우리나라에서 가장 일반화된 수취채권(받을어음)을 이용한 자금조달의 수단이라고 할 수 있다.[3] 어음을 할인받은 경우에 어음의 할인으

3) 외상매출금의 팩터링, 어음의 할인 이외에 기업에서 자금조달의 수단으로 사용하는 방법으로 자산유동화증권(ABS: Asset-Backed Securities)이 있다. ABS는 금융회사나 기업이 보유하고 있는 각종 자산(예: 부동산, 대출채권, 매출채권)을 자금조달을 목적으로 자산유동화 전문회사(SPC)나 신

로 인하여 수취할 금액은 어음의 만기금액에서 할인료(만기금액×할인율×할인기간)를 차감한 금액이다. 예를 들면 액면가액 100,000원이고 표시이자율이 연 10%, 6개월짜리 어음(즉 이자부어음)을 3개월간 보유하다가 연 12%로 할인받은 경우 수취할 금액은 101,850원이다.

어음의 만기가액:	100,000+(100,000×10%×6/12) =	105,000원
(할 인 료):	105,000×12%× 3/12 =	(3,150)
현 금 수 취 액		101,820원

만약 위의 예에서 무이자부어음이라고 한다면 수취할 금액은 97,000원이다.

어음의 만기가액:		100,000원
(할 인 료):	100,000×12%×3/12	(3,000)
현 금 수 취 액		97,000원

즉 어음의 할인은 만기 이전에 어음의 만기가액에서 할인료를 차감하고 은행으로부터 자금을 융통하는 것이므로, 어음의 할인으로 인하여 수취할 현금은 어음의 만기가액에서 할인받은 시점으로부터 만기까지의 이자비용(할인료)을 차감한 금액이 된다.

이와 같은 어음의 할인에 대한 회계처리를 살펴보면 다음과 같다.

① 매도거래로 보는 경우:

이자부어음(10%)		무이자부어음	
현 금	101,850	현 금	97,000
매출채권양도손실 (매출채권처분손실)	650	매출채궐양도손실 (지금수수료) (매출채권처분손실)	3,000
매출채권(받을어음)	100,000	매출채권(받을어음)	100,000
이자수익	2,500*		

*100,000×10×3/12 =2,500

탁회사에 양도하여 이들이 해당자산의 현금흐름 및 해당기업의 신용도를 바탕으로 주식이나 채권을 발행하는 것을 말한다.

이자부어음인 경우, 할인시점에서의 어음의 만기가액 102,500원(=100,000+100,000×10%×3/12)과 현금수령액 101,850원과 차액을 채권양도손실로 인식한다. 무이자부어음인 경우, 할인시점의 어음 만기가액 100,000원에서 현금수령액 97,000을 차감하고 3,000원을 채권양도손실로 인식한다.

② 차입거래로 보는 경우:

이자부어음(10%)				무이자부어음			
현 금		101,850		현 금		97,000	
이자비용		650		이자비용		3,000	
	단기차입금		100,000		단기차입금		100,000
	이자수익		2,500				

(2) 어음의 배서양도와 우발부채

자기소유어음을 타인에게 배서양도하면 당연히 어음상의 권리가 이전되기 때문에 자산감소로 매출채권계정의 대변에 기입된다. 반대로 어음을 양수받게 되면 어음상의 권리가 발생되어 자산증가로 매출채권계정의 차변에 기입한다. 어음을 배서양도한 경우도 할인어음의 경우와 같이 만기일에 지급인이 어음대금을 지급하지 않을 때(부도발생시)에는 배서인은 그 어음소지인인 피배서인에게 상환의무가 생기고, 동시에 부도에 대한 책임을 이행한 경우 발행인 또는 전 배서인에게 그 어음금액을 청구할 권리가 생긴다.

결과적으로 배서양도한 어음도 할인어음과 같이 만기일에 결제되기 전까지는 배서양도한 기업에 우발부채가 존재하게 된다. 받을어음의 배서양도인 경우의 회계처리는 전술한 할인어음과 기본적으로 같다.

배서양도한 경우에는 어음상 권리와 의무의 실질적 이전인지 아닌지를 파악하고 매도거래와 또는 차입거래로 간주하여 회계처리한다.

예제 11-4

종로상사는 외상매입금 100,000원을 지급하기 위하여 이미 반포상사로부터 받은 100,000원의 약속어음을 배서양도하다. 이 경우 어음배서에 대한 회계처리를 하라.

〈매도거래〉:

(차) 매입채무	100,000	(대) 매출채권 (또는 받을어음)	100,000

〈차입거래〉:

(차) 매입채무	100,000	(대) 단기차입금	100,000

5. 어음의 부도

어음소지인은 어음의 지급만기일에 지급장소에 어음대금의 지급을 요구하는 지급제시를 하여야 한다. 그러나 어음을 제시하였어도 어음을 발행한 기업이 지급을 거절하면 부도가 되며, 이 어음을 부도어음(dishonored bills)이라 한다.

어음의 부도가 발생하면 어음소지자는 이전 배서인·발행인에게 상환청구권(어음금액상환청구)을 행사할 수 있다. 청구금액은 어음액면금액, 만기일 이후의 법정이자, 거절증서작성비, 통신비 기타 실비를 포함한 금액으로 한다. 어음의 부도가 발생하면 받을어음은 정상매출채권으로 볼 수 없다. 따라서 매출채권(받을어음)계정에서 제거하여 부도어음계정으로 처리한다. 이후 상환청구권을 행사하여 부도어음금액을 회수하면 부도어음계정은 소멸된다.[4] 그러나 부도어음금액을 회수하지 못하고 채권회수를 포기하게 되면 대손으로 손상처리한다.

(1) 배서양도받은 어음의 부도처리

예제 11-5

(1) 종로상사는 서울상사로부터 배서양도받은 약속어음 100,000원이 부도되어 서울상사에 상환청구하다. 지급거절증서작성비 및 기타비용의 합계 5,000원을 현금으로 지급하다.

(차) 부도어음	105,000	(대)	매출채권 (받을어음)	100,000
			현 금	5,000

4) 상환청구권이 있는 어음이 부도가 난 경우, 만기일 또는 만기일로부터 2일 이내에 어음발행인 또는 어음양도인(배서인)에게 어음을 제시하고 어음금액을 청구할 수 있다.

(2) 위의 부도어음청구액과 만기일 이후의 법정이자 4,000원, 합계 109,000원을 서울상사로부터 수표로 받아 당좌예입하다.

(차) 당좌예금	109,000	(대)	부도어음	105,000
			이자수익	4,000

(3) 종로상사는 서울상사 또는 어음발행인으로부터 회수받지 못하여 부도어음잔액 105,000원을 대손처리하다.

(차) 대손충당금*	105,000	(대) 부도어음	105,000

*만약 당기의 대손충당금잔액이 없거나 부족할 경우, 그 부족액은 대손상각비로 처리한다.

(2) 배서양도한 어음의 부도처리

배서양도한 어음이 부도처리되었을 경우에 어음양수인이 어음대금을 대신 부담한다. 그리고 부도어음을 받아 이전 배서인 또는 어음발행인에게 어음대금을 받기 위한 절차를 밟게 된다.

예제 11-6

(1) 당사가 광주상사에 배서양도한 부산상사발행 대전상사 앞 환어음 50,000원이 부도되어 광주상사로부터 상환청구를 받다. 이에 따라 어음액면과 그 밖의 제비용 5,000원을 수표발행하여 지급하다.
(2) 위 어음의 발행인인 부산상사에 부도어음의 상환청구를 하는 동시에 청구를 위한 제비용 3,000원을 현금으로 지급하다.
(3) 위 청구금액 전액을 부산상사로부터 수표로 받아 당좌예입하다.

(1)	(차) 부도어음	55,000	(대) 당좌예금	55,000
(2)	(차) 부도어음	3,000	(대) 현　　금	3,000
(3)	(차) 부도어음	58,000	(대) 부도어음	58,000

6. 어음기입장

받을어음과 지급어음은 약정일자에 자금을 회수하거나 지급하여야 하기 때문에 기업의 운전자금에 매우 중요한 영향을 미칠 수 있다. 따라서 기업은 원장인 받을어음계정과 지급어음계정을 효율적으로 관리하기 위하여 보조기입장인 받을어음기입장(notes receivable book)과 지급어음기입장(notes payable book)을 설정한다. 받을어음에 대한 거래의 내용을 받을어음기입장에 상세하게 기입하고, 지급어음에 대한 거래의 내용을 지급어음기입장에 상세하게 기입하여 자금관리에 활용한다. 또한 이 보조기입장을 받을어음계정 및 지급어음계정과 각각 비교대조하여 거래기록의 오류를 검증한다. 예를 들어, 받을어음기입장은 예제 11-7과 같이 작성된다.

예제 11-7

(1) 5월 5일 광주상사에 상품 50,000원을 매출하고, 대금은 동사 발행 당사 앞 약속어음(No. 3 발행일 5월 5일, 만기일 7월 5일, 지급장소 광주은행 서울지점)을 받다.
(2) 5월 10일 대전상사로부터 매출채권 40,000원에 대하여 동사 발행 목포상사 앞 당사수취의 환어음(No. 5 발행일 5월 10일, 만기일 7월 10일, 지급장소 상업은행영업부)을 받고 바로 목포상사에서 인수받다.
(3) 7월 5일 광주상사 발행 약속어음의 만기일에 50,000원을 수표로 받다.

받을어음기입장*

일자		적요	금액	어음종류	어음No.	지급인	발행인 또는 배서인	발행인		만기일		지급장소	顚末(전말)		
													일자		적요
5	5	상품매출	50,000	약어	3	광주상사	광주상사	5	5	7	5	광주은행(서울)	7	5	입금
5	10	매출채권	40,000	환어	5	목포상사	대전상사	5	10	7	10	상업은행(영업)			

* 지급어음기입장의 양식 및 기장방법은 받을어음기입장과 같으므로 기입장에 대한 예시는 생략한다.

제 4 절 기타의 채권과 채무

기업의 영업활동과 관련한 일반적 상거래에서 발생된 채권과 채무는 매출채권계정과 매입채무계정에서 처리한다. 그러나 기업활동 과정에서 영업의 주 목적인 상품 등의 매매거래 이외의 거래에서 발생된 수취채권과 지급채무가 있을 수 있는데 이에 대한 내용을 살펴보기로 한다.

1. 미수금과 미지급금

미수금(non-trade accounts receivable)은 일반적 상거래(주된 영업활동)가 아닌, 즉 상품이나 용역의 제공 이외의 거래에서 발생한 미수채권으로, 예를 들면 유형자산의 처분 등으로 나타나는 채권이다. 미지급금(non-trade accounts payable)은 일반적 상거래(주된 영업활동) 이외의 거래에서 발생한 미지급채무로, 예를 들면 유형자산의 취득 등으로 나타나는 채무이다.

예제 11-8

(1) 현대자동차주식회사로부터 업무용으로 사용하기 위하여 자동차 1대를 3,000,000원에 구입하고, 대금을 2개월 후에 지급하기로 하다.

(차)	차량운반구	3,000,000	(대) 미지급금	3,000,000

(2) 위 미지급금의 약속기일에 수표를 발행하여 지급하다.

(차)	미지급금	3,000,000	(대) 당좌예금	3,000,000[5]

(3) 장부금액 450,000원의 유휴토지를 400,000원에 매각하고, 대금은 월말에 받기로 하다.

(차)	미 수 금	400,000	(대) 토 지	450,000
	유형자산처분손실	50,000		

(4) 위 미수금을 월말에 수표로 받아 곧 당좌예입하다.

(차)	당좌예금	400,000	(대) 미 수 금	400,000

2. 대여금과 차입금

차용증서나 어음 등을 받고 현금을 대여할 때에 그 채권을 대여금(short-term

5) 최근에는 대부분의 회사들이 인터넷뱅킹을 이용하여 대금을 수령·지급하고 있다. 인터넷뱅킹시 타행이체의 경우 일반적으로 이체수수료가 발생되는데, 이러한 이체수수료는 지급수수료의 계정과목으로 하여 회계처리한다. 위의 (2)에서 수표를 발행하지 않고 인터넷뱅킹으로 대금지급을 하면서 이체수수료가 ₩1,000 발생했다면 회계처리는 다음과 같다.

(차)	미 지 급 금	3,000,000	(대) 당좌예금	3,001,000
	수수료비용	1,000		

loans)이라 하고, 반대로 타인(또는 금융기관)으로부터 현금을 차입했을 경우 채무를 차입금(loans payable)이라 한다. 차용증서를 받고 현금을 대여했을 때에는 대여금계정의 차변에 기입하고, 다시 자금을 회수하였을 때에는 동 계정의 대변에 기입한다. 또한 차용증서나 어음을 주고 현금을 차입했을 때에는 차입금계정의 대변에 기입하고, 동 차입금을 상환했을 때에는 동 계정의 차변에 기입한다.

일반적으로 대여기간과 차입기간이 재무상태표일로부터 1년을 초과하면 장기대여금, 장기차입금으로 분류하고, 1년을 초과하지 않을 경우에는 단기대여금, 단기차입금으로 분류한다. 대여금에 대한 이자는 금융수익인 이자수익계정에서 처리하고, 차입금에 대한 이자는 금융비용인 이자비용계정에서 처리한다.

예제 11-9

(1) 광주주식회사로부터 차용증서를 받고 2개월간 현금 60,000원을 대여하다.

(차) 단기대여금	60,000	(대) 현 금	60,000

(2) 위 대여금 만기일이 되어 광주주식회사로부터 대여금에 대한 원금과 이자 5,000원을 수표로 받다.

(차) 현 금	65,000	(대) 단기대여금	60,000
		이 자 수 익	5,000

(3) 서울주식회사에 차용증서를 주고 3개월간 현금 80,000원을 차입하여 곧 당좌예입하다.

(차) 당 좌 예 금	80,000	(대) 단기차입금	80,000

3. 선급금과 선수금

상품매매에 있어서 상품의 매입·매출이 이루어지기 전에 상품매매계약을 확실히 하기 위해서 상품대금의 일부를 주고 받는 경우가 있다. 이를 계약금 혹은 예약금이라고 한다. 이와 같이 '일반적인 상거래'에서 상품을 매입하거나 매출할 목적으로 인수 및 인도가 이루어지기 전에 대금의 일부를 수입하거나 지출한 경우에 발생되는 채무나 채권을 선수금 혹은 선급금이라고 한다. 상품을 인도하기 전에 상품대금의 일부를 받았을 때에는 부채계정인 선수금계정(advance receipts)의 대변에 기입하고, 상품의 인도시에는 선수금계정의 차변에 기입하여 동 계정을 소멸시킨다. 반대로 상품인도를 받기 전에 상품대금의 일부를 지급하였을 때에는 자산계정인 선급금계정(advance payments)의 차변에 기입하였다가 상품의 인수시에는 선급금계정의 대변에 기입하여 동 계정을 소멸시킨다.

예제 11-10

(1) 종로상사에 상품 1,000,000원을 주문하고, 계약금으로 100,000원을 수표발행하여 지급하다.

(차) 선 급 금 100,000 (대) 당좌예금 100,000

(2) 위 주문품이 도착되어 잔금을 현금으로 지급하다(실지재고조사법 사용).

(차) 매 입	1,000,000	(대) 선급금	100,000
		현 금	900,000

(3) 종로상사는 마포상사에 상품 1,000,000원을 판매계약하고, 계약금으로 현금 100,000원을 받다.

(차) 현 금 100,000 (대) 선 수 금 100,000

(4) 위 계약상품을 납품하고 잔금을 받다.

(차) 현 금	900,000	(대) 매 출	1,000,000
선 수 금	100,000		

4. 가지급금과 가수금: 미결산계정

기업이 현금을 지출하거나 수령하였지만 이를 처리할 계정이 확정되지 아니한 경우에는 임시적으로 가지급금계정(자산: suspense payments)이나 가수금계정(부채: suspense receipts)에 기록한다. 따라서 계정이나 금액이 확정되는 시점에서는 가지급금 혹은 가수금계정을 적절한 해당 계정으로 대체한다. 기업에서는 회계기간중에 일시적으로 현금수입과 지출의 상대계정과목을 정하지 못하여 이들 계정을 사용할 수 있다. 가지급금과 가수금은 원칙적으로 재무제표에 표시할 수 없다.

예제 11-11

(1) 종업원 홍길동에게 부산출장을 지시하고 우선 50,000원을 수표발행하여 지급하다.

(차) 가지급금 50,000 (대) 당좌예금 50,000

(2) 부산출장중인 홍길동으로부터 1,000,000원의 송금이 있었으나 그 내용이 불분명하다.

(차) 현 금 1,000,000 (대) 가 수 금 1,000,000

(3) 홍길동이 출장을 마치고 돌아와 여비를 정산한 결과 현금 4,000원이 남아서 반환을 받았다.

(차)	여비교통비	46,000	(대) 가지급금	50,000
	현 금	4,000		

(4) 부산에서 송금된 1,000,000원은 부산주식회사로부터 매출채권을 회수한 것이 판명되었다.

(차) 가 수 금 1,000,000 (대) 매출채권 1,000,000

5. 선대금과 예수금

선대금은 기업이 종업원 또는 임원에게 앞으로 지급할 급여 중에서 일부 또는 전부를 미리 빌려준 경우에 나타나는 자산계정이다. 이는 보통 가불금이라고 불리는데, 단기대여금으로 처리한다. 앞으로 지급될 급여금액 중에서 일부를 빌려준 다음 급여지급액에서 공제된다는 점에서 일반적인 대여금과 구분된다.

이에 반해 예수금(withholding accounts; returnable deposits)은 국세청과 같은 제3자에게 지급해야 할 금액을 기업이 일시적으로 거래처나 종업원으로부터 받아 보관하다가 나중에 대신 지급하게 되는 유동부채계정이다. 예수금의 대표적인 예로는 기업이 종업원에게 급여를 지급할 때 종업원의 급여에서 공제하여 대신 세무서에 납부하는 소득세예수금이 있다. 그 밖에 기업이 미리 원천징수한 후 해당 기관에 대신 납부하는 국민연금·의료보험료·부가가치세 등이 있다. 선수금이 일반적 상거래에서 대금의 일부를 미리 받은 것이라면 예수금은 일반적 상거래 이외에서 발생한 일시적 예수액이다.

예제 11-12

(1) 서울상사는 A종업원에게 5월분 급료지급시에 상환받기로 하고 200,000원을 가불해 주다.

(차) 단기대여금 200,000 (대) 현 금 200,000

(2) 5월분 급료 1,000,000원을 A종업원에게 지급함에 있어서 위에서 가불한 금액과 갑종근로소득세 50,000원과 의료보험료 10,000원, 그리고 주민세 40,000원을 원천공제한 후의 잔액을 현금지급하다.

		단 기 대 여 금	200,000
		소 득 세 예 수 금	50,000
		(갑근세예수금)	
(차) 급 여	1,000,000	(대) 의료보험예수금	10,000
		(보험료예수금)	
		주 민 세 예 수 금	40,000
		현 금	700,000

6. 미수수익과 미지급비용: 발생항목

발생주의원칙 혹은 실현주의원칙에 따라 당기의 수익으로 인식되어야 하나 아직 대가를 지급받지 못한 경우에는 자산계정인 미수수익(accrued revenues)계정으로 처리한다. 그리고 미지급비용(accrued expenses)계정은 당기에 제공받은 재화나 용역의 일부로서 수익과 비용의 대응개념에 의해 당기비용으로 보고되나 약정된 기일이 도래하지 않아 그 대가가 지급되지 않고 있는 부채계정이다.

미수수익과 미지급비용은 결산시 수정(결산정리)사항으로 아직 기록되지 않은 당기의 수익과 비용을 인식하는 과정에서 주로 발생한다. 미수수익으로는 미수이자수익·미수임대료 등으로 유동자산으로 분류하며, 미지급비용으로는 미지급이자비용·미지급급여·미지급법인세비용 등으로 유동부채로 분류한다.

예제 11-13

(1) 20×1년 12월 31일 결산시 당기에 발생된 차입금에 대한 이자미지급액 50,000원을 계상하다.

(차) 이 자 비 용	50,000	(대) 미지급이자비용	50,000

(2) 20×1년 12월 31일 결산시 당기에 발생된 건물임대료에 대한 미수액 30,000원을 계상하다.

(차) 미수임대료	30,000	(대) 임 대 료	30,000

7. 선급비용과 선수수익: 이연항목

발생주의의 원칙에 의하여 차기 비용으로 보고되어야 하나, 그 대가를 미리

지급한 경우에는 자산계정인 선급비용(prepaid expenses)으로 처리한다. 그 이유는 비용이 발생하기 전에 미래의 비용을 현금으로 지급하였기 때문이다. 이를 이연비용이라고도 부르는데, 이는 비용으로 인식하는 시기를 이연시켰기 때문이다. 반면에 기업이 일정기간 동안 계속적으로 상품의 인도나 용역을 제공하기로 약정하고 차기 이후의 수익에 포함될 금액을 미리 받은 경우에는 부채계정인 선수수익(unearned revenue)으로 처리한다. 그 이유는 수익이 획득되기 전에 대금을 수령한 경우에는 미래에 수익이 획득될 때까지 수익으로 인식하는 것을 이연시켜야 하기 때문이다.

선급비용과 선수수익은 결산시 수정(결산정리)사항으로서 나타나는 계정들이며, 선급비용으로는 선급보험료·선급집세·선급임차료 등으로 유동자산으로 분류되며, 선수수익으로는 선수이자수익·선수임대료·선수용역수익 등이 있는데, 이들은 유동부채로 분류된다.

예제 11-14

(1) 20×1년 10월 1일 1년간(20×1년 10월 1일~20×2년 9월 30일)의 건물에 대한 화재보험료 80,000원을 현금으로 지급하다.

(차) 보 험 료	80,000	(대) 현 금	80,000

(2) 20×1년 12월 31일 결산시 선급보험료 60,000원을 계상하다.

(차) 선급보험료	60,000	(대) 보 험 료	60,000

(3) 20×1년 11월 1일 6개월분(20×1년 11월 1일~20×2년 4월 30일)의 집세 30,000원을 수표로 받아 곧 당좌예입하다.

(차) 당 좌 예 금	30,000	(대) 임 대 료	30,000

(4) 20×1년 12월 31일 결산시 선수임대료 20,000원을 계상하다.

(차) 임 대 료	20,000	(대) 선수임대료	20,000

8. 상 품 권

백화점 또는 제화점 등이 고객으로부터 현금을 받고 상품권(gift certificates)을 발행하였을 때에는 상품권에 표시된 금액만큼의 상품을 상품권소지자에게 인도해야 하는 부채가 발생한다. 이와 같이 백화점이 상품권을 발행하여 판매한 경우에는 예수금계정에서 처리하지 않고 선수수익(또는 이연수익)의 대변에 기입하고, 상품권소지자에게 상품과 교환하여 상품권을 회수하였을 때에는 선수수익계정의 차변에 기입하여 선수수익계정(부채)을 소멸시킨다. 또한 상품권을 할인발매한 경우에는 액면가액 전액을 선수수익으로 계상하고, 할인액은 상품권할인액계정으로 하여 동 선수수익계정에서 차감하는 형식으로 표시하며, 나중에 상품을 판매한 때에는 매출에누리로 대체해야 한다.

예제 11-15

(1) 신세계백화점에서는 1매당 ₩10,000인 상품권 100매를 10% 할인한 가격으로 ₩9,000씩에 발행하였다. 상품권의 유효기간은 2년이다(상품권 발행시).

(차)	현금	900,000	(대)	선수수익	1,000,000
	상품권할인액	100,000*			

* (10,000 − 9,000) × 100매

(2) 상품권소지자에 의하여 상품권 40매가 제시되어 ₩390,000의 상품을 판매하고 미사용된 상품권 1매는 현금으로 환급하였다(상품권 회수시: 상품 판매시).

(차)	선수수익*	400,000	(대)	매출	390,000
	매출에누리**	40,000*		현금	10,000
				상품권할인액	40,000**

* 40매 × 10,000

** (10,000 − 9,000) × 40매

(3) 만약 위의 예제에서 상품권을 할인하지 않고 발행하였고, 동 상품권과 현금 ₩100,000을 받고 상품을 판매하였다면, 상품권 발행일과 상품판매일의 회계처리는 다음과 같다.

상품권 발행일:	(차)	현금	1,000,000	(대)	선수수익	1,000,000
상품 판매일:	(차)	선수수익	1,000,000	(대)	매출수익	1,100,000
		현금	100,000			

9. 이연법인세자산과 이연법인세부채

기업회계와 세무회계의 목적은 일치하지 않기 때문에 회계처리가 서로 다를 수 있다. 기업회계에서는 회계기준에 따라 수익과 비용을 인식하여 적정한 회계이익(accounting income)을 계상하는 것이 목적이다. 반면, 세무회계에서는 국가의 조세정책에 따라 세금을 부과하기 위한 세법의 규정에 의거하여 익금에서 손금을 차감하여 과세소득(taxable income)을 구하고, 여기에 정해진 세율을 곱하여 당기에 납부할 세액을 결정하며, 정부의 세수를 충분히 확보하는 데 목적을 둔다. 이 때 기업회계에서는 발생주의(accrual basis)에 의해 비용과 수익을 인식하는 데 반해서, 세법에서는 권리의무확정주의를 따르므로 회계이익과 과세소득은 차이가 난다.[6]

예를 들어, 기업회계에서는 비용으로 인식하였으나 세무회계에서는 당기 이후의 기간에 손금으로 인정하거나, 기업회계에서는 당기 이후의 기간에 수익으로 인식되어야 할 금액을 세무회계에서는 당기에 익금으로 처리되는 경우가 있다. 이 때는 기업의 회계이익보다 세무상 과세소득이 더 높아 기업의 회계이익을 기준으로 계산된 법인세비용보다 실제로 납부해야 할 법인세액이 더 많아진다. 이러한 법인세비용과 법인세납부액의 차이를 이연법인세자산(deferred tax asset)이라 한다. 이연법인세자산은 미래의 법인세비용을 선지급한 것과 유사하다.

한편 기업회계에서는 당기 이후 기간에 비용으로 인식될 금액을 세무회계에서는 당기에 손금으로 인정하거나, 기업회계에서는 수익으로 인식하였으나 세무회계에서는 당기 이후의 기간에 익금으로 처리되는 경우가 있다. 이 때는 회계이익이 과세소득보다 높아 법인세비용이 납부할 법인세액보다 더 많아진다. 이러한 차이를 이연법인세부채(deferred tax liability)라 한다. 이연법인세부채는 당기에 발생한 비용을 일부 미지급한 것과 유사하다. 이연법인세자산과 부채는 비유동으로 구분된다. 이연법인세에 대한 상세한 내용은 중급회계에서 다룬다.

제 5 절 수취채권의 평가와 대손

1. 대손의 발생과 직접상각법

기업이 보유한 외상매출금을 포함한 모든 수취채권은 회수불능의 위험이 항상 존재할 수 있다. 거래처의 재정궁핍·파산·재해, 기업주의 행방불명·사망 등으로 기업이 수취채권을 받을 수 없게 되었을 때 발생하는 손실이 대손(bad debts)

6) 권리의무확정주의란 특정 사업연도에 한 기업이 취득할 권리가 확정된 부분에 대해서 익금을 인식하고, 상환해야 할 의무가 확정된 부분에 대해서는 손금을 인식하는 것을 말한다.

이다. 이와 같은 대손을 어느 시점 혹은 어느 기간에 인식하느냐에 따라 대손의 회계처리방법에는 직접상각법(사후상각법)과 충당금설정법(사전손상추정법)의 두 가지로 나누어진다. 직접상각법(direct write-off method)은 특정한 수취채권에 대한 대손이 실제 확정되었을 때 이를 당기의 대손비용으로 처리하고 관련 수취채권의 계정에서 직접차감하는 방법이다. 이 때 발생하는 대손비용인 손상차손을 기록하기 위하여 대손상각비(bad debt expense)라는 계정을 사용한다.

예제 11-16

서울상사는 20×1년 3월에 매출처인 종로상사가 파산되어 동사에 대한 매출채권 100,000원을 실제로 회수할 수 없음을 확인하고 이를 대손처리하다.

(차) 대손상각비	100,000	(대) 매출채권(종로상사)	100,000

직접상각법은 대손액이 추정치가 아니고 실제액이기 때문에 회계자료의 객관성이 높고, 실무상 적용하기 쉽고 편리하다. 그러나 외상매출을 인식한 시점과 이에 관련된 비용인 대손상각비의 기록시점이 달라서 수익·비용대응원칙에 위배될 수 있는 방법이다. 또한 재무상태표상에 보고되는 수취채권의 순실현가능가치가 표시되지 않는다. 즉, 미래에 회수가능성이 없는 대손가능금액을 차감하지 않고 보고하므로 수취채권평가액이 항상 과대하게 보고된다.

2. 대손충당금의 추정과 설정방법

충당금설정법(allowance method)에서는 특정한 수취채권의 대손이 확정된 시점보다는 관련 수취채권이 기록되는 매 회계연도 말에(실제 대손의 확정시점과는 무관하게) 미리 대손을 추정하여 충당금을 설정하고, 동시에 이를 동 기간의 비용으로 보고한다. 실제로 대손이 발생하는 연도에는 기설정된 충당금과 수취채권을 상쇄시켜 실제로 대손이 발생된 연도의 손익에 영향을 미치지 않게 된다. 그 이유는 수익과 비용의 대응원칙에 따라서 전년도의 수취채권과 관련된 대손액은 이미 추정되어 전년도 비용으로 처리되었기 때문이다.

이와 같이 충당금설정법을 사용할 때에는 회계담당자는 결산시점에서 기업이 보유하고 있는 수취채권을 검토·분석한 후 회수불능으로 판단되는 금액을 미리 추정하여야 한다. 기말시점에서 추정된 대손금액을 당기 비용으로 처리하고, 동일한 금액을 수취채권의 차감계정(평가계정)인 대손충당금(allowance for doubtful accounts)을 설정하여 처리한다. 충당금설정방법은 수익을 창출하는 과정에서 발생하는 비용은 그 특정 수익이 보고된 기간의 비용으로 처리되어야 한다는 수익·비용대응의 원칙에 부합한다. 그리고 재무상태표에 보고되는 수취채권이 장래에 실제로 실현될 것으로 예측되는 금액, 즉 순실현가능가치(net realizable value)로 평가된다.

충당금설정법에서 회계담당자는 회계기말에 당기의 대손을 합리적으로 추정한 후 그 금액을 당기의 비용으로 처리하고, 동시에 관련 수취채권계정을 차감표시하기 위한 분개를 한다. 이 경우 차변에는 대손상각비라는 비용계정과목을 사용하는데, 대손에 따른 비용추정액을 나타낸다. 외상매출과 받을어음과 같은 매출채권과 관련하여 계상된 대손상각비는 포괄손익계산서상의 판매비로 보고하고, 기타의 수취채권과 관련하여 계상된 기타의 대손상각비는 기타비용으로 보고한다. 한편 대변에는 관련 대손충당금계정을 사용하여 재무상태표상 관련 수취채권계정의 차감항목으로 보고한다.

한국채택국제회계기준(K-IFRS)에서는 대손충당금을 충당금설정방법과 유사한 기대신용손실법(expected credit loss model)으로 추정하도록 규정하고 있다. 따라서 매출채권에 대한 대손충당금은 채무불이행으로 미래에 예상되는 손실금액을 현재가치로 평가한 금액이 된다. 기업에서는 일반적으로 수취채권의 대손과 관련하여 금융자산의 손상 규정을 통해 손상차손을 인식하도록 되어 있다. 매출채권에 대한 손상차손을 실무에서는 대손상각비로, 손상금액은 대손충당금으로 회계처리하고 있다.

예제 11-17

(1) 서울상사는 20×1년 12월 31일 결산시 매출채권 10,000,000원 중 300,000원의 대손을 추정하다(대손 추정시).

(차) 대손상각비	300,000	(대) 대손충당금	300,000

(2) 20×2년 5월 5일 매출처인 종로상사가 파산되어 동사의 매출채권 100,000원이 실제 대손확정되었다(대손 확정시).

(차) 대손충당금	100,000	(대) 매출채권(종로상사)	100,000

(3) 만약 위 예제에서 400,000원의 매출채권을 받지 못할 것으로 실제 확정되었다면, 서울상사는 다음과 같이 회계처리한다. 즉 대손충당금 잔액이 부족한 경우이다.

(차) 대손충당금	300,000	(대) 매출채권(종로상사)	400,000
대손상각비	100,000		

3. 기말의 대손 추정방법

충당금설정법에서 회계기말에 당기의 대손을 추정하는 방법으로는 개별거래처별 재무상황을 고려하여 회수가능액을 추정하는 개별추정법과 연령분석법 등이 있다.

연령분석법(aging the accounts)은 회계기말의 재무상태표에 표시되어 있는 매출채권잔액을 기간경과일수의 장단에 따라 몇 개의 집단으로 분류하여 연령분석표(aging schedule)를 작성하고, 각각 집단에 대하여 별도의 대손추정률을 적용하여 대손액을 추정하는 방법이다. 즉 경과기간별로 대손을 추정하는 방법으로 널리 사용되고 있다. 대손율은 결산시 수취채권잔액의 회수가능성을 면밀히 분석·검토하고, 과거의 경험률과 통계적 방법을 사용하여 추정한다. 이와 같이 추산된 금액에서 기말시점의 대손충당금을 차감하여 추가액만을 대손상각비와 대손충당금으로 기록한다. 즉 대손상각비로 기록하는 금액은 기말수정분개시점 직전의 대손충당금잔액에 영향을 받는다. 만일 추산된 금액이 기말시점의 대손충당금잔액보다 적을 경우에는 대손충당금계정에 차기하고 대손충당금환입계정을 사용하여 포괄손익계산서상의 당기손익항목으로 보고한다.

예제 11-18

(1) 20×1년 12월 31일 서울상사는 매출채권잔액 10,000,000원 중 회수가능한 금액은 아래와 같은 연령분석에 의해 9,900,000원으로 추정되었다. 단, 수정전대손충당금잔액은 30,000원이다.

경과기간	매출채권금액	대손추정률	추정대손금액
0－90일	5,000,000	0.2%	10,000
91－180일	4,000,000	1.0%	40,000
181일 이상	1,000,000	5.0%	50,000
합계	10,000,000		100,000

(차) 대손상각비 70,000* (대) 대손충당금 70,000

*대손추산액(100,000원)－대손충당금잔액(30,000원)

(주): 대손충당금기말잔액＝30,000원＋70,000원＝100,000원

(2) 만약 위의 예제에서 수정전대손충당금잔액이 120,000원이었다면 다음과 같이 회계처리한다.

(차) 대손충당금 20,000 (대) 대손충당금환입 20,000

(주): 이와 같이 분개하고 나면 역시 대손충당금잔액이 100,000원이 되어 기말 현재 필요한 대손충당금설정액이 평가계정잔액으로 적절히 반영되게 된다.

4. 상각채권의 회수(회수불능 처리한 매출채권의 회수)

기업이 영업활동과정에서 대손이 확정되었다고 판단되어 수취채권의 장부상에서 이미 제거시킨 상각채권이 후일에 회수되는 경우가 발생하기도 한다. 만약 대손확정으로 처리되었던(제거시킨) 수취채권을 회수하게 되는 경우에는 당초 대손확정시 제거시킨 분개는 잘못되었다고 간주하여 우선 채권이 회수되는 시점에서 처음에 분개하였던 계정과목을 취소시키는 역분개(reversing entry)를 한다. 그리고 난 후 정상적인 매출채권의 회수분개를 수행하면 된다.

예제 11-19

서울상사는 20×1년 4월에 대손이 확정되었다고 판단되어 장부에서 제거시킨 종로상사의 매출채권 100,000원을 상각연도 이후인 20×3년 5월 5일 현금으로 회수하다.

(차)	매출채권	100,000	(대)	대손충당금	100,000
	현 금	100,000		매 출 채 권	100,000

예제 11-20

(1) 20×1년 1월 5일 서울상사는 대손이 확정되었다고 판단되어 종로상사의 매출채권 계정에서 200,000원을 제거처리하다. 단, 대손충당금잔액이 300,000원이다.

(차) 대손충당금 200,000 (대) 매출채권(종로상사) 200,000

(2) 20×1년 12월 20일 상기 1에서 제거시킨 외상매출금을 종로상사로부터 현금으로 회수하다.

(1) 제거분개의 역분개:

(차) 매출채권(종로상사) 200,000 (대) 대손충당금 200,000

(2) 현금회수의 분개:

(차) 현 금 200,000 (대) 매 출 채 권 200,000

보론 인명계정과 통제계정

일반적으로 외상거래에 대해서는 총계정원장에 매출채권계정과 매입채무계정을 설정하고, 총계정원장에 대한 보조원장(subsidiary ledger)으로 매출채권보조원장과 매입채무보조원장을 거래처별로 설정하여 회계처리한다.

1. 인명계정(personal account)

인명계정이란 거래처의 회사명·상점명을 계정과목으로 하여 채권·채무의 발생·소멸을 기입하는 계정이다. 인명계정을 사용할 경우에는 상품을 외상으로 매출한 경우 차변에 매출채권계정이 아니라 특정거래처의 회사명칭계정에 기입되고, 상품을 외상으로 매입한 경우 대변에 매입채무계정이 아니라 특정거래처의 회사명칭계정에 기입된다. 이러한 인명계정을 사용할 경우에는 거래처별로 많은 계정과목을 설정하여야 하는 번잡성이 있어 회계실무에 매우 불편하다.

2. 통제계정(controlling account)

통제계정이란 인명계정을 통제하는 계정이며 총계정원장의 잔액이 보조원장의 개별계정잔액의 합계와 일치하는 요약계정(summary account)을 말한다. 특히 외상거래에 있어서 통제계정은 매출채권계정과 매입채무계정이고, 이들 통제계정에 대한 보조원장인 각 거래처별 계정은 외상거래에 대한 채권·채무의 상세한 내역을 나타낸다.

이와 같이 매출채권 및 매입채무계정과 같이 한 계정이 보조원장을 가지고, 이 보조원장에 설정된 인명계정들을 통제하는 기능을 갖고 있는 계정을 통제계정이라 한다. 기업이 통제계정을 사용하게 되면 다음과 같은 효과를 얻을 수 있다.

(1) 통제계정인 하나의 총괄적인 매출채권계정과 보조원장인 매출채권보조원장의 각 인명계정합계를 대조함으로써 매출채권계정의 검증이 가능하다.
(2) 통제계정인 하나의 총괄적인 매입채무계정과 보조원장인 매입채무보조원장의 각 인명계정합계를 대조함으로써 매입채무계정의 검증이 가능하다.
(3) 총계정원장의 계정과목이 줄어들기 때문에 시산표나 재무제표의 작성이 간편하다.
(4) 보조원장의 각 인명계정을 여러 사람에게 분담하여 기장이 가능하므로 사무능률이 제고된다.

이와 같은 통제계정과 보조원장과의 기입관계를 도시하면 [그림 1]과 같다.

[그림 1] 통제계정과 보조원장과의 관계

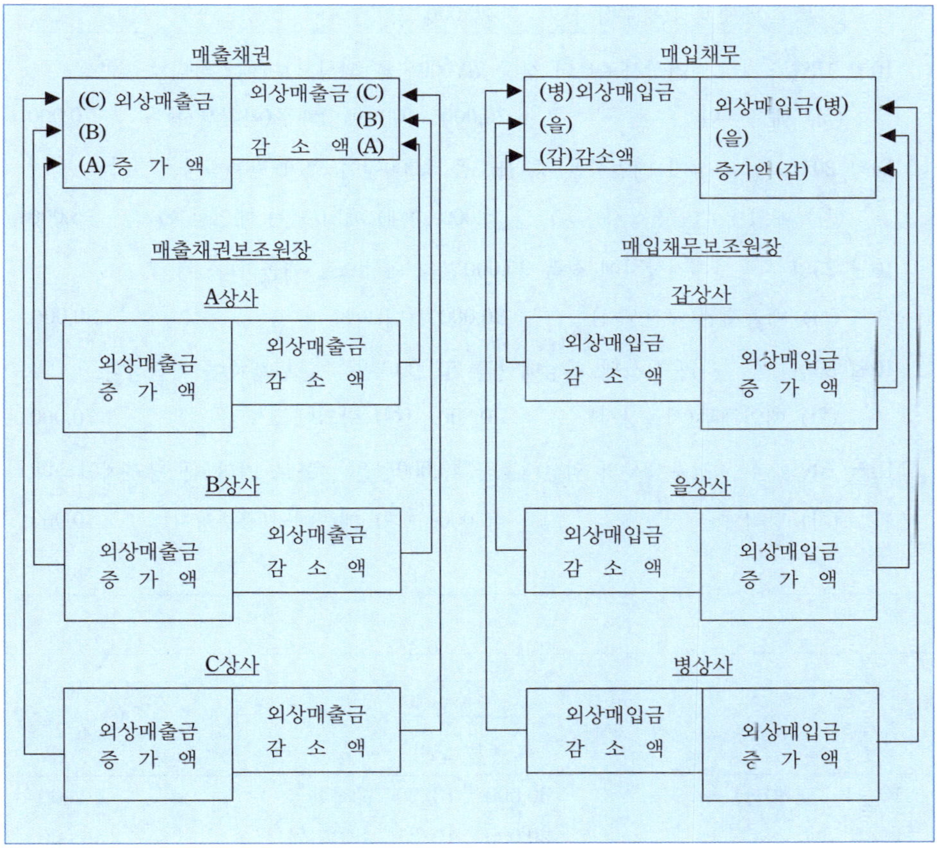

예제 1

다음의 각 거래를 분개하고 통제계정 및 보조원장에 각각 전기하고 마감하라.

10월 1일 외상매출액의 전기이월액 30,000원(광주상사 20,000원, 대전상사 10,000원), 외상매입액의 전기이월액 50,000원(서울상사 30,000원, 인천상사 20,000원)

10월 5일 서울상사로부터 상품 60,000원을 외상으로 매입하다.

(차) 매 입 60,000 (대) 매입채무(서울상사) 60,000

10월 10일 광주상사에 상품 40,000원을 매출하고, 대금 중 20,000원을 수표로 받고 잔액은 외상으로 하다.

(차)	현 금	20,000	(대)	매 출	40,000
	매출채권(광주상사)	20,000			

10월 15일 인천상사로부터 상품 70,000원을 외상으로 매입하다.

(차) 매 입 70,000 (대) 매입채무(인천상사) 70,000

10월 20일 상기 매입상품 중 불량품 5,000원이 있어 반품하다.

(차) 매입채무(인천상사) 5,000 (대) 매입(또는 매입환출) 5,000

10월 25일 대전상사에 상품 30,000원을 외상으로 매출하다.

(차) 매출채권(대전상사) 30,000 (대) 매 출 30,000

10월 30일 서울상사의 외상매입금 70,000원을 수표발행하여 지급하다.

(차) 매입채무(서울상사) 70,000 (대) 당좌예금 70,000

10월 30일 광주상사의 외상매출금 40,000원을 수표로 받아 곧 당좌예입하다.

(차) 당좌예금 40,000 (대) 매출채권(광주상사) 40,000

총계정원장

매출채권

10/ 1	전기이월	30,000	10/30	당좌예금	40,000
10/10	매 출	20,000	10/31	차기이월	40,000
10/25	매 출	30,000			
		80,000			80,000
11/1	전기이월	40,000			

매입채무

10/20	매 입	5,000	10/ 1	전기이월	50,000
10/30	당좌예금	70,000	10 /5	매 입	60,000
10/31	차기이월	105,000	10/15	매 입	70,000
		180,000			180,000
			11/ 1	전기이월	105,000

매출채권보조원장

광주상사

10/ 1	전기이월	20,000	10/30	당좌예금	40,000
10/10	매 출	20,000			
		40,000			40,000

대전상사

10/ 1	전기이월	10,000	10/31	차기이월	40,000
10/25	매 출	30,000			
		40,000			40,000
11/ 1	전기이월	40,000			

매입채무보조원장

서울상사

10/30	당좌예금	70,000	10/ 1	전기이월	30,000
10/31	차기이월	20,000	10/ 5	매 입	60,000
		90,000			90,000
			11/ 1	전기이월	20,000

인천상사

10/20	매 입	5,000	10/ 1	전기이월	20,000
10/31	차기이월	85,000	10/15	매 입	70,000
		90,000			90,000
			11/ 1	전기이월	85,000

연습문제

[1] 약속어음과 환어음의 개념 및 차이점을 설명하라.

[2] 어음할인(discounting)이란 무엇인가?

[3] 팩터링(factoring)이란 무엇인가?

[4] 이연법인세자산과 이연법인세부채를 비교설명하라.

[5] 다음 회계거래의 분개를 보고 거래를 추정하라.

(1)	(차)	단기차입금	50,000	(대) 현 금	55,000
		이 자 비 용	5,000		
(2)	(차)	가 수 금	40,000	(대) 매출채권	40,000
(3)	(차)	가지급금	30,000	(대) 현 금	30,000
(4)	(차)	현 금	95,000	(대) 매출채권	100,000
		매출채권처분손실	5,000		

[6] 하은주식회사는 기말에 매출채권잔액 ₩1,000,000에 대해 ₩30,000의 대손을 추정하다. 다음의 각 경우에 대하여 기말에 추정한 대손을 기록하기 위한 수정분개를 하라.

① 수정전대손충당금 기말잔액이 없는 경우
② 수정전대손충당금 기말잔액이 ₩10,000이 있는 경우
③ 수정전대손충당금 기말잔액이 ₩40,000이 있는 경우

* [7] **다음은 국민기업의 매출 및 매출채권 관련 재무제표 정보이다. 단, 매출은 신용거래로 이루어진다.**

	20×2	20×1
재무상태표 정보		
매 출 채 권	₩42,000	₩30,000
대손충당금	900	600
손익계산서 정보		
매 출	150,000	100,000
매출활동 현금 유입액	137,100	98,000

(1) 20×2년도에 실제 발생한 대손은 얼마인가?

(2) 20×2년도 말에 국민기업의 추정된 대손상각비는 얼마인가?

* [8] **다음은 대성기업의 매출 및 매출채권 관련 재무제표 정보이다.**

	20×2	20×1
재무상태표 정보		
매 출 채 권	₩54,000	₩38,000
대손충당금	1,000	500
손익계산서 정보		
매 출	100,000	80,000
대손상각비	1,200	300

20×2년도의 매출채권 현금회수액은 얼마인가?

* [9] (매출채권-외상매출금의 양도(factoring)) **(주)국민은 20×1년 10월 1일 보유중인 외상매출금 ₩2,000,000을 (주)중앙캐피탈에 양도하였다. 양도계약은 사실상 외상매출금과 관련된 모든 권리와 의무가 이전되는 팩토링계약이다. 구체적인 외상매출금 양도계약내역은 다음과 같다.**

- (주)중앙캐피탈은 외상매출금의 5%를 수수료로 부과한다.
- 외상매출금에서 발생가능한 매출에누리나 환입에 대비하여 ₩30,000을 예치한다.

(주)중앙캐피탈은 20×1년 10월 29일 외상매출금을 회수하였으며 회수기간중에 발생된 매출에누리 ₩10,000과 매출환입 ₩12,000을 공제하고 예치금잔액 ₩8,000을 (주)국민에 송금하였다. 이러한 (주)국민의 외상매출금양도에 대한 회계처리를 수행하라.

[10] (매출채권-받을어음 할인양도) (주)한밭은 20×1년 10월 1일 (주)중앙에 판매한 상품대금 ₩1,000,000을 어음으로 수취하였다. 어음의 만기는 3개월이며 이자는 연 6%이다. (주)한밭은 20×1년 12월 1일 보유하고 있는 받을어음을 주거래은행으로부터 연 8% 이자율로 할인받아 조기 현금화하였다.

(주)한밭의 받을어음과 관련하여 20×1년 10월 1일과 20×1년 12월 1일의 회계처리를 수행하라.

[11] (주)중앙이 90일 만기 액면가액 ₩300,000의 무이자부어음을 30일이 경과한 후 연 12%의 할인율로 할인받은 경우, 실제로 수취할 금액은 얼마인가? 단, 1년을 편의상 360일로 가정한다.

① ₩292,000
② ₩294,000
③ ₩296,000
④ ₩298,000
⑤ ₩300,000

[12] (매출채권-대손상각비) (주)중앙은 20×2년도 말 현재 매출채권 ₩3,000,000을 보유하고 있으며, 회사는 연령분석법에 의해 매출채권의 손상 여부(회수불능 여부)를 추정한다.

다음은 (주)중앙이 보유한 매출채권의 회수불능액 추정자료이다.

경과기간	매출채권금액	대손추정률
0－30일	₩300,000	0.5%
31－60일	1,200,000	2.0%
61－90일	900,000	5.0%
91－120일	500,000	10.0%
121일 이상	100,000	40.0%

(주)중앙은 20×1년도 말의 매출채권과 대손충당금은 각각 ₩2,000,000과 ₩150,000이었다. 그리고 20×2년중에 회수불능으로 확정된 매출채권은 ₩120,000이었다.

(1) 20×2년도 기중 및 기말시점에 매출채권과 관련된 회계처리를 수행하라.
(2) (주)중앙의 20×2년말 재무상태표에 표시될 매출채권의 장부금액을 구하라.

[13] 이론적으로 재무상태표상의 단기채권의 가치는 미래에 회수할 현금의 현재가치이다. 그러나 실무상으로는 현재가치계산을 하지 않는데, 그렇게 해도 큰 문제가 되지 않는 이유는 무엇인가?

① 대부분의 단기채권은 이자가 없다.
② 대손충당금에 이미 현재가치할인 개념이 포함되어 있기 때문이다.
③ 현재가치할인에 따른 차액이 무시할 정도로 작다.
④ 대부분의 채권은 은행에 처분할 수 있기 때문이다.

[14]* 다음은 (주)중앙의 20×1년말 현재 거래처별 매출채권의 장부금액과 회수가능성에 대한 내역이다.

거래처	장부금액	대손추정액
A회사	₩50,000	₩0
B회사	20,000	250
C회사	30,000	350
D회사	10,000	100

(주)중앙의 20×1년말 재무상태표에 표시될 매출채권의 장부금액은 얼마인가? 단, (주)중앙의 수정 전 대손충당금잔액은 ₩800이다.

① ₩109,300
② ₩109,200
③ ₩109,000
④ ₩109,400
⑤ ₩109,500

[15]* (주)중앙의 20×1년 및 20×2년의 매출채권 관련자료는 다음과 같다. 20×2년도에 매출처가 파산되어 매출채권의 일부가 회수불가능하게 되었다. 20×2년도에 대손처리된 매출채권 금액은 얼마인가?

- 20×1년말 시점의 매출채권은 ₩500,000이며, 20×2년말 시점의 매출채권은 ₩600,000이다.
- 20×2년말 대손추정금액은 ₩50,000이다.
- 20×2년도 외상매출액은 ₩1,000,000이다.
- 20×2년도에 매출채권 ₩400,000을 현금으로 회수하였다.

① ₩500,000
② ₩600,000
③ ₩700,000
④ ₩800,000
⑤ ₩900,000

*[16] (주)중앙의 결산일 현재 매출채권의 장부금액은 ₩6,000,000이다. 매출채권의 대손과 관련된 자료는 아래와 같을 때 당기에 회수가능한 매출채권 금액을 추정하면 얼마인가?

• 기초 매출채권 대손충당금 잔액:	₩400,000
• 당기 매출채권의 대손상각비 추정금액:	800,000
• 당기중 회수불능으로 대손처리한 매출채권:	500,000

① ₩5,000,000 ② ₩5,100,000
③ ₩5,200,000 ④ ₩5,300,000
⑤ ₩5,400,000

*[17] 대손충당금이 과소설정되는 경우, 다음 중 재무제표에 미치는 영향으로 옳은 것은?

① 대손상각비의 과대
② 당기순이익의 과소
③ 매출채권의 과대
④ 법인세비용의 과소

*[18] 다음의 항목 중 금융자산이 아닌 것은?

① 현금및현금성자산
② 장·단기대여금
③ 수취채권
④ 선수금

연습문제 해답

7. (1) 매출채권: 기초잔액 + 당기매출액 − 대손발생액 − 현금회수액 = 기말잔액
$30,000 + 150,000 - X - 137,100 = 42,000$
⇒ 대손발생액 = X = ₩900

(2) 대손충당금: 기초잔액 + 당기추정대손상각비 − 대손발생액 = 기말잔액
$600 + X - 900 = 900$
⇒ 당기추정대손상각비 = X = ₩1,200

8. 기초매출채권(38,000) + 당기매출(100,000) − 현금회수액(X) − 당기대손액(대손발생액)
(700 = 500 + 1,200 − 1,000) = 기말매출채권(54,000)
∴ 현금회수액(X) = 38,000 + 100,000 − 700 − 54,000 = <u>83,300</u>

9. 20×1년 10월 1일:

(차)	현금	1,870,000			
	팩토링예치금	30,000	(대)	매출채권(외상매출금)	2,000,000
	매출채권처분손실	100,000			
	(= ₩2,000,000 × 5% = ₩100,000)				

20×1년 10월 29일:

(차)	현금	8,000			
	매출에누리	10,000	(대)	팩토링예치금	30,000
	매출환입	12,000			

10. • 20×1년 10월 1일:
(차) 매출채권(받을어음) 1,000,000 (대) 매 출 1,000,000
• 20×1년 12월 1일:
어음의 만기 이자와 원금: ₩1,000,000 + ₩15,000(= 1,000,000 × 6% × 3/12)
= ₩1,015,000
어음할인금액: ₩1,015,000 × 8% × 1/12 = ₩6,767
현금수령액: ₩1,015,000 − ₩6,767 = ₩1,008,233
할인시점의 장부가액: ₩1,000,000 + ₩10,000(= 1,000,000 × 6% × 2/12) = ₩1,010,000
매출채권처분손실: ₩1,010,000 − ₩1,008,233 = ₩1,767
따라서 회계처리는 다음과 같다.

(차)	현 금	1,008,233	(대)	받을어음	1,000,000
	매출채권처분손실	1,767		이자수익	10,000

11. ②: ₩300,000 − (₩300,000 × 12% × $\frac{60}{360}$) = ₩294,000

12. (1) 20×2년 기중 회수불능 확정 매출채권에 대한 회계처리:

(차) 대손충당금 120,000 (대) 매출채권 120,000

20×2년 기말 대손추정에 대한 회계처리:

- 회수불능액의 추정금액: 300,000×0.5% + 1,200,000×2.0% + 900,000 ×5.0% + 500,000×10.0% + 100,000×40.0% = ₩160,500
- 기말 대손상각비 계상액: ₩160,500 − ₩30,000(= 150,000 − 120,000) = ₩130,500

(차) 대손상각비 130,500 (대) 대손충당금 130,500

(2) 20×2년말 매출채권의 장부금액: ₩3,000,000 − ₩160,500 = ₩2,839,500

13. ③: 단기채권에 대해 현가계산을 하지 않는 이유는 명목금액과 현재가치 사이의 차이가 크지 않다고 간주하기 때문이다.

14. ①: ₩110,000 − ₩700 = ₩109,300

15. ①: 대손처리 전 매출채권 기말잔액: ₩500,000 + ₩1,000,000 − ₩400,000 = ₩1,100,000

∴ 20×2년도에 대손처리한 매출채권 금액: ₩1,100,000 − ₩600,000 = ₩500,000

16. ④

(1) 기말 대손충당금 잔액: ₩400,000 + ₩800,000 − ₩500,000 = ₩700,000

(2) 회수가능한 매출채권 추정액: ₩6,000,000 − ₩700,000 = ₩5,300,0000

17. ③: 대손충당금의 과소설정 → 대손상각비의 과소설정 → 당기순이익의 과대설정 → 매출채권의 과대설정

18. ④: ①②③의 항목은 영업활동의 과정에서 발생한 금융자산이다. 순수한 투자목적으로 취득한 금융자산은 제13장에서 다룬다.

제12장 유형자산과 무형자산

기업이 영업활동에 사용할 목적으로 장기적으로 보유하는 자산 중에서 물리적 형태가 있는 자산을 유형자산, 물리적 형태가 없는 자산을 무형자산이라고 한다. 본장에서는 이를 유형자산과 무형자산에 어떠한 종류가 있는지 소개하고, 이를 유 · 무형 자산의 취득시 취득원가의 결정, 취득 후 지출에 대한 처리, 보유 및 사용에 따른 가치평가와 상각비용의 인식 및 처분에 따른 회계처리 등에 대해 설명한다.

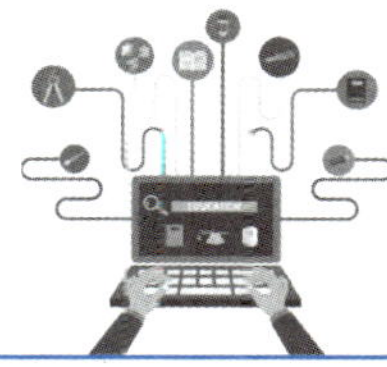

제 1 절 유형자산의 특징과 분류

1. 유형자산의 특징

비유동자산은 크게 투자자산(long-term investments) · 유형자산(tangible assets), 무형자산(intangible assets), 그리고 기타의 비유동자산(other non-current assets)으로 구분될 수 있다. 유동자산(current assets)을 결산일로부터 기산하여 1년 내에 현금화되는 것이라고 한다면, 비유동자산(non-current assets)은 1년 내에 현금화되지 않거나 1년 이상 영업활동에서 사용할 수 있는 자산을 말한다. 비유동자산 중에서 유형자산과 무형자산은 정상적인 영업활동에서 1년 이상 사용하기 위해 구입한 자산이다. 본장에서는 유형자산과 무형자산에 대해서만 설명하기로 한다.

유형자산은 토지 · 건물 · 기계장치 · 차량운반구 · 건설중인 자산 · 비품 등과 같은 내구성자산으로서 영업활동을 하는 데 사용되는 자산을 말하는데 고정자산(fixed assets)이라고도 부른다. 유형자산의 주요 특징을 살펴보면 아래와 같다

첫째, 유형자산은 영업활동에 사용하기 위한 것이지 재판매목적으로 취득한 것은 아니다. 재판매용으로 취득한 유형의 자산은 재고자산이다. 예를 들어 아파트건설업자가 아파트건축용으로 구입한 토지는 재고자산으로 분류하여야 한다. 반면 영업 이외의 목적으로 취득한 유형의 자산은 투자자산으로 분류한다. 따라서 영업용이 아닌 토지나 건물은 투자자산으로 분류하여야 한다.

둘째, 일반적으로 유형자산은 장기간 동안 영업활동을 위해 사용되는 자산이다. 이들은 여러 회계기간에 걸쳐서 기업의 수익창출에 기여하게 되어 미래의 용역잠재력을 지닌 자산이다. 따라서 토지와 건설중인 자산을 제외한 유형자산의 취득원가는 내용연수에 걸쳐 정기적으로 감가상각을 통하여 비용으로 배분된다.[1]

셋째, 유형자산은 물리적 실체(physical substance)를 가지는 비화폐성 자산이다. 유형자산은 실물자산으로서 구체적인 형태를 가지고 있으며, 따라서 산업재산권·영업권 등과 같은 무형자산과 구분된다. 재고자산 등도 유형의 자산이지만, 이들은 재판매를 목적으로 보유하고 있는 자산이기 때문에 생산 및 영업활동에서 사용하는 유형자산과는 구분된다.

2. 유형자산의 분류

유형자산은 크게 토지, 설비자산, 건설중인 자산 등으로 분류할 수 있다. 토지는 기업의 영업활동에 장기간 활용되는 자산으로 기업의 본사건물이나 생산공장건물이 위치한 부지나 이들 건물을 건축하기 위해 보유한 부지 등을 포함한다. 특히, 유형자산 중 토지는 그 수명이 무한하기 때문에 사용기간이 경과해도 그 가치가 줄어들지 않아 비용으로 소멸되지 않는다. 이와 같이 토지는 다른 유형자산과는 달리 감가상각되지 않는 비상각자산이며 이러한 속성의 차이로 재무상태표에 별도로 표시한다.

설비자산은 건물, 기계장치, 차량 등과 같이 수명이 유한한 유형자산이다. 따라서 설비자산은 사용기간이 경과함에 따라 그 가치가 점차 줄어들게 되어 수명을 다하면 소멸된다. 설비자산은 사용가능한 수명기간, 즉 내용연수에 걸쳐 매회계기간에 취득원가 중 소멸된 금액만큼 감가상각된다. 이러한 이유 때문에 설비자산을 감가상각자산이라고 한다. 건설중인 자산은 기업이 자체사용할 목적으로 현재 건설중인 자산으로 아직 사용할 준비가 되지 않은 유형자산이다. 건설중인 사옥, 공장 등이 건설중인 자산의 대표적인 예라 할 수 있다. 건설중인 자산은 취득이 완료되지 않아 감가상각하지 않는다. 따라서 비상각유형자산이다.

기업의 영업활동에 사용할 목적으로 보유하고 있는 유형자산의 종류와 의의를 정리하면 다음과 같다.

---

1) 다만, 매립지 등 내용 연수가 한정되어 있는 토지는 감각상각 대상이 될 수 있다.

① 토지(land): 토지는 영업용 및 자원용의 대지 · 임야 · 전답 · 잡종지 등을 말한다.
② 건물(buildings): 건물은 건물과 냉난방 · 조명 · 통풍 및 기타의 건물부속설비를 말한다.
③ 구축물(structures): 구축물은 교량 · 岸避 · 부교 · 궤도 · 저수지 · 항도·굴뚝·정원설비 및 기타 토목설비 또는 공작물 등을 말한다.
④ 기계장치(machinery and equipment): 기계장치는 기계장치·운송설비(콘베이어 · 호이스트 · 기중기등)와 기타 부속설비를 말한다.
⑤ 건설중인 자산(construction in progress): 건설중인 자산은 유형자산의 건설을 위한 재료비 · 노무비 및 경비로 하되 건설을 위하여 지출한 도급금액이나 취득한 기계 등을 포함한다.
⑥ 기타유형자산(other tangible assets): 위의①~⑤에 속하지 아니한 유형자산으르 한다. 예를 들면 공기구와 비품(tools and equipment), 선박(ships), 차량운반구(vehicles and transportation equipment) 및 임차자산개량권[2](leasehold improvement)을 들 수있다.

제 2 절 유형자산의 취득원가

유형자산의 취득원가는 그 자산의 구입가격(송장가격)에 그 자산이 목적하는 활동에 사용되기까지 소요된 모든 추가적 지출을 가산하여 결정된다. 또한 사용만료 후 원상태로 복구해야 할 의무가 있고 그 금액을 추정할 수 있는 경우에는 복구비용도 취득원가에 추가된다.[3] 취득원가의 결정은 유형자산의 취득방법에 따라 특수한 문제가 발생되기 때문에 다음의 여러 가지 상황으로 나누어 유의해야 할 사항들을 살펴보기로 한다.

2) 임차자산개량권이란 임차건물의 내부시설(칸막이공사 · 실내조명등 장치 등)을 위한 자본적 지출을 의미하는 것으로 자본적 지출의 내용연수와 임차기간중 짧은 기간 동안에 걸쳐 감가상각을 한다.
3) 여러 유형자산을 사용할 목적으로 유형자산들을 일괄구입(lump-sum acquisition)할 경우의 각 유형자산의 취득원가는 일괄구입가액을 각 자산의 공정가치를 기준으로 배분한 금액으로 한다. 그러나 일부 유형자산만을 사용할 목적으로 구입하는 경우에는 일괄구입가액을 해당 유형자산의 취득원가로 처리한다.

1. 구입에 의한 취득

가장 보편적인 방법으로 유형자산을 외부로부터 구입한 경우의 취득원가는 구입대가(송장가격)에 구입수수료·등록세·취득세·운반비·하역비·시운전비·토지구획정리비·배수로설치비 등의 부대비용를 포함하여 취득원가를 산정한다.[4]

예제 12-1

서울공업사는 선풍기부품을 생산하는 기계(송장가격 1,000,000원)를 매입하고, 매입대금 중 500,000원은 현금으로 지급하고 잔액은 월 말에 지급하기로 하다. 그리고 기계의 매입과 관련하여 제반부대비용으로 50,000원을 현금으로 지급하다.

(차) 기계장치	1,050,000	(대)	현 금	550,000
			미지급금	500,000

만약 현금을 일시에 지급하지 않고 유형자산을 장기할부조건으로 매입하였을 경우에는 할부금총액에서 인수일 이후에 속하는 이자 해당액을 차감한 후의 가격으로 취득원가를 계상하여야 한다. 즉 이 때의 취득원가는 현금으로 매입하였을 때 지급해야 하는 사실상의 가격인 현재가치(present value)를 기준으로 산정한다. 현재가치의 개념 및 계산방법은 제14장에서 상술한다. 그리고 이자상당액은 영업외비용인 이자비용으로 처리하여야 한다.

2. 자가건설에 의한 취득

기업이 필요로 하는 유형자산을 외부에서 구입하지 않고 기업의 내부에서 자가건설하는 경우가 있다. 이 때는 적정한 원가계산방법에 의해서 산정된 제조원가를 취득원가로 한다. 이 때 건설에 소요된 재료비·노무비 등의 비용은 건설중인 자산(construction in progress)계정으로 처리하였다가 건설이 완료되면 유형자산으로 대체하게 된다. 그리고 제작·매입·건설에 직접 사용하였음이 객관적으로 입증되는 차입금에 대하여 그 자산의 취득완료시까지 발생된 이자비용 등 금융비

4) 토지를 사용하기 위해 기존 건물이 딸린 토지를 취득한 경우에는 토지의 정지비용(정지작업비)과 기존건물의 철거비용도 토지의 취득원가에 포함된다. 토지의 정지는 토지를 사용가능한 상태에 이르게 하는 것을 말한다.

용(차입원가)은 건설자금이자(construction-related interest)로서 그 자산의 취득원가에 산입한다. 다만, 그 차입금의 일시예금에서 생기는 이자수익은 취득원가로 계상되는 이자비용에서 차감한다.

3. 다른 유형자산과 교환에 의한 취득

기업이 현재 소유하고 있는 유형자산과 교환으로 다른 유형자산을 취득하는 경우가 있다. 이와같이 기존 유형자산과 교환으로 취득한 유형자산의 취득원가는 유형자산 취득을 위해 양도한 자산의 공정가액으로 한다. 다만 제공된 자산의 공정가치를 신뢰성 있게 측정할 수 없는 경우에는 취득한 자산의 공정가치를 취득원가로 할 수 있다.[5] 이에 대한 세부사항은 중급회계에서 다루어진다.

4. 현물출자에 의한 취득

기업이 현금 이외의 자산이나 용역을 받은 대가로 주식을 발행하여 교부하는 경우가 있는데, 이를 출자자의 입장에서는 현물출자(investment in kind)라고 한다. 이 경우에는 자사의 주식을 발행하여 유형자산을 취득한 경우의 취득원가는 당해 자산의 액면금액이 아닌 공정가치로 한다. 현물출자시 실무에서는 공인감정평가서를 법원에 제출토록 하고 있는데 이 공인감정평가서상의 가액이 공정가치가 된다.

예제 12-2

회사가 토지를 취득하였는데, 그 대가로 신주 1,000주(액면가액 @5,000원)를 발행하여 교부하다. 당시 신주의 1주당 공정가액이 6,000원이라면 아래와 같이 회계처리한다.

(차) 토 지	6,000,000	(대) 자 본 금	550,000
		주식발행초과금 (자본잉여금)	500,000

5) 취득한 자산과 제공된 자산의 공정가치를 모두 신뢰성 있게 측정할 수 없는 경우나 상업적 실질이 결여된 교환거래인 경우에는 제공된 자산의 장부금액으로 취득원가를 측정한다. 이에 대한 자세한 내용은 중급회계에서 다룬다.

5. 증여에 의한 취득(무상취득)

기업이 주주·정부 기타 공공기관 등으로부터 유형자산을 증여(무상취득: donation 또는 gift)받아 취득할 때에는 증여받은 시점의 공정가액을 당해 유형자산의 취득원가로 한다. 이 경우 취득과 관련하여 발생하는 원가는 소유권이전비용·양도비용 등이 있다.

예제 12-3

A기업은 기간산업으로 국가로부터 토지와 건물을 증여받았는데, 그 자산의 공정한 시가는 토지가 2,000,000원이고, 건물이 3,000,000원이다. 이 때 소유권이전비용으로 500,000원(토지 200,000원, 건물 300,000원)을 지출했다면 다음과 같이 회계처리한다.

	차변 계정	금액		대변 계정	금액
(차)	토 지	6,000,000	(대)	자산수증이익 (영업외수익)	5,000,000
	건 물	3,300,000		현 금	500,000

제 3 절 유형자산의 취득 후 지출

유형자산을 취득하여 사용하는 기간에도 그 자산과 관련된 교체, 수리, 개선, 증설 등 여러 가지 지출이 발생하게 된다. 따라서 자산을 취득한 후에 발생하는 지출을 어떻게 처리할 것인지가 문제가 된다. 이와 같이 유형자산과 관련하여 지출한 금액을 당해 자산의 취득원가에 포함시킬 것인가, 또는 당기비용으로 계상할 것인지를 결정해야 하는 문제가 있다. 즉 자본적 지출과 수익적 지출의 문제이다. 이 문제는 그 지출액을 어느 쪽으로 회계처리하느냐에 따라 이익측정과 자산평가에 반대영향을 미치므로 회계에서 매우 중요한 사항이다. 이의 회계처리를 표시하면 다음과 같다.

자본적 지출:			
(차) 유형자산	×××	(대) 현　금	×××
수익적 지출:			
(차) 비　용	×××	(대) 현　금	×××

1. 자본적 지출(capital expenditure)

자본적 지출(자산적 지출)이란 유형자산을 취득한 후 그 자산과 관련하여 내용연수를 연장시키거나 가치를 실질적으로 증가시키는 추가적 지출을 의미한다. 다시 말해 지출된 원가를 미소멸원가로 보아 당해 자산의 취득원가의 일부에 포함시킴으로써 유형자산의 장부가액을 증가시키게 되는 지출을 말한다. 자본적 지출로 처리한다는 의미는 곧 자산으로 처리한다는 의미와 동일하다. 즉 유형자산의 미래효익을 증가시키는 지출로서 해당 유형자산계정에 차기하는 방법이다.

따라서 자산의 본질적인 정의와 관련시켜 본다면 당해 지출의 경제적 효익(economic benefit)이 장래기간에까지 지속될 것으로 판단되는 경우에는 이를 자본적 지출로 처리하고, 그 원가를 미래기간에 실현될 수익과 대응시키기 위해 내용연수 동안에 감가상각하여야 한다. 예를 들어, 증설(additions) 및 개량(improvement), 대체(replacement)는 기존자산의 용역잠재력을 증가시키기 때문에 자본적 지출이며 이에 대한 지출을 자산으로 처리한다.

자본적 지출로 분류되는 일반적인 기준은 다음과 같다. 즉 세 가지 조건 중의 하나가 충족되면 자산의 미래효익(용역잠재력)이 증가되었다고 본다.

① 생산용량의 증대 혹은 시설의 확장을 위한 지출(생산능력의 증가)
② 생산능률을 향상시켜 원가를 실질적으로 감소시키는 지출(품질의 개선)
③ 설비자산의 내용연수를 연장시키는 지출(내용연수의 증가)

2. 수익적 지출(revenue expenditure)

수익적 지출(비용적 지출)이란 유형자산과 관련하여 지출된 금액이 미래기간까지 경제적 효익을 제공하지 못하고 그 지출의 효과가 당기에 소멸되는 추가적 지출을 의미한다. 이러한 수익적 지출은 당기의 수익에 직접 혹은 간접으로 대응시켜 당기비용으로 처리한다. 즉 지출의 효과가 당해 유형자산의 본래 용역잠재력을 유지시키는 데 그치는 지출(예: 유형자산의 이전 혹은 재배치)로 이를 소멸원가로 보아 발생한 기간의 비용으로 인식하는 방법이다. 수익적 지출로 분류되는 일반적인 기준은 다음과 같다.

① 수선유지를 위한 경상적 지출
② 중요성기준에 의한 일정금액 미만의 지출
③ 유형자산의 원상회복이나 정상적 기능을 유지하기 위한 지출

자본적 지출과 수익적 지출을 명확히 구별한다는 것은 실무적으로 상당히 어렵다. 동일한 지출을 어느 쪽으로 처리하는가에 따라 자산과 이익의 크기가 달라지게 되는데, 자본적 지출로 처리하면 자산이 증가하게 되고, 수익적 지출로 처리하면 당기의 비용이 증가한다. 따라서 유형자산을 취득한 후에 발생하는 지출을 어떻게 처리할 것인지는 신중을 기해야 한다.

제 4 절 유형자산의 감가상각

1. 감가상각의 본질

토지와 건설중인 자산을 제외한 모든 유형자산은 수명이 유한하기 때문에 시간이 경과하거나 기업이 이를 사용함에 따라 일정기간 후에는 여러 가지 원인으로 인하여 그 가치가 점차 소멸되어 기업에 더 이상 경제적 효익(economic benefit)을 제공하지 못하게 된다. 따라서 기업은 사용기간에 따라 자산의 취득원가를 일정한 방법에 의해 배분시킴으로써(allocating costs in a systematic and rational manner) 재무상태표상의 자산의 가액을 감소시킴과 동시에 동일금액을 당기의 비용으로 처리하게 된다. 이와 같이 취득원가를 내용연수에 걸쳐서 기간별 비용으로 배분시키는 과정을 감가상각(depreciation)의 회계절차라고 한다.

감가상각의 회계절차를 예를 들면 다음의 [그림 12-1]과 같다. 이러한 감가상각의 회계절차가 필요한 이유를 재무상태표측면과 포괄손익계산서측면에서 검토

[그림 12-1] 감가상각의 회계절차

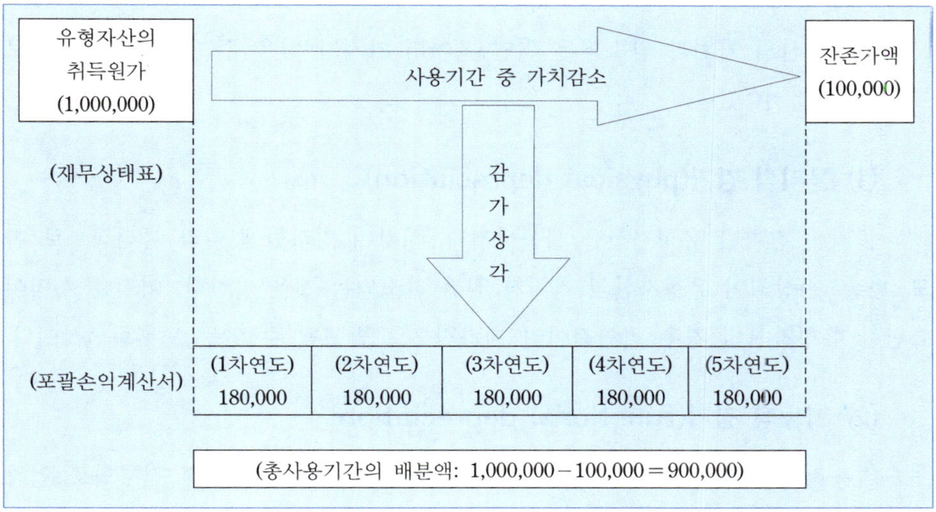

해 볼 수 있다.

첫째, 재무상태표측면에서 보면 유형자산은 매입시점에서 취득원가로 평가되었으나, 사용 혹은 기간의 경과와 더불어 잔존가액에 가까울 때까지 가치가 감소하게 된다. 따라서 재무상태표에 표시되는 유형자산의 가액(즉 장부가액: book value 혹은 carrying value)은 당기에 감소된 가치를 차감한 후의 순액이어야 하므로 매년 감가상각의 회계처리가 이루어져야 한다.

둘째, 손익계산서측면에서 보면 당기수익을 창출하기 위해 희생된 모든 원가는 당기의 수익과 대응시켜 동 회계연도의 비용으로 보고되어야 한다는 점에서 감가상각의 회계처리가 필요하다. 즉 제품을 생산하기 위하여 투입된 재료비와 노무비가 제품판매에 대한 매출원가에 포함되어 비용으로 처리되는 것과 마찬가지로, 제품을 만드는 데 사용된 기계장치에 대한 감가상각도 제품의 제조원가에 포함시켰다가 판매될 경우 매출원가로 비용처리가 되어 수익·비용의 대응이 되도록 해야 한다.

오늘날 회계에서는 감가상각의 필요성과 관련하여 재무상태표에 근거를 둔 자산평가의 관점보다는 당기손익계산에 근거를 둔 원가배분(cost allocation)의 관점을 보다 중요시하고 있다. 즉 감가상각은 원가를 내용연수에 걸쳐 체계적이고 합리적인 방법으로 배분하는 과정(a process of allocating costs in a systematic and rational manner)으로 보는 것이다.

2. 감가의 발생원인

유형자산의 가치가 감소되는 원인은 여러 가지가 있을 수 있으나 두 가지로 크게 분류할 수 있다.

(1) 물리적 감가(physical depreciation)

물리적 감가란 유형자산을 사용하거나, 시간이 경과함에 따라 물리적으로 마모·파손·손상되어 유형자산의 가치가 점점 감소되는 것을 말한다. 이것은 수명이 유한한 유형자산의 경우 필연적이며 계속적으로 발생될 수 있는 노후화현상이다.

(2) 기능적 감가(functional depreciation)

기능적 감가는 유형자산이 경영에 부적합하게 되거나 경제적 진부화로 인하여 발생되는 것으로서 자산을 보유하는 것이 더 이상 경제성이 없을 때 발생하는 가치감소이다. 그러므로 이를 경제적 감가(economic depreciation)라고도 부른다.

(1) 부적합(inadequacy)이란 경영규모의 확장, 공장의 신설이나 이전, 시장상황의 변화, 품제조방식의 변화 등의 경제적·기능적 이유로 말미암아 그 자산을 사용하는 것이 부적절한 경우에 나타나는 가치감소이다.
(2) 진부화(obsolescence)란 새로운 발명이나 기술적인 진보에 의해서 상대적으로 자산의 성능이 뒤쳐지게 되어 발생되는 가치감소이다.

3. 감가상각의 결정요인

당기 감가상각액을 결정하는 요소로서는 ① 취득원가, ② 잔존가액, 그리고 ③ 내용연수 등을 들 수 있다. 여기에서는 감가상각기준액(depreciation base)의 결정요소인 취득원가와 잔존가액을 설명한 후 내용연수에 대해 살펴보기로 한다.

(1) 취득원가(acquisition cost)

취득원가는 유형자산의 구입가격 또는 제작원가에 정상적인 영업활동에 실질적으로 사용할 수 있을 때까지의 모든 부대비용을 가산하여 결정된다. 또한 취득 이후 발생되는 자본적 지출액도 유형자산의 취득원가에 포함된다.

(2) 잔존가액(salvage value 또는 residual value)

잔존가액이란 기업이 유형자산을 폐기처분할 때 받을 수 있을 것이라고 기대되는 추정처분가액이다. 때로는 무형자산뿐만 아니라 유형자산에 대해서도 잔존가액을 0(zero)으로 정해 놓은 경우가 있다. 왜냐하면 감가상각이 종료된 후 자산을 처분하는 경우, 오히려 철거비용이 더 소요되는 것이 일반적인 현상이기 때문이다. 감가상각대상이 되는 유형자산의 금액은 취득원가에서 잔존가액을 차감한 금액이다.

> 감가상각대상액 = 취득원가 − 잔존가액
> (또는 감가상각기준액)

(3) 내용연수(useful life)

내용연수란 자산이 수익획득과정에서 실제 영업활동에 사용될 수 있을 것으로 기대되는 기간으로서 감가상각의 대상기간이 된다. 내용연수는 물리적 감가와 기능적 감가를 고려하여 결정되는데 둘 중에서 짧은 기간을 기준으로 한다. 여기서 내용연수는 자산에서 얻을 것으로 기대되는 생산량이나 이와 유사한 단위수량이 될 수도 있다. 예를 들어, 기계의 사용가능시간이나 자동차의 주행가능 마일리지 등이 있을 수 있다.

대부분의 기업에서는 세법에서 정해진 내용연수를 따르고 있다. 세법은 기업의 유형자산을 세무보고 목적으로 몇년의 내용연수로 할 것인지 제시하고 있다. 그러나 기업의 유형자산이 얼마나 오래동안 사용될지 예측해주는 것은 아니다.

4. 감가상각방법

유형자산의 감가상각기준액(취득원가-잔존가액)은 체계적이고 합리적인 방법으로 배분되어야 한다. K-IFRS에서는 유형자산의 감가상각방법으로 정액법·체감잔액법(정률법, 이중체감법, 연수합계법)·생산량비례법 등을 제시하고 있다. 여기서는 위의 네 가지 방법을 설명하고자 한다. 이때 감가상각을 계산하는 방법도 여러 가지가 있다.[6)]

---

6) 기중에 구입한 자산의 감가상각은 일년기준, 반년기준, 월할기준, 일할기준 등이 있다. 기업에서는 네 가지 방법 중 어떠한 방법도 선택할 수 있지만, 일단 선택하면 특별한 사유가 없는 한 계속적으

(1) 정액법(straight-line method)

정액법은 매 기간 동일한 금액을 상각하는 방법으로서 균등액상각법 또는 직선법이라고도 한다. 정액법에서의 매기 감가상각액은 다음 공식에 의하여 매기 균등하게 결정된다.

$$\text{매기 감가상각액} = \frac{\text{취득원가} - \text{잔존가액}}{\text{내용연수}}$$

정액법은 계산이 매우 단순하고 사용하기가 편리하여 회계실무에서 폭넓게 적용되고 있는 방법이다. 유형자산의 가치가 시간의 경과에 따라 일정하게 감소하고, 기능적 진부화 정도가 거의 무시되는 경우(즉 유형자산에 대한 수익과 수선유지비가 매기 균등하다고 가정할 경우)에는 합리적인 방법이라 할 수 있다.

예제 12-4

취득원가가 100,000원이며, 잔존가액 5,000원, 내용연수 5년으로 추정되는 기계장치의 감가상각액을 정액법으로 계산하라(단, 결산은 연 1회).

$$\text{매기 감가상각액} = \frac{100{,}000 - 5{,}000}{5} = 19{,}000\text{원}$$

정액법에 의한 감가상각표

연 도	계산근거	감가상각액	감가상각누계액	장부가액
				₩100,000
1차	₩95,000 $\times \frac{1}{5}$	₩19,000	₩19,000	81,000
2차	95,000 $\times \frac{1}{5}$	19,000	38,000	62,000
3차	95,000 $\times \frac{1}{5}$	19,000	57,000	43,000
4차	95,000 $\times \frac{1}{5}$	19,000	76,000	24,000
5차	95,000 $\times \frac{1}{5}$	19,000	95,000	5,000
		₩95,000		

로 적용하여야 한다.

(2) 정률법(fixed-rate method)

정률법은 체감잔액법(가속상각법, accelerated depreciation method)에 속하며, 이는 유형자산의 장부금액에 매 기간 동일한 상각률을 적용하는 방법이다. 정률법에서는 장부금액(취득원가 − 감가상각누계액)이 매년 감가상각액만큼 감소하게 되므로 초기에는 많은 금액이 상각되고, 기간이 경과함에 따라 상각액이 점차 감소하게 된다. 체감잔액법에는 정률법·이중체감법·연수합계법 등이 있다. 정률법은 체감잔액법의 대표적인 방법 중의 하나이다. 이러한 정률법에서의 매기 감가상각액은 다음 공식에 의하여 결정된다.

> 매기 감가상각액 = 기초장부금액(= 취득원가 − 감가상각누계액) × 상각률*(정률)
>
> $$*\text{상각률} = 1 - \sqrt[n]{\frac{\text{잔존가액}(S)}{\text{취득원가}(C)}}$$
>
> n = 내용연수(즉 감가상각계산의 횟수)

만약 초기에 유형자산의 생산능률이나 서비스의 질이 높고, 사용기간이 경과할수록 그 능률이 저하되는 경우에는 정률법을 적용하는 것이 수익과 비용의 대응이라는 관점에서 볼 때 보다 합리적인 방법이다. 왜냐하면 유형자산의 사용으로 인한 순현금흐름(현금유입액 − 수선유지비)이 많이 계상되는 초기에는 감가상각비를 많이 계상하고, 순현금흐름이 점차 감소하는 후기에는 감가상각비를 적게 계상하기 때문이다.

정률법에서는 감가상각기준액이 취득원가에서 잔존가액을 차감한 금액이 아니고 기초장부금액이 된다. 그 이유는 내용연수 말에 자산의 장부금액과 잔존가액이 일치하도록 상각률을 결정하기 때문이다.

예제 12-5

예제 12-4의 자료에 의거하여 정률법에 의한 감가상각액을 계산하고 감가상각표를 작성하라

정률법에 의한 감가상각표

연 도	계산근거	감가상각액	감가상각누계액	장부가액
				₩100,000
1차	₩100,000×0.451*	₩45,100	₩45,100	54,900
2차	54,900×0.451	24,760	69,860	30,140
3차	30,140×0.451	13,593	83,453	16,547
4차	16,547×0.451	7,463	90,916	9,084
5차	9,084×0.451	4,084**	95,000	5,000
		95,000		

$$*\text{상각률} = 1 - \sqrt[5]{\frac{5,000}{100,000}} = 0.451$$

**5차년도 감가상각액은 최종장부금액이 ₩5,000이 되도록 조정한 금액임.

(3) 연수합계법(SYD: sum-of-the-years'digits method)

연수합계법은 정률법과 마찬가지로 초기에는 많은 금액이 상각되는 체감잔액법(가속상각법: accelerated depreciation method)의 일종이라 할 수 있는데, 정률법이 매년 일정한 상각률을 매년 감소하는 장부가액에 곱하는 반면에, 연수합계법은 연수합계에 대한 잔존내용연수의 비율을 매년 계산하여 일정한 감가상각기준액에 곱해 주는 방법을 사용한다. 연수합계법에서의 매년 감가상각액은 다음 공식에 의해 결정된다.

$$\text{매기 감가상각액} = (\text{취득원가} - \text{잔존가액}) \times \frac{\text{당해 연도 초의 잔존내용연수}}{\text{내용연수합계}}$$

상기 예제 12-4에서 내용연수의 합계는 5년의 내용연수를 갖고 있는 자산이기 때문에 15년(1+2+3+4+5)이 될 것이다. 보다 간편한 공식으로서 $n(n+1)/2$을 사용하여 계산할 수 있다. 따라서 첫해의 상각률은 5/15, 둘째 해는 4/15, 셋째 해는 3/15, 넷째 해는 2/15, 마지막 해는 1/15이 된다.

예제 12-6

예제 12-4의 자료에 의거하여 연수합계법에 의한 감가상각액을 계산하고 감가상각표를 작성하라

연수합계법에 의한 감가상각표

연 도	계산근거	감가상각액	감가상각누계액	장부가액
				₩100,000
1차	₩95,000×5/15	₩31,667	₩31,667	68,333
2차	95,000×4/15	25,333	57,000	43,000
3차	95,000×3/15	19,000	76,000	24,000
4차	95,000×2/15	12,667	88,667	11,333
5차	95,000×1/15	6,333	95,000	5,000
		₩95,000		

연수합계법은 정률법과 비슷한 체감잔액법이지만 정률법에 비하여 연간감가상각액의 체감되는 속도가 다소 완만하다는 것이 특징이다.

한편 유형자산의 구입과 처분은 일반적으로 회계기간의 기초나 기말에 발생하기보다는 기중에 발생한다. 이러한 경우의 감가상각비는 회계기간의 개월수에 비례하여 배분하는 것이 가장 합리적인 방법이다. 그러나 우리나라 법인세법에서는 자산이 6월을 기준으로 회계연도 전반기에 취득되는 경우에는 취득연도에 1년도 감가상각비를 인식하고, 후반기에 취득되는 경우에는 6개월분의 감가상각비를 인식하도록 하고 있다.

(4) 생산량(사용시간)비례법[units-of-production(work hours) method]

생산량비례법은 자산의 내용연수를 총생산량으로 하고 사용시간비례법에서는 총사용시간으로 하여, 이에 비례하여 감가상각하는 방법이다. 예를 들어 감가상각비를 감가상각기준가액에 대해 추정총생산량에 대한 실제생산량의 비율을 곱하여 계산하는 방법이다. 이 방법은 보통 천연자원인 광산·산림·유전 등과 같이 생산량 또는 채굴량·벌채량에 비례하여 가치가 감소하는 감모성자산(wasting assets)의 경우에 적절한 방법이라 할 수 있다.

생산량비례법에 의한 감가상각액을 계산하기 위한 공식은 다음과 같다.

$$\text{매기 감가상각액} = (\text{취득원가} - \text{잔존가액}) \times \frac{\text{당기실제생산량}}{\text{추정총생산량(총생산가능량)}}$$

예제 12-7

매장된 광물이 50,000톤으로 추정된 광산을 200,000원에 구입하였다. 그리고 당 회계연도에 10,000톤을 채굴하였다면, 생산량비례법에 의한 감가상각액은 얼마인가?

$$200{,}000 \times \frac{10{,}000\text{톤}}{50{,}000\text{톤}} = 40{,}000\text{원(당해 연도 감가상각액)}$$

한편 생산량비례법은 유형자산을 사용함에 따라 가치의 감소가 일어난다고 보는 경우에는 적절하지만, 사용과는 관계 없이 가치가 변화하는 경우에는 적절하지 못하다.

5. 감가상각의 회계처리방법

감가상각의 회계처리방법에는 직접법과 간접법이 있다. 이 때 유형자산의 감가상각은 간접법으로, 무형자산의 감가상각은 직접법으로 회계처리한다.

(1) 직접법(direct method)

직접법은 감가상각에 대해 차변에 감가상각비, 대변에 당해 유형자산(예: 기계장치)을 기입하는 것으로 당해 유형자산을 직접 감소시키는 회계처리방법이다. 이 방법에 의하면 유형자산의 잔액은 현재의 장부가액이므로 직접 장부가액을 파악할 수는 있으나 감가상각누계액을 알 수 없는 단점이 있다. 이 방법은 유형자산의 상각에 허용되지 않는다.

예제 12-8

서울공업사는 20×1년 1월 1일 현금 1,000,000원을 지급하고 기계장치를 취득하였는데, 잔존가액은 취득원가의 5%, 내용연수는 5년으로 추정된다. 정액법에 의해 감가상각한다고 할 경우 1차연도의 말인 20×1년 12월 31일에 행할 결산정리분개를 직접법에 의해 회계처리하라.

(차) 감가상각비	190,000*	(대) 기계장치	190,000

$$* \frac{1,000,000-(1,000,000\times 5\%)}{5}=190,000$$

(2) 간접법(indirect method)

간접법은 평가계정설정법이라고도 하는데, 차변에 감가상각비를 기입하고 대변에 동액을 당해 자산의 차감계정인 감가상각누계액(accumulated depreciation)을 기입하는 방법이다. 이는 당해 유형자산을 간접적으로 감소시키는 회계처리방법이다.

이 방법에 의하면 유형자산은 취득원가에서 감가상각누계액을 차감하여 표시한다. 감가상각누계액계정은 각 회계연도의 감가상각비가 누적된 금액이다. 재무상태표에 표시할 경우, 당해 유형자산의 개별 항목별 취득원가 밑에 감가상각누계액을 표시하여 차감함으로써 장부금액을 표시한다. 그러나 필요에 따라서는 이를 일괄하여 유형자산의 합계액에서 차감하는 형식으로 기재할 수 있는데, 이때에는 그 내용을 주석으로 기재해야 한다.

예제 12-9

예제 12-8의 자료를 가지고 기계장치에 대한 감가상각을 간접법에 의하여 회계처리하라.

(차) 감가상각비	190,000	(대) 감가상각누계액－기계장치	190,000

제 5 절 유형자산의 평가와 손상차손

유형자산은 최초 취득시에 공정한 가액인 취득원가로 측정하고 인식한다. 일단 취득원가로 인식한 이후에는 원가모형이나 재평가모형 중 하나를 회계정책으로 선택하여 유형자산 분류별로 동일하게 적용하여야 한다. 또한 매보고기간 말마다 자산손상을 시사하는 징후가 있는지를 검토한다. 만약 그러한 징후가 있다면 당해 자산의 회수가능액을 추정하여 장부금액 미만으로 떨어질 경우에는 손상차손을 보고하여야 한다.

앞 절에서는 유형자산의 취득원가를 내용연수에 걸쳐 감가상각비로 배분하는 원가모형을 선택하는 경우를 설명하였다. 원가모형은 자산의 최초 취득시점에서 취득원가로 인식하고 난 이후에 자산의 공정가치가 변한다 할지라도 재평가를 허용하지 않는 방법이다. 반면, 재평가모형은 자산의 최초 취득시점 이후에 자산을 공정가치로 재평가한 후 재평가금액을 장부금액으로 수정하는 방법이다. 따라서 기업이 원가모형을 선택할 경우에 유형자산은 원가에서 감가상각누계액과 손상차손누계액을 차감한 금액으로 평가한다. 그러나 재평가모형을 선택하는 경우, 유형자산은 재평가금액, 즉 재평가일의 공정가치에서 재평가일 이후의 감가상각누계액과 손상차손누계액을 차감한 금액으로 평가한다. 이하에서는 유형자산의 취득 이후 이와 같은 재평가와 손상차손에 대하여 살펴보고자 한다.

1. 유형자산의 재평가

최초 인식 후에 공정가치를 신뢰성 있게 측정할 수 있는 유형자산은 평가일의 공정가치로 재평가할 수 있다. 이와 같이 유형자산을 공정가치로 재평가하기로 한 경우, 즉 재평가모형을 선택한 경우에는 평가일의 공정가치에서 이후의 감가상가누계액과 손상차손누계액을 차감한 재평가금액을 장부금액으로 한다. 재평가는 보고기간 말에 자산의 장부금액이 공정가치와 중요하게 차이가 나지 않도록 주기적으로 수행한다.

공정가치는 합리적인 판단력과 거래의사가 있는 독립된 당사자 사이의 거래에서 자산이 교환될 수 있는 금액을 의미한다. 일반적으로 토지와 건물의 공정가액은 시장에 근거한 증거를 기초로 수행된 평가에 의해 결정된다. 이 경우, 평가는 보통 전문적 자격이 있는 평가인에 의해 이루어진다. 일반적으로 설비장치와 기계장치의 공정가치는 감정에 의한 시장가치이다.

재평가의 빈도는 재평가되는 유형자산의 공정가치 변동에 따라 달라진다. 재평가된 자산의 공정가치가 장부금액과 중요하게 차이가 나는 경우에는 추가적인 재평가가 필요하다. 유의적이고 급격한 공정가치의 변동 때문에 매년 재평가가 필요한 유형자산이 있는 반면에 공정가치의 변동이 경미하여 빈번한 재평가가 필요하지 않은 유형자산도 있다. 즉, 매 3년이나 5년마다 재평가하는 것으로 충분한 유형자산도 있다.

자산의 장부금액이 재평가로 인하여 증가된 경우에 그 증가액은 기타포괄손익으로 인식하고 재평가잉여금(asset revaluation reserve)의 과목으로 자본에 가산한다. 그러나 동일한 자산에 대하여 이전에 당기손익으로 인식한 재평가감소액이 있다면 그 금액을 한도로 재평가증가액만큼 당기손익으로 인식한다.

자산의 장부금액이 재평가로 인하여 감소된 경우에 그 감소액은 재평가손실로서 당기손실로 인식한다. 그러나 그 자산에 대한 재평가잉여금의 잔액이 있다면 그 금액을 한도로 재평가감소액을 기타포괄손익으로 인식한다. 재평가감소액을 기타포괄손익으로 인식하는 경우 재평가잉여금의 과목으로 자본에 누계한 금액을 감소시킨다.

어떤 유형자산 항목과 관련하여 자본에 계상된 재평가잉여금은 그 자산이 제거될 때 이익잉여금으로 대체할 수 있다. 자산이 폐기되거나 처분될 때에 재평가잉여금 전부를 이익잉여금으로 대체하는 것이 그러한 경우에 해당될 수 있다. 그러나 기업이 그 자산을 사용함에 따라 재평가잉여금의 일부를 대체할 수도 있다. 이러한 경우 재평가된 금액에 근거한 감가상각액과 최초원가에 근거한 감가상각액의 차이가 이익잉여금으로 대체되는 금액이 될 것이다. 재평가잉여금을 이익잉여금으로 대체하는 경우 그 금액은 당기손익으로 인식하지 않는다.

유형자산을 재평가할 때, 재평가 시점의 감가상각누계액은 다음 중 하나의 방법으로 회계처리한다.

방법 (1) 재평가 후 자산의 장부금액이 재평가금액과 일치하도록 감가상각누계액과 총장부금액을 비례적으로 수정하는 방법: 이 방법은 지수를 적용하여 상각후대체원가를 결정하는 방식으로 자산을 재평가할 때 흔히 사용된다.

방법 (2) 총장부금액에서 기존의 감가상각누계액을 제거하여 자산의 순장부금액이 재평가금액이 되도록 수정하는 방법: 이 방법은 건물을 재평가할 때 흔히 사용된다.

예제 12-10

서울(주)는 보유하고 있는 토지를 20×1년 1월 1일에 취득하였으며 취득원가 1,000,000원으로 기록되어 있다. 20×1년 12월 31일 토지의 공정가치는 1,500,000원으로 평가되었다. 서울(주)가 재평가모형을 선택할 경우에 적절한 회계처리는 다음과 같다.

(차) 토　　지	500,000	(대) 재평가이익 (기타포괄이익)	500,000

20×2년 12월 31일에 토지의 공정가치가 1,200,000원이었다면 다음과 같이 회계처리한다.

(차) 재평가손실 (기타포괄손실)	300,000	(대) 토　　지	300,000

만일, 20×2년 12월 31일에 토지의 공정가치가 900,000원이었다면 다음과 같이 회계처리한다.

(차)	재평가손실(기타포괄손실)	500,000	(대) 토　　지	600,000
	재평가손실(당기손실)	100,000		

예제 12-11

서울(주)는 보유하고 있는 차량을 20×1년 1월 1일에 취득하였으며 취득원가 2,000,000원이며 20×1년 12월 31일 현재 감가상각누계액은 600,000원으로 기록되었다. 20×1년 12월 31일 차량의 공정가치는 1,820,000원으로 평가되었다. 단, 차량의 내용연수는 5년, 잔존가액은 200,000원, 연수합계법으로 감가상각한다. 서울(주)가 재평가모형을 선택할 경우에 적절한 회계처리는 다음과 같다. 단, 재평가에 따른 감가상각누계액 조정은 위의 방법(2)에 의한다.

(차)	감가상각누계액	600,000	(대)	차량운반구	600,000
	차 량 운 반 구	420,000		재평가이익 (기타포괄이익)	420,000

만일, 방법(1)에 따라 감가상각누계액을 조정하면 다음과 같이 회계처리한다.

(차) 차량운반구	600,000	(대)	감가상각누계액	180,000
			재평가이익 (기타포괄이익)	420,000

(주1) 차량 공정가치상승률 : (1,820,000－1,400,000)/1,400,000＝0.3
(주2) 취득원가 상승조정액 : 2,000,000×1.3＝2,600,000
따라서 600,000원의 차량운반구 장부가액이 증가됨
(주3) 감가상각누계액 상승조정액 : 600,000×1.3＝780,000
따라서 180,000원의 감가상각누계액이 증가됨.

2. 유형자산의 손상차손

유형자산은 취득 이후에 자산의 경제적 효익이 크게 손상되지 않았는지를 확인하여 유형자산이 재무제표에 과대하게 보고되지 않도록 하여야 한다. 즉, 매 보고기간 말마다 자산손상을 나타내는 징후가 있는지를 검토하여야 한다. 만약 그러한 징후가 있다면 당해 자산의 회수가능액을 추정하여 유형자산의 장부금액을 수정하여야 한다. 회수가능액의 추정금액이 장부금액에 미달하는 경우에는 자산의 장부금액을 회수가능액으로 감소시킨다. 또한 당해 감소금액은 손상차손(당기손실)으로 보고하여야 한다. 유형자산의 회수가능액은 자산 또는 현금창출단위의 순공정가치와 사용가치 중 큰 금액을 의미한다. 여기서 순공정가치는 합리적인 판단력과 거래의사가 있는 독립된 당사자 사이의 거래에서 자산의 매각으로부터 수취할 수 있는 금액에서 처분부대원가를 차감한 금액을 의미한다. 사용가치는 자산을 계속 사용할 경우에 창출될 것으로 기대되는 미래현금흐름의 현재가치를 의미한다.

> 손상차손 = 장부금액 − 회수가능액
> 회수가능액 = max(순공정가치, 사용가치)

유형자산의 손상차손을 인식할 경우에는 손상차손(loss on impairment)은 당기손익에 반영하고 감가상각누계액과 유사하게 동 금액을 손상차손누계액으로 처리하여 해당 유형자산에서 차감하는 형식으로 표시한다. 따라서 유형자산의 장부금액은 유형자산의 취득원가에서 감가상각누계액과 손상차손누계액을 차감한 금액이 된다.

> 장부금액 = 취득원가 − 감가상각누계액 − 손상차손누계액

한편 유형자산의 손상차손이 기록된 이후에 해당 자산의 회수가능액이 회복되는 경우에는 손상차손환입(당기이익)으로 처리한다. 이 때 손상차손의 환입으로 증가된 장부금액은 과거에 손상차손을 인식하기 전 장부금액의 감가상각 또는 상각후잔액을 초과할 수 없다. 물론, 자산이 재평가대상인지의 여부에 따라 회복되

는 금액에 차이가 있다. 이와 관련된 내용은 본서의 범위를 벗어나기에 여기에서 다루지 않는다. 예제 12-12와 같이 20×2년 12월 31일에 토지의 회수가능액이 회복된 경우에 과거에 손상차손을 인식하기 전 장부금액인 1,000,000원을 초과할 수 없기 때문에 손상차손누계액 100,000원만을 환입시켜준다.

예제 12-12

서울(주)는 보유하고 있는 토지는 20×1년 1월 1일에 취득하였으며 취득원가 1,000,000원으로 기록되어 있다. 20×1년 12월 31일 토지의 회수가능액이 900,000원으로 하락하였다. 이 경우에 서울(주)가 보유하고 있는 토지의 회수가능액 하락에 대한 손상차손의 회계처리는 다음과 같다.

(차) 토지손상차손	100,000*	(대) 토지손상차손누계액	100,000

*1,000,000 − 900,000

만일, 20×2년 12월 31일에 토지의 회수가능액이 1,100,000원으로 회복된 경우에는 다음과 같이 처리한다.

(차) 토지손상차손누계액	100,000	(대) 토지손상차손환입	100,000

예제 12-13

서울(주)는 보유하고 있는 차량을 20×1년 1월 1일에 취득하였으며 취득원가는 2,000,000원이다. 1년 후 20×1년 12월 31일 현재 감가상각누계액은 600,000원으로 기록되었으며, 차량의 회수가능액은 1,200,000원으로 평가되었다. 단, 회사는 재평가모형을 선택하고 있으며, 차량의 내용연수는 5년, 잔존가액은 200,000원, 연수합계법으로 감가상각한다. 이 경우에 서울(주)의 적절한 회계처리는 다음과 같다.

(차) 차량손상차손	200,000*	(대) 차량손상차손누계액	200,000

*(2,000,000 − 600,000) − 1,200,000

만일, 그로부터 1년 후 20×2년 12월 31일에 차량의 회수가능액이 1,000,000이었다면, 손상차손환입금액은 얼마인가? 이와 관련된 분석과 적절한 회계처리는 다음과 같다.

분 석

1. 손상차손 이후의 20×2년 12월 31일 장부금액:

취득원가	2,000,000원	
20×1년 감가상각	(600,000)	$= (2,000,000 - 200,000) \times \frac{5}{15}$
손상차손누계액	(200,000)	
20×2년 감가상각	(400,000)	$= (1,200,000 - 200,000) \times \frac{4}{10}$
장부가액	800,000원	

2. 과거 손상차손이 없다고 가정할 경우 20×2년 12월 31일 현재의 장부금액:

취득원가	2,000,000원	
20×1년 감가상각	(600,000)	$= (2,000,000 - 200,000) \times \frac{5}{15}$
20×2년 감가상각	(480,000)	$= (2,000,000 - 200,000) \times \frac{4}{15}$
장부가액	920,000원	

3. 손상차손회복한도액: 다음 두 금액 중 작은 금액을 기준으로 계산한다.
① 회수가능액 1,000,000원
② 과거 손상차손을 반영하지 않았을 경우의 장부가액 920,000원을 초과할 수 없다.
4. 손상차손환입금액: 120,000원(=920,000－800,000)

이러한 분석에 따라 손상차손의 환입은 20×2년 12월 31일의 장부가액인 800,000원과 과거 손상차손이 없다고 할 경우의 장부금액은 920,000원의 차이인 120,000원의 한도에서 이루어져야 한다. 따라서 적절한 회계처리는 다음과 같다.

(차) 차량손상차손누계액	120,000*	(대) 차량손상차손환입	120,000

*(2,000,000－600,000－480,000)－(800,000)

이러한 손상차손환입 후의 유형자산의 장부금액을 표시하면 다음과 같다.
20×2년 12월 31일 손상차손환입 이후의 장부금액:

취득원가	2,000,000원	
20×1년 감가상각	(600,000)	
20×2년 감가상각	(400,000)	
20×2년 손상차손	(80,000)	=(200,000－120,000)
장부가액	920,000원	

제 6 절 유형자산의 제거

기업은 유형자산의 내용연수가 만료되었을 때 혹은 그 이전이라도 기업이 새로운 자산으로 대체할 필요가 있거나, 유형자산을 더 이상 사용할 필요가 없다고 판단되면 이를 처분하게 된다. 이와 같이 외부에 매각하는 것을 처분(disposal)이라 하고, 비경제적이라고 판단될 경우 사용을 중지하고 폐기하는 것을 제각(write-off)이라고 한다.

유형자산의 처분과 관련한 회계처리문제는 크게 다음과 같이 세 가지로 요약할 수 있다.

(1) 처분시점까지의 감가상각비를 계상하여 장부에 기입하여야 한다.
(2) 당해 유형자산의 취득원가와 감가상각누계액 전액을 장부에서 제거시켜야 한다.
(3) 처분시점의 장부금액(=취득원가−감가상각누계액)과 처분가액간에 차이가 발생할 때, 그 차액을 유형자산처분이익(gains on disposal of fixed assets) 혹은 유형자산처분손실(losses on disposal of fixed assets)로서 처리한다.

예제 12-14

정액법을 사용하고 있는 서울공업사는 이전에 취득하여 20×3년 12월 31일까지 계속 사용해 오던 기계장치(취득일 20×1년 1월 1일, 취득원가 1,000,000원, 잔존가액 100,000원, 감가상각누계액 540,000원, 내용연수 5년)를 20×4년 7월 1일에 250,000원에 매각하고 대금은 수표를 받다. 단, 당사의 회계연도는 매년 1월 1일부터 12월 31일이며, 당기 6개월간의 감가상각비를 아직 인식하지 않았다.

(1) 당연도 6개월간 감가상각비계상(20×4년 1월 1일~20×4년 6월 30일)

(차) 감가상각비	90,000	(대) 감가상각누계액	90,000

(2) 기계장치의 처분에 대한 분개:

(차)	현 금	250,000		
	감가상각누계액	630,000*	(대) 기 계 장 치	1,000,000
	유형자산처분손실	120,000		

* 540,000+90,000

그리고 유형자산의 폐기와 관련한 회계처리문제는 일반적으로 유형자산의 매각처분과 거의 비슷하다. 그 차이점만 요약하면 다음과 같다.

(1) 유형자산이 아무런 경제적 효용가치가 없어 현금회수 없이 폐기된다면, 자산의 장부금액 그 자체가 유형자산폐기손실이 된다.
(2) 유형자산폐기시 철거비 등의 비용이 소요되면 그 비용은 유형자산폐기손실로 처리한다.
(3) 그러나 일반적으로 유형자산폐기손실을 별도로 구분하여 계상하지 않고 유형자산처분손실에 통합하여 보고한다.

예제 12-15

서울공업사는 20×1년 7월 1일 감가상각이 이미 끝난 기계장치(취득원가 1,000,000원, 감가상각누계액 900,000원)를 폐기하기로 결정하다. 이 때 철거로 인한 고철대금 40,000원을 현금으로 받다.

(차)	현금	40,000	(대)	기계장치	1,000,000
	감가상각누계액	900,000			
	유형자산처분손실	60,000			

한편, 유형자산이 화재 등으로 소실된 경우에는 화재 직전의 장부금액을 재해손실로 처리하며 만일 화재보험 등에 가입하여 보상을 받는 경우에는 보상금액과 화재직전 장부금액을 비교하여 보험차익(차손)을 당기의 손익으로 처리한다.

예제 12-16

(1) A회사는 화재보험에 가입된 건물(취득원가 30,000,000원, 동 감가상각누계액 10,000,000원)과 상품(장부상 금액 5,000,000원)이 화재로 소실되었다. 화재에 대한 정보를 화재보험회사에 신고하였다.

(차)	건물감가상각누계액	10,000,000	(대)	건물	30,000,000
	미결산계정	25,000,000*		상품	5,000,000

*미결산계정은 계정과목과 금액이 미확정인 경우에 일시적으로 사용되는 계정이다. 일반적으로 보험사고가 생겼을 때 사용되고 있다.

(2) 보험회사에서 현장검사를 한 후 화재손실로 건물에 대하여 25,000,000원과 상품에 대하여 6,000,000원의 보험금을 월말에 지급하겠다는 통지를 받다.

(차) 미 수 금	31,000,000	(대)	미결산계정	25,000,000
			보 험 차 익 (영업외수익)	6,000,000

제 7 절 무형자산

1. 무형자산의 본질

무형자산(intangible assets)은 유형자산과는 달리 물리적 실체(physical substance)가 없지만 식별가능한 비화폐성 자산으로서 기업이 장기간 영업활동에 사용함으로써 경제적 효익을 제공할 것으로 기대되는 자산이다. 무형자산은 유형자산에 비교하여 미래의 수익창출능력에 높은 불확실성이 존재한다. 무형자산도 유형자산과 마찬가지로 최초 취득시에는 구입가격에 각종 부대비용을 합하여 취득원가로 표시한다.

이와 같은 무형자산의 특징은 다음과 같이 몇 가지로 요약된다.

(1) 물리적 실체가 없지만 영업권을 제외하고는 식별가능한 비화폐성자산이다.
(2) 법률상의 권리(예: 산업재산권·광업권 등) 또는 경제적 권리(예: 영업권)를 나타내는 자산이다.
(3) 불완전경쟁 하에서 경쟁적 이점 때문에 나타나는 자산이다. 즉, 특정기업이 소유함으로써 독점적 권리를 갖거나 타기업보다 초과수익을 얻을 수 있다는 것이다.
(4) 사용가능한 내용연수가 있으나 그 기간을 객관적으로 측정하기 어렵다.
(5) 미래경제적 효익의 실현에 불확실성이 높은 자산이다.
(6) 일반적으로 법률상의 권리인 것이 대부분이므로 다른 대체적 가치로 나타내기가 어려운 자산이다.

2. 무형자산의 종류

무형자산은 크게 식별가능성이 있는 무형자산과 식별가능성이 없는 무형자산으로 나눌 수 있다. 식별가능성은 다른 자산과 구별되거나 법적 권리 또는 계약에 의해 보장될 수 있음을 의미한다. 식별가능성이 있는 무형자산으로는 산업재산권, 저작권, 라이선스와 프랜차이즈, 개발비 등이 있다. 식별가능성이 없는 무형자산으로는 영업권이 있다.

(1) 영업권(goodwill)

식별가능성이 없는 무형자산으로 영업권은 합병·영업양수 등의 경우에 미래의 초과이익을 기대하여 유상으로 취득한 것을 말한다. 구체적으로 우수한 경영진, 높은 신용도, 시장점유율 등으로 인하여 다른 기업보다 상대적으로 유리한 점이 있거나 초과수익력을 가지고 있을 때 나타나는 것으로 이들을 계량화한 금액을 말한다.

영업권의 발생유형에는 매입영업권과 내부창출(자가창출)영업권이 있는데, 전자는 사업결합으로 취득한 영업권을 말하며, 내부창출(자가창출)영업권은 기업이 스스로 창출한 무형의 가치를 환산한 금액을 말한다. 내부창출(자가창출)영업권은 유상으로 취득하지 않았으므로 영업권으로 인정하지 않고 있다. 따라서 매수합병 전에는 피합병기업이 내부적으로 영업권을 창출했다 하더라도 그 가치를 측정하기 어렵기 때문에 영업권을 인식하지 못했지만 피합병기업을 인수한 기업은 매수합병거래를 통해 그 대가를 지급함으로써 영업권을 자산으로 인식한다.

(2) 산업재산권

산업재산권은 법률에 의해 일정기간 독립적·배타적으로 이용할 수 있는 권리로서, 특허권·실용신안권·디자인권 및 상표권 등을 통합하여 부르는 것이다. 특허권(patents)이란 어떤 특정발명이 특허법에 의해 등록되어 일정기간 동안 독점적·배타적으로 이용할 수 있는 권리를 말한다. 실용실안권(utility model patents)이란 특정고안이 실용신안법에 등록된 것이며, 디자인권(design rights)은 특정의장(design)이나 로고(logo)가 의장법에 등록된 것이고, 상표권(trade marks)은 특정상표가 상표법에 등록된 것을 말한다. 이들 무형자산은 특허권과 마찬가지로 관계법률에 의해 등록될 경우, 일정기간 동안 독점적·배타적으로 그것을 사용할 수 있는 권리이다.

(3) 광업권(mining rights)

광업권은 광업법에 의하여 등록된 일정한 광구에서 등록을 한 광물과 동 광산 중에 부존하는 다른 광물을 채굴하여 취득할 수 있는 권리를 말한다. 즉 광업권은 특정지역에 존재하는 천연자원을 채굴할 수 있는 권리를 말한다. 광업권의 취득가액은 미발굴천연자원의 발굴을 할 수 있는 권리를 취득하기 위해 지급한 대가이거나 혹은 기발굴천연자원을 취득하기 위해 지급한 대가를 말한다.[7]

(4) 저작권(copy rights)

저작권은 지적재산권의 일종으로 인간의 사상 또는 감정을 독창적으로 표현한 저작물에 대하여 창작자가 가지는 독점적이고 배타적인 권리를 말한다. 소설가의 소설창작원고에 대한 출판·배포권, 음반제작자의 음반 복제·배포권 등이 이에 해당한다.

(5) 개발비(development costs)

상업적 생산이나 사용 전에 연구결과나 관련 지식을 새롭거나 현저히 개량하여 재료, 장치, 제품, 공정, 시스템이나 용역의 생산을 위한 계획이나 설계에 적용하는 활동을 개발이라고 한다. K-IFRS에 의하면 개발비는 이러한 개발단계(예: 시제품설계 및 제작)의 지출로서 미래의 경제적 효익을 창출(예: 매출증대)할 수 있고 그 금액을 신뢰성 있게 측정할 수 있는 경우에 해당하는 무형자산이다. 이러한 조건을 충족시키지 못하는 개발단계의 지출은 '경상개발비'로 하여 발생한 기간의 비용으로 처리한다.

한편 기업은 새로운 과학적·기술적 지식이나 이해를 얻기 위해서 수행하는 독창적이고 계획적인 탐구활동을 수행할 수 있다. 이러한 연구단계의 지출은 기업이 미래경쟁력을 갖기 위해 반드시 필요한 것이나 미래의 경제적 효익을 입증하기 어렵기 때문에 '연구비'로 발생한 기간에 비용처리한다.

이와같이 기업의 연구개발활동에 관한 지출을 연구(research) 및 개발(development) 단계로 구분하여 표시하면 아래와 같다.

---

7) 특정 지역의 탐사에 대한 법적 권리를 취득하고 수행하는 광물자원에 대한 조사와 광물자원 추출의 기술적 실현가능성과 상업화가능성 평가 관련 지출은 탐사평가자산으로 인식한다. 이러한 탐사평가자산의 예가 광업권이라 할 수 있다.

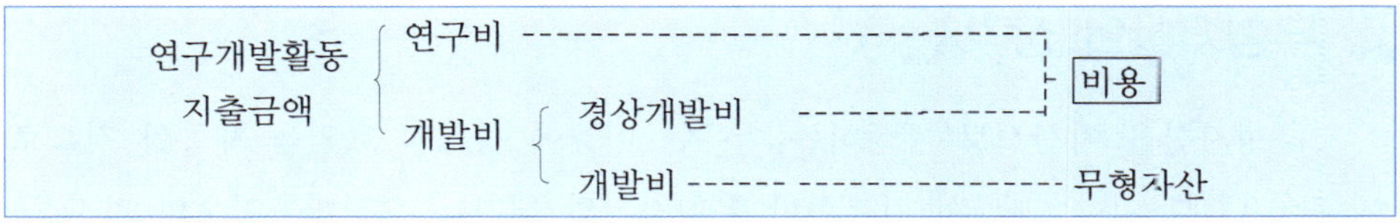

(6) 기타의 무형자산

위에 속하지 아니한 무형자산, 예를 들어 식별이 가능한 무형자산으로는 정부기관 등으로부터 탄소와 같은 공해물질을 일정수준까지 배출할 수 있는 권리를 부여받은 탄소배출권(공해배출권)이 있으며, 유료도로관리권, 각종 공익사업의 시설이용권 등이 있다.[8] 또한 특정지역 내에서 독립적·배타적으로 사업을 영위할 수 있는 권리인 프랜차이즈(franchise) 일정기간 기술이나 지식을 이용하기로 하여 계약의 형태로 존재하는 라이선스(licence)를 들 수 있다. 기업의 전산시스템 및 프로그램 등에 해당되는 컴퓨터소프트웨어(software)도 무형자산에 포함된다.

3. 무형자산의 취득원가

무형자산은 유형자산과 마찬가지로 당해 자산의 취득을 위하여 외부에 지출된 원가를 취득원가로 계상한다. 따라서 외부로부터 유상으로 취득한 무형자산은 당해 자산의 매입원가뿐만 아니라 취득과 관련하여 발생하는 모든 부대비용, 즉 등록비와 법률수수료 등을 포함하여 취득원가로 계상한다.

한편 개발비와 같이 기업내부에서 자체적으로 취득한 무형자산의 경우에는 미래의 경제적 효익에 대한 실현이 확실히 보장되고, 그 권리를 독점적 혹은 배타적으로 사용할 수 있을 때에 한하여 그 지출된 원가를 자본화하고, 그렇지 않은 경우에는 그것이 발생한 기간에 비용으로 보고해야 한다. 예를 들어 내부적으로 창출된(자가창출) 영업권(goodwill)은 유상으로 취득한 것이 아니기에 무형자산으로 기록하지 않는다. 이에 반해 신기술의 자체개발로 인하여 특허권을 취득하였을 때에는 법적으로 보장받는 식별가능한 무형자산이 되며, 개발을 위해 직접 소요된 원가와 특허출원과 관련된 제비용을 포함하여 특허권(patents)의 취득원가로 계상(산업재산권에 포함됨)하여야 한다.

---

8) 차지권(지상권 포함)은 임차료 또는 지대를 지급하고 타인이 소유하는 토지를 사용·수익할 수 있는 권리를 말하는데, 때로는 차지 위에 건물이나 구축물을 지을 수도 있고 차가한 건물의 내부구조를 변경할 수도 있다. 토지의 임대차계약에 의하여 설정되는 권리이다.

4. 무형자산의 상각

무형자산을 자산으로 계상하는 이유는 미래에 경제적 효익을 제공할 것으로 예상하기 때문이다. 따라서 자본화한 무형자산의 원가는 추정내용연수의 기간 동안에 취득원가의 전액을 균등한 금액으로 나누어 각 회계기간의 비용으로 계상한다. 유형자산의 경우에는 감가상각(depreciation)이라는 용어를 사용하여 '감가상각비'로 계상하고, 무형자산의 경우에는 단순히 상각(amortization)이라는 용어를 사용, '무형자산상각비'로 계상하여 유형자산과 구별하고 있다. 상각이란 유형자산의 감가상각과 마찬가지로 무형자산의 원가와 효익을 체계적으로 대응시키는 원가배분(cost allocation)의 과정을 뜻한다. 한편, 천연자원(예: 석유, 가스, 석탄, 광물, 목재 등; natural resources)의 원가배분은 유형자산의 경우와 유사한데, 앞에서 서술한 대로 천연자원의 상각을 감모상각(depletion)이라고 부른다. 그러나 IFRS에서는 감가상각, 감모상각, 상각을 별도로 구분하지 않고 '감가상각'이라는 용어로 통일하고 있다.

무형자산의 상각은 정액법 또는 생산량비례법 등의 무형자산의 효익이 소비되는 패턴을 잘 반영해 주는 합리적인 방법을 적용한다. 다만 합리적인 상각방법을 정할 수 없는 경우에는 정액법을 적용한다. 무형자산의 내용연수는 기업에서 자산이 사용가능할 것으로 기대되는 기간 또는 자산에서 얻을 것으로 예상되는 생산량을 의미한다. 다만 독점적·배타적인 권리를 부여하고 있는 관계법령이나 계약에 의하여 정해진 경우에는 그 기간을 초과하지 못한다. 한편 영업권은 내용연수가 유한하게 추정되지 않는 비한정 내용연수를 갖는 무형자산이기 때문에 상각하지 않는다. 대신 손상징후가 없어도 매기마다 손상평가를 해야 한다. 무형자산을 상각할 경우에는 물리적 형태가 없어 내용연수가 경과되면 그 가치가 완전히 소멸되므로 잔존가액은 통상 0으로 간주한다.

무형자산의 상각액은 그 자산의 내용에 따라 제조활동과 관련된 것은 제조원가로 처리하고, 판매활동 및 관리부문에 관련된 것은 판매비와 관리비로 처리한다. 무형자산은 그 상각액을 당해 자산에서 직접 차감한 잔액으로 기재한다. 즉 유형자산의 감가상각은 감가상각누계액을 설정하여 상각하는 간접법에 의하여 처리하는 데 반해, 무형자산의 감가상각은 무형자산을 직접 차감하는 직접법(direct write-off method)에 의하여 회계처리하는 것이 일반적이다.

5. 영업권의 인식과 측정

무형자산 중에서 영업권은 독립적으로 식별이 불가능하다. 또한 다른 무형자산은 법령에 의해 일정기간 보호받고 있지만 영업권은 일정기간을 보호받는 권리가 아니다.

(1) 영업권의 의의

영업권(goodwill)이란 식별할 수 없는 무형자산으로서 기업이 다른 기업을 인수·합병하는 데 있어서 그 대가로 지급한 구입가액이 취득한 순자산의 공정가액을 초과한 초과액을 말한다. 이론적으로 말하자면, 어떤 기업이 동종산업의 다른 기업보다 정상수익률 이상의 이윤을 얻을 수 있는 초과이익력(earning power cf excess return)을 갖고 있을 때 이를 화폐가치로 표시한 것이다.

(2) 영업권의 성립요인

영업권의 성립원인으로서는 일반적으로 기업에 대한 일반인의 좋은 이미지, 상호나 상표가 널리 알려진 경우에는 높은 신용, 제품의 서비스에 대한 좋은 평판, 유리한 지리적 여건, 우수한 경영진, 우수한 판매조직, 효율적인 광고 등이 평균 이상의 상태에 있기 때문에 무형의 가치인 영업권이 생성·발생된다.

(3) 영업권의 인식

영업권을 측정하는 방법에는 일반적으로 합병 혹은 기업인수와 같은 사업결합(business combination)에 의해 취득된 순자산의 공정가치를 초과한 매수원가(매입가격)로 평가하는 방법과 초과이익력에 의한 현재가치평가방법 등으로 나누어진다.

1) 취득된 순자산의 공정가치를 초과한 매수원가(매입가격)에 의한 평가법

이 방법은 종합평가접근법(master valuation account approach)이라고도 한다. 즉 기업이 다른 기업을 매수합병(mergers & acquisitions)할 때 상대방에게 지급하는 총금액이 식별가능 순자산(자산－부채)의 공정가액을 초과한 부분을 영업권으로 하는 측정방법이다. 반대로 순자산의 공정가액 이하로 지급하였을 경우에는 그 차액을 부의 영업권(염가매수차익: negative goodwill)으로 당기이익으로 즉시 반영한다.

예제 12-17

중앙주식회사는 종로상사 지분의 100%를 취득하여 합병하고자 한다. 합병제안 당시의 20×1년 12월 31일 종로상사의 재무상태표는 다음과 같다.

종로상사:	재무상태표		(20×1. 12. 31)
매출채권	100,000	매입채무	150,000
상품	200,000	단기차입금	350,000
건물	500,000	자본	300,000
	800,000		800,000

중앙주식회사는 독립적인 평가기관에게 심사를 의뢰하여 종로상사 순자산의 공정가액을 다음과 같이 평가하였다.

매출채권	80,000
상품	250,000
건물	600,000
총자산	930,000
총부채	500,000
순자산의 공정가액	430,000

중앙주식회사는 위의 공정시장가치에 대해 합병대가로 종로상사의 기업평가액인 550,000원을 수표로 지급하였다. 종합평가접근법에 의하여 영업권을 계산하고, 중앙주식회사가 행할 합병분개를 하여라.

① 영업권의 계산:

영업권＝피매수기업의 매입가액(사업결합원가)－(피매수기업의 순자산 공정가액×취득한 자산비율)

120,000원＝550,000원－(430,000원×100%)

② 구입시의 합병분개:

(차)	매출채권	80,000	(대)	매입채무	150,000
	상품	250,000		단기차입금	350,000
	건물	600,000		당좌예금	550,000
	영업권	120,000			

2) 초과이익력(earning power of excess return)에 의한 평가법

이 방법은 영업권을 평가하는 데 있어 앞에서 설명한 방법보다 개념상으로도 보다 더 설득력이 있다. 이는 기업이 소유하고 있는 초과이익력에 의하여 측정하는 방법으로서 특정기업이 속하고 있는 산업에 있어서의 산업평균정상이익률(normal rate of return)을 산출하여 이를 특정기업의 평균이익률과 비교함으로써 특정기업의 초과이익력이 산출된다. 이 초과이익력은 결국 특정기업 내에 '원가를 명확히 확인할 수 없는 무형의 가치'가 존재하고 있음을 의미하는 것으로, 이 초과이익력의 추정내용연수 동안에 걸쳐 할인한 현재가치가 영업권가액이 된다. 따라서 이 방법은 초과이익할인법(method of discounting excess earning) · 자본화법 · 자본환원법이라고도 불리고 있다.

초과이익력에 의한 영업권평가, 즉 초과이익할인법의 공식에는 다음 두 가지 방법이 있는데, 이것은 초과이익이 무한히 계속되리라고 가정하는 경우이다.

〈제 1 법〉 초과이익을 할인율로 할인하는 방법:

$$영업권 = \frac{초과이익}{할인율}$$
$$= \frac{평균순이익 - (순자산의\ 공정가치 \times 정상이익률)}{할인율}$$

〈제 2 법〉 평균순이익을 할인율로 할인한 후 취득한 순자산의 공정가치를 차감하는 방법:

$$영업권 = \frac{평균순이익}{할인율} - 순자산의\ 공정가치$$

예제 12-18

전술한 **예제 12-7**의 자료와 다음의 추가자료에 의해 영업권을 평가하고자 한다. 종로상사는 과거 5년 동안 연평균 50,000원의 순이익을 보고하였다. 종로상사가 속해 있는 동종산업의 정상이익률은 10%이다. 이 경우 중앙주식회사가 종로상사를 매입할 때 중앙주식회사가 기록할 영업권평가액은 얼마인가(단, 영업권 평가에 적용할 할인율은 10%로 가정한다)?

종로상사의 순자산의 공정가치(자본)	₩430,000
동종업계의 정상이익률	× 10%
순자산가액에 대한 정상이익	43,000
과거 5년간 종로상사의 연평균순이익	50,000
종로상사의 연간초과이익	₩ 7,000

① 제 1 법(초과이익할인법)

$$영업권 = \frac{초과이익}{할인율} = \frac{7,000}{10\%} = 70,000원$$

② 제 2 법(평균순이익할인법)

$$\begin{aligned} 영업권 &= \frac{평균순이익}{할인율} - 순자산의\ 공정가치 \\ &= \frac{50,000}{10\%} - 430,000 \\ &= 500,000 - 430,000 \\ &= 70,000원 \end{aligned}$$

(4) 영업권의 상각

영업권은 무형자산으로 미래의 경제적 효익을 발생시키는 자산이다. 영업권을 취득하여 자산으로 기록하면 어떻게 평가하여 상각할 것인지의 문제가 발생한다. 구체적으로 상각하지 않을 것인지, 만약 상각한다면 즉시 상각할 것인지, 아니면 내용연수에 걸쳐 상각할 것인지 등의 문제가 발생한다.

영업권은 한정된 내용연수가 없다고 보기 때문에 상각하지 않는다. 다만, 영업권의 가치가 감소되었다는 객관적인 증거가 있는 경우, 즉 손상의 징후가 있는 경우에는 손상차손을 인식한다. 따라서 최소한 매년 한차례 손상검사를 하고 영업권이 손상되었다면 손상차손을 인식하여야 감액처리한다.[9]

9) 일반적으로 합병이나 기업인수 이후에 인수한 기업들의 가치가 떨어지면 '영업권손상'이 발생할 수 있다. 이러한 '영업권손상'은 인수가격에서 발생시점의 순자산가액을 뺀 차액을 말한다. 반면, 비지니스를 사고 팔때 위치가 좋다거나 단골손님이 많이 확보되는 이유로 별도로 주고 받는 권리금이 있다. 이러한 권리금은 평균수익창출능력이 초과할 것이라는 기대에서 형성되기 때문에 영업권과 유사하다고 할 수 있지만 권리금은 계약기간에 걸쳐 상각된다는 점이 다르다.

보 론 A 생물자산과 수확물

농림업, 축산업을 운영하는 기업에서는 사과나무와 같은 식물이나 송아지와 같은 동물을 중요한 자산으로 보유할 수 있다. 이러한 식물자산과 동물자산을 생물자산(biological asset)이라고 하는데, 생물자산을 보유하게 되면 일정기간이 지나서 수확물(agricultural produce)이 나오게 된다. 예를 들어, 젖소의 경우에는 우유, 양의 경우에는 양털, 포도나무의 경우에는 포도가 생물자산의 수확물(agricultural produce)이다. 생물자산은 성격에 따라 유형자산 혹은 재고자산이 될 수 있다. 예를 들어 달걀을 낳는 암탉은 생산설비로 분류되는 유형자산의 성격이지만 고기용으로 판매할 목적으로 키우는 닭은 재고자산의 성격을 갖고 있다.

생물자산은 처음 취득할 때 순공정가치(= 공정가치 - 추정 매각부대원가)로 측정하고, 또 매 보고기간말에 순공정가치로 측정하여 차이가 발생하면 당기의 손익으로 반영한다. 예를 들어, 가축 한마리를 100만원에 취득하고 기말에 가축의 순공정가치가 110만원이라면 10만원의 생물자산평가이익을 당기손익에 반영하게 된다. 이때 생물자산은 새로운 순공정가치인 110만원으로 표시한다.

한편 생물자산에서 수확한 수확물은 수확시점에서 순공정가치로 측정하고 그 금액을 즉시 수확물평가손익(당기손익)으로 반영한다. 그러나 수확시점 이후에는 수확시점에서 측정된 순공정가치를 취득원가로 하여 수확물은 재고자산으로 분류한다. 예를 들어, 포도나무로부터 수확한 포도의 수확시점에서 순공정가치가 10만원이라면 수확물평가이익으로 10만원을 당기손익에 반영하고 동시에 수확물을 재고자산으로 분류하여 평가한다. 이와같이 생물자산은 일반적인 유형자산과 다른 속성을 갖고 있기 때문에 K-IFRS에서는 농림어업활동과 관련된 생물자산과 수확물은 별도의 회계처리를 적용하고 있다.

보 론 B 국고보조금과 공사부담금

국고보조금은 국가 또는 지방자치단체가 특정산업을 육성하거나 기계설비의 현대화, 그리고 연구개발의 촉진 등을 목적으로 시설자금의 일부 또는 공장부지 등을 주요산업을 담당하고 있는 기업에게 국고금에서 무상으로 지원하는 보조금을 말한다.

국고보조금·공사부담금 등으로 자산을 취득한 경우에 이를 취득자산에서 차감하는 형식으로 표시하고, 당해 자산의 내용연수에 걸쳐 감가상각비와 상계하며, 당해 자산을 처분한 경우에는 그 잔액을 당해 자산의 처분손익에 가감한다. 즉 국고보조금계정은 원가차감법을 사용함으로써 취득된 자산의 차감계정(contra account)으로 재무상태표에 다음과 같이 표시한다.

유형자산(취득원가)	×××
감 가 상 각 누 계 액	(×××)
국 고 보 조 금	(×××)
자 산 장 부 가 액	×××

공사부담금이란 전기·가스·철도·수도 등 공공사업을 하는 기관이나 공기업이 공급시설을 설치하는 과정에서 자금의 일부를 그 시설로부터 편익을 제공받은 수요자들로부터 보조받은 것을 말한다. 공사부담금에 대한 회계처리는 국고보조금의 회계처리와 동일하다.

그러나 국고보조금회계원리와 관련하여 한국채택국제회계기준(K-IFRS)에서는 위의 내용에 해당하는 원가차감법뿐만 아니라 이연수익법도 허용하고 있다. 이에 대한 구체적인 내용은 본서에서는 생략하기로 한다.

연습문제

[1] 유형자산을 취득한 이후의 지출은 일반적으로 자본적 지출과 수익적 지출의 범주로 분류할 수 있다. 두 범주의 차이점을 비교설명하라.

[2] 회계에서는 감가상각을 원가의 배분으로 보고 있는데, 이에 대한 근거는 무엇인가?

[3] 사업결합으로 발생한 영업권의 측정방법을 설명하라.

*[4] (유형자산의 취득) **(주)남산은 아래와 같이 본사 사옥을 취득하였다. 취득시 회계처리를 하라.**

(1) 건물 및 토지의 구입가격은 ₩1,500,000,000이며 현금으로 지급하였다. 이 중 토지분은 ₩1,000,000,000이다.

(2) 부동산 중개인에게 수수료 ₩20,000,000과 법무사에게 등기수수료 ₩1,000,000을 현금으로 지급하였다. 중개수수료와 등기수수료는 건물 및 토지의 구입가격 기준으로 배분한다.

(3) 취득세와 등록세는 총 ₩40,000,000을 현금으로 지급하였으며, 이 중 토지분에 해당하는 금액은 ₩30,000,000이다.

(4) 건물의 입주 전에 천정 및 바닥을 수리하고 조명공사를 시행했으며, 총 공사비용은 ₩50,000,000으로, 이 중 ₩20,000,000은 아직 미지급되었다.

*[5] (유형자산의 취득과 처분) **다음은 SS전자(주)의 20×2년도 재무제표의 일부이다.**

(단위: 원)

계정과목	20×2년		20×1년	
<재무상태표 항목>				
유형자산				
토지		15,026,000		14,411,000
건물 및 기계장치	37,006,000		34,430,000	
감가상각누계액	(12,326,000)		(16,140,000)	
		24,680,000		18,290,000
<손익계산서 항목>				
감가상각비		7,764,000		6,989,634

20×2년도에 신규로 취득한 토지는 ₩7,000,000이고 신규로 취득한 건물 및 기계장치는 ₩19,000,000이다. 토지의 처분이익은 ₩6,000,000이다. 건물 및 기계장치의 처분이 있었는데 처분가액은 ₩1,500,000이었다.

(1) 20×2년도에 처분한 토지의 취득원가(장부가액)와 토지의 처분가액을 계산하라.

(2) 20×2년도에 처분한 건물 및 기계장치의 장부가액과 감가상각누계액을 구하고 처분이익 또는 처분손실을 계산하라.

*[6] (유형자산의 감가상각 1) **(주)대한은 20×1년 1월 1일 기계장치를 ₩24,000,000에 취득하였다. 이 기계의 내용연수는 5년이고 잔존가액은 ₩4,000,000이다. 법인세법에 따른 정률법의 상각률은 30%이다.**

(1) 정률법을 적용할 경우 20×2년도의 감가상각비는 얼마인가?

(2) 정률법을 적용했을 경우와 정액법을 적용했을 경우에 20×3년 말 감가상각누계액이 얼마인지 각각 보여라.

*[7] (유형자산의 감가상각 2) **(주)성신은 20×1년 1월 1일 기계장치를 ₩20,000,000에 취득하였다. 이 기계의 내용연수는 5년이고, 잔존가액은 ₩2,000,000이다. 법인세법에 따른 정률법의 상각률은 37%이다.**

(1) 정률법을 적용할 경우 20×1년과 20×2년의 감가상각비는 각각 얼마인가?

(2) 20×3년 말 시점에서 정률법과 정액법에 의한 감가상각누계액을 계산하고 그 차이를 각 방법별로 설명하라.

(3) (주)성신은 앞으로 수십 년간 매년 유사한 기계장치를 1대씩 추가로 취득할 것으로 예상된다. 이 경우 기업의 회계·재무담당 전무로서 어떤 감가상각방법을 택할 것이며 그 논리는 무엇인지 설명하라.

*[8] (유형자산의 감가상각 2) **다음은 한밭(주)의 설비자산에 대한 자료이다.**

20×1년 1월 1일(기계취득일): 매입가액 ₩3,800,000, 설치비 ₩400,000, 운반비 ₩200,000, 시험운전비 ₩100,000
기계의 추정내용연수: 5년, 잔존가치: ₩300,000, 감가상각방법: 연수합계법

(1) 20×2년도 감가상각비를 계산하라.

(2) 20×3년도 말 감가상각누계액을 계산하라.

(3) 20×4년 1월에 ₩620,000을 들여 대대적인 수선을 한 결과 내용연수가 3년 늘어나 앞으로도 5년은 더 쓸 수 있게 되었다. 잔존가액이 ₩300,000일 경우에 20×4년도 감가상각비를 계산하라.

(4) 20×5년 12월 31일에 기계를 현금 ₩800,000을 받고 처분한 경우에 20×5년도의 감가상각비와 기계의 처분이익 혹은 처분손실을 계산하라.

*
[9] (유형자산의 감가상각 4) **(주)중앙은 20×1년 1월 초에 새로운 장비를 도입하였다. 장비도입의 내역은 다음과 같다.**

구입가격:	₩10,000,000
설치비용:	2,500,000
시험운전비 및 운반비:	500,000
추정내용연수:	5년
추정잔존가액:	1,000,000
감가상각방법:	연수합계법

(주)중앙은 위의 장비를 3년간 사용하다가 20×4년 초에 ₩3,000,000을 들여 종합보수를 하였다. 이러한 보수로 인하여 장비의 내용연수는 3년이 연장되었으며, 잔존가액은 여전히 ₩1,000,000이었다.

(1) 20×3년의 감가상각비 보고를 위한 회계처리를 하라.
(2) 20×4년의 감가상각비 보고를 위한 회계처리를 하라.

*
[10] (유형자산의 감가상각 5) **(주)ABC는 20×1년 1월 1일 차량운반구를 ₩20,000,000에 구입하였다. 취득시 내용연수는 5년, 잔존가액은 없는 것으로 추정하였으며, 감가상각은 정률법(상각률 0.451)으로 하고 있다.**

(1) 이 차량운반구의 20×2년 감가상각비는 얼마인가?
(2) 이 차량운반구를 20×2년 12월 31일 ₩6,500,000에 처분하였다고 했을 때, 손익계산서에 미치는 효과는?

*
[11] (유형자산의 취득원가 1) **(주)중앙은 20×1년 초에 회사의 사옥을 신축할 목적으로 건물과 부속토지를 일괄구입하였다. 취득내용은 다음과 같다. 이 자료를 이용하여 건물과 부속토지의 취득원가를 산정하라.**

일괄구입가액	₩45,000,000
건물의 공시시가	30,000,000
토지의 공시시가	20,000,000

[12]* (유형자산의 취득원가 2) (주)중앙은 20×1년 초에 사옥을 신축할 목적으로 기존건물이 있는 토지를 취득하였다. 토지의 취득내용은 다음과 같다. 토지의 취득원가는?

토지의 구입가액	₩30,000,000
구건물철거비용	₩5,000,000
철거부산물매각대금	₩2,000,000
토지의 정지비용	₩10,000,000

[13]* (유형자산의 손상차손) (주)국민은 20×1년 7월 1일에 취득원가 ₩15,000,000인 생산설비를 취득하였다. 이 설비의 내용연수는 10년, 잔존가액은 ₩2,000,000으로 추정되었다. 회사는 이 생산설비의 감가상각방법으로 정액법을 적용하고 있다. 20×3년도 중에 영업상황의 악화로 생산설비의 가동률이 낮아지고 설비의 성능도 크게 저하되어 20×3년도 말 현재 이 생산설비의 순공정가치는 ₩8,000,000이며 사용가치는 ₩7,500,000으로 추정되었다. (주)국민의 생산설비에 대한 손상차손의 회계처리를 하고 손상차손 이후에 20×3년도 말 현재의 장부가액을 산정하라.

[14]* (유형자산의 재평가) (주)중앙은 공장건물에 대해 취득 이후에 재평가모형을 적용하여 평가하기로 하였다. 공장건물의 취득 및 취득 이후의 평가에 관련된 자료는 다음과 같다. (주)중앙의 공장건물에 대해 20×1년도 말과 20×2년도 말에 회계처리를 수행하라.

취득일	20×1년 1월 1일
취득원가	₩50,000,000
내용연수	20년
잔존가액	0
감가상각법	정액법
20×1년도 말 공정가치	57,000,000
20×2년도 말 공정가치	52,000,000

* [15] (무형자산의 인식가능 지출) **(주)중앙은 20×1년도 중에 다음과 같은 연구개발에 관련된 지출이 있었다. 자료를 이용하여 (주)중앙이 무형자산으로 인식할 수 있는 지출 금액을 구하라.**

신제품 출시 홍보비	₩2,000,000
새로운 과학지식을 습득하기 위한 학술논문 구독 및 세미나 참석비용	5,000,000
신제품 개발완료 후 제품생산 담당직원의 교육훈련비	3,500,000
시제품 모형 및 시험공장 등의 설계·제작·시험비	4,400,000
신기술과 관련된 공구·금형 등의 설계비	6,500,000
개발완료 제품에 대한 특허취득에 소요된 비용	3,800,000
재료, 장치, 제품, 공정 등에 대한 여러 가지 대체적인 안의 탐색비용	2,200,000
새로운 공정을 시작하기 위해 발생한 지출	1,500,000
기업의 혁신을 위한 조직개편에 소요된 비용	9,500,000

* [16] (무형자산의 상각) **(주)국민은 신기술개발과 관련하여 20×1년 중에 시제품 설계 및 제작, 시험생산을 위한 금형제작 등에 총 ₩25,000,000이 지출되었으며 이러한 지출은 모두 무형자산 인식기준을 충족하는 것이었다. 이러한 신기술개발결과에 따른 경제적 효익은 20×2년 초부터 발생할 것으로 예측되며 개발기술의 보호를 위해 특허를 출원하고 20×2년도 초에 특허를 획득하였다. 특허출원 및 획득에 관련하여 지출된 금액은 총 ₩5,500,000이었다. 개발비의 상각기간은 5년으로 추정되었으며 특허권 내용연수는 10년이다. 회사는 개발비와 특허권 상각에 정액법을 적용하고 있다.**

(1) 20×2년도 무형자산의 상각에 대한 회계처리를 하라.

(2) 만일 20×3도 말에 시장환경의 변화로 개발비의 회수가능액이 ₩12,000,000으로 장부가액에 미달하였다면 20×3년도 말 회계처리를 하라.

* [17] **다음의 설명 중 틀린 것을 모두 고르면?**

① 유형자산의 내용연수 초기에는 정액법보다 정률법으로 상각할 때 감가상각비가 더 많이 계상된다.

② 영업권, 소프트웨어 등 무형자산은 내용연수에 걸쳐 상각해야 한다.

③ 내부에서 창출한 영업권은 자산으로 인식할 수 없다.

④ 토지, 건물, 기계장치 등은 유형자산이므로 내용연수에 걸쳐 감가상각해야 한다.

⑤ 잔존가액이 없다면 내용연수 종료 시점에서 감가상각누계액은 취득원가와 동일해진다.

*
[18] **다음 중 유형자산에 속하는 것은?**

① 아직 도착하지 않은 기계장치에 대한 선급금
② 처분예정인 미사용 장비
③ 영업활동에 사용되지 않고 판매목적으로 보유하고 있는 토지
④ 건설중인 자산

*
[19] **다음 중 회계상의 감가상각개념에 가장 가까운 것은?**

① 내용연수 동안에 유형자산의 원가를 체계적이고 합리적인 방법으로 배분하여 비용으로 인식
② 당기의 수익창출과정에서 감소된 경제적 자원의 가치감소분을 비용으로 인식
③ 당기수익창출과정에서 발생한 물리적 가치감소분에 해당하는 유형자산의 취득원가를 비용으로 인식
④ 유형자산의 공정시장가치를 반영하기 위해 당기에 사용된 유형자산의 금액을 기간비용으로 인식

*
[20] **유형자산을 취득한 이후의 추가적 지출은 자본적 지출과 수익적 지출로 구분된다. 다음 중 자본적 지출로 분류될 수 있는 것은?**

① 수선유지를 위한 경상적 지출
② 지출효과가 당기내에 소멸하는 지출
③ 생산능률과 관련하여 원가를 실질적으로 증가시키는 지출
④ 유형자산의 내용연수를 연장시키는 지출

*
[21] **다음의 설명 중 틀린 것은?**

① 토지만을 사용할 목적으로 토지와 건물을 일괄구입할 경우, 일괄구입가액은 모두 토지의 취득원가로 처리하며, 건물의 철거비용은 토지의 취득원가에 가산한다.
② 유형자산에 재평가모형을 적용하는 경우, 재평가손실은 기타포괄손실로 인식한다.
③ 무형자산의 내용연수가 비한정인 경우, 상각하지 않고 대신 손상평가를 해야 한다.
④ 내부프로젝트의 연구단계에서 발생한 연구비는 무형자산이 아닌 발생한 기간의 비용으로 인식한다.

* [22] (주)중앙은 20×1년 1월에 (주)대한 지분의 100%를 취득하여 인수하기로 하였다. (주)다한의 순자산장부금액은 ₩1,000,000이며 순자산공정가액은 ₩2,000,000으로 평가되었다. (주)중앙이 (주)대한의 영업권을 ₩200,000으로 계산하였다면 (주)중앙이 (주)대한을 인수하기 위해 지급할 최대금액(피매수기업의 매입가격, 사업결합원가)은?

① ₩1,200,000 ② ₩3,000,000
③ ₩1,800,000 ④ ₩2,200,000

* [23] (주)중앙은 20×0년 7월 1일에 취득원가 ₩850,000, 잔존가액 ₩50,000의 기계장치를 취득한 후 계속 사용하고 있다. 동 기계장치의 내용연수는 3년이고, 감가상각방법으로는 정액법을 사용한다. 20×1년 12월 31일 (주)중앙의 재무상태표에 보고될 동 기계장치의 장부금액은 얼마인가? (2011년 지방직 공무원, 수정)

① ₩400,000 ② ₩425,000
③ ₩450,000 ④ ₩475,000

* [24] (주)중앙은 20×1년초에 기계장치를 ₩1,000,000에 취득하였다. 동 기계장치의 내용연수는 10년이고 잔존가치는 없으며, 감가상각은 정액법으로 한다. 동 기계장치를 5년간 사용한 후 20×6년 초에 ₩300,000을 들여 대폭적인 수리를 한 결과 기계장치의 내용연수가 3년 연장되었다. 20×6년말에 계상하여야 할 감가상각비는 얼마인가?

① ₩50,000 ② ₩100,000
③ ₩150,000 ④ ₩200,000

* [25] (주)중앙은 20×1년 1월 1일 건물을 ₩12,000에 취득하여 정액법으로 감가상각하고 있다. 잔존가치는 ₩2,000이며 내용연수는 10년이다. (주)중앙은 당기중에 갑작스런 세계금융위기로 부동산가치가 급락함에 따라 건물의 손상징후를 발견하였다. 20×1년 12월 31일 현재 동 건물의 순공정가치는 ₩9,000이며 사용가치는 ₩9,500으로 추정되었다. (주)중앙이 20×1년 12월 31일에 인식해야 할 손상차손은 얼마인가?

① ₩950 ② ₩1,000
③ ₩1,500 ④ ₩2,000

[26]* (주)중앙은 보유중인 취득원가 ₩500,000의 토지를 20×1년 9월 15일에 처음으로 재평가하였다. 이때 토지가 공정가치 ₩580,000으로 재평가되었다면 20×1년말에 (주)중앙의 재무제표에 미치는 영향으로 다음 중 옳은 것은?

① 재평가이익은 기타포괄이익으로 ₩80,000 만큼의 당기순이익이 증가한다.
② 재평가이익은 기타포괄이익으로 ₩80,000 만큼의 영업이익이 증가한다.
③ 재평가이익은 재평가잉여금으로 ₩80,000 만큼의 자본이 증가한다.
④ 재평가이익은 재평가잉여금으로 ₩80,000 만큼의 자산이 증가한다.

[27]* 다음 중 무형자산의 개발비로 회계처리를 할 수 있는 활동이 아닌 것은?

① 상업적 생산 전 혹은 사용 전에 시제품을 설계하거나 제작하는 활동
② 상업적 생산 전 혹은 사용 전에 재료, 장치, 제품, 공정 등에 대해 설계하는 탐구활동
③ 상업적 생산 전 혹은 사용 전에 연구결과의 관련 지식을 새롭게 하거나 탐색하여 제품생산을 위한 설계에 적용하는 활동
④ 상업적 생산 전 혹은 사용 전에 새로운 과학적·기술적 지식을 얻기 위해 계획적으로 수행하는 탐구활동

연습문제 해답

4. 건물의 취득원가(단위: 백만원): 500 + (20 + 1) × 5/15 + 10 + 50 = 567
토지의 취득원가(단위: 백만원): 1,000 + (20 + 1) × 10/15 + 30 = 1,044

(단위: 백만원)

(차)	건 물	567	(대)	현 금	1,591
	토 지	1,044		미지급금	20

5. (1) 기초잔액 + 신규취득 − 처분액 = 기말잔액
14,4110,000 + 7,000,000 − X = 15,026,000 ⇒ 처분장부액 = ₩16,385,000
처 분 이 익 = 6,000,000
처 분 가 액 = ₩12,385,000

(2) 기초잔액 + 신규취득 − 처분액 = 기말잔액
(건물 장부가액) 34,430,000 + 19,000,000 − X = ₩37,006,000
⇒ 처분장부가액 = ₩16,424,000
기초감가상각누계액 + 기중감가상각비 − 처분감가상각누계액
= 기말감가상각누계액
(감가상각누계액) 16,140,000 + 7,764,000 − X = ₩12,326,000
⇒ 처분감가상각누계액 = ₩11,578,000
순 장 부 가 액 = 4,846,000
처 분 가 액 = 1,500,000
처 분 손 실 = ₩3,346,000

6. (1) 20×1년도: 24,000,000 × 30% = ₩7,200,000
20×2년도: (24,000,000 − 7,200,000) × 30% = ₩5,040,000

(2) 정률법:

20×3년도 감가상각비: (24,000,000 − 7,200,000 − 5,040,000) × 30%
= ₩3,528,000
20×3년 말 감가상각누계액 = 7,200,000 + 5,040,000 + 3,528,000
= ₩15,768,000

정액법:

(24,000,000 − 4,000,000) × 3/5 = ₩12,000,000

7. (1) 20×1년 감가상각비: 20,000,000×0.37 = ₩7,400,000

20×2년 감가상각비: (20,000,000 − 7,400,000)×0.37 = ₩4,662,000

(2)

> 20×3년 정액법 감가상각비: (20,000,000 − 2,000,000)/5 = ₩3,600,000
> 20×3년 정률법 감가상각비: (20,000,000 − 7,400,000 − 4,662,000)×0.37 = ₩2,937,060
>
> 정액법은 감가상각기간 동안 동일 금액을 감가상각하나 정률법은 초기에 많은 금액을 계상하다가 기간이 지나감에 따라 감가상각비가 감소하며, 20×2년까지 정률법의 감가상각법이 더 컸으나 20×3년에는 반전되어 정률법의 감가상각비가 더 작음.

(3) 지속적으로 동일한 규모의 유형자산을 반복해서 취득하는 경우에는 매년 전체 유형자산의 감가상각비가 감가상각방법에 따라 차이를 보이지 않을 것이기 때문에 감가상각방법 선택의 차별적인 경제적 효과가 나타나지 않음.

8. (1) 취득원가: 3,800,000 + 400,000 + 200,000 + 100,000 = ₩4,500,000

감가상각비: (4,500,000 − 300,000)×4/15(= 1 + 2 + 3 + 4 + 5) = ₩1,120,000

(2) (4,500,000 − 300,000)×(5 + 4 + 3)/15 = ₩3,360,000

(3) 수선 직전 장부금액: 4,500,000 − 3,360,000 = ₩1,140,000

수선 이후의 장부금액: 1,140,000 + 620,000 = ₩1,760,000

20×4년도 감가상각비: (1,760,000 − 300,000)×5/15 = ₩486,667

(4) 20×5년도 감가상각비: (1,760,000 − 300,000)×4/15 = ₩389,333

처분직전 장부금액: 1,760,000 − (486,667 + 389,333) = ₩884,000

처분손익: 800,000 − 884,000 = −₩84,000 손실

9. 장비의 취득원가: 10,000,000 + 2,500,000 + 500,000 = ₩13,000,000

- 20×1년 감가상각비: (13,000,000 − 1,000,000)×5/15 = ₩4,000,000
- 20×2년 감가상각비: (13,000,000 − 1,000,000)×4/15 = ₩3,200,000
- 20×3년 감가상각비: (13,000,000 − 1,000,000×3/15 = ₩2,400,000

(차) 감가상각비	2,400,000	(대) 감가상각누계액	2,400,000

- 20×4년초 종합보수:

종합보수로 내용연수가 증가되었으므로 자본적 지출이며 취득원가에 가산해 줌.

(차) 장 비	3,000,000	(대) 현 금	3,000,000

• 20×4년 감가상각비:
(₩13,000,000 + ₩3,000,000 − ₩4,000,000 − ₩3,200,000 − ₩2,400,000 − ₩1,000,000) × 5/15 = ₩1,800,000

(차) 감가상각비	1,800,000	(대) 감가상각누계액	1,800,000

10. (1) 20×1년 감가상각액 = 20,000,000 × 0.451 = ₩9,020,000
20×1년 말 장부가액 = 20,000,000 − 9,020,000 = ₩10,980,000
20×2년 감가상각액 = 10,980,000 × 0.451 = ₩4,951,980
(2) 20×2년 말 장부가액 = 10,980,000 − 4,951,980 = ₩6,028,020
처분가액 6,500,000 − 장부가액 6,028,020 = 유형자산처분이익 ₩471,980

11. 건물의 취득원가: 45,000,000 ÷ (30,000,000 + 20,000,000) × 30,000,000
= ₩27,000,000
토지의 취득원가: 45,000,000 ÷ (30,000,000 + 20,000,000) × 20,000,000
= ₩18,000,000

12. 취득원가: 30,000,000 + 5,000,000 − 2,000,000 + 10,000,000 = ₩43,000,000

13. • 20×3년도 말 현재 생산설비의 장부가액(손상차손 고려하기 전):

취득원가	₩15,000,000
감가상각누계액	3,250,000
장부가액	₩11,750,000

20×1년도: (15,000,000 − 2,000,000)/10 × 6/12 =	₩650,000
20×2년도: (15,000,000 − 2,000,000)/10 =	1,300,000
20×3년도: (15,000,000 − 2,000,000)/10 =	1,300,000
20×3년도 말 현재 감가상각누계액:	₩3,250,000

생산설비의 회수가능액: 순공정가치 ₩8,000,000과 사용가치 ₩7,500,000 중 더 큰 금액, 즉 ₩8,000,000

• 생산설비의 손상차손: 11,750,000 − 8,000,000 = ₩3,750,000
• 회계처리:

(차) 생산설비(유형자산)손상차손	3,750,000		
		(대) 생산설비손상차손누계액	3,750,000

• 20×3년도말 현재 생산설비의 손상차손 고려 후의 장부가액:
11,750,000 − 3,750,000 = ₩8,000,000

14. 20×1년도 말:

• 감가상각비 인식

(차) 감가상각비	2,500,000	(대) 감가상각누계액	2,500,000

• 재평가회계처리

(차) 공 장 건 물	7,000,000	(대) 재평가잉여금	9,500,000
감가상각누계액	2,500,000		

20×2년도 말:

• 감가상각비 인식

(차) 감가상각비	3,000,000	(대) 감가상각누계액	3,000,000

* ₩57,000,000/19 = ₩3,000,000

• 재평가회계처리

(차) 재평가잉여금	2,000,000**	(대) 공장건물	2,000,000

*재평가직전 장부가액: 57,000,000 − 3,000,000 = ₩54,000,000
**재평가손실 54,000,000 − 52,000,000 = ₩2,000,000(재평가잉여금으로 처리)

15. 무형자산 인식가능 지출:

• 개발비

시제품 모형 및 시험공장 등의 설계·제작·시험비	₩4,400,000
신기술과 관련된 공구·금형 등의 설계비	6,500,000
	₩10,900,000

• 특허권

개발완료 제품에 대한 특허취득에 소요된 비용	₩3,800,000

참고

• 연구비

새로운 과학지식을 습득하기 위한 학술논문 구독 및 세미나 참석비용	₩5,000,000
재료, 장치, 제품, 공정 등에 대한 여러 가지 대체적인 안의 탐색비용	2,200,000
	₩7,200,000

• 기타비용

신제품 개발완료 후 제품생산 담당직원의 교육훈련비	₩3,500,000
신제품 출시 홍보비	₩2,000,000
새로운 공정을 시작하기 위해 발생한 지출	1,500,000
기업의 혁신을 위한 조직개편에 소요된 비용	9,500,000
	₩16,500,000

16. 20×2년도 말 회계처리:

(차) 무형자산(개발비)상각	5,000,000	(대) 개 발 비	5,000,000
(차) 무형자산(특허권)상각	550,000	(대) 특 허 권	550,000

20×3년도 말 회계처리:

(차) 무형자산(개발비)상각	5,000,000	(대) 개 발 비	5,000,000
(차) 무형자산(개발비)손상차손	3,000,000	(대) 특 허 권	3,000,000

* 손상차손:

무형자산(개발비)취득원가	₩25,000,000
20×2년도와 20×3년도 상각금액	− 10,000,000
20×3년도 말 개발비 장부가액	₩15,000,000
20×3년도 말 개발비 회수가능액	− 12,000,000
무형자산(개발비)손상차손	₩ 3,000,000

(차) 무형자산(특허권)상각	550,000	(대) 특 허 권	550,000

17. ②, ④

18. ④: 유형자산은 현재 영업활동을 위하여 사용하고 있는 유형의 장기성 자산이다.

19. ①: 감가상각은 유형자산의 가치감소분을 측정하여 비용화하는 것이 아니라 취득원가를 내용연수 동안에 체계적이고 합리적인 방법과 비율으로 배분하는 개념이다.

20. ④

21. ②: 재평가손실은 당기손실에 반영한다.

22. ④

23. ③: 20×1년 12월 31일까지의 감가상각누계액:

$$(₩850{,}000 - ₩50{,}000) \times \frac{18}{36} = ₩400{,}000$$

∴ 20×1년 12월 31일 기계장치의 장부금액:

₩850,000 − ₩400,000 = ₩450,000

24. ②: 20×5년말 현재 감가상각누계액: $(₩1{,}000{,}000 - 0) \times \frac{5}{10} = ₩5{,}000{,}000$

∴ 20×6년도 감가상각비:

[(₩1,000,000 − 5,000,000) + ₩300,000] ÷ 8년(5년 + 3년) = ₩100,000

25. ③: 20×1년 12월 31일

- 장부금액: $₩120{,}000 - [(12{,}000 - 2{,}000) \times \frac{1}{10}] = ₩11{,}000$
- 회수가능액: Max[₩9,000, ₩9,500] = ₩9,500

∴ 손상차손: ₩11,000 − ₩9,500 = ₩1,500

26. ③

27. ④

제13장 금융자산과 투자자산

기업이 영업 이외의 투자목적으로 보유하고 있는 채권이나 주식 등은 금융자산 또는 투자자산으로 분류된다. 본장에서는 이들 금융자산과 투자자산을 분류하는 세부 기준과 분류에 의한 회계처리방법을 설명함으로써 보유목적에 따른 회계처리의 차별성을 종합적으로 이해하도록 학습한다.

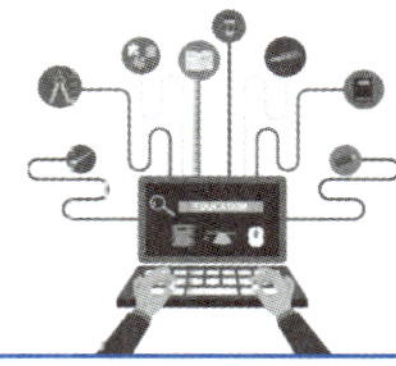

제 1 절 금융자산과 투자자산의 개념

기업은 영업활동에 활용되는 자산 이외에 유휴자금의 활용, 장단기 투자수익의 획득을 위해 타사의 주식이나 사채 등의 금융상품에 투자할 수 있다. 이와 같은 금융상품을 보유한 경우에 해당 자산을 금융자산이라고 한다. 또한 타사에 영향력을 행사하거나 지배력을 행사하기 위해 타사의 주식을 구입하여 보유하는 경우가 있을 수 있다. 이와 같은 목적으로 보유한 주식을 관계기업투자 또는 종속기업투자라 한다.[1] 기타 영업활동에 사용하지 않는 토지와 설비자산 등을 보유할 수 있다. 이러한 자산들은 기타의 투자자산이라 할 수 있다.

> 삼성전자의 경우에 2019년 3월말(1분기말) 기준으로 200조 6,000억원의 총자산 중에서 금융자산에 속하는 주요자산으로 현금및현금성자산 5조 6천억원, 단기금융상품 28조 1천억원, 기타포괄손익-공정가치측정금융자산 1조 300억원, 매출채권 28조원을 합치면 약 62조 7천억원에 이른다. 이와 같이 금융자산이 재무상태에 차지하는 비중이 크다는 것을 알 수 있다. 한편 삼성전자가 타기업에 중대한 영향력을 행사하거나 지배력을 행사할 수 있는 투자주식은 약 56조원으로 총자산의 약 26% 정도나 차지하고 있다.

금융자산은 현금및현금성자산, 다른 기업의 지분상품(주식), 거래상대방에게서 현금 등의 금융자산을 수취할 계약상 권리(예, 채무상품-사채, 수취채권)와 같은 자산

1) 관계기업은 투자자가 피투자기업에 대해 유의적인 영향력을 행사할 수 있다면 당해 피투자기업을 의미하며, 종속기업은 다른 기업(지배기업)의 지배를 받고 있는 기업을 의미한다.

을 말한다. 현금및현금성자산을 제외한 나머지 금융자산은 취득 이후의 회계처리 방식에 따라 대여금 및 수취채권, 당기손익-공정가치측정금융자산, 기타포괄손익-공정가치측정금융자산, 상각후원가측정금융자산으로 구분한다. 현금및현금성자산과 대여금 및 수취채권에 대해서는 앞장에서 설명이 되었기 때문에 본장에서는 당기손익-공정가치측정금융자산, 기타포괄손익-공정가치측정금융자산, 상각후원가측정금융자산의 취득과 취득 이후의 회계처리에 중점을 두어 설명하고자 한다. 또한 투자자산으로 중요한 비중을 차지하는 관계기업투자에 대하여도 설명한다.

제 2 절 금융자산의 분류

금융자산은 주식이나 채권과 같은 유가증권이 대표적인 예로 비즈니스모델(보유목적)과 현금흐름(주식형 혹은 채권형) 특성에 따라 다음과 같이 당기손익-공정가치측정금융자산, 기타포괄손익-공정가치측정금융자산, 상각후원가측정금융자산 중의 하나로 구분된다.

당기손익-공정가치측정금융자산(FVPL금융자산: Fair Value-Profit Loss)은 주식이나 채권형 현금흐름을 갖고 단기간 내에 매각 또는 재매입할 목적의 사업모형을 가지고 취득하거나 최근 실제 금융자산 운용형태가 단기적 이익획득 목적인 금융자산을 말한다. 이러한 금융자산은 취득 이후에 평가손익이 발생하면 그 평가손익을 당기손익으로 반영하기 때문에 당기손익-공정가치측정금융자산이라고도 한다.[2] 그러나 보유한 금융상품이 활성시장에서 공시되는 시장가격이 없고 공정가치를 신뢰성 있게 측정할 수 없는 경우에는 당기손익-공정가치측정금융자산이 될 수 없다.[3]

기타포괄손익-공정가치측정금융자산(FVOCI금융자산: Fair Value-Other Comprehensive Income)은 당기손익-공정가치측정금융자산, 상각후원가측정금융자산, 대여금 및 수취채권 어느 것으로도 분류되지 않는 나머지 금융자산을 의미한다. 주로 장

2) 단기차액을 얻을 목적의 파생상품도 당기손익-공정가치측정금융자산이 될 수 있다. 파생상품은 고급회계에서 다루는 주제로 본 교재의 범위를 벗어나므로 여기에서는 자세한 설명을 생략한다.

3) 거래소, 판매자, 중개인, 산업집단, 평가기관 또는 감독기구를 통해 부유한 금융자산의 공시가격이 용이하게 정기적으로 이용가능하고, 그러한 가격이 독립된 당사자 사이에서 정기적으로 발생한 실제 시장거래를 나타낸다면, 그 금융상품은 활성시장에서 가격이 공시되고 있는 것으로 본다.

기간 투자를 목적으로 하는 사업모형을 갖는 채권형 금융자산이 이에 해당한다. 다만, 주식형 금융자산도 장기간 투자를 하는 사업모형이 합당한 경우, 선택권을 발휘하여 기타포괄손익-공정가치측정금융자산으로 분류할 수 있다. 이상에서 설명한 금융자산의 분류를 요약하면 [표 13-1]과 같다.

상각후원가측정금융자산(AC금융자산: Amortized Cost)은 만기가 고정되었고 지급금액이 확정되었거나 만기까지 보유할 적극적인 의도와 능력이 있는 경우의 금융자산을 말한다. 국채, 공채, 회사채 등의 금융자산을 취득하고 만기까지 보유할 경우가 이에 해당한다. 그러나 주식은 만기가 존재하지 않으므로 어떠한 경우에도 상각후원가측정금융자산으로 분류될 수 없다.

[표 13-1] 금융자산의 분류 요약

금융자산 유형	비즈니스모델	현금흐름 예시
당기손익-공정가치측정 금융자산* (FVPL금융자산)	단기보유, 매매차익	주식(지분증권), 채권(채무증권－ 국채, 공채, 회사채)
기타포괄손익-공정가치측정 금융자산* (FVOCI금융자산)	장기보유, 만기이전매각	주식(지분증권),* 채권(채무증권－ 국채, 공채, 회사채)
상각후원가측정금융자산 (AC금융자산)	만기보유	채권(채무증권)

*주식의 경우, 원칙적으로 기타포괄손익-공정가치측정금융자산으로 분류할 수 없지만, 기업이 선택권을 발휘하면 기타포괄손익-공정가치측정금융자산으로 지정할 수 있다. 이는 주식의 경우, 기본적으로 기업이 단기투자 목적으로 보유한다고 가정하기 때문이다.

제 3 절 금융자산의 회계처리

금융자산도 다른 자산과 같이 최초 취득시에는 취득원가로 기록한다. 이 때 취득시 부담한 매입대금과 수수료 등의 부대지출을 합한 금액을 취득원가로 하여 금융자산을 기록한다. 그러나 당기손익-공정가치측정금융자산(단기매매금융자산)의 경우 취득과 관련된 부대지출(예: 중개수수료, 자문수수료, 증권시장에서 징수하는 수수료 및 인지세 등)은 당기비용으로 인식한다. 취득 이후에 금융자산은 공정가치로 측정하는 것을 원칙으로 한다. 다만, 상각후원가측정금융자산은 유효이자율법을 사용하여 상각후원가로 측정한다. 그러나 활성시장에서 공시되는 시장가격이 없고 공정가치를 신뢰성 있게 측정할 수 없는 주식에 투자하였을 경우에는 다양한 가치평가기법을 사용하여 '공정가치'를 '추정'하여 사용한다.

취득 이후 금융자산에서 발생할 수 있는 손익은 두 가지 형태로 나타날 수 있다. 첫째, 주식이나 채권의 투자로 인해 배당금을 받거나 이자수익을 얻는 경우가 있다. 둘째, 회계기간 말에 금융자산의 가치가 변동되어 손익이 발생될 수 있다.

이하에서는 당기손익-공정가치측정금융자산, 기타포괄손익-공정가치측정금융자산, 상각후원가측정금융자산의 순으로 취득 및 취득 이후의 회계처리를 설명한다.

1. 당기손익-공정가치측정금융자산(FVPL금융자산; financial assets measured at fair value through profit or loss)

당기손익-공정가치측정금융자산은 앞서 설명한 바와 같이, 취득시 취득원가로 기록한 후에 공정가치로 측정한다. 취득 후 보유기간 동안 이자나 배당수익이 발생하였을 경우에는 해당 수익을 당기손익으로 인식한다. 그리고 기말에 공정가치와 장부가액간의 차이가 발생하면 당기손익-공정가치측정금융자산평가손익(FVPL금융자산평가손익)으로 당기손익에 반영한다. 즉, 당기손익인식금융자산의 공정가치가 장부가액보다 높으면 당기손익-공정가치측정금융자산평가이익을 기록하고, 공정가치가 장부가액보다 낮으면 당기손익-공정가치측정금융자산평가손실을 기록한다.

예제 13-1

서울투자는 20×1년 11월 1일에 단기매매목적으로 국민(주) 주식 100주를 주당 ₩15,000에 취득하였다. 또한 한국(주)가 발행한 회사채 ₩1,000,000을 단기매매목적으로 취득하였다. 단, 취득과 관련된 수수료는 없는 것으로 가정한다. 20×1년 12월 31일에 국민(주)로부터 주당 ₩200의 배당을 현금으로 수령하였으며, 한국(주)가 발행한 회사채에 대한 이자발생액 ₩10,000을 현금으로 수취하였다. 20×1년 12월 31일에 국민(주) 주식의 시가는 ₩18,000이었으며, 한국(주)가 발행한 회사채의 공정시가는 ₩1,020,000이었다. 서울투자가 보유한 단기매매목적의 주식과 채권은 당기손익-공정가치측정금융자산(FVPL금융자산)으로 분류한다.

서울투자의 20×1년 11월 1일부터 12월 31일까지 당기손익-공정가치측정금융자산에 대한 회계처리는 다음과 같다.

풀이

11월 1일 당기손익-공정가치측정금융자산의 취득시점

(차) FVPL금융자산*	2,500,000	(대) 현 금	2,500,000

*단기투자주식 100×₩15,000＝₩1,500,000
단기투자사채 1,000,000
FVPL금융자산 취득원가 ₩2,500,000

12월 31일 보유기간 동안 발생한 이자수익과 배당수익의 기록

(차) 현 금	30,000	(대) 이 자 수 익	10,000
		배당금수익*	20,000

*배당금수익: 100×₩200＝₩20,000

12월 31일 회계기간 말의 공정가치 변동에 따른 평가손익의 기록

(차) FVPL금융자산	30,000		
		(대) FVPL금융자산평가이익*	30,000

*국민(주)주식 100×(₩18,000－₩15,000)＝₩300,000
한국(주) 채권 ₩1,020,000－₩1,000,000＝₩20,000

2. 기타포괄손익-공정가치측정금융자산(FVOCI금융자산: financial assets measured at fair value through other comprehensive income)

기타포괄손익-공정가치측정금융자산(FVOCI금융자산)의 경우에도 당기손익인식금융자산과 같이 취득시에 취득원가로 기록하고 취득 이후에는 공정가치로 측정한다. 기말에 장부가액과 공정가치의 차이가 발생할 경우에는 공정가치로 평가하고 평가차이는 기타포괄손익-공정가치측정금융자산평가손익으로 처리한다. 즉, 장부가액에 비해 공정가치가 더 높으면 기타포괄손익-공정가치측정금융자산평가이익으로 처리하고, 장부가액에 비해 공정가치가 더 낮으면 기타포괄손익-공정가

치측정금융자산평가손실로 처리한다. 다만, 이 때의 기타포괄손익-공정가치측정금융자산평가손익은 당기손익으로 인식하지 않고 기타포괄손익으로 처리한다. 왜냐하면 기타포괄손익-공정가치측정금융자산은 단기매매목적이 아니기 때문에 기말의 평가차이가 단기간 내에 실현될 가능성이 없기 때문이다.

따라서 기타포괄손익-공정가치측정금융자산을 공정가치로 인식함에 따라 발생하는 평가차이는 장기미실현손익으로 포괄손익계산서상에서 당기손익에 반영하지 않고 기타포괄손익으로 별도 처리하여 총포괄손익을 계산한다. 당기순이익이 누적되어 재무상태표의 이익잉여금에 표시되는 것처럼 기타포괄손익으로 처리된 기타포괄손익-공정가치측정금융자산평가손익은 누적되어 재무상태표의 자본항목인 기타포괄손익누계액에 표시된다.

특히, 처분 시, 기타포괄손익-공정가치측정금융자산은 채권형(채무상품)과 주식형(지분상품)의 회계처리가 서로 다르다.

① 채권형 FVOCI(채무상품)의 경우: 처분 시점 직전까지 공정가치로 재평가하여 평가손익을 기타포괄손익(OCI)에 반영한 후, 처분 시에는 다음 두 가지 처리가 이루어진다.

- 처분 시점의 매각손익(처분가액-장부금액)은 당기손익에 인식한다.
- 동시에, 그동안 누적되어 있던 기타포괄손익-공정가치측정금융자산평가손익(OCI 누적액)은 당기손익으로 재분류(recycling)하여, 총 손익이 일관되게 손익계산서에 반영되도록 한다.

즉, 채무상품 FVOCI는 처분 시 평가이익·손실이 손익으로 재분류되는 구조이다.

② 주식형 FVOCI(지분상품)의 경우: 채권형 FVOC(채무상품)처럼 처분 직전까지 공정가치로 재평가하여 평가손익을 기타포괄손익에 반영한다. 그러나 처분 시 손익을 당기손익으로 재분류하지 않는다(non-recycling). 대신, 그동안 누적되어 있던 기타포괄손익-공정가치측정금융자산평가손익 누계액을 이익잉여금으로 직접 대체한다. 즉, 지분상품 FVOCI는 처분이익을 손익으로 인식하지 않고, 과거 평가손익을 자본 내 이동(OCI→이익잉여금)으로만 반영한다. 이는 기업이 초기 인식 시 FVOCI를 불가역적으로 지정한 취지를 반영한 것이다.

예제 13-2

서울투자는 20×1년 11월 1일에 장기투자수익을 얻을 목적으로 국민(주) 주식 100주를 주당 ₩15,000에 취득하였다. 20×1년 12월 31일에 국민(주) 주식의 시가는 ₩18,000이었다. 20×2년 12월 31일에 국민(주)의 주가는 ₩16,000으로 하락하였다.

서울투자는 20×3년 1월 2일에 국민(주) 주식 전부를 주당 ₩17,000에 처분하였다.

서울투자가 보유한 투자주식은 기타포괄손익-공정가치측정금융자산(FVOCI금융자산)으로 분류한다. 서울투자의 20×1년 11월 1일부터 20×3년 1월 2일까지의 회계처리는 다음과 같다.

풀이

20×1년 11월 1일 국민(주)의 취득을 기타포괄손익-공정가치측정금융자산으로 기록

(차) FVOCI금융자산 1,500,000 (대) 현 금 1,500,000

20×1년 12월 31일 기타포괄손익-공정가치측정금융자산의 평가차익의 기록

(차) FVOCI금융자산	300,000		
		(대) FVOCI금융자산평가이익* (기타포괄손익)	300,000

*FVOCI금융자산평가이익: 100×(₩18,000－₩15,000)＝₩300,000

20×2년 12월 31일 기타포괄손익-공정가치측정금융자산의 평가차손의 기록

(차) FVOCI금융자산평가손실* (기타포괄손익)	200,000		
		(대) FVOCI금융자산	200,000

*FVOCI금융자산평가손실: 100×(₩18,000－₩16,000)＝₩200,000

FVOCI금융자산평가손실 ₩200,000은 결산분개에서 기타포괄손익-공정가치측정금융자산평가이익누계액(기타포괄손익누계액)계정의 차변에 전기되어 누적기타포괄손익-공정가치측정금융자산평가손익의 잔액을 ₩100,000으로 조정하게 된다.

20×3년 1월 2일 기타포괄손익-공정가치측정금융자산의 처분시:

(차) FVOCI금융자산	100,000		
현 금	1,700,000		
		(대) FVOCI금융자산평가이익 (기타포괄손익)	100,000
		FVOCI금융자산	1,700,000

*기타포괄손익인식능금융자산처분이익:

처분가액	₩1,700,000
처분직전장부가액	₩1,700,000
차액	0

기타포괄손익누계	₩200,000(=300,000+100,000−200,000)
기타포괄손익-공정가치측정금융자산처분이익	₩0

**채무상품이 아닌 지분상품이 기타포괄손익-공정가치측정금융자산으로 분류된 경우, 처분직전에 공정가치로 재평가해야 한다. 따라서 처분직전의 장부가액은 처분가액과 같은 ₩1,700,000이 되므로 기타포괄손익-공정가치측정금융자산처분손익(당기손익)은 별도로 인식되지 않는다. 즉, 공정가치로 재평가한 후 처분하게 되는데 재순환(recycling)되지 않기 때문에 처분손익은 발생하지 않는다. 또한 기타포괄손익-공정가치측정금융자산평가이익누계액 ₩200,000도 기타포괄손익-공정가치측정금융자산처분손익(당기손익)으로 재순환 조정을 하지 않고 자본 내의 이익잉여금으로 직접 대체한다. 따라서 기타포괄손익-공정가치측정금융자산의 처분에 따른 최종 실현이익으로 보고될 금액은 ₩0이 된다. 반면, 채무상품인 기타포괄손익-공정가치측정금융자산인 경우, 처분대상에 해당하는 기타포괄손익-공정가치측정금융자산평가손익누계액(기타포괄손익누계액)을 기타포괄손익-공정가치측정금융자산처분손익으로 재순환하여 당기손익에 반영한다.

3. 상각후원가측정금융자산(AC금융자산: financial assets measured at amortized costs)

상각후원가측정금융자산(AC금융자산)도 취득시에는 취득원가로 기록한다. 취득 이후에 대부분의 금융자산은 공정가치로 측정하는 것이 더 적절하다. 그러나 예외적으로 만기까지 보유할 적극적인 의도와 능력이 있어서 상각후원가측정금융자산으로 분류하는 금융자산은 상각후원가로 평가한다. 이와 같이 상각후원가측정금융자산을 공정가치로 평가하지 않는 이유는 만기까지 보유하게 되면 기말에 상각후원가측정금융자산의 공정가치 변동이 큰 의미가 없기 때문이다. 즉, 상각후원가측정금융자산을 계약상 정해진 이자와 원리금만을 수취할 목적으로 취득하였기 때문이다.

상각후원가측정금융자산의 전형적인 예는 타기관이 발행한 채권을 취득하여 만기까지 보유하는 경우이다. 이러한 상각후원가측정금융자산은 취득원가와 만기에 받을 금액인 만기금액(액면금액)이 일치할 때도 있지만, 일치하지 않는 경우도 있을 수 있다. 이와 같은 취득원가와 만기금액의 차이는 채권의 약정이자율(액면이자율)과 시장이자율(또는 유효이자율)이 일치하지 않기 때문에 발생한다. 이 경우에는 매 회계기간 말에 상각후원가측정금융자산의 취득원가와 만기금액의 차이를 조정한 금액을 장부금액으로 하여야 한다. 이를 상각후원가에 의한 평가라 한다. 상각후원가로 평가하는 것은 원가법에 의한 평가에 해당한다.

예를 들어, 상각후원가측정금융자산으로 2년 만기의 채무증권인 사채를 ₩800,000에 취득하고 만기금액이 ₩1,000,000이면 2년에 걸쳐 약정된 현금이자와 함께 ₩200,000을 더 받게 되는 셈이다. 이렇게 더 받는 ₩200,000이 2년에 걸쳐 균등하게 발생된다고 하자. 매회계기간 말에 ₩100,000씩 균등하게 추가로 받게 될 수익을 실현시키면 첫해 말에는 상각후원가측정금융자산의 장부금액은 ₩900,000이 된다. 다음 연도 말에는 다시 ₩100,000이 증가되어 만기에 받을 금액은 ₩1,000,000이 되며, 이것이 장부금액이 되고 이를 회수하게 되는 것이다.

본 절에서는 채권의 약정이자율과 시장이자율이 일치할 경우에 대해서만 설명한다.

예제 13-3

서울투자는 20×1년 1월 1일에 장기투자수익을 얻을 목적으로 한국(주)가 20×1년 1월 1일에 발행한 2년 만기의 사채를 액면 ₩1,000,000에 취득하였다.

이 사채의 발행 당시 약정된 이자율은 12%이며 시장이자율도 12%로 동일하여 액면금액으로 발행되었다. 이자는 매회계기간 말에 현금으로 수령한다. 서울투자는 이렇게 취득한 사채를 만기까지 2년간 보유할 의도를 가지고 있어 상각후원가측정금융자산으로 분류한다. 서울투자의 20×1년 1월 1일부터 20×2년 12월 31일까지의 보유기간 동안 회계처리는 다음과 같다.

풀이

20×1년 1월 1일 만기보유 투자사채의 취득:

(차) 상각후원가측정금융자산	1,000,000	(대) 현 금	1,000,000

20×1년 12월 31일 투자사채로부터의 이자수령:

(차) 현 금	120,000	(대) 이 자 수 익	120,000

20×2년 12월 31일 투자사채로부터 이자와 원금의 수령:

(차) 현 금	1,120,000	(대)	상각후원가측정금융자산	1,000,000
			이자수익	120,000

제 4 절 관계기업투자와 지분법

1. 관계기업투자의 개념

기업은 유휴자금의 일시적인 활용이나 장기투자수익을 얻을 목적으로 금융자산을 보유할 수 있지만 경우에 따라서는 대규모 투자로서 타기업에 중대한 영향력(significant influence)을 행사하거나 지배력을 행사할 목적으로 하는 금융자산(의결권주식)을 보유하기도 한다. 타기업에 중대한 영향력을 행사할 목적으로 투자한 금융자산을 관계기업투자(investments in associates)라 한다. 여기서 관계기업(associates)은 투자기업이 유의적인 영향력을 행사할 수 있는 피투자기업을 말한다. 또한 타기업의 경영에 대해 지배력을 행사할 목적으로 취득한 금융자산을 종속기업투자라 한다. 여기서 종속기업은 다른 기업(지배기업)의 지배를 받고 있는 기업을 의미한다.

> 삼성전자는 2014년말 현재 158개의 종속회사를 소유하고 있으며, 37개의 관계기업을 소유하고 있다. 삼성전자의 2014년도 회계보고서에 의하면 삼성전자가 독자적으로 137조원의 매출을 달성하고 종속회사를 통해서 69조원의 매출을 달성한 것으로 나타났다. 또한 총 23조원의 순이익중에서 종속회사를 통해 약 8조원, 관계기업을 통해서 약 3천억원 정도의 이익을 얻었다.[4] 삼성전자뿐 아니라 우리나라의 대부분의 상장기업들은 총자산의 상당부분을 종속기업 또는 관계기업에 투자하고 있다.

일반적으로 타기업의 의결권주식을 많이 보유하면 할수록 그 기업에 대한 영향력은 커지는데, 관계기업의 주식을 20% 이상 보유한 경우에는 중대한 영향력을 행사할 수 있다고 본다. 만일 타기업의 의결권주식 과반수(50% 초과)를 보유하는 경우에는 지배력을 갖게 되어 투자기업은 지배기업(parent company)이 되고 피투자기업은 종속기업(subsidiary company)이 된다. 이와 같이 타기업이 발행한 의결권이 있는 주식을 아주 많이 보유함으로써 피투자기업의 경영을 실질적으로 지배(control)할 수 있는 경우의 금융자산 투자를 종속기업투자(investments in subsidiaries)라 한다.

4) 전자공시시스템(dart.fss.or.kr)의 상세검색을 통해 삼성전자의 연결재무제표와 개별재무제표를 비교하면 이러한 정보를 확인할 수 있다.

한 기업이 다른 기업의 주식을 과반수 초과 취득하여 지배력을 갖게 되면 법적으로 분리되어 있지만 경제적으로는 단일실체로 볼 수 있다. 이 경우, 지분보유상 특수한 관계가 있는 두 기업을 마치 하나의 기업인 것처럼 가정하여 재무제표를 작성하여야 하는데 이를 연결재무제표(consolidated financial statements)라 한다. 연결재무제표는 지배기업과 종속기업 간의 내부거래를 제거한 후 개별재무제표를 결합하여 만들어진다. 따라서 연결재무제표를 통해서 지배회사와 종속회사 전체의 재무상태와 수익성 실적을 파악할 수 있다.[5] 연결재무제표에 관한 사항은 회계원리의 수준을 벗어나기 때문에 여기서는 기초적인 내용만을 제시한다.

대한(주)가 20×1년 1월 1일에 민국(주)의 주식을 100% 취득하였다고 하자. 이 경우에 대한(주)는 민국(주)의 유일한 소유주이며 사실상 두 회사는 공동 운명체라 할 수 있다. 연결재무제표는 대한(주)와 민국(주)를 단일 기업으로 간주하여 작성하는 재무제표이다. 20×1년 1월 1일의 대한(주)가 민국(주)의 주식을 100% 취득하여 지배하게 된 시점에서 대한(주)와 민국(주)의 재무상태표가 다음과 같다.

(단위: 원)

구 분	대한(주)	민국(주)	비고
자 산	100	30	대한(주)의 자산 중 20은 민국(주)에 대한 투자이다.
부 채	50	10	
자 본	50	20	

연결재무상태표는 대한(주)와 민국(주)를 하나의 기업으로 간주하여 지배기업인 대한(주)의 재무상태와 종속기업인 민국(주)의 재무상태를 연결하여 작성한다. 이 경우에 대한(주)와 민국(주)를 단일 기업으로 간주하는 연결재무상태표를 작성하면 다음과 같다.

(단위: 원)

구 분	연결[대한(주)+민국(주)]
연결자산(100+30−20)	110
연결부채(50+10)	60
연결자본(50+20−20)	50

5) 반면, 실질적으로 동일한 소유자가 지배하고 있는 두 개 이상의 기업들이 회계정보를 하나로 묶어서 재무제표를 작성하는데 이를 결합재무제표(combined financial statements)라 한다.

연결재무상태표의 연결자산이 110원이 되는 이유는 20원을 사용하여 민국(주)의 자산과 부채를 취득하였기 때문이다. 따라서 대한(주)의 100원 중 20원은 민국(주)의 취득에 사용되어 감소되고, 민국(주)의 자산 30원이 합쳐지게 되어 연결자산은 110원이 된다. 연결부채는 대한(주)의 부채 50원과 민국(주)의 부채 10원이 합쳐져 60원이 된다. 연결자본이 50원이 되는 이유는 민국(주)의 자본 20원을 대한(주)가 취득한 것이기 때문에 대한(주)와 민국(주)를 하나의 기업으로 간주할 경우에는 내부적인 자금의 이동에 불과하기 때문에 실질적인 납입자본은 대한(주)의 주주가 납입한 자본 50원이라 할 수 있다.

연결손익계산서는 대한(주)와 민국(주)가 지배와 종속의 관계가 된 이후에 하나의 기업으로 간주하여 지배기업인 대한(주)의 경영성과와 종속기업인 민국(주)의 경영성과를 연결하여 작성한다. 대한(주)와 민국(주)가 지배와 종속의 관계가 된 이후에 손익계산서가 다음과 같다.

(단위: 원)

구 분	대한(주)	민국(주)	비고
수 익	120	60	대한(주)의 자산 중 20은 민국(주)에 대한 투자이다.
비 용	80	40	
이 익	40	20	

이 경우에 대한(주)와 민국(주)를 하나의 단일 기업으로 간주하여 연결손익계산서를 작성하면 다음과 같다.

(단위: 원)

구 분	연결[대한(주)+민국(주)]
연결수익(120+60)	180
연결비용(80+40)	120
연결이익(180−120)	60

위와 같이 연결손익계산서에서는 지배기업인 대한(주)의 수익 120원과 종속기업인 민국(주)의 수익 60원이 연결되어 180원의 연결수익이 보고된다. 또한 대한(주)의 비용 80원과 민국(주)의 비용 40원이 연결되어 120원의 연결비용이 보고

된다. 따라서 연결이익은 연결수익 180원에서 연결비용 120원을 차감한 60원으로 보고된다.

2. 지분법 회계처리

투자기업이 피투자회사(관계기업)에 중대한 영향력을 행사할 수 있는 경우 취득원가로 기록하고 관계기업이 배당을 선언할 때 비로소 배당 중 자기의 몫을 배당금수익으로 인식하는 것은 적절치 않다. 왜냐하면 관계기업에 중대한 영향력을 행사할 수 있는 상황하에서는 관계기업의 배당금 지급 여부에 대한 결정도 투자회사가 재무적 상황에 따라 통제할 수 있기 때문이다. 따라서 관계기업이 이익을 보고하는 순간에 그 이익 중 투자회사의 몫은 투자회사에 귀속된다고 볼 수 있다. 이러한 사고에서 관계기업이 이익을 보고하는 순간에 투자회사가 그 보고이익 중 자기의 지분에 해당하는 가액을 실현수익으로 인식하여 관계기업투자를 평가하는 방법이 지분법(equity method)이다.

지분법하에서도 투자주식 취득시점에서는 다른 자산과 같이 최초의 취득원가로 기록되지만, 관계기업투자주식계정은 관계기업이 순이익을 보고할 때마다 매기 조정된다. 구체적으로 설명하면, 투자기업은 관계기업이 순이익을 보고하면 지분 상당액을 관계기업투자이익(share of associates' profit)으로 처리하고 순손실을 보고하면 관계기업투자손실(share of associates' loss)로 처리한다.[6] 한편 관계기업이 배당금을 지급하면 이미 인식된 관계기업의 이익을 현금으로 전환하는 것이기 때문에 배당받은 만큼 관계기업투자주식계정을 줄여주면 된다.

6) 관계기업투자이익(또는 관계기업투자손실)은 지분법이익(또는 지분법손실)이라고도 한다.

예제 13-4

(1) 국민(주)는 20×1년 1월 1일에 한국(주)의 의결권주식 30%를 ₩145,000에 취득하였고 중대한 영향력을 행사할 수 있게 되었다. (2) 20×1년에 한국(주)는 ₩50,000의 당기순이익을 보고하였다. (3) 위의 ⑵에서 한국(주)이 20×1년에 ₩50,000의 당기순손실을 보고하였다. (4) 20×2년에 한국(주)는 ₩45,000의 당기순이익을 보고하였고, ₩10,000의 배당금을 지급하였다. 지분법을 적용하여 국민(주)의 관계기업투자에 대한 회계처리를 하라.

풀이

(1) 20×1년 1월 1일: 한국(주)의 주식 30% 취득

(차) 관계기업투자주식	145,000	(대) 현 금	145,000

(2) 20×1년 12월 31일: 한국(주)의 20×1년도 이익 중 30% 반영

(차) 관계기업투자주식	15,000	(대) 관계기업투자이익* (지분법이익)	15,000

*관계기업투자이익: ₩50,000×30%=₩15,000

(3) 20×1년 12월 31일: 한국(주)의 20×1년도 손실 중 30% 반영

(차) 관계기업투자손실 (지분법손실)	15,000	(대) 관계기업투자주식	15,000

(4) ① 20×2년 12월 31일: 한국(주)의 20×2년도 이익 중 30% 반영

(차) 관계기업투자주식	13,500	(대) 관계기업투자이익* (지분법이익)	13,500

*관계기업투자이익: ₩45,000×30%=₩13,500

② 20×2년 12월 31일: 한국(주)의 20×2년도 배당 중 30% 반영

(차) 현 금*	3,000	(대) 관계기업투자주식	3,000

*배당금: ₩10,000×30%=₩3,000

제 5 절 투자부동산

1. 투자부동산의 인식과 측정

기업은 영업활동에 활용하기 위해 사무용 토지와 건물 또는 공장용 부지의 건물시설 등의 부동산을 유형자산으로 보유하는 것이 일반적이다. 또한 정상적인 영업활동과정에서 판매를 목적으로 토지나 건물 등의 부동산을 보유할 수 있다. 그러나 기업은 사용하는 토지나 건물의 일부 또는 전부를 임대수익을 얻을 목적으로 보유하거나 시세차익을 얻을 목적으로 보유할 수 있는데 이러한 부동산을 투자부동산(investment property)으로 분류한다. 한국채택국제회계기준(K-IFRS)에서 투자부동산은 임대수익이나 시세차익 또는 두 가지 모두를 얻기 위하여 보유하고 있는 부동산을 말한다. 투자부동산의 예는 다음과 같다.

① 장기 시세차익을 얻기 위하여 보유하고 있는 토지(단, 정상적인 영업과정에서 단기간에 판매하기 위하여 보유하는 토지는 제외)
② 장래 사용목적을 결정하지 못한 채로 보유하고 있는 토지
③ 직접 소유하고 운용리스로 제공하고 있는 건물
④ 운용리스로 제공하기 위하여 보유하고 있는 미사용 건물
⑤ 미래에 투자부동산으로 사용하기 위하여 건설 또는 개발중인 부동산

투자부동산도 다른 자산과 마찬가지로 미래경제적 효익의 유입가능성이 높고, 그 원가를 신뢰성 있게 측정할 수 있을 때 자산으로 인식한다. 투자부동산의 취득원가는 최초에 자산으로 인식할 시점의 구입금액과 구입에 직접 관련이 있는 지출(예를 들어, 법률용역의 대가로 전문가에게 지급하는 수수료, 부동산구입과 관련된 세금 및 그 밖의 거래원가 등)을 포함한다.

2. 투자부동산의 인식 후 측정

투자부동산은 보유 목적상 임대수익이나 시세차익을 예측하는 데에 유용한 정보를 제공하기 위해 공정가치로 평가하는 것이 바람직할 것이다. 그러나 투자부동산의 거래가 빈번하지 않고 동질적이지도 않아서 신뢰할 수 있는 공정가치를

구하는 것이 어려울 수 있다. 이러한 이유 때문에 일단 취득원가로 기록한 투자부동산은 취득 이후에 공정가치모형과 원가모형 중 하나를 선택하여 평가한다. 다만, 원가모형을 적용하는 기업의 경우에는 유형자산과 마찬가지로 감가상각을 실시하고, 투자부동산의 공정가치를 공시하여야 한다.

(1) 공정가치모형

투자부동산에 대해 공정가치모형을 선택한 경우에는 최초에 취득원가로 인식한 이후에 모든 투자부동산을 공정가치로 측정한다. 이때 투자부동산의 공정가치 변동으로 발생하는 손익은 발생한 기간의 당기손익에 반영한다. 왜냐하면 공정가치의 변동을 당기손익에 반영하여야 투자부동산과 관련된 수익과 비용을 적절히 대응하여 경영성과를 보여줄 수 있기 때문이다.[7] 예외적으로 공정가치모형을 적용하는 투자부동산의 공정가치를 계속하여 신뢰성 있게 측정하기 어려운 경우에는 원가모형을 적용한다.

(2) 원가모형

최초 인식 이후에 투자부동산의 평가방법을 원가모형으로 선택한 경우에는 모든 투자부동산에 대해 원가모형으로 측정한다. 원가모형을 적용할 경우에는 토지나 건설중인 부동산을 제외하고 유형자산과 같이 감가상각비를 손익에 반영한다.

예제 13-5

(주)대한은 임대수익을 얻을 목적으로 건물을 보유하고 투자부동산으로 분류하고 있다. 회사는 이러한 투자부동산에 대해 공정가치모형을 적용하고 있다. 투자부동산은 20×1년 1월 1일에 취득하였으며 구입가액과 부대지출을 합하여 ₩1,000,000이 지불되었다. 투자부동산의 20×1년 12월 31일과 20×2년 12월 31일의 공정가치는 각각 ₩1,100,000과 ₩900,000이었다.

20×1년 1월 1일, 20×1년 12월 31일, 20×2년 12월 31일의 투자부동산에 대한 회계처리를 하라. 단, 이 투자부동산의 내용연수는 20년이며 잔존가치는 없다.

7) 이는 유형자산에 대해 공정가치모형을 적용할 때 공정가치 변동을 기타포괄손익으로 처리하는 것과는 차이가 있다.

풀이

(1) 20×1년 1월 1일:

(차) 투자부동산	1,000,000	(대) 현 금	1,000,000

(2) 20×1년 12월 31일:

(차) 투자부동산	100,000	(대) 투자부동산 평가이익	100,000

(3) 20×2년 12월 31일:

(차) 투자부동산평가손실	100,000	(대) 투자부동산	100,000

만일, 이 투자부동산에 대해 원가모형을 적용할 경우의 회계처리는 다음과 같다.

(1) 20×1년 1월 1일

(차) 투자부동산	1,000,000	(대) 현 금	1,000,000

(2) 20×1년 12월 31일

(차) 감가상각비	50,000	(대) 감가상각누계액	50,000

(3) 20×2년 12월 31일

(차) 감가상각비	50,000	(대) 감가상각누계액	50,000

연습문제

[1] 전자공시시스템(dart.fss.or.kr)에 접속하여 최근 회계연도에 현대자동차(주)가 보유하고 있는 금융자산 투자주식(당기손익-공정가치측정금융자산, 기타포괄손익-공정가치측정금융자산, 상각후원가측정금융자산), 관계기업투자주식, 종속기업투자주식의 금액을 정리하라.

*[2] (주)한밭은 20×1년 10월 30일에 (주)한국의 주식 1,000주(액면가 ₩5,000)를 단가 ₩5,500에 취득하였다. (주)한국은 거래소에 상장된 기업이며, (주)한밭은 이러한 투자주식에 대해 당기손익-공정가치측정금융자산으로 분류하고 있다.

> 20×1년 12월 31일: (주)한국의 주식 시가는 주당 ₩7,000이었으며 주당 ₩300의 배당을 현금으로 지급받았다.
> 20×2년 1월 30일: (주)한밭은 (주)한국의 주식 1,000주를 ₩6,000,000에 처분하였다.

20×1년 10월 30일부터 20×2년 1월 30일까지의 적절한 회계처리를 수행하라.

*[3] (주)기타포괄손익-공정가치측정금융자산(FVOCI금융자산)의 경우, 채권형(채무상품)과 주식형(지분상품)의 회계처리는 서로 다르게 된다. 이에 대한 합당한 이유(근거)를 처분시점을 기준으로 비교설명하라.

*[4] (주)중앙은 20×1년 1월 1일에 (주)한밭 발행주식 10,000주 중 4,500주를 ₩500,000에 취득하였고 중대한 영향력을 행사할 수 있게 되었다. (주)한밭의 20×1년~20×2년 사이에 손익과 배당의 내역은 다음과 같다.

> (1) 20×1년 12월 31일 순이익 ₩400,000을 보고함.
> (2) 20×2년 2월 1일 ₩200,000의 배당을 실시함.
> (3) 20×2년 12월 31일 순손실 ₩100,000을 보고함.

(1) (주)중앙의 20×1년 1월 1일~20×2년 12월 31일까지 적절한 회계처리를 하라.
(2) (주)중앙의 20×2년 말 재무상태표에 기록될 관계기업투자주식은 얼마인가?

*[5] (금융자산) **다음은 국민기업이 20×1년도 결산을 위해 수집한 자료이다.**

	취득원가	장부가액	공정가액
당기손익-공정가치측정금융자산			
주식형수익증권	₩2,400	₩2,410	₩2,450
기타포괄손익-공정가치측정금융자산			
국채 및 공채	1,200	1,500	1,000
주식형수익증권	22,100	22,500	28,000

당기손익-공정가치측정금융자산과 기타포괄손익-공정가치측정금융자산의 평가이익(또는 손실)을 계산하고 손익계산서 또는 재무상태표의 어느 항목에 포함되어야 하는지 설명하라.

*[6] (당기손익-공정가치측정금융자산) **(주)중앙은 2010년도 말 현재 다음과 같은 단기매대지분증권과 채무증권을 보유하고 있다. 기말 현재 적절한 회계처리를 수행하라.**

보유증권	보유수량	취득단가	장부가액	시장가격
A주식	100	₩10,000	₩1,000,000	₩8,000
B주식	200	15.000	3,000,000	16,500
C사채	300	20.000	6,000,000	18,500

*[7] (금융자산) **다음은 (주)중앙이 20×1년 1월 1일에 취득한 금융자산의 20×1년 12월 31일의 장부금액과 공정가치에 대한 자료이다.**

종류	장부금액	공정가치	분류
주식1	₩5,000,000	₩5,250,000	당기손익-공정가치측정금융자산
채권1	₩2,000,000	1,950,000	기타포괄손익-공정가치측정금융자산
채권2	₩3,000,000	3,050,000	상각후원가측정금융자산

20×1년 1월 1일 현재 (주)중앙 각각의 금융자산과 관련된 평가차이에 대한 회계처리를 수행하라.

*
[8] (기타포괄손익–공정가치측정금융자산평가차손) (주)한밭은 20×1년 1월 1일에 상장기업인 (주)충남의 의결권주식 10%에 해당하는 1,000주를 주당 ₩25,000에 취득하였다. (주)한밭은 (주)충남에 대해 중대한 영향력을 행사할 수 없으며 장기투자수익을 얻을 목적으로 장기간 보유할 의사를 가지고 있다. 20×1년도 말 (주)충남의 종가는 ₩29,000이었으며, 20×2년도 말 종가는 ₩18,000이었다. (주)충남은 20×2년도 중에 심각한 영업악화와 자금부담으로 주가가 지속적으로 하락하여 20×2년도 현재 회복이 어려운 상황이다. 그리고 20×3년도 상반기에 (주)충남은 영업이 개선되어 주가가 다소 회복되었으며 (주)한밭은 동년도 7월 중에 보유주식 전부를 ₩26,000에 처분하였다. (주)한밭은 (주)충남 주식을 기타포괄손익–공정가치측정금융자산으로 분류하고 있으며 취득 이후에 공정가액으로 평가하고 있다. (주)충남 주식의 취득에서부터 처분까지의 적절한 회계처리를 수행하라.

*
[9] 다음은 (주)XYZ의 20×1년 금융자산 및 투자자산과 관련된 거래내역이다. 이에 대한 모든 회계처리를 하라(모든 거래는 현금 거래임).

(1) 7월 1일 증권거래소에서 거래되고 있는 A회사 주식 300주를 단기매매 목적으로 주당 ₩5,000에 취득하다.

(2) 8월 1일 증권거래소에서 거래되고 있는 B회사 채권 ₩2,000,000(만기 6개월, 무이자)을 단기매매 목적으로 취득하다.

(3) 9월 1일 증권거래소에서 거래되고 있는 C회사 주식 500주를 약 3년간 보유할 목적으로 주당 ₩3,000에 취득하다.

(4) 11월 1일 D회사의 의결권 있는 발행주식의 30%에 해당되는 300주를 주당 ₩10,000에 취득하다.

(5) 12월 31일 D회사가 당기순이익 ₩50,000,000을 보고하다.

(6) 12월 31일 현재 A회사 주식의 주당 공정가치는 ₩5,500이고 C회사 주식의 주당 공정가치 ₩3,500이다.

*
[10] (상각후원가측정금융자산) (주)중앙은 20×1년 1월 1일 (주)국민이 발행한 사채를 ₩948,458(액면가 ₩1,000,000)에 취득하였다. (주)국민의 사채발행 조건은 액면가액이 ₩1,000,000이며 액면이자율은 6%(이자는 매년 말 지급)이고 3년 만기이다. 사채의 발행당시 유효이자율은 8%이었으며 이에 따라 발행가액은 ₩948,458이었다. (주)중앙은 취득한 사채를 만기까지 보유할 예정이며 따라서 취득 이후에는 상각후원가로 측정하기로 하였다. (주)중앙의 20×1년 1월 1일 만기보유사채의 취득부터 만기일인 20×3년 12월 31일까지의 적절한 회계처리는?

*
[11] K–IFRS에서는 상각후원가측정금융자산을 공정가치로 평가하지 않는데, 그 이유를 설명하라.

* [12] **금융자산 및 투자자산에 대한 다음 설명 중 틀린 것은?**

① 기타포괄손익-공정가치측정금융자산평가손익은 포괄손익계산서의 기타포괄손익으로 인식한다.
② 기타포괄손익-공정가치측정금융자산 및 상각후원가측정금융자산은 기말에 공정가치로 평가한다.
③ 관계기업투자주식계정이 있는 경우, 관계기업으로부터 배당금을 수취하면 관계기업투자주식계정을 줄여준다.
④ 어떤 기업의 의결권 있는 주식을 취득하여 중대한 영향력을 행사할 수 있을 때, 이 주식은 관계기업투자주식으로 인식된다.

* [13] **유가증권이 상각후원가측정금융자산으로 분류되기 위한 요건은?**

① 만기까지 보유할 수 있는 회사의 재무적 능력
② 만기까지 보유하려는 적극적인 의사
③ 채무증권이어야 함
④ 위 3개 항목 모두

* [14] **지분투자로부터 발생하는 배당금의 수령이 공정가치법(또는 원가법)과 지분법상에서 투자주식계정에 각각 어떻게 영향을 미치는지 맞게 짝지어진 것은?**

	공정가치법/원가법	지분법
①	영향 없음	감소
②	증가	영향 없음
③	영향 없음	증가
④	감소	감소

* [15] **(주)중앙은 20×1년 중에 (주)대한의 주식 10%를 장기투자목적으로 ₩9,000,000에 1,000주를 취득하였다. (주)대한의 1주당 공정가치가 20×1년 12월 31일에 ₩12,000이고 20×2년 12월 31일 현재 ₩8,000이라면, 20×2년 12월 31일 현재 재무제표에 표시될 기타포괄손익-공정가치측정금융자산평가손익은?**

① 기타포괄손익-공정가치측정금융자산 평가이익 ₩1,000,000
② 기타포괄손익-공정가치측정금융자산 평가손실 ₩1,000,000
③ 기타포괄손익-공정가치측정금융자산 평가이익 ₩2,000,000
④ 기타포괄손익-공정가치측정금융자산 평가손실 ₩2,000,000

[16] (기타포괄손익-공정가치측정금융자산) **(주)한밭은 20×1년 1월 1일에 상장기업인 (주)충남의 의결권주식 10%에 해당하는 1,000주를 주당 ₩25,000에 취득하였다. (주)한밭은 (주)충남에 대해 중대한 영향력을 행사할 수 없으며 장기투자수익을 얻을 목적으로 장기간 보유할 의사를 가지고 있다. 20×1년도 말 (주)충남의 종가는 ₩29,000이었으며, 20×2년도 말 종가는 ₩27,500이었다. 그리고 20×3년도 2월 중에 보유주식 전부를 주당 ₩31,000에 처분하였다. (주)한밭은 (주)충남 주식을 기타포괄손익-공정가치측정금융자산으로 분류하고 있으며 취득 이후에 공정가액으로 평가하고 있다. (주)한밭이 처분시점에서 인식할 기타포괄손익은?**

① 기타포괄이익 ₩0
② 기타포괄이익 ₩6,000,000
③ 기타포괄이익 ₩7,500,000
④ 기타포괄이익 ₩9,500,000

[17] 금융자산과 관련된 다음의 설명 중 틀린 것은?

① 주로 단기간 내에 매각할 것을 목적으로 금융자산을 취득하는 경우에는 당기손익-공정가치측정금융자산으로 분류된다.
② 당기손익-공정가치측정금융자산의 경우에는 취득과 관련된 수수료 및 인지세 등의 부대지출은 취득원가에 포함된다.
③ 기타포괄손익-공정가치측정금융자산평가손익은 당기손익으로 인식하지 않고 기타포괄손익으로 처리하는 이유는 기말시점과 평가차이가 단기간 내에 실현될 가능성이 없기 때문이다.
④ 상각후원가측정금융자산은 계약상 정해진 이자와 원리금만을 수취할 목적으로 취득하기 때문에 공정가치로 평가하지 않는다.

[18] 회계기간말의 금융자산의 평가와 관련된 다음의 설명 중 틀린 것은?

① 당기손익-공정가치측정금융자산평가손익은 당기손익으로 처리한다.
② 기타포괄손익-공정가치측정금융자산평가손익은 기타포괄손익으로 처리한다.
③ 타기업에 중대한 영향력은 행사할 목적으로 투자한 관계기업의 주식인 경우에는 지분법을 적용한다.
④ 당기손익-공정가치측정금융자산과 기타포괄손익-공정가치측정금융자산은 원칙적으로 취득원가로 평가한다.

연습문제 해답

2. • 20×1년 10월 31일:

(차) FVPL금융자산 5,500,000 (대) 현 금 5,500,000

• 20×1년 12월 31일:

(차)	FVPL금융자산	1,500,000	(대)	FVPL금융자산평가이익	1,500,000
(차)	현 금	300,000	(대)	배당금수익	300,000

• 20×2년 1월 30일:

(차)	현 금	6,000,000	(대)	FVPL금융자산	7,000,000
	FVPL금융자산처분손실	1,000,000			

4. (1) • 20×1년 1월 1일:

(차) 관계기업투자주식 500,000 (대) 현 금 500,000

• 20×1년 12월 31일:

(차) 관계기업투자주식 180,000 (대) 관계기업투자이익 180,000

• 20×2년 2월 1일:

(차) 현 금 90,000 (대) 관계기업투자주식 90,000

• 20×2년 12월 31일:

(차) 관계기업투자손실 45,000 (대) 관계기업투자주식 45,000

(2) ₩500,000 + ₩180,000 − ₩90,000 − ₩45,000 = ₩545,000

5. FVPL금융자산평가이익 = 2,450 − 2,410 = ₩40 ☜ 손익계산서의 영업외수익
FVOCI금융자산평가손실 = 1,000 − 1,500 = −₩500 ☜ 손익계산서의 포괄손익*
FVOCI금융자산평가이익 = 28,000 − 22,500 = ₩5,500 ☜ 손익계산서의 포괄손익*

6. 당기손익으로 인식할 평가손익:

A주식:	(₩8,000 − ₩10,000) × 100 =	−₩200,000	(평가손실)
B주식:	(₩16,500 − ₩15,000) × 200 =	300,000	(평가이익)
C사채:	(₩18,500 − ₩20,000) × 300 =	−450,000	(평가손실)
합계		−₩350,000	

따라서,

(차) FVPL금융자산평가손실 350,000 (대) FVPL금융자산 350,000

7. (당기손익-공정가치측정금융자산 주식1):

(차) FVPL금융자산 250,000 (대) FVPL금융자산평가이익 250,000

(기타포괄손익-공정가치측정금융자산 채권1):

(차) FVOCI금융자산평가손실 50,000 (대) FVOCI금융자산 50,000
(기타포괄손익)

(상각후원가측정금융자산 채권2):

회계처리 없음.

8. • 20×1년 1월 1일: 취득시점

(차) FVOCI금융자산 25,000,000 (대) 현 금 25,000,000

• 20×1년 12월 31일: 보유

(차) FVOCI금융자산 4,000,000 (대) FVOCI금융자산평가이익 4,000,000

• 20×2년 12월 31일: 보유

(차)	FVOCI금융자산평가이익	4,000,000	
	FVOCI금융자산평가손실	7,000,000	
	(대) FVOCI금융자산		11,000,000

• 20×3년 3월 7일: 처분시점

(차) FVOCI금융자산	8,000,000			
		(대)	FVOCI금융자산평가이익 (기타포괄이익)	8,000,000
(차) 현 금	260,000,000	(대)	FVOCI금융자산	26,000,000

9. (1) (차) FVPL금융자산 1,500,000 (대) 현금 1,500,000

(2) (차) FVPL금융자산 2,000,000 (대) 현금 2,000,000

(3) (차) FVOCI금융자산 1,500,000 (대) 현금 1,500,000

(4) (차) 관계기업투자주식 3,000,000 (대) 현금 3,000,000

(5) (차) 관계기업투자주식 15,000,000 (대) 관계기업투자이익 15,000,000

(6)

(차)	FVPL금융자산	150,000	(대)	FVPL금융자산 평가이익	150,000
	FVOCI금융자산	250,000		FVOCI금융자산 평가이익	250,000

10. • 20×1년 1월 1일:

(차) 상각후원가측정금융자산 948,45 (대) 현 금 948,458

• 20×1년 12월 31일:

(차)	현 금	60,000	(대)	이자수익	75,877
	상가후원가측정금융자산	15,877			

• 20×2년 12월 31일:

(차)	현 금	60,000	(대)	이자수익	77,147
	상가후원가측정금융자산	17,147			

• 20×3년 12월 31일:

(차)	현 금	60,000	(대)	이 자 수 익	78,518
	상가후원가측정금융자산	18,518			
(차)	현 금	1,000,000	(대)	상각후원가측정금융자산	1,000,000

참고

구 분	1차연도	2차연도	3차연도
기초장부가액(1)	948,458*	964,335	981,481
액면이자(2)	60,000	60,000	60,000
유효이자수익[(3) = (1) × 8%]	75,876.64	77,146.77	78,518.51
미수이자[(4) = (3) − (2)]	15,876.64	17,146.77	18,518.51
기말장부가액[(5) = (4) + (1)]	964,334.6	981,481.4	1,000,000

* $60{,}000 \times 1/(1+0.08) + 60{,}000 \times 1/(1+0.08)^2 + 60{,}000 \times 1/(1+0.08)^3 + 1{,}000{,}000 \times 1/(1+0.08)^3$

11. 상각후측정금융자산은 최초 계약상 정해진 이자와 원리금을 수취할 목적으로 보유하는 금융자산이기 때문에 공정가치의 변동이 큰 의미가 없다.

12. ②

13. ④: 회사가 만기까지 보유하려는 적극적인 의사가 있고 재무적인 능력이 있다고 인정되는 채무증권을 상각후원가측정금융자산으로 분류할 수 있다.

14. ①: 배당금 수령은 공정가치법 또는 원가법에서 현금증가와 배당금수익의 인식으로 처리되어 투자주식계정에 영향을 미치지 않는 반면, 지분법에서는 현금의 증가와 투자주식가치의 감소로 인식된다.

15. ②: 20×2년 말 공정가치: ₩8,000×1,000주 = ₩8,000,000
취득원가: 9,000,000
∴ 기타포괄손익-공정가치측정금융자산평가손실 ₩(1,000,000)

17. ②: 당기비용으로 인식한다.

18. ④: 공정가치로 평가한다.

제14장 비유동부채: 금융부채와 충당부채

화폐의 가치는 시간에 따라 달라지는데 이를 화폐의 시간가치라고 한다. 부채 중에서 금융부채에 대해 설명한다. 특히 화폐의 시간가치 개념을 적용한 이론적 사채발행가격결정모형을 소개하고, 사채의 발행자와 사채에 대한 투자자의 입장에서 사채의 발행, 이자지급, 상환시점의 회계처리방법을 설명한다. 또한 종업원급여와 충당부채 등의 비금융부채를 간단히 살펴본다.

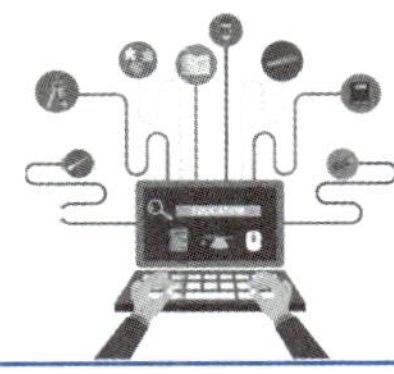

제 1 절 비유동부채의 개념

비유동부채(long-term liabilities 혹은 noncurrent liabilities)는 장기부채라고도 하며, 이는 부채의 상환기간이 재무상태표일로부터 1년 이후에 도래하는 사채·장기차입금·퇴직급여채무·판매보증충당부채·이연법인세부채 등을 말한다. 여기서 사채와 장기차입금과 같이 이자와 원금을 상환해야 하는 부채를 금융부채라 하는데, 일반적으로 거래상대방에게 확정된 현금 등의 금융자산을 인도하기로 한 계약상의 의무이다. 그러나 비유동부채가 재무상태표일로부터 상환기일이 1년 내에 도래하게 되면, 이를 비유동부채에서 분리하여 유동부채로 대체시켜야 한다. 비유동부채는 기업의 장기적 성장과 관련하여 설비투자 등의 자금조달을 위한 금융수단으로서 자본금과 함께 기업의 주요 자금조달원천이 된다. 부채는 기업의 영업성과에 관계없이 이자와 원금 등을 갚아야 할 의무이기 때문에 부채가 많아지면 기업의 재무위험이 높아진다.[1]

일반적으로 비유동부채를 제공한 채권자들은 경영에 참가할 수 있는 권리가 없으며, 회사의 이익과는 관계 없이 일정한 이자수익을 지급받게 된다. 그러나 비유동부채와 자본의 구별이 모호한 경우도 있다. 자본 중에는 부채의 성격을 갖는

1) 재무분석가들은 기업을 평가할 때 채권자에게 부채의 원금과 이자를 무리없이 잘 지급할 수 있는지의 여부에 관심이 많다. 이 때 부채비율(=총부채/자기자본)과 이자보상비율(=영업이익/이자비용)이 주로 사용된다.

우선주가 있으며, 부채 중에는 자본의 성격을 갖는 전환사채·신주인수권부사채 등이 있어 비유동부채와 자본의 구분이 모호하다. 이들에 대한 개념은 후술하기로 한다. 그외에 비유동부채로는 장기매입채무, 장기선수금, 임대보증금, 이연법인세부채 등이 있다.

제 2 절 현재가치

비유동부채는 유동부채와는 달리 미래 장기간에 걸쳐 상환되기 때문에 지급될 화폐의 현재가치(present value)로 평가한다. 따라서 비유동부채에 대한 회계처리를 이해하기 위해서는 반드시 화폐의 시간가치(time value of money)개념을 먼저 이해하여야 한다.

1. 화폐의 시간가치와 이자

화폐는 다른 경제재와 마찬가지로 희소성을 갖고 있는 경제적 자원으로서 동일한 금액이라 할지라도 시점에 따라 그 가치가 다르게 된다. 즉 오늘의 10,000원과 1년 후의 10,000원은 그 가치가 엄연히 다르게 인식되고 평가되어야 한다. 다시 말해 화폐는 시간가치를 반영하여 평가해야 한다.

화폐의 시간가치는 기간과 할인율(discount rate)이라는 두 가지 요소에 의해 결정된다. 여기서 할인율은 이자(interest)로 볼 수 있다. 즉 화폐의 시간가치를 취득하는 입장에서는 그 대가로 이자비용을 지급해야 되며, 그 시간가치를 포기하는 입장에서는 이자수익의 형태로 보상을 받게 되는 것이다. 서로 다른 시점의 화폐단위는 그 시간가치, 즉 비용을 제거함으로써 동일한 기준치를 가지게 된다. 따라서 화폐의 시간가치, 즉 현재가치(present value) 또는 미래가치(future value)를 구하는 과정은 그 화폐의 이자비용을 제거하거나 가산하는 절차라고 할 수 있다. 현재가치 계산시에 적용되는 할인율과 미래가치 계산시에 적용되는 가산율을 일반적으로 금융시장이자율로 대체하고 있는 이유도 여기에 근거를 두고 있다.

2. 현재가치의 계산

현재가치는 미래의 현금흐름을 현재의 시점에서 평가한 금액을 말한다. 화폐의 현재가치를 계산한다는 것은 곧 미래의 현금유입액 혹은 현금유출액을 일정한 비율(%)로 할인하여 현재시점의 화폐가치로 전환시키는 과정을 말한다.[2] 특정의 현금유입액에 대한 현재가치는 기본적으로 다음의 세 가지 요소에 의해 결정된다.

> ① 미래에 받게 될 현금유입액(cash inflow)
> ② 미래에 현금이 유입되는 특정기간(period)
> ③ 투자자가 요구하는 수익률이나 이자율 또는 자본의 기회비용(opportunity cost of capital), 즉 할인율(discount rate)

(1) 목돈의 현재가치

목돈의 현재가치를 계산하는 공식은 다음과 같다.

$$P=\frac{F_n}{(1+r)^n}=F_n(1+r)^{-n}$$

여기에서 F_n: 지금부터 n기간 후에 받을 미래의 현금유입액
P: 할인율이 r일 경우의 현재가치

예제 14-1

A가 투자를 하여 3년 후에 현금 1,000,000원이 유입될 것으로 기대한다. 만약 A가 연간 10%의 수익률을 기대할 때 현재가치를 계산하라.

$$현재가치=\frac{1,000,000}{(1+0.1)^3}=751,315원$$

목돈의 현재가치를 쉽게 구하기 위하여 기간별 이자율별로 1원의 현재가치를 계산·정리한 표가 [부록 표 1]이다. 즉 기간이 3이고 이자율이 10%일 경우의 목

2) 일반적으로 장기 기간에 걸쳐 현금흐름을 창출하고 있는 다양한 투자대안간에 비교가 필요한 경우, 현재가치의 계산이 반드시 필요하다. 이러한 투자대안들은 초기에 상당한 구모의 투자자본이 필요하기 때문에 투자안평가 혹은 자본예산이라고 부른다. 이때 순현재가치(NFV: net presentvalue)가 0보다 크면 투자할 가치가 있다고 평가한다. 순현재가치는 초기 투자금액을 포함하여 현금유입의 현재가치에서 현금유출의 현재가치를 차감한 금액으로 효율적인 투자안의 경제성분석에 활용되는 방법이다.

돈의 현가계수인 0.7513을 찾아서 이를 주어진 1,000,000원에 곱하면 751,300원이 된다. 또한 751,300원은 위의 공식에 직접 대입했을 때 나오는 수치와 동일함을 검증할 수 있다(약간의 반올림오차가 발생함).

(2) 연금의 현재가치

연금의 현재가치란 정해진 기간 동안에 일정하게 동일한 금액으로 수취하기로 되어 있는 연금을 현재시점에서 평가한 금액이다. 어떤 현금흐름이 매년 일정액으로 나타나는 경우에는 연금(annuity)의 현재가치표를 사용하면 편리하다. 이자율이 r일 때 n기간에 걸쳐서 받는 연금 A의 현재가치를 PA라고 하여 이를 공식으로 나타내면 다음과 같다.

$$PA = \frac{A[1-(1+r)^{-n}]}{r} = \frac{A\left[1-\frac{1}{(1+r)^{n}}\right]}{r}$$

여기에서 A: n기간에 걸쳐 받는 연금

r: 할인율

예제 14-2

액면 1,000,000원의 사채를 매입한 회사(투자회사)가 앞으로 3년 동안 매년말에 10%의 이자를 받을 경우, 이 때의 이자수익에 대한 현재가치를 계산하여라.

연금의 현재가치에 대한 그림설명

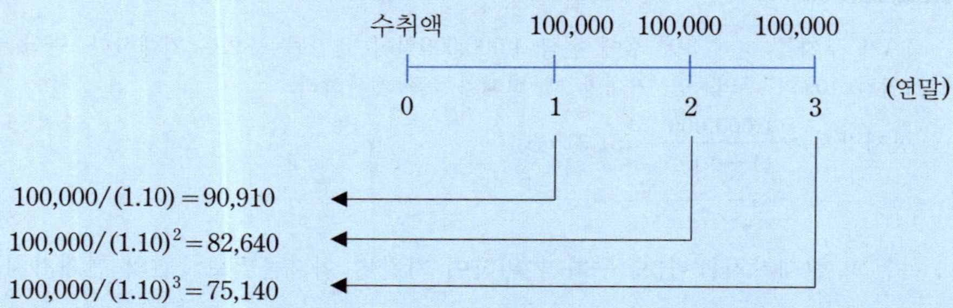

연금의 현가합계 248,690

예제 14-2에서 연금의 현가는 할인기간이 서로 다른 목돈의 현재가치의 합계임을 알 수 있다.

정상연금(ordinary annuity: 미래 일정기간에 걸쳐서 기말에 수취하거나 지급하는 연금)의 현재가치를 쉽게 구하기 위해 연금 1원에 대한 기간별·이자율별로 현재가치를 계산·정리한 표가 [부록 표 2]이다.[3] 상기 예제 14-2의 자료를 [부록 표 2]로 이용하여 설명하면 다음과 같다.

우선 [부록 표 2]에서 3기간과 10%가 만나는 지점에서 연금의 현가계수인 2.4869를 찾아서 이를 100,000원에 곱하면 248,690원이 된다. 따라서 위의 공식에 직접 대입하였을 때 나오는 수치와 동일함을 검증할 수 있다.

제 3 절 사 채

1. 사채의 개념과 종류

기업은 일반 대중으로부터 장기적으로 거액의 자금을 조달하기 위한 방법으로 회사채무인 사채(회사채)를 발행한다. 사채(bonds)란 권면에 표시된 사채의 상환일, 즉 만기일(maturity date)에 사채권면에 표시된 금액(액면금액: face value)을 지급하며, 동시에 권면에 표시된 이자율에 따라 정기적으로 일정이자를 지급하겠다고 약정한 사채증서(유가증권)로서 일반적으로 만기가 장기인 것을 말한다.[4]

사채발행시 기업이 교부하는 사채권면에는 ① 액면가액, ② 권면이자율(액면이자율 혹은 표시이자율), ③ 이자지급일, ④ 만기일이 표시되어야 한다.

액면가액은 만기시에 사채발행자가 지급하게 되는 원금을 말하며, 이는 반드시 발행가액과 동일하지는 않으며, 사채의 발행가액은 유효이자율에 의해 결정된다. 그리고 권면이자율은 발행회사가 지급하게 될 액면가액기준의 연간이자율을 말하며, 이를 액면이자율 혹은 표시이자율이라고도 한다. 이자지급일은 분기별·반기별·연간별 등으로 구분하여 표시되며, 만기일은 사채의 원금지급일을

3) 이상연금(annuity due)은 기초연금이라고도 부르는데, 미래 일정기간에 걸쳐서 기말이 아닌 기초에 수취 또는 지급하는 연금을 말한다.

4) 우리나라는 사채의 발행규모에 대해 일정한 제한을 두고 있다. 즉 상법(제470조 제 1 항)에서는 채권자를 보호하기 위하여 사채의 총액이 최종재무상태표에 나타난 순자산의 4배를 초과하지 못한다고 규정하고 있다. 또한 사채의 1권당 가액은 10,000원 이상이어야 하고, 균일한 금액단위로 나누어 사채권자의 능력에 맞추어 투자할 수 있도록 되어 있다.

말한다.

사채는 발행시 사채권에 표시되는 조건에 따라 다음과 같이 여러 가지 종류로 분류할 수 있다.

① 담보의 유무에 따라 담보사채(secured bonds)와 무담보사채(unsecured bonds)
② 권면 또는 사채원부에 채권자의 기명유무에 따라 기명식사채(registered bonds)와 무기명식사채[(bearer bonds) 또는 이표사채(coupon bond)]
③ 주식전환가능성에 따라 전환사채(convertible bonds)와 전환불가능사채(non-convertible bonds)
④ 보증유무에 따라 보증사채(guaranteed bonds)와 무보증(일반)사채(debenture)
⑤ 만기 및 상환조건에 따라 조기상환사채(callable bonds; 콜옵션부사채) · 연속상환사채(serial bonds) · 만기상환사채(term bonds)
⑥ 기타사채: 무이자사채(zero interest debenture bonds) · 이익사채(incomebonds) · 수익사채(revenue bonds) 등

2. 사채의 발행

(1) 사채발행비

사채발행비란 기업이 자금을 제 3 자(증권회사)를 통하여 조달할 경우 지불하는 사채발행수수료와 사채발행을 위하여 직접 발생한 기타의 비용을 말한다. 즉 사채발행비는 사채발행수수료(증권회사의 수수료) · 사채권인쇄비 · 사채모집광고비 등으로 구성된다. 사채발행비는 사채의 발행가액을 계산하는 과정에서 차감되고 구체적으로 후술할 사채할인발행차금 또는 사채할증발행차금에서 조정된다. 사채발행비로 인한 현금지출은 사채를 발행하여 조달한 현금유입을 감소시키는 효과가 있으며, 미래의 이자비용을 증가시키는 효과가 있기 때문에 사채발행비를 사채의 장부가액에서 조정하는 것이 타당하다.

(2) 사채발행가격의 결정

사채의 발행가는 사채에 대한 수요와 공급, 위험 및 경제상황 등에 의해 결정된다. 구체적으로 사채의 발행가액(issue price)은 사채의 미래현금흐름(이자 포함)을 시장이자율로 할인한 현재가치에서 사채발행비(현금유출)를 차감함으로써 결정된다. 그러나 사채를 매입하는 측(투자자)에서는 권면이자율이 다른 자산에 투자

함으로써 일반적으로 얻을 수 있으리라 기대되는 투자수익률(유효이자율)보다 낮을 경우에는 액면가액으로 발행된 사채를 매입하지 않을 것이다. 따라서 사채발행자는 이러한 경우 사채를 액면가액 이하로 할인발행(issuing at a discount)할 수밖에 없다. 사채가 할인발행된다는 것은 투자자들이 액면이자율 이상의 수익률을 요구한다는 것을 의미한다. 한편 사채의 권면이자율이 다른 자산에 투자하여 얻을 수 있는 투자수익률(유효이자율)보다 높다고 판단되면, 사채의 발행가액은 액면가액 이상으로 할증발행(issuing at a premium)할 것이다.

결국 사채의 발행가액은 권면이자율과 시장에서 사채매입자(투자자)가 실제 얻을 수 있으리라 기대되는 유효이자율을 비교하여 결정하게 된다. 즉 사채발행자(채무자)의 입장에서 보면 권면이자율과 유효이자율과의 차이만큼을 사채매입자(투자자)에게 보상해 주기 위하여 사채를 할인 혹은 할증발행하는 것이다. 따라서 유효이자율은 결국 사채발행자(채무자)가 실질적으로 부담하게 되는 이자율이 되므로, 사실은 사채발행일의 시장이자율과 동일한 개념이 아니다.

사채의 발행가액을 계산할 때 사채발행비를 직접 차감하므로 시장이자율이 유효이자율과 같을 수 없다. 즉 사채발행비가 유효이자율에 이미 반영되어 있다는 것이다. 따라서 사채의 미래현금흐름(이자 포함)을 유효이자율로 할인한 현재가치가 바로 사채발행비를 반영한 이후의 사채발행가액이 된다. 즉 유효이자율은 시장이자율보다 약간 높게 산정된다.[5)]

사채는 권면이자율(액면이자율 혹은 표시이자율)과 사채발행시의 유효이자율 그리고 사채발행비의 관계에 따라서 다음과 같이 발행된다.

발행가액 = 액면가액	←	액면발행	→	권면이자율 = 유효이자율
발행가액 < 액면가액	←	할인발행	→	권면이자율 < 유효이자율
발행가액 > 액면가액	←	할증발행	→	권면이자율 > 유효이자율

따라서 사채의 발행가격은 결국 유효이자율을 기준으로 결정되는데, 투자자의 입장에서 보면 사채투자로부터 회수된 미래현금유입액(이자수익)을 유효이자율

5) 유효이자율은 엄밀하게 말하면 사채발행시의 시장이자율이 아니다. 유효이자율은 사채를 발행할 때 시장이자율로 할인하여 조달한 현금에서 사채발행비를 차감하여 산출된 사채의 발행가액과 미래에 지급되는 현금(원금 및 이자)의 현재가치를 일치시키는 할인율을 말한다. 즉, 유효이자율은 사채발행회사가 실질적으로 부담하는 이자율이다.

로 할인한 현재가치로 환산한 금액을 지불하려고 할 것이다. 다시말해, 사채발행일의 시장이자율로 할인할 경우의 사채발행가액은 만기에 지급할 사채액면가액의 현재가치와 정기적으로 지급하게 될 사채이자의 현재가치에서 사채발행비를 차감한 금액이 된다.

• 만기에 지급할 사채액면가액의 시장이자율로 할인한 현재가치	×××
• 정기적으로 지급하게 될 사채이자의 시장이자율로 할인한 현재가치	×××
• 사채발행비	(×××)
• 사채의 발행가액:	×××

대부분의 사채는 실무적으로 액면가액으로 발행된다. 전술한 대로 시장이자율이 상승하면 사채가격은 낮아지고, 시장이자율이 하락하면 사채가격은 상승한다. 즉, 사채가격은 시장이자율과 반비례한다. 따라서 투자자는 시장이자율이 상승할 때 금융기관을 통해 사채를 매입한 후 시장이자율이 하락할 때 사채를 매각하면 그 금액의 차이 만큼 이익을 얻을 수 있는 것이다.

예제 14-3

반포주식회사는 20×1년 1월 1일 3년 만기의 액면가액 1,000,000원인 사채를 권면이자율 10%로 발행하고, 이자는 매년 말에 지급한다고 할 경우 사채발행가액은 얼마로 결정되어야 하는가?

① 유효이자율(10%: 사채발행비 반영됨)이 권면이자율과 같은 경우:

3년 후 지급할 사채액면 1,000,000원에 대한 현재가치	751,300*
매년 말에 지급되는 이자 100,000원의 현재가치	248,700**
사채의 발행가액(사채발행비 반영됨)	1,000,000

*1,000,000×0.7513(<부록 표 1> 목돈의 현재가치표, 이자율 10%, 기간수 3기준)

**100,000×2.4869(<부록 표 2> 연금의 현재가치표, 이자율 10%, 기간수 3기준)

(주): 만약 이자비용지급을 1년에 2번 지급하면, 기간은 사채기간의 2배인 6이 되므로 현가표를 찾을 경우 기간수를 6으로 하고 유효이자율은 5%로 하여야 한다.

② 유효이자율(사채발행비 반영됨)이 각각 7%와 13%일 경우(권면이자율과 다를 경우):

	유효이자율 7%	유효이자율 13%
3년 후 지급할 사채액면 1,000,000원의 현재가치	816,300	693,100
매년 말에 지급되는 100,000원의 현재가치	262,430	236,120
사채의 발행가액(사채발행비 반영됨)	1,078,730 (할증발행)	929,220 (할인발행)

위의 예제 14-3 에서 보듯이 사채발행비를 반영한 유효이자율(13%)이 권면이자율(10%)보다 높을 경우에는 70,780원(=1,000,000원−929,220원)만큼 할인발행을 하여야 하고, 반대로 유효이자율(7%)이 권면이자율(10%)보다 낮을 경우에는 78,730원(=1,078,730원−1,000,000원)만큼 할증발행을 하여야 한다.

(3) 사채발행(사채할인 및 할증발행)의 회계처리

사채를 액면발행하게 되면 대변의 사채계정은 만기에 상환해야 할 액면가액으로 기록한다. 그러나 사채의 할인발행 또는 할증발행이 있을 경우에는 사채의 액면가액에서 사채할인발행차금(discounts on bonds payable) 또는 사채할증발행차금(premium on bonds payable)을 차감 또는 가산한 발행가액으로 기록한다.

사채할인발행차금계정과 사채할증발행차금계정은 모두 사채의 평가계정으로서 재무상태표상에는 사채계정을 차감하거나 또는 가산하는 형식으로 표시된다. 구체적으로 사채할인발행차금은 사채의 만기에 걸쳐 상각하여 사채이자비용으로 인식해야 하며, 사채할증발행차금은 사채의 만기에 걸쳐 환입하여 사채이자비용에서 차감시킨다. 한편 사채를 매입하는 투자회사는 평가계정을 설정하지 않고 직접 사채의 취득원가만으로 상각후원가측정금융자산 또는 기타포괄손익-공정가치측정금융자산으로 기록한다. 다시말해 사채발행자는 할인액이나 할증액을 사채발행차금계정에 별도로 기록하여 해당 사채의 액면가액에 차감 혹은 부가계정으로 표시하지만, 일반적으로 사채를 매입하는 투자자는 금융자산 중 상각후원가측정금융자산 또는 기타포괄손익-공정가치측정금융자산계정에 할인이나 할증이 반영된 순액으로 기록한다.

이하에서는 투자회사가 취득한 사채를 만기시까지 보유할 적극적인 의도와 능력이 있다고 가정하고 상각후원가측정금융자산으로 처리하는 것으로 한다.

예제 14-4

앞의 **예제 14-3**의 자료에 의하여 사채발행회사인 반포주식회사의 입장에서 사채발행에 대한 회계처리를 표시하라.

① 사채의 액면발행시: (즉 유효이자율 10%=권면이자율 10%)

차변	금액	대변	금액
(차) 현 금	1,000,000	(대) 사 채	1,000,000

(투자회사)

차변	금액	대변	금액
(차) 상각후원가측정금융자산	1,000,000	(대) 현 금	1,000,000

② 사채의 할인발행시: (즉 유효이자율 13%>권면이자율 10%)

차변	금액	대변	금액
(차) 현 금	929,220	(대) 사 채	1,000,000
사채할인발행차금	70,780		

(투자회사)

차변	금액	대변	금액
(차) 상각후원가측정금융자산	929,220	(대) 현 금	929,220

③ 사채의 할증발행시: (즉 유효이자율 7%<권면이자율 10%)

차변	금액	대변	금액
(차) 현 금	1,078,730	(대) 사 채	1,000,000
		사채할증발행차금	78,730

(투자회사)

차변	금액	대변	금액
(차) 상각후원가측정금융자산	1,078,730	(대) 현 금	1,078,730

(4) 사채이자기산일 경과 후의 사채발행(이자지급일 사이에서의 사채발행)

사채의 이자기산일이라 함은 사채에 대한 이자계산이 시작되는 날을 말하며, 사채의 이자지급일은 사채이자가 실제 지급되는 날을 말한다. 사채를 발행(취득)하는 회사가 이자기산일 이후의 어느 시점에서 사채를 발행(취득)한다면, 사채발행(취득)시에 받은 금액에서 기간이 경과된 부분만큼의 이자해당액을 가산(차감)한 후의 가격을 발행가액(취득가액)으로 계산하여야 한다. 이는 사채발행회사는 기간의 경과 여부에 관계 없이 이자기산일로부터 이자를 계산하여 사채취득회사(투자회사)에게 지급해야 하기 때문이다. 특히 사채의 매입회사(투자회사)의 관점에서 보아도 당기의 진정한 이자수익은 사채보유시점 이후의 것만을 계상하는 것이 논리적으로 보다 타당하기 때문이다.

이를 산식으로 표시하면 다음과 같이 나타낼 수 있다.

> 이자지급일 사이의 사채발행가액 = 발행직전 이자지급일에 있어서 사채의 현재가치 + 직전이자지급일로부터 사채발행일까지의 유효이자액 − 사채발행비

예제 14-5

반포주식회사는 사채발행 제 1 차연도의 4월 1일에 액면가액 1,000,000원인 3년 만기의 사채를 연이율 10%로 액면발행하였다(즉 사채발행 당시의 유효이자율은 10%이다). 그러나 이자기산일은 매년 1월 1일이며, 매년 12월 31일에 이자를 현금으로 지급한다고 할 경우 사채발행시와 사채이자지급시에 관련하여 사채발행 회사와 사채매입회사의 입장에서 회계처리를 표시하라.

사채발행회사(반포주식회사)	사채매입회사(투자회사)
① 사채발행시분개(4월 1일):	
(차) 현 금 1,025,000 (대) 사 채 1,000,000 (대) 미지급(사채)이자 25,000* * 1,000,000×10%×3/12	(차) 상각후원가측정금융자산 1,000,000 (차) 미수이자수익 25,000 (대) 현 금 1,025,000
② 사채이자지급시(12월 31일):	
(차) 미지급(사채)이자 25,000 (차) (사채)이자비용 75,000* (대) 현 금 100,000** * 1,000,000×10%×9/12 ** 1,000,000×10%	(차) 현 금 100,000 (대) 미수이자수익 25,000 (대) 이자수익 75,000

결과적으로 발행회사인 반포주식회사의 손익계산서에 표시되는 당해 연도 이자비용은 실제 지급한 100,000원(=1,000,000×10%)에서 이자기산일로부터 3개월의 기간이 경과한 이자비용 25,000원(=100,000×10%×3/12)을 차감한 75,000원이 될 것이며, 매입회사(투자회사)의 입장에서도 실제 보유기간인 9개월분의 이자분 75,000원을 순수한 투자채권의 이자수익으로 계상하게 된다.

3. 사채발행차금의 상각법과 사채이자비용의 계상

사채를 할인(할증)발행하였을 때 발생되는 사채할인(할증)발행차금은 사채의 상환기간 동안에 걸쳐서 결산기마다 일정한 방법으로 상각(환입)함으로써 만기일에는 동 계정의 잔액이 0이 되어 사채의 액면가액과 장부금액이 일치하도록 하여야 한다. 마찬가지로 사채매입회사(투자회사)가 액면가액과 다른 가격으로 투자사채를 매입한 경우에도 할인(할증)매입액을 매 결산기마다 일정한 방법으로 가감하여 만기일까지 투자사채의 장부금액을 액면가액과 일치시키는 회계처리가 필요하다. 또한 이자지급일과 회계기말이 일치하지 않는 경우에는 회계기말에 발생이자(accrued interest)에 대한 기말수정분개를 하여야 한다. 발생이자는 미지급이자뿐만 아니라 사채발행차금의 상각액도 포함된다. 또한 사채발행비도 사채의 장부금액에서 조정하여 함께 상각해야 한다.

사채발행차금의 상각방법(bond discount amortization methods)으로는 정액법과 유효이자율법이 있다. 사채할인발행차금 및 사채할증발행차금은 원칙적으로 사채발행시부터 최종상환시까지의 기간에 유효이자율법을 적용하여 상각 또는 환입하고 동 상각 또는 환입액은 사채이자비용에 가산 또는 차감한다. 왜냐하면 사채할인(할증)발행차금은 액면이자율과 유효이자율과의 차이에서 발생된 부분이므로 유효이자율을 사용하여 상각하는 것이 보다 적절하다고 볼 수 있기 때문이다. 그러나 본서에서는 설명의 편의상 정액법을 먼저 설명한다.

(1) 정액법(straight-line method)

정액법이란 사채발행차금을 사채의 상환기간 동안에 매기 균등액을 배분하여 매 결산기마다 상각(또는 환입)하는 방법이다. 정액법에서 사채발행차금에 대한 상각(또는 환입)액은 다음 공식에 의하여 계산된다.

$$\text{사채발행차금의 매기상각(또는 환입)액} = \frac{\text{총사채할인(할증)액}}{\text{사채기간}}$$

이 때 사채할인발행차금에 대한 상각액은 사채이자비용에 가산하여 영업외비용으로 처리하고, 사채할증발행차금에 대한 환입액은 사채이자비용에서 차감처리하여야 한다.

예제 14-6

앞의 **예제 14-3**의 자료에 의하여 반포주식회사의 사채발행차금을 정액법에 의하여 상각하면 매기 상각액은 다음과 같다.

① 할인발행시: 사채할인발행차금총액 ÷ 3 = 사채할인발행차금상각액
(70,780) (23,593)

② 할증발행시: 사채할증발행차금총액 ÷ 3 = 사채할증발행차금환입액
(78,730) (26,243)

사채할인발행의 경우에는 매년 23,593원을 상각하고, 할증발행의 경우에는 매년 26,243원을 환입하게 되어 만기일인 제3차연도 말에는 사채발행차금계정의 잔액은 0이 될 것이다. 그러므로 할인발행이든 할증발행이든간에 비유동부채인 사채의 장부금액은 매기 일정액의 사채할인(할증)발행차금상각(환입)액이 가감됨으로써 만기시에는 사채의 액면가액과 동일하게 된다.

예제 14-7

반포주식회사가 앞의 **예제 14-3**과 **예제 14-6**의 자료에 의하여 사채를 할인발행 및 할증발행하고 정액법으로 사채발행차금을 상각할 경우의 제1차연도 말에 필요한 분개를 하라(이자비용의 인식).

사채발행회사(반포주식회사)			사채매입회사(투자회사)		
① 할인발행인 경우:					
(차)	사채이자비용	123,593	(차)	현금	100,000
(대)	사채할인발행차금	23,593		상각후원가측정금융자산	23,593
	현금	100,000	(대)	이자수익	123,593
② 할증발행인 경우:					
(차)	사채이자비용	73,757	(차)	현금	100,000
	사채할증발행차금	26,243	(대)	상각후원가측정금융자산	26,243
(대)	현금	100,000		이자수익	73,757

(2) 유효이자율법(effective interest rate method)

유효이자율법은 사채의 장부금액에 매년 유효이자율(사채발행시 시장의 실질이자율)을 곱하여 계산된 이자와 권면이자율(표시이자율 또는 액면이자율)에 의해 계산된 이자와의 차액인 사채할인(할증)발행차금을 상각(환입)시키는 방법이다. 즉 유효이자액(장부금액×유효이자율)을 당기이자비용으로 인식하고, 유효이자액과 액면이자액(현금이자지급액)과의 차액을 상각(또는 환입)으로 처리하는 방법이다.

여기서 유효이자율(effective interest rate)이란 미래에 지급하는 현금(원금과 이자)의 현재가치를 사채의 발행가액과 일치시키는 이자율로서 사채발행비를 반영한 후의 이자율이다. 따라서 사채발행 당시의 시장이자율과 동일하지 않다. 이 유효이자율로 사채발행회사가 실질적으로 부담하는 이자비용과 사채권자가 사채를 취득할 때 실질적으로 얻을 수 있는 이자수익을 계산하게 된다.

예제 14-8

앞의 **예제 14-3**의 자료에 의하여 반포주식회사의 사채발행차금을 유효이자율법에 의하여 상각(환입)명세표를 작성하고 제1차연도에 필요한 분개를 하라.

① 사채할인발행차금의 상각명세표(유효이자율 13%, 권면이자율 10%):

일 자	사채이자 지급액 (대변)	사채유효 이자비용 (차변)	사채할인발행차금		사채의 장부금액
			당기상각(대변)	잔액	
20×1. 1. 1				70,780	929,220[1]
20×1. 12. 31	100,000[2]	120,799[3]	20,799[4]	49,981	950,019
20×2. 12. 31	100,000	123,502	23,502	26,479	973,521
20×3. 12. 31	100,000	126,479	26,479	0	1,000,000
합 계	300,000	370,780	₩70,780		

1) 사채의 장부금액 = 사채액면금액 − 사채할인발행차금잔액
(929,220) = (1,000,000) − (70,780)

2) 사채이자지급액 = 사 채 액 면 ×권면이자율(10%)
(100,000) = (1,000,000) × (0.1)

3) 사채유효이자비용 = 사채의 기초장부금액×유효이자율(13%)
(120,799) = (929,220) × (0.13)

4) 사채할인발행차금상각 = 사채유효이자비용 − 사채이자지급액
(20,799) = (120,799) − (100,000)

② 사채할증발행차금의 환입명세표(유효이자율 7%, 권면이자율 10%):

일 자	사채이자 지급액 (대변)	사채유효 이자비용 (차변)	사채할증발행차금		사채의 장부금액
			당기상각(차변)	잔액	
20×1. 1. 1				78,730	1,078,730[1]
20×1. 12. 31	100,000[2]	75,511[3]	24,489[4]	54,241	1,054,241
20×2. 12. 31	100,000	73,797	26,203	28,038	1,028,038
20×3. 12. 31	100,000	71,962	28,038	0	1,000,000
합 계	300,000	221,270	₩78,730		

1) 사채의 장부금액 = 사채액면금액 + 사채할인발행차금잔액
(1,078,730) = (1,000,000) + (78,730)

2) 사채이자지급액 = 사 채 액 면 × 권면이자율(10%)
(100,000) = (1,000,000) × (0.1)

3) 사채유효이자비용 = 사채의 기초장부가액 × 유효이자율(7%)
(75,511) = (1,078,730) × (0.07)

4) 사채할증발행차금환입 = 사채이자지급액 − 사채유효이자비용
(24,489) = (100,000) − (75,511)

③ 사채발행차금상각(또는 환입)에 따른 1차연도 말의 분개: 이자비용의 인식

사채발행회사(반포주식회사)		사채매입회사(투자회사)	
① 할인발행인 경우:			
(차) 사채이자비용	120,799	(차) 현 금	100,000
(대) 현 금	100,000	(차) 상각후원가측정금융자산	20,799
(대) 사채할인발행차금	20,799	(대) 이자수익	120,799
② 할증발행인 경우:			
(차) 사 채 이 자 비 용	75,511	(차) 현 금	100,000
(차) 사채할증발행차금	24,489	(대) 이 자 수 익	75,511
(대) 현 금	100,000	(대) 상각후원가측정금융자산	24,489

4. 사채의 상환

일반적으로 사채는 만기일에 액면금액으로 현금상환하나 여러 가지 이유로 사채의 만기일 전에 상환될 수 있다. 특히 수의상환사채(콜옵션부사채, callable bonds)는 만기 이전에 상환이 가능하다. 이것을 사채의 조기상환이라고 하는데, 조기상환에 따른 회계처리는 상환시점에서 사채의 장부금액과 상환금액의 차액을 사채상환손익(gains/losses from early extinguishment of bonds)으로 인식하는 것이다. 한편, 사채매입회사(투자회사)는 이 금액을 손익계산서에 상각후원가측정금융자산처분손익(또는 기타포괄손익-공정가치측정금융자산처분손익)으로 보고한다. 사채의 상환방법을 다음과 같이 두 가지로 분류할 수 있다.

(1) 만기상환(일시상환): 사채의 액면금액을 만기일에 일시에 현금상환하는 방법이다. 만기가 도래하면 사채의 장부금액은 액면금액(상환금액)과 동일하게 되어 사채상환손익이 발생하지 않는다.

(차) 사　채	×××	(대) 현　금	×××

(2) 조기상환
- ① 추첨상환: 만기일 전에 추첨에 의하여 사채를 상환하는 방법으로 보통 액면가액으로 상환되는데, 실무에서는 거의 사용되지 않는다. 단, 국채의 경우에는 추첨상환제도가 있다.
- ② 매입상환: 사채발행회사가 사채만기일 전에 사채를 시장에서 매입하여 상환하는 것으로 사채의 일부를 매입하거나 전부를 매입할 수 있따. 보통 매입가격은 시장가격이 된다.

이상의 방법 중에서 사채를 만기일 전에 조기상환하는 회계처리를 구체적으로 살펴보기로 한다.

(1) 사채매입일(재취득일) 현재 미상각사채발행차금이 있는 경우에는 먼저 매입일까지의 기간에 대해 상각(또는 환입)하여야 한다.
(2) 사채매입일 현재까지의 기간에 대한 미지급사채이자비용을 지급하여야 한다.
(3) 사채발행회사는 사채상환손익을 계산하여 당기의 손익으로 보고한다.
사채상환손실(이익) = (매입상환대금 + 상환비용 등) − 사채장부금액
(4) 사채발행차금계정잔액과 사채계정을 제거시키는 상환분개를 한다.

예제 14-9

반포주식회사는 앞의 예제 14-8의 자료에 의하여 할인발행하였던 사채를 제2차연도 말인 20×2년 12월 31일에 조기에 상환하기 위하여 980,000원에 현금으로 매입하여 소각하였다. 사채발행차금의 상각을 유효이자율법에 의하여 상각하고 있을 경우, 이 매입상환에 대한 회계처리를 하라.

① 매입(재취득)시점(20×2년 12월 31일) 현재까지의 기간에 대한 미지급사채이자비용의 계상: 사채상환일 현재 해당되는 이자비용과 사채할인발행차금상각을 회계처리한다.

(차) 사채이자비용	123,502	(대)	현금	1,000,000
			사채할증발행차금	23,502

② 매입(조기)상환일(20×2년 12월 31일)에 대한 분개:

(차)	사채	1,000,000	(대)	사채할인발행차금	26,479
	사채상환손실	6,479		현금	980,000

이와 같이 사채를 만기일 전에 조기상환하면 차변에 사채를 기록하고, 대변에는 현금및현금성자산, 미상각된 사채할인발행차금을 기록한다. 사채상환손실은 사채매입시에 매입가액(상환가격)이 순계상가액(net carrying amount: 사채장부금액)을 초과할 때 나타난다. 반대인 경우에는 사채상환이익이 대변계정에 나타난다.

□ 전환사채 □

전환사채(CB: convertible bonds)는 사채발행일로부터 일정기간이 경과한 후에 사채권자에게 회사의 보통주로 전환할 권리(전환권)를 부여한 특수한 형태의 사채를 말한다. 즉 사채가 주식으로 전환되면 회사의 부채는 소멸되고 자본금이 증가된다. 그러므로 전환사채는 사채이면서도 잠재적 주식의 성격을 가지며, 사채권자에게 사채의 확실성과 주식의 초과수익성을 동시에 제공하는 대신에 기업은 낮은 이자율로 자금을 원활하게 조달할 수 있다는 장점이 있다. 우리나라 상법에서는 전환사채를 발행할 경우 정관에 발행할 수 있는 근거규정을 두어 이사회의 결의사항으로 위임하여 전환의 조건, 전환으로 인하여 발행할 주식의 내용, 전환을 청구할 수 있는 기간을 정하도록 하고 있다.

전환사채에는 사채권자가 만기까지 보통주로의 전환을 청구하지 않았을 때 만기상환시에 사채의 액면금액 이외에 상환할증금(call premium)을 추가로 지급하는 상환할증조건부전환사채(보장수익률이 있는 경우)와 상환할증금을 추가로 지급하지 않는 상환할증조건이 없는 전환사채(보장수익률이 없는 경우)가 있다. 우리나라에서 발행되는 대부분의 전환사채는 보장수익률이 부여되고 있으며 액면발행되고 있다.

□ 신주인수권부사채 □

신주인수권부사채(BW: bonds with stock warrants)란 사채의 발행일로부터 일정 기간이 경과한 후에 보통주를 인수할 수 있는 권리(신주인수권)가 부여되어 있는 특수한 형태의 사채를 말한다. 이와 같은 신주인수권이 부여되기 때문에 신주인수권부사채는 보통 낮은 표시이자율로 발행된다. 또한 채권자는 사채기간 동안 일정한 이자수익을 안정적으로 획득할 수 있으며, 기업의 경영성과가 양호해질 경우 신주를 인수하여 추가적인 배당수익이나 주식의 가치상승에 따른 자본이득을 얻을 수 있는 기회가 주어지기 때문에 일반사채보다는 사채의 가치가 높다. 이에 대한 내용은 기본적으로 전환사채와 동일하다. 전환사채와 신주인수권부사채의 회계처리는 중급재무회계에서 많이 다루어질 내용이므로 여기에서는 생략한다.

5. 사채의 상환을 위한 자금조달방법

사채의 상환에는 거액의 금액이 일시에 소요되므로 이 거액의 사채상환자금의 확보를 용이하게 하기 위해 유휴자금을 기금에 예치하거나 이익의 일부를 유보하여 상환자금을 마련하는 방법이 있다. 자금의 조달방법에는 일반적으로 감채기금을 설정하는 방법과 감채기금과 감채적립금을 동시에 설정하는 방법 등으로 구분할 수 있다.

(1) 감채기금을 설정하는 방법

이 방법은 사채를 상환하기 위한 자금을 일반영업자금과 구별하여 정기예금·금전신탁 등의 특정자산으로 확보해 두는 방법이다. 이 방법에 의하여 설정된 특정자산을 감채기금(bond sinking funds)이라고 하는데, 이러한 감채기금에 정기적으로 현금을 예치하여 신탁회사에 맡겨 운용한다. 이 특정자산에서 발생되는 이자수익이나 배당수익이 있으면 감채기금에 가산한다. 그리고 재무상태표에는 투자자산에 분류하여 기록한다.

예제 14-10

(1) 사채상환용 자금을 확보하기 위하여 현금 500,000원을 A신탁회사의 감채기금에 예치하다.

(차) 감채기금	500,000	(대) 현 금	500,000

(2) 감채기금의 운용으로 인하여 1,000원의 이자가 발생하다.

(차) 감채기금	1,000	(대) 감채기금이자수익	1,000

(2) 감채기금과 감채적립금을 설정하는 방법

이 방법은 매기 이익을 처분할 때 경우에 따라서는 배당금으로 지급될 수 있는 이익잉여금의 사용을 제한하기 위하여 이익잉여금의 일부를 사내에 적립하여 사채의 상환금액에 도달하도록 하는 방법이다. 이 때 이익의 적립금을 감채적립금(sinking fund reserves)이라 한다. 사채를 상환하여 적립금의 목적이 달성되면 적립금을 배당가능한 이익잉여금으로 환원시킬 수 있다.

예제 14-11

(1) 서울주식회사는 6년 후에 만기가 도래하는 2,000,000원의 사채를 상환하는 데 필요한 자금을 적립하려고 한다. 서울주식회사는 주주총회의 결의로 이익잉여금 중 600,000원을 감채적립금으로 유보하고, 사채를 상환하는 데 필요한 자금을 적립하기 위해 동액만큼의 감채기금을 설정하다.

적립금:	(차) 미처분이익잉여금	600,000	(대) 감채적립금	600,000
기금:	(차) 감 채 기 금	600,000	(대) 현 금	600,000

(2) 서울주식회사가 몇 년 동안 감채기금에 현금을 이체하고, 감채기금을 운용한 결과 감채기금의 잔액은 2,500,000원이었다. 사채의 상환기간이 도래하여 감채기금으로 사채를 상환하고, 감채적립금은 배당가능이익잉여금으로 대체하였다. 단, 감채적립금 2,000,000원이 기설정되어 있었다.

적립금:	(차) 감채적립금	2,000,000		
			(대) 미처분이익잉여금	2,000,000
기금:	(차) 사 채	2,000,000	(대) 감채기금	2,500,000
	현 금	500,000		

제 4 절 종업원급여와 충당부채

충당부채(provisional liability)는 과거 사건의 결과로 당기에 지출되지 않았으나 미래에 지출될 것이 확실시되는 현재의 의무와 당해 회계연도에 그 발생원인이 존재하였기 때문에 수익과 비용의 대응원칙에서 볼 때 당기수익에서 차감하는 것이 합리적이라고 판단되는 의무이다. 일반적으로 우발상황은 미래에 특정사건이 발생하느냐의 여부에 따라 현재로서는 손실 또는 이익의 발생 여부가 불확실한 상태를 말한다.

K-IFRS에서는 어떤 조건이 충족될 때 우발손실만 손실과 부채로 인식하고 우발이익은 재무제표에 인식하지 않는다. 이때 우발손실의 인식기준이 충족될 때 충당부채라고 하고, 충족되지 못할 때는 우발부채(contingent liability)라고 한다.

즉, 충당부채는 재무제표에 인식되는 부채이며, 우발부채는 재무제표에 부채로 인식되지 아니하고 주석으로 기재된다.[6] 그러나 매입채무나 차입금과 같이 부채의 금액이나 채권자가 현재시점에서 확정되어 있는 확정부채(determinable liability)와 그 성격이 다르다. 대표적인 충당부채의 예로는 제품보증(판매보증)충당부채, 경품충당부채, 손해배상충당부채, 공사보증충당부채(하자보수보증충당부채), 환경관련 복구충당부채, 판매촉진을 위한 환불정책충당부채 등이 있으며, 그 의무이행시기에 따라서 유동부채와 비유동부채로 나누어진다.

국제회계기준을 채택하기 전에는 퇴직급여채무는 충당부채의 대표적인 유형으로 분류했다. 그러나 K-IFRS에서는 퇴직급여(post-employment benefits)를 확정기여형과 확정급여형으로 나누어 각각 미지급비용과 확정급여채무로 분류하였다. 즉, 퇴직급여채무는 퇴직 이후에 지급하는 종업원급여이기에 충당부채로 보기 어렵다. 아래에서는 종업원급여(퇴직급여)와 제품보증충당부채를 살펴보기로 한다.

1. 종업원급여(퇴직급여)

종업원은 퇴직할 때 근로기준법이나 회사사규에 의해서 근속연수에 따라 누

6) K-IFRS에 따르면 당해 의무를 이행하기 위한 자원의 손실발생가능성과 당해 의무의 이행에 소요되는 신뢰성 있는 금액의 추정가능성이 높을 때(발생확률 50% 초과) 충당부채로서 부채로 인식하고, 낮을 경우에는 우발부채로서 주석으로만 공시된다.

적계산된 퇴직금을 받게 된다. 이러한 퇴직금은 종업원의 과거 근무에 대한 보상의 성격을 갖게 되므로 종업원이 노동력을 제공한 기간의 비용으로 인식하여야 하며, 퇴직금 지급시에 한꺼번에 비용으로 인식해서는 안 된다. 따라서 기업은 종업원의 근무기간 동안에 이를 인건비의 일부로서 당기수익에 대응시켜 매기 비용(퇴직급여)으로 인식하여야 하며, 동시에 근무기간 동안에 발생되는 비용을 인식함에 따라서 발생되는 추정부채인 퇴직급여채무(allowance for severance liability)계정을 설정한다. 현재 K-IFRS에서는 보험수리적 기법을 적용하여 퇴직급여채무를 측정하도록 하고 있다.

퇴직급여제도는 확정기여제도(DC: defined contribution)와 확정급여제도(DB: defined benefit)가 있다. 확정기여제도는 기업이 일정한 고정기여금을 납부하여 기금을 적립하지만 종업원의 퇴직급여를 지급할 충분한 기금이 확보되지 않아도 추가납부의무는 존재하지 않는다. 즉, 적립금의 투자위험을 종업원이 부담한다. 반면에 확정급여제도는 종업원이 퇴직시 지급할 약정된 퇴직급여가 노사협정 등에 의해 결정되어 있어 기여금의 운영실적이 저조한 경우에는 추가기여금이 증가할 수 있다.

확정급여제도하에서는 종업원이 당기와 과거기간에 근무함으로써 퇴직시에 약정에 따라 지급될 것으로 예상되는 퇴직금지급액을 현재가치로 계산하여 퇴직급여채무를 측정하기에 보험수리적 가정이 필요하다. 매기 말 종업원의 근무에 의해 추가지급이 예상되는 금액의 현재가치만큼이 퇴직급여와 퇴직급여채무로 기록된다. 또한 확정급여제도하에서는 기업들은 미래 퇴직금급여에 충당하기 위해 일정금액을 기금으로 적립할 수 있다. 이러한 사회적립기금은 사외적립자산으로 처리하고 확정급여채무에서 차감하여 표시한다. 반면 확정기여제도의 회계처리는 확정급여제도와는 달리 보험수리적 가정이 필요없기 때문에 비교적 단순하다. 왜냐하면 기업이 부담하는 채무가 당해 기간의 기여금으로 결정되기 때문이다.

예제 14-12

(1) 종로상사는 확정기여제도를 채택하고 있으며 결산시 회사의 사규에 의해 당기의 종업원근무에 따라 퇴직급여가 500,000원으로 계산되었다. 단, 당기 말까지 납부한 기여금은 100,000원이다.

(차) 퇴직급여	400,000	(대) 미지급퇴직급여	400,000

만일 위에서 회사가 추가납부한 기여금이 450,000원이면 다음과 같이 회계처리한다.

(차) 퇴 직 급 여	400,000	(대) 현 금	450,000
선급퇴직급여	50,000		

(2) 종로상사가 확정급여제도를 채택하고 있다고 하자. 당기말 현재 당기의 종업원근무에 따라 회사가 부담할 미래 퇴직금 지급액의 현재가치가 500,000원으로 추정되었다면 다음과 같이 회계처리한다.

(차) 퇴직급여	500,000	(대) 퇴직급여채무	500,000

2. 제품보증충당부채[7]

제품보증충당부채(product warranty liability)는 상품이나 제품을 판매보증(sales warranty)한 경우, 이로부터 발생하는 장래의 비용에 대비하여 설정한 준비액이다. 예를 들어 제품을 판매한 후 일정기간에 대해 하자부품의 교환, 무료사후서비스, 현금환급 등을 들 수 있는데, 제품의 판매촉진방법으로 자주 이용되는 수단이다.

예제 14-13

(1) 서울상사는 당기에 TV 10대(대당 300,000원)를 외상으로 판매하였다. 제품보증기간은 판매연도 이후 2년간이다. 결산시에 과거의 경험에 비추어 제품보증비를 매출액의 2%로 계상하다.

(차) 제품보증비	60,000	(대) 제품보증충당부채	60,000

(2) 서울상사는 다음 연도에 실제로 제품보증에 대한 하자부품의 수리를 위해 현금 40,000원을 지출하였다.

(차) 제품보증충당부채	40,000	(대) 현 금	40,000

7) 제품보증충당부채과 유사한 추정부채항목으로 건설공사와 관련하여 하자보증으로 인한 공사보증충당부채가 있다. 공사보증충당부채는 일반적으로 건축 등의 공사에서 공사완료 후 일정기간 내에 하자가 발생할 경우, 이를 보수하여 주는 조건으로 공사계약을 체결할 때 생기는 우발성채무이다. 따라서 충당부채 중 제품보증충당부채와 공사보증충당부채는 우발성부채와 본질적으로 동일하다고 할 수 있다.

제 5 절 기타 비유동부채

1. 장기차입금

장기차입금(long-term debts)은 금융기관이나 신용대여기관으로부터 자금을 차입하고 그 원금을 재무상태표작성일로부터 1년 이후의 일정기간에 상환하게 되어 있는 채무를 말한다. 장기차입금은 성격상 사채와 비슷하지만 금융기관을 통해 사적으로 거래가 이루어진다는 점이 다르다. 만약 장기차입금 중 상환기일이 보고기간 종료일로부터 1년 이내로 도래했을 경우에는 유동성장기차입금으로 재분류하여 유동부채로 보고하여야 한다.

2. 장기매입채무

장기매입채무(long-term trade payables)는 재무상태표작성일로부터 1년 이상이 경과한 후에 지급기일이 도래하는 어음상의 채무를 말한다. 즉 유동부채에 속하지 아니하는 일반적 상거래에서 발생한 장기의 외상매입금 및 지급어음을 말한다. 장기지급어음은 어음의 액면금액 이외에 이자를 별도로 지급해야 하는 이자부어음(interest-bearing notes)과 무이자부어음(noninterest-bearing notes)으로 구분된다.

장기지급어음의 경우에는 시장이자율을 적용하여 현재가치(present value)로 평가한 후 이를 순수한 부채금액으로 계산하고, 어음의 액면금액과 현재가치의 차이는 사채의 경우와 마찬가지로 장래의 지급이자비용(현재가치할인차금)으로 이연처리하는 것이 원칙이다. 어음과 사채의 회계처리는 매우 흡사하다고 할 수 있다. 어음의 발행가액도 사채와 마찬가지로 현재가치로 평가하며, 현재가치와 어음의 액면금액의 차액은 현재가치할인차금계정으로 하여 어음의 잔여기간에 걸쳐 상각한다. 따라서 이 현재가치할인차금계정은 관련된 지급어음의 차감계정으로 기록된다.

[부록 표 1] 목돈의 현재가치

$$P=\frac{1}{(1+r)^n}$$

기 간	5%	6%	7%	8%	9%	10%	11%	12%	13%	15%
1	.9524	.9434	.9346	.9259	.9174	.9091	.9009	.8929	.8850	.8696
2	.9070	.8900	.8734	.8573	.8417	.8264	.8116	.7972	.7831	.7561
3	.8638	.8396	.8163	.7938	.7722	.7513	.7312	.7118	.6931	.6575
4	.8227	.7921	.7629	.7350	.7084	.6830	.6587	.6355	.6133	.5718
5	.7835	.7473	.7130	.6806	.6499	.6209	.5935	.5674	.5428	.4972
6	.7462	.7050	.6663	.6302	.5963	.5645	.5346	.5066	.4803	.4323
7	.7107	.6651	.6227	.5835	.5470	.5132	.4817	.4523	.4251	.3759
8	.6768	.6274	.5820	.5403	.5019	.4665	.4339	.4039	.3762	.3269
9	.6446	.5919	.5439	.5002	.4604	.4241	.3909	.3606	.3329	.2843
10	.6139	.5584	.5083	.4632	.4224	.3855	.3522	.3220	.2946	.2472

[부록 표 2] 정상연금의 현재가치

$$PA=\sum_{t=1}^{n}\frac{1}{(1+r)^t}$$

기간수	5%	6%	7%	8%	9%	10%	12%	13%	15%
1	.9524	.9434	.9346	.9259	.9174	.9091	.8929	.8850	.8696
2	1.8594	.1.3334	1.8080	1.7833	1.7591	1.7355	1.6901	1.6681	1.6257
3	2.7232	2.6730	2.6243	2.5771	2.5313	2.4869	2.4018	2.3612	2.2832
4	3.5460	3.4651	3.3872	3.3121	3.2397	3.1699	3.0373	2.9745	2.8550
5	4.3295	4.2124	4.1002	3.9927	3.8897	3.7908	3.6048	3.5172	3.3522
6	5.0757	4.9173	4.7665	4.6229	4.4859	4.3553	4.1114	3.9975	3.7845
7	5.7864	5.5824	5.3893	5.2064	5.0330	4.8684	4.5638	4.2226	4.1604
8	6.4632	6.2098	5.9713	5.7466	5.5348	5.3349	4.9676	4.7988	4.4873
9	7.1078	6.8017	6.5152	6.2469	5.9952	5.7590	5.3282	5.1317	4.7716
10	7.7217	7.3601	7.0236	6.7101	6.4177	6.1446	5.6502	5.4262	5.0188

연습문제

[1] **현재가치의 개념은 왜 경영학도에게 중요한가?**

[2] **충당부채를 정의하고 그 예를 들어라.**

[3] **사채이자율과 관련하여 액면이자율·유효이자율·시장이자율을 비교설명하라.**

[4] (현재가치·미래가치) **부록의 현재가치표를 이용하여 다음 물음에 답하라.**

(1) 매년 말 100,000원씩 5년간 지급해야 하는 어음의 현재가치(단, 연간할인율은 10%)를 계산하라.

(2) 현재시점으로부터 향후 2년간은 연말에 50,000원씩, 그 후 2년은 연말에 30,000원씩 받는 이자수익의 현재가치(단, 연간할인율은 12%)를 계산하라.

(3) 20×1년 1월부터 매월말 1,000,000원씩 연 12%로 5년간 적립하면 찾을 수 있는 미래가치를 계산하라.

(4) 현재(20×1년 1월 1일) 5,000,000원을 투자하면 향후 6년간 매년 말에 1,000,000원씩 받을 수 있는 사업에 투자를 권유하는 친구의 제안을 받아드릴 것인지 결정하라. 단, 본 사업에서 기대하는 적정 수익률은 8%이다.

*[5] (금융부채1: 사채) **(주)국민은 장기시설자금의 조달을 목적으로 20×1년 1월 1일 3년만기, 액면가액 ₩1,000,000인 사채를 액면이자율 6%로 발행하였다. 발행당시 유효이자율은 8%이었으며 이자는 매년 말 지급하기로 하였다. 다음 물음에 답하라.**

(1) 사채의 발행금액을 계산하라.

(2) 사채발행으로부터 만기 상환일까지의 회계처리를 수행하라.

(3) 사채발행일로부터 사채상환일까지 사채발행차금 상각표를 작성하라.

*
[6] (금융부채2: 사채) **사채와 관련된 다음 물음에 답하라.**

- 사채발행일: 20×1년 1월 1일
- 사채의 액면이자율: 10%(이자 지급일: 매년 말)
- 사채의 만기금액: ₩1,000,000
- 사채의 만기일: 20×3년 12월 31일

사채의 유효이자율이 12%일 때

(1) 사채의 발행금액을 계산하라.
(2) 20×1년 말 회계처리를 수행하라.
(3) 20×2년 말 사채의 장부금액을 계산하라.
(4) 사채의 투자자 입장에서 20×2년도 이자수익을 계산하라.

*
[7] (금융부채3: 장기차입금, 차입에서 상환까지 유동성장기차입금 재분류) **(주)중앙은 20×1년 4월 1일 신규생산설비를 취득하기 위해 금융기관으로부터 3년 만기로 ₩40,000,000을 차입하였다. 차입이자율은 8%이며 이자는 매년 3월 31일에 지급하기로 하였다. (주)중앙의 장기차입금 차입일부터 상환일까지의 회계처리를 수행하라.**

*
[8] (충당부채 1–제품보증) **(주)한밭전자는 20×1년도 초부터 제품을 판매할 때, 2년간 품질을 보증한다. (주)한밭의 경험에 의하면 보증판매액의 5%가 판매 후의 제품결함으로 인한 무상수리비로 지출되고 있다. 20×1년도와 20×2년도의 보증조건부 판매액은 총 ₩30,000,000과 ₩50,000,000이었으며 20×1년도와 20×2년도 중에 실제 발생한 보증수리비 지출액은 각각 ₩350,000과 ₩850,000이었다. 20×1년도와 20×2년도의 보증판매에 관련된 회계처리를 수행하라.**

*
[9] (충당부채 2–제품보증) **(주)TURBO Motors는 고객맞춤형 자동차를 제조, 판매하는 회사이다. 이 회사는 제품판매 후 주행거리 100,000km까지 모든 자동차 수리를 무상으로 해 주는 제품보증서비스를 시행하고 있으며, 이러한 제품보증비는 연간 매출액의 7%에 해당될 것으로 예상된다. 최근 3년간 매출액과 제품보증비의 실제 지출액에 대한 자료가 다음과 같을 때, 각 연도 말 재무상태표상의 제품보증충당부채의 장부가액은 얼마인가?**

연도	연간 매출액	실제 제품보증비 지출액
20×1년	₩100,000,000	₩5,000,000
20×2년	₩200,000,000	₩8,000,000
20×3년	₩300,000,000	₩9,000,000

*
[10] **사채할인발행차금에 대하여 유효이자율법을 적용하여 상각하는 경우 사채이자비용은 어떻게 결정되는가?**

① 사채의 액면가액 × 표시이자율
② 사채의 액면가액 × 유효이자율
③ 사채의 기초순장부가액 × 표시이자율
④ 사채의 기초순장부가액 × 유효이자율

*
[11] **다음 미래의 우발상황 중 부채로서 재무상태표상에 인식되어야 할 사항은?**

① 소송사건
② 일반적이고 불특정한 사업위험
③ 제품보증 의무
④ 화재로 발생가능한 유형자산 손실위험

*
[12] **결산일이 매년 12월 31일인 (주)중앙이 다음과 같은 사채를 발행하였다. 유효이자율법에 의하여 20×1년도에 인식할 이자비용은?**

• 액면금액: ₩1,000,000	• 발행금액: ₩950,000
• 발행일: 20×1년 1월 1일	• 만기일: 20×5년 12월 31일
• 액면이자율: 5%	• 유효이자율: 6%

① ₩57,000　② ₩60,000
③ ₩47,500　④ ₩40,000

*
[13] **(주)중앙은 20×1년초에 표시이자율 9%, 액면가액 ₩1,000,000인 10년 만기 사채를 ₩940,000에 할인발행하였다고 가정한다. 이자는 매년말에 지급되며, 사채이자비용과 관련된 회계처리는 유효이자율법을 사용하고 있다. 유효이자율이 10%라고 가정할 때 20×1년말에 사채이자비용과 관련된 올바른 분개는?**

①	(차)	사채이자비용	94,000	(대)	현금	90,000
					사채할인발행차금	4,000
②	(차)	사채이자비용	90,000	(대)	현금	90,000
③	(차)	사채이자비용	90,000	(대)	현금	94,000
		사채할인발행차금	4,000			
④	(차)	사채이자비용	94,000	(대)	현금	94,000

*
[14] (주)중앙은 매년말 액면이자를 지급하고, 유효이자율법에 의해 사채할인발행차금을 상각한다. 20×1년 말 (주)중앙의 회계처리는 다음과 같다. 회계처리 후에 사채의 장부금액이 ₩508,000일 때 사채의 유효이자율은 얼마인가?

(차) 이자비용	50,000	(대) 사채할인발행차금	8,000
		현 금	42,000

① 8% ② 10%
③ 12% ④ 15%

*
[15] 다음 중 충당부채의 인식과 관련된 설명으로 옳지 않은 것은?

① 과거사건의 결과로 현재의무가 존재하여야 한다.
② 당해 의무를 이해하기 위해 경제적 효익을 갖는 자원의 손실발생가능성이 높아야 한다.
③ 당해 의무를 이행하기 위해 소요되는 금액을 신뢰성 있게 추정할 가능성이 높아야 한다.
④ 신뢰성 있는 금액의 추정이 높지 않을 때에는 부채로 인식해 재무상태표의 본문에 표시한다.

*
[16] K-IFRS에 따르면 당해 의무를 이행하기 위한 자원의 손실발생가능성과 당해 의무의 이행에 소요되는 신뢰성 있는 금액의 추정가능성이 높을 때 충당부채로서 부채를 인식하게 된다. 위의 두 가지 조건을 충족시키는 기준은?

① 발생확률 50% 이상 ② 발생확률 50% 초과
③ 발생확률 20% 이상 ④ 발생확률 20% 초과

*
[17] (주)중앙은 20×1년 1월 1일에 사채를 ₩903,940에 발행하였으며, 발행시 유효이자율은 12%이다. 동 사채의 액면가액은 ₩1,000,000이고 표시이자율은 10%, 만기는 3년이며 이자는 매년 말에 지급된다. (주)중앙이 동 사채로 인하여 만기까지 인식해야 할 총이자비용은 얼마인가?

① ₩396,060 ② ₩300,000 ③ ₩269,600
④ ₩250,000 ⑤ ₩96,060

*
[18] (주)중앙은 20×1년 1월 1일에 액면금액 ₩100,000, 만기 3년, 이자지급일 매년 12월 31일인 사채를 ₩92,269에 할인발행하였다. 동 사채의 20×2년 1월 1일 장부금액이 ₩94,651일때 액면(표시)이자율을 구하면 얼마인가? 단, 유효이자율은 연 8%이고 계산되는 모든 금액은 소수점 이하 반올림한다. (2013년 7급, 수정)

① 10% ② 8%
③ 6% ④ 5%

*
[19] **퇴직급여제도와 관련하여 확정기여제도(DC)와 확정급여제도(DB)에 대한 다음의 설경 중 틀린 것은?**

① 확정기여제도에서는 기업이 고정된 기여금을 당부하여 기금을 적립한다.
② 확정기여제도에서는 적립금의 투자위험을 기업이 부담한다.
③ 확정급여제도에서는 종업원이 퇴직시 지급할 약정된 퇴직급여가 이미 정해져 있다.
④ 확정급여제도에서는 퇴직급여를 측정할 때 보험수리적 가정이 요구된다.

*
[20] **다음 중 사채와 관련된 설명으로 옳지 않은 것은?**

① 액면이자율이 시장이자율보다 높은 경우, 사채는 액면금액보다 높게 발행된다.
② 사채할인발행차금을 유효이자율법으로 상각할 경우, 이자비용은 기간의 경과에 따라 감소한다.
③ 기발행사채의 사채할인발행차금상각액은 사채기간의 경과에 따라 증가한다.
④ 사채발행시 사채발행비가 지출된 경우, 발행당시 시장이자율은 유효이자율보다 낮다.

연습문제 해답

5. (1) 발행가액: 이자지급액의 현재가치

$= (1{,}000{,}000 \times 6\%)/(1+0.08) + (1{,}000{,}000 \times 6\%)/(1+0.08)^2 + (1{,}000{,}000 \times 6\%)/(1+0.08)^3$

$=$ ₩154,626

만기금액의 현재가치 $= 1{,}000{,}000/(1+0.08)^3 = 793{,}832$

발행가액 = 이자지급액의 현재가치 + 만기금액의 현재가치

$= 154{,}626 + 793{,}832 =$ ₩948,458

(2) 사채할인발행차금상각표

구 분	1차연도	2차연도	3차연도
발행가액(기초장부가액)(1)	948,458	964,335	981,481
액면이자(2)	60,000	60,000	60,000
유효이자비용[(3) = (1) × 8%]	75,876.64	77,146.77	78,518.51
사채할인발행차금상각[(4) = (3) − (2)]	15,876.64	17,146.77	18,518.51
사채의 기말장부가액[(5) = (1) + (4)]	964,334.6	981,481.4	1,000,000

(3) 회계처리

• 20×1년 1월1일:

(차)		(대)	
현 금	948,458	사 채	1,000,000
사채할인발행차금	51,542		

• 20×1년 12월 31일:

(차)		(대)	
이자비용	75,877	현 금	60,000
		사채할인발행차금	15,877

• 20×2년 12월 31일:

(차)		(대)	
이자비용	77,147	현 금	60,000
		사채할인발행차금	17,147

• 20×3년 12월 31일:

(차)		(대)	
이자비용	78,518	현 금	60,000
		사채할인발행차금	18,518

(차) 사 채 1,000,000 (대) 현 금 1,000,000

6. (1) 발행금액: $100{,}000(1{,}000{,}000 \times 10\%)/1.2 + 100{,}000/1.12^2$
$+ 100{,}000/1.12^3 + 1{,}000{,}000/1.12^3 = ₩951{,}963$

(2) 20×1년 12월 31일:

(차) 사채이자비용	114,236(=951,963×12%)	(대) 현 금	100,000
		사채할인발행차금	14,236

(3) 20×2년말 장부금액:
966,199(=951,963+14,236)+[966,199×12%−100,000]=₩982,143

(4) 20×2년도 이자수익:
966,199×12%=₩115,944

7. • 20×1년 4월 1일:

(차) 현 금	40,000,000	(대) 장기차입금	40,000,000

• 20×1년 12월 31일:

(차) 이자비용	2,400,000	(대) 미지급이자비용	2,400,000

• 20×2년 3월 31일:

(차) 현 금	800,000	(대) 현 금	3,200,000
미지급이자비용	2,400,000		

* 40,000,000×8%×9/12=₩2,400,000

(차) 이자비용	2,400,000	(대) 미지급이자비용	2,400,000

• 20×3년 3월 31일:

(차) 이 자 비 용	800,000	(대) 현 금	3,200,000
미지급이자비용	2,400,000		

• 20×3년 12월 31일:

(차) 이자비용	2,400,000	(대) 미지급이자비용	2,400,000
(차) 장기차입금	40,000,000	(대) 유동성장기차입금	40,000,000

• 20×2년 3월 31일:

(차) 이 자 비 용	800,000	(대) 현 금	3,200,000
미지급이자비용	2,400,000		

(차) 유동성장기차입금	40,000,000	(대) 현 금	40,000,000

8. • 20×1년도의 보증수리비 지출:

(차) 제 품 보 증 비	350,000	(대) 현 금	350,000

• 20×1년도 말의 제품보증충당부채인식:

(차) 제품보증비 1,150,000 (대) 제품보증충당부채 1,150,000

* 30,000,000×5%−350,000=₩1,150,000

• 20×2년도의 제품보증비 지출:

(차) 제품보증충당부채 850,000 (대) 현 금 850,000

• 20×2년도 말 제품보증충당부채인식:

* 추정보증수리비용	(30,000,000+50,000,000)×5% =	₩4,000,000
* 기지출된 보증수리비용	350,000+850,000 =	(1,200,000)
* 충당부채 장부잔액	1,150,000−850,000 =	(300,000)
	추가인식할 제품보증충당부채	₩2,500,000

(차) 제품보증비 2,500,000 (대) 제품보증충당부채 2,500,000

9. ① 20×1년

제품보증충당부채=100,000,000×7%=₩7,000,000

회계처리:

(차)	제 품 보 증 비	7,000,000	(대)	제품보증충당부채	7,000,000
	제품보증충당부채	5,000,000		현 금	5,000,000

제품보증충당부채 장부가액=7,000,000−5,000,000=₩2,000,000

② 20×2년

제품보증충당부채=200,000,000×7%=₩14,000,000

회계처리:

(차)	제 품 보 증 비	14,000,000	(대)	제품보증충당부채	14,000,000
	제품보증충당부채	8,000,000		현 금	8,000,000

제품보증충당부채 장부가액=2,000,000(전기 말 장부가액)+14,000,000
−8,000,000=₩8,000,000

③ 20×3년

제품보증충당부채=300,000,000×7%=₩21,000,000

회계처리:

(차)	제 품 보 증 비	21,000,000	(대)	제품보증충당부채	21,000,000
	제품보증충당부채	9,000,000		현 금	9,000,000

제품보증충당부채 장부가액 = 8,000,000(전기말 장부가액) + 21,000,000 − 9,000,000 = ₩20,000,000

10. ④: 유효이자율법에 따른 사채이자비용은 사채의 기초순장부가액에 유효이자율을 곱하여 산출한다.

11. ③: 부채로서 인식되기 위해서는 미래의 사건발생 가능성이 높고, 그에 따른 손실금액을 합리적으로 추정가능해야 하는데 보기 중에 이에 해당하는 것은 제품보증의무이다.

12. ①: 20×1년의 이자비용: 950,000×6% = ₩57,000

13. ①:
- 20×1년말 유효이자발행금액: ₩940,000×10% = ₩94,000
- 20×1년말 사채할인발행차금 상각금액: ₩94,000 − ₩90,000 = ₩4,000

14. ①:
- 유효이자율 x라고 한다면, (₩508,000 − 8,000) × x = ₩50,000

  ∴ x = 10%

15. ④

16. ②

17. ①: (₩1,000,000 − ₩903,940) + (₩1,000,000×10%×3) = ₩396,060

18. ④: 액면이자율을 x라 하자.

[(₩92,269×0.08) − (₩100,000×x%)] = (₩94,651 − ₩92,269)

∴ x = 0.05(5%)

구체적으로 서술하면,

(차) 사채이자비용 92,269×0.08

(대) { 현 금 100,000×x%
사채할인발행차금 ×××
= [(92,269×0.08) − (100,000×x%)]

∴ 92,269 + [(92,269×0.08) − (100,000×x%)] = ₩94,651

∴ x = 0.05(5%)

19. ②: 확정기여제도(DC)에서는 적립금의 투자위험을 종업원이 부담한다.

20. ②

제15장 자 본

본장에서는 소유주지분의 개념을 설명하고 주식회사의 자본의 구성항목으로 납입자본, 이익잉여금, 기타의 자본요소에 대한 정의와 포함되는 항목들을 설명한다. 자본의 세부적 분류에 따라 해당 자본이 어떻게 증가하고 감소하게 되는지, 주식회사의 설립과 증자에 따른 회계처리를 어떻게 하는지, 그리고 자본변동표의 구성과 작성방법을 소개한다.

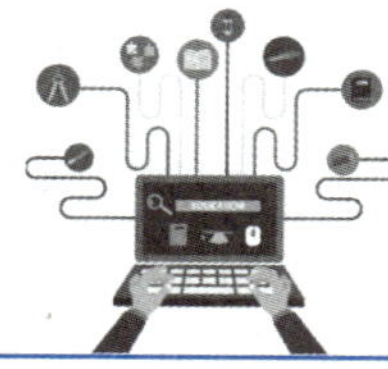

제 1 절 소유주지분의 의의와 구성

기업은 수익을 창출하고 기업의 소유자는 경영활동과 관련하여 발생하는 위험과 불확실성에 대해 최종적인 책임을 지며, 그 결과로 이익에 대한 권리를 갖게 된다. 소유자들이 제공하는 자금으로서의 소유주지분(owners' equity, 주주지분)은 자본(capital)이라고도 한다. 이는 기업의 총자산에서 총부채를 차감한 후에 남은 잔여지분(residual interest)으로서 기업의 자산에 대한 소유주의 청구권을 장부가치로 나타내는 기업의 순자산(net worth)을 말한다.

총자산－총부채＝소유주지분(자본, 순자산)

이와 같은 소유주지분, 자본, 잔여지분 및 순자산은 모두 상호 동의어로 사용된다. 자산과 부채의 회계처리와 보고는 개인기업, 조합기업 또는 주식회사 등 기업의 형태와 관계없이 기본적으로 동일하지만, 소유주지분의 회계처리와 보고는 기업의 형태에 따라 약간씩 다르다. 주식회사의 경우에 소유주지분은 크게 납입자본, 기타포괄손익누계액, 이익잉여금, 자본조정으로 구성되어 있다. 납입자본은 주주가 회사에 납입한 금액으로 자본금과 자본잉여금으로 구분하여 표시한다. 그리고 자본조정으로는 자기주식과 같은 자본차감표시항목이 있다.

소유주지분 즉 자본(자기자본)은 소유주가 기업의 자산에 대하여 자신의 몫으로 주장할 수 있는 청구권이지만, 부채(타인자본)와 같이 채권자에게 계약상 만기가 되면 갚아야 하는 의무가 아니다. 주식을 소유한 주주는 회사가 이익을 내면 그 대가로 배당을 받거나 소유주식을 처분하여 매매차익을 얻는다. 사채를 소유한 채권자는 회사의 손익에 관계없이 보유기간 중 약정이자를 받으며 만기에는 원금도 상환받는다.

제 2 절 주식회사와 자본

1. 주식회사의 특징

오늘날 법인형태의 가장 대표적인 기업유형은 주식회사(corporation)라 할 수 있다. 이러한 주식회사는 주식(주권)으로 분할된 자본을 가지고 설립된 독립법인체이다. 여기에서 주주는 주식인수가액을 한도로 출자의무를 부담할 뿐 그 밖의 회사채무에 대해 채무변제 등의 아무런 책임을 지지 않고, 출자한 자본금의 한도 내에서만 유한책임을 진다. 주식회사의 특징을 살펴보면 다음과 같이 요약할 수 있다.

(1) 주주의 책임은 유한책임이며, 자본의 분배에 엄격한 제한을 받는다.
(2) 주식수를 늘려 일반대중으로부터 거액의 자본을 조달할 수 있다.
(3) 주주간에 자유롭게 주식을 양도하거나 처분할 수 있다.
(4) 계속기업으로서 영구존속이 가능하다.

2. 주식회사의 자본분류

전술한 바와 같이 자본(capital)이란 소유주지분 또는 주주지분이라고 하는 것으로 자산에서 부채를 차감한 잔여지분이다. 한국채택국제회계기준(K-IFRS)에서는 자본을 납입자본, 이익잉여금, 기타자본요소로 분류하고 있다. 이를 좀더 구체적으로 분류하면, 납입자본은 주주가 납입한 금액으로 자본금과 자본잉여금이 있으며, 기타자본요소는 기타포괄손익누계액과 자본조정으로 구분할 수 있다. 그체적으로 자본금은 법률에 의해 정해진 액면자본금을 의미하고, 자본잉여금은 주주가 액면을 초과하여 납입한 자본을 의미한다. 반면, 이익잉여금은 기업활동을 통해 발생한 이익이 축적되어 회사에 유보한 금액을 의미한다.

자본조정의 계정과목들은 자본거래의 결과로 발생한 자본 전체에 대해 차감하거나 가산할 성질을 갖는 항목들이다. 기타포괄손익누계액은 손익거래의 결과로 발생한 자본의 증감액 중에서 아직 최종적인 거래를 통해 실현되지 않은 평가손익의 누계이다. 자본을 상세히 분류하면 다음과 같이 요약할 수 있다.

자본
- (1) 자본금(법정자본금)
  - 보통주자본금
  - 우선주자본금
- (2) 자본잉여금
  - 주식발행초과금(발행금액 > 자본감소액)
  - 기타자본잉여금
    - 감자차익(감자대가 < 자본감소액)
    - 자기주식처분이익 (재발행금액>취득원가)
    - 그 밖의 기타자본잉여금
- (3) 이익잉여금
  - 법정적립금 – 이익준비금
  - 임의적립금(사업확장적립금, 감채적립금, 건물신축적립금, 재해손실적립금, 배당편균적립금 등)
  - 미처분이익잉여금(또는 미처리결손금)
- (4) 기타포괄손익누계액
  - 기타포괄손익 – 공정가치측정금융자산평가손익
  - 유·무형자산 재평가손익(재평가잉여금)
  - 해외사업장환산외환차이
  - 현금흐름위험회피 – 파생금융상품평가손익
- (5) 자본조정
  - 주식할인발행차금(이익잉여금처분으로 상각)
  - 자기주식처분손실(재발행금액 < 취득원가)
  - 자기주식(취득원가: 자본의 차감항목)
  - 감자차손(감자대가 > 자본감소액)
  - 출자전환채무

제 3 절 주식과 자본금

1. 자본금의 의의와 분류

주식회사의 자본금(capital stock)은 발행주식총수에 주당 액면금액을 곱한 금액으로서, 반드시 액면금액으로 기록되어야 한다. 이는 상법에 규정된 자본으로 법정자본금(legal capital)으로서의 상징적인 의미를 갖고 있기 때문이다. 이 법정자본금은 주주총회의 결의 등에 의한 법정감자절차를 거치지 않고서는 감소될 수 없다는 특징을 가지고 있다.

자본금은 회사설립시에 처음 계상되고, 회사설립 후에 증가할 수도 있고(증자), 반대로 감소할 수도 있다(감자). 증자의 예로는 신주발행에 의한 유상증자, 이익준비금 등의 자본전입에 의한 무상증자, 주식배당, 전환사채의 전환 등이 있으며, 감자의 예로는 주식소각 등이 있다.

상법(2012년 개정)에 의하면 1주의 액면금액은 100원 이상의 균일액으로 하여야 한다고 규정하고 있고, 주식의 권면에 주식금액이 표시되어 있지 않은 무액면주식(no-par value stock)의 발행을 허용하고 있다.[1] 즉, 액면주식뿐만 아니라 무액면주식의 발행도 허용하고 있다. 주식회사 설립시에는 보통 액면금액으로 주식이 발행되다가 설립 이후에는 액면금액 이상의 발행가격으로 주식이 발행될 수 있다. 이 때 액면자본금을 초과하여 주주가 납입한 금액은 주식발행초과금으로 자본잉여금에 표시한다.

한편 주식회사가 발행하는 주식에는 이익배당의 보장과 잔여재산분배 등의 우선순위에 따라 보통주식(common stock)과 우선주식(preferred stock)의 두 종류가 있는데, 발행하는 주식의 종류에 따라 주식회사의 자본금을 보통주자본금과 우선주자본금으로 분류하여야 한다.[2]

---

1) 무액면주식을 발행할 경우에는 납입자본의 $\frac{1}{2}$이상을 액면자본금으로 정해야 한다.

2) 주식회사가 여러 종류의 주식을 발행하는 이유는 투자자의 다양한 욕구를 충족시킬 수 있도록 주식의 종류를 다양화함으로써 자기자본의 조달을 원활하게 하기 위함이다. 그 종류에는 보통주·이익배당우선주·전환우선주·상환우선주·혼합주 등이 있다.

2. 주식회사의 설립에 관한 회계

주식회사는 상법(제288조)에 의하여 1인 이상의 발기인이 정관을 작성하고 설립방법(발기설립과 모집설립)을 선택하여 회사가 설립시에 발행하는 주식의 총수를 납입받아 법원에 설립등기함으로써 설립된다.

주식회사의 설립방법에는 발기인이 회사설립시에 발행한 주식의 총수를 전부 인수하고 주식인수가액을 납입함으로써 회사가 설립되는 발기설립과 발행할 주식의 일부만을 발기인이 인수하고 잔여분에 대해서는 일반투자가들로부터 공모하여 이를 인수토록 함으로써 회사가 설립되는 모집설립이 있다.

모집설립의 경우에는 공모자(투자자)로부터 주식인수에 대하여 일정액의 현금, 즉 신주청약증거금을 받게 되는데, 이 금액은 후에 발행주식의 납입에 충당하게 된다. 만약 청약자가 소정기일 내에 주금납입을 하지 않을 때에는 이를 몰수하여 자본잉여금계정에 포함시킨다. 이와 같은 청약에 의한 주식발행은 신규회사 혹은 중소기업 등이 상장할 경우, 또는 종업원지주제의 실시에 따라 종업원들에게 신주를 제공한 경우에 자주 사용되는 제도이다.

한편 주식대금의 납부는 원칙적으로 현금으로 하여야 한다. 그러나 상법에서는 설립시에는 발기인만 현물출자(investment in-kind)를 할 수 있으며, 증자시에는 발기인뿐만 아니라 발기인 이외의 제3자도 현물출자를 할 수 있도록 규정하고 있다.

현물출자란 주식의 대금을 현금 이외의 자산으로 납입하는 것을 말하는데, 이 경우 주식과 교환되는 토지·건물·유가증권 등의 취득원가는 당해 자산의 공정가액으로 평가되어야 한다.

예제 15-1

[발기설립에 관한 회계처리]

서울주식회사는 회사가 발행하는 주식의 총수 1,000주(액면가액 @ 10,000원) 중 회사설립시에 400주를 발행하기로 하였다. 그리고 발행할 주식 400주를 발기인이 액면가액으로 인수하여 당좌예입하다.

(차) 당좌예금	4,000,000	(대) 보통주자본금	4,000,000

예제 15-2

[모집설립에 관한 회계처리]

(1) 서울주식회사는 회사가 발행할 주식의 총수 1,000주(액면가액 @ 10,000원) 중 설립시에 발행할 주식수를 400주로 정하였다. 주식은 액면으로 발행하고, 발기인의 인수분 200주는 전액 현금으로 받아 당좌예입하다.

(차) 당좌예금	4,000,000	(대) 보통주자본금	4,000,000

(2) 일반공모하기로 한 주식 200주에 대하여는 300주의 주식청약신청이 있었으며, 액면가액으로 현금을 받아 당좌예입하다.

(차) 당좌예금	3,000,000	(대) 주식청약증거금(자본조정)	3,000,000

(3) 주식청약인에게 배정된 주식 200주에 상당한 금액을 납입시킴에 있어서 주식청약증거금으로 충당시키고, 미배정주 100주에 대한 주식청약증거금은 수표를 발행하여 반환하다.

(차) 주식청약증거금	3,000,000	(대) 보통주자본금	2,000,000
		당 좌 예 금	1,000,000

예제 15-3

[현물출자에 관한 회계처리]

서울주식회사는 회사설립시 발기인 중 한 사람이 공정시가가 각각 1,000,000원과 2,000,000원인 건물과 토지를 현물출자하였는데, 이에 대해 주식 300주(액면가액 @ 10,000원)를 발행하여 주다.

(차) 건 물	1,000,000	(대) 보통주자본금	3,000,000
토 지	2,000,000		

3. 증자에 관한 회계

기업이 자기자본을 조달하기 위해 정관에 규정된 수권자본(authorized capital stock)의 범위 내에서 이사회의 결의로서 신주를 발행하여 자본금을 증가시키는 것을 증자라고 한다. 이러한 증자에는 실질적 증자와 형식적 증자로 분류되는데, 실질적인 증자는 주주가 현금출자 혹은 현물출자를 함으로써 동액의 자산증가를 초래함과 동시에 그 대가로 주식이 발행되어 실질적으로 순자산의 증가를 가져오는 것이고, 형식적인 증자는 자본금은 증가되지만 순자산이 증가되지 않는 경우의 증자를 말한다.

(1) 실질적 증자(유상증자)

실질적 증자는 유상증자라고도 하며, 이는 주식회사가 사업설비를 확장하기 위한 자금·운전자금 및 차입금의 상환자금 등을 조달하기 위하여 수권주식(발행될 최대주식수)의 범위 내에서 신주를 발행하여 자본금을 증가시키는 것을 말한다. 이 때 주식발행과 직접 관련된 신주발행비(예: 증권인쇄비, 증권회사수수료)는 납입자본(현금수취액)으로부터 차감한다. 실질적인 증자는 통상 신주발행 이외에도 흡수합병·전환사채의 전환 등에 의하여 이루어질 수 있다. 유상증자에 의한 신주발행은 액면발행·할증발행 및 할인발행으로 분류된다.[3)]

1) 액면발행(issue at par)에 의한 증자

신주의 발행가액을 정관에 규정되어 있는 1주당 액면가액으로 발행하여 주주에게 납입하도록 하는 방법이 액면발행이다. 이에 대한 회계처리는 앞에서 설명한 설립시 회계처리와 같다.

2) 할증발행(issue on premium)에 의한 증자

회사의 과거 경영성과가 양호하고 배당률도 높을 뿐 아니라 장래에도 경영성과가 양호할 것으로 전망되는 경우에는 신주발행할 때 정관에 정해져 있는 1주당 액면가액을 초과하는 가액으로 주식을 발행할 수 있다. 이 경우 주식발행으로 인하여 납입한 금액 중 액면금액은 자본금으로 기록하고, 발행가액과 액면금액과의 차액을 주식발행초과금(paid in capital in excess of par)으로 기록한다. 주식발행초과금은 기업과 출자자와의 자본거래에서 발생한 액면초과 납입자본으로 자본잉여금에 속한다. 이러한 자본잉여금은 법적으로 자본전입이나 결손금보존목적 이외에는 처분하지 못하도록 되어 있다.

예제 15-4

서울주식회사는 신주 10,000주(주당 액면가 5,000원)를 1주당 6,000원으로 발행하였는데, 주식발행비도 ₩2,000,000이 지출되었다.

---

3) 기존주주들은 신주발행시 그들이 가진 지분비율에 따라 우선적으로 신주를 매입할 수 있는 주식선매권을 가지는데, 이로 인해 신주를 인수할 수 있는 권리가 부여되었을 때 이를 신주인수권이라고 한다. 신주인수권을 부여하는 이유는 회사가 신주를 발행하는 경우 기존주주들의 지분비율이 불리한 영향을 받을 수 있기 때문이다.

(차) 현 금	58,000,000	(대) 보통주자본금	50,000,000
		주식발행초과금 (자본잉여금)	8,000,000

3) 할인발행(issue on discount)에 의한 증자

우리나라 상법에서는 미국이나 일본에서 인정하고 있는 무액면주식(no par stock)의 발행을 허용할 뿐만 아니라 회사설립 후 2년이 경과한 후 주주총회 특별결의와 법원의 인가를 얻어 주식의 액면가액 이하의 발행, 즉 할인발행(issue on discount)을 제한적으로 할 수 있도록 규정하고 있다. 이와 같은 할인발행의 경우, 액면가액과 발행가액과의 차액을 주식할인발행차금(discount on stock)이라 한다. 단, 장부상 주식발행초과금이 존재할 경우 주식할인발행차금은 주식발행초과금의 범위 내에서 우선적으로 상계처리하도록 되어 있다. 또한 미상계된 주식할인발행차금의 잔액이 있는 경우 자본조정항목으로 구별하여 자본에서 차감하는 형식으로 재무상태표에 표시하도록 되어 있다.

예제 15-5

(1) 인천주식회사는 회사설립 후 4년이 경과된 뒤 주주총회의 특별결의와 법원의 인가를 얻어 액면 5,000원의 신주 10,000주를 4,500원에 발행하고, 전액 납입받아 당좌예입하다. 단, 장부상 주식발행초과금이 1,500,000원 존재한다.

(차) 당 좌 예 금	45,000,000	(대) 자 본 금	50,000,000
주식발행초과금	1,500,000		
주식할인발행차금	3,500,000		

(2) 주주총회결의에 의한 이익잉여금 처분시 주식할인발행차금은 5년간에 걸쳐 균등상각한다.

(차) 이익잉여금	700,000	(대) 주식할인발행차금	700,000

(2) 형식적 증자(무상증자)

형식적 증자는 신주를 발행함으로 인해 기업의 자본금은 증가하나 순자산의 증가는 수반되지 않는 증자를 말한다. 대표적인 예는 장부상의 자본잉여금 등을 자본금계정에 대체(전입)하는 것인데, 발행되는 신주는 주주에게 구상으로 교부된다. 형식적 증자에 의한 신주발행은 ① 준비금의 자본전입에 의한 증자, ② 주식배당에 의한 증자, 그리고 ③ 전환주식의 전환에 의한 증자 등이 있다. 이러한 방법에 의한 증자를 무상증자라 한다. 무상증자는 발행주식수를 증가시키지만 기존 주주의 부에는 영향을 미치지 않고 주주의 상대적인 지분비율도 변화하지 않는다.

1) 준비금의 자본금전입에 의한 증자

주주총회의 결의에 의해서 법정준비금인 자본준비금이나 이익준비금의 일부 또는 전부를 자본금에 전입시키는 방법으로 증자하는 경우이다. 이 때 발행된 신주는 기존 주주가 소유하고 있는 주식수에 비례하여 무상으로 배분한다.

2) 주식배당(stock dividends)에 의한 증자

주식회사는 주주총회의 결의에 의하여 이익잉여금을 원천으로 하여 주식배당으로 발행주식수를 증가시킬 수 있다. 기업의 입장에서는 주식배당을 하게 되면 자금을 사외로 유출시키지 않고 사내에 유보하는 효과가 있다. 그러나 주식에 의한 배당은 이익배당금의 2분의 1에 상당한 금액을 초과하지는 못한다. 주식배당을 하는 경우, 자본총액은 변하지 않지만 액면금액에 배당한 주식수를 곱한 금액만큼 자본금이 증가된다. 주식배당은 주주들의 배당욕구를 충족시킬 뿐만 아니라 시가가 액면가보다 높은 경우에는 현금배당과 비교하여 실질적으로 주주들에게 많은 혜택이 돌아간다. 여기에서는 주식배당을 수행하는 기업의 입장에서만 회계처리를 살펴보기로 한다.[4]

예제 15-6

하은주식회사는 주주총회에서 25,000,000원의 이익을 배당하기로 결의하고, 이중 10,000,000원은 보통주식 2,000주(1주당 액면금액 5,000원)를 신규로 액면발행하여 주식배당하였다. 나머지 잔액은 현금배당하기로 결의하다.

(차) 이익잉여금	25,000,000	(대)	보통주자본금	10,000,000
			미지급배당금	15,000,000

4) 주식배당(stock dividends)은 배당선언일에 회계처리하고 미교부주식배당의 자본항목으로 분류한다. 미교부주식배당은 주식을 실제 발행하고 교부하는 시점에서 자본금이나 주식발행초과금으로 대체한다.

• 배상선언일(정기주주총회일):	(차) 미처분이익잉여금	×××	(대) 미교부주식배당	×××
• 주식발행교부일:	(차) 미교부주식배당	×××	(대) 자 본 금	×××

반면, 액면분할(주식분할, stock splits)은 주식의 액면금액을 줄이는 것이므로 회계처리를 할 필요가 없다. 액면분할과 주식배당의 유사점은 자본총액이 변하지 않고 발행주식수가 증가한다는 것이다. 반대로 주식병합(Reverse stock split)은 여러 가지 주식을 하나의 주식으로 통합하는 것을 말한다.

3) 전환주식의 전환에 의한 증자

전환주식(convertible stock)은 다른 주식으로 전환할 수 있는 전환권이 부여된 주식이다. 일반적으로 전환주식이라 함은 우선주식(preferred stock)을 보통주식으로 전환할 수 있는 전환권이 부여된 경우의 전환우선주(convertible preferred stock)를 말한다. 이러한 전환우선주를 보통주식으로 전환하기 위하여 신주를 발행하는 경우에는 주식간의 전환이므로 자본에는 아무런 변화를 가져오지 않는다. 일반적으로 전환우선주의 보통주 전환시에는 전환우선주의 장부가액을 보통주의 발행가액으로 하는 장부가액법으로 회계처리하고 있다.

예제 15-7

인천주식회사는 주주의 청구에 의하여 전환 우선주를 보통주로 전환하고, 액면주식 15,000,000원(액면 5,000원, 3,000주)을 발행하여 주주에게 신주를 교부하다.

(차) 우선주자본금	15,000,000	(대) 보통주자본금	15,000,000

제 4 절 자본잉여금

법률적 관점에서 보면 납입자본은 법정자본금과 자본잉여금으로 구분된다. 법정자본금을 자본금(capital stock)이라고 한다. 자본잉여금(capital surplus)이란 주식회사의 납입자본 중에서 법정자본금을 초과한 금액이다.

1. 자본잉여금의 개념과 분류

자본잉여금(capital surplus)이란 증자활동이나 감자활동에 의하여 주주가 불입한 자본 중에서 법정자본금을 초과한 부분과, 기타 자기주식의 처분에서 발생하는 차익 등을 말한다.

자본잉여금은 자본전입으로 자본금이 될 수 있으나 이익배당의 대상이 되어서는 안 된다. 왜냐하면 자본잉여금은 자본거래에서 발생한 것이므로 기업의 수익창출활동에서 창출한 이익과는 근본적으로 성격이 다르기 때문이다. 이와 같은 자본잉여금은 크게 주식발행초과금과 기타자본잉여금으로 분류할 수 있다. 기타자본잉여금에는 감자차익, 자기주식처분이익 등이 포함된다. 이러한 자본잉여금의 세부항목을 정리하면 다음과 같다.

자본잉여금
- 주식발행초과금
- 기타자본잉여금
  - 감자차익
  - 자기주식처분이익
  - 그 밖의 기타자본잉여금 (예: 전환사채의 전환시 전환권대가)

감자차익은 자본감소의 경우에 주주에게 지급되는 환급액이 해당주식의 액면금액보다 적을 경우에 발생하는 항목이다. 또한 자기주식처분이익은 기업이 자기주식을 취득원가보다 높은 금액으로 처분했을 때 발생하는 항목을 말한다.

2. 주식발행초과금(paid in capital in excess of par)

주식발행초과금은 자본잉여금의 대표적인 구성항목으로서 액면가액을 초과하여 주식을 할증발행하는 경우에 액면금액을 초과한 부분을 말한다. 주주의 납입자본 중 주식의 액면금액에 해당하는 부분은 자본금으로 기록하고, 그 초과분은 주식발행초과금으로 기록한다. 이러한 주식발행초과금은 주금납입절차가 수반되는 유상증자의 경우에 발생하며, 자본에의 전입(무상증자)이나 결손보전의 목적 이외에는 사용할 수 없다.

예제 15-8

하은(주)는 액면금액 1,000원인 보통주 1,000주를 주당 2,000원에 발행하였다. 발행사에 필요한 분개를 하라.

(차) 현 금	2,000,000	(대) 보통주자본금	1,000,000
		주식발행초과금 (자본잉여금)	1,000,000

3. 기타자본잉여금

(1) 감자차익(gain on retirement of capital stock)

회사가 사업규모를 줄이거나 결손을 보전하기 위해 자본금을 감소시키는 경우가 있다. 이와 같이 주식회사가 자본금을 감소시키는 것을 감자라 한다. 감자도 증자와 마찬가지로 실질적 감자와 형식적 감자가 있다. 상법에서는 자본감소가 주주 및 채권자의 이해관계에 중대한 영향을 미치기 때문에 주주와 채권자를 보호하기 위하여 감자할 경우에는 주주총회의 특별결의와 채권자보호절차를 밟도록 규정하고 있다.

감자차익은 감자로 인해 감소되는 자본금에 비해 해당주주에게 지불하는 금액이 적을 때 그 차액을 의미한다. 실질적 감자의 경우에는 주식의 매입소각 또는 주금의 반환에 필요한 금액 이상으로 법정자본금이 감소할 때의 그 차액이 감자차익이 된다. 그리고 형식적 감자의 경우에는 감자에 대한 대가를 지불하지 않아 법정자본금 감소액이 곧 감자차익이 된다. 감자차익의 사용은 주식발행초과금과 마찬가지로 자본에의 전입(무상증자)이나 결손보전의 목적 이외에는 사용할 수 없다.

1) 실질적 감자(유상감자)

실질적 감자는 회사가 주주에게 주식소각의 대가로 현금 등을 지급함으로써 자본의 감소와 함께 기업의 순자산의 감소를 수반하는 감자를 말한다. 즉 자본금의 일부를 주주에게 반환하게 되어, 실질적으로 순자산액이 감소한 것으로 이를 유상감자라고도 한다.

유상감자방법에는 매입소각과 주금액환급이 있다. 매입소각은 이미 발행한 주식을 증권시장에서 매입하여 소각하는 방식이다. 그리고 주금액환급은 주주총회 의결로 액면가액을 낮추고 차액은 주주에게 환급하여 소각하는 방식이다. 일반적으로 유상감자방법에 있어서는 매입소각방법을 사용한다.

주식의 매입소각은 주주로부터 자기회사의 주식의 일부를 유상으로 매입하여 소각하는 감자방법이다. 매입소각의 경우 주식액면금액보다 낮은 가격으로 구입하여서 소각하면 액면금액과 매입금액의 차이를 감자차익으로 하여 자본잉여금으로 계상한다. 한편 주식의 소각에 필요한 금액이 주식액면가액을 초과할 경우에는 감자차손이 발생되며, 이는 감자차익에서 우선적으로 차감하고, 잔액이 있는 경우 자본의 차감항목(자본조정)으로 계상하여야 한다.

예제 15-9

(1) 서울주식회사는 증권시장에서 액면발행했던 자기회사주식 2,000주(1주당 액면가액 5,000원)를 1주당 5,000원에 현금으로 매입하여 소각하다.

(차) 보통주자본금	10,000,000	(대)	현 금	10,000,000

(2) 위의 거래에서 1주당 4,000원에 현금으로 매입하여 소각하였다고 가정하면 그 회계처리는 다음과 같다.

(차) 보통주자본금	10,000,000	(대)	현 금	8,000,000
			감자차익 (자본잉여금)	2,000,000

2) 형식적 감자(무상감자)

무상감자는 누적된 결손금을 직접 자본금으로 전보하는 경우에 주주에게 주식소각의 대가를 지급하지 아니함으로써 회사의 자산이 실질적으로 감소하지 않는다. 형식적으로 법정자본금이 감소하기 때문에 이것을 무상감자(명목감자)라고 한다. 무상감자방법에는 주금액의 절삭과 주식의 병합(reverse stock splits)에 의한 방법으로 나누어진다.

① 주금액의 절삭(주금액의 감소)

이미 발행한 주식수는 그대로 두고 주식의 액면금액을 일괄적으로 줄이는 형식으로 감자하는 방법을 주금액의 절삭에 의한 감자라고 한다.

예제 15-10

중앙주식회사는 결손금 40,000,000원을 보전하기 위하여 1주당 액면 10,000원의 주식 10,000주를 1주당 액면 5,000원으로 변경하여 무상감자하다. 이 때 필요한 분개를 하라.

(차) 보통주자본금	50,000,000	(대)	이월결손금	40,000,000
			감 자 차 익	10,000,000

② 주식의 병합(주식수의 감소)

이미 발행한 주식수를 일정비율로 감소시키는 형식으로 감자하는 방법을 주식의 병합에 의한 감자라고 한다.

예제 15-11

서울주식회사는 그동안 누적된 이월결손금 80,000,000원을 보전하기 위하여 무상감자하기로 하고, 현재의 발행주식 3주당 1주의 비율로 주식을 병합하기로 의결하다. 단, 감자 전의 총발행주식수는 30,000주이며, 1주당 액면가액은 10,000원이다.

(차) 보통주자본금	200,000,000*	(대)	이월결손금	80,000,000
			감 자 차 익	120,000,000

*(30,000주 × 10,000원) − 30,000주 × 1/3 × 10,000원/주 = 200,000,000원

(2) 자기주식처분이익(gain on sale of treasury stock)

자기주식(treasury stock)이란 기업이 이미 발행한 자기회사의 주식을 취득한 것(자사주)으로, 이 때 재발행이나 소각하지 않고 보관하고 있는 주식이다. 자기주식은 자본의 차감항목인 자본조정으로 보고한다. 자기주식을 취득할 때는 취득원가로 자기주식계정에 기입하고, 이를 재매각(혹은 재발행)할 경우 처분가액(혹은 재발행가액)이 취득원가보다 높으면 취득원가와 처분가액의 차이를 자기주식처분이익으로 계산하여 기타자본잉여금으로 분류한다. 한편 그 반대의 경우에는 자기주식처분손실이 나타나게 되는데, 자본의 차감항목으로 분류한다.

예제 15-12

(1) A회사는 액면 5,000원인 자기회사발행주식 10주를 우수사원에게 특별장려금으로 지급하기 위하여 주당 7,000원에 현금으로 지급하고 취득하였다

(차) 자기주식	70,000	(대)	현 금	70,000

(2) A회사는 우수사원에게 특별장려금 지급계획을 취소하고 동 주식 10주를 주당 10,000원에 매각하여 현금으로 받다.

(차) 보통주자본금	100,000	(대)	이 월 결 손 금	70,000
			자기주식처분이익 (기타자본잉여금)	30,000

4. 자본잉여금의 처분

자본잉여금은 그 사용과 처분에 있어서 상법과 세법 및 기타 법규에 의해 엄격히 제한을 받고 있다. 자본잉여금은 원칙적으로 무상증자에 의한 자본금으로의 전입과 누적된 이월결손금의 보전을 위해서만 사용이 가능하다.

(1) 자본금으로의 전입

형식적 증자의 대표적인 방법 중의 하나가 자본잉여금을 자본금으로 전입시키는 것인데, 이를 흔히 자본전입 또는 자본잉여금의 전입에 의한 무상증자라 한다. 예를 들면 자본잉여금을 감소시키면서 동시에 자본금은 액면가액기준으로 주식발행수만큼 증가하게 되므로 자본총액은 변동되지 않으며, 또한 회사의 자산총액도 변동되지 않는다.

예제 15-13

서울주식회사는 이사회결의에 의하여 20×1년 12월 31일을 기준일로 하여 보통주주에게 1주당 0.5주씩의 신주를 무상으로 발행하기로 하였다. 회사가 기발행한 보통주식은 총 500주이며, 액면가액은 주당 5,000원이다. 무상증자의 재원은 주식발행초과금에서 충당하기로 하다.

(차) 주식발행초과금	1,250,000	(대) 보통주자본금	1,250,000*

*(500주×0.5)×5,000원

(2) 결손금의 보전

당기에 거액의 결손금이 발생할 경우 이를 보전시키기 위한 원천으로 ① 임의적립금, ② 기타법정적립금, ③ 이익준비금, ④ 자본잉여금의 순서에 따라 이익잉여금 및 자본잉여금을 이입시킨다. ①, ②, ③은 모두 이익잉여금에 해당된다. 즉 결손금을 보전할 때에는 먼저 이익잉여금에서 보전시키고, 그래도 부족할 때에는 자본잉여금에서 보전시킨다. 이 때 이익잉여금 중에서도 먼저 임의적립금을 사용하고, 다음에 법정적립금을 사용한다.

제 5 절 이익잉여금

1. 이익잉여금의 의의와 분류

이익잉여금(retained earnings)은 유보이익이라고도 하는데, 이는 기업의 이익창출활동에 의해 획득된 이익으로서 배당금 등으로 사외유출되거나 또는 무상증자에 의해 자본금에 대체되지 않고 기업내부에 유보(내부유보, 사내유보)되어 있는 금액을 말한다. 이익잉여금을 증가시키는 가장 중요한 원천은 당기순이익이며, 이익잉여금을 감소시키는 가장 큰 요인은 배당금의 지급과 당기순손실이라 할 수 있다. 이익잉여금은 손익계산서와 재무상태표를 연계시키는 역할을 담당한다. 손익계산서상의 마지막 수치인 당기순이익 또는 당기순손실은 마감과정을 통해 이익잉여금계정으로 대체된다. 따라서 포괄손익계산서와 재무상태표를 연결시키는 항목이 바로 이익잉여금이라고 할 수 있다.

이익잉여금은 기업의 경영성과인 당기순이익(또는 순손실)의 누계액이며 배당 등에 의해 처분되지 않은 유보금액이라 할 수 있다. 이러한 이익잉여금은 크게 배당이 제한된 이익잉여금과 배당이 가능한 이익잉여금으로 구분할 수 있다.

배당이 제한된 이익잉여금은 다시 법에 의해 배당이 제한된 법정적립금과 기업이 임의로 배당을 제한하기로 한 임의적립금으로 분류한다. 나머지 배당이 가능한 이익잉여금은 아직 처분되지 않은 미처분이익잉여금으로 분류된다. 이익잉여금을 구성하고 있는 세부항목을 정리하면 다음과 같다.

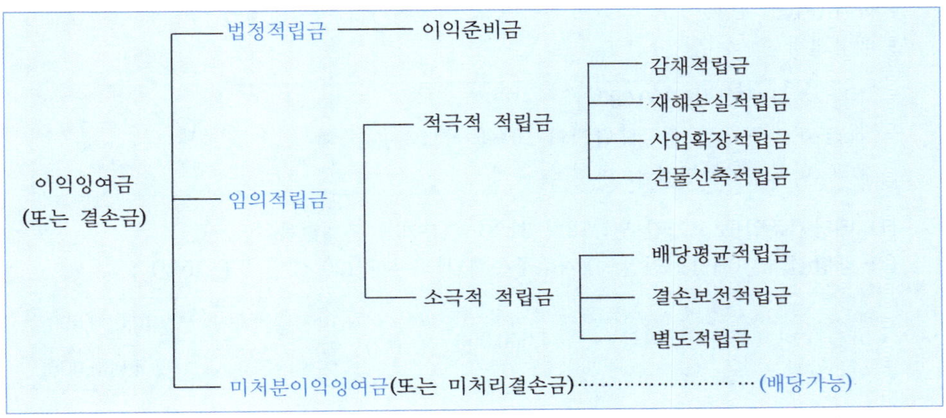

2. 법정적립금: 이익준비금

법정적립금은 자본의 견실화를 위해 법규에 의해 유보된 이익잉여금을 말한다. 현행 법정적립금에는 이익준비금이 있는데, 이익준비금이란 상법의 규정에 의하여 적립된 법정적립금(legal reserves)인 유보이익(retained earnings)을 말한다. 상법에 따르면 회사는 자본금의 2분의 1에 도달할 때까지 매기 결산시의 이익배당액의 10분의 1 이상의 금액을 이익준비금으로 적립하여야 한다고 규정하고 있다. 이익배당액에는 주식배당을 제외한 현금배당과 중간배당을 포함한다. 중간배당은 이사회의 결의로 현금으로 지급하는 현금배당이나 재고자산이나 유형자산으로 지급하는 현물배당(property dividends)만으로 배당한다는 측면에서 주주총회에서 결의되는 연차배당과는 다르다. 이러한 이익준비금의 적립액은 유보이익이지만 배당이 제한된다.

상법에서 이익준비금을 적립하도록 한 입법취지는 자본충실의 원칙을 지키고자 하는 것으로 불입자본을 충실히 유지하며, 동시에 고율의 배당으로 인해 재무구조가 취약하게 되는 것을 방지하기 위한 것이다. 또한 이익준비금은 결손의 보전과 자본의 전입을 위해 사용할 수 있다.

예제 15-14

서울주식회사는 20×1년 12월 31일을 기준으로 하여 전기이월미처분잉여금 10,000,000원과 당기순이익 70,000,000원을 합한 미처분이익잉여금에 대해 이사회의 의결을 거쳐 20×2년 2월 15일 주주총회에서 이를 추인하고 다음과 같이 처분하기로 결정하였는데, 기존에 설정되어 있던 금액은 없었다. 서울주식회사가 해야 할 회계처리를 하라.(최근 개정상법에 의하면 주주총회 이전이라도 이사회에서 재무제표를 승인하고 배당결정 할 수 있음)

① 현금배당: 40,000,000원
② 이익준비금: 현금배당액의 10%에 해당하는 금액
③ 미처분이익잉여금: 나머지 금액

(1) 배당기준일(보고기간 말: 12월 31일)의 분개 : 분개없음
(2) 배당결의일(배당선언일: 정기주주총회일)의 분개(20×2년 2월 15일) :

(차)			(대)		
	미처분이익잉여금	44,000,000		미지급배당금	40,000,000
				이 익 준 비 금	4,000,000

(3) 배당지급일의 분개(20×2년 4월 2일) : 배당금을 주주들에게 지급하다.

(차) 미지급배당금	40,000,000	(대) 현 금	40,000,000

3. 임의적립금

임의적립금(voluntary reserves)이란 기업이 임의로 미처분이익잉여금의 일부에 대한 처분을 제한하기 위해 정관의 규정 또는 주주총회의 결의에 의하여 설정되는 적립금이다. 이는 기업 자체의 필요에 따라 임의로 적립할 수 있다. 이러한 임의적립금은 그 설정목적에 따라 적극적 적립금과 소극적 적립금으로 나눌 수 있는데, 아래에서 각각 살펴보기로 한다.

(1) 적극적 적립금(positive reserves)

적극적 적립금이란 기업이 자금 또는 순자산의 유출을 적극적으로 제한하기 위하여 사내에 설정한 적립금이다. 여기에는 사업확장적립금·건물신축적립금·감채적립금·재해손실적립금 등이 있다. 사업확장적립금은 장래의 사업의 확장을 목적으로 한 적립금이고, 건물신축적립금은 장래의 새로운 건물이나 공장을 신축하기 위하여 적립한 것이며, 감채적립금(sinking fund reserve)은 사채 등의 채무상환을 목적으로 이익을 사내에 유보한 적립금을 말한다. 재해손실적립금은 일반적인 위험에 대비하기 위해 선정한 적립금이다. 적극적 적립금은 그 목적이 갈성된다 하더라도 그 자체는 소멸되지 않는다. 그러나 목적이 달성되고 나면 이를 그대로 존속시킨다는 것이 별 의미가 없으므로 미처분이익잉여금으로 환원시킬 수도 있고, 이를 특정목적을 갖지 않은 별도적립금으로 대체하여 그대로 유지시킬 수도 있다.

(2) 소극적 적립금(negative reserves)

소극적 적립금은 장래에 발생할 손실 등으로 처분가능한 미처분이익잉여금이 감소하는 것에 대비하기 위하여 현재의 미처분이익잉여금 중 일부를 임의로 배당제한하는 적립금이다. 소극적 적립금은 어떤 특정사건이 발생하면 해당 목적을 위해 사용됨으로써 장부상에서 제거된다. 결손보전적립금·배당평균적립금 등이 소극적 적립금에 속한다. 결손보전적립금은 결손금을 보전하여 재무구조를 양호하게 하기 위한 적립금이고, 배당평균적립금은 이익배당을 평균적으로 일정한 수준을 유지하도록 하기 위한 적립금을 말한다.

예제 15-15

(1) 종로주식회사는 제 5 기(20×1. 1. 1~12. 31) 결산결과 당기말 미처분이익잉여금(50,000,000원)을 주주총회결의에 따라 공장신축적립금((10,000,000원), 배당평균적립금(10,000,000원), 결손보전적립금(7,000,000원), 현금배당(20,000,000원), 이익준비금(2,000,000원)으로 처분하고, 나머지는 차기로 이월하기로 결의하다.

(차) 미처분이익잉여금	49,000,000	(대)	공장신축적립금	10,000,000
			배당평균적립금	10,000,000
			결손보전적립금	7,000,000
			미지급배당금	20,000,000
			이익준비금	2,000,000

(2) 종로주식회사는 본사건물을 신축하고, 건설대금 10,000,000원을 건설회사에 수표를 발행하여 지급함으로써 사업확장을 마무리하다. 이에 따라 주주총회에서는 사업확장적립금을 별도적립금으로 대체하기로 결정하다.

(차)	건물	10,000,000	(대)	당좌예금	10,000,000
	사업확장적립금	10,000,000		별도적립금	10,000,000

(3) 종로주식회사는 20×2년 3월 16일 배당금을 주주들에게 지급하다.

(차) 미지급배당금	20,000,000	(대) 현금	20,000,000

(4) 당기 결산의 결과 미처리결손금 5,000,000원이 발생하였으므로 결손보전적립금으로 전보하다.

(차) 결손보전적립금	5,000,000	(대) 미처리결손금	5,000,000

4. 미처분이익잉여금(미처리결손금)

미처분이익잉여금이란 기업이 보고한 이익의 누적액 중 배당금이나 배당이 제한된 적립금으로 처분되지 않고 남아 있는 이익잉여금이다. 이는 전기 말 현재 미처분이익잉여금에서 전기오류의 수정 등에 의한 과거 이익의 수정사항을 반영하고 당기순이익을 더하여 계산된다. 이러한 미처분이익잉여금은 주주총회의 의결을 거쳐 배당 또는 배당을 제한하는 적립금 등으로 처분되고 나머지는 차기로 이월된다.

미처리결손금이란 전기 말 현재 누적된 결손금(또는 미처분이익잉여금)에서 전기오류수정손익을 가감하고 당기순손익을 가감한 후의 금액이 결손금액인 경우를 말한다. 이러한 미처리결손금은 주주총회의 의결을 거쳐 기존의 적립금 등으로 결손을 보전처리한 후 나머지는 차기로 이월된다. 따라서 재무상태표에 나타나는 미처분이익잉여금(또는 미처리결손금)은 연말 이후에 개최되는 주주총회에서 필요한 처분을 반영하기 전의 금액이다.

제 6 절 기타포괄손익누계액

1. 기타포괄손익누계액의 의의와 분류

기타포괄손익누계액이란 당기손익으로 인식하지 않는 수익과 비용항목, 즉 기타포괄손익의 누계금액을 의미한다. 보유하고 있는 자산 또는 해외사업의 순자산의 공정가치가 장부가액과 차이가 발생했을 때 포괄손익계산서의 기타포괄손익으로 표시되는데, 이러한 매기간 기타포괄손익의 누계액을 기타포괄손익누계액이라 한다. 즉 기말가치는 공정가액으로 평가하지만 단기간 내에 처분하여 손익을 실현할 목적으로 하지 않는 항목이기 때문에 당기손익에 표시하지 않고 기타포괄손익에 표시했다가 재무상태표의 기타포괄손익누계액에 누적된다. 기타포괄손익누계액은 보유자산의 처분이나 해외사업의 처분시에 자산처분손익항목으로 당기손익에 표기되었다가 이익잉여금으로 대체되게 된다. 대표적인 계정으로는 기타포괄손익-공정가치측정금융자산평가손익, 유·무형자산 재평가잉여금, 해외사업장환산외환차이 및 현금흐름위험회피 파생상품평가손익 등이 있다. 해외사업장환산외환차이는 포괄손익계산서에 기타포괄손익으로 인식하고, 재무상태표의 기타포괄손익누계액으로 누적표시한다. 해외사업장환산외환차이와 현금흐름위험회피 파생상품평가손익은 고급회계에서 다루는 내용으로 본절에서는 설명을 생략하고 기타포괄손익-공정가치측정금융자산 평가손익과 유·무형자산 재평가잉여금을 살펴보기로 한다.

2. 기타포괄손익-공정가치측정금융자산평가손익

지분증권(주식)이나 채무증권(채권)을 장기투자목적으로 취득한 경우에는 기말에 공정가액으로 평가하는데, 공정가액으로 평가하는 과정에서 발생하는 기타포괄손익-공정가치측정금융자산평가손익의 누계액을 기타포괄손익누계액항목으로 분류한다. 투자주식이나 투자채권의 평가손익은 장기미실현보유손익이므로 배당가능이익에서 제외하여 사외유출을 할 수 없도록 기타포괄손익누계액계정에 계상하고 있다. 당기손익-공정가치측정금융자산(주식 및 사채)도 시가로 평가하지만, 여기에서 발생하는 당기손익-공정가치측정금융자산평가손익은 미실현손익이지만 기간이 짧아 당기손익으로 인식되는 점이 다르다.

3. 재평가잉여금

재평가잉여금은 제12장에서 설명한 바와 같이 유형자산을 취득한 이후 재평가모형을 선택하는 경우에 발생하는 평가손익의 누계를 표시하는 계정이다. 구체적으로 자산의 장부금액이 재평가로 인하여 증가된 경우에 그 증가액은 기타포괄손익(자산재평가차익 또는 차손)으로 인식하고 재평가잉여금의 과목으로 자본에 가산한다.

만일 자산의 장부금액이 재평가로 인하여 감소된 경우, 그 감소액은 당기손익으로 인식하되 그 자산에 대한 재평가잉여금의 잔액이 있다면 그 금액을 한도로 재평가감소액을 포괄손익계산서에 기타포괄손익으로 인식한다. 결과적으로 재무상태표의 기타포괄손익누계액 중 재평가잉여금 과목으로 자본에 누계한 금액을 감소시킨다.

제 7 절 자본조정

자본조정(capital adjustment)은 자본거래에 해당하지만 최종 납입된 자본으로 볼 수 없거나 자본에 차감 또는 가산한 성격으로 자본금·자본잉여금·이익잉여금, 기타포괄손익누계액의 어느 항목에도 속하지 않는 자본거래항목들을 말한다. 이러한 자본조정은 자기주식, 주식할인발행차금, 배당건설이자(pre-operating dividends), 미교부주식배당금, 주식선택권, 출자전환채무, 감자차손 및 자기주식처분손실 등이 포함된다. 배당건설이자는 실무에서 잘 활용되지 않기 때문에 본절에서는 생략한다.

여기에서는 우선 주식할인발행차금을 살펴본 후 기업의 대표적인 자본조정 항목으로서 일반적으로 큰 금액을 차지하는 자기주식과 출자전환채무에 대하여 검토하기로 한다.

1. 주식할인발행차금

앞에서 이미 설명한 대로 주식할인발행차금(discount on stock; paid-in capital in short of par value)이란 주식발행시 주식의 발행가액이 액면가액보다 낮은 경우에 액면가액에 미달하는 금액으로 자본조정항목의 하나이다. 이는 실무적으로 매우 드물게 나타나는 계정과목이다. 주식할인발행의 회계처리시 주식할인발행차금은 차변에 나타나지만, 재무상태표상에 보고할 때에는 자본의 자본조정항목으로 분류하여 차감표시(자본의 차감적 평가계정)하여야 한다.

예제 15-16

A주식회사는 20×1년 초에 1주당 액면가액 5,000원인 주식 1,000주를 주당 4,400원에 할인발행하여 동 금액을 현금으로 납입받다.

(차)	현 금	4,400,000	(대) 보통주자본금	5,000,000
	주식할인발행차금	600,000		

2. 자기주식

자기주식(treasury stock)이란 기업이 이미 발행한 주식을 매입소각하거나 재발행할 목적으로 취득하여 기말 현재 기업이 보유하고 있는 주식을 말한다. 자기주식을 취득할 때는 취득원가로 자기주식계정의 차변에 기입한다. 그러나 재무상태표에 표시할 때는 자본조정으로 분류하여 자본에 차감표시(자본의 차감적 평가계정)하여야 한다. 그리고 기업이 소유한 자기주식에 대해서는 의결권을 부여하지 않고 신주인수권도 없으며 배당금을 지급하지도 않는다. 보유한 자기주식을 매각함에 따라 발생하는 자기주식처분이익은 기타자본잉여금으로 처리한다. 한편, 자기주식매각에 따라 발생하는 자기주식처분손실은 기타의 자본요소로 분류된다.

예제 15-17

A주식회사는 20×1년 4월 3일에 회사의 실질가치에 비해 현재 거래되고 있는 주식가격이 너무 낮다고 판단하여 소액주주들을 위해 유통주식의 일부를 취득하여 주식공급물량을 줄이기로 하였다.

(1) A회사 주식의 액면금액은 5,000원이며 100주를 주당 8,000원에 취득하였다. 취득시의 회계처리는 다음과 같다.

(차) 자기주식	800,000	(대) 현　　금	800,000

(2) A회사는 20×1년 8월 10일, 보유한 자기주식 100주를 12,000원에 매각하였다. 이때의 회계처리는 다음과 같다.

(차) 현　　금	1,200,000	(대) 자 기 주 식	800,000
		주기주식처분이익 (기타자본잉여금)	400,000*

*(12,000 − 8,000) × 100주 = 400,000원

3. 출자전환채무

출자전환(equity swaps)은 채권자가 기업에 빌려준 대출금을 회수하는 대신에 대출금에 상당하는 주식을 받음으로써 채권자가 주주가 되는 방식의 채무조정방식을 의미한다. 이러한 출자전환은 기업의 경영사정이 악화되어 채무상환에 어려

움을 겪게 될 때 채권자와 협의하여 채무를 주식으로 전환함으로써 기업에는 이자와 원금상환에 대한 부담을 줄여주어 기업의 회생을 돕는 제도라 할 수 있다. 우리나라의 경우 IMF 외환위기 이후에 채무상환이 어려워진 대기업들이 채권자인 금융기관과 협의하여 채무를 주식으로 출자전환한 사례가 많았다.

출자전환을 합의하였으나 출자전환이 즉시 이행되지 않는 경우에는 출자전환이 완료될 때까지 조정대상채무를 출자전환채무(debt for equity swaps)의 과목으로 하여 자본조정으로 대체한다. 출자전환채무는 전환으로 인하여 발행될 주식의 공정가액으로 한다. 이 때 조정대상채무의 장부가액과의 차이는 채무조정이익으로 인식한다.

예제 15-18

(1) 채무자인 A회사는 20×1년 1월 1일에 채권자인 갑은행으로부터 10,000,000원을 3년 만기 연 10%로 차입하였다. A회사는 재정난으로 인하여 20×1년 12월 1일에 부도처리되었다. A회사는 채권자인 갑은행과 합의하여 차입채무 10,000,000원을 20×2년 1월 1일에 출자전환하고, 1,000주(액면가액 5,000원)의 신주를 교부하기로 합의하였다. 출자전환이 결정된 시점에서 주당 공정시가는 8,000원이었다. 이러한 출자전환에 대한 회계처리는 다음과 같다.

(차) 장기차입금	10,000,000	(대)	출자전환채무	8,000,000*
			채무조정이익	2,000,000

* 출자전환될 주식의 공정가액을 기준으로 차입금을 출자전환채무로 대체한다. 즉, 8,000원×1,000주=8,000,000원

(2) 만일 20×2년 1월 31일에 출자전환에 의한 주식이 발행되었다면 다음과 같이 회계처리한다.

(차) 출자전환채무	8,000,000	(대)	자 본 금	5,000,000
			주식발행초과금	3,000,000

채무조정이익이란 회사가 상환하여야 할 채무에 대하여 그 원리금의 전부 또는 일부를 채권자로부터 면제받은 경우에 발생하는 증여이익을 말한다. 이는 기업의 재무구조가 취약하거나 특정산업의 불황으로 인해 회사가 파산될 가능성이 높아 채무변제능력이 없을 경우에 나타날 수 있다.

예를 들어, 20×1년 1월 1일 A조선회사는 수년간의 불황으로 인하여 도산할 위험이 있으므로 채권자인 거래은행으로부터 장기차입금 총 5억원 중 4억원은 면제받고

1억원은 20×3년 1월 1일까지 상환하기로 약속하였다고 가정하자. 이때 채무면제금액 4억원은 다음과 같이 회계처리한다.

(차) 장기차입금	400,000,000	(대) 채무조정이익 (영업외수익)	400,000,000

제 8 절 자본변동표

1. 자본변동표의 의의

자본변동표(statement of changes in equity)는 자본의 변동내용에 대한 포괄적인 정보를 나타내는 보고서이며 재무상태표, 손익계산서, 현금흐름표와 함께 기본 재무제표에 포함된다. 우리나라의 과거 기업회계기준에서는 이익잉여금처분계산서를 기본 재무제표의 하나로 사용하였다. 이러한 이익잉여금처분계산서는 자본의 일부인 이익잉여금의 구성항목 중 미처분이익잉여금의 변동내용만을 나타낼 뿐 자본을 구성하는 모든 항목의 변동내용을 포괄적으로 제공하지 못한다. 반면에 자본변동표는 이익잉여금의 변동내용은 물론 자본을 구성하는 모든 항목, 즉 자본금, 자본잉여금, 자본조정, 기타포괄손익누계액, 이익잉여금(또는 결손금)의 변동에 대한 포괄적인 정보를 제공한다.[5)]

자본변동표는 재무제표간의 연계성을 제고시키며 재무제표의 이해가능성을 높인다. 자본변동표는 자본의 기초잔액과 기말잔액을 모두 제시함으로써 재무상태표와 연결될 수 있다. 그리고 자본의 변동내용은 포괄손익계산서(예: 당기순이익과 기타포괄손익)와 현금흐름표(예: 유상증자)에 나타난 정보와 연결시킬 수 있다. 따라서 정보이용자들이 주석 공시내용 등을 파악하지 않아도 재무제표간의 관계를 보다 명확하게 파악할 수 있게 된다.

5) 이러한 이유 때문에 한국채택국제회계기준(K-IFRS)에서는 과거 기업회계기준에 의한 이익잉여금처분계산서를 기본 재무제표에서 삭제하고 재무제표에 대한 주석에 포함시키도록 하고 있다.

2. 자본변동표의 양식과 구성 내용

자본변동표의 기본 양식은 [표 15-1]과 같다. 양식에서 보는 바와 같이 자본변동표는 보고서의 명칭, 보고기간, 회사명, 금액단위가 표시되고, 자본변등표 본문에는 자본의 세부구성항목별로 포괄적인 변동내역을 표시하고 있다. 또한 비교표시 목적으로 20×1년도와 20×2년도의 자본의 세부구성항목별, 즉 자본금, 자본잉여금, 자본조정, 이익잉여금, 기타포괄손익누계액의 변동내역이 표시되어 있다. 비교표시되는 회계연도의 이익잉여금은 전기에 이미 보고된 금액을 별도로 표시하고, 회계정책 변경 및 오류수정의 회계처리가 매회계연도에 미치는 영향을 가감한 수정후 기초이익잉여금을 다시 공시한다.

[표 15-1]에서 자본의 세부구성항목별로 자본금란에서는 20×1년 1월 1일 현재의 자본금 잔액에서 출발하여 20×1년도와 20×2년도의 유상증자, 주식배당 등에 의한 증감액을 표시한다. 자본잉여금란에서는 20×1년 1월 1일 현재의 자본잉여금 잔액에서 출발하여 20×1년도와 20×2년도의 주식발행초과금, 감자차익 등에 의한 증감액을 표시한다. 자본조정은 자기주식과 같은 자본의 차감항목 등을 의미한다. 자본조정란에서는 20×1년 1월 1일의 잔액에서 출발하여 20×1년도와 20×2년도의 자기주식 취득과 처분 등에 의한 변동을 표시한다.

이익잉여금란에서는 20×1년 1월 1일 잔액에서 출발하여 회계정책 변경이나 중요한 전기오류수정손익을 반영한 재작성금액을 먼저 표시하고, 20×1년도와 20×2년도의 당기순이익과 배당금지급 등과 같은 이익잉여금의 변동내용을 표시한다. 기타포괄손익누계액란에서는 기타포괄손익누계액의 각 항목별(예: 유·무형자산 재평가손익누계액 등)로 20×1년 1월 1일의 잔액에서 출발하여 20×1년도와 20×2년도의 기타포괄손익 증감을 표시한다.

[표 15-1] 20×2년 12월 31일로 종료되는 회계연도의 자본변동표

자본변동표

20×1년 1월 1일부터 20×1년 12월 31일까지

20×2년 1월 1일부터 20×2년 12월 31일까지

xyz 주식회사: (단위: 천원)

구분	납입자본		자본조정 (자기주식 등)	이익잉여금	기타포괄손익누계액		총계
	자본금	자본잉여금			재평가잉여금	FVOCI금융자산평가손익	
20×1. 1. 1 잔액	500,000	100,000		118,100	(4,000)	3,600	717,700
회계정책변경 및 전기오류수정손익	–			400	–	–	400
재작성된 수정금액	500,000	100,000		118,500	(4,000)	3,600	718,100
20×1 자본의 변동							
중간배당	–			(10,000)	–	–	(10,000)
총포괄손익	–			53,200	6,400	15,200	74,800
20×1. 12. 31 잔액	500,000	100,000		161,700	2,400	18,800	782,900
20×2 자본의 변동							
유상증자	40,000	15,000		-	–	–	55,000
연차배당	–			(15,000)	–	–	(15,000)
총포괄손익	–			96,800	3,200	(14,200)	85,800
자기주식 취득			(5,000)				
20×2. 12. 31 잔액	540,000	115,000	(5,000)	243,500	5,600	4,600	903,700

보 론 A 이익잉여금처분계산서

이익잉여금처분계산서는 주주총회에서 확정되는데, 이익잉여금의 처분사항을 명확히 보고하기 위한 재무보고서이다. 이러한 이익잉여금처분계산서는 과거에 기본 재무제표의 하나로 포함되었으나 한국채택국제회계기준(K-IFRS)에서는 기본 재무제표에서 제외되었다. 다만 이익잉여금의 처분내용을 주석사항에 포함하도록 요구하고 있다. 이익잉여금처분계산서의 작성양식은 다음과 같다.

이익잉여금처분계산서

(제 ×× 기 20××년 ×월 ×일부터 20××년 ×월 ×일까지)

처분확정일: 20××년 ×월 ×일

××회사:

Ⅰ. 미처분이익잉여금		
1. 전기이월미처분이익잉여금 (전기이월미처리결손금)	×××	
2. 회계정책변경의 누적효과	×××	
3. 전기오류수정이익(손실)	×××	
4. 중간배당액	×××	
5. 당기순이익	×××[1)]	×××[2)]
Ⅱ. 임의적립금 등의 이입액		×××
합 계		×××
Ⅲ. 이익잉여금처분액		(×××)
1. 이익준비금	×××	
2. 배당금	×××	
3. 임의적립금	×××	
Ⅳ. 차기이월미처분이익잉여금		×××

1) 당기 손익계산서상의 당기순손익
2) 당기 말 재무상태표상의 미처분이익잉여금

미처분이익잉여금(retained earning before appropriations)은 앞서 설명한 바와 같이 아직 일정한 사용목적이 설정되어 있지 아니한 이익잉여금으로서 연말 이후에 개최되는 주주총회에서 처분하여야 할 금액이다. 이러한 미처분이익잉여금은 전기이월미처분이익잉여금(전기이월미처리결손금)에 회계정책의 변경으로 인한 누적효과, 전기오류수정손익, 중간배당액 및 당기순이익(손실)을 가산(차감)한 금액이다.

임의적립금은 다시 처분가능한 미처분이익잉여금으로 환원되는 경우가 있는데, 이를 임의적립금 등의 이입액이라고 한다. 미처분이익잉여금이 부족하여 적절한 배당이나 그 밖의 처분이 곤란한 경우, 또는 임의적립금이 더 이상 필요하지 않은 경우에 주주총회결의에 의하여 전기 이전에 설정해 두었던 임의적립금을 다음과 같이 다시 처분가능한 미처분이익잉여금으로 환원시키게 된다.

(차) 임의적립금	×××	(대) 미처분이익잉여금	×××

임의적립금이입액을 처분전이익잉여금에 가산하면 당기에 처분가능한 이익잉여금이 산출된다. 이익잉여금의 처분이란 처분가능이월이익잉여금을 법정적립금(이익준비금), 기타법정적립금, 임의적립금, 배당금, 이익잉여금처분에 의한 상각 등으로 처분하는 것이다.

보 론 B 기업형태별 자본회계

앞서 설명한 바와 같이 기업의 형태에 따라 소유주지분(자본)의 내용 및 소유주지분에 대한 회계처리가 달라진다. 그러나 회계처리의 관점에서 보면 합명회사, 합자회사는 기본적으로 조합기업과 동일하다. 그러나 유한회사의 기본적인 회계처리는 주식회사에 준한다. 이를 다음과 같이 요약할 수 있다.

기업	구분	형태	자본	회계
기업	자연인기업	개인기업	자본금계정	개인기업 회계 (proprietorship)
		조합기업	조합원별 출자금	파트너십 회계 (partnership)
	법인기업	합명회사	사원별 자본금 · 이익잉여금	파트너십 회계 (partnership)
		합자회사	유한책임사원과 무한책임사원별 자본금 · 이익잉여금	파트너십 회계 (partnership)
		유한회사	자본금 · 자본잉여금 · 이익잉여금	주식회사 회계 (corporation)
		주식회사	자본금 · 자본잉여금 · 이익잉여금	주식회사 회계 (corporation)

1. 개인기업의 자본회계

개인기업(proprietorship)에서는 한 사람인 기업주가 기업과 완전히 동일시된다. 자본에 대한 법의 규제가 없으므로 개인기업의 자본이 자유롭게 수시로 변화할 수 있는 특징을 가지고 있다. 따라서 개인기업의 자본의 증감에 관한 모든 거래를 자본금계정(capital account) 하나로 회계처리한다. 즉 기업주가 출자하면 출자액만큼 자본금을 증가시키고, 순이익이 발생하면 자본금계정에 직접 가산한다. 그리고 기업주가 개인적으로 사용할 목적으로 기업에서 자금을 인출해 가면 이는 자본금계정에서 직접 차감한다.

그러나 기업주가 개인적으로 자금인출이 빈번할 경우에는 자금의 인출을 상세히 기록하기 위하여 자본금계정의 평가계정인 인출금계정(drawing account)을 사용할 수도 있다. 그렇지만 이는 회계처리의 편의상 사용하는 임시계정의 성격이며, 결산시에는 자본금계정에 대체해야 한다.

예제 1

(1) 홍길동은 20×1년 1월 1일 현금 500,000원과 건물 1,000,000원을 단독으로 출자하여 당구장을 개업하였다.

(차)	현 금	500,000	(대) 자 본 금	1,500,000
	건 물	1,000,000		

(2) 동년 1월 10일 기업주 홍길동은 자녀 교육비 지급을 위하여 100,000원을 인출하여 사용하다.

(차)	자 본 금 (또는 인출금)	100,000	(대) 현 금	100,000

(3) 기업주가 사업확장을 위하여 현금 500,000원을 추가출자하였다.

(차)	현 금	500,000	(대) 자 본 금	500,000

(4) 20×1년 1개월 동안 영업활동으로부터 발생한 수익과 비용을 집합손익계정에 집계한 결과 당기순이익 50,000원이 계산되다. 만약 1월 31일에 장부를 마감한다면 다음과 같은 마감분개를 한다.

(차)	집합손익	50,000	(대) 자 본 금*	50,000

*(2)번에서 인출금계정을 사용하였다면 결산시점에서 다음과 같이 자본금계정에 대체하여야 한다.

(차)	자 본 금	100,000	(대) 인 출 금	100,000

2. 조합기업의 자본회계

조합기업(partnership)은 기업주가 두 사람 이상으로 구성되어 있다. 즉 두 사람 이상이 민법상 조합계약을 맺고, 각 조합원이 재산·노무 등을 출자하여 공동사업을 영위하는 기업을 말한다. 조합원에 대한 손익의 분배방법과 출자방법 그리고 금액은 조합계약에 의하여 결정된다.

(1) 출자금계정

조합원이 출자한 금액은 조합원마다 출자금계정을 설정하여 처리하는 것이 보통이지만, 조합원수가 많을 경우에는 통제계정인 출자금계정으로 총괄처리하고, 그 조합원별 출자금명세는 보조원장인 출자금원장을 사용하여 표시한다.

그리고 결산의 결과가 순이익(또는 순손실)으로 계산되면 계약조건에 따라 각 조합원별 출자금계정에 대체한다. 일반적으로 각 조합원별 출자금에 비례하여 배분하는 것이 보통이지만 출자를 여러 번 했을 경우에는 출자금액과 출자기간의 적수합계를 기준하여 배분함이 합리적이다.

예제 2

(1) 갑과 을은 조합계약을 맺고 갑은 현금 600,000원, 을은 건물 300,000원을 출자하여 조합을 설립하여 영업을 개시하다.

(차)	현 금	600,000	(대)	갑출자금	600,000
	건 물	300,000		을출자금	300,000

(2) 갑·을조합은 기말결산에서 순이익 60,000원이 발생되다. 순이익을 갑·을 출자금액에 비례하여 각 조합원에게 배분하다.

(차)	집합손익	60,000	(대)	갑출자금	40,000
				을출자금	20,000

(2) 신조합원의 가입에 대한 회계처리

조합기업의 경영성적이 양호할 경우에 신조합원이 가입하게 되면 구조합원의 기득권에 대하여 출자금 이외에 일정한 가입금, 즉 영업권에 해당되는 금액을 지급하는 것이 보통이다. 그러나 신조합원이 가입금을 별도로 지급하지 않을 때에는 별도로 영업권을 계상하여 이것을 구조합원지분에 가산하게 된다.

1) 신입조합원이 자기의 출자금계정에의 기입액과 동액을 출자하는 방법

예제 3

병은 출자액 전액을 자기출자금계정에 기재하기로 하고 현금 200,000원을 출자했다.

(차)	현 금	200,000	(대)	병출자금	200,000

2) 신입조합원이 출자금 이외에 가입금을 불입하는 방법

예제 4

(가) 가입금을 조합에 유보하고 구조합원의 출자액을 증가시키는 경우

갑·을조합의 재무상태는 다음과 같다.

재무상태표			
현 금	200,000	단기차입금	400,000
건 물	500,000	갑 출 자 금	400,000
매 출 채 권	300,000	을 출 자 금	200,000
	1,000,000		1,000,000

① 병이 신입조합원으로 가입을 희망하고 있어 출자금 200,000원 이외에 가입금으로서 100,000원을 현금으로 납부하다. 가입금은 갑·을 출자액에 비례하여 분배하고 출자금을 증가시켰다면 다음의 회계처리를 해야 한다.

(차) 현 금	300,000	(대)	갑출자금	66,667
			을출자금	33,333
			병출자금	200,000

② 병이 가입한 후 조합의 재무상태표를 작성하라.

재무상태표			
현 금	500,000	단기차입금	400,000
건 물	500,000	갑 출 자 금	466,667
매 출 채 권	300,000	을 출 자 금	233,333
		병 출 자 금	200,000
	1,300,000		1,300,000

(나) 가입금을 구조합원에게 직접 현금 배분하는 경우

이 때의 가입금은 회계처리할 때 장부에 직접 표시되지 않는다.

(차) 현 금 200,000 (대) 병출자금 200,000

(3) 조합원탈퇴에 대한 회계처리

조합원이 탈퇴할 경우에는 그 시점에서 결산하여 당해 조합원의 출자액에 해당하는 지분액을 환급하여야 한다. 조합원이 탈퇴하는 경우에도 조합원이 신규가입하는 경우와 같이 다음의 세 가지 방법으로 분류할 수 있다.

① 탈퇴조합원의 출자금과 같은 금액을 환급해 주는 경우(예: 갑이 탈퇴한 경우)

(차) 갑출자금	400,000	(대) 현 금	400,000

② 탈퇴조합원의 출자금보다 많은 금액을 환급해 주는 경우(예: 예제 4에서 갑이 탈퇴한 경우)

(차) 갑출자금	466,667	(대) 현 금	466,667

③ 탈퇴조합원의 출자금보다 적은 금액을 환급해 주는 경우
(예: 예제 2에서 손실 60,000원을 갑과 을이 출자금에서 분담한 후에 갑이 탈퇴한 경우)

(차) 갑출자금	560,000	(대) 현 금	560,000

3. 합명회사·합자회사의 자본회계

(1) 회사설립시 회계처리

합명회사(ordinary partnership)는 2인 이상의 무한책임사원만으로 조직된 회사를 말하고, 합자회사(limited partnership)는 1인 이상의 무한책임사원과 1인 이상의 유한책임사원으로 조직된 회사를 말한다. 합명회사나 합자회사를 설립하는 경우에는 그 사원의 수가 적을 경우에는 사원별로 자본금계정을 설정하여 처리하나, 사원의 수가 많으면 통제계정인 자본금계정으로 처리하고 그 명세는 보조원장인 사원출자금원장에 기록한다. 단, 합자회사의 출자의 경우에는 유한책임사원과 무한책임사원별로 구별하여 처리한다. 합명회사·합자회사의 사원은 반드시 재산출자만 해야 하는 것은 아니며, 노무 또는 신용출자도 할 수 있다. 이러한 노무 및 신용출자는 이익 또는 잔여재산 분배의 기준을 결정할 때만 문제가 되므로 사원출자금으로 기록할 필요는 없다. 그러나 노무출자·신용출자의 사실을 기록하기 위하여 적정하게 평가하여 비망기록을 해 둘 필요가 있다.

예제 5

(1) 갑·을·병의 3명은 인천합명회사를 설립하고, 각 사원은 다음과 같이 불입했다. 이에 대한 회계처리를 하라.

갑:	현 금	100,000	건 물	200,000
을:	현 금	200,000		
병:	현 금	100,000	상 품	400,000

(차)	현 금	400,000	(대)	갑출자금	300,000
	건 물	200,000		을출자금	200,000
	상 품	400,000		병출자금	500,000

(2) 갑·을·병의 3명은 다음과 같이 출자하여 서울합자회사를 설립하였는데, 이에 대한 회계처리를 하라

갑무한책임사원:	현 금	200,000	건 물	300,000
을유한책임사원:	현 금	300,000		
병유한책임사원:	현 금	200,000		

(차)	현 금	700,000	(대)	무한책임 갑자본금	500,000
				유한책임 을자본금	300,000
	건 물	300,000		유한책임 병자본금	200,000

(2) 순이익처분에 대한 회계처리

합명회사·합자회사·유한회사 및 주식회사 등의 상법상 회사는 자본금이 정관에 의하여 확정되므로 법률상 변경절차를 밟지 아니하고서는 자본금을 변경할 수 없다. 따라서 합명회사와 합자회사는 결산시의 집합손익계정의 잔액을 자본금계정에 직접 대체하지 않고 사원총회에서 순손익이 처분될 때까지 별도로 이익잉여금계정(순이익발생)에 대체기록한다.

순손익의 처분은 정관의 특별한 규정이 없는 한 각 사원의 출자액의 비율에 의하여 배분함을 원칙으로 한다.

예제 6

다음 거래와 관련하여 적절한 분개를 하라.

(1) 중앙합명회사는 제2기 결산시 당기순이익 500,000원이 계산되다.

(차) 집합손익 500,000 (대) 처분전이익잉여금 500,000

(2) 이익잉여금처분계산서(안)에는 다음과 같은 이익처분사항이 포함되어 있다. 단, 사원배당금은 출자액의 비율에 의해서 배분한다.

임원상여금	100,000	사원배당금	200,000
신축적립금	150,000	차 기 이 월	50,000

(차) 처분전이익잉여금	500,000	(대)	임원미지급상여금	300,000
			사원미지급배당금*	200,000
			신 축 적 립 금	150,000
			이 월 이 익 잉 여 금	50,000

*사원미지급배당금을 사원별로 구별하여 계정처리하여도 된다.

(3) 위의 임원상여금 및 사원배당금을 수표발행하여 지급하다.

(차)	임원미지급상여금	100,000	(대) 당좌예금	300,000
	사원미지급배당금	200,000		

(4) 2월 27일 중앙합명회사는 주주총회를 개최하여 이익잉여금처분계산서를 원안대로 확정하다.

분개 없음

(3) 사원의 추가영입시 회계처리

합명회사와 합자회사 사원의 추가영입시 회계처리는 조합기업의 경우에 준하여 처리하면 된다. 즉, 사원 영입 전의 영업성적이 양호하면 종전 사원의 기득권을 인정하여 신입사원으로 하여금 가입금을 납부하게 하거나 구사원의 영업권을 계상하여 구사원의 출자액에 가산시킨다.

이 때 신입사원이 가입금을 납부하는 경우 가입금을 처리하는 방법을 다음과 같이 구별할 수 있다.

(1) 가입금을 구사원의 개인소득으로 분배한다.
(2) 가입금을 구사원의 출자액에 가산한다.
(3) 가입금을 회사의 자본잉여금으로 처리한다.

예제 7

중앙합명회사는 다음과 같은 재무상태를 가지고 있다.

중앙합명회사

현 금	3,000,000	단기차입금	2,000,000
건 물	5,000,000	갑 자 본 금	4,000,000
		을 자 본 금	2,000,000
	8,000,000		8,000,000

병사원을 동사에 영입시키기로 하고, 가입금 600,000원과 출자금 1,000,000원을 납입케 하다. 아래의 내용과 관련하여 적절한 회계처리를 하라.

① 가입금을 구사원의 출자금비율에 의하여 구사원에게 현금배분한 경우
② 가입금을 구사원의 출자금비율에 의하여 구사원의 자본금에 가산한 경우
③ 가입금을 회사의 자본잉여금으로 처리하는 경우

①의 분개:

(차) 현 금	1,000,000	(대) 병자본금	1,000,000

(주): 이 때 구 사원 갑과 을에게 각각 400,000원과 200,000원씩 현금배분된 가입금은 회계처리할 때 장부에 직접 표시되지 않는다.

②의 분개:

(차) 현 금	1,600,000	(대) 갑자본금	400,000
		을자본금	200,000
		병자본금	1,000,000

③의 분개:

(차) 현 금	1,600,000	(대) 병 자 본 금	1,00,000
		자본잉여금	600,000

(4) 사원의 퇴사시 회계처리

합명회사와 합자회사의 사원이 퇴사할 때의 회계처리는 조합기업의 경우에 준하여 처리하면 된다. 즉 사원이 퇴사할 때에는 회사의 임시결산에 의하여 회사 퇴사원의 출자액지분비율에 의하여 출자금·잉여금·당기순이익 및 영업권을 계산하여 환급하여야 한다.

4. 유한회사의 자본회계

유한회사(limited responsibility company)는 2인 이상 유한책임사원으로 구성된, 주식회사와 유사한 회사로서 각 사원은 회사에 대하여 출자의무를 부담하는 이외에 회사의 채권자에 대하여는 책임이 없다. 회사의 채권자에 대한 책임은 회사의 대표자가 진다.

현행 상법(2011년 개정)은 유한회사의 출자 1좌의 금액은 100원 이상으로 균일하게 하여야 한다고 규정되어 있다. 유한회사를 설립할 때에도 주식회사와 같이 자본금계정으로 총괄기입하고, 각 사원의 출자내용은 보조원장인 사원원장을 비치하여 기장처리한다. 따라서 유한회사의 자본과 순이익처분 등의 기본적인 회계처리는 주식회사의 경우에 준하도록 하고 있다.

연습문제

[1] 액면가액을 초과하여 신주를 발행할 때 직접 관련되어 발생한 신주발행비와 주식발행초과금의 관련성을 설명하라.

[2] 기금과 적립금의 차이는 무엇이며, 적립금을 설정하는 이유를 설명하라.

[3] 자기주식이란 무엇이며, 기업이 자기주식을 취득하려는 목적은 어디에 있는가?

[4] 주식배당, 무상증자, 주식분할, 주식병합을 비교설명하라.

[5] 이익잉여금과 자본잉여금을 중심으로 결손금의 보전순서를 열거하라.

*[6] (자본 1) (주)중앙의 20×1년도 말 현재 재무상태표의 자본을 구성하고 있는 세부항목들은 다음과 같다. 각 항목들을 성격별로 구분하여 분류하라.

보통주 자본금	₩20,000,000	우선주 자본금	₩5,000,000
주식발행초과금	10,000,000	미처분이익잉여금	15,000,000
자기주식처분이익	8,000,000	감자차익	4,500,000
재평가잉여금	2,000,000	기타포괄손익-공정가치측정금융자산평가손실	3,000,000
이익준비금	3,000,000	자기주식	2,800,000

*[7] (자본 2: 자본종합 및 자본변동표) (주)국민의 20×1년도 말 현재 보통주 자본금과 주식발행초과금은 각각 ₩10,000,000(액면가 ₩1,000)과 ₩5,000,000이며, 이익잉여금은 ₩4,500,000이다. 다음은 20×2년도 1년 동안의 (주)국민 자본과 관련된 거래의 내역이다.

- 20×2년 2월 5일 주주총회에서 보통주 자본금 20%의 배당을 결의하고 현금 지급하다.
- 20×2년 4월 1일 신주 10,000주를 주당 ₩2,000에 발행하다.
- 20×2년 6월 1일 자기주식 3,000주를 주당 ₩3,000에 취득하다.
- 20×2년 9월 30일 토지재평가차익 ₩3,000,000이 발생하다.
- 20×2년 11월 1일 자기주식 2,000주를 주당 ₩3,500에 처분하다.
- 20×2년 12월 31일 당기순이익 ₩5,000,000과 기타포괄손익 ₩3,000,000을 보고하다.

(1) (주)국민의 20×2년도 자본과 관련된 거래를 분개하라.

(2) (주)국민의 20×2년도 자본변동표를 작성하라(단, 20×1년도와의 비교는 생략하라).

[8]* **다음은 (주)ABC의 20×1년 순자산에 대한 내역이다. (주)ABC의 발행주식 액면금액은 1주당 ₩5,000이다.**

- 1월 1일　기초 순자산 장부금액 ₩5,000,000
- 3월 1일　유상증자 1,000주(주식발행금액 1주당 ₩7,000)
- 5월 1일　자기주식 100주 매입(취득금액 1주당 ₩4,000)
- 7월 1일　현금배당 ₩3,000,000 선언(이익준비금 10% 적립)
- 8월 1일　현금배당액 지급
- 12월 1일　자기주식 100주 매각(매각금액 1주당 ₩4,500)
- 12월 31일　기타포괄손익-공정가치측정금융자산평가이익 ₩2,000,000

(1) (주)ABC의 20×1년 3월 1일~12월 31일 순자산변동에 대한 모든 회계처리를 하라.

(2) 위 모든 회계처리가 장부에 반영된 이후, (주)ABC의 기말 순자산 장부가액은 얼마인가?

[9]* **다음의 설명 중 맞는 것을 모두 고르면?**

① 증자시 주식대금의 납부는 현금으로만 할 수 있다.

② 현물출자시 주식과 교환되는 토지, 건물, 유가증권 등의 취득원가는 주식의 액면금액으로 한다.

③ 주식배당은 총이익배당금의 50%를 초과하지 못한다.

④ 우리나라 상법에서는 자본금의 50%에 도달할 때까지 매기 결산시 현금배당 및 주식배당액의 10% 이상의 금액을 이익준비금으로 적립할 것을 요구하고 있다.

[10]* **기업이 보유한 자산에 대한 남은 잔여청구권은 다음 중 누구에게 있는가?**

① 경영자　② 채권자

③ 보통주 주주　④ 우선주 주주

[11] **(주)ABC는 유상증자를 실시하고, 주식발행비로 ₩3,000,000을 사용하였다. K-IFRS에서 유상증자시 주식발행비와 관련된 다음의 회계처리 중에서 맞는 것은?**

① 신주발행비는 납입자본에서 차감한다.
② 신주발행비는 무형자산으로 인식한 후 5년 이내의 기간에 상각한다.
③ 신주발행비는 주식발행초과금에 우선 가산한다.
④ 신주발행비는 개발비로 인식한 후 3년 이내의 기간에 상각한다.

[12] **배당금 선언이 다음 계정들의 잔액에 미치는 영향으로 맞는 것은?**

	이익잉여금	유동부채	현금
①	감소	증가	불변
②	증가	감소	감소
③	증가	감소	불변
④	감소	불변	감소

[13] **다음의 설명 중 틀리는 것은?**

① 유상감자의 경우 감자차손익은 주식의 최초발행금액과 매입금액의 차액으로 계산한다.
② 무상증자, 무상감자, 주식분할, 주식배당 등은 자본총계의 변화가 없다.
③ 주식할인발행차금과 주식발행초과금은 발생순서에 관계없이 서로 상계한다.
④ 이익준비금은 자본금의 2분의 1에 도달할 때까지 매 결산시에 이익배당액의 10분의 1 이상의 금액을 적립한다. 이익배당액에는 중간배당과 주식배당 및 현금배당 므두를 포함한다.

[14] **자본에 대한 다음의 설명 중 틀린 것은?**

① 이익잉여금의 증가는 당기순이익의 발생으로 증가하며 다른 요인으로는 증가하지 않는다.
② 주식배당을 실시하면 이익잉여금은 감소하지만 자본금은 증가한다.
③ 주식분할(액면분할)은 발행주식수는 증가하지만 자본총액은 변하-지 않는다.
④ 자기주식을 취득하면 자본이 감소된다.

[15] **다음 중 자본이 증가되는 회계거래는?**

① 자기주식을 취득한 경우
② 전환사채를 주식으로 전환하는 경우
③ 주식발행초과금을 자본으로 전입할 경우
④ 법정적립금인 이익준비금을 적립하는 경우

[16]* 자본에 대한 다음의 설명 중 옳은 것은?

① 이익준비금은 자본금의 2분의 1에 달할 때까지 매 결산시의 이익배당액의 10분의 1 이상을 적립하며, 이익배당액에는 현금배당, 중간배당, 주식배당 모두 포함한다.
② 무상증자, 무상감자, 주식분할, 주식병합, 주식배당은 자본총계의 변화가 없다는 점에서 유사하다.
③ 주식발행초과금과 주식할인발행차금은 서로 상계할 수 없다.
④ 주식발행과 직접 관련된 신주발행비는 발행금액의 일부로 처리하므로 납입자본에 부가한다.

[17]* (주)중앙은 액면금액 ₩1,000인 주식 10주를 주당 ₩1,500에 발행하였는데, 주식발행비로 ₩1,000이 지출되었다. 동 주식발행이 (주)중앙의 재무제표에 미치는 영향을 올바르게 설명한 것은?

① 당기순이익이 ₩1,000만큼 감소한다.
② 이익잉여금이 ₩4,000만큼 감소한다.
③ 자산총액이 ₩15,000만큼 증가한다.
④ 자본총액이 ₩14,000만큼 증가한다.

[18]* (주)중앙은 12월 결산법인이다. (주)중앙은 20×1년 3월 1일에 액면가액 ₩1,000인 자기회사 발행주식 50주를 주당 ₩2,000에 취득하였다. 위 주식 중 20주를 2개월 후 주당 ₩3,000에 매각하였으며, 4개월 후 나머지 30주를 주당 ₩1,500에 매각하였다. 다음 중 자기주식처분이 20×1년도 (주)중앙의 자본에 미치는 영향은?

① 자본잉여금 ₩5,000 증가
② 이익잉여금 ₩5,000 증가
③ 이익잉여금 ₩5,000 감소
④ 기타포괄손익누계액 ₩5,000 감소

연습문제 해답

6.

• 납입자본:

• 보통주 자본금	₩20,000,000
• 우선주 자본금	₩5,000,000
• 주식발행초과금	₩10,000,000
• 자기주식처분이익	₩8,000,000
• 감자차익	₩4,500,000

• 이익잉여금

• 미처분이익잉여금	₩15,000,000
• 이익준비금	₩3,000,000

• 기타의 자본요소:

• 기타포괄손익누계액:	FVOCI금융자산평가손실	(₩3,000,000)
	재평가잉여금	₩2,000,000
• 자기주식		₩2,800,000

7. (1)

• 20×2년 2월 5일:

(차) 이익잉여금	2,000,000	(대) 현 금	2,000,000

• 20×2년 4월 1일:

(차) 현 금	20,000,000	(대) 자 본 금	10,000,000
		주식발행초과금	10,000,000

• 20×2년 6월 1일:

(차) 자 기 주 식	9,000,000	(대) 현 금	9,000,000

• 20×2년 9월 30일:

(차) 토 지	3,000,000	(대) 재평가잉여금 (기타포괄손익)	3,000,000

• 20×2년 11월 1일:

(차) 현 금	7,000,000	(대) 자 기 주 식	6,000,000
		자기주식처분이익(자본잉여금)	1,000,000

• 20×2년 12월 31일:

(차) 당 기 순 이 익	5,000,000	(대) 이 익 잉 여 금	5,000,000
(차) 기타포괄손익	3,000,000	(대) 기타포괄손익누계액	3,000,000

(2)

자본변동표

(20×2년 1월 1일부터 20×2년 12월 31일까지)

(주)국민: (단위: 원)

구 분	자본금	자본잉여금	자본조정	기타포괄손익누계액	이익잉여금	계
기초잔액	10,000,000	5,000,000			4,500,000	19,500,000
배당지급					(2,000,000)	(2,000,000)
유상증자	10,000,000	10,000,000				20,000,000
자기주식취득			(9,000,000)			(9,000,000)
자기주식처분		1,000,000	6,000,000			7,000,000
토지재평가				3,000,000		3,000,000
당기순이익					5,000,000	5,000,000
기말잔액	20,000,000	16,000,000	(3,000,000)	3,000,000	7,500,000	43,500,000

8. (1)

(차) 현 금	7,000,000	(대) 자 본 금	5,000,000
		주식발행초과금	2,000,000

(차) 자기주식 400,000 (대) 현 금 400,000

(차) 이익잉여금	3,300,000	(대) 미지급배당금	3,000,000
		이 익 준 비 금	300,000

(차) 미지급배당금 3,000,000 (대) 현 금 3,000,000

(차) 현 금	450,000	(대) 자 기 주 식	400,000
		자기주식처분이익	50,000

(차) FVOCI금융자산 2,000,000
(대) FVOCI금융자산평가이익 2,000,000

(2)

기 초 순 자 산 장 부 가 액		₩5,000,000
당기순자산 변동액	자 본 금	(+) 5,000,000
	주 식 발 행 초 과 금	(+) 2,000,000
	자 기 주 식 매 입	(−) 400,000
	이 익 잉 여 금 감 소	(−) 3,300,000
	이 익 준 비 금 증 가	(+) 300,000
	자 기 주 식 매 각	(+) 400,000
	자 기 주 식 처 분 이 익	(+) 50,000
	FVOCI금융자산평가이익	(+) 2,000,000
기 말 순 자 산 장 부 가 액		₩11,050,000

9. ③

10. ③: 기업의 자산에 대한 청구권의 우선순위는 채권자, 우선주 주주, 보통주 주주이다. 따라서 보통주 주주는 채권자와 우선주 주주의 청구권을 충족시키고 남는 잔여지분 청구권을 갖고 있다.

11. ①

12. ①: 회사가 배당금을 선언하면 아직 현금을 지급하지 않았기 때문에 현금계정에는 영향이 없고 이익잉여금의 처분이기 때문에 이익잉여금은 감소하며, 배당금을 현금으로 지급해야 하는 의무가 발생하여 유동부채가 증가한다.

13. ④: 주식배당은 제외됨.

14. ①: 이익잉여금은 당기순이익의 발생으로 증가하지만 적립금 등의 이입으로도 증가한다.

15. ②: ①: 자기주식의 취득은 자본에서 차감
③, ④: 자본의 변화 없음

16. ②: ①: 주식배당은 제외된다.
③: 발생순서에 관계없이 상계할 수 있다.
④: 납입자본에서 차감한다.

17. ④: 주식발행에 대한 회계처리

(차) 현 금	14,000	(대) 자 본 금	10,000
		주식발행초과금	4,000

18. ②: • 자본감소: 자기주식취득 ₩2,000×50주=₩100,000

• 자본증가: 자기주식처분 (₩3,000×20주)+(₩1,500×30주)=₩105,000

∴ 증가 ₩5,000

∴ 자기주식처분이익(자본잉여금) ₩5,000 발생함

제 4 부

회계정보의 공시와 활용

K-IFRS 회계학원론

제16장 재무제표의 기본구조 및 표시

회계정보는 재무제표를 통하여 이해관계자들에게 전달된다. 본장에서는 K-IFRS에 따라 재무제표를 구성하는 재무상태표, 포괄손익계산서, 자본변동표 및 현금흐름표의 내용과 형식 그리고 작성목적을 좀더 구체적이고 체계적인 방법으로 설명하고, 이들 재무제표의 작성과 표시원칙을 소개한다.

제1부에서는 회계의 기초개념을 살펴보았고, 제2부에서는 재구제표의 작성과정을, 제3부에서는 재무제표에 포함된 세부회계정보의 구체적 회계처리에 대해 살펴보았다. 제4부에서는 회계정보의 공시와 활용에 대해 설명한다. 재무제표는 기업의 재무상태와 재무성과를 체계적으로 표현하기 위해 기업의 경영활동을 일반적으로 인정된 회계원칙에 따라 간결하게 표시한 재무보고서이다. 즉 기업에 관한 회계정보를 제공하는 핵심적인 수단이다.

한국채택국제회계기준(K-IFRS)에서는 재무제표에 기말 재무상태표, 기간 포괄손익계산서, 기간 자본변동표, 기간 현금흐름표, 그리고 주석을 포함시키고 있다. 이러한 재무제표는 외부회계감사의 과정을 거쳐 회계정보이용자가 이용가능하도록 공시된다. 본 장에서는 재무제표의 종류별 기본구조와 표시에 관한 내용을 구체적으로 설명한다.

제 1 절 재무제표의 개념

1. 재무제표의 목적

재무제표의 목적은 광범위한 정보이용자의 경제적 의사결정에 유용한 기업의 재무상태와 재무성과, 그리고 재무상태변동에 관한 정보를 제공하는 것이다.

또한 재무제표는 위탁받은 자원에 대한 경영진의 수탁책임에 대한 결과도 보여준다. 이러한 목적을 충족하기 위하여 재무제표는 자산, 부채, 자본, 차익과 차손을 포함한 광의의 수익과 비용, 소유주로서의 자격을 행사하는 소유주에 의한 출자와 소유주에 대한 배분, 그리고 현금흐름에 대한 정보를 제공한다. 이러한 정보는 주석에서 제공되는 정보와 함께 재무제표이용자가 기업의 미래현금흐름, 특히 그 시기와 확실성을 예측하는 데 도움을 준다.

2. 재무제표의 종류

전체 재무제표는 다음을 모두 포함하여야 한다. 그러나 한국채택국제회계기준(K-IFRS)에서 사용하는 재무제표의 명칭이 아닌 다른 명칭을 사용할 수 있다.

① 기말 재무상태표
② 기간 포괄손익계산서
③ 기간 자본변동표
④ 기간 현금흐름표
⑤ 주석(유의적인 회계정책의 요약 및 그 밖의 설명으로 구성)
⑥ 회계정책을 소급하여 적용하거나, 재무제표의 항목을 소급하여 재작성 또는 재분류하는 경우, 가장 이른 비교기간의 기초 재무상태표

3. 재무제표 표시의 일반사항

(1) 공정한 표시(fair presentation)와 한국채택국제회계기준(K-IFRS)의 준수

재무제표는 기업의 재무상태, 재무성과 및 현금흐름을 공정하게 표시해야 한다. 공정한 표시를 위해서는 '재무회계개념체계'에서 정한 자산, 부채, 수익 및 비용에 대한 정의와 인식요건에 따라 거래, 그 밖의 사건과 상황의 효과를 충실하게 표현해야 한다. 한국채택국제회계기준에 따라 작성된 재무제표(필요에 따라 추가공시한 경우 포함)는 공정하게 표시된 재무제표로 본다.

(2) 계속기업(going concern)

재무회계 개념체계에서 설명한 바와 같이 재무제표는 경영진이 기업을 청산하거나 경영활동을 중단할 의도를 가지고 있지 않거나, 청산 또는 경영활동의 중단 외에 다른 현실적 대안이 없는 경우가 아니면 계속기업을 전제로 재무제표를 작성한다. 계속기업으로서의 존속능력에 유의적인 의문이 제기될 수 있는 사건이나 상황과 관련된 중요한 불확실성을 알게 된 경우, 경영진은 그러한 불확실성을 공시하여야 한다. 재무제표가 계속기업의 기준하에 작성되지 않는 경우에는 그 사실과 함께 재무제표가 작성된 기준 및 그 기업을 계속기업으로 보지 않는 이유를 공시하여야 한다.

(3) 발생주의(accrual basis)

기업은 현금흐름 정보를 제외하고는 발생기준 회계를 사용하여 재무제표를 작성한다. 발생기준 회계를 사용하는 경우, 각 항목이 제2장에서 설명된 '개념체계'의 정의와 인식요건을 충족할 때 자산, 부채, 자본, 광의의 수익 및 비용(재무제표의 요소)으로 인식한다.

(4) 중요성과 통합표시(materiality and aggregation)

유사한 항목은 중요성 분류에 따라 재무제표에 구분하여 표시한다. 상이한 성격이나 기능을 가진 항목은 구분하여 표시한다. 다만 중요하지 않은 항목은 성격이나 기능이 유사한 항목과 통합하여 표시할 수 있다.

(5) 상계(offsetting)

재무제표를 작성할 때 한국채택국제회계기준(K-IFRS)에서 요구하거나 허용하지 않는 한 자산과 부채, 그리고 수익과 비용은 상계하지 아니한다. 자산과 부채, 그리고 수익과 비용은 구분하여 표시한다. 상계표시로 거래나 그 밖의 사건의 실질이 반영되는 경우를 제외하고는, 포괄손익계산서, 재무상태표, 별개의 손익계산서(표시하는 경우)에서의 상계표시는 발생한 거래, 그 밖의 사건과 상황을 이해하고 기업의 미래현금흐름을 분석할 수 있는 재무제표이용자의 능력을 저해한다. 재고자산에 대한 재고자산평가충당금과 매출채권에 대한 대손충당금과 같은 평가충당금을 차감하여 관련 자산을 순액으로 측정하는 것은 상계표시에 해당하지 아니한다.

기업은 정상적인 영업활동 과정에서 수익을 창출하지는 않지만 주요 수익창출 활동에 부수적인 그 밖의 거래를 할 수 있다. 동일 거래에서 발생하는 수익과 관련비용의 상계표시가 거래나 그 밖의 사건의 실질을 반영한다면 그러한 거래의 결과는 상계하여 표시한다. 예를 들어, 투자자산 및 영업용자산을 포함한 비유동자산의 처분손익은 처분대금에서 그 자산의 장부금액과 관련 처분비용을 차감하여 표시한다. 또한, 외환손익 또는 당기손익-공정가치측정금융상품에서 발생하는 손익과 같이 유사한 거래의 집합에서 발생하는 차익과 차손은 순액으로 표시한다. 그러나 그러한 차익과 차손이 중요한 경우에는 각각을 구분하여 표시한다.

(6) 보고빈도(frequency of reporting)

전체 재무제표(비교정보를 포함)는 적어도 1년마다 작성한다. 보고기간종료일을 변경하여 재무제표의 보고기간이 1년을 초과하거나 미달하는 경우 재무제표 해당기간뿐만 아니라 다음 사항을 추가로 공시한다.

① 보고기간이 1년을 초과하거나 미달하게 된 이유
② 재무제표에 표시된 금액이 완전하게 비교가능하지는 않다는 사실

(7) 비교정보의 공시(comparative information)

한국채택국제회계기준이 달리 허용하거나 요구하는 경우를 제외하고는 당기 재무제표에 보고되는 모든 금액에 대한 전기 비교정보를 공시한다. 당기 재무제표를 이해하는 데 목적적합하다면 서술형 정보의 경우에도 비교정보를 포함한다.

비교정보를 공시하는 기업은 적어도 두 개의 재무상태표와 두 개씩의 그 밖의 재무제표 및 관련 주석을 표시해야 한다. 회계정책을 소급하여 적용하거나 재무제표의 항목을 소급하여 재작성 또는 재분류하는 경우에는 적어도 세 개의 재무상태표, 두 개씩의 그 밖의 재무제표 및 관련 주석을 표시해야 한다. 재무상태표는 다음 시점을 기준으로 표시한다.

① 당기 말
② 전기 말(당기 초와 동일)
③ 가장 이른 비교기간의 기초

어떤 경우에는 전기 재무제표에 공시된 서술형 정보가 당기에도 계속 관련될 수 있다. 예를 들어, 법률 분쟁의 결과가 직전기 보고기간 말 현재 불확실하였고 당기에도 아직 해결되지 않은 경우에는 그 상세한 내용을 당기에 공시한다. 재무제표이용자에게 직전 보고기간 말 현재 불확실성이 존재하였다는 사실과 당기에 그러한 불확실성을 해소하기 위하여 취한 절차에 대한 정보는 유용하다.

재무제표 항목의 표시나 분류를 변경하는 경우 실무적으로 적용할 수 없는 것이 아니라면 비교금액도 재분류해야 한다. 비교금액을 재분류할 때 다음 사항을 공시한다.

① 재분류의 성격
② 재분류된 개별 항목이나 항목군의 금액
③ 재분류의 이유

비교금액을 실무적으로 재분류할 수 없는 경우 다음 사항을 공시한다.

① 해당 금액을 재분류하지 아니한 이유
② 해당 금액을 재분류한다면 이루어질 수정의 성격

정보의 기간별 비교가능성이 제고되면 예측을 위한 재무정보 추세분석이 가능하여 재무제표이용자의 경제적 의사결정에 도움을 준다. 그러나 당기와의 비교가능성을 제고하기 위해 특정 과거기간 비교정보를 실무적으로 재분류할 수 없는 경우가 있다. 예를 들어, 재분류가 가능한 방법으로 과거 기간의 정보를 수집하지 못했거나, 실무적으로 정보를 재생시킬 수 없는 경우이다.

(8) 표시의 계속성(consistency of presentation)

재무제표의 기간별 비교가능성을 제고하기 위하여 재무제표 항목의 표시와 분류는 매기 동일하여야 한다. 그러나 사업내용의 유의적인 변화가 발생한 경우, 재무제표를 검토한 결과 다른 표시나 분류방법에 더 적절한 것이 명백한 경우, 한국채택국제회계기준(K-IFRS)에서 표시방법의 변경을 요구하는 경우에는 기간별 비교가능성을 희생하더라도 표시와 분류를 달리 할 수 있다.

예를 들어, 중대한 인수나 매각이 있는 경우나 재무제표의 표시에 대해 검토한 결과, 재무제표를 다른 방법으로 표시하는 것이 더 나은 경우가 있을 수 있다. 기업은 변경된 표시방법이 재무제표이용자에게 신뢰성 있고 더욱 목적적합한 정보를 제공하며, 변경된 구조가 지속적으로 유지될 가능성이 높아 비교가능성을 저해하지 않을 것으로 판단할 때에만 재무제표의 표시방법을 변경한다. 표시방법을 변경할 때에는 비교목적으로 제시된 다른 기간의 정보도 재분류하여야 한다.

제 2 절 재무제표의 기본구조와 내용

1. 재무제표의 식별

(1) 재무제표와 다른 공시서류와의 식별

재무제표는 중요한 회계공시수단 중의 하나이며 연차보고서, 감독기구 제출서류 또는 다른 문서와 함께 공표되는 경우가 있다. 이와 같이 동일한 문서에 포함되어 함께 공표되는 그 밖의 정보와 재무제표는 명확하게 구분되고 식별되어야 한다.

한국채택국제회계기준(K-IFRS)은 오직 재무제표에만 적용하며 연차보고서, 감독기구 제출서류 또는 다른 문서에 표시되는 그 밖의 정보에 반드시 적용하여야 하는 것은 아니다. 따라서 재무제표이용자가 한국채택국제회계기준을 준수하여 작성된 정보와 한국채택국제회계기준에서 요구하지 않지만 유용한 그 밖의 정보를 구분할 수 있도록 하는 것이 중요하다.

(2) 재무제표의 보고양식

각 재무제표와 주석은 명확하게 식별되어야 한다. 또한 각 재무제표에는 다음 정보가 분명하게 드러나야 하며, 정보의 이해를 위해서 필요할 때에는 반복 표시하여야 한다.

① 보고기업의 명칭 또는 그 밖의 식별 수단과 전기 보고기간 말 이후 그러한 정보의 변경내용

② 재무제표가 개별 기업에 대한 것인지 연결실체에 대한 것인지의 여부
③ 재무제표나 주석의 작성대상이 되는 보고기간 종료일 또는 보고기간
④ 표시통화
⑤ 재무제표의 금액 표시를 위하여 사용한 금액 단위

(3) 중요성의 고려

흔히 재무제표의 표시통화를 천 단위나 백만 단위로 표시할 때 이해가능성이 더욱 제고될 수 있다. 이러한 표시는 금액 단위를 공시하고 중요한 정보가 누락되지 않는 경우에 허용될 수 있다.

2. 재무상태표(statement of financial position)

(1) 재무상태표의 유용성

재무상태표는 일정시점 현재 기업실체가 보유하고 있는 경제적 자원인 자산과 경제적 의무인 부채, 그리고 자본에 대한 정보를 제공하는 재무보고서이다. 이는 정보이용자들이 기업실체의 유동성, 재무적 탄력성, 수익성과 위험 등을 평가하는 데 유용한 정보를 제공하여야 한다. 예를 들어, 자산과 부채의 항목이 재무제표에 그 유동성 정도에 따라 적절히 구분표시되거나 영업활동과 재무활동의 구분을 고려하여 보고된다면 정보이용자의 의사결정에 보다 유용할 수 있다.

(2) 재무상태표에 표시될 정보

재무상태표를 구성하는 기본요소인 자산, 부채, 자본 중 다음에 해당하는 금액을 나타내는 항목은 개별 표시한다.

① 유형자산
② 투자부동산
③ 무형자산
④ 금융자산(단, ⑤, ⑧ 및 ⑨는 제외)
⑤ 지분법에 따라 회계처리하는 투자자산
⑥ 생물자산(농림어업활동과 관련된 자산)
⑦ 재고자산
⑧ 매출채권 및 기타 채권

⑨ 현금및현금성자산
⑩ 매각예정으로 분류된 자산과 매각예정으로 분류된 처분자산집단에 포함된 자산의 총계
⑪ 매입채무 및 기타 채무
⑫ 충당부채
⑬ 금융부채(단, ⑪과 ⑫는 제외)
⑭ 당기 법인세와 관련한 부채와 자산
⑮ 이연법인세부채 및 이연법인세자산
⑯ 매각예정으로 분류된 처분자산집단에 포함된 부채
⑰ 자본에 표시된 비지배지분
⑱ 지배기업의 소유주에게 귀속되는 납입자본과 적립금

이러한 항목들의 표시순서나 형식은 규정되어 있지 않다. 또한 이들 개별표시항목 이외에도 기업의 재무상태를 이해하는 데 목적적합한 경우라면 재무상태표에 그 항목, 제목 및 중간합계를 추가하여 표시할 수 있다.

추가 항목으로 구분하여 표시할지 여부는 다음 요소를 고려하여 판단한다.

① 자산의 성격 및 유동성
② 기업 내에서의 자산 기능
③ 부채의 금액, 성격 및 시기

(3) 자산과 부채의 분류 및 표시: 유동과 비유동의 구분

자산과 부채는 유동과 비유동으로 구분하여 재무상태표에 표시한다. 다만, 유동성 순서에 따른 표시방법이 신뢰성 있고 더욱 목적적합한 정보를 제공하는 경우에 모든 자산과 부채는 유동성의 순서에 따라 표시한다.

기업이 명확히 식별 가능한 영업주기 내에서 재화나 용역을 제공하는 경우, 재무상태표에 유동자산과 비유동자산 및 유동부채와 비유동부채를 구분하여 표시한다. 이는 운전자본으로서 계속 순환되는 순자산과 장기 영업활동에서 사용하는 순자산을 구분함으로써 유용한 정보를 제공하기 때문이다. 이는 또한 정상영업주기 내에 실현될 것으로 예상되는 자산과 동 기간 내에 결제기일이 도래하는 부채를 구분하여 보여줌으로써 유용한 정보를 제공해 주기 때문이다.

1) 자산의 유동-비유동 구분

재무상태표에서 다음의 조건 중 하나에 해당하면 자산을 유동자산으로 분류

한다.

① 기업의 정상영업주기 내에 실현될 것으로 예상하거나, 정상영업주기 내에 판매하거나 소비할 의도가 있다.
② 주로 단기매매 목적으로 보유하고 있다.
③ 보고기간 후 12개월 이내에 실현될 것으로 예상한다.
④ 현금이나 현금성자산으로서, 교환이나 부채상환 목적으로의 사용에 대한 제한 기간이 보고기간 후 12개월 이상이 아니다. 그 밖의 모든 자산은 비유동자산으로 분류한다.

여기서 영업주기는 영업활동을 위한 자산의 취득시점부터 그 자산이 현금이나 현금성자산으로 실현되는 시점까지 소요되는 기간을 의미한다. 다만, 정상영업주기를 명확히 식별할 수 없는 경우에는 그 기간이 12개월인 것으로 가정한다. 유동자산은 보고기간 후 12개월 이내에 실현될 것으로 예상되지 않는 경우에도 재고자산 및 매출채권과 같이 정상영업주기의 일부로서 판매, 소비 또는 실현되는 자산을 포함한다. 또한 유동자산은 주로 단기매매목적으로 보유하고 있는 자산과 비유동금융자산 중 만기가 12개월 이내에 도래하여 유동성자산으로 대체되는 부분을 포함한다.

2) 부채의 유동-비유동 구분

재무상태표에서 다음의 조건에 해당하는 경우에 유동부채로 분류한다.

① 정상영업주기 내에 결제될 것으로 예상하고 있다.
② 주로 단기매매 목적으로 보유하고 있다.
③ 보고기간 후 12개월 이내에 결제하기로 되어 있다.
④ 보고기간 후 12개월 이상 부채의 결제를 연기할 수 있는 무조건의 권리를 가지고 있지 않다. 그 밖의 모든 부채는 비유동부채로 분류한다.

매입채무 그리고 종업원 및 그 밖의 영업원가에 대한 미지급비용은 기업의 정상영업주기 내에 사용되는 운전자본의 일부이다. 이러한 항목은 보고기간 후 12개월 후에 결제일이 도래한다 하더라도 유동부채로 분류한다.

기타유동부채는 정상영업주기 이내에 결제되지는 않지만 보고기간 후 12개월 이내에 결제일이 도래한다. 이에 대한 예로는 당좌차월, 비유동금융부채의 유동성 대체 부분, 미지급배당금, 법인세 및 기타 지급채무 등이 있다. 장기적으로 자금을 조달하며 보고기간 후 12개월 이내에 만기가 도래하지 아니하는 금융부채는 비유동부채이다.

(4) 재무상태표의 양식 예시

재무상태표의 양식에는 기본적으로 보고서의 명칭(즉, 재무상태표 또는 연결재무상태표)과 보고서의 주체인 기업의 이름(경우에 따라서는 몇 개의 기업을 합친 연결지배기업일 수 있음), 보고서 작성기준일(결산일, 보고기간 말), 보고통화 및 금액단위, 그리고 보고서의 본문으로 이루어진다.

보고서의 본문에는 자산, 부채, 그리고 자본의 세부내역을 표시한다. 아래에 예시된 재무상태표에서는 자산과 부채를 유동과 비유동으로 구분하고 유동성이 낮은 비유동자산과 비유동부채를 먼저 표시하고 다음으로 유동자산과 유동부채를 표시하는 방식을 따르고 있다. 또한 자본을 부채보다 먼저 표시하는 방식을 허용하고 있다.

재무상태표

(20×2. 12. 31 현재)

XYZ 그룹: (단위: 천원)

	20×2년 12월 31일	20×1년 12월 31일
자산		
비유동자산		
유형자산	350,700	360,020
영 업 권	80,800	91,200
기타무형자산	227,470	227,470
관계기업투자주식	100,150	110,770
FVOCI금융자산	142,500	156,000
	901,620	945,460
유동자산		
재고자산	135,230	132,500
매출채권	91,600	110,800
기타유동자산	25,650	12,540
현금및현금성자산	312,400	322,900
	564,880	578,740
자산총계	1,466,500	1,524,200
자본 및 부채		

납입자본	650,000	600,000
이익잉여금	243,500	161,700
기타자본구성요소	80,250	69,800
자본총계	973,750	831,500
비유동부채		
장기차입금	120,000	160,000
이연법인세	28,800	26,040
장기충당부채	28,850	52,240
비유동부채합계	177,650	238,280
유동부채		
매입채무와 기타미지급금	115,100	187,620
단기차입금	150,000	200,000
유동성장기차입금	10,000	20,000
당기법인세부채	35,000	42,000
단기충당부채	5,000	4,800
유동부채합계	315,100	454,420
부채총계	492,750	692,700
자본 및 부채총계	1,466,500	1,524,200

3. 포괄손익계산서(statement of comprehensive income)

(1) 포괄손익계산서의 유용성

기업의 다양한 활동과 거래, 그리고 그 밖의 사건의 영향은 빈도, 손익의 가능성 및 예측가능성의 측면에서 상이하다. 따라서 재무성과의 구성요소에 대한 공시는 재무제표이용자가 달성된 재무성과를 이해하고 미래 재무성과를 예측하는 데 도움을 준다. 손익계산서는 일정기간 동안 기업의 재무성과를 나타내 주는 보고서이다.

재무성과의 구성요소를 설명하는 데 필요하다면 추가 항목을 포괄손익계산서와 별개의 손익계산서(표시하는 경우)에 포함하고 사용된 용어와 항목의 배열을 수정한다. 이 때 중요성, 수익과 비용항목의 성격 및 기능 등의 요소를 고려한다. 예를 들어, 금융회사는 금융회사의 사업목적에 적합한 정보를 제공하기 위해 용어를 수정할 수 있다. 해당 기간에 인식한 모든 수익과 비용항목은 다음 중 한 가지 방법으로 표시한다.

① 단일 포괄손익계산서
② 두 개의 보고서: 당기순손익의 구성요소를 표시하는 보고서(별개의 손익계산서)와 당기순손익에서 시작하여 기타포괄손익의 구성요소를 표시하는 보고서(포괄손익계산서)

(2) 포괄손익계산서에 표시될 정보

포괄손익계산서에서는 수익과 비용 중 당해 기간의 다음 금액을 표시하는 항목을 포함한다. 다만 아래의 영업이익은 한국회계기준원이 K-IFRS에 추가한 항목으로 수익에서 매출원가와 판매비와 관리비를 차감한 금액을 말한다.

① 수 익
영업이익
② 금융원가
③ 지분법 적용대상인 관계기업과 조인트벤처의 당기순손익에 대한 지분
④ 법인세비용
⑤ 중단영업의 합계를 표시하는 단일금액
⑥ 당기순손익
⑦ 성격별로 분류되는 기타포괄손익의 각 구성요소(⑧의 금액은 제외)
⑧ 지분법 적용대상인 관계기업과 조인트벤처의 기타포괄손익에 대한 지분
⑨ 총포괄손익

다음 항목은 당해 기간의 배분항목으로서 포괄손익계산서에 별도로 공시한다.

① 다음에 귀속되는 당기순손익

(가) 비지배지분(소수주주지분) (나) 지배기업의 소유주

② 다음에 귀속되는 당기의 총포괄손익

(가) 비지배지분(소수주주지분) (나) 지배기업의 소유주

기업의 재무성과를 이해하는 데 목적적합한 경우에는 포괄손익계산서와 별개의 손익계산서(표시하는 경우)에 항목, 제목 및 중간합계를 추가하여 표시한다. 수익과 비용의 어느 항목도 포괄손익계산서, 별개의 손익계산서(표시하는 경우) 또는 주석에 특별손익 항목으로 표시할 수 없다. 한 기간에 인식되는 모든 수익과 비용항목은 한국채택국제회계기준(K-IFRS)이 달리 정하지 않는 한 당기손익으로 인식한다. 다만, 오류의 수정과 회계정책의 변경 효과는 당기손익에 반영하지 않는다. 기타포괄손익의 구성요소(재분류조정 포함)와 관련한 법인세비용 금액은 포괄손익계산서나 주석에 공시한다.

(3) 수익과 비용의 분류 및 표시

기업은 비용의 성격별 또는 기능별 분류방법 중에서 신뢰성 있고 더욱 목적적합한 정보를 제공할 수 있는 방법을 적용하여 당기손익으로 인식한 비용을 표시한다. 먼저 비용을 성격별 분류하여 표시하는 경우에 당기손익에 포함된 비용은 그 성격(예: 감가상각비, 원재료의 구입, 운송비, 종업원 급여와 광고비)별로 통합하여 표시한다. 성격별 분류방법은 비용을 기능별로 배분할 필요가 없기 때문에 적용이 간단할 수 있다. 비용의 성격별 분류(the nature of expense method)의 예는 다음과 같다.

수익(영업수익)		××
기타 수익		××
제품과 재공품의 변동	××	
원재료와 소모품의 사용액	××	
종업원급여비용	××	
감가상각비와 기타 상각비	××	
기타 비용	××	
총 비 용		(××)
법인세비용차감전순이익		××

한편 비용을 기능별로 분류하여 표시하는 경우(이를 '기능별 분류법' 또는 '매출원가법'이라 함)에는 비용을 매출원가, 그리고 물류원가와 관리활동원가 등과 같이 기능별로 분류한다. 이 방법에서는 적어도 매출원가를 다른 비용과 분리하여 공시한다. 이 방법은 성격별 분류보다 재무제표이용자에게 더욱 목적적합한 정보를 제공할 수 있지만 비용을 기능별로 배분하는 데 자의적인 배분과 상당한 정도의 판단이 개입될 수 있다. 비용의 기능별 분류(the function of expense method)의 예

는 다음과 같다.

수익(매출)	××
매출원가	(××)
매출총이익	××
기타 수익	××
물류원가	(××)
관 리 비	(××)
기타 비용	(××)
법인세비용차감전순이익	××

비용의 기능별 분류 또는 성격별 분류에 대한 선택은 역사적·산업적 요인과 기업의 성격에 따라 다르다. 한국채택국제회계기준(K-IFRS)에서는 신뢰성 있고 보다 목적적합한 표시방법을 경영진이 선택하도록 하고 있다. 한편, K-IFRS에서는 비용을 기능별로 분류하는 경우, 수익에서 매출원가 및 판매비와 관리비를 차감한 영업이익(비용을 성격별로 분류하는 경우에는 영업수익에서 영업비용을 차감한 영업이익)을 포괄손익계산서에 구분하여 표시하도록 하고 있다. 다만, 영업이익에 포함되지 않은 항목 중 기업의 경영성과를 반영하는 그 밖의 수익 또는 비용항목이 있다면, 이러한 항목을 추가한 후 조정영업이익(혹은 조정영업손실)이라는 명칭을 사용하여 주석으로 공시할 수 있다.

(4) 포괄손익계산서의 양식 예시

포괄손익계산서는 기업명칭, 보고서의 명칭, 보고대상기간, 보고통화, 금액단위, 그리고 보고서의 본문으로 이루어진다. 아래에서는 구체적인 두 가지 유형의 포괄손익계산서 양식을 예시한다.

1) 포괄손익을 단일의 보고서에 표시하고 당기손익 내 비용을 기능별로 분류하는 예시

포괄손익계산서

20×1년 1월 1일부터 20×1년 12월 31일까지
20×2년 1월 1일부터 20×2년 12월 31일까지

xyz 주식회사: (단위: 천원)

	20×2년	20×1년
수 익(매출수익)	390,000	355,000
매출원가	(245,000)	(230,000)
매출총이익	145,000	125,000
기타 수익	20,667	11,300
물류원가	(9,000)	(8,700)
관리비	(20,000)	(21,000)
기타 비용	(2,100)	(1,200)
금융원가	(8,000)	(7,500)
관계기업의 이익에 대한 지분[1)]	35,100	30,100
법인세비용차감전순이익	161,667	128,000
법인세비용	(40,147)	(32,000)
계속영업이익	121,250	96,000
중단영업손실	–	(30,500)
당기순이익	121,250	65,600
기타포괄손익*		
해외사업장환산외환차이	5,334	10,667
FVOCI금융자산평가손익	(24,667)	22,667
자산재평가차익[3)]	666	4,000
기타포괄손익의 구성요소와 관련된 법인세[2)]	4,667	(9,334)
법인세비용차감후기타포괄손익	(14,000)	28,000
총포괄이익	107,250	93,500
주당이익(단위: 원)		
기본 및 희석	0.46	0.30

* 대체적인 방법으로, 기타포괄손익의 구성요소는 포괄손익계산서에 세후금액으로 표시될 수 있다.

법인세비용차감후기타포괄손익:		
해외사업장환산외환차이	4,000	8,000
FVOCI금융자산평가손익	(18,500)	17,000
자산재평가차익[3]	500	3,000
법인세비용차감후기타포괄손익[2]	(14,000)	28,000

1) 관계기업의 소유주에게 귀속되는 관계기업 이익에 대한 지분을 의미한다(즉, 관계기업에 대한 세후의 비지배지분이다.)
2) 기타포괄손익의 각 구성요소와 관련된 법인세는 주석에 공시한다.
3) 자산재평가차익(또는 차손)은 유·무형자산 공정가치와 장부가액의 차이이며, 당기 기타포괄손익으로 인식하고 재무상태표의 기타포괄손익누계액 중 재평가잉여금계정에 누계한다.

다음의 포괄손익계산서 양식은 포괄손익을 두 개의 보고서에 표시하고 당기손익 내 비용을 성격별로 분류하는 예시를 나타낸 것이다.

2) 포괄손익을 두 개의 보고서에 표시하고 당기손익 내 비용을 성격별로 분류하는 예시

포괄손익계산서
20×1년 1월 1일부터 20×1년 12월 31일까지
20×2년 1월 1일부터 20×2년 12월 31일까지

xyz 주식회사: (단위: 천원)

	20×2년	20×1년
수 익	390,000	355,000
기타 수익	20,667	11,300
제품과 재공품의 변동	(115,100)	(107,900)
기업이 수행한 용역으로서 자본화되어 있는 부분	16,000	15,000
원재료와 소모품의 사용액	(96,000)	(92,000)
종업원급여비용	(45,000)	(43,000)
감가상각비와 기타상각비	(19,000)	(17,000)
유형자산송상차손	(4,000)	–
기타 비용	(6,000)	(5,500)
금융원가	(15,000)	(18,000)
관계기업의 이익에 대한 지분[1]	35,100	30,100
법인세비용차감전순이익	161,667	128,000
법인세비용	(40,417)	(32,000)

계속영업이익	121,250	96,000
중단영업손실	–	(30,500)
당기순이익	121,250	65,500
주당이익(단위: 원)		
기본 및 희석	0.46	0.30

1) 관계기업의 소유주에게 귀속되는 관계기업 이익에 대한 지분을 의미한다(즉, 관계기업어 대한 세후의 비지배지분이다.)

당기손이익	121,250	65,600
기타포괄손익:		
해외사업장환산외환차이	5,334	10,667
FVOCI금융자산평가손익	(24,667)	22,667
재산재평가차익[2]	666	4,000
기타포괄손익의 구성요소와 관련된 법인세[1]	4,667	(9,334)
법인세비용차감후기타포괄손익	(14,000)	28,000
총포괄이익	107,250	93,500

1) 대체적인 방법으로, 기타포괄손익의 구성요소는 세후금액으로 표시될 수 있다. 단일의 보고서에 수익과 비용의 표시를 예시하는 포괄손익계산서를 참조.

2) 자산재평가차익(또는 차손)은 유·무형자산 공정가치와 장부가액의 차이이며, 당기 기타포괄손익으로 인식하고 재무상태표의 기타포괄손익누계액 중 재평가잉여금계정에 누계한다.

4. 자본변동표(statement of changes in equity)

자본변동표(statement of changes in equity)는 자본의 크기와 그 변동에 관한 정보를 제공하는 재무보고서로서 자본을 구성하고 있는 자본금, 자본잉여금, 자본조정, 기타포괄손익누계액, 이익잉여금(또는 결손금)의 변동에 대한 포괄적인 정보를 제공한다.[1] 즉, 자본금, 자본잉여금, 자본조정, 기타포괄손익누계액, 이익잉여금(또는 결손금)의 각 항목별로 기초잔액, 변동사항, 기말잔액을 표시한다. 자본변동표는 전년도와 비교하는 형식으로 공시해야 하며 정보이용자들에게 재무제표간의 관계를 보다 명확하게 이해할 수 있도록 해 준다.

1) 이익잉여금처분계산서(또는 결손금처리계산서)는 주주총회에서 확정되는데, 상법에서는 이를 주석에서 보고하도록 규정하고 있다.

(1) 자본변동표의 유용성

자본변동표는 자본의 크기와 그 변동에 관한 정보를 제공하는 재무보고서이다. 구체적으로 자본을 구성하고 있는 자본금, 자본잉여금, 자본조정, 기타포괄손익누계액, 이익잉여금의 변동에 대한 포괄적인 정보를 제공한다. 기업의 재무상태 변동에 관한 정보는 일정 회계기간 동안의 기업의 투자, 재무 및 영업활동을 평가하는 데 유용하다.

(2) 자본변동표에 표시될 항목

보고기간 시작일과 종료일 사이의 자본의 변동은 당해기간의 순자산 증가 또는 감소를 반영한다. 소유주로서의 자격을 행사하는 소유주와의 거래(예: 출자, 기업자신의 지분상품의 재취득 및 배당) 및 그러한 거래와 직접 관련이 있는 거래원가에서 발생하는 변동을 제외하고는, 한 기간 동안의 자본의 총 변동은 그 기간 동안 기업활동에 의해 발생된 차익과 차손을 포함한 수익과 비용의 총 금액을 나타낸다.

자본변동표에는 다음과 같이 자본의 구성요소별로, 즉 납입자본, 각 분류별 기타포괄손익의 누계액과 이익잉여금(결손금)의 각 항목에 따른 변동액을 구분하여 표시한 기초시점과 기말시점의 장부금액 조정내역을 표시한다.

① 납입자본 및 이익잉여금(결손금)
② 자본조정
③ 기타포괄손익누계액의 각 항목
④ 소유주로서의 자격을 행사하는 소유주와의 거래(소유주에 의한 출자와 소유주에 대한 배분, 그리고 지배력을 상실하지 않는 종속기업에 대한 소유지분의 변동을 구분하여 표시)

한편 자본변동표나 주석에 당해기간 동안에 소유주에 대한 배분으로 인식된 배당금액과 주당배당금을 표시한다.

(3) 자본변동표 양식 예시

전술한 바와 같이 자본변동표는 기업명, 보고서명칭, 보고서대상기간, 보고통화, 금액단위, 그리고 보고서의 본문으로 이루어진다. 일부 주요항목들을 포함한 구체적인 자본변동표의 양식 예시는 다음과 같다.

자본변동표

20×1년 1월 1일부터 20×1년 12월 31일까지
20×2년 1월 1일부터 20×2년 12월 31일까지

xyz 주식회사: (단위: 천원)

구분	납입자본		자본조정 (자기주식 등)	이익잉여금	기타포괄손익누계액		총계
	자본금	자본잉여금			재평가잉여금	FVOCI금융자산 평가손익	
20×1. 1. 1 잔액	500,000	100,000		118,100	(4,000)	3,600	717,700
회계정책변경 및 전기오류수정손익	–			400	–	–	400
재작성된 수정금액	500,000	100,000		118,500	(4,000)	3,600	718,100
20×1 자본의 변동							
중간배당	–			(10,000)	–	–	(10,000)
총포괄손익	–			53,200	6,400	15,200	74,800
20×1. 12. 31 잔액	500,000	100,000		161,700	2,400	18,800	782,900
20×2 자본의 변동							
유상증자	40,000	15,000		–	–	–	55,000
연차배당	–			(15,000)	–	–	(15,000)
총포괄손익	–			96,800	3,200	(14,200)	85,800
자기주식 취득			(5,000)				
20×2. 12. 31 잔액	540,000	115,000	(5,000)	243,500	5,600	4,600	903,700

5. 현금흐름표(statement of cash flows)

(1) 현금흐름표의 유용성

현금흐름정보는 기업의 현금창출능력과 현금흐름 사용의 필요성에 대한 평가의 기초를 재무제표이용자에게 제공한다. 현금흐름표는 다른 재무제표와 같이 사용되는 경우 순자산의 변화, 재무구조(유동성과 지급능력 포함), 그리고 변화하는 상황과 기회에 적응하기 위하여 현금흐름의 금액과 시기를 조절하는 능력을 평가하는 데 유용한 정보를 제공한다.

현금흐름정보는 현금및현금성자산의 창출능력을 평가하는 데 유용할 뿐만 아니라, 서로 다른 기업의 미래현금흐름의 현재가치를 비교·평가하는 기초를 제공한다. 또한 현금흐름정보는 동일한 거래와 사건에 대하여 서로 다른 회계처리를 적용함에 따라 발생하는 재량적 회계선택의 영향을 제거하기 때문에 영업성과에 대한 기업간의 비교가능성을 제고한다.

역사적 현금흐름정보는 미래현금흐름의 금액, 시기 및 확실성에 대한 지표로 자주 사용된다. 또한 과거에 추정한 미래현금흐름의 정확성을 검증하고, 수익성과 순현금흐름 간의 관계 및 물가변동의 영향을 분석하는 데 유용하다.

(2) 현금흐름표의 표시

현금흐름표는 회계기간 동안 발생한 현금흐름을 영업활동, 투자활동, 그리고 재무활동으로 분류하여 보고한다.

1) 영업활동 현금흐름

영업활동에서 발생하는 현금흐름의 금액은 기업이 외부의 재무자원에 의존하지 않고 영업을 통하여 차입금 상환, 영업능력의 유지, 배당금 지급 및 신규투자 등에 필요한 현금흐름을 창출하는 정도에 대한 중요한 지표가 된다. 역사적 영업현금흐름의 특정 구성요소에 대한 정보를 다른 정보와 함께 사용하면, 미래 영업현금흐름을 예측하는 데 유용하다.

영업활동 현금흐름은 주로 기업의 주요 수익창출활동에서 발생한다. 따라서 영업활동 현금흐름은 일반적으로 당기순손익의 결정에 영향을 미치는 거래나 그 밖의 사건의 결과로 발생한다. 영업활동 현금흐름의 예는 다음과 같다.

① 재화의 판매와 용역 제공에 따른 현금유입
② 로열티, 수수료, 중개료 및 기타 수익에 따른 현금유입
③ 재화와 용역의 구입에 따른 현금유출
④ 종업원과 관련하여 직·간접적으로 발생하는 현금유출
⑤ 보험회사의 경우 수입보험료, 보험금, 연금 및 기타 급부금과 관련된 현금유입과 현금유출
⑥ 법인세의 납부 또는 환급. 다만 재무활동과 투자활동에 명백히 관련되는 것은 제외한다.
⑦ 단기매매목적으로 보유하는 계약에서 발생하는 현금유입과 현금유출

설비매각과 같은 일부 거래에서도 인식된 당기순손익의 결정에 포함되는 처분손익이 발생할 수 있다. 그러나 그러한 거래와 관련된 현금흐름은 투자활동 현금흐름이다. 기업뿐만 아니라 은행, 증권 등 금융회사는 단기매매목적으로 유가증권이나 대출채권을 보유할 수 있으며, 이 때 유가증권이나 대출채권은 판매를 목적으로 취득한 재고자산과 유사하다. 따라서 단기매매목적으로 브유하는 유가증권의 취득과 판매에 따른 현금흐름은 영업활동으로 분류한다.

2) 투자활동 현금흐름

투자활동 현금흐름은 미래수익과 미래현금흐름을 창출할 자원의 확보를 위하여 지출된 정도를 나타내기 때문에 현금흐름을 별도로 구분 공시하는 것이 중요하다. 투자활동 현금흐름의 예는 다음과 같다.

① 유형자산, 무형자산 및 기타 장기성 자산의 취득에 따른 현금유출(현금유출에는 자본화된 개발원가와 자가건설 유형자산에 관련된 지출포함)
② 유형자산, 무형자산 및 기타 장기성 자산의 처분에 따른 현금유입
③ 다른 기업의 지분상품이나 채무상품 및 조인트벤처 투자지분의 취득에 따른 현금유출(현금성자산으로 간주되는 상품이나 단기매매목적으로 보유하는 상품의 취득에 다른 유출액은 제외)
④ 다른 기업의 지분상품이나 채무상품 및 조인트벤처 투자지분의 처분에 따른 현금유입(현금성자산으로 간주되는 상품이나 단기매매목적으로 보유하는 상품의 처분에 따른 유입액은 제외)
⑤ 제3자에 대한 선급금 및 대여금(금융회사의 현금 선지급과 대출채권은 제의)
⑥ 제3자에 대한 선급금 및 대여금의 회수에 따른 현금유입(금융회사의 현금 선지급과 대출채권은 제외)

3) 재무활동 현금흐름

재무활동 현금흐름은 미래현금흐름에 대한 자본 제공자의 청구권을 예측하는 데 유용하기 때문에 현금흐름을 별도로 구분 공시하는 것이 중요하다. 재무활동 현금흐름의 예는 다음과 같다.

① 주식이나 기타 지분상품의 발생에 따른 현금유입
② 주식의 취득이나 상환에 따른 소유주에 대한 현금유출
③ 담보·무담보부사채 및 어음의 발행과 기타 장·단기차입에 따른 현금유입
④ 차입금의 상환에 따른 현금유출
⑤ 리스이용자의 금융리스부채 상환에 따른 현금유출

(3) 영업활동 현금흐름의 보고

영업활동 현금흐름은 다음 중 하나의 방법으로 보고한다.

① 총현금유입과 총현금유출을 주요 항목별로 구분하여 표시하는 방법(이하 '직접법'이라 한다)
② 당기순손익에 현금을 수반하지 않는 거래, 과거 또는 미래의 영업활동 현금유입이나 현금유출의 이연 또는 발생, 투자활동 현금흐름이나 재무활동 현금흐름과 관련된 손익항목의 영향을 조정하여 표시하는 방법(이하 '간접법'이라 한다)

(4) 현금흐름표의 양식 예시

현금흐름표는 보고서의 명칭, 보고대상기간, 회사명, 보고통화, 금액단위, 그리고 보고서 본문으로 이루어져 있다. 앞서 설명한 바와 같이 현금흐름표는 영업현금흐름을 직접 표시하는 방식(직접법)과 간접 표시하는 방식(간접법)이 있다. 구체적인 현금흐름표 양식의 예시는 다음과 같다.

현금흐름표(직접법)
20×1년 1월 1일부터 20×1년 12월 31일까지
20×2년 1월 1일부터 20×2년 12월 31일까지

xyz 주식회사: (단위: 천원)

	20×2년	20×1년
영업활동 현금흐름		
고객으로부터의 유입된 현금	30,150	20,150
공급자와 종업원에 대한 현금유출	(27,600)	(18,600)
영업에서 창출된 현금	2,550	1,550
이자지급	(270)	(170)
법인세의 납부	(900)	(600)
영업활동 순현금흐름	1,380	780
투자활동 현금흐름		
유형자산의 취득	(900)	(600)
설비의 처분	20	50
이자수취	200	100
배당금수취[1)]	200	100
투자활동 순현금흐름	(480)	(350)

재무활동 현금흐름		
유상증자	250	150
장기차입금	250	150
금융리스부채의 지급	(90)	(90)
배당금지급[1)]	(1,200)	(600)
재무활동 순현금흐름	(790)	(390)
현금및현금성자산의 순증가	110	40
기초 현금및현금성자산	120	80
기말 현금및현금성자산	230	120

1) 배당금 수취 및 지급은 영업활동 현금흐름으로 분류가능함.

현금흐름표(간접법)
20×1년 1월 1일부터 20×1년 12월 31일까지
20×2년 1월 1일부터 20×2년 12월 31일까지

xyz 주식회사: (단위: 천원)

	20×2년	20×1년
영업활동 현금흐름		
법인세비용차감전순이익	3,350	2,350
가감:		
감가상각비	450	250
외화환산손실	40	20
투자수익	(500)	(200)
이자비용	400	300
	3,740	2,720
매출채권 및 기타채권의 증가	(500)	(200)
재고자산의 감소(증가)	1,050	(250)
매입채무의 감소	(1,740)	(700)
영업에서 창출된 현금	2,550	1,570
이자지급	(270)	(190)
법인세의 납부	(900)	(600)
영업활동 순현금흐름	1,380	780
투자활동 현금흐름		
유형자산의 취득	(900)	(600)
설비의 처분	20	50
이자수취	200	100

배당금수취[1]	200	100
투자활동 순현금흐름	(480)	(350)
재무활동 현금흐름		
유상증자	250	150
장기차입금	250	150
금융리스부채의 상환	(90)	(90)
배당금지급[1]	(1,200)	(600)
재무활동 순현금흐름	(790)	(390)
현금및현금성자산의 순증가	110	40
기초 현금및현금성자산	120	80
기말 현금및현금성자산	230	120

1) 배당금 수취 및 지급은 영업활동 현금흐름으로 분류가능함.

6. 주석(footnotes)

(1) 주석의 유용성

주석이란 재무제표를 작성할 때 재무상태표, 포괄손익계산서, 현금흐름표, 자본변동표의 본문(body)에 표시하지 못했던 어려운 숫자 혹은 비계량적인 내용을 각 재무제표의 항목에 번호를 붙이고 별지를 할애하여 제공하는 추가적인 정보를 말한다.[2] 주석은 재무제표의 일부이며 재무제표이용자가 재무제표를 이해하고 다른 기업의 재무제표와 비교하는 데 도움을 줄 수 있다. 특히 한국채택국제회계기준(K-IFRS)에서는 각 재무제표에 최소한 개별 표시할 항목만을 정해 주고 기업 경영자에게 상당한 자율권을 부여하고 있다. 따라서 주석을 검토하지 않으면 제대로 재무제표를 이해하고 다른 기업의 재무제표와 비교하기 어려울 수 있다. 이러한 이유 때문에 재무제표의 관련 주석은 정보이용자가 재무제표를 이해하고 활용하는 데 필수적으로 읽어야 할 내용이라 할 수 있다.

(2) 주석의 기본 구조

주석은 재무제표의 본문을 이해하는 데 도움이 되고 기업간의 비교를 하는 데 도움이 되는 정보를 포함하여야 한다. 재무제표의 주석에서는 기본적으로 다

2) 주기(parenthetical notes)는 재무제표의 해당 과목에 간단한 자구 또는 수치로 괄호안에 회계사실의 내용을 표시하는 방법을 말한다.

음의 정보를 제공한다.

① 한국채택국제회계기준(K-IFRS)을 준수하였다는 사실
② 재무제표 작성 근거와 구체적인 회계정책에 대한 요약정보
③ 한국채택국제회계기준(K-IFRS)에서 요구하는 정보이지만 재무제표 어느 곳에도 표시되지 않는 보충정보(예: 재무상태표일 후에 발생한 사건, 특수관계자와의 거래 등)
④ 재무제표 어느 곳에도 표시되지 않지만 재무제표를 이해하는 데 목적적합한 추가정보(예: 우발부채 및 비재무적 공시항목 등)

연습문제

[1] 재무상태표와 포괄손익계산서에 표시되는 최소한의 정보를 설명하라.

[2] K-IFRS에서 포괄손익을 공시하는 두 가지 방법을 기술하고 주석에 공시되는 항목을 예를 들어 제시하라.

[3] (재무제표의 기초 1: 포괄손익계산서의 작성) 다음은 (주)한밭의 20×1년도 한 해 동안의 손익에 관련된 자료이다. 이 자료를 이용하여 포괄손익계산서를 작성하라.

매출액	₩300,000	상품기초재고	₩30,000	매입액	₩150,000
상품기말재고	₩60,000	기타 수익	₩50,000	감가상각비	₩40,000
급 여	₩100,000	광고비	₩25,000	이자비용	₩18,000
법인세비용	₩12,000	FVOCI금융자산평가이익		₩10,000(법인세비용차감 후)	

추가정보:

① 감가상각비는 물류창고와 일반사무용 건물에 대한 것으로 각각에 대한 감가상각비는 ₩18,000과 ₩22,000이다.

② 급여는 물류관련 직원 인건비가 ₩28,000이며, 나머지는 판매관리직원 인건비이다.

(1) 위의 자료를 이용하여 비용을 기능별로 표시한 포괄손익계산서를 작성하라.

(2) 위의 자료를 이용하여 비용을 성격별로 표시한 포괄손익계산서를 작성하라.

***[4] (재무제표의 기초 2: 재무상태표의 작성) 다음은 (주)한밭의 20×1년도 말 재무상태표와 관련된 자료이다. 물음에 답하라.**

현금및현금성자산	₩200,000	매출채권	₩400,000	단기금융자산	₩150,000
재고자산	₩800,000	기타유동자산	₩250,000	FVOCI금융자산	₩350,000
투자부동산	₩500,000	유형자산	₩1,000,000	무형자산	₩150,000
생물자산	₩50,000	매입채무	₩450,000	단기금융부채	₩200,000
사 채	₩400,000	장기차입금	₩440,000	퇴직급여충당부채	₩420,000
자본금	₩500,000	주식발행초과금	₩200,000	이익잉여금	₩140,000
기타포괄손익누계액	₩100,000				

위의 자료에 의해 자산과 부채를 유동성·비유동성으로 분류표시하는 방식으로 재두상태표를 작성하라. 단, 비교표시 재무상태표는 생략하고, 유동항목을 먼저 배열하는 방식으로 작성하라.

*
[5] **(주)중앙은 20×1년초에 ₩500,000의 자본이 있다. 20×1년 당기 동안에 ₩150,000의 당기순이익이 발생하였고 ₩50,000의 현금을 배당지급하였으며, 유상증자를 실시하여 ₩20,000의 출자액이 발생하였다. 그러나 기타포괄손익누계액은 ₩40,000으로 20×1년초와 20×1년말에 동일하였다. (주)중앙의 20×1년말 시점의 자본은 얼마인가?**

① ₩520,000 ② ₩540,000
③ ₩560,000 ④ ₩580,000

*
[6] **다음 중 한국채택국제회계기준(K-IFRS)에서 규정하고 있는 재무제표의 작성 및 표시원칙에 위배되는 경우는?**

① 20×1년 재무제표 작성시 계속기업을 전제로 하였다.
② 20×2년 재무제표 작성시 20×1년의 재무제표를 비교 표시하였다.
③ 20×3년 재무제표 작성시 유사한 계정과목들을 현금주의와 중요성 분류에 따라 재무제표에 유사한 항목끼리 구분 표시하였다.
④ 20×4년 재무제표 작성시 중요하지 않은 외환차익과 외환차손을 상계하여 순액으로 표시하였다.
⑤ 20×5년 재무제표 작성 이후 처음으로 작성한 재무제표는 20×6년 재무제표이다.

*
[7] **다음 중 자본변동표에 나타나지 않는 항목은?**

① 당기총포괄손익 ② 회계오류수정
③ 중단사업손익 ④ 배당금

*
[8] **다음 중 총포괄손익에 포함되지 않는 항목은?**

① 배당금수익 ② 유형자산처분손실
③ 소유주의 출자 ④ 미실현보유이익

[9] * **「한국채택국제회계기준」에서 규정하고 있는 재무제표의 작성과 표시에 대한 설명으로 다음 중 옳지 않은 것은?**

① 자산과 부채를 표시함에 있어 유동과 비유동으로 구분한 후 유동성순서의 배열은 상관하지 않는다.

② 부채로 인식하기 위해 부채인식 당시에 상환금액 및 상환시기를 확정할 수 있어야 하는데, 충당부채의 경우에는 부채인식 당시에 상환금액과 시기가 확정되지 않는다.

③ 현금흐름표 작성시 배당금 수취 및 지급은 영업 또는 재무활동으로 분류할 수 있다.

④ 일반적으로 주석에 '한국채택국제회계기준을 준수하였다는 사실'을 굳이 표시하지 않는다.

[10] * **다음 중 총포괄이익을 바르게 설명한 것은?**

① 당기순이익에 반영되지 않는 손익

② 영업이익에서 법인세비용을 차감한 금액

③ 당기순손익에서 기타포괄손익을 가감한 금액

④ 수익과 비용의 차이금액

[11] * **다음 중 K-IFRS에서 제시한 재무제표에 대한 설명으로 옳지 않은 것은?**

① 현금흐름표는 일정기간 동안에 기업의 현금유입액과 유출액에 관련된 현금흐름을 나타낸다.

② 포괄손익계산서는 일정기간 동안에 기업의 경영성과를 나타낸다.

③ 재무상태표는 일정기간 동안에 기업의 자산, 부채, 자본에 대한 구성 및 크기인 재무상태를 나타낸다.

④ 자본변동표는 일정기간 동안에 기업의 자본에 대한 크기와 변동을 나타낸다.

연습문제 해답

3. (1)

포괄손익계산서(기능별)
(20×1년 1월 1일부터 12월 31일까지)

(주)한발:	(단위: 원)
20×1년	
매출수익	300,000
매출원가	(120,000)
매출총이익	180,000
기타수익	50,000
물류원가(18,000+28,000)	(46,000)
관리비(100,000−28,000+22,000+25,000)	(119,000)
금융원가	(18,000)
법인세비용차감전순이익	47,000
법인세비용	(12,000)
당기순이익	35,000
FVOCI금융자산평가이익	10,000
법인세비용차감후기타포괄손익	10,000
총포괄이익	45,000

(2)

포괄손익계산서(성격별)
(20×1년 1월 1일부터 12월 31일까지)

(주)한발:	(단위: 원)
20×1년	
매출수익	300,000
기타수익	50,000
상품의 변동	30,000
상품매입액	(150,000)
급여	(100,000)
감가상각비	(42,000)
광고비	(25,000)
금융원가	(18,000)

법인세비용차감전순이익	47,000
법인세비용	(12,000)
당기순이익	35,000
기타포괄손익:	
FVOCI금융자산평가이익	10,000
법인세비용차감후기타포괄손익	10,000
총포괄이익	45,000

4.

재무상태표

(2010년 12월 31일 현재)

(주)한밭:	(단위: 원)
자 산	
유동자산	
현금및현금성자산	200,000
매출채권	400,000
단기금융자산	150,000
재고자산	800,000
기타유동자산	250,000
비유동자산	
FVOCI금융자산	350,000
투자부동산	500,000
유형자산	1,000,000
무형자산	150,000
생물자산	50,000
자산총계	₩2,850,000
부 채	
유동부채	
매입채무	450,000
단기금융부채	200,000
비유동부채	
사 채	400,000
장기차입금	440,000
퇴직급여충당부채	420,000
부채총계	₩1,910,000

자 본	
자 본 금	500,000
주식발행초과금	200,000
이익잉여금	140,000
기탈괄손익누계액	100,000
자본총계	₩940,000
부채와 자본총계	₩2,850,000

5. ①: ₩500,000 + ₩50,000 − ₩50,000 + ₩20,000 = ₩520,000

6. ③

7. ③: 중단사업손익은 포괄손익계산서에 나타난다.

8. ③: 소유주의 출자는 포괄손익에 포함되지 않는 자본변동사항이다.

9. ④: '한국채택국제회계기준을 준수하였다는 사실'을 먼저 표시하는 것이 일반적이다.

10. ③

11. ③

제17장 현금흐름표

투자자들은 기업의 현금유입과 유출 그리고 그에 따른 증감 내용에 큰 관심을 갖는다. 본장에서는 이러한 요구를 충족시키기 위해 회계기간 중 기업의 현금흐름을 기업활동의 유형에 따라 분류하여 보고하는 현금흐름표를 설명한다. 또한 현금흐름표의 형식과 기업의 주요활동인 영업활동, 투자활동, 그리고 재무활동에 어떠한 활동이 포함되는지를 소개하고 현금흐름표 작성방법을 설명한다.

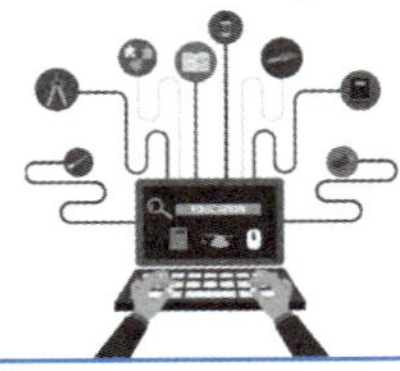

제 1 절 현금흐름표의 기본개념

1. 현금흐름표의 의의

최근에 흑자기업인데도 불구하고 부도가 발생하는 사례가 있다. 따라서 기업의 현금흐름에 관한 정보의 중요성이 대두되고 투자자와 채권자들도 현금흐름에 관한 정보의 욕구가 높아지고 있다. 왜냐하면 투자자의 관점에서는 기업의 양호한 현금흐름으로 인해 높은 배당수익을 기대할 수 있으며, 채권자의 관점에서는 기업의 현금흐름 양호 여부에 따라 이자뿐만 아니라 원금의 회수가능성을 판단할 수 있기 때문이다. 또한 기업의 경영자도 자금의 개념으로 순운전자본이나 총재무재원보다는 실제 현금흐름을 더 중요시하고 있는 것이 현실이다. 이와같이 기업의 현금을 계속기업으로서 생명을 유지하기 위한 혈액과 같은 필수적 핵심자산이다. 현금흐름표(statement of cash flows)는 일정한 회계기간 동안에 현금의 유입(조달)과 유출(사용)에 관한 정보를 요약하여 전달하는 기본 재무제표 중의 하나이다.

회계는 재무제표를 통하여 정보이용자들에게 의사결정에 유용한 재무적 정보를 적정하게 제공하는 것을 주된 목적으로 한다. 이 재무제표 중 가장 중요한 위치를 차지하는 것은 재무상태표와 포괄손익계산서이다. 재무상태표는 기업의 특정시점의 재무상태를 나타내며, 포괄손익계산서는 특정기간 동안에 대한 기업의 경영성과를 보여준다. 또한 비교재무상태표를 통해 어떠한 자산이 취득되었고 처분되었는지, 어떠한 부채가 발생되었고 상환되었는지를 알 수 있다. 그러나 이 두 가지 재무제표는 현금의 유입과 유출에 관련된 수많은 거래와 사건들이 어떻게 발생하여 기업의 재무상태를 변화시키는지 포괄적인 변동내역을 나타내지 못하고 있다. 따라서 정보이용자들의 관심대상이 되는 모든 문제에 대한 해답을 제공할 수 없다는 한계를 지니고 있다.

현금흐름표는 이와 같은 한계점을 보완하여 현금의 유입과 유출의 관점에서 재무상태의 변동내역을 포괄적으로 설명하기 위한 기업의 기본적인 재무제표 중 하나이다. 다른 재무제표와는 달리 회계기간 동안 발생한 현금흐름을 기업의 활동별(영업, 투자, 재무)로 현금의 유입 및 유출에 관한 정보를 제공한다. 예를 들어 다음과 같은 의문점 등에 대해서 쉽게 해답을 얻을 수 있다.

① 기업의 영업활동에 의해 얼마만큼의 현금이 창출되었는가?
② 많은 당기순이익을 창출하고서도 왜 적은 금액의 현금배당밖에 할 수 없는가?
③ 당기순손실이 있는데도 불구하고 어떻게 현금이 증가할 수 있는가?
④ 당기에 왜 자금을 차입해야만 했는가?
⑤ 새로운 설비와 공장시설의 확장에 얼마만큼의 현금을 지출하였고, 그 지출을 위한 현금은 어디에서 조달되었는가?
⑥ 주식발행과 사채발행으로 조달된 자금은 어떻게 사용되었는가?

이러한 질문들에 대한 해답은 현금흐름표가 제공할 수 있다. 현금흐름표는 기업의 현금이 어디에서 얻어지며 어디에 쓰이는가(where to get, where to go)를 나타내는 보고서이다. 현금흐름표는 투자자와 채권자에게 영업활동에서 조달된 현금의 크기, 생산적 자산에 투자된 현금의 크기, 주식 또는 사채의 발행으로 받은 현금의 내역 등에 관한 정보를 제공해 주는데, 이러한 정보는 다른 재무제표, 즉 재무상태표·포괄손익계산서·자본변동표 등을 통해서는 얻기가 어렵다.

[표 17-1]은 재무상태표, 포괄손익계산서, 자본변동표 그리고 현금흐름표 등의 기본적인 재무제표들간에 상호 어떠한 연관이 있는지를 보여준다. 현금흐름표는 특정회계연도중에 자산, 부채 및 소유주지분 등 특히 기업의 재무상태의 변동내역을 설명해 준다.

[표17-1] 기본 재무제표 상호간의 관계

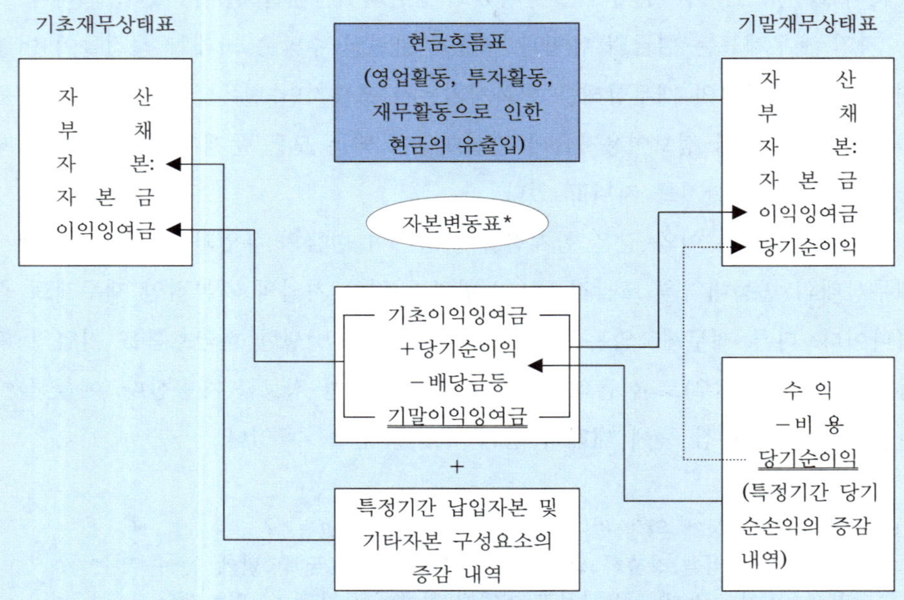

* 자본변동표는 당기의 재무상태표상의 이익잉여금 변동내역을 설명할 수 있다. 자본변동표상의 이익잉여금(기초, 기말)은 재무상태표상에서 나타나는 이익잉여금과 일치한다.

〈각 재무보고서의 목적〉

(1) 재무상태표: 일정시점의 재무상태를 설명한다.
(2) 포괄손익계산서: 이익잉여금의 증감을 가져오는 당기순이익의 발생내역을 설명한다.
(3) 자본변동표: 회계기간 동안 자본의 증감내역을 설명한다.
(4) 현금흐름표: 회계기간 동안 현금흐름을 통한 재무상태의 변동을 설명한다.

2. 현금흐름표의 유용성

현금흐름표의 주요 기능은 일정기간 동안 기업의 현금유입액과 현금유출액에 관련 있는 정보를 제공하며, 동시에 영업활동·투자활동·재무활동에 관한 현금흐름의 정보를 보여 주는 데에 있다. 이러한 정보가 다른 재무제표의 관련된 정보와 함께 제공된다면 투자자, 채권자, 그리고 그 밖의 정보이용자들의 의사결정에 다음과 같은 면에서 큰 도움을 줄 것이다.

① 기업의 미래현금창출력의 예측 및 평가
② 부채상환, 배당지급능력, 그리고 기타 필요한 현금수요에 대처할 수 있는 기업의 재무탄력성평가
③ 발생주의 당기순이익과 영업활동으로 인한 현금흐름의 비교에 의한 이익의 질 (quality of income) 평가
④ 일정기간 동안 기업의 투자활동과 재무활동이 기업의 재무상태에 미치는 영향을 평가

경영자는 현금흐름표를 통하여 과거의 중요한 정책결정의 효과를 파악할 수 있다. 만약 회사가 경영활동에 있어서 현금의 부족을 경험하였다면 경영자는 그 이유를 평가할 필요가 있는데, 이 때 현금흐름표가 사용될 수 있는 것이다. 또한 채권자와 투자자는 당기순이익정보보다 현금흐름정보를 통하여 기업의 도산가능성을 사전에 더욱 정확하게 예측할 수 있다. 그리고 채권자와 투자자는 현금흐름표를 통하여 기업의 미래 현금배당능력과 재무 및 투자활동에 대한 경영진의 역량, 그리고 예상되는 현금의 필요를 충족시킬 수 있는 기업의 능력 및 부채에 대한 지급능력 등을 파악할 수 있게 된다.

3. 현금의 범위

현금흐름표는 기업의 현금흐름(cash flows)을 나타내는 보고서이다. 따라서 현금흐름표를 작성함에 있어서 현금에 대한 구체적인 범위가 정의되어야만 현금의 유입과 유출을 표시할 수 있게 된다. 현금의 범위는 현금및현금성자산의 유입과 유출로 제한하고 현금은 보유현금과 요구불예금을 포함한다. 한편 현금성자산(cash equivalent)은 '유동성이 매우 높은 단기금융자산으로서 확정된 금액의 현금으로 전환이 용이하고 가치변동의 위험이 경미한 자산'이다.

현금성자산은 투자나 다른 목적이 아닌 단기의 현금수요를 충족하기 위한 목적으로 보유한다. 투자자산도 이상의 목적을 만족시키는 경우 현금성자산으로 분류될 수 있는데, 일반적으로 만기일이 단기에 도래하는 금융상품의 경우(예를 들어, 취득일로부터 만기일이 3개월 이내인 경우)에만 현금성자산으로 분류된다. 지분상품은 취득당시 상환기일이 3개월 이내인 상환우선주와 같은 금융자산을 제외하고 현금성자산에 포함시키지 않는다. 당좌차월(bank overdraft)은 현금및현금성자산의 구성요소로 볼 수도 있고 단기차입금에 포함시킬 수도 있다.[1] 현금및현금

성자산 항목간의 이동은 현금의 유출입으로 보지 않아 현금흐름으로 간주하지 않는다.

제 2 절 현금흐름표의 내용 및 구분

1. 현금흐름표의 구분표시

현금흐름표는 현금의 유입과 유출을 활동별로 구분하여 표시한다. 이에 따라

[표 17-2] 현금흐름표의 양식

현금흐름표

제×기 20××년 ×월 ×일부터 20××년 ×월 ×일까지

제×기 20××년 ×월 ×일부터 20××년 ×월 ×일까지

회사명:

	제×(당)기		제×(전)기	
	(금 액)		(금 액)	
Ⅰ. 영업활동 현금흐름		×××		×××
1. 영업활동 현금유입액	×××		×××	
2. 영업활동 현금유출액	×××		×××	
Ⅱ. 투자활동 현금흐름		×××		×××
1. 투자활동 현금유입액	×××		×××	
2. 투자활동 현금유출액	×××		×××	
Ⅲ. 재무활동 현금흐름		×××		×××
1. 재무활동 현금유입액	×××		×××	
2. 재무활동 현금유출액	×××		×××	
Ⅳ. 현금및현금성자산의 순증가(Ⅰ+Ⅱ+Ⅲ)		×××		×××
Ⅴ. 기초 현금및현금성자산		×××		×××
Ⅵ. 기말 현금및현금성자산		×××		×××

1) 당좌차월을 현금및현금성자산으로 볼 경우에는 재무상태표에서는 단기차입금으로 표시하기 때문에 현금흐름표와 재무상태표상의 현금및현금성자산의 구성이 차이가 날 수 있다.

영업활동으로 인한 현금흐름, 투자활동으로 인한 현금흐름, 재무활동으로 인한 현금흐름으로 구분하여 표시한 후, 여기에 기초의 현금을 가산하여 기말의 현금을 산출하는 형식으로 표시하도록 하고 있다. 현금흐름표의 기본구조는 [표 17-2]와 같다.[2)]

2. 영업활동 현금흐름

(1) 영업활동(operating activities)

현금흐름표에서 가장 첫 번째로 보고되는 것은 “영업활동 현금흐름”이다. 영업활동이라 함은 일반적으로 제품의 생산과 상품 및 용역의 구매 또는 판매활동이며, 기업 본연의 수익창출활동을 말한다.

영업활동 현금흐름은 당기순손익의 결정에 영향을 미치는 거래나 그 밖의 사건의 결과로 발생한다. 이와 같은 영업활동 현금흐름의 예를 살펴보면 다음과 같다.

① 재화의 판매와 용역 제공에 따른 현금유입
② 로열티, 수수료, 중개료 및 기타 수익에 따른 현금유입
③ 재화와 용역의 구입에 따른 현금유출
④ 종업원과 관련하여 직·간접적으로 발생하는 현금유출
⑤ 법인세의 납부 또는 환급 (다만, 재무활동과 투자활동에 명백히 관련되는 것은 제외)
⑥ 단기매매목적으로 보유하는 계약에서 발생하는 현금유입과 현금유출

단기매매목적으로 보유하는 금융자산과 대출채권(단기금융상품)은 판매를 목적으로 취득한 재고자산과 유사하다. 따라서 이의 취득과 판매에 따른 현금흐름은 영업활동으로 분류한다.

이자와 배당금의 수취 및 지급에 따른 현금흐름은 매기간 일관성 있게 영업활동, 투자활동 또는 재무활동으로 분류하되 각 항목을 별도로 공시한다. 세 활동 중 어느 것으로 분류하는가는 기업이 선택할 수 있다. 예를 들어, 이자와 배당금의 수취는 영업 또는 투자활동으로 분류할 수 있으며 이자비용의 지급은 관점에

2) 한국채택국제회계기준(K-IFRS)에서는 투자활동과 재무활동 현금흐름은 유입액과 유출액으로 굳이 구분할 것을 요구하지는 않는다. 현금흐름표에 관한 보다 자세한 구성내역은 기업회계기준서 제1007호의 현금흐름표 예시를 참조할 것.

따라 영업 또는 재무활동으로 분류할 수 있다. 배당금의 지급은 일반적으로 재무활동으로 분류하지만 영업활동으로도 분류할 수 있다. 그러나 기간별로 바꾸지 않고 일관성을 유지해야 하며, 분류의 선택은 논리적인 설득력을 가져야 한다.

이자지급액은 이자비용 또는 자본화하여 자산으로 처리하는 것과 관계없이 현금흐름표에 총지급액을 현금유출로 공시한다. 법인세로 인한 현금흐름은 별도로 공시하며 일반적으로 영업활동 현금흐름으로 분류한다. 그러나 재무활동이나 투자활동에 명백히 관련되는 경우 해당활동의 구성요소로 분류할 수도 있다.

(2) 영업활동 현금흐름의 보고

한국채택국제회계기준(K-IFRS)에서는 영업활동 현금흐름을 표시하는 방법으로 직접법과 간접법을 선택적으로 사용할 수 있도록 하고 있다. 그러나 직접법을 사용할 것을 권장하고 있다. 일반적으로 직접법이 간접법보다 더 나은 방법으로 생각되고 있다. 이것은 정보이용자가 영업활동으로 인한 현금흐름을 추적하는 데에 있어서 회계의 전문지식이 없더라도 그 내용을 쉽게 이해할 수 있으며, 현금유출입의 원천을 정확히 파악하여 유형별로 미래현금흐름을 평가하는 데 유용한 정보를 제공받을 수 있기 때문이다. 그러나 직접법의 경우, 개별거래의 내용별로 현금유입액과 유출액을 구하기 위해서 추가적인 비용이 소요되기 때문에 실무에서는 간접법이 널리 사용되고 있다.

직접법과 간접법에 의한 작성방법을 구체적으로 설명하면 다음과 같다.

1) 직접법(direct approach)에 의한 영업현금흐름의 계산

직접법에 의해 작성되는 '영업활동 현금흐름'을 요약하여 표시하면 다음의 [표 17-3]과 같다. 직접법이란 총현금유입과 총현금유출을 발생원인별로 구분하여 표시하는 방법이다. 직접법에서는 현금을 수반하여 발생하는 수익과 비용을 총액으로 표시하되 현금의 유입액은 원천별로, 그리고 현금의 유출액은 그 용도별로 구분하여 표시하여야 한다. 이를 위해서도 두 가지 방법이 있는데, 첫째로 해당 기업의 회계장부로부터 직접 현금거래 등을 재분류하여 현금유입액과 현금유출액을 계산하는 방법(이하 <직접계산방법 1>이라고 부름)이다. 둘째로 실무적인 어려움을 감안하여 매출과 매출원가 및 영업활동관련 수익과 비용 등에 현금의 유입이 없는 수익과 비용을 조정하고 그 항목과 관련된 재고자산·매출채권·매입채무 등의 증감을 가감하여 계산하는 방법(이하 <직접계산방법 2>이라고 부름)이다.

[표 17-3] 영업활동 현금흐름: 직접법

<직 접 법>		
Ⅰ. 영업활동 현금흐름		×××
가. 매출 등 수익활동으로부터의 유입액	×××	
나. 매입 및 종업원에 대한 유출액	(×××)	
영업에서 창출된 현금		
다. 이자수입액	×××	
라. 배당금수입액	×××	
마. 이자지급액	(×××)	
바. 법인세비용 등 유출액	(×××)	
영업활동 순현금흐름		

<직접계산방법 1>과 <직접계산방법 2>는 원천별 또는 용도별로 현금유입액과 유출액의 도출과정만 차이가 있을 뿐 결과는 동일하다. 직접법에 의한 영업현금흐름의 구체적인 계산방법은 다음 [표 17-4]와 같다.

[표 17-4] 영업활동 현금흐름(직접법): 각 항목별 예시

〈직접계산방법 1〉	〈직접계산방법 2〉
① 매출 등 수익활동으로부터의 유입액	① 매출 등 수익활동으로부터의 유입억
현금매출 +	매출액
매출채권현금수령액 +	(−)매출채권증가(+감소)*
선수금현금수령액	(+)선수금증가(−감소)
*부도어음이나 장기매출채권도 여기에 포함시킨다. 매출할인, 매출에누리와 환입, 매출채권대손상각 및 부도어음발생액을 차감하고, 부도어음회수액을 가산한다.	
② 매입 및 종업원 등에 대한 유출액	② 매입 및 종업원 등에 대한 유출액
현금매입 +	매출원가
매입채무현금지급액 +	(+)재고자산 증가((−)감소)
선급금현금지급액(+)	(+)선급금증가((−)감소)
종업원급여 등 인건비지급액	(−)매입채무증가((+)감소)
기타 판매비와 관리비 현금지급액	(−)감가상각비 · 대손상각비 · 퇴직급여 등의 현금지출이 없는 비용
③ 이자수익유입액	③ 이자수익유입액
이자수익현금수령액	이자수익
	(−)미수이자증가((+)감소)

	(+)선수이자증가((−)감소) (±)투자채권(상각후원가측정금융자산) 할인(할증)발행 차금상각
④ 배당금수익유입액 배당금수익현금수령액*	④ 배당금수익유입액 배당금수익 (−)미수배당금증가((+)감소)
*일반적으로 배당금 수취는 투자활동으로 배당금지급은 재무활동으로 분류하지만 배당금 수취 및 지급은 영업활동으로도 분류가능하다.	
⑤ 이자비용유출액 이자비용현금지급액	⑤ 이자비용유출액 이자비용 (+)선급이자증가((−)감소) (−)미지급이자증가((+)감소) (±)사채할인(할증)발행차금상각
⑥ 법인세비용 등 유출액* 법인세비용 현금지급액	⑥ 법인세비용 등 유출액 법인세비용 (−)미지급법인세증가((+)감소) (+)법인세추납액((−)법인세환급액) (+)이연법인세자산증가((−)감소) (−)이연법인세부채증가((+)감소)
*유형자산처분에 관련된 특별부가세는 투자활동으로 분류한다.	

위의 [표 17-4]상에서 '매출 등 수익활동으로 인한 현금유입액'을 <직접계산방법 2>를 사용하여 계산하는 경우, 당기 매출채권대손상각액은 매출채권의 감소를 가져왔으나 현금은 유입되지 않았다. 그러므로 포괄손익계산서상의 매출액에서 차감하여야 할 것이다.

예제 17-1

매출 등 수익활동으로부터의 현금유입액

갑주식회사의 20×1회계연도(20×1. 1. 1~20×1. 12. 31)의 매출과 관련된 계정이 다음과 같을 경우, <직접계산방법 2>에 의하여 '매출 등 수익활동으로부터의 현금유입액'을 계산하라.

손익계산서상의 매출액	₩2,000,000
매출채권 기초잔액	₩100,000
매출채권 기말잔액	₩200,000
매출채권의 대손상각액	₩20,000

분석

현금회수액 = 매출액 − 매출채권의 대손상각액 + (매출채권 기초잔액 − 매출채권 기말잔액)
= 매출액 − 매출채권의 대손상각액 − 매출채권의 증가분
= ₩2,000,000 − 20,000 − 100,000
= ₩1,880,000

2) 간접법(indirect approach)에 의한 영업현금흐름의 계산

간접법은 당기순이익(손실)에 현금을 수반하지 않은 거래, 과거 또는 미래의 영업활동 현금유입이나 현금유출의 이연 또는 발생, 투자활동 현금흐름이나 재무활동 현금흐름과 관련된 손익항목의 영향을 조정하여 표시하는 방법을 말한다. 간접법에 의해 작성되는 '영업활동 현금흐름'을 요약하여 표시하면 다음의 [표 17-5]와 같다.

[표 17-5] 영업활동 현금흐름: 간접법

<간 접 법>			
Ⅰ. 영업활동 현금흐름(현금주의 영업성과)			×××
1. 당기순이익(발생주의 영업성과)	×××	(×××)	
2. 현금의 유출(또는 유입)이 없는 비용(또는 수익)의 조정	×××		
3. 투자활동이나 재무활동과 관련된 손익 조정	×××		
4. 영업활동으로 인한 자산·부채의 변동	×××	(×××)	

[표 17-6]에서는 간접법을 이용하여 '영업활동 현금흐름'을 산출하는 구체적인 예를 나열하고 있다. 표에서 보듯이 간접법에서는 '당기순이익'에서 출발하여 현금의 유출이 없는 비용, 현금의 유입이 없는 수익, 그리고 영업활동으로 인한 자산 및 부채의 변동을 가감하여 영업현금흐름을 표시한다. 그러나 간접법의 경

우, K-IFRS에서는 영업활동 현금흐름을 계산할 때 '법인세비용차감전순이익'에서 출발하도록 요구하고 있다. 제4절 [표 17-13]에서 이를 예시하고 있다.

[표 17-6] 영업활동 현금흐름(간접법): 각 항목별 예시

당기순이익

(+) (가 산)

1. 현금의 유출이 없는 비용 등

(A) 현금의 유출이 없는 비용
- 감가상각비
- 재고자산감모손실
- 대손상각비
- 퇴직급여채무
- 재해손실
- 각종 손상차손
- 지분법손실

(B) 투자와 재무활동으로 인한 비용
- 현재가치할인차금상각(이자비용)
- 장기투자목적의 금융자산처분손실
- 유형자산처분손실
- 투자자산처분손실

(−) (차 감)

2. 현금의 유입이 없는 수익 등

(A) 현금의 유입이 없는 수익
- 대손충당금환입액*
- FVPL금융자산평가이익
- 지분법이익(관계기업투자이익)
- 각종 손상차손환입

(B) 투자와 재무활동으로 인한 이익
- 현재가치할인차금상각(이자수익)
- 장기투자목적의 금융자산처분이익
- 유형자산처분이익
- 투자자산처분이익

<+(−) 가산(차감)>

3. 영업활동으로 인한 자산·부채의 변동

+(−)매출채권의 감소(증가)액	+(−)매입채무의 증가(감소)액
+(−)선급비용의 감소(증가)액	+(−)미지급비용의 증가(감소)액
+(−)미수수익의 감소(증가)액	+(−)선수수익의 증가(감소)액
+(−)재고자산의 감소(증가)액	+(−)미지급법인세의 증가(감소)액
+(−)이연법인세자산의 감소(증가)액	+(−)이연법인세부채의 증가(감소)액

= 영업활동 현금흐름

3. 투자활동 현금흐름

(1) 투자활동(investing activities)

투자활동이라 함은 단기대여와 회수, 투자자산, 유형자산 및 무형자산의 취득과 처분활동 등을 말한다. 투자활동으로 인한 현금의 유입은 대여금의 회수와 당기손익-공정가치측정금융자산, 투자자산, 유형자산 및 무형자산의 처분 등의 거래로부터 발생한다. 한편 투자활동으로 인한 현금의 유출에는 현금의 대여나 투자자산, 유형자산 및 무형자산의 취득 등이 포함되어 있다. 투자활등은 주로 유형자산의 처분이나 취득과 관련되어 있으나 유동자산의 거래와도 관련된다. 이와 같은 투자활동 현금흐름의 예를 살펴보면 다음과 같다.

① 유형자산, 무형자산 및 기타 장기성 자산의 취득에 따른 현금유출(이 경우 현금유출에는 자본화된 개발원가와 자가건설 유형자산에 관련된 지출이 포함됨)
② 유형자산, 무형자산 및 기타 장기성 자산의 처분에 따른 현금유입
③ 다른 기업의 지분상품이나 채무상품 및 조인트벤처 투자지분의 취득에 따른 현금유출(단, 현금성자산으로 간주되는 상품이나 단기매매목적으로 보유하는 상품의 취득에 따른 유출액은 제외)
④ 다른 기업의 지분상품이나 채무상품 및 조인트벤처 투자지분의 처분에 따른 현금유입(단, 현금성자산으로 간주되는 상품이나 단기매매목적으로 보유하는 상품의 취득에 따른 유입액은 제외)
⑤ 제3자에 대한 선급금 및 대여금의 대여에 따른 현금유출(단, 금융회사의 현금 선지급과 대출채권은 제외)
⑥ 제3자에 대한 선급금 및 대여금의 회수에 따른 현금유입(단, 금융회사의 현금 선지급과 대출채권은 제외)

이 경우 한 가지 주의할 점은 투자자산과 유형자산의 취득에 따른 현금유출 중에서 취득직전 또는 직후의 지급액은 투자활동으로 분류하고, 미지급금으로 분류되었던 부분의 지급은 차입금의 상환으로 보아 재무활동으로 분류하여야 한다.[3)]

---

3) 유동자산 및 유동부채의 대부분의 항목들은 영업활동과 관련된다. 그러나 유동부채 중에서 미지급금과 단기차입금 등의 항목들과의 현금거래는 재무활동과 관련되기 때문에 '재무활동 현금흐름'에 표시된다. 단, 당좌차월은 영업활동으로 분류할 수 있고, 재무활동으로 인한 단기차입금으로도 분류할 수도 있다.

예제 17-2

투자활동과 재무활동의 구분

우수(주)는 유형자산인 건물의 취득과 관련하여 20×1년도에 10,000,000원을 지급하였다. 이 중 6,000,000원은 당기 취득분에 대한 지급액이고, 나머지 4,000,000원은 전년도, 즉 20×0년의 취득분에 대해 잔금을 지급하였다. 이 경우 투자활동 현금흐름액과 재무활동 현금흐름액은 각각 얼마인가?

분석

투자활동 현금흐름액: 6,000,000원
재무활동 현금흐름액: 4,000,000원*
*왜냐하면 나머지 4,000,000원은 전년도 미지급금을 다음 해인 20×1년에 현금 지급한 것이므로 투자활동이 아닌 재무활동으로 분류한다.

(2) 투자활동 현금흐름의 표시방법

투자활동 현금흐름의 작성방법은 투자활동으로 인한 현금유입액에서 투자활동으로 인한 현금유출액을 차감하여 계산한다. 투자활동에 따른 현금흐름을 구체적으로 표시한다면 다음의 [표 17-7]과 같이 요약할 수 있다.

[표 17-7] 투자활동 현금흐름: 구체적 예시

Ⅱ. 투자활동 현금흐름		×××
1. 투자활동으로 인한 현금유입액		×××
• 대여금의 회수(미수금의 회수)	×××	
• 금융자산의 처분	×××	
• 장기성예금 · 장기대여금의 회수	×××	
• 투자부동산처분	×××	
• 토지의 처분	×××	
• 건물의 처분	×××	
• 무형자산처분	×××	
2. 투자활동으로 인한 현금유출액		(×××)
• 대여금의 대여	(×××)	
• 금융자산의 취득	(×××)	
• 장기성예금 · 장기대여금의 증가	(×××)	

• 투자부동산취득	(×××)
• 토지의 취득	(×××)
• 건물의 취득	(×××)
• 무형자산의 취득	(×××)

4. 재무활동 현금흐름

(1) 재무활동(financing activities)

재무활동이란 현금의 차입 및 상환활동, 신주발행이나 자기주식의 취득과 같이 부채 및 자본계정에 영향을 미치는 거래를 말한다. 현금흐름표의 재무활동 현금흐름은 일반적으로 비유동부채와 자본항목에 관련하여 나타나는데, 현금이 유입되는 경우는 현금(단기차입금 . 장기차입금)의 차입과 신주발행 그리고 어음·사채의 발행 등이 있다. 또한 현금이 유출되는 경우는 차입금의 상환과 유상감자, 자기주식의 취득 등이 있다.

재무활동 현금흐름은 미래현금흐름에 대한 자본 제공자의 청구권을 예측하는 데 유용하기 때문에 현금흐름을 별도로 구분 공시하는 것이 중요하다. 제16장에서 제시한 이와 같은 재무활동 현금흐름의 예를 살펴보면 다음과 같다.

① 주식이나 기타 지분상품의 발행에 따른 현금유입
② 주식의 취득이나 상환 또는 배당에 따른 소유주에 대한 현금유출
③ 담보·무담보부사채 및 어음의 발행과 기타 장·단기차입에 따른 현금유입
④ 차입금의 상환에 따른 현금유출
⑤ 리스이용자의 금융리스부채 상환에 따른 현금유출

(2) 재무활동 현금흐름의 표시방법

재무활동 현금흐름의 표시방법은 재무활동으로 인한 현금유입액에서 재무활동으로 인한 현금유출액을 차감하는 형식으로 한다. 재무활동 현금흐름을 구체적으로 표시한다면 다음의 [표 17-8]과 같이 요약할 수 있다.

[표 17-8] 재무활동 현금흐름: 구체적 예시

Ⅲ. 재무활동 현금흐름		×××
1. 재무활동 현금유입액		×××
• 단기차입금의 차입	×××	
• 사채의 발행*	×××	
• 장기차입금의 차입	×××	
• 보통주의 발행*	×××	
• 우선주의 발행*	×××	
• 자기주식의 처분	×××	
…………	×××	
2. 재무활동으로 인한 현금유출액		(×××)
• 단기차입금(유동성장기부채)의 상환	(×××)	
• 미지급배당금의 지급	(×××)	
• 사채의 상환(자기사채의 취득)	(×××)	
• 장기차입금의 상환	(×××)	
• 장기미지급금의 지급	(×××)	
• 유상감자	(×××)	
• 자기주식의 취득	(×××)	
라. 배당금 지급(영업활동 선택가능함)	(×××)	

* 사채발행 혹은 주식발행으로 인한 현금유입액은 발행가액으로 기재한다.

지금까지 현금흐름을 표시함에 있어서 기업의 활동을 세 부분(영업활동 · 투자활동 · 재무활동)으로 분류하여 각각의 활동에서 유입되고 유출되는 현금의 형태를 살펴보았다. 각 활동에 관련되는 거래 및 사건을 통해 현금흐름을 [표 17-9]와 같이 간략하게 나타낼 수 있다.

[표 17-9] 활동유형별로 구분한 현금흐름

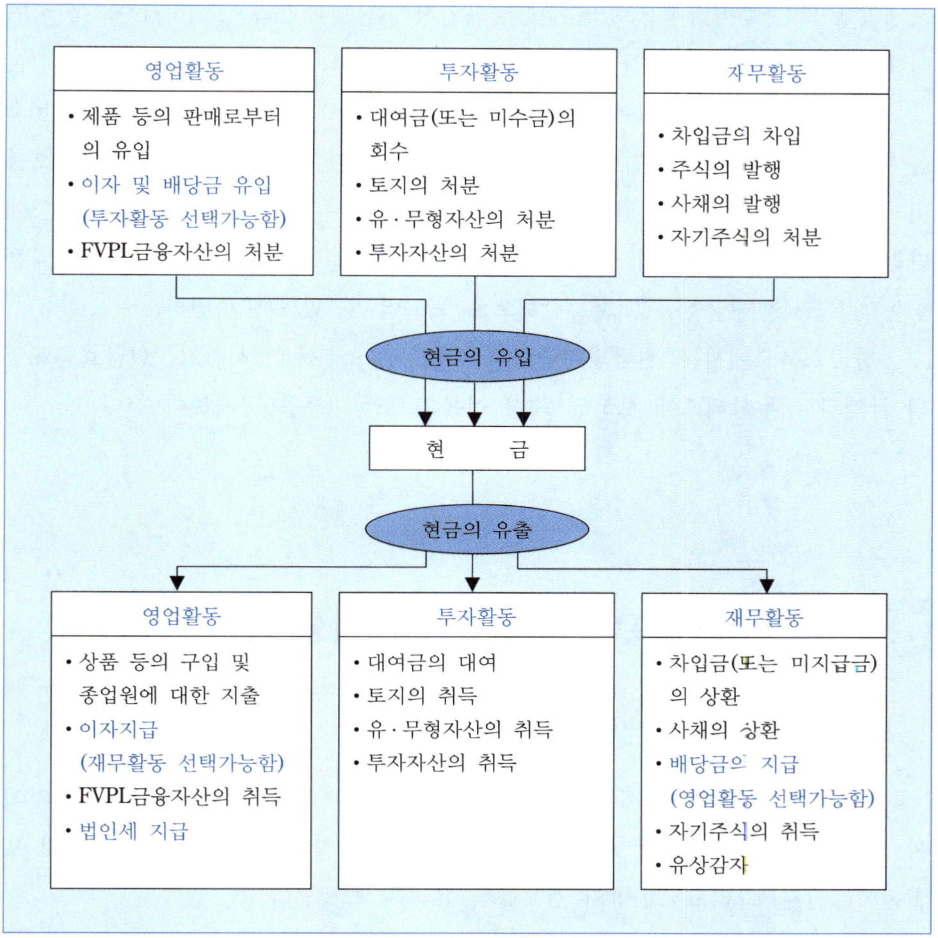

5. 주석사항

현금을 수반하지 않는 비현금거래(예: 무상증자, 주식배당, 현물출자, 주식발행을 통한 기업인수 등)는 현금흐름표에서 제외된다. 영업활동과 관련된 현금흐름은 직접법에 의해서 작성할 경우 총현금유입과 총현금유출을 항목별로 구분하여 표시한다. 투자활동과 재무활동에서 발생하는 총현금유입과 총현금유출은 주요 항목별로 구분하여 총액으로 표시하여 총액기준을 원칙으로 하고 있다. 한국채택국제회계기준(K-IFRS)에서도 투자활동과 재무활동에서 발생하는 현금유입 및 유출액을 원칙적으로 주요 항목별로 구분하여 총액으로 표시하도록 하고 있다. 그 예로 사채발행 또는 주식발행으로 인한 현금유입시에는 발행가액으로 표시하도록 하여 사채발행비나 신주발행비들과 상계하지 않도록 하고 있다.

그러나 은행의 요구불예금, 투자기업이 보유하고 있는 고객예탁금, 부동산 소유주를 대신하여 회수한 임대료와 소유주에게 지급한 임대료 등과 같이 현금흐름이 기업의 영업활동이 아닌 고객의 활동을 반영하는 경우로서 고객을 대리함에 따라 발생하는 현금유입과 현금유출이나 회전율이 높고 금액이 크며 만기가 짧은 항목과 관련된 현금흐름은 순증감액으로 보고할 수 있도록 하였다.

현금흐름표에서는 현금및현금성자산의 구성요소를 공시하고, 현금흐름표상의 금액과 재무상태표에 보고된 해당 항목의 조정내용을 공시해야 한다.

제 3 절 현금흐름표의 작성단계 및 작성방법

1. 현금흐름표의 작성단계

현금흐름표는 다른 재무제표와는 달리 수정후시산표로부터 작성되는 것이 아니라 일반적으로 다음에서 설명되는 것처럼 이미 작성된 비교재무상태표 및 포괄손익계산서, 그리고 그 밖의 정보를 활용하여 작성된다.

(1) 비교재무상태표: 자산·부채·자본 항목의 기중변동액(증감액)에 대한 정보를 알 수 있다.
(2) 당기의 포괄손익계산서: 영업(경영)활동으로 인한 현금흐름을 계산하는 데 필요한 정보를 추적할 수 있다.
(3) 기타 추가자료: 비교재무상태표와 포괄손익계산서에서 얻을 수 없는 정보로서 현금유입과 현금유출을 결정하는 데 유용한 정보가 된다. 자본변동표상의 배당금 등에 관한 정보도 여기에 해당된다.

위와 같은 자료를 이용하여 현금흐름표를 작성하는 과정은 다음의 세 가지 주요 단계를 거친다.

(1) 현금변동액(증감액)의 결정: 이 절차는 단지 현금(현금및현금성자산)의 기초잔액과 기말잔액의 차이를 계산하여 얻기 때문에 비교적 간단하다. 이 때 주의할 사항은 현금성자산이 포함된다는 것이다.
(2) 영업활동 현금흐름의 결정: 위에 열거된 세 가지 자료, 즉 비교재무상태표·포괄손익계산서 기타 추가자료들을 전부 이용하여 영업활동에 관련된 자료를 수집하여야 하는 비교적 복잡한 절차를 거친다.
(3) 투자활동과 재무활동 현금흐름의 결정: 재무상태표상에서 영업활동과 관련되지 않은 다른 모든 계정의 증감액이 현금유입과 현금유출에 관련이 있는지를 분석하여 '투자활동 현금흐름'과 '재무활동 현금흐름'을 계산한다.

이러한 현금흐름표의 작성과정을 보다 더 구체적으로 살펴보면 다음과 같다.

(1) 특정 회계기간의 기초와 기말의 비교재무상태표를 작성한다.
(2) 비교재무상태표로부터 당해 회계기간의 현금(현금과 예금 및 현금성자산 포함)의 변동을 결정하기 위하여 현금증감액을 다음과 같이 표시한다.

	기초	기말	현금의 증감
현금및현금성자산	×××	×××	×××

(3) 비교재무상태표, 당기의 포괄손익계산서, 기타의 추가정보를 이용하여 각각의 비현금거래의 계정과목의 변동을 분석한다. 이의 분석방법으로는 T-계정법, 정산표법, 그리고 거래분석법이 주로 이용된다.
(4) 위의 분석자료를 이용하여 '영업활동 현금흐름', '투자활동 현금흐름', 그리고 '재무활동 현금흐름'을 각각 구분하여 조사한다.

영업활동과 관련된 계정에는 포괄손익계산서계정 이외에 재무상태표상의 자산과 부채계정인 매출채권, 매입채무, 재고자산, 선급금과 선수금, 선급비용과 선수수익, 미지급비용과 미수수익 그리고 이연법인세자산(부채) 등이 포함되며, 투자활동과 관련된 계정에는 기타포괄손익-공정가치측정금융자산, 대여금, 미수금, 유·무형자산 등이 포함되며, 재무활동과 관련된 계정에는 차입금 및 미지급금, 사채, 자본금 등이 포함된다.

특히 영업활동과 관련된 계정은 순증감액으로 표시하고, 투자활동 및 재무활동과 관련된 계정은 총액으로 표시한다. 다만, 당좌차월, 은행의 요구불예금 등은 순증감액으로 표시할 수 있다.
(5) 현금의 유입과 유출이 없는 비현금항목의 거래내용을 분석·구분하여 현물출자 등의 중요한 거래는 주석으로 표시한다.

(6) 위의 (2)에 의해서 계산된 현금의 증감액과 위의 (4)에 의하여 산출된 현금의 증감액이 일치하는가를 확인한다.
(7) 위의 (2)에서 (6)까지의 자료를 이용하여 현금흐름표를 작성한다.

2. 현금흐름표의 작성방법

현금흐름표의 작성방법에는 일반적으로 다음의 세 가지 방법을 사용하는데, 여기에서의 현금흐름표 작성사례는 '거래분석법'을 활용하고자 한다.

1) T–계정법(T–account approach)

먼저 현금 T-계정을 설정한 후 현금 T-계정을 이용하여 '영업활동 현금흐름'을 간접법으로 산출하고, 투자 및 재무활동을 통한 현금의 유입 및 유출을 계산한다. 여기에서 사용되는 T-계정은 공식적인 계정이 아닌 현금흐름표를 작성하기 위한 임시적인 수단이다. 현금의 변동에 영향을 미치는 비현금거래 역시 T-계정에 의해 분석된다.

2) 정산표법(worksheet approach)

정산표를 사용하여 현금흐름표를 작성하는 방법으로 실무에서 가장 많이 사용한다. 작성과정이 매우 조직적이라 할 수 있으나, 정산표를 작성하는 자체가 불편하고 많은 시간이 소요된다는 점에서 비능률적이라 할 수 있다. 그러나 비교적 조정항목이 많고 복잡한 현금흐름표의 작성에서는 이 방법이 오류를 줄이는데 효과적으로 사용될 수 있다.

3) 거래분석법(transaction analysis approach)

보통의 회계학 교과서에서 잘 설명하고 있지 않지만, 숙련된 회계담당자의 경우 이 방법을 선호한다고 볼 수 있는데, T-계정이나 정산표를 사용하지 않고 주어진 관련자료로부터 직접 현금흐름표를 작성하는 방법이다. 이 방법은 조정항목이 많든 적든 잘 익혀 두면 유용한 접근방법이 될 수 있다.[4)]

---

4) 이 방법은 영업활동, 투자활동, 그리고 재무활동을 분류하여 직접 현금흐름표를 작성하는 것으로 T-계정을 이용하거나 정산표를 이용하는 방법보다 오히려 편리하고, 계산상의 실수를 줄일 수 있다.

제 4 절 현금흐름표의 작성 예시

다음의 [표 17-10]의 자료는 중앙주식회사의 20×1년과 20×2년 말의 재무상태표와 20×2년 회계연도(20×2. 1. 1~20×2. 12. 31)의 포괄손익계산서 및 기타 추가자료이다(기타포괄손익은 없다고 가정한다). 이 자료를 이용하여 현금흐름표의 작성방법에 대하여 구체적으로 살펴보기로 한다.

이하에서는 앞에서 설명한 일반적인 접근방법(거래분석법)에 따라 현금흐름표를 작성하는 절차를 설명한다.

제 1 단계는 기간중 현금증감액을 산출하는 단계이다. 재무상태표상의 20×1

[표 17-10] 중앙(주) 비교재무상태표, 당기 포괄손익계산서 및 기타 추가자료

(1)

비교재무상태표

중앙(주): (단위: 천원)

	20×1. 12. 31	20×2. 12. 31	증감액
자 산:			
현금및현금성자산	200,000	264,500	64,500
매 출 채 권	50,000	65,000	15,000
선 급 비 용	40,000	20,000	(20,000)
재 고 자 산	30,000	40,000	10,000
기 계 장 치	600,000	660,000	60,000
감가상각누계액－기계장치	(10,000)	(19,500)	(9,500)
자산 총계	910,000	1,030,000	
부채와 자본:			
매 입 채 무	80,000	60,000	(20,000)
미지급비용	25,000	30,000	5,000
장기차입금	600,000	660,000	60,000
자 본 금	150,000	150,000	0
이익잉여금	55,000	130,000	75,000
부채와 자본총계	910,000	1,030,000	

(2)

포괄손익계산서

중앙(주):	(20×2. 1. 1~20×2. 12. 31)	(단위: 천원)
매 출		600,000
매 출 원 가		(200,000)
판매비와 관리비		
급 여	220,000	
감가상각비－기계장치	11,000	
기 타	12,400	(243,400)
이 자 비 용	6,600	(6,600)
법 인 세 비 용	30,000	(30,000)
당 기 순 이 익		120,000

(3) 기타 추가자료

① 취득원가 90,000원의 기계장치를 처분하고 현금 88,500원을 수취하다. 기계장치의 감가상각누계액은 1,500원이다. 따라서 처분손익은 발생하지 않았다.

② 회계기간 중 내용연수 5년인 기계장치 150,000원을 취득했는데, 현금 90,000원과 함께 장기차입금 60,000원을 은행으로부터 차입하여 지급했다.

③ 당기순이익은 120,000원이며, 20×1년도의 결산실적에 따라 현금배당금 45,000원이 20×2년 주주총회에서 결의되어 지급되었다.

년 12월 31일 현금계정의 잔액은 200,000원이고, 20×2년 12월 31일 현금계정의 잔액이 264,500원이므로 현금의 증가액은 64,500원이 된다.

제2단계는 영업활동 현금흐름을 결정하여야 하는데, 이것은 이미 설명한 바와 같이 직접법과 간접법의 두 가지 방법에 의해 작성될 수 있다. 포괄손익계산서는 발생주의에 의해 작성되었으므로 현금의 흐름을 알기 위해서는 계정과목별로 현금유입액과 현금유출액이 얼마나 있었는지를 먼저 검토하여야 한다. 또한 직접법은 현금유입액과 현금유출액을 근거로 현금흐름을 계산하지만, 간접법은 당기순이익(손실)에 특정항목을 가감하여 현금흐름을 계산한다.

마지막으로 제3단계의 투자활동 및 재무활동 현금흐름을 결정한다. 우선 현금흐름표의 작성에 앞서 재무상태표의 계정과목을 각 활동별로 면밀히 분석해 볼 필요가 있다.

1. 재무상태표 계정과목의 분석

비현금계정과목의 분석은 다음의 [표 17-11]에 나타나 있다. 재무상태표상에 현금계정 이외의 처음 3가지 항목은 매출수익과 영업비용에 관련이 있다. 즉 매출에는 매출채권, 비용에는 선급비용과 재고자산이 관련되어 이들 계정의 증감(변동)은 [표 17-11]에서 보는 것처럼 영업활동으로 분류된다.

기계장치의 경우 기간중에 60,000원만큼 증가하였지만, 처분과 취득의 두 가지 거래를 통하여 나타난 현금유입과 현금유출의 금액을 각각 산출해야 한다. 또한 추가정보에 의하면 중앙(주)는 취득원가 90,000원의 기계장치를 처분했는데, 처분시의 감가상각누계액은 1,500원이었다. 그러므로 기계장치의 순감소액이 88,500원이며, 처분손익이 없기 때문에 이 금액이 바로 투자활동 현금유입액이 된다.

[표 17-11] 비현금계정과목의 증감액 및 활동별 구분

계정과목 분석

중앙(주): (단위: 천원)

계정과목	증가(감소)	활동별 분류
매출채권	15,000	영업
선급비용	(20,000)	영업
재고자산	10,000	영업
기계장치		
처분	(90,000)	투자
취득	150,000	투자
감가상각누계액		
처분	(1,500)	투자
감가상각비	11,000	영업
매입채무	(20,000)	영업
미지급비용	5,000	영업
장기차입금	60,000	재무
자본금	0	
이익잉여금		
당기순이익	120,000	영업
현금배당	(45,000)	재무
		(활동선택 가능함)

추가적으로 중앙(주)는 기간중에 기계장치(150,000원)를 취득시 은행으로부터 취득금액의 일부(60,000원)를 차입하여 현금(90,000원)과 함께 지급하였다. 이 경우 총취득금액 150,000원이 투자활동 현금유출액이 되고, 장기차입금 60,000원의 증가는 재무활동 현금의 유입액이 된다. 현금유출과 직접적으로 관련된 금액은 90,000원이지만, 차입된 60,000원은 회사의 미래현금흐름에 직접 영향을 미치기 때문에 기간 중의 투자활동 현금유출액에 관한 정보를 제공하는 것이다.

[표 17-11]의 계정과목을 계속 분석해 보자. 감가상각누계액 11,000원의 증가는 감가상각비가 포괄손익계산서의 비용이기 때문에 영업활동과 관련된다(이 금액은 포괄손익계산서상에서 직접 관찰될 수 있다). 또한 유동부채계정, 즉 매입채무와 미지급비용의 증감(변동)은 매출원가나 급여 등과 같은 비용으로부터 발생되기 때문에 영업활동으로 분류된다.

자본금계정의 변화가 없기 때문에 주식의 발행이나 재취득은 없었다. 만약 그와 같은 거래가 있었다면 재무활동으로 분류된다. 또한 재무활동으로 분류될 배당금의 지급은 20×1년도의 결산실적에 대한 것으로 45,000원의 현금유출액이 있었다(즉 기초이익잉여금(55,000) + 당기순이익(120,000) − 배당금지급액(45,000)=기말이익잉여금(130,000)).

2. 영업활동 현금흐름의 계산

포괄손익계산서상에서의 매출수익이 600,000원으로 표시되어 있으나 여기에는 매출채권에 의한 수익도 포함되어 있다. [표 17-11]에서 보는 바와 같이 매출채권이 20×2년도에 15,000원이 증가하였으므로 매출수익으로부터의 현금유입액은 600,000원 − 15,000원 = 585,000원이 된다. 또한 포괄손익계산서상의 매출원가가 200,000원이나 10,000원의 재고자산이 증가하였고, 20,000원의 매입채무가 감소하였다. 재고자산과 매입채무는 매입과 관련된 항목이기 때문에 매입과 관련된 현금유출액은 200,000원 + 10,000원 + 20,000원 = 230,000원이 된다. 한편 판매비와 관리비는 243,400원이다. 이는 선급비용, 감가상각비, 미지급비용과 관련이 있다. 20×2년도에 선급비용이 20,000원만큼 감소되었고, 기계장치에 대한 감가상각비가 11,000원이었으며, 미지급비용이 5,000원만큼 증가되었다.

따라서 판매비와 관리비에 대한 현금유출액은 (243,400－20,000－11,000원－5,000원＝207,400(원))이다. 또한 이자비용의 현금유출액은 6,600원이며, 법인세비용 현금유출액은 30,000원이다.

이와 같이 직접법으로 작성되는 영업활동 현금흐름은 다음의 [표 17-12]의 현금흐름표(직접법)에서 표시된 바와 같이, 111,000원이 된다. 이 금액은 또한 뒤에서 설명하게 될 간접법으로 작성되는 영업활동 현금흐름과 역시 일치하게 된다.[5] 투자활동과 재무활동 현금흐름의 결정과정은 계속해서 [표 17-12]에서 설명된다.

간접법에 의해 작성되는 중앙(주)의 현금흐름표는 '영업활동 현금흐름'을 산출하는 방법만이 상이할 뿐이며, 그 밖의 '투자활동과 재무활동 현금흐름' 등의 산출방법은 서로 같다. 여기에서는 [표 17-13]에서와 같이 간접법으로 작성되는 영업활동 현금흐름을 그 결과만 요약하여 제시한다. 본장의 제3절에서 설명한 대로 [표 17-13]의 간접법에서는 먼저 발생주의에 의해 산출된 포괄손익계산서상의 법인세비용차감전순이익으로부터 현금지출이 없는 비용 등을 가산 조정하고 영업활동관련 자산과 부채의 변동을 가·감 조정하여 영업활동 현금흐름을 계산한다.

---

5) 참고로, 영업활동 현금흐름을 앞에서 설명한 'T-계정법'에 의하여 산출하면 다음과 같다.

〈영업활동 현금흐름: T-계정법〉

매출채권			
1/1	50,000	12/31	65,000
매 출	600,000	현금매출	585,000

재고자산			
1/1	30,000	12/31	40,000
당기매입	210,000	매출원가	200,000

매입채무			
12/31	60,000	1/1	80,000
현금매입	230,000		210,000

선급/미지급비용			
1/1	40,000	12/31	20,000
12/31	30,000	1/1	25,000
		급 여	220,000
		기 타	12,400
		이자비용	6,600
현금비용	244,000	법인세비용	30,000

그러므로 영업활동 현금흐름은 585,000－230,000－244,000＝111,000이다.

[표 17-12] 중앙(주)의 현금흐름표작성: 직접법

현금흐름표(직접법)

중앙(주): (20×2. 1. 1~20×2. 12. 31) (단위: 천원)

항목	금액	합계
Ⅰ. 영업활동 현금흐름		
가. 매출 등 수익활동으로부터의 현금유입액		
매 출	600,000	
(−) 매출채권증가	(15,000)	585,000
나. 매입에 대한 현금유출액		
매출원가	200,000	
(+) 재고자산증가	10,000	
(+) 매입채무감소	20,000	(230,000)
다. 판매비와 관리비에 대한 현금유출액		
판매비와 관리비	243,400	
(−) 선급비용감소	(20,000)	
(−) 감가상각비 − 기계장치	(11,000)	
(−) 미지급비용증가	(5,000)	(207,400)
라. 이자비용 현금유출액		
이자지급*	6,600	(6,600)
마. 법인세지급액	30,000	(30,000)
		111,000
Ⅱ. 재무활동 현금흐름		
1. 투자활동으로 인한 현금유입액		
가. 기계장치의 처분	88,500	
2. 투자활동으로 인한 현금유출액		
가. 기계장치의 취득	(150,000)	**(61,500)**
Ⅲ. 재무활동 현금흐름		
1. 재무활동으로 인한 현금유입액		
가. 장기차입금의 차입	60,000	
2. 재무활동으로 인한 현금유출액		
가. 배당금의 지급*	(45,000)	**15,000**
Ⅳ. 현금의 증가(Ⅰ+Ⅱ+Ⅲ)		64,500
Ⅴ. 기초의 현금		200,000
Ⅵ. 기말의 현금		264,500

* 중앙(주)는 이자지급과 법인세지급을 영업활동으로, 배당금지급을 재무활동으로 선택하여 분류함.

[표 17-13] 간접법으로 작성되는 영업활동 현금흐름의 계산[6]

영업활동 현금흐름(간접법)

중앙(주):	(20×2. 1. 1~20×2. 12. 31)	(단위: 천원)
Ⅰ. 영업활동 현금흐름		
1. 법인세비용차감전순이익		150,000
2. 현금의 지출이 없는 비용 등의 가산		
감가상각비	11,000	
이자비용	6,600	17,600
3. 영업활동으로 인한 자산 · 부채의 변동		
재고자산의 증가	(10,000)	
매출채권의 증가	(15,000)	
매입채무의 감소	(20,000)	
선급비용의 감소	20,000	
미지급비용의 증가	5,000	
		(20,000)
4. 영업에서 창출된 현금		**147,600**
5. 이자지급		(6,600)
6. 법인세의 납부		(30,000)
7. 영업활동 순현금흐름		**111,000**

3. 투자활동과 재무활동 현금흐름의 계산

투자활동 현금흐름에는 [표 17-12]에서 보는 바와 같이 기계장치의 처분으로 인한 현금유입액 88,500원과 기계장치의 취득으로 인한 현금유출액 150,000원이 있다. 앞에서 설명한 대로 토지·건물·기계장치 등의 취득과 처분은 투자활동이며 취득으로 인한 현금유출과 처분으로 인한 현금유입을 각각 분리하여 표시한다.

재무활동 현금흐름에는 두 가지가 있다. 첫째, 은행으로부터 60,000원의 장기차입금의 차입으로 인한 현금유입액이다. 둘째, 배당금의 지급으로 인한 45,000원의 현금유출액이 있다. 이와 같이 현금흐름표에 표시되는 재무활동 현금흐름은

6) [표 17-13]에서 '법인세비용차감전순이익'으로 출발하는 이유는 법인세납부액을 별도로 구분하여 표시하기 위한 것이다. 한편 이자비용을 별도로 표시하기 위해서는 '현금유출이 없는 비용 등의 가산'에서 이자비용을 가산하고 이자지급을 별도항목으로 표시한다.

[표 17-12]에 나타난 바와 같다.

4. 당기 현금의 증감

[표 17-12]와 같이 영업활동 현금흐름은 순유입 1.11억원이고 투자활동 현금흐름은 순유출 0.615억원이며 재무활동 현금흐름이 순유입 0.15억원이므로 20×2년도 현금의 순증가는 0.645억이 된다. 이때 기업의 영업활동 현금흐름에서 영업자산의 보전과 미래성장을 위해 재투자되어야 할 금액을 차감하면 기업이 최종적으로 창출한 순현금흐름(잉여현금흐름)이 된다. 이러한 잉여현금흐름은 기업의 현금흐름 창출능력을 평가하는 지표가 되는데, 아래에서 살펴보기로 하자.

잉여현금흐름(FCF: free cash flow): 기업의 자유현금흐름

통상 정상적으로 운영되는 기업의 경우에는 영업활동 현금흐름은 순유입(net inflow)으로 나타난다. 반면, 거액의 자금이 소요되는 투자활동 현금흐름은 순유출(net outflow)로 나타난다. 본 예제의 중앙(주)은 영업활동에서 1.11억원의 현금흐름을 창출하였다. 그러나 투자활동에서 0.615억원의 순현금유출이 있었기 때문에 결국 최종적으로 중앙(주)이 창출한 순현금흐름은 0.495억원(=1.11−0.615)이 된다.

이 0.495억원의 순현금흐름을 기업의 잉여현금흐름이라고 부른다. 즉, 기업의 영업활동현금흐름에서 당기중에 투자활동으로 인한 현금흐름을 차감한 후에야 기업의 경영자가 원하는 대로 자유롭게 사용할 수 있는 잉여현금흐름을 갖게 된다는 것이다. 그러고 난 후 이렇게 창출된 잉여현금흐름은 재무활동을 통해 기업의 채권자와 주주에게 배분된다.

연습문제

[1] 현금흐름표는 세 개의 주요기업활동으로 구성되어 있다. 각 활동이 제공하는 회계정보를 설명하라. 미수금의 회수와 미지급금의 지급은 현금흐름표 어디에 분류되는가?

[2] 하은(주)는 20×1년에 400,000원의 순이익을 보고했다. 유형자산 감가상각비는 4,000원이었다. 유형자산손상차손은 1,000원이었고 매출채권은 5,000원이 증가했으며, 매입채무는 5,500원이 증가했다. 이 경우 간접법을 사용하여 '영업활동 현금흐름'을 계산하라.

[3] 광성(주)는 발생주의회계를 채택하고 있는데, 20×1년 포괄손익계산서상에 보고된 이자비용이 54,000원이었다. 20×1년에 현금으로 지급된 이자는 46,700원이고, 12월 31일 현재 미지급이자가 15,000원이다. 단, 20×1년 초 혹은 말에 선급이자비용은 없다. 이 경우 20×1년 초의 미지급이자는 얼마인지 산출하라.

[4] 아래 자료에 의해 당기중에 지급된 현금배당액은 얼마인가?

- 20×1. 12. 31 이익잉여금 500,000원
- 20×2. 12. 31 이익잉여금 450,000원
- 당기순이익(20×2) 540,000원
- 당기중 주식배당으로 인하여 자본금 150,000원과 자본잉여금 50,000원 증가

* [5] (현금흐름표: 영업활동 현금흐름의 계산) **(주)중앙의 20×2년도의 현금흐름표에 표시할 영업현금흐름과 관련된 자료이다.**

(단위: 원)

당기순이익	5,000,000	유형자산감가상각비	600,000
무형자산상각비	150,000	유형자산손상차손	260,000
유형자산처분이익	350,000	매출채권증가	280,000
재고자산감소	420,000	선급비용증가	120,000
매입채무증가	240,000	미지급이자비용감소	190,000
이자비용	300,000	법인세비용	1,250,000
미지급법인세증가	250,000		

위의 자료에 의해 영업활동 순현금흐름을 계산하면?

* [6] (현금흐름표 종합) **(주)국민의 20×1년도와 20×2년도 재무상태표와 포괄손익계산서는 다음과 같다.**

(1) 20×2년도 영업활동현금흐름을 직접법과 간접법으로 산정하라.

(2) 20×2년도 현금흐름표를 작성하라.

재 무 상 태 표					
자 산	20×1년 12월 31일	20×2년 12월 31일	부채와 자본	20×1년 12월 31일	20×2년 12월 31일
현금및현금성자산	₩100,000	₩150,000	매입채무	₩150,000	₩200,000
매출채권	200,000	160,000	미지급이자비용	50,000	40,000
대손충당금	(25,000)	(20,000)	단기차입금	200,000	300,000
재고자산	300,000	400,000	장기차입금	300,000	400,000
선급보험료	80,000	90,000	자본금	400,000	500,000
토 지	400,000	450,000	자본잉여금	100,000	200,000
설비자산	700,000	900,000	이익잉여금	105,000	190,000
감가상각누계액	(300,000)	(350,000)	기타포괄손익누계액	50,000	100,000
자산총계	₩1,355,000	₩1,930,000	부채와 자본총계	₩1,355,000	₩1,355,000

포괄손익계산서 (20×2년 1월 1일부터 20×2년 12월 31일까지)	
매출액	₩2,000,000
매출원가	(1,000,000)
매출총이익	1,000,000
판매비와 관리비:	
급 여	(300,000)
보험료	(120,000)
대손상각비	(20,000)
감가상각비	(150,000)
영업이익	410,000
영업외비용:	
이자비용	(190,000)
설비자산처분손실	(45,000)
법인세비용차감전순이익	175,000
법인세비용	(45,000)
당기순이익	130,000
기타포괄손익:	
재평가잉여금	50,000
총포괄손익	₩ 180,000

추가정보:

1. 20×2년도 초에 단기차입금 ₩200,000을 상환하고 ₩300,000을 단기로 차입하였다.
2. 20×2년도 12월에 장기차입금 ₩100,000을 차입하였다.
3. 20×2년도 1월에 설비자산 중 취득원가 ₩200,000(감가상각누계액 ₩100,000)인 기계를 ₩55,000에 처분하였다. 또한 20×2년도 3월 중에 ₩400,000의 설비자산을 취득하였다.
4. 20×2년도 3월 중에 ₩45,000의 현금배당을 지급하였다.
5. 법인세비용은 납부할 법인세액과 일치하였으며 전액 납부하였다.

*[7] (주)중앙은 20×1년 당기순이익 ₩420,000을 보고하였다. 당기 유형자산 감가상각비는 ₩100,000이며, 당기손익-공정가치측정금융자산평가이익은 ₩140,000이다. 기초와 기말의 유동자산 및 유동부채가 다음과 같을 때, 간접법을 사용하여 (주)중앙의 20×1년 영업활동 현금흐름을 계산하라.

구 분	기말금액	기초금액
현 금	₩20,000	₩15,000
매 출 채 권	19,000	32,000
상 품	50,000	65,000
선 급 비 용	7,500	5,000
매 입 채 무	12,000	18,000
미지급법인세	1,700	1,200

*[8] 다음 중 현금흐름표에 나타나지 않는 내용은?

① 사채의 상환
② 유형자산의 처분
③ 주식발행을 통한 기업의 인수
④ 현금배당금의 지급

*[9] 간접법을 사용하여 영업활동 현금흐름을 표시할 때, 당기순이익에 대하여 다음 항목은 어떻게 조정되는가?

	유형자산처분손실	재고자산 증가액
①	차감조정	차감조정
②	가산조정	차감조정
③	차감조정	가산조정
④	가산조정	가산조정

*[10] 다음의 거래내용 중 현금흐름표상 재무활동 현금흐름에 포함되지 않는 것은?

① 단기차입금의 차입
② 자기사채의 취득
③ 자기주식의 취득
④ 다른 기업의 채무상품의 취득

[11]* 다음 중 영업활동 현금흐름과 관련된 항목을 모두 선택하면?

a. 대여금의 회수	b. 건물 및 토지의 처분	c. 유상감자
d. 사채의 발행	e. FVPL금융자산의 취득	f. 로열티수익 및 용역수익

① a, e ② b, f ③ c, e
④ d, e ⑤ e, f

[12]* K-IFRS에서 현금흐름표의 작성과 표시에 대한 다음의 설명 중 틀린 것은?

① 법인세로 인한 현금흐름은 일반적으로 영업활동 현금흐름으로 분류하며 별도로 공시하지 않는다.
② 영업활동 현금흐름은 직접법과 간접법 중 하나를 선택할 수 있다.
③ 배당금의 지급은 재무활동이나 영업활동으로 분류할 수 있다.
④ 이자수입 및 배당금수입은 영업활동 혹은 투자활동으로 분류할 수 있다.

[13]* 현금흐름표와 관련된 다음의 설명 중 틀린 것은?

① 포괄손익계산서와는 달리 발생기준이 아닌 현금기준으로 작성된다.
② 기업의 부채상환능력 및 배당능력을 평가할 수 있는 정보를 제공한다.
③ 사채의 발행 및 유상증자는 재무활동과 관련된다.
④ 미지급법인세가 증가하였을 경우에는 현금의 유출이 발생한 것이다.

[14]* 다음의 거래 중 현금흐름표상 투자활동과 관련된 항목이 아닌 것은?

① 기타포괄손익-공정가치측정금융자산의 취득
② 대여금의 대여
③ 자기주식의 처분
④ 미수금의 회수

[15]* **(주)중앙은 20×1년도 당기순이익이 ₩20,000 발생했다. 아래의 자료를 이용하여 '영업활동현금흐름'을 계산하면?**

> • 20×1년도의 감가상각비는 ₩5,000이다.
> • 20×1년말에 20×1년초 보다 미지급보험료가 ₩500 증가하였다.
> • 20×1년말에 20×1년초 보다 재고자산이 ₩500 증가하였다.
> • ₩5,000에 취득한 기계장치를 20×1년도에 ₩2,500으로 매각하였다.
> (단, 매각시절에 기계장치의 감가상각누계액은 ₩3,500이었다.

① ₩23,500 ② ₩24,000
③ ₩24,500 ④ ₩25,000

연습문제 해답

5.

법인세비용차감전순이익	₩6,250,000	(=₩5,000,000+₩1,250,000)
이자비용	300,000	
유형자산감가상각비	600,000	
무형자산상각비	150,000	
유형자산손상차손	260,000	
유형자산처분이익	−350,000	
매출채권증가	−280,000	
재고자산감소	420,000	
선급비용증가	−120,000	
매입채무증가	240,000	
영업에서 창출된 현금	₩7,470,000	
이자지급*	−490,000	(=300,000+190,000)
법인세지급	−1,000,000	(=1,250,000−250,000)
영업활동 순현금흐름	**₩5,980,000**	

* 이자지급은 재무활동 현금흐름으로 분류할 수 있다.

6. • 직접법:

고객으로부터 수취한 현금	₩2,015,000
[매출(2,000,000)+매출채권감소(40,000) −대손발생액(25,000−20,000−20,000)]	
공급업자에게 지급한 현금	−₩1,050,000
[=기초매입채무 150,000+매입(400,000+1,000,000 −300,000)−기말매입채무 200,000]	
급여와 보험료 지급	−₩430,000
[=급여 300,000+보험료(=120,000+기말선급보험료 90,000− 기초선급보험료 80,000)]	
이자지급	−₩200,000
(=기초미지급 50,000+이자비용 190,000 −기말미지급 40,000)	
법인세지급	−₩45,000
영업활동 순현금흐름	**₩290,000**

• 간접법:

법인세비용차감전순이익	₩175,000
이자비용	190,000
현금유출입 없는 비용과 수익:	
감가상각비	150,000
투자활동관련 손익:	
설비자산처분손실	45,000
영업활동관련 자산과 부채:	
매출채권감소(순액)	35,000
재고자산증가	−100,000
선급비용증가	−10,000
매입채무증가	50,000
영업에서 창출된 현금	₩ 535,000
이자지급	−200,000
법인세지급	−45,000
영업활동 순현금흐름	₩290,000

7. 영업활동 현금흐름(간접법)

1. 당기순이익		₩420,000
2. 현금유출이 없는 비용 등의 가산		
감가상각비	100,000	100,000
3. 현금유입이 없는 수익 등의 차감		
FVPL금융자산평가이익	(140,000)	(140,000)
4. 영업활동으로 인한 자산·부채의 변동		
매출채권의 감소	13,000	
재고자산의 감소	15,000	
선급비용의 증가	(2,500)	
매입채무의 감소	(6,000)	
미지급비용의 증가	500	20,000
		₩400,000

8. ③

9. ②: 유형자산처분손실은 투자활동손실이기 때문에 당기순이익에서 그 효과를 제거해야 하며 따라서 손실액을 더해 주어야 한다. 재고자산증가액은 영업활동에서 해당금액만큼 현금을 사용한 것이기 때문에 영업활동에서 발생한 이익의 지출로 보아 빼주어야 한다.

10. ④: 다른 기업의 채무상품의 취득은 투자활동현금흐름이다.

11. ⑤: a: 투자활동 b: 투자활동 c: 재무활동 d: 재무활동

12. ①: 법인세로 인한 현금흐름은 별도로 공시한다.

13. ④

14. ③: 자기주식의 취득 및 처분은 재무활동임.

15. ②:

당기순이익	₩20,000
+ 감가상각비	5,000
+ 미지급보험료의 증가	500
− 재고자산의 증가	(500)
− 기계장치처분이익	(1,000)
∴ 영업활동현금흐름	₩24,000

제18장 재무제표를 활용한 기업분석

가장 기본적인 기업분석의 정보원천은 재무제표로서 이는 주요한 정보를 많이 담고 있을 뿐만 아니라 계량적 분석이 가능하게 한다. 본장에서는 재무제표를 활용한 기업분석 방법으로 비율분석을 소개하고 각 비율이 의미하는 바와 비율의 계산방식을 설명한다. 비율을 통하여 기업의 수익성, 유동성, 활동성, 안정성, 성장성 등을 측정하고 이를 종합하는 방법 등을 논의한다.

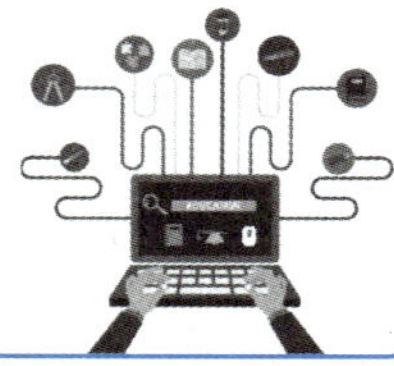

지금까지 우리는 재무제표가 무엇이고 이를 작성하기 위해서 어떤 회계원칙을 사용하고 어떤 절차를 거쳐야 하는지에 대해 살펴보았다. 어떻게 보면 까다롭고 복잡하며 지루하기만한 회계순환과정과 회계처리방법을 습득한 이유는 기업활동의 결과로서 만들어지는 재무제표가 투자자를 비롯한 이해관계자에게 경제적 의사결정에 유용한 정보를 제공한다고 믿기 때문이었다.

그럼 이제부터는 재무제표 작성자로서의 입장이 아니라 제공된 재무제표를 이용하는 이용자의 입장에서 재무제표를 어떻게 활용할 수 있을까에 대해 생각해 보기로 한다. 누구나 처음 재무제표를 보면 무수한 계정과목들의 나열로 밖에 보이지 않는다. 포괄손익계산서와 재무상태표를 보면 하나하나의 계정과목은 이해할 수 있으나 이들을 어떻게 사용해서 의미 있는 경제적 의사결정을 내릴 수 있을지 막막할 수 있다. 투자자나 채권자 또는 기업분석 전문가들, 심지어는 기업에 대해 관심을 두고 연구하는 학생들까지 기업에 대해 갖는 관심사나 궁금증을 정리하여 보자.

우리는 어떤 기업을 처음 대할 때 회사의 업종과 주요 제품이 무엇인지 궁금해 한다. 그 다음에 묻는 질문들은 대체로 다음과 같다. 이 회사는 얼마나 큰 규모의 회사인가? 이 회사는 이익을 많이 내는 회사인가? 이 회사는 단기적으로 지급능력이 있으며 장기적으로 빌린 돈을 쉽게 갚을 수 있는가? 회사는 계속 성장하고 있는가? 이 회사의 관리자들은 효율적으로 자원을 활용하고 있는가? 그리고 주식시장에서는 과연 이 회사를 어떻게 평가하고 있는가?

이런 평범한 질문들은 오늘날뿐만 아니라 과거로부터 지속되어 왔으며, 이에 대한 대답들을 찾는 과정이 재무제표분석 또는 경영분석 또는 재무분석이다. 이는 재무제표에 나타난 정보들을 추출하고 활용하여 위에 거론된 기업과 관련된 궁금한 점들을 체계적으로 분석하여 해답을 제시한다.[1)]

제 1 절 재무제표분석과 경영분석

재무회계의 목적은 기업과 관련된 다양한 이해관계자들에게 유용한 정보를 제공하여 이들로 하여금 효율적인 경제적 의사결정을 하는 데 도움이 되게 하는 것이다. 재무제표는 주로 투자자와 채권자에게 회사의 경제적 실태를 약속된 회계기준에 의해 보고함으로써 이들의 자원배분에 대한 의사결정에 영향을 미치게 된다.

오늘날에 대규모 기업들은 주식 및 채권의 발행을 통해서 자금을 조달하는데, 자본시장에는 다양한 이해관계자들이 집중해 있다. 개인투자자와 투자은행, 연기금, 펀드, 은행 등의 기관투자자들, 그리고 이들에게 정보를 매개하는 증권분석가들이 쉴새 없이 기업과 관련된 정보를 창출하고 이를 활용한다. 매년 발행되는 사업보고서(annual report)에 포함되어 있는 재무제표는 이들이 활용하는 정보 중에서 가장 광범위하게 이용하는 정보의 원천이라 할 수 있다.

재무제표와 거시경제 및 산업동향, 그리고 기업에 대한 기타의 정보를 활용하여 기업의 미래 경영성과를 예측하는 활동을 경영분석(business analysis)이라고 한다. 경영분석에 이용되는 정보는 재무제표에 한정되지 않고 넓은 범위의 계량 및 비계량정보를 포함하며 경영분석과 유사한 용어로는 재무제표분석 또는 재무분석이 있다. 재무제표분석(financial statement analysis)은 오래 전부터 사용되던 용어로 재무제표를 중심으로 회사의 미래를 예측하기 때문에 붙여진 이름이다.

1) 재무제표를 분석하기 위해 기업의 재무자료를 어디에서 구할 수 있을까? 기업의 재무제표를 찾기 위해서는 금융감독원의 전자공시시스템(dart.fss.or.kr)을 활용하면 된다. 여기에서는 기업의 감사보고서뿐만 아니라 사업보고서와 각종 보고서를 공시하고 있는데 필요한 보고서를 쉽게 다운로드를 받아 활용하여 분석할 수 있다.

그러나 재무제표분석이 반드시 재무제표정보만을 사용하는 것이 아니고 거시경제 및 산업정보와 기업의 비재무정보를 총체적으로 활용한다는 점에 있어서는 경영분석과 동일하다. 재무분석(financial analysis)도 재무제표를 이용한 비율분석과 현금흐름분석 등을 포함하여 재무제표분석과 동일한 의미로 사용된다.

그렇다면 재무제표의 분석을 통해서 어떻게 주식투자나 채권투자 또는 대출의사결정을 하는 것일까? 재무제표정보가 의사결정에 유용하기 위해서는 일차적으로 목적적합성과 표현충실성을 갖추어야 하지만 기업간 비교분석과 기간간 추세분석을 위해서는 비교가능성과 일관성도 유지되어야 한다.

그러나 재무제표는 기업의 규모에 따라서, 그리고 산업간에 차이가 크기 때문에 이용하는 데 어려움이 많다. 예를 들어 동일한 전자산업에 있는 S전자(주)와 Y전자(주)를 비교해보면 20×1년 말 현재 자산총계는 삼성전자는 72조 5,192억원인데, 삼영전자는 4,167억원이다. 이들의 매출액은 각각 72조 9,530억원과 1,666억원이고 당기순이익은 각각 5조 5,259억원과 92억원으로 나타났다.

비슷한 업종임에도 기업규모면에서 자산은 174배, 매출액은 438배, 그리고 당기순이익이 600배나 차이가 나는 기업을 어떻게 상호 비교분석할 수 있을까? 한편 한 기업이 20×1년도에는 유형자산 감가상각방법으로 정률법을 적용하다가 20×2년도에는 정액법으로 변경하였다고 하자. 이 경우에 20×1년도와 20×2년도의 추세비교분석을 어떻게 해야 하는가?

가장 기본적으로 기업간 또는 기간간 비교가능성 문제를 해결하기 위해 재무제표에 나타난 정보를 항목별로 표준화하여 비교가능한 정보로 만드는 방법이 개발되어 활용되다가 점차 회계정보와 주식가격을 이용한 비율들이 도입되어 광범위하게 활용되고 있다. 또한 회계실무가 신뢰성을 중요시함에 따라 재무제표가 경제적 실질을 제대로 반영하지 못하는 부분을 조정하여 분석하는 기법이 개발되고 있다.

동일 산업 내에서 발생하는 차이도 크지만 산업간에는 재무제표 항목의 차이가 크다. 자본집약적인 제조업과 노동집약적인 서비스업 간에 재무제표의 구성항목별 중요성은 큰 차이를 보인다. 특히 금융업 분야는 일반 제조업 분야와 재무제표 자체를 비교할 수 없을만큼 차이가 크기 때문에 일반적으로 제조분야와 금융분야는 분리해서 분석하고 있다.

따라서 재무제표분석의 결과를 잘 이해하기 위해서는 재무비율을 평가하기 위한 비교기준이 필요하다.[2] 첫째, 관련 재무비율에 대하여 해당기업의 과거 일정 기간의 비율과 비교검토하는 것이 중요하다(추세분석). 둘째, 해당 기업의 관련 재무비율을 동일산업 내 경쟁기업의 비율과 상호 비교분석해 보는 것이다(경쟁회사의 비율분석). 셋째, 해당기업의 재무비율을 동일산업의 평균비율과 비교검토하는 것이다(산업평균의 비율분석).

제 2 절 재무제표분석방법

1. 계량분석과 질적 분석

재무제표분석은 크게 계량분석과 질적 분석으로 나눌 수 있다. 계량분석은 다시 재무제표의 자료를 이용하는 분석과 재무제표 이외의 계량적 자료를 활용한 비재무 계량분석으로 나눌 수 있다. 비재무 계량자료로는 이자율, 통화량, 경기지수, 국제수지, 산업성장률, 산업 내 경쟁지표, 기업의 판매량, 제품생산 수율 등 다양한 자료가 활용된다.

질적 분석은 계량화하기 어려운 항목들을 정성적으로 평가하여 기업의 미래성과를 추정하는 분석이다. 주로 사용되는 변수들로는 경영자의 자질, 경영전략, 노사의 화합도, 기업의 기술수준, 제품에 대한 고객만족도 및 충성도, 기업의 지배구조 등을 들 수 있다. 이 같은 질적 정보는 계량적 정보에 보완적인 역할을 하기도 하지만 때로는 계량적 정보보다 미래예측에 더 결정적인 영향을 미치기도 한다. 예를 들어, 은행에서는 대출을 신청한 기업의 신용상태를 분석하고 평가한다. 신용을 평가하기 위해서는 기업의 미래 재무성과에 대한 추정이나 재무분석은 물론이지만 기업경영자의 성실성과 인격 등의 질적분석 및 영업활동에 수반되는 각종 위험에 대한 분석이 필수적이다.

재무제표상의 계량자료는 기업간의 비교가능성과 기간간 비교가능성을 높이기 위해 비율로 전환하여 사용하는 것이 일반적이다. 재무제표 항목과 항목간의

---

2) 그러나 기업의 투자가치를 더 정교하게 판단하기 위해서는 기업자체의 평가뿐만 아니라 기업이 속해있는 환경의 분석이 중요하다. 기업환경분석을 해당기업이 속해있는 산업분석과 거시적 관점에서 다양한 경제요인이 주식시장에 미치는 영향을 분석하는 경제분석으로 구분할 수 있다.

비율을 만들어 이를 타기업과 비교하거나 전년도와 비교하는 방법을 통칭하여 비율분석이라고 한다. 예를 들어 수익성을 나타내는 비율 중 하나인 총자산순이익률은 당기순이익을 총자산으로 나눈 값으로 기업별 비교가 가능하고 연도별 비교도 가능하다.

비율분석은 가장 광범위하게 사용되는 분석기법인데, 기업의 수익성, 유동성, 안전성, 생산성, 활동성, 성장성 등을 재무제표의 계정과목들을 활용하여 비율로 측정할 수 있기 때문이다. 비율분석은 재무제표분석의 기초가 되기 때문에 제3절에서 위에 열거한 각 특성을 측정하는 비율들의 산식과 그 내용에 대해서 구체적으로 설명하기로 한다.

2. 재무제표의 비교

재무제표를 기업분석에 이용할 때는 비교가능성(comparability)과 일관성(consistency)이 유지되어야 한다. 그러나 기업별로 회계방법의 선택과 기업규모에 차이가 있고, 기간별로 기업의 성장 및 축소 등이 발생하기 때문에 단순히 두 개 기업의 재무제표를 비교하거나 동일기업의 두 기간 재무제표를 비교하는 것이 어렵다.

비교가능성은 기업간 비교시에 요구되는 특성이다. 두 개의 기업이 서로 다른 회계처리방법을 선택한 경우, 양 기업의 단순비교는 경제적 실질을 크게 왜곡하게 된다. 예를 들어 삼성전자와 LG전자가 모두 1조원을 투자하여 새로운 생산라인을 가동한다고 해 보자. 그리고 해당 생산라인은 내용연수가 각 4년이고 잔존가치는 모두 1,000억원이라고 하자. 삼성전자는 정액법을 사용하여 감가상각하고 LG전자는 정률법을 사용하여 감가상각하는 경우, 첫 해 감가상각비는 삼성전자가 2,250억원인 데 반하여, LG전자는 5,623억원이 된다. 따라서 세전순이익의 차이는 3,373억원이라는 어마어마한 금액이다. 이런 기업을 단순히 비교한다면 분석자는 큰 오류를 범하게 된다. 이 경우에는 회계방법 선택에 따른 차이를 적절히 반영하여야 비교가능성이 높아진다.

또한 앞서 설명한 바와 같이, 삼성전자(주)와 삼영전자(주)는 자산규모나 매출액 규모면에서 큰 차이를 갖는다. 이 경우에 규모의 차이를 고려하지 않고 단순히 삼성전자(주)의 당기순이익과 삼영전자(주)의 당기순이익의 절대금액을 비교하여 두 기업의 수익성을 판단하면 분석자는 큰 오류를 범할 수 있다.

기업은 시간이 지남에 따라 회계방법의 변경, 신규사업으로의 진입, M&A를 통한 기업확장, 영업일부의 양도, 유상증자의 실시 등으로 사업내용, 기업규모 및 회계방법 등에 변화가 발생하게 된다. 이렇게 되면 동일기업이라도 연도간의 일관성이 떨어지게 된다. 기업의 과거와 현재를 적절히 비교하기 위해서는 회계방법의 변경이 있는 경우, 회계변경의 효과를 제거한 후에 비교해야 할 것이다.

기업의 구조적 변화가 일어나는 경우에는 경제적 실질이 다른 별개의 기업으로 보아야 하기 때문에 기간간 비교는 매우 조심할 필요가 있다. 기간간 비교를 해야 한다면 구조조정의 효과를 배제하고 비교해야 하는데, 실질적으로 이런 작업은 매우 어렵고 복잡하다.

3. 재무제표의 표준화

기업별로 그리고 기간별로 기업은 절대규모에 차이가 있다. 이러한 규모의 차이는 기업별 비교와 기간별 비교를 어렵게 하기 때문에 재무제표를 표준화할 필요가 있다. 재무제표를 표준화하는 방법 중 하나로 재무상태표는 총자산을 100으로 하여 모든 계정과목을 백분율로 표시하고, 손익계산서는 매출액을 100으로 하여 모든 수익과 비용계정과목을 백분율로 표시하는 백분율 재무제표(common size financial statements)가 있다. 이렇게 하면 회사의 규모에 관계없이 모든 기업을 비교하고 기업간 차이를 이해하는 데 도움을 줄 수 있다.

기업의 특성을 장기간에 걸쳐서 추세분석하려면 백분율 재무제표를 활용하는 것보다 기준연도의 재무제표 각 계정과목을 100으로 하고 비교연도의 계정과목을 기준연도와 비교하여 백분율로 표시하는 지수형 재무제표를 사용하는 것이 더 효과적이다. 이렇게 하여 특정기업의 재무제표의 각 항목이 장기적으로 어떻게 변화하고 있는지 추이를 분석할 수 있다.

제 3 절 비율분석

과거로부터 재무분석가들은 이해관계자들이 궁금해 하는 기업 특성을 파악할 수 있게 해 주는 재무비율을 개발해 사용하여 왔다. 비율분석(ratio analysis)의 핵심은 재무제표상의 의미있는 두 개의 항목을 선택하여 비율을 산정하고 산정된 비율을 통해 기업의 수익성(profitability)을 평가하거나 재무위험(financial risk)의 정도를 평가하는 분석방법을 말한다.

기업의 수익성을 측정하는 비율로는 총자산순이익률, 총자산영업이익률, 자기자본순이익률, 매출액순이익률, 매출액영업이익률 등이 있다. 기업의 단기지불능력, 즉 유동성을 측정하는 비율로는 유동비율, 당좌비율 등이 있으며, 기업의 자산운용의 효율성, 즉 활동성(효율성)을 측정하는 비율로는 총자산회전율, 재고재산회전율 등이 있다. 또한 기업의 장기부채지불능력, 즉 안전성을 측정하는 비율로는 부채비율, 이자보상비율 등이 있으며, 기업의 성장성을 측정하는 비율로는 매출액성장률, 총자산성장률 등이 있다.

본절에서는 이러한 비율분석의 핵심내용을 설명하기로 한다.[3] 이러한 설명을 위해 [표 18-1]와 [표 18-2]에 제시한 가상의 요약 손익계산서와 요약 재무상태표를 사용하기로 한다.

[표 18-1] 요약 손익계산서

(단위: 백만원)

과 목	태산전자			광명전자		
	20×1	20×2	20×3	20×1	20×2	20×3
매출액	49,605	57,020	64,020	7,100	8,320	9,608
매출원가	40,098	46,406	50,728	5,846	6,810	8,090
매출총이익	9,507	10,614	13,292	1,254	1,510	1,518
판매비와 관리비	4,063	5,191	6,535	507	623	735
영업이익	5,444	5,423	6,757	747	887	783
이자비용	3,080	3,280	3,100	64	110	130
법인세차감전순이익	2,364	2,143	3,657	683	777	653
법인세비용	402	410	512	82	90	82
계속영업이익	1,962	1,733	3,145	601	687	571
중단영업손익	0	250	−20	0	0	0
당기순이익	1,962	1,983	3,125	601	687	571

3) 일반적으로 수익성평가로는 ① 수익성비율, ② 활동성(효율성)비율 ③ 성장성비율을 사용하며, 재무위험평가로는 ① 유동성비율 ② 안정성비율 등을 사용하고 있다.

[표 18-2] 요약 재무상태표

(단위: 백만원)

과 목	태산전자			광경전자		
	20×1	20×2	20×3	20×1	20×2	20×3
현금예금	4,750	5,320	5,450	293	2,647	453
매출채권	4,540	3,590	4,100	363	370	855
FVPL금융자산	10,690	7,030	11,870	630	450	520
재고자산	6,710	5,730	5,050	812	917	2,920
투자자산	6,780	15,870	16,620	420	1,100	1,200
유형자산	6,770	8,050	7,050	1,320	3,040	9,200
무형자산	860	540	280	0	30	120
자산총계	**41,100**	**46,130**	**50,420**	**3,838**	**8,554**	**15,268**
유동부채	32,900	15,100	23,250	1,323	1,802	5,640
사 채	7,000	10,000	5,500	0	0	1,500
장기차입금	4,100	11,000	10,000	130	3,560	4,200
퇴직급여채무	670	910	1,310	352	422	494
기타비유동부채	526	906	306	0	5	109
부채총계	34,196	37,916	40,366	1,805	5,789	11,943
자 본 금	3,600	3,600	3,600	450	700	1,000
(발생주식수)	60만주	60만주	60만주	9만주	14만주	20만주
이익잉여금	2,700	4,010	5,850	1,563	2,037	2,275
기타자본요소	604	604	604	20	28	50
자본총계	6,904	8,214	10,054	2,033	2,765	3,325
부채와 자본총계	**41,100**	**46,130**	**50,420**	**3,838**	**8,554**	**15,268**

1. 수익성비율(profitability ratio): 영업성과능력

기업에 투자를 하거나 자금을 빌려주는 투자자의 입장에서 가장 우선적으로 확인하고 싶은 기업의 특성은 기업의 수익성이다. 이는 투자자가 투자로부터 원금과 이익을 회수할 수 있는 가능성을 예측할 수 있게 하는 지표이다. 수익성을 측정하는 데에는 일반적으로 분자를 손익계산서의 영업이익 또는 당기순이익으로 하고, 분모는 재무상태표의 총자산 또는 자본이나 손익계산서의 매출액으로 하는 비율을 사용한다.

일반적으로 많이 쓰이는 수익성측정비율로는 총자산이익률, 영업자산이익률, 자기자본이익률, 그리고 매출액이익률 등이 있다.

(1) 총자산이익률

총자산이익률(ROA: return on assets)은 기업이 보유하고 있는 총자산에 대한 이익의 크기를 나타내는 비율로서 분자인 이익을 무엇으로 보느냐에 따라 총자산영업이익률과 총자산순이익률로 나눌 수 있다. 영업이익은 본연의 영업으로부터 반복적으로 발생하는 이익에 초점을 맞추는 반면, 당기순이익은 발생의 원천과 관계없이 당기에 결과적으로 발생한 모든 이익에 초점을 맞춘 것이다. 산출식은 아래와 같다. 이 때 총자산은 이익을 발생시킨 기간에 평균적으로 투입된 총자산을 의미하기 때문에 기간가중평균을 활용해야 하나, 실무적으로는 기초총자산과 기말총자산의 평균값을 사용한다.

$$\text{총자산영업이익률} = \frac{\text{영업이익}}{\text{총자산}}$$

$$\text{총자산순이익률} = \frac{\text{당기순이익}}{\text{총자산}}$$

(2) 영업자산영업이익률

영업자산영업이익률(operating profit to operating assets)은 기업이 보유하고 있는 영업을 위한 자산을 활용하여 영업이익을 얼마나 창출하였는가를 측정하는 비율이다. 이는 기업이 본연의 영업에서 어느 정도의 수익성을 창출하는가를 측정하며, 영업 이외의 보유자산과 영업 이외 수익 및 비용을 제외함으로써 순수영업에 초점을 맞춘 것이다. 기업이 영업자산영업이익률이 낮으면 장기적으로 해당산업에서 생존할 가능성이 낮아진다. 지속가능한 경영을 위해서는 영업자산영업이익률이 산업평균보다 높아야 할 것이다.

$$\text{영업자산영업이익률} = \frac{\text{영업이익}}{\text{영업자산}} = \frac{\text{영업이익}}{\text{총자산} - (\text{투자자산} + \text{건설중인 자산})}$$

(3) 자기자본이익률

자기자본이익률(ROE: return on equity)은 지분투자자(주주)의 입장에서 수익성을 측정하는 지표이다. 즉 주주들이 출자한 자본이 얼마나 효율적으로 이용되어 이익을 내고 있는지를 나타내는 비율이다. 자기자본은 기초와 기말의 평균자본을 사용하며 자기자본이익률의 산출식은 아래와 같이 분해할 수 있다.[4]

$$\text{자기자본이익률} = \frac{\text{당기순이익}}{\text{자기자본}} = \frac{\text{당기순이익}}{\text{매출액}} \times \frac{\text{매출액}}{\text{총자산}} \times \frac{\text{총자산}}{\text{자기자본}}$$

$$= \text{매출액순이익률} \times \text{총자산회전율} \times (1 + \text{부채비율})$$

(4) 매출액이익률

매출액이익률(ROS: return on sales)은 매출 대비 얼마의 이익을 창출하느냐를 측정하는 수익성 비율로서 이익을 당기순이익으로 볼 것인가 아니면 영업이익으로 볼 것인가에 따라 매출액순이익률(net profit margin)과 매출액영업이익률(operating profit margin)로 측정한다. 매출액영업이익률은 일반적으로 산업간에 큰 차이를 나타내고 있으며, 기업간에는 독점적 지위나 시장점유율에 따라서 차이가 나타나게 된다. 매출액순이익률과 매출액영업이익률의 산출식은 아래와 같다.

$$\text{매출액순이익률} = \frac{\text{당기순이익}}{\text{매출액}}$$

$$\text{매출액영업이익률} = \frac{\text{영업이익}}{\text{매출액}}$$

[표 18-3]은 지금까지 설명한 수익성비율의 계산결과를 제시한 것이다.

4) 재무비율은 독립적이 아닌 상호밀접한 관련성이 있다. 후술되겠지만 자기자본이익률은 수익성을 나타내는 매출액순이익률, 활동성을 나타내는 총자산회전율, 그리고 자본구조를 나타낼 수 있는 부채비율과 함께 총체적으로 결정된다. 예를 들어, 두 기업의 자기자본이익률이 거의 비슷한 수준이라 하더라도 수익성, 자산의 효율성, 레버리지 측면에서 볼 때 어느 활동에 더 공격적으로 사업을 영위했는지를 판단할 수 있다.

[표 18-3] 수익성비율의 예시

비 율	태산전자		광명전자	
	20×2	20×3	20×2	20×3
총자산이익률	0.045	0.065	0.111	0.048
총자산영업이익률	0.124	0.140	0.143	0.066
영업자산영업이익률	0.168	0.211	0.163	0.073
자기자본이익률	0.262	0.342	0.286	0.188
매출액순이익률	0.035	0.049	0.083	0.059
매출액영업이익률	0.095	0.106	0.107	0.081

2. 유동성비율(liquidity ratio): 단기지급능력

유동성비율(liquidity ratio)이란 기업이 단기간 내에 지급해야 하는 단기적인 부채 및 이자를 지급할 수 있는 능력을 측정하는 비율이다. 유동성(liquidity)이란 특정자산을 정상적인 가격으로 단기간 내에 현금화할 수 있는 정도를 의미한다.

기업이 보유한 자산을 얼마나 빠른 시간 내에 현금화하여 지급기일이 도래하는 부채를 상환할 수 있는가는 기업의 유동성에 달려 있다. 흑자가 발생하더라도 끊임없이 도래하는 자금수요를 충족할 수 없다면 '흑자도산'을 면할 수 없게 된다. 따라서 투자자(특히, 채권자)의 입장에서는 유동성에 대해 관심을 가지지 않을 수 없다. 예를 들어, 지속적으로 유동성이 줄어드는 기업, 현금보유량이 줄어드는 기업, 차입금이 늘어나는 기업, 혹은 재고자산이나 매출채권이 늘어나는 기업은 부도위험이 높아지게 된다.

유동자산은 현금및현금성자산과 매출채권 및 재고자산으로 구분할 수 있는데, 이들 유동자산이 유동부채와 비교하여 어느 정도 충분한가를 측정하는 것이 유동비율이다. 이 매출채권은 정상적으로는 단기간 내에 현금으로 회수되는 것이 일반적이다. 그러나 재고자산은 판매를 통하여 매출채권으로 전환되고 다시 매출채권은 회수절차를 거쳐 현금화된다. 재고자산이 현금화되는 기간은 기업에 따라 다르지만 상당한 시간을 요하기 때문에 유동자산 중에서 재고자산을 제외한 현금및현금성자산과 매출채권 등은 당좌자산으로 구분하여 별도로 유동성을 측정하기도 하는데, 당좌자산과 유동부채의 비율을 당좌비율이라고 한다.

(1) 유동비율

유동비율(current ratio)은 기업의 단기부채 상환능력을 나타내는 척도이다. 이는 단기간 내(1년 이내)에 지불해야 하는 유동부채에 대한 유동자산의 비율로서 다음과 같이 측정한다.

$$유동비율 = \frac{영업이익}{총자산}$$

유동비율이 높다는 것은 기업이 단기적으로 도래하는 부채에 대한 지급능력이 높다는 것을 의미한다. 유동비율은 금융기관을 포함한 채권자가 대출의사결정 시에 가장 중요하게 점검하는 비율 중 하나이다. 특정기업의 유동비율은 산업의 평균유동비율, 경쟁기업의 유동비율, 또는 직전연도의 유동비율과 비교하여 평가한다. 일반적으로, 기업의 유동비율은 200%가 적정하다고 임의적으로 판단하고 있다.

유동자산에 포함되는 자산으로는 현금및현금성자산, 단기금융자산, 매출채권, 미수수익과 선급비용, 재고자산 등이 있다. 유동부채는 미지급비용, 매입채무, 단기차입금, 선수수익, 1년 이내에 만기가 도래하는 유동성장기부채 등이 있다. 유동자산에서 유동부채를 차감한 금액은 순운전자본이라고 하는데, 순운전자본에 대한 재고자산은 일반적으로 80%를 초과해서는 안된다고 임의적으로 판단하고 있다.

(2) 당좌비율

앞에서 설명한 바와 같이 같은 유동자산 내에서도 유동성의 정도에 차이가 있다. 유동자산 중 재고자산은 현금및현금성자산, 단기성 금융자산 및 매출채권에 비해 현금회수기간이 길다. 따라서 좀더 보수적으로 단기채무이행능력을 평가하기 위해서는 유동자산 중 비교적 유동성이 낮은 재고자산을 제외한 당좌자산을 이용하여 채무이행능력을 평가할 필요가 있다. 즉, 보다 엄격하게 기업의 단기채무에 대한 상환능력을 보수적으로 측정하는 비율로서 당좌비율(quick ratio; acid-test ratio)을 사용한다.

당좌비율은 산성비율이라고도 불리며 당좌자산을 유동부채로 나누어 다음과 같이 계산한다.

$$당좌비율 = \frac{당좌자산}{유동부채} = \frac{(유동자산 - 재고자산)}{유동부채}$$

유동비율이나 당좌비율은 모두 기간 중 평균값으로 계산하며 계산의 편의상 유동자산, 당좌자산, 유동부채의 기초잔액과 기말잔액의 평균을 사용하거나 기말잔액만을 사용한다. [표 18-4]에서는 이와 같은 유동성비율이 제시되고 있다.

[표 18-4] 유동성비율의 예시

비 율	태산전자		광명전자	
	20×2	20×3	20×2	20×3
유동비율	1.307	1.255	2.074	1.227
당좌비율	0.971	0.974	1.521	0.712

3. 활동성(효율성)비율(activity ratio): 자산운용능력

활동성이란 기업이 영업활동의 결과인 매출수익을 창출하기 위해서 특정 자산을 어느 정도 효율적으로 운용하였는가를 측정하는 개념이다. 즉 1원의 재고자산으로 얼마의 매출을 올리고 있는가, 1원의 매출채권을 유지하면서 얼마의 매출을 올리고 있는가, 1원의 자산으로 얼마의 매출을 창출하는가 등을 측정한다. 작은 금액으로 더 많은 매출을 올리고 있다면 기업은 그만큼 빠른 회전을 유지하고 있으며 활동성이 높다고 할 수 있다.

활동성비율은 매출액을 분자로 하고 평균재고자산, 평균매출채권, 평균자산을 분모로 하여 회전율을 측정한다. 일정한 재고자산과 매출채권을 갖고 매출액을 높이면 높일수록 재고자산이나 매출채권 한 단위당 매출액 창출능력이 크다는 것이고, 자산운용의 효율성이 높다고 할 수 있다. 활동성비율의 대표적인 비율은 매출채권회전율과 매출채권평균회수기간, 재고자산회전율, 총자산회전율, 영업자산회전율 등이 있다.

(1) 매출채권회전율과 매출채권평균회수기간

매출채권회전율(receivables turnover)은 매출액을 달성하기 위해서 매출채권이 몇 번이나 회수되는가를 측정한 값으로 다음과 같이 계산한다.

$$\text{매출채권회전율} = \frac{\text{매출액}}{\text{평균매출채권}}$$

평균매출채권이 낮을수록 매출채권회전율이 높으며 매출채권회전율이 높을수록 기업에게는 유리하다. 왜냐하면 그만큼 매출채권에 묶여 있는 자금이 작아 자금부담이 적게 되며, 매출채권에 포함되어 있는 암묵적인 이자비용(implicit interest expense)이 줄어들기 때문이다.

한편 매출채권회전율은 매출채권평균회수기간(average collection period)을 측정하는 데 사용할 수 있다. 매출채권의 평균회수기간은 다음과 같이 계산된다.

$$\text{매출채권평균회수기간} = \frac{1}{\text{매출채권회전율}} \times 365\text{일}$$

1년을 365일로 했을 때 매출채권회전율이 10이라고 하면 평균적으로 36.5일에 한 번씩 매출채권이 회수되는 것이다. 매출채권회전율이 5라고 하면 평균 73일에 한 번씩 매출채권이 회수된다. 따라서 매출채권회수기간이 짧을수록, 매출채권회전율이 높을수록 기업에게는 유리하다. 즉, 신용판매관리의 효율성을 측정할 수 있다.

(2) 재고자산회전율과 재고자산평균회전기간

재고자산회전율(inventory turnover)은 1년 동안의 매출을 달성하기 위해서 재고자산이 구입되고 판매되는 순환이 몇 번 발생했는가를 측정한다. 재고자산회전율은 다음과 같이 계산된다.

$$\text{재고자산회전율(매출원가기준)} = \frac{\text{매출원가}}{\text{평균재고자산}}$$

$$\text{재고자산회전율(매출액기준)} = \frac{\text{매출액}}{\text{평균재고자산}}$$

$$\text{자고자산평균회전기간} = \frac{1}{\text{재고자산회전율}} \times 365\text{일}$$

동일한 매출을 위해서 더 적은 재고자산을 보유하고 있을수록 재고자산이 효율적으로 관리되고 있다고 볼 수 있다. 재고자산을 보유하기 위해서 많은 자금이 투입되는데, 적은 재고를 보유하면서도 제조와 판매를 원활하게 하여 매출을 발생시킨다면 기업의 효율성은 높은 것이다. 매출채권과 마찬가지로 재고자산도 보유에 따른 암묵적인 이자비용이 발생한다. 재고자산회전율이 높으면 매출활동을 유지하기 위해 적은 재고자산을 보유하고 있다고 평가된다. 따라서 재고자산이 효율적으로 관리되고 있다는 것을 의미한다. 이 비율의 분모, 재고자산이 일반적으로 취득원가로 평가되어 있기 때문에 분자는 매출액보다 오히려 매출원가를 이용하는 것이 더 타당하다.

제조업의 경우, 원재료나 재공품을 많이 보유하면 제품의 생산을 원활하게 할 수 있으며 재고부족으로 인한 생산의 중단이 발생하지 않는다. 반면 완성된 제품인 재고자산을 많이 확보하게 되면 그만큼 자금이 묶여 있기 때문에 암묵적 이자비용이 발생하며 자금의 부담이 커진다. 기업들은 생산을 원활하게 하면서도 재고투자금액을 최소화하는데 많은 노력을 기울여 왔다. JIT(just-in time)는 이러한 목적으로 개발된 대표적 재고관리기법이라 할 수 있다.

(3) 총자산회전율

총자산회전율(total asset turnover)은 매출액 창출을 위해 총자산이 효율적으로 운영되고 있는지 여부를 측정하는 비율이다. 총자산회전율은 다음과 같이 계산된다.

$$총자산회전율 = \frac{매출액}{평균총자산}$$

기업이 수익성이 없거나 낮은 자산 또는 사업부문을 유지할 경우에 총자산회전율은 낮아진다. 따라서 총자산회전율이 높지 않으면 기업의 수익성이 개선될 수 없다.

앞에서 설명한 총자산순이익률은 총자산회전율과 매출액순이익률의 곱으로 분해될 수 있는데, 총자산순이익률을 높이기 위해서는 총자산회전율(자산운용의 효율성)을 높이든지 매출액순이익률(매출단위당 수익률)을 높여야 한다.

$$\boxed{\text{총자산순이익률}} = \text{총자산회전율} \times \text{매출액순이익률} = \frac{\text{매출액}}{\text{평균총자산}} \times \frac{\text{당기순이익}}{\text{매출액}}$$

태산전자와 광명전자의 활동성비율이 [표 18-5]에 제시되어 있다.

[표 18-5] 활동성비율의 예시

비 율	태산전자		광명전자	
	20×2	20×3	20×2	20×3
매출채권회전율	14.03	16.65	22.70	15.69
매출채권평균회수기간(일)	26.02	21.92	16.08	23.27
재고자산회전율(매출액)	9.17	11.88	9.62	5.01
재고자산회전율(매출원가)	7.46	9.41	7.88	4.22
총자산회전율	1.31	1.33	1.34	0.81

4. 안전성비율(stability ratio): 장기지급능력

안전성비율(safety ratio)은 레버리지비율(leverage ratio)이라고도 하는데, 장기채무의 원리금 상환능력을 측정하는 척도이다. 이는 단기적인 부채상환능력보다는 장기적으로 채무이행에 따르는 원금과 이자를 갚을 능력이 있는가를 측정한다. 또한 타인자본을 사용함에 따라 영업성과의 변동이 기업의 이익에 미치는 영향, 즉 재무위험(financial risk)을 측정하는 도구가 된다.

레버리지란 타인자본에 의존하는 정도를 말한다. 타인자본을 사용하게 되면 고정적인 이자비용이 발생하며 이로 인해 영업이익에 비해 주주에게 돌아가는 이익의 변동성을 확대시키는 효과(손익확대효과: leverage effect)가 발생하게 된다. 다시 말해, 타인자본을 사용하는 기업의 경우, 영업이 잘 될 때에는 당기순이익이 훨씬 큰 반면 영업이 잘 되지 않을 때에는 당기순손실이 훨씬 크게 발생하는 효과가 나타난다. 즉, 기업의 영업환경이 좋을 때는 타인자본인 부채가 많은 기업이 상대적으로 유리하다.

이를 재무레버리지 효과라고 한다. 따라서 기업의 영업성과가 좋지 않은 경우에는 채권자에게 원금과 이자를 제대로 상환할 수 있는 능력이 있는지의 여부를 평가하는 것이 중요하다. 대표적인 안전성비율로는 부채비율, 이자보상비율, 고정장기접합률 등이 있다.

(1) 부채비율

부채비율(Debt/Equity ratio, D/E ratio)은 기업의 장기부채상환능력을 나타내는 척도이다. 이는 부채 대 자기자본의 비율을 말하는데 레버리지비율이라고도 한다. 부채비율은 기업의 재무구조를 보여주는 간단한 비율로서 기업의 안전성을 판단하는 대표적인 지표라 할 수 있다. 부채비율이 높을수록 기업의 안전성은 낮아지고 장기채무상환의 불확실성, 즉 위험은 증가한다. 경우에 따라서는 부채비율 대신에 총자산에 대한 부채구성비율, 즉 총자산부채비율(Debt to Asset Ratio)을 사용하기도 하는데, 부채비율과 총자산부채비율은 다음과 같이 계산된다.[5)]

$$\text{부채비율} = \frac{\text{총부채}}{\text{자기자본}} \qquad \text{총자산부채비율} = \frac{\text{총부채}}{\text{총자산}}$$

(2) 이자보상비율

이자보상비율(times interest earned, interet coverage ratio)은 영업이익으로 이자비용을 감당할 능력이 있는지를 측정하는 지표로서 다음과 같이 계산된다.

$$\text{이자보상비율} = \frac{\text{영업이익(이자 및 법인세비용차감전이익)}}{\text{이자비용}}$$

따라서 이자보상비율이 높을수록 채권자에게 이자비용을 지급할 수 있는 능력이 높아져 기업의 안전도(safety margin)가 높아진다고 할 수 있다.

(3) 고정장기적합률

고정장기적합률은 장기성투자가 필요한 자산에 장기성자금이 투입된 정도를 나타낸다. 즉 장기성자금의 원천인 자기자본과 장기부채와 장기성투자인 유형자산, 투자자산, 무형자산 간의 대응 정도를 측정하는 비율이다. 고정장기적합률은 다음과 같이 계산된다.

---

5) 안정성비율의 유형인 자기자본비율(Net Worth to Total Assets)은 자산총액에서 자기자본이 차지하는 비율(자기자본/총자산)을 나타낸다.

$$\text{고정장기적합률} = \frac{(\text{유형자산} + \text{투자자산} + \text{무형자산})}{\text{자기자본} + \text{장기부채}}$$

장기성자금으로 장기성투자를 해야 기업의 안정적인 운영이 가능한데, 이러한 정도를 측정하기 위해서 장기성투자를 장기성자금으로 나눈 값이 고정장기적합률이다. 고정장기적합률은 1에 근사한 것이 바람직하다. 만약 1보다 훨씬 크다면 장기성투자에 필요한 자금을 단기차입금과 같은 유동부채로 충당한 셈이 된다. 이렇게 되면 단기부채의 상환기간이 도래해도 장기성투자에 투입된 자금을 현금화시키기 어려워 지불능력을 상실하게 될 위험이 있다.

태산전자와 광명전자의 안전성비율이 [표 18-6]에 제시되어 있다.

[표 18-6] 안전성비율의 예시

비 율	태산전자		광명전자	
	20×2	20×3	20×2	20×3
부채비율	4.77	4.29	1.58	2.91
총자산부채비율	0.83	0.81	0.61	0.74
이자보상비율	1.65	2.18	8.06	6.02
고정장기적합률	0.77	0.83	0.64	0.90

5. 성장성비율(growth ratio): 규모의 성장능력

성장성이란 기업의 규모나 이익이 증가하는 정도를 말하는데, 규모가 성장하면 이익이 성장하는 것이 일반적이지만 반드시 그런 것은 아니다. 이익의 성장가능성은 기업의 가치를 측정하는 데 매우 중요하다. 성장 없이 매년 동일한 미래이익을 창출하는 기업과 이익이 성장하는 기업 간에 기업가치는 큰 차이를 보이기 때문이다.

성장성이 기업가치에 미치는 영향을 배당평가모형을 예로 설명해 보면 그 의미가 분명해진다. 영원히 매년 100원씩 현금배당을 지급하는 투자안이 있고 이 투자안의 위험을 고려한 기대수익률이 10%라고 가정하자. 그러면 이 투자안의 가치는 (100/0.1)=1,000원이 된다. 만약 배당금을 매년 5%씩 인상(이익의 5% 성장과 같음)시킨다고 가정하면 투자안의 가치는 [100/(0.1－0.05)]＝2,000원으로 두 배가 된다. 5%의 성장률이 기업가치를 측정하는 데 미치는 영향은 이렇게 기하급수적이다. 이는 성장성이 분자에 영향을 미치는 것이 아니라 분모를 감소시키기 때문에 나타난다.

성장성이 큰 산업에 속하는 기업들의 당기순이익 대비 주가가 1차 산업과 같이 성장성이 작은 기업의 해당비율보다 터무니 없이 높은 이유는 위에서 설명한 것과 같은 성장률이 기업가치에 미치는 영향의 특성 때문에 나타나는 현상이다. 따라서 기업의 수익성을 정확히 측정하는 것도 중요하지만 어떻게 보면 성장성을 정확히 측정하는 것이 기업가치를 평가하는 데는 더 중요할 수가 있다.

규모의 성장성을 측정하는 대표적인 비율들로 매출액증가율, 총자산증가율 등이 있고 이익의 성장성을 측정하는 비율로는 순이익증가율, 경상이익증가율, 영업이익증가율, 주당순이익증가율 등으로 세분화할 수 있다.

(1) 매출액증가율

매출액증가율은 기업의 외형성장을 측정하는 비율로서 전기 대비 매출액증가를 전기의 매출액으로 나눈 값으로 다음과 같이 계산된다.

$$\text{매출액증가율} = \frac{(\text{당기매출액} - \text{전기매출액})}{\text{전기매출액}}$$

매출액증가는 기업의 규모가 성장함으로써 규모의 경제를 달성하고 수익성을 향상시킬 수 있는 가능성을 높여준다. 그러나 매출액증가가 반드시 이익의 증가를 가져오는 것은 아니기 때문에 수익성을 동반한 기업규모의 성장인지를 평가해야 한다.

(2) 총자산증가율

총자산증가율도 기업의 외형성장을 측정하는 비율로서 기말자산에서 기초자산을 차감한 값을 기초의 자산으로 나눈 값으로 다음과 같이 계산된다.

$$\text{총자산증가율} = \frac{(\text{기말총자산} - \text{기초총자산})}{\text{기초총자산}}$$

일반적으로 총자산증가는 매출액증가와 이익의 증가를 동반하지만 항상 그렇지는 않다. 이익을 희생하는 외형적 성장은 기업가치를 파괴할 가능성이 있기 때문에 총자산증가율과 더불어 수익성의 변화와 순이익증가율도 함께 고려해야 한다.

(3) 순이익증가율과 주당이익증가율

이익증가율은 일반적으로 당기순이익의 증가율을 의미한다. 순이익증가율은 다음과 같이 계산된다.

$$\text{순이익증가율} = \frac{(\text{당기순이익} - \text{전기순이익})}{\text{전기순이익}}$$

성장률을 측정하는 궁극적인 관심은 이익이 얼마나 증가하고 있는가를 알아보는 데 있다. 왜냐하면 이익의 성장 없이 기업규모만 커지는 것은 의미가 없기 때문이다. 이익은 영업이익, 당기순이익이 각각 측정목적의 차이를 갖고 있기 때문에 어떤 목적으로 측정하느냐에 따라 이익의 측정치를 선택해야 한다. 당기순이익의 증가율은 비반복적인 항목들을 포함하고 있어 미래이익을 예측하는 관점에서 부적절한 경우가 많다. 이 때문에 영업이익증가율이 이익의 성장성을 측정하는 데 빈번히 사용된다.

한편 순이익증가율은 기업의 규모가 변화했을 때 원래 의도하는 이익성장성을 제대로 측정하지 못한다. 규모의 성장이 이익증가율에 미치는 영향을 제거하기 위해 주로 사용되는 이익성장성 측정지표는 주당이익증가율이다. 주당이익증가율은 다음과 같이 측정된다.

$$\text{주당이익증가율} = \frac{(\text{당기주당이익} - \text{전기주당이익})}{\text{전기주당이익}}$$

주당이익(EPS: earnings per share)은 규모의 성장이 이익에 미치는 영향을 분리하여 이익성장성을 측정하는 장점이 있다. 그러나 주당이익증가율도 발행주식수의 변동으로 인해 발생하는 문제는 해결하지 못한다. 이익의 성장성을 측정하는 가장 표준화된 지표는 주당이익을 주식가치로 나눈 값의 증가율이다.

태산전자와 광명전자의 성장성비율이 [표 18-7]에 제시되어 있다.

[표 18-7] 성장성비율의 예시

비 율	태산전자		광명전자	
	20×2	20×3	20×2	20×3
매출액증가율	0.149	0.123	0.172	0.155
총자산증가율	0.122	0.093	1.229	0.785
순이익증가율	0.011	0.576	0.143	−0.169
주당이익증가율	0.011	0.576	−0.003	−0.002

제 4 절 주가와 재무제표 자료를 활용한 비율

투자자나 재무분석가들이 주가를 예측할 때 많이 활용하는 비율로는 주가이익비율(PER: price earnings ratio, 주가수익률)과 주가장부가액비율(PBR: price book ratio)을 들 수 있다. 이는 회계적인 측정치와 주가와의 관계를 통해 기업성과에 대한 시장가치를 판단해 보고 주식의 미래가치를 추정하는 분석기법이다.

주가이익비율(PER)은 주가(price)를 주당이익(EPS)[6]으로 나눈 값으로 다음과 같이 측정한다. PER은 주식이 시장에서 저평가 되었는지 여부를 판단하는 기준이 되기도 한다. 일반적으로 특정회사의 주식투자에 대한 의사결정에 자주 활용되고 있다.

$$\text{주가이익비율(PER)} = \frac{\text{주가(Price)}}{\text{주당이익(EPS)}}$$

6) 주당이익(EPS)은 기업의 성과를 나타내는 보편적인 지표로서 보통주 1주에 해당되는 당기순이익을 표시한다. 즉, 다음과 같다.

$$\text{EPS} = \frac{(\text{당기순이익} - \text{우선주배당금})}{\text{연중 평균유통주식수}}$$

주가이익비율(PER)이 산업평균보다 높으면 이는 주식시장 참가자들이 해당 기업에 대해서 이익이 성장할 것으로 예측하여 현재의 이익수준에 비해 높은 가격을 책정한 것으로 평가할 수 있다. 만약 이러한 주식시장의 예측이 맞는다면 장기적으로 주당이익이 증가할 것이고 주가이익비율은 산업평균으로 회귀할 것이다. 반대로 주가이익비율이 산업평균보다 낮으면 이는 주식시장 참가자들이 현재의 주당이익보다 향후 주당이익이 낮아질 것으로 예상하여 이를 주가에 반영한 것을 의미한다. 이러한 예상이 실현된다면 장기적으로 주당이익이 감소하여 주가이익비율이 증가하면서 산업평균으로 회귀할 것이다.

주가장부가액비율(PBR)은 주가와 주당순자산(BPS: book-value per share)의 비율로 다음과 같이 계산된다.

$$\text{주가장부가액비율(PBR)} = \frac{\text{주가(Price)}}{\text{주당자산}}$$

이 비율이 높을수록 장부상에 나타난 가치보다 주식시장의 참가자들이 더 높게 기업가치를 평가하는 것을 의미한다. 주가가 주당순자산장부가액보다 높은 경우는 기업이 보유한 유형자산의 장부가액에 비해 공정가치가 높을 때 나타날 수 있다. 한편 장부상에 나타나지 않는 무형의 기술력, 독점적 지위, 향후 성장가능성, 마케팅 능력, 노사관계, 경영진의 능력 등도 장부가액과 주가의 차이를 발생시키는 요인이 될 수 있다.

제 5 절 재무제표분석의 종합

1. 종합평가지표의 개발

이상에서 열거한 재무비율들은 하나하나가 기업의 특정한 측면을 평가하는 지표이다. 그러나 기업에 대한 종합적인 평가를 목적으로 하는 경우, 특정 비율로 단편적인 분석을 할 수 없으며 개별 비율에 근거해서 종합적인 평가지표를 만들어야 할 필요가 있다. 수익성, 유동성, 활동성, 안전성, 성장성 내의 여러 가지 측정 대안들 중에서 어느 비율을 사용할 것인지도 결정해야 할 사항이다. 또한 한두 개의 비율들로 개별 특성을 측정한 이후 이들 특성간의 가중치를 어떻게 부여할 것인가는 매우 어려운 일이다. 신용평가기관이나 금융기관들은 자신들의 분석목적과 과거의 경험 등에 근거하여 나름대로의 비율들을 선정하고 개별 비율에 대한 가중치를 부여한다. 동시에 질적 평가에 대한 점수도 부여하여 종합지표를 개발하고 이 점수에 따라 의사결정을 하게 된다.

기업평가기관들은 종합평가지표 속에 포함된 비율들과 비율의 가중치는 마치 기업의 비밀과 같이 간주되며, 세계적으로 유명한 신용평가기관인 Standard & Poors사나 Moody's사 등은 근본적으로는 같지만 세부사항에 차이가 나는 평가기법을 유지하고 있다.

2. 재무제표분석의 유의사항

재무제표분석은 재무제표의 두 항목을 선택하여 재무비율을 계산하고 그 재무비율을 통한 기업의 특성(유동성, 수익성, 활동성, 안전성, 성장성 등)을 파악하는 유용한 수단이라 할 수 있다. 그러나 재무제표분석시 다음과 같은 몇 가지 고려사항이 있다.

첫째, 재무제표의 정보만을 이용한 분석이기 때문에 재무제표가 담을 수 없는 비화폐적 정보, 즉 질적인 정보를 분석에 포함시킬 수 없다. 따라서 재무제표분석을 통해 기업의 특성을 제대로 파악하려면 이와 관련된 다른 질적 정보도 추가적으로 고려하여야 한다.

둘째, 재무비율의 해석상 한계점이 있을 수 있다. 예를 들어, 유동비율이 높으면 유동성이 좋다고 평가할 수 있다. 그러나 유동비율이 지나치게 높으면 기업의 수익성을 떨어뜨릴 수 있다. 또한 재고자산 회전율이 높으면 재고자산 운용의 효율성이 높아지고 수익성도 개선될 수 있다. 그러나 재고자산 회전율이 지나치게 높아지면 재고부족으로 인한 판매손실의 가능성이 있다. 따라서 재무비율을 계산하여 기업을 평가할 때에는 기업의 상황을 고려하여 적절한 해석이 이루어져야 한다.

셋째, 재무비율을 기업간 또는 기간간 비교할 때 어려움이 있을 수 있다. 한 기업의 재무비율을 경쟁기업과 비교할 때에는 비교대상 경쟁기업이 규모, 사업영역, 회계방법 등이 유사하지 않으면 의미 있는 비교평가를 할 수 없다. 또한 동일 기업의 기간간 비교에서도 직전 연도와 회계방법이나 사업부문이 다를 경우에는 의미 있는 기간간 추세분석이 어렵게 된다.

따라서 재무제표분석을 통해 기업의 특성을 보다 적정하게 파악하려면 이러한 고려사항을 우선 이해하고 추가적 조사분석을 병행해야 한다.

보 론 재무비율과 균형성과표(BSC)

기업의 다양한 측면을 종합적으로 평가하기 위한 지표의 개발은 매우 어려운 작업이면서도 중요하다. 기업 경영활동의 결과는 결국 재무적 성과로 나타나며 이 결과는 기업가치와 직결된다. 그러나 단기적인 재무성과 중심의 경영은 장기적으로 기업가치를 하락시킬 가능성이 있다. 따라서 단기적인 재무성과를 높이면서 기업내부의 프로세스를 개선시켜 효율성을 제고시켜야 하고 고객의 만족도를 높여야 한다. 그러면서 장기적인 발전과 새로운 비즈니스 아이디어를 개발하기 위해 혁신과 학습이 필요하다. 이처럼 다양한 영역에 대하여 통합적으로 성과를 측정하고 이를 점수화하기 위해 통합지표를 개발하려는 노력이 기업들과 컨설팅 업체, 기업을 평가하는 기관, 그리고 투자자집단에서 이루어지고 있다.

근간에 성과관리도구로서 개발된 통합경영지표인 균형성과표(BSC: balanced score card)가 경영일선에서 도입·활용되고 있는데, 그 개념을 소개하면 다음과 같다. 전통적으로 기업경영자의 성과평가는 주로 재무적 수치로 구성되어 있지만, 균형성과표는 기업의 성과를 비재무적 성과를 포함하여 종합적으로 평가하는 것이다. 구체적으로 성과측정의 대상영역을 재무적 영역, 고객영역, 내부 프로세스 영역, 학습과 성장영역의 4개 영역으로 구분하고, 특히 각 영역별로 핵심성공요인(CSF: core success factor)을 확인한다. 이 핵심성공요인을 대표하는 주요성과지표(KPI: key performance index)를 개발하여 이 성과지표를 측정하고 관리해 나가는 기법이 BSC기법이다.

통합경영지표를 활용하기 위해서 4개 성과측정영역에 대한 가중치를 부여해야 하는데, 이 가중치는 일정한 법칙이 있는 것이 아니라 기업의 환경, 발전단계, 경영전략과 목표에 따라서 달라질 수 있다. 다만 가중치에 차이가 있기는 하지만 기본적으로 4개 영역을 균형 있게 발전시키는 것이 핵심적인 요소이다.

성과측정영역 중 재무적 영역은 과거 전통적 성과측정 영역으로서 재무제표 분석에서 거론되었던 수익성, 원가절감과 생산성의 제고, 활동성 및 안전성 등이 주요 성과측정대상이 된다. 기업의 발전단계(성장, 유지, 수확단계)도 고려하여 각 성과측정대상에 대한 주요 성과지표를 개발해야 한다.

고객영역은 재무적 성과를 높이기 위해서 수익성 있는 고객을 확보하고 이들을 지속적으로 유지하기 위한 고객만족을 유도하는 것이 목표이다. 고객영역의 주요 성과지표로는 시장점유율, 신규고객 유치, 기존고객의 유치, 고객만족도의 제고 등이 있으며, 이러한 지표들을 측정하는 구체적 측정치의 개발이 중요하다.

내부프로세스 영역은 고객과 주주의 목표를 확정하고 이들에 부합하는 아래의 단계를 통해서 조직전반의 의사결정, 내부 프로세스의 개선이 이루어지게 하는 것이 목표이다.

재무적 목표설정 → 고객에 대한 목표설정 → 내부 프로세스 목표설정 등

전통적인 내부 프로세스에 대한 성과측정은 운영하고 있는 프로세스의 개선 정도에 초점이 맞추어졌지만 BSC에서는 고객의 가치증대에 초점을 맞춘다.

학습과 성장영역은 직원의 역량, 정보시스템의 역량, 동기부여 및 권한의 위양과 이를 위한 조율로 세분화된다. 이 영역의 핵심은 직원의 만족도를 높이고 이들을 직장에 유지시키며, 이들의 생산성을 높이는 동기를 부여하고, 학습여건을 만들어 주는 것이다. 또한 기업내부의 정보교류 및 활용을 높이기 위한 정보시스템의 역량을 제고하는 것이다. 동시에 목표달성을 위한 동기부여와 권한의 위임이 반드시 수반되어야 하는데, 이를 위해 직원 개인의 목표와 조직의 목표가 일치할 수 있도록 조율하는 것이 중요하다.

BSC는 결국 이러한 영역별 핵심성공요인을 기업에 맞게 도출해 내고 핵심성공요인(CSF)을 측정하는 주요 성과지표(KPI)를 개발하며, 이들에 대해서 가중치를 부여함으로써 영역별 성과뿐만 아니라 통합성과를 측정한다는 데 장점이 있다. 이러한 성과지표는 기업이 추구하는 핵심전략을 조직 구성원이 이해할 수 있도록하여 효율적인 의사소통(communication)의 수단이 된다. 한편 개별 기업이 각각의 환경과 발전단계에 따라 핵심성공요인과 이들의 가중치에 차이가 있기 때문에 일반화시키기 어렵다는 점은 BSC의 단점으로 지적되고 있다.

연습문제

[1] 비율분석 중 기업의 장기적인 자금상환능력을 측정하는 비율이 무엇인지 설명하라.

[2] 유동비율의 의미는 무엇이며, 이 비율이 너무 높다면 무엇을 시사하는지 설명하라.

[3] 재무비율은 상호 밀접한 연계성이 있다. 수익성비율인 자기자본이익률(ROE)은 수익성과 활동성 그리고 건전성(안정성) 비율과 구성요소간에 어떤 관련이 있는지 설명하라.

[4] 주식투자를 위하여 대상회사에 대한 분석을 실시한다고 하자. PE ratio가 높고 PB ratio가 낮은 A기업과 반대로 PE ratio가 낮고 PB ratio가 높은 B기업간에 어디에 투자하는 것이 좋은지 논리적으로 설명하라. 단, A기업과 B기업은 동일한 산업군에 속한 경쟁기업이라고 가정한다.

[5] Kaplan에 의해 개발된 BSC(balanced score card)에 의한 경영분석방법을 설명하고 재무제표 비율분석과의 유사점과 차이점을 설명하라.

*[6] 20×1년 태창기업의 재무자료는 다음과 같다. 이를 근거로 20×1년도의 태창기업의 매출액과 매출원가를 계산하고 재무상태표를 완성하라(1년 360일 기준).

부채/자기자본＝60%	당좌비율＝100%
총자산회전율＝1.5회	매출채권회수기간＝40일
매출총이익률＝30%	재고자산회전율＝6회(매출원가기준)

재무상태표

태창기업: 20×1년 12월 31일 (단위: 원)

현 금	( )	매입채무	( )
매출채권	( )	자 본 금	₩3,000,000
재고자산	( )	이익잉여금	( )
비유동자산	( )		
자산총계	₩14,400,000	부채 및 자본총계	( )
매출액	( )		
매출원가	( )		

* [7] **(재무제표분석) (주)중앙의 20×1년도와 20×2년도 재무상태표와 포괄손익계산서는 다음과 같다.**

재무상태표

20×1년 12월 31일 현재와

(주)중앙 20×2년 12월 31일 현재 (단위: 원)

자 산	20×1년 12월 31일	20×2년 12월 31일	부채와 자본	20×1년 12월 31일	20×2년 12월 31일
현금및현금성자산	₩100,000	₩150,000	매입채무	₩150,000	₩200,000
매출채권	200,000	160,000	미지급이자비용	50,000	40,000
대손충당금	(25,000)	(20,000)	단기차입금	200,000	300,000
재고자산	300,000	400,000	장기차입금	300,000	400,000
선급보험료	80,000	90,000	자 본 금	400,000	500,000
토 지	400,000	450,000	자본잉여금	100,000	200,000
설비자산	700,000	900,000	이익잉여금	105,000	190,000
감가상각누계액	(300,000)	(350,000)	기타포괄손익누계액	50,000	100,000
자산총계	₩1,355,000	₩1,930,000	부채와 자본총계	₩1,355,000	₩1,930,000

포괄손익계산서

(주)중앙 (20×1년 1월 1일부터 20×2년 12월 31일까지) (단위: 원)

	20×1년도	20×2년도
매 출 액	₩1,500,000	₩2,000,000
매출원가	(800,000)	(1,000,000)
매출총이익	700,000	1,000,000
판매비와 관리비:		
급 여	(180,000)	(300,000)
보 험 료	(120,000)	(120,000)
재손상각비	(25,000)	(20,000)
감가상각비	(100,000)	(150,000)
영업이익	275,000	410,000
영업외비용:		
이자비용	(130,000)	(190,000)
설비자산처분손실	(−)	(45,000)
법인세비용차감전순이익	145,000	175,000
법인세비용	(40,000)	(45,000)

당기순이익	105,000	130,000
기타포괄손익:		
재평가잉여금	50,000	50,000
총포괄손익	₩155,000	₩180,000

위의 자료를 이용하여 20×2년도의 주요 재무비율을 산정하라.

(1) 총자산이익률, 자기자본이익률, 매출액순이익률, 매출액영업이익률

(2) 매출액성장률, 총자산성장률, 이익성장률

(3) 총자산회전율, 재고자산회전율, 매출채권회전율

(4) 부채비율, 총자산부채비율, 이자보상비율

[8]* **다음은 전자제품 제조업에 속한 상장기업들의 20×1년 자료이다.**

구 분	당기순이익	발행주식수	연말 주가
기업 A	₩30,000,000	60,000주	₩10,000
기업 B	40,000,000	80,000주	4,000
기업 C	50,000,000	100,000주	9,000

위 자료를 토대로 주가이익비율(PER)을 계산하여 주식투자 결정을 한다고 할 때, 합리적인 투자자라면 어느 회사에 투자할 것인지 답하라. 즉, 20×1년 전자제품 제조업의 산업평균 주당이익(EPS)은 ₩400, 주가이익비율(PER)은 10이다.

[9]* **(주)국민의 현재 유동비율은 2.0이다. 다음 중 (주)국민의 유동비율을 증가시킬 수 있는 회계거래는?**

① 매출채권을 현금으로 회수

② 차량을 현금으로 취득

③ 단기차입금을 현금으로 상환

④ 상품을 외상으로 매출

*
[10] **(주)중앙의 20×1년 말 현재 부채비율은 100%이고, 20×1년도 총자산회전율은 1.5이다. (주)중앙의 20×1년도 기초총자산이 1,000,000원이고 기말총자산이 1,200,000원일 때, 20×1년 말의 총부채와 20×1년도 매출액은 얼마인가?**

	20×1년 말 총부채	20×1년도 매출액
①	1,000,000	1,500,000
②	1,100,000	1,800,000
③	550,000	1,500,000
④	600,000	1,650,000

*
[11] **다음 거래 중 유동비율에 영향을 미치지 않는 것은?**

① 기말에 재고자산을 실사한 결과 감모손실이 발생하였다.
② 기계장치를 매각하고 대금은 1개월 후에 수령하는 무이자부어음을 받았다
③ 3년만기 사채를 만기가 도래하여 현금으로 상환하였다.
④ 기계장치를 취득하고 장기지급어음을 발행하였다.

*
[12] **다음은 (주)중앙의 20×1년 평균자산총액은 ₩500,000, 매출액순이익률은 20%, 총자산회전율은 2회이다. 20×1년도 당기순이익은 얼마인가?**

① ₩100,000 ② ₩200,000
③ ₩240,000 ④ ₩280,000

*
[13] **(주)중앙은 20×1년말에 10,000주(액면금액 ₩2,000)를 ₩5,000에 발행했는데, 전액 현금으로 납입되었다. 다음 중 영향을 받지 않는 재무비율은?**

① 매출액증가율 ② 총자산이익률
③ 자기자본이익률 ④ 부채비율

*
[14] **다음 중 일반적으로 기업의 수익성을 분석할 수 있는 비율이 아닌 것은?**

① 총자산이익률 ② 자기자본이익률
③ 매출액이익률 ④ 부채비율

*
[15] **다음 중 기업의 안정성을 나타내는 비율이 아닌 것은?** (2011년 관세직, 수정)

① 총자산부채비율 ② 자기자본비율

③ 주당이익(EPS) ④ 이자보상비율

*
[16] **(주)중앙은 결산일 현재 총자산이 ₩100,000이고 총부채가 ₩60,000이다. 총자산 중 유동자산은 ₩30,000이고 총부채 중 유동부채는 ₩50,000이다. (주)중앙은 유동비율과 부채비율은 각각 100%를 달성하기 위한 노력을 지속하고 있다. 다음 중 이러한 노력을 달성하기 위한 적절한 조치는?** (2010년 7급, 수정)

① 유상증자를 실시하여 현금 ₩20,000을 조달하다.

② 유동부채 ₩20,000을 현금으로 상환하다.

③ 유동부채 ₩20,000을 장기성부채로 전환하다.

④ 유동자산 일부를 처분하여 유동부채 ₩20,000을 상환하다.

연습문제 해답

6. • 매출액: 총자산회전율 = 매출액 ÷ 총자산 = 1.5
   ∴ 매출액 = 총자산 × 1.5 = 14,400,000 × 1.5 = 21,600,000

• 매출원가: 매출총이익률 = (매출액 − 매출원가) ÷ 매출액 = 0.3
  매출원가 = 0.7 × 매출액 = 0.7 × 21,600,000 = 15,120,000

• 이익잉여금: 부채/자기자본 = 0.6
  부채 + 자기자본 = (0.6 + 1) × 자기자본 = 14,400,000
  자기자본 = 14,400,000 ÷ 1.6 = 9,000,000
  ∴ 이익잉여금 = 자기자본 − 자본금 = 9,000,000 − 3,000,000 = 6,000,000

• 매입채무: 부채(매입채무) = 자기자본 × 0.6 = 9,000,000 × 0.6 = 5,400,000

• 매출채권: 매출채권회수기간 = 360 ÷ 매출채권회전율 = 40
  매출채권회전율 = 360 ÷ 40 = 9
  ∴ 매출채권 = 매출액 ÷ 매출채권회전율 = 21,600,000 ÷ 9 = 2,400,000

• 현금: 산성비율 = (현금 + 매출채권) ÷ 매입채무 = 1
  ∴ 현금 = 매입채무 − 매출채권 = 5,400,000 − 2,400,000 = 3,000,000

• 재고자산: 재고자산회전율 = 매출원가 ÷ 재고자산 = 6
  ∴ 재고자산 = 매출원가 ÷ 6 = 15,120,000 ÷ 6 = 2,520,000

• 비유동자산: 비유동자산 = 총자산 − (현금 + 매출채권 + 재고자산)
  = 14,400,000 − (3,000,000 + 2,400,000 + 2,520,000)
  = 14,400,000 − 7,920,000
  = 6,480,000

7. (1) 총자산이익률, 자기자본이익률, 매출액순이익률, 매출액영업이익률
  • 총자산이익률: 당기순이익/평균총자산 = 130,000/(1,355,000 + 1,930,000)/2
    = 130,000/1,642,500 = 0.08(8%)
  • 자기자본이익률: 당기순이익/평균자기자본 = 130,000/(655,000 + 990,000)/2
    = 130,000/822,500 = 0.158(15.8%)
  • 매출액순이익률: 당기순이익/매출액 = 130,000/2,000,000 = 0.065(6.5%)
  • 매출액영업이익률: 영업이익/매출액 = 410,000/2,000,000 = 0.205(20.5%)

(2) 매출액성장률, 총자산성장률, 이익성장률

- 매출액성장률: (20×2 매출액－20×1 매출액)/20×1 매출액
  ＝500,000/1,500,000＝0.333(33.3%)
- 총자산성장률: (20×2 총자산－20×1 총자산)/20×1 총자산
  ＝575,000/1,355,000＝0.425(42.5%)
- 이익성장률: (20×2 이익－20×1년 이익)/20×1 이익
  ＝(130,000－105,000)/105,000＝0.238(23.8%)

(3) 총자산회전율, 재고자산회전율, 매출채권회전율

- 총자산회전율: 매출액/평균총자산＝2,000,000/(1,355,000＋1,930,000)/2
  ＝2,000,000/1,642,500＝1.218
- 재고자산회전율: 매출원가/평균재고자산＝1,000,000/(300,000＋400,000)/2
  ＝1,000,000/350,000＝2.858
- 매출채권회전율: 매출액/평균매출채권＝2,000,000/(200,000＋160,000)/2
  ＝2,000,000/180,000＝11.11

(4) 부채비율, 총자산부채비율, 이자보상비율

- 부채비율: 부채/자본＝940,000/990,000＝0.95
- 총자산부채비율: 부채/총자산＝940,000/1,930,000＝0.487
- 이자보상비율: 영업이익/이자비용＝410,000/190,000＝2.158

8. (1) EPS 계산:

	당기순이익		발행주식주		EPS
기업 A	₩ 30,000,000	÷	60,000 주	＝	₩ 500
기업 B	₩ 40,000,000	÷	80,000 주	＝	₩ 500
기업 C	₩ 50,000,000	÷	100,000 주	＝	₩ 500

기업 A, B, C 모두 EPS는 모두 500원으로, 산업평균인 400원보다 높다.

(2) PER 계산:

	연말주가		EPS		PER
기업 A	₩ 10,000	÷	₩ 500	＝	20
기업 B	4,000	÷	500	＝	8
기업 C	9,000	÷	500	＝	18

기업 B의 PER가 가장 낮으면서 동시에 산업 평균인 10보다도 작으므로, 주가이익비율(PER) 자료를 가지고 주식투자를 한다고 할 때 합리적인 투자자라면 기업 B에 투자할 것이다.

9. ③: 현재 유동비율이 2.0이기 때문에 분모(유동자산)와 분자(유동부채)에 동일한 금액이 감소하면 유동비율은 증가한다. 예를 들어, 현재 유동자산이 20,000원이고 유동부채가 10,000원일 때, 5,000원의 단기차입금을 현금으로 상환하면 유동자산은 15,000원이고 유동부채는 5,000원이 된다. 따라서 유동비율은 3.0으로 증가한다.

10. ④:

총부채: 부채비율(=부채/자본)이 100%이기 때문에 부채와 자본이 동일하고 따라서 부채와 자본은 각각 600,000원이다.

매출액: 총자산회전율(매출액/평균총자산)이 1.5이고 평균총자산이 1,100,000원 [(1,000,000+1,200,000)/2]이기 때문에 매출액은 1,650,000원 (=1,100,000×1.5)이다.

11. ④: $유동비율 = \frac{유동자산}{유동부채}$

④의 거래를 분개하면

(차) 기계장치 ××× (대) 장기미지급금 ×××

∴ 비유동자산 및 비유동부채가 동일한 금액으로 증가하여 유동비율에 영향을 주지 않는다.

12. ②:

• $총자산회전율 = \frac{매출액}{500{,}000} = 2$

∴ 매출액 = ₩1,000,000

• $매출액순이익률 = \frac{당기순이익}{1{,}000{,}000}$

∴ 당기순이익: 1,000,000×2%=₩200,000

13. ①

14. ④: 부채비율은 기업의 안정성을 측정하는 척도임.

15. ③: EPS는 기업의 수익성을 측정하는 지표임.

16. ①: 유동비율 $= \dfrac{\text{유동자산}}{\text{유동부채}} = 100\%$ 및 부채비율 $= \dfrac{\text{총부채}}{\text{자기자본}} = 100\%$를 달성하기 위해서는 유동자산을 ₩20,000만큼 증가시키고, 자본을 ₩20,000만큼 증가시켜야 한다.

부록

Ⅰ. 현 가 표

Ⅱ. 사례연구(영문) 및 해답

K-IFRS 회계학원론

I. 현 가 표

<표 A-1> 단일금액 1원의 미래가치

기간이자율(r)

$F_n = (1+r)^n$										
기간수 (n)	1%	2%	3%	4%	5%	6%	7%	8%	9%	10%
1	1.0100	1.0200	1.0300	1.0400	1.0500	1.0600	1.0700	1.0800	1.0900	1.1000
2	1.0201	1.0404	1.0609	1.0816	1.1025	1.1236	1.1449	1.1664	1.1881	1.2100
3	1.0303	1.0612	1.0927	1.1249	1.1576	1.1910	1.2250	1.2597	1.2950	1.3310
4	1.0406	1.0824	1.1255	1.1699	1.2155	1.2625	1.3108	1.3605	1.4116	1.4641
5	1.0510	1.1041	1.1593	1.2167	1.2763	1.3382	1.4026	1.4693	1.5386	1.6105
6	1.0615	1.1262	1.1941	1.2653	1.3401	1.4185	1.5007	1.5869	1.6771	1.7716
7	1.0721	1.1487	1.2299	1.3159	1.4071	1.5036	1.6058	1.7138	1.8280	1.9487
8	1.0829	1.1717	1.2668	1.3686	1.4775	1.5938	1.7182	1.8509	1.9926	2.1436
9	1.0937	1.1951	1.3048	1.4833	1.5513	1.6895	1.8385	1.9990	2.1719	2.3579
10	1.1046	1.2190	1.3439	1.4802	1.6289	1.7908	1.9672	2.1589	2.3674	2.5937
11	1.1157	1.2434	1.3842	1.5395	1.7103	1.8983	2.1049	2.3316	2.5804	2.8531
12	1.1268	1.2682	1.4258	1.6010	1.7959	2.0122	2.2522	2.5182	2.8127	3.1384
13	1.1381	1.2936	1.4685	1.6651	1.8856	2.1329	2.4098	2.7196	3.0658	3.4523
14	1.1495	1.3195	1.5126	1.7317	1.9799	2.2609	2.5785	2.9372	3.3418	3.7975
15	1.1610	1.3459	1.5580	1.8009	2.0789	2.3966	2.7590	3.1722	3.6485	4.1772
16	1.1726	1.3728	1.6047	1.8730	2.1829	2.5404	2.9522	3.4259	3.9703	4.5950
17	1.1843	1.4002	1.6528	1.9479	2.2920	2.6928	3.1588	3.7000	4.3276	5.0545
18	1.1961	1.4282	1.7024	2.0258	2.4066	2.8543	3.3799	3.9960	4.7171	5.5599
19	1.2081	1.459	1.7535	2.1068	2.5270	3.0256	3.6165	4.3157	5.1417	6.1159
20	1.2202	1.4859	1.8061	2.1911	2.6533	3.2071	3.8697	4.6610	5.6044	6.7275
21	1.2324	1.5157	1.8603	2.2788	2.7860	3.3996	4.1406	5.0338	6.1088	7.4002
22	1.2447	1.5460	1.9161	2.3699	2.9253	3.6035	4.4304	5.4365	6.6586	8.1403
23	1.2572	1.5769	1.9736	2.4647	3.0715	3.8197	4.7405	5.8715	7.2579	8.9543
24	1.2697	1.6084	2.0328	2.5633	3.2251	4.0489	5.0724	6.3412	7.9111	9.8497
25	1.2824	1.6404	2.0938	2.6658	3.3864	4.2919	5.4274	6.8485	.6231	10.835
26	1.2953	1.6734	2.1566	2.7725	3.5557	4.5494	5.8074	7.3964	9.3998	11.918
27	1.3082	1.7069	2.2213	2.8834	3.7335	4.8223	6.2139	7.9881	10.245	13.110
28	1.3213	1.7410	2.2879	2.9987	3.9201	5.1117	6.6488	8.6271	11.167	14.421
29	1.3345	1.7758	2.3566	3.1187	4.1161	5.4184	7.1143	9.3173	12.172	15.863
30	1.3478	1.8114	2.4273	3.2434	4.3219	5.7435	7.6123	10.063	13.268	17.449
35	1.4166	1.9999	2.8139	3.9461	5.5160	7.6861	10.676	14.785	20.414	28.102
40	1.4889	2.2080	3.2620	4.8010	7.0400	10.286	14.974	21.725	31.409	45.259
45	1.5648	2.4379	3.7816	5.8412	8.9850	13.765	21.002	31.920	48.327	72.891
50	1.6446	2.6916	4.3839	7.1067	11.467	18.420	29.457	46.902	74.358	117.39
60	1.8167	3.2810	5.8976	10.520	18.679	32.988	57.946	101.26	176.03	304.48

기간이자율(r)

$F_n=(1+r)^n$										
기간수 (n)	11%	12%	13%	14%	15%	16%	17%	18%	19%	20%
1	1.1100	1.1200	1.1300	1.1400	1.1500	1.1600	1.1700	1.1800	1.1900	1.2000
2	1.2321	1.2544	1.2769	1.2996	1.3225	1.3456	1.3689	1.3924	1.4161	1.4400
3	1.3676	1.4049	1.4489	1.4815	1.5209	1.5609	1.6016	1.6430	1.6852	1.7280
4	1.5180	1.5735	1.6305	1.6890	1.7490	1.8106	1.8739	1.9388	2.0053	2.0736
5	1.6851	1.7623	1.8424	1.9254	2.0114	2.1003	2.1924	2.2878	2.3864	2.4883
6	1.8704	1.9738	2.0820	2.1950	2.3131	2.4364	2.5652	2.6996	2.8398	2.9860
7	2.0762	2.2107	2.3526	2.5023	2.6600	2.8262	3.0012	3.1855	3.3793	3.5832
8	2.3045	2.4760	2.6584	2.8526	3.0590	3.2784	3.5115	3.7589	4.0214	4.2998
9	2.5580	2.7731	3.0040	3.2519	3.5179	3.8030	4.1084	4.4355	4.7854	5.1598
10	2.8394	3.1058	3.3946	3.7072	4.0456	4.4114	4.8068	5.2338	5.6947	6.1917
11	3.1518	3.4785	3.8359	4.2262	4.6524	5.1173	5.6240	6.1759	6.7767	7.4301
12	3.4985	3.8960	4.3345	4.8179	5.3503	5.9360	6.5801	7.2876	8.0642	8.9161
13	3.8833	4.3635	4.8980	5.4924	6.1528	6.8858	7.6987	8.5994	9.5964	10.699
14	4.3104	4.8871	5.5348	6.2613	7.0757	7.9875	3.0075	10.141	11.420	12.839
15	4.7846	4.4736	6.2543	7.1379	8.1371	9.2655	10.539	11.974	13.589	15.407
16	5.3109	6.1304	7.0673	8.1372	9.3576	10.748	12.330	14.129	16.172	18.488
17	5.8951	6.8660	7.9861	9.2765	10.761	12.468	14.427	16.672	19.244	22.186
18	6.5436	7.6900	9.0243	10.575	12.375	14.462	16.879	19.673	22.901	26.623
19	7.2633	8.6128	10.197	12.056	14.232	16.777	19.748	23.214	27.252	31.948
20	8.0623	9.6463	11.523	13.743	16.367	9.416	23.106	27.393	32.429	38.338
21	8.9492	10.804	13.021	15.668	18.822	22.574	27.034	32.324	38.591	46.005
22	9.9336	12.100	14.714	17.861	21.645	26.186	31.629	38.142	45.923	55.206
23	11.026	13.552	16.626	20.362	24.891	30.376	37.006	45.008	54.648	66.247
24	12.239	15.179	18.788	23.212	28.625	35.236	43.297	53.109	65.032	79.497
25	13.586	17.000	21.231	26.462	32.919	40.874	50.658	62.669	77.388	95.396
26	15.080	19.040	23.991	30.167	37.857	47.414	59.270	73.949	92.092	114.48
27	16.738	21.325	27.109	34.390	34.535	55.000	69.345	87.260	109.56	137.37
28	18.580	23.884	30.634	39.204	50.066	63.800	81.134	102.97	130.41	164.84
29	20.624	26.750	34.617	44.693	57.575	74.009	94.927	121.50	155.19	197.81
30	22.892	29.960	39.116	50.950	66.212	85.850	111.06	143.37	184.67	237.38
35	38.575	52.800	72.068	98.100	133.18	180.31	243.56	327.99	440.70	590.67
40	65.001	93.051	132.78	188.88	267.86	378.72	533.86	750.38	1051.6	1469.8
45	109.53	163.99	244.64	363.68	538.77	795.44	1170.5	1716.7	2509.6	3657.3
50	184.56	289.00	450.74	700.23	1083.7	1670.7	2566.2	3927.4	5988.9	9100.4
60	524.06	897.60	1530.1	2595.9	4384.0	7370.2	1233.5	2055.5	3410.5	5634.7

<표 A-2> 단일금액 1원의 현재가치

기간이자율(r)

$$P=\frac{1}{(1+r)^n}$$

기간수 (n)	1%	2%	3%	4%	5%	6%	7%	8%	9%	10%
1	.9901	.9704	.9709	.9615	.9524	.9434	.9346	.9259	.9174	.9091
2	.9803	.9612	.9426	.9246	.9070	.8900	.8734	.8573	.8417	.8264
3	.9706	.9423	.9151	.8890	.8638	.8396	.8163	.7938	.7722	.7513
4	.9610	.9238	.8885	.8548	.8227	.7921	.7629	.7350	.7084	.6830
5	.9515	.9057	.8626	.8219	.7835	.7473	.7130	.6806	.6499	.6209
6	.9420	.8880	.8375	.7903	.7462	.7050	.6663	.6302	.5963	.5645
7	.9327	.8106	.8131	.7599	.7107	.6651	.6227	.5835	.5470	.5132
8	.9235	.8535	.7894	.7307	.6768	.6274	.5820	.5403	.5019	.4665
9	.9143	.8203	.7441	.6756	.6139	.5584	.5083	.4632	.4224	.3855
10	.3053	.8203	.7441	.6756	.6139	.5584	.5083	.4632	.4224	.3855
11	.8963	.8043	.7224	.6496	.5847	.5268	.4751	.4286	.3875	.3505
12	.8874	.7885	.7014	.6546	.5568	.4970	.4440	.3971	.3555	.3186
13	.8787	.7730	.6810	.6006	.5303	.4688	.4150	.3677	.3262	.2897
14	.8700	.7579	.6611	.5775	.5051	.4423	.3878	.3405	.2992	.2633
15	.8613	.7430	.6419	.5553	.4810	.4173	.3624	.3152	.2745	.2394
16	.8528	.7284	.6232	.5339	.4581	.3936	.3381	.2919	.2519	.2176
17	.8444	.7148	.6052	.5134	.4363	.3714	.3166	.2703	.2311	.1978
18	.8360	.7002	.5874	.4936	.4155	.3503	.2959	.5802	.2120	.1799
19	.8277	.6864	.5703	.4746	.3957	.3305	.2765	.2317	.1945	.1635
20	.8197	.673	.5537	.4564	.3769	.3118	.2584	.2145	.1784	.1486
21	.8114	.6598	.375	.4922	.3589	.2942	.2415	.1987	.1637	.1351
22	.8034	.6468	.5219	.4220	.3418	.2775	.2257	.1839	.1502	.1228
23	.7954	.6324	.5067	.4057	.3256	.2618	.2109	.1703	.1378	.1117
24	.7876	.6217	.4949	.3901	.3101	.2470	.1978	.1577	.1264	.1015
25	.7798	.6095	.4776	.3751	.2953	.2330	.1842	.1460	.1160	.0923
26	.7720	.5976	.4637	.3604	.2812	.2198	.1722	.1352	.1065	.0839
27	.7644	.5859	.4502	.3468	.2678	.2074	.1609	.1252	.0976	.0763
28	.1568/	.5144	.4371	.3335	.2551	.1956	.1504	.1159	.0895	.0693
29	.7493	.5631	.4243	.3207	.2429	.1846	.1406	.1073	.0822	.0630
30	.7419	.3521	.4120	.3083	.2314	.1741	.1314	.0994	.0754	.0573
35	.7059	.5000	.3554	.2534	.1813	.1301	.0937	.06376	.0490	.0356
40	.6717	.4529	.3066	.2083	.1420	.0972	.0668	.0460	.0318	.0221
45	.6391	.4102	.2644	.1712	.1113	.0727	.0476	.0313	.0207	.0137
50	.6080	.3715	.2281	.1407	.0872	.0543	.0339	.0213	.0134	.0085
60	.5504	.3048	.1697	.0951	.0535	.0303	.0173	.0099	.0057	.0033

기간이자율(r)

$$P=\frac{1}{(1+r)^n}$$

기간수 (n)	11%	12%	13%	14%	15%	16%	17%	18%	19%	20%
1	.9009	.8929	.8850	.8772	.8696	.8621	.8547	.8475	.8403	.8333
2	.8116	.7972	.7831	.7695	.7561	.7432	.7305	.7182	.7062	.6944
3	.7312	.7118	.6931	.6750	.6575	.6407	.6244	.6086	.5934	.5787
4	.6587	.6355	.6133	.5921	.5718	.5523	.5337	.5158	.4987	.4323
5	.5935	.5674	.5428	.5194	.4972	.4761	.4561	.4371	.4190	.4019
6	.5346	.5066	.4803	.4556	.4323	.4104	.3898	.3704	.3521	.3348
7	.4817	.4523	.4251	.3996	.3759	.3538	.3332	.3139	.2959	.2791
8	.4339	.4039	.3762	.3506	.3269	.3050	.2848	.2660	.2487	.2326
9	.3909	.3606	.3329	.3075	.2843	.2630	.2434	.2255	.2090	.1938
10	.3522	.3220	.2946	.2697	.2472	.2267	.2080	.1911	.1756	.1615
11	.3173	.2875	.2607	.2366	.2149	.1954	.1773	.1619	.1476	.1346
12	.2858	.2567	.2307	.2076	.1869	.1685	.1520	.1372	.1240	.1122
13	.2575	.2292	.2042	.1821	.1625	.1452	.1299	.1163	.1042	.0935
14	.2320	.2046	.1807	.1597	.1413	.1252	.1110	.0985	.0876	.0779
15	.2090	.1827	.1599	.1401	.1229	.1079	.0979	.0835	.0736	.0649
16	.1883	.1631	.1415	.31229	.1069	.0930	.0811	.0708	.0618	.0541
17	.1696	.1456	.1252	.1073	.0929	.0802	.0693	.0600	.0520	.0451
18	.1523	.1300	.1103	.0946	.0803	.0691	.0592	.0508	.0437	.0313
19	.1377	.1161	.0981	.0829	.0703	.0536	.0506	.0431	.0367	.0313
20	.1240	.1037	.0863	.0723	.0611	.0514	.0433	.0365	.0303	.0261
21	.1117	.0926	.0768	.0633	.0531	.0443	.0370	.0309	.0259	.0217
22	.1007	.0326	.0680	.0560	.0462	.0382	.0316	.0262	.0218	.0181
23	.0907	.30738	.0601	.0491	.0402	.0329	.0270	.0222	.0183	.0151
24	.0817	.0659	.0532	.0431	.0349	.0284	.0231	.0188	.0154	.0126
25	.0736	.0588	.0471	.0378	.0304	.0245	.0197	.0160	.0129	.0105
26	.0663	.0525	.0417	.0331	.0264	.0211	.0169	.0135	.0109	.0087
27	.0597	.0469	.0369	.0291	.0230	.0182	.0144	.0115	.0091	.0073
28	.0538	.0419	.0325	.0255	.200	.0157	.0123	.0097	.01077	.0061
29	.0485	.0374	.0289	.0224	.0174	.0135	.0105	.0082	.0064	.0051
30	.0437	.0334	.0256	.0196	.0151	.0116	.0090	.0070	.0054	.0042
35	.0259	.0189	.0139	.0102	.0075	.0055	.0041	.0030	.0023	.0017
40	.0154	.0107	.0075	.0053	.0037	.0026	.0019	.0013	.0010	.0007
45	.0091	.0061	.0041	.0027	.0019	.0013	.0009	.0006	.0004	.0003
50	.0054	.0035	.0022	.0014	.0009	.0006	.0004	.0003	.0002	.0001
60	.0019	.0011	.0007	.0004	.0002	.0001	.00008	.00005	.00003	.00002

<표 A-3> 정상연금 1원의 미래가치

기간이자율(r)

$$FA_n = \sum_{t=1} (1+r)^{n-t} = \frac{(1+r)^n - 1}{r}$$

기간수 (n)	1%	2%	3%	4%	5%	6%	7%	8%	9%	10%
1	1.0000	1.0000	1.0000	1.0000	1.0000	1.0000	1.0000	1.0000	1.0000	1.0000
2	2.0100	2.0200	2.0300	2.0400	2.0500	2.0600	2.0700	2.0800	2.0900	2.1000
3	3.0301	3.0604	3.0909	3.1216	3.1525	3.1836	3.2149	3.2464	3.2781	3.3100
4	4.0604	4.1216	4.1836	4.2465	4.3101	4.2746	4.4399	4.5061	4.5731	4.6410
5	5.1010	5.2040	5.3091	5.4163	5.5256	5.6371	5.7507	5.8666	5.9847	6.1051
6	6.1520	6.3081	6.4684	6.6990	6.8019	6.9753	7.1533	7.3359	7.5233	7.7156
7	7.2135	7.4343	7.6625	7.8983	8.420	8.3938	8.6540	8.9228	9.2004	9.4872
8	8.2857	8.5830	8.8923	9.2142	9.5491	9.8975	10.260	10.637	11.028	11.436
9	9.3685	9.7546	10.159	10.583	11.027	11.491	11.978	12.488	13.021	13.579
10	10.462	10.950	11.464	12.006	12.578	13.181	13.816	14.487	15.193	15.973
11	11.567	12.169	12.808	13.486	14.207	14.972	15.784	16.645	17.560	18.531
12	12.683	13.412	14.192	15.026	15.917	16.870	17.888	18.977	20.141	21.384
13	13.809	14.680	15.618	16.627	17.713	18.882	20.141	21.495	22.953	24.523
14	14.947	15.974	17.086	18.292	19.599	21.015	22.550	24.215	26.019	27.975
15	16.079	17.293	18.599	20.024	21.579	23.276	25.129	27.152	29.361	31.772
16	17.258	18.639	20.157	21.825	25.657	25.673	27.888	30.324	33.003	35.950
17	18.430	20.012	21.762	23.698	25.840	25.213	30.840	33.750	36.974	40.545
18	19.615	21.412	23.414	25.645	28.132	30.906	33.999	37.450	41.301	45.599
19	20.811	22.841	25.117	27.671	30.539	33.760	37.379	41.446	46.018	51.159
20	22.019	24.297	26.870	29.778	33.066	36.786	40.995	45.762	51.160	57.275
21	23.239	25.783	28.676	31.969	35.719	39.993	44.865	50.423	56.765	64.002
22	24.472	27.299	30.537	34.248	38.505	43.392	49.006	55.457	62.873	71.403
23	25.716	28.845	32.453	36.618	41.430	16.996	53.436	60.893	69.532	79.543
24	26.973	30.422	34.426	39.083	44.502	50.816	58.177	66.765	76.790	88.497
25	28.243	32.030	36.459	41.646	47.727	54.865	63.249	73.106	84.701	98.347
26	29.526	33.671	38.553	44.312	51.113	59.156	68.676	79.954	93.324	109.18
27	30.821	35.344	40.710	47.084	54.669	63.706	74.484	87.351	102.72	121.10
28	32.129	37.051	42.931	49.968	58.403	68.528	80.698	95.339	112.97	134.21
29	33.450	38.792	45.219	52.966	62.323	73.640	87.647	103.97	124.14	148.63
30	34.785	40.568	47.575	56.085	66.439	73.058	94.461	113.28	136.31	164.49
35	41.660	49.994	60.462	73.652	90.320	111.43	138.24	172.32	215.71	271.02
40	48.886	60.402	75.401	95.026	120.80	154.76	199.64	269.06	337.88	442.59
45	56.481	71.893	98.720	121.03	159.70	212.74	285.75	286.51	515.86	718.90
50	64.463	84.579	112.80	152.67	209.35	290.34	406.53	573.77	815.08	1163.9
60	81.671	114.05	163.05	237.99	353.58	533.13	813.52	1253.2	1944.8	3034.8

기간이자율(r)

$$FA_n = \sum_{t=1} (1+r)^{n-t} = \frac{(1+r)^n - 1}{r}$$

기간수 (n)	11%	12%	13%	14%	15%	16%	17%	18%	19%	20%
1	1.000	1.000	1.000	1.000	1.000	1.000	1.000	1.000	1.000	1.000
2	2.1100	2.1200	2.1300	2.1400	2.1500	2.1600	2.1700	2.1800	2.1900	2.200
3	3.3421	3.3744	3.4069	3.4396	3.4725	3.5056	3.5389	3.5724	3.6061	3.6400
4	4.7097	4.7793	4.8498	4.9211	4.993	45.0665	5.1405	5.2154	5.2913	5.3680
5	6.2278	6.3528	6.4803	6.6106	6.7424	6.8771	7.0144	7.1542	7.2966	7.4416
6	7.9130	8.1152	8.3230	8.5355	8.7537	8.9775	9.2068	9.4420	9.6830	9.9299
7	9.7830	10.089	10.405	10.730	11.067	11.414	11.772	12.142	12.523	12.916
8	11.859	12.300	12.757	13.233	13.727	14.240	14.773	15.327	15.902	16.499
9	14.163	14.776	15.416	16.085	16.786	17.519	18.285	19.086	19.923	20.799
10	16.722	17.549	18.419	19.337	20.304	21.321	22.393	23.521	24.709	25.959
11	19.561	20.655	21.814	23.045	24.349	25.733	27.199	28.755	30.404	32.150
12	22.713	24.133	25.650	27.271	29.002	30.850	32.823	34.931	37.180	39.581
13	26.211	28.029	29.984	32.089	34.352	36.786	39.404	42.219	45.244	48.497
14	30.095	32.393	34.883	37.581	40.505	43.672	47.103	50.818	54.841	59.196
15	34.405	37.280	40.418	43.842	47.580	51.660	56.110	60.965	66.261	72.035
16	39.199	42.753	46.672	50.890	55.717	60.925	66.649	72.939	79.850	87.442
17	44.501	48.884	53.739	59.118	65.075	71.673	78.979	87.068	96.022	105.93
18	50.396	55.750	61.725	68.394	75.836	84.141	93.406	103.74	115.26	128.12
19	56.939	63.440	70.749	78.969	88.212	98.603	110.29	123.41	138.16	154.74
20	64.203	72.053	80.947	91.025	102.44	115.38	130.03	146.63	165.42	186.69
21	72.265	81.699	92.469	104.77	118.81	134.84	153.14	174.02	197.85	225.03
22	81.214	92.503	105.49	120.44	137.63	157.41	180.17	206.34	236.44	271.03
23	91.148	104.60	120.20	138.30	159.28	183.60	211.80	244.49	282.36	326.24
24	102.17	118.16	136.83	158.66	184.17	213.98	248.81	289.49	337.01	392.48
25	114.41	133.33	155.62	181.87	212.79	249.21	292.10	342.60	402.04	471.98
26	127.99	150.33	176.85	208.33	245.71	290.09	342.76	405.27	497.43	567.38
27	143.08	169.37	200.84	238.50	283.57	337.50	402.03	479.22	571.51	681.85
28	159.82	190.70	227.95	272.89	327.10	392.50	471.38	566.48	681.11	819.22
29	178.39	214.58	258.58	312.09	377.17	456.30	552.51	669.45	811.52	984.07
30	199.02	241.33	293.19	356.79	434.75	530.31	647.44	790.95	966.71	1181.9
35	341.59	431.66	546.68	693.57	881.17	1120.7	1426.4	1816.7	2314.2	2948.3
40	581.83	767.09	1013.7	1342.0	1779.1	2360.8	3134.5	4163.2	5529.8	7343.9
45	986.64	1358.3	1874.2	2590.6	3585.1	4965.3	6879.2	9531.6	1320.3	18281.
50	1668.7	2400.0	3459.5	4994.5	7217.7	10436.	15089.	21813.	31515.	45497.
60	4755.1	7471.6	11762.	18535.	29220.	46057.	72555.	114189.	179494.	281737.

<표 A-4> 정상연금 1원의 현재가치

기간이자율(r)

$$PA_n = \sum_{t=1}^{n} \frac{1}{(1+r)^t}$$

기간수 (n)	1%	2%	3%	4%	5%	6%	7%	8%	9%	10%
1	0.9901	0.9804	0.9616	0.9615	0.9524	0.9434	0.9346	0.9259	0.9174	0.9091
2	1.9704	1.9416	1.9165	1.8861	1.8594	1.8334	1.8080	1.7833	1.7591	1.7355
3	2.9410	2.8839	2.8286	2.7751	2.7232	2.6730	2.6243	2.5771	2.5313	2.4868
4	3.9020	3.8077	3.7171	3.6299	3.5460	3.4651	3.3872	3.3121	3.2397	3.1699
5	4.8534	4.7135	4.5797	4.4518	4.3295	4.2124	4.1002	3.9927	3.8897	3.7908
6	5.7955	5.6014	5.4172	5.2421	5.0757	4.9173	4.7665	4.6229	4.4859	4.3553
7	6.7282	6.4720	6.2303	6.0021	5.7864	5.5824	5.3898	5.2064	5.0330	4.8684
8	7.6517	7.3255	7.0197	6.7327	6.4632	6.2098	5.9713	5.7466	5.5348	5.3349
9	8.5660	8.1622	7.7861	7.4353	7.1078	6.8017	6.5152	6.2468	5.9952	5.7590
10	9.4713	8.9826	8.5302	8.1109	7.7217	7.3601	7.0236	6.7101	6.4177	6.1446
11	10.368	9.7868	9.2526	8.7605	8.3064	7.8869	7.4987	7.1390	6.8052	6.4951
12	11.255	10.575	9.9540	9.3851	8.8633	8.3838	7.9427	7.5361	7.1607	6.8137
13	12.134	11.348	10.635	9.9856	9.3936	8.8527	8.3577	7.9038	7.4869	7.1034
14	13.004	12.106	11.296	10.563	9.8986	9.2950	8.7455	8.2442	7.7862	7.3667
15	13.865	12.849	11.938	11.118	10.380	9.7122	9.1079	8.5595	8.0607	7.6061
16	14.718	13.758	12.561	11.652	10.838	10.106	9.4466	8.8514	8.3136	7.8237
17	15.562	14.292	13.166	12.166	11.274	10.477	9.7632	9.1216	8.5436	8.0216
18	16.398	14.992	13.756	12.659	11.690	10.828	10.059	9.3719	8.7556	8.2014
19	17.226	15.678	14.324	13.134	12.085	11.158	10.336	9.6036	8.9501	8.3649
20	18.046	16.351	14.877	13.590	12.462	11.470	10.594	9.8181	9.1285	8.5136
21	18.857	17.011	15.415	14.029	12.821	11.764	10.835	10.017	9.2922	8.6487
22	19.660	17.658	15.937	14.451	13.163	12.042	11.061	10.201	9.4424	8.7715
23	20.456	18.292	16.444	14.857	13.489	12.303	11.272	10.371	9.5802	8.8832
24	21.243	18.914	16.935	15.247	13.799	12.550	11.469	10.529	9.7066	8.9847
25	22.023	19.524	17.413	15.622	14.094	12.783	11.654	10.657	9.8266	9.0770
26	22.795	20.121	17.877	15.983	14.375	13.003	11.826	10.810	9.9290	9.1609
27	23.560	20.707	18.327	16.330	14.643	13.210	11.987	10.935	10.027	9.2372
28	24.316	21.281	18.764	16.663	14.898	13.406	12.137	11.051	10.116	9.3066
29	25.066	21.844	19.188	16.984	15.141	13.591	12.278	11.158	10.198	9.3696
30	25.808	22.397	19.600	17.292	15.373	13.765	12.409	11.258	10.274	9.4269
35	29.409	24.999	21.487	18.665	16.374	14.498	12.948	11.655	10.567	9.6442
40	32.845	27.356	23.115	19.793	17.159	15.046	13.332	11.925	10.757	9.7791
45	36.095	29.490	24.519	20.720	17.774	15.456	13.605	12.108	10.881	9.8628
50	39.196	31.424	25.730	21.482	18.256	15.762	13.801	12.223	10.962	9.9148
60	44.955	34.761	27.676	22.623	18.929	16.161	14.039	12.376	11.048	9.9671

기간이자율(r)

$$PA_n = \sum_{t=1}^{n} \frac{1}{(1+r)^t}$$

기간수 (n)	11%	12%	13%	14%	15%	16%	17%	18%	19%	20%
1	0.9009	0.8929	0.8850	0.8772	0.8696	0.8621	0.8547	0.8475	0.8403	0.8333
2	1.7125	1.6901	1.6681	1.6467	1.6257	1.6052	1.5852	1.5656	1.5465	1.5278
3	2.4437	2.4018	2.3612	2.3216	2.2832	2.2459	2.2096	2.1743	2.1399	2.1065
4	3.1024	3.0373	2.9745	2.9137	2.8550	2.7982	2.7432	2.6901	2.6386	2.5887
5	3.6959	3.6048	3.5172	3.4331	3.3522	3.2743	3.1993	3.1272	3.0576	3.9906
6	4.2305	4.1114	3.9975	3.8887	3.7845	3.6847	3.5892	3.4976	3.4098	3.3255
7	4.7122	4.5638	4.4226	4.2883	4.1604	4.0386	3.9224	3.8115	3.7057	3.6046
8	5.1461	4.9676	4.7988	4.6389	4.4873	4.3436	4.2072	4.0776	3.9544	3.8372
9	5.5370	5.3282	5.1317	4.9464	4.7716	4.6065	4.4506	4.3030	4.1633	4.0310
10	5.8892	5.6502	5.4262	5.2161	5.0188	4.8332	4.6586	4.4941	4.3389	4.1925
11	6.2065	5.9377	5.6869	5.4527	5.2337	5.0286	4.8364	4.6560	4.4865	4.3271
12	6.4924	6.1944	5.9176	5.6603	5.4206	5.1971	4.9884	4.7932	4.6105	4.4392
13	6.7499	6.4235	6.1218	5.8424	5.5831	5.3423	5.1183	4.9095	4.7147	4.5327
14	6.9819	6.6282	6.3025	6.0021	5.7245	5.4675	5.2293	5.0081	4.8023	4.6106
15	7.1909	6.8109	6.4624	6.1422	5.8474	5.5755	5.3242	5.0916	4.8759	4.6755
16	7.3792	6.9740	6.6039	6.2651	5.9542	5.6685	5.4053	5.1624	4.9377	4.7296
17	7.5488	7.1196	6.7291	6.3729	6.0472	5.7487	5.4746	5.2223	4.8987	4.7746
18	7.7016	7.2497	6.8399	6.4674	6.1280	5.878	5.5339	5.2732	5.0333	4.8122
19	7.8393	7.3658	6.9380	6.5504	6.1982	5.8775	5.5845	5.3162	5.0700	4.8435
20	7.9633	7.4694	7.0248	6.6231	6.2593	5.9288	5.6278	5.3527	5.1009	4.8696
21	8.0751	7.5620	7.1015	6.6870	6.3125	5.9731	5.6648	5.3837	5.1263	4.8913
22	8.1757	7.6446	7.1695	6.7429	6.3587	6.0113	5.6964	5.4099	5.1486	4.9094
23	8.2664	7.7184	7.2297	6.7921	6.3988	6.0442	5.7234	5.4321	5.1668	4.9245
24	8.3481	7.7843	7.2829	6.8351	6.4338	6.0726	6.7465	5.4509	5.1822	4.9372
25	8.4217	7.8431	7.3300	6.8729	6.4641	6.0971	5.7662	5.4669	5.1951	4.9476
26	8.4881	7.8957	7.3717	6.9061	6.4906	6.1182	5.7831	5.4804	5.2060	4.9563
27	8.5478	7.9426	7.4086	6.9352	6.5135	6.1364	5.7975	5.4919	5.2151	4.9363
28	8.6016	7.9844	7.4412	6.9607	6.5335	6.1520	5.8099	5.5016	5.2223	4.9697
29	8.6501	8.0218	7.4701	6.9830	6.5509	6.1656	5.8204	5.5093	5.2292	4.9747
30	8.6938	8.0552	7.4957	7.0027	6.5660	6.1772	5.8294	5.5168	5.2347	4.9789
35	8.8552	8.1755	8.5856	7.0700	6.6166	6.2153	5.8582	5.5386	5.2512	4.9915
40	8.9511	8.2433	7.6344	7.1050	6.6418	6.2335	5.8713	5.5482	5.2582	4.9966
45	9.0079	8.2825	7.6609	7.1232	6.6543	6.2421	5.8873	5.5523	5.2611	4.9986
50	9.0417	8.3045	7.6572	7.1327	6.6605	6.2463	5.8801	5.5541	5.2623	4.9995
60	9.0736	8.3240	7.6873	7.1401	6.6651	6.2491	5.8819	5.5553	5.2630	4.9999

<표 A-5> 이상연금 1원의 현재가치

기간이자율(r)

기간수 (n)	1%	2%	3%	4%	5%	6%	7%	8%	9%	10%
1	1.000	1.000	1.000	1.000	1.000	1.000	1.000	1.000	1.000	1.000
2	1.9901	1.9804	1.9709	1.9615	1.9524	1.934	1.9346	1.9259	1.9174	1.9091
3	2.2704	2.9416	2.9135	2.8861	2.8594	2.8334	2.8080	2.7833	2.7591	2.7355
4	3.9410	3.8839	3.8286	3.7751	3.7233	3.6730	3.6243	3.5771	3.5313	3.4869
5	4.9020	4.8078	4.7171	4.6220	4.5460	4.4651	4.3872	4.3121	4.2397	4.1699
6	5.8534	5.7135	5.5797	5.4518	5.3295	5.2124	5.1002	4.9927	4.8897	4.7908
7	6.7955	6.6014	6.4172	6.2421	6.0757	5.9173	5.7665	5.6229	5.4859	5.3553
8	7.7282	7.4720	7.2303	7.0021	6.7864	6.5824	6.3893	6.2064	6.0330	5.8684
9	8.6517	8.3255	8.0197	8.7327	7.4632	7.2098	6.9713	6.7466	6.5348	6.3349
10	9.5660	9.1622	8.7861	8.4353	8.1078	7.8017	7.5152	7.2469	6.9953	6.7590
11	10.4713	9.9826	9.5302	9.1109	8.7217	8.3601	8.0236	7.7101	7.4177	7.1446
12	11.3676	10.7869	10.2526	9.7605	9.3064	8.8869	8.4987	8.1390	7.8052	7.4951
13	12.2551	11.5753	10.9540	10.3851	9.8633	9.3838	8.9427	8.5361	8.1607	7.8137
14	13.1337	12.3484	11.6350	10.9857	10.3936	9.8527	9.3577	8.9038	8.4869	7.1034
15	14.0037	13.1063	12.2961	11.5631	10.8986	10.2950	9.7455	9.2442	8.7862	8.3667
16	14.8651	13.8493	12.9380	12.1184	11.3797	10.7123	10.1079	9.5595	9.0607	8.6061
17	15.7179	14.5777	16.5611	12.6523	11.8378	11.1059	10.4467	9.9814	9.3126	8.8237
18	16.5623	15.2919	14.1661	13.1657	12.2741	11.4773	10.7632	10.1216	9.5436	9.0216
19	17.3983	15.9920	14.7535	13.6593	12.6896	11.8276	11.0591	10.3719	9.7556	9.2014
20	18.2260	16.6785	15.3238	14.1340	13.0853	12.1581	11.3356	10.6036	9.9501	9.3649
21	19.0456	17.3514	15.8775	14.5903	13.4622	12.4699	11.5940	10.8182	10.1286	9.5136
22	19.8570	18.0112	16.4150	15.0292	13.8212	12.7641	11.8355	11.0168	10.2922	9.6437
23	20.6604	18.6581	16.9369	15.4511	14.1630	13.0416	12.0612	11.2007	10.4424	9.7715
24	21.4558	19.2922	17.4436	15.8568	14.4886	13.3034	12.2722	11.3711	10.5802	9.8832
25	22.2434	19.9139	17.9355	16.2470	14.7986	13.5504	12.4693	11.5288	10.7066	9.9847
26	23.0232	20.5235	18.4132	16.6221	15.0939	13.7834	12.6536	11.6748	10.8226	10.0770
27	23.7952	21.1210	18.8768	16.9828	15.3752	14.0032	12.8258	11.8100	10.9290	10.1610
28	24.5596	21.7069	19.3270	17.3296	15.6430	14.2105	12.9867	11.9352	11.0266	10.2372
29	25.3164	22.2813	19.7641	17.6631	15.8981	14.4062	13.1371	12.0511	11.1161	10.3066
30	26.0658	22.8444	20.1885	17.9837	16.1411	14.5907	13.2777	12.1584	11.1983	10.3696
35	29.7027	25.4986	22.1318	19.4112	17.1929	15.3681	13.8540	12.5869	11.5179	10.6086
40	33.1630	27.9026	23.8082	20.5845	18.0170	15.9491	14.2649	12.8786	11.7255	10.7570
45	36.4555	30.0800	25.2543	21.5488	18.6628	16.3832	14.5579	13.0771	11.8605	10.8491
50	39.5881	32.0521	26.5017	22.3415	19.1687	14.7076	14.7668	13.2122	11.9482	10.9063
60	45.4046	35.4561	28.5058	23.5284	19.8757	17.1311	15.0129	13.3667	12.0423	10.9639

기간이자율(r)

기간수 (n)	11%	12%	13%	14%	15%	16%	17%	18%	19%	20%
1	1.000	1.000	1.000	1.000	1.000	1.000	1.000	1.000	1.000	1.000
2	1.9009	1.8929	1.8850	1.8772	1.8696	1.8621	1.8547	1.8475	1.8403	1.8333
3	2.7125	2.6901	2.6681	2.6467	2.6257	2.6052	2.5852	2.5656	2.5465	2.5278
4	3.4437	3.4018	3.3612	3.3217	3.2832	3.2459	3.2096	3.1743	2.1399	3.1065
5	4.1025	4.0374	3.9745	3.9137	3.8550	3.7982	3.7432	3.6901	3.6386	3.5887
6	4.6959	4.6048	4.5172	4.4331	4.3522	4.2743	4.1994	4.1272	4.0576	3.9906
7	5.2305	5.1114	4.9976	4.8887	4.7845	4.6847	4.5892	4.4976	4.4098	4.3255
8	5.7122	5.5638	5.4226	5.2883	5.1604	5.0386	4.9224	4.8115	4.7057	4.4046
9	6.1461	5.9676	5.7988	5.6389	5.4873	5.3436	5.2072	5.0776	4.9544	4.8372
10	6.5371	6.3283	6.1317	5.9464	5.7716	5.6065	5.4506	5.3030	5.1633	5.0310
11	6.8892	6.6502	6.4262	6.2161	6.0188	5.8332	5.6586	5.4941	5.3389	5.1925
12	7.2065	6.9377	6.6869	6.4527	6.2337	6.0286	5.8364	5.6560	5.4865	5.3271
13	7.4924	7.1944	6.9177	6.6603	6.4206	6.1971	5.9884	5.7932	5.6105	5.4392
14	7.7499	7.4236	7.1218	6.8424	6.5832	6.3423	6.1183	5.9095	5.7147	5.5327
15	7.9819	7.6282	7.3025	7.0021	6.7245	6.4675	6.2293	6.0081	5.8023	5.6106
16	8.1909	7.8109	7.4624	7.1422	6.8474	6.5755	6.3242	6.0916	5.8759	5.6755
17	8.3792	7.9740	7.6039	7.2651	6.9542	6.6685	6.4053	6.1624	5.9378	5.7296
18	8.5488	8.1196	7.7291	7.3729	7.0472	6.7488	6.4746	6.2223	5.9897	5.7746
19	8.7016	8.2497	7.8399	7.4674	7.1280	6.8179	6.5339	6.2732	6.0333	5.8122
20	8.8393	8.3658	7.9380	7.5504	7.1982	6.8775	6.5848	6.3162	6.0700	5.8435
21	8.9633	8.4694	8.0248	7.6231	7.2593	6.9288	6.6277	6.3528	6.1009	5.8696
22	9.0751	8.5620	8.1016	7.6870	7.3125	6.9731	6.6648	6.3837	6.1268	5.8913
23	9.1757	8.6447	8.1695	7.7429	7.3587	7.0113	6.6964	6.4099	6.1486	5.9094
24	9.2664	8.7184	8.2297	7.7921	7.3988	7.0443	6.7234	6.4321	6.1669	5.9245
25	9.3481	8.7843	8.2829	7.8351	7.4338	7.0726	6.7365	6.4510	6.1822	5.9371
26	9.4217	8.8431	8.3300	7.8729	7.4642	7.0971	6.7662	6.4669	6.1915	5.9476
27	9.4881	8.8957	8.3717	7.9061	7.4906	7.1182	6.7831	6.4804	6.2060	5.9563
28	9.5478	8.9426	8.4086	7.9352	7.5135	7.1364	6.7975	6.4919	6.2151	5.9636
29	9.6016	8.9844	8.4412	7.9607	7.5335	7.1520	6.8099	6.5016	6.2228	5.9697
30	9.6501	9.0218	8.4701	7.9830	7.5509	7.1656	6.8204	6.5098	6.2292	5.9747
35	9.8293	9.1562	8.5717	8.0599	7.6091	7.2098	6.8541	8.5356	6.2490	5.9899
40	9.9357	9.2330	8.6268	8.0998	7.6381	7.2309	6.8695	6.5468	6.2572	5.9959
45	9.9988	9.2764	8.6568	8.1205	7.6524	7.2409	6.8765	6.5517	6.2607	5.9984
50	10.0362	9.3010	8.6730	8.1312	7.6596	7.2457	6.8797	6.5539	6.2621	5.9993
60	10.0717	9.3229	8.6866	8.1397	7.6649	7.2490	6.8818	6.5552	6.2630	5.9999

II. 사례연구(영문) 및 해답

제 1 장

MULTIPLE CHOICE QUESTIONS: Accounting Users

Circle the letter of the item which best answers the question.

1. The complex accounting environment consists of the following users :
   a. Senders and receivers
   b. Investors, stockholders, bankers, and managers
   c. Governmental, external, and internal
   d. Internal and external

2. Policymakers -
   a. Determine the accounting rules and procedures necessary to provide managers, external users, and auditors with meaningful information
   b. Attempt to provide external users with as little information as possible
   c. Include only the SEC[1] and IRS[2]
   d. Report on the fairness of a company's financial reports

3. Managerial accounting –
   a. Must follow GAAP
   b. Provides more timely and detailed information than that provided to external users
   c. Methods are identical no matter what purpose a company or an individual is pursuing
   d. All of the above

1) Securities and Exchange Commission, 증권거래위원회(미국).
2) Internal Revenue Service, 국세청(미국).

4. Governmental users –
   a. Can be viewed as a special class of external users, since many governmental agencies have the power to require any specific accounting information they need
   b. Include only the IRS and SEC
   c. Operate in a relatively simple environment that is void of ambiguity
   d. Request information for no specific purpose

5. Which of the following is not one of the basic financial statements?
   a. Balance sheet
   b. Audit report
   c. Income statement
   d. Statement of cash flows

MULTIPLE CHOICE QUESTIONS: Accounting Users

1. d 2. a 3. b 4. a 5. b

제 2 장

사례연구 1: Internal Users versus External Users

All major corporations record their operating assets for financial accounting purposes at their original(historical) costs. Several of these corporations, however, keep track of these same assets current appraisal values(which may be higher than cost) for managerial decision-making purposes. Comment on this inconsistent practice from the view of the accounting profession.

〈사례연구1 해답〉

This practice is not inconsistent with the views of the accounting profession. Historical cost of assets is used because it can be objectively measured and verified and users know how most costs were determined. GAAP requires this consistent use across all companies.

Managerial accounting information, however, does not need to conform to GAAP and any accounting policy can be used that will give the most useful decision making information. In this case, many firms feel that the replacement cost of assets values their old and new plants on a more relevant basis so that better informed replacement decisions can be made.

사례연구 2: Identifying Important Accounting Abbreviations

The following is a list of important abbreviations used in the chapter. These abbreviations also are used widely in business. For each abbreviation, give the full designation. The first one is an example.

Abbreviation	Full Designation
1. CPA	Certified Public Accountant
2. GAAP	______________
3. CMA	______________
4. AICPA	______________
5. SEC	______________
6. FASB	______________
7. IFRS	______________
8. ISA	______________
9. KAI	______________
10. KASB	______________

〈사례연구2 해답〉

Abbreviation	Full Designation
1. CPA	Certified Public Accountant
2. GAAP	Generally Accepted Accounting Principles
3. CMA	Certified Management Accountant
4. AICPA	American Institute of Certified Public Accountants
5. SEC	Securities and Exchange Commission
6. FASB	Financial Accounting Standards Board
7. IFRS	International Financial Reporting Standards
8. ISA	International Standards Auditing
9. KAI	Korean Accounting Institute
10. KASB	Korean Accounting Standards Board

제 3 장

사례연구: Balance Sheet Elements

Classify the following items as to whether they are assets(A), liabilities(L), or stockholders' equity(SE). If they are part of SE, tell whether they are stock(S), revenues(R), expenses(E), or dividends(D).

____________a. Notes receivable

____________b. Cash

____________c. Land

____________d. Supplies

____________e. Capital stock

____________f. Dividends payable

____________g. Unearned revenue

____________h. Consulting fees

____________i. Salaries expense

____________j. Interest payable

____________k. Accounts receivable

____________l. Accounts payable

____________m. Dividends

〈사례연구 해답〉

Notes receivable	A	Fees earned	R
Cash	A	Salary expense	E
Land	A	Interest payable	L
Supplies	A	Accounts receivable	A
Capital stock	S	Accounts payable	L
Dividends payable	L	Dividends	D
Unearned revenue	L		

제 4 장

사례연구: Balance Sheet Preparation-IBM

International Business Machines Corporation(IBM) reported the following items in 20×1 recent annual report(in millions):

Accounts payable	$1,970
Cash	755
Capital stock	?
Loans payable	1,410
Notes and accounts receivable	9,971
Plant and other property	21,268
Other assets	25,820
Other liabilities	20,060
Retained earnings	28,053
Total assets	?
Total liabilities	?
Total stockholders'equity	34,374

Required:

1. Prepare a balance sheet using the above information for IBM.
2. Does the company have enough cash to pay the accounts payable? How will they pay these obligations?

〈사례연구 해답〉

1.

IBM
Balance Sheet
December 31, 20×1
(in millions)

Assets:		Liabilities:	
Cash	$755	Accounts payable	$1,970
Notes and accounts receivable	9,971	Loan payable	1,410
		Other liabilities	20,060
Property	21,268	Total	$23,440
Other assets	25,820		
		Owners' Equity	
		Common stock	$6,321*
		Retained earnings	28,053
		Total	$34,374
Total assets	$57,814	Total liabilities and owners' equity	$57,814

*Total Owners' Equity = Common Stock + Retained Earnings
$34,374 = Common Stock + $28,053
Common Stock = $6,321

2. Cash is $755,000,000 and accounts payable is $1,970,000,000. IBM will have to generate cash through future operations, future financing or most likely the collection of receivables to pay for the accounts payable.

제 5 장

사례연구: Income Statement Preparation-General Mills

The following information is taken from an annual report of General Mills, a major competitor in consumer foods, restaurants, and specialty retailing with such familiar products as Cheerios and Hamburger Helper and the Red Lobster restaurant chain (in millions):

Cash	$56.4
Land	100.9
Interest expense	38.8
Miscellaneous expenses	113.1
Notes payable	4.7
Retained earnings	812.9
Sales	4,586.6
Selling, general, and administrative expenses	4,109.6

Required:

Prepare General Mills' income statement for the year ended May 25, 20×1. What effect does net income have on the balance sheet?

〈사례연구 해답〉

General Mills Income Statement For the Year Ended May 25, 20×1 (in millions)		
Revenues:		
Sales		$4,586.6
Expenses:		
Selling and administrative expense	$4,109.6	
Interest expense	38.8	
Miscellaneous expense	113.1	
Total		4,261.5
Net income		$325.1

Net income, being a component of retained earnings on the balance sheet, increases the retained earnings of the business. Stockholders equity is composed of stock and retained earnings and if stockholders' equity increases from operating transaction then the net of the other elements in the balance sheet equation must increase also. Because A=L+SE and A−L=SE, net income which increases SE, must also increase net assets, defined as A−L. So if stockholders' equity increased by the amount of net income so did net assets.

제 6 장

사례연구: Adjusting Journal Entries-Detroit Edison Company

The Detroit Edison Company services a 7,600-square-mile area providing over half of Michigan's population with electric and steam energy. Assume that Detroit Edison has the following transactions(in thousands) during 20×2:

a. Depreciation for the year of $218,500

b. Records rent expense of $900 that was prepaid in 20×1

c. Accrued $100 interest owed on a note payable

d. Salaries earned but not yet paid are $142

e. Accrues income tax for the year of $50,989

Required:

Record the above transactions in general journal form.

〈사례연구 해답〉

	Debit	Credit
a. Depreciation Expense(E)	218,500	
Accumulated Depreciation(XA)		218,500
(To record depreciation for the year)		
b. Rent Expense(E)	900	
Prepaid Rent(A)		900
(To record rent for the year)		
c. Interest Expense(E)	100	
Interest Payable(L)		100
(To record interest owed on note)		
d. Salaries Expense(E)	142	
Salaries Payable(L)		142
(To record salaries earned but not yet paid)		
e. Income Tax Expense(E)	50,989	
Income Taxes Payable(L)		50,989
(To record income taxes for the year)		

제 7 장

사례연구 1: Recording the Disposal of a Long-Lived Asset (Straight-Line Depreciation)

As part of a major renovation at the beginning of the year, Mullins Pharmacy, Inc., sold shelving units (store fixtures) that were 10 years old for $3,000 cash. The original cost of the shelves was $6,000 and had been depreciated on a straight-line basis over an estimated useful life of 13 years with an estimated residual value of $800. Record the sale of the shelving units.

〈사례연구 1 해답〉

Store fixtures (original cost)	$6,000
Accumulated depreciation at end of tenth year	
Depreciation expense =	
($6,000 cost − $800 residual value) × 1/13 years = $400	
Accumulated depreciation = $400 annual depreciation expense × 10 yrs =	4,000
Net book value at end of tenth year (i.e., NBV immediately prior to sale)	$2,000

Journal entry to record the disposal is as follows.

	Debit	Credit
Cash (+A)	3,000	
Accumulated depreciation, store fixtures (−XA, +A)	4,000	
Store fixtures (−A)		6,000
Gain on sale of store fixtures (+Gain, +SE)		1,000

사례연구 2: Retained Earnings-Warner-Lambert

Warner-Lambert is a major worldwide company specializing in the development, production, and marketing of health care and consumer products. These products range from prescription and nonprescription pharmaceuticals to chewing gums, razors and blades, and home aquarium products. Warner-Lambert reported the following information in a published statement of consolidated retained earnings(in thousands):

	Year Ended December 31	
	Year 2	Year 1
Retained earnings at beginning of year	$1,456,062	$?
Net income(loss)	?	223,887
Dividends declared	117,248	118,003
Retained earnings at end of year	1,023,218	?

Required:

Fill in the missing information and discuss the relationship between the retained earnings balance and the net income amount.

〈사례연구 2 해답〉

	Year 2
Retained earnings, beginning	$1,456,062
Net Loss	(315,596)
Dividends	(117,248)
Retained earnings, end	$1,023,218
	Year 1
Retained earnings, beginning	$1,350,178
Net Income	223,887
Dividends	(118,003)
Retained earnings, end	$1,456,062

Retained earnings is the cumulative net income of the business from its inception minus all dividends since inception. The net income of the current year increases the amount of retained earnings and the currently declared dividends reduces retained earnings. Note that for Warner-Lambert the net loss for year 2 reduced retained earnings.

제 8 장

사례연구: Balance Sheet Preparation and Analysis-McDonald's

The following summarized balance sheet is for McDonald's Corporation, the nation's leading fast-food chain, at the end of a recent year, 20_1.

McDonald's Corporation
Balance Sheet
December 31
($000,000)

Assets:		Liabilities and Stockholders'Equity	
Cash and receivables	$364	Liabilities:	
Supplies	38	Accounts payable	461
Investments	182	Taxes and other liabilities	789
Property and equipment	4,878	Bonds payable	2,131
Intangible assets	232	Security deposits by franchisers	81
Other assets	275	Total liabilities	$3,462
		Stockholders'equity	
		Capital stock	$130
		Retained earnings	2,377
Total assets		Total stockholders' equity	$2,507
Total assets	$5,969	Total liabilities and stockholders'equity	$5,969

The liability identified as Security deposits by franchisers represents advance payments for services to be received in the future by franchisers who are planning to open new McDonald's restaurants. In the month after this balance sheet was reported, assume that McDonald's received additional cash security deposits from furture McDonald's restaurant owners of $25 million. At the same time McDonald's purchased new equipment costing $70 million by signing a long-term note for $50 million and paying the other $20 million in cash. Assume no other transactions have occurred since the reported balance sheet.

Required:

1. Prepare the revised balance sheet for McDonald's to reflect the impact of the investing and financing activity described in the problem.
2. Are the shareholders of McDonald's Corporation any better off now than they were at the time the original balance sheet was reported? Briefly explain your answer.

〈사례연구 해답〉

1.

McDonald's Corporation
Balance Sheet
December 31, 20×1
($000,000)

Assets:		Liabilities:	
Cash and receivables	$369	Accounts payable	$461
Supplies	38	Taxes and other liabilities	789
Investments	182	Long-term debt	2,131
Property and equipment	4,948	Security deposits	106
Intangible assets	232	Notes payable	50
Other	275	Total	$3,537
		Stockholders'Equity:	
		Common stock	$130
		Retained earnings	2,377
		Total	$2,507
Total assets	$6,044	Total liabilities and stockholders' equity	$6,044

2. No. The net assets of the firm, that is the obligations to the shareholders, remains at $2,507 million. The increase in assets of $75million($6,044 − $5,969) was exactly matched by an increase in liabilities of $75 million ($3,537 − $3,462). Of course, the stockholders' will be better off if the new equipment and additional franchise proves to lead to higher profits in the future.

제 9 장
사례연구: Bank Statement Reconciliation and Cash Control

While reviewing the bank statement of your company you find a $10,000 difference between the deposits on the bank statement and the deposits on the company's record. You note a specific $10,000 deposit on the company's records that was not shown on the bank statement. At the end of the next month you find that the $10,000 deposit was actually made at the middle of the month.

Required:

Does this set of facts indicate a cash control problem? What steps would you take?

〈사례연구 해답〉

Something caused the delayed deposit. The money could have been inadvertently retained by those responsible for collection and deposit. It is also possible that an employee used the money for personal reasons for a time and then deposited it later to cover his or her tracks.

In any event, it would be prudent to trace this and all deposits to see if such delays are common and to determine the exact cause of delays. In general, management should make sure that adequate separation of duties is in place. Those opening the mail and/or collecting cash or checks from customers should not be the same as those recording transactins and depositing money in the bank. And ideally, a third person should be responsible for reconciling the bank statement.

제10장

사례연구 1: Economic Effects of LIFO

Star Share Corporation has been experiencing increasing inventory costs for years. Because of a conservative management team, however, Star Share has always used the FIFO inventory method. You have recently been promoted to chief financial officer(CFO) of the corporation, resulting in a large raise, a bonus based on net income, and a stock option plan. As one of your first projects, you investigate what would happen to Star Share if they changed to the LIFO inventory method. Your analysis provides the following results(anounts are in millions):

	Asumption	
	Continue to Use FIFO Method	Switch to LIFO Method
Ending inventory(asset)…………………………	$435	$390
Cost of goods sold ………………………………	3,850	3,895
Tax payments on income………………………	76.5	61.2
Net income…………………………………………	148.5	118.8
Dividends to stockholders………………………	80	80

Required:

Do you decide to switch to LIFO? Explain your decision, but confine your explanation to an evaluation of the cash flow effects of these alternatives.

〈사례연구 1 해답〉

Yes, you decide to switch to LIFO for the following reasons :

1. Star Share sees a economic benefit from reduced income tax payments.
2. Star Share's stockholders are better off. They see the same dividend payment under each method. Although net income is lower, tax payments are less. It is assumed stockholders are knowledgeable regarding the benefits of LIFO and this will be reflected in appreciation of stock prices.
3. Although your bonus is based on net income, you also participate in the stock option plan. As such you would share in the benefits of the stockholders.

Note: The above reasons assume Star Share s inventory costs will continue to increase, and that they will continue to have taxable income. If costs decrease over extended periods or if there is no taxable income, then the above arguments will not be appropriate.

사례연구 2: Making a Decision as a Financial Analyst (Analysis of the Effect of a Change to LIFO)

A recent annual report for Quaker Oats included the following information:

The company adopted the LIFO cost flow assumption for valuing the majority of remaining U.S. Grocery Products inventories. The company believes that the use of the LIFO method better matches current costs with current revenues. The cumulative effect of this change on retained earnings at the beginning of the year is not determinable, nor are the pro forma effects of retroactive application of LIFO to prior years. The effect of this change on the current year was to decrease net income by $16.0 million, or $0.20 per share.

Required:

As a new financial analyst at a leading Wall Street investment banking firm, you are assigned to write a memo outlining the effects of the accounting change on Quarker s financial statements. Assume a 34 percent tax rate. In your report, be sure to include the following:

1. In addition to the reason that was cited, why did management adopt LIFO?
2. As an analyst, how would you react to the $0.20 per share decrease in income caused by the adoption of LIFO?

〈사례연구 2 해답〉

The note does not state that the company also adopted LIFO for tax purposes, but it is reasonable to assume that this change was also made on their tax return. The after-tax effect was to reduce net income by $16 million. Since the company is in the 34% tax bracket, this means that the decrease in pre-tax income was approximately $24 million. Thus, ending inventory was decreased by approximately $24 million and cost of goods sold was increased by $24 million. This resulted in a decrease in tax expense of approximately $8 million and a decrease in net income of $16 million.

This $8 million tax postponement is significant and is likely to be the main reason that management adopted LIFO. A decrease in net income is normally a negative sign to analysts, since it normally implies a decline in future cash flows. In this case, however, the change had a positive cash flow effect (if the assumption discussed above is correct). Most analysts would look favorably on a change, the only effect of which is to provide the company with an additional $8 million in cash.

제11장
사례연구: Recording and Reporting a Bad Debt Estimate Using Aging Analysis

Bhojraj Company uses the aging approach to estimate bad debt expense. The balance of each account receivable is aged on the basis of three time periods as follows: (1) not yet due $250,000, (2) up to 120 days past due $50,000, and (3) more than 120 days past due $30,000. Experience has shown that for each age group, the average loss rate on the amount of the receivables at year-end due to uncollectability is (1) 3.5 percent, (2) 10 percent, and (3) 30 percent, respectively. At December 31, 2010 (end of the current year), the Allowance for Doubtful Accounts balance was $400 (credit) before the end-of-period adjusting entry is made.

Required:

1. Prepare the appropriate bad debt expense adjusting entry for the year 2010.
2. Show how the various accounts related to accounts receivable should be shown on the December 31, 2010 balance sheet.

〈사례연구 해답〉

Req. 1

December 31, 2010-Adjusting entry:

Bad debt expense (+E, −SE) ······································ 22,350

Allowance for doubtful accounts (+XA, −A) ································ 22,350

To adjust for estimated bad debt expense for 2010 computed as follows:

Aged accounts receivable			Estimated percentage uncollectible		Estimated amount uncollectible
Not yet due	$250,000	×	3.5%	=	$8,750
Up to 120 days past due	50,000	×	10%	=	5,000
Over 120 days past due	30,000	×	30%	=	9,000
Estimated balance in allowance for doubtful accounts					22,750
Current balance in Allowance for Doubtful Accounts					400
Bad Debt Expense for the year					$22,350

Req. 2

Balance sheet:

Accounts receivable ($250,000 + $50,000 + $53,000)	$330,000	
Less allowance for doubtful accounts	22,750	
Accounts receivable, net of allowance for doubtful accounts		$307,250

제12장

사례연구 1: Annual Report Analysis - IBM

The following balance sheet data were reported by International Business Machines Corporation(IBM) in a recent annual report(in millions of dollars):

	20×2	20×1
Plant, machines, and property ·····················	$38,121	$34,483
Less:Accumulated depreciation····················	16,853	14,803
Net book value······································	$21,268	$19,680

Assume that from other financial statement data you learn that IBM recorded depreciation expense of $3,316 million and that they sold machines with a net book value of $647 million during 20×2.

Required:

What is the apparent amount of additional investment in plant, machines, and property during 20×2?

〈사례연구 1 해답〉

IBM Case

	Plant, Machines, and Property (Dr.)	Plant, Machines, and Property (Cr.)	Accumulated Depreciation (Dr.)	Accumulated Depreciation (Cr.)
12/31/×1	34,483			14,803
	(3)	(2)	(1)	Depr. Expense 3,316
12/31/×2	38,121			16,853

To solve this case, we must fill in the three missing pieces of information in order, as follows:

(1) Plug answer to balance T account

$$\begin{array}{r} \$14,803 \\ \underline{+3,316} \\ 18,119 \\ \underline{-16,853} \\ \underline{\underline{\$1,266}} \end{array}$$ decrease in accumulated depreciation

(2) If net book value of sold machines is $647(given), their original cost must have been (1) + $647 = $1,266 + $647 = $1,913.

(3) Plug to balance account

	Plant, Machines, and Property	
	34,483	
Plug →	5,551	1,913
	38,121	

$5,551 million additional investment in 20×2.

사례연구 2: Computing Goodwill from the Purchase of a Business and Related Depreciation and Amortization

The notes to a recent annual report from Weekbok Corporation included the following:

Business Acquisitions
During the current year, the Company acquired the assets of Sport Shoes, Inc...

Assume that Weebok acquired Sport Shoes on January 5, 2010. Weebok acquired the name of the company and all of its assets, except cash, for $472,000 cash. Weebok did not assume the liabilities. The transaction was closed on January 5, 2010, at which time the balance sheet of Sport Shoes reflected the following book values, and an independent appraiser estimated the following market values for the assets:

Sport Shoes, Inc.		
January 5, 2010	Book Value	Market Value*
Accounts receivable (net)	$41,000	$41,000
Inventory	215,000	200,000
Fixed assets (net)	33,000	50,000
Other assets	4,000	10,000
Total assets	$293,000	
Liabilities	$55,000	
Stockholders' equity	238,000	
Total liabilities and stockholders' equity	$293,000	

Required:

1. Compute the amount of goodwill resulting from the purchase. (Hint: Assets are purchased at market value in conformity with the cost principle.)
2. Compute the adjustments that Weebok would make at the end of the annual accounting period, December 31, 2010, for the following:
   a. Depreciation of the fixed assets (straight line), assuming an estimated remaining useful life of 10 years and no residual value.
   b. Goodwill (an intangible asset with an indefinite life).

〈사례연구 2 해답〉

Req. 1

January 5, 2010:

Cash purchase price		$472,000
Less market value of identifiable assets:		
Accounts receivable	$41,000	
Inventory	200,000	
Fixed assets	50,000	
Other assets	10,000	301,000
Difference (Goodwill)		$171,000

Req. 2

December 31, 2010:

a. Depreciation expense on fixed assets acquired: ($50,000 − $0) × 1/10 years = $5,000

b. Goodwill has an indefinite life and is not amortized.

제13장
사례연구: Recording and Reporting an Equity Method Investment

Donald Corporation purchased 3,000 shares of the outstanding common voting stock of Apprentice Corporation on January 2, 2010, for $80 per share. At the date of purchase Apprentice Corporation had outstanding 10,000 shares of common stock (par $50).

During 2010, Apprentice reported net income of $60,000 and declared and paid a $5,000 cash dividend. The December 31, 2010, market value of Apprentice's stock was $84.

Required:

Prepare the journal entries required for Donald Corporation on January 2, 2010 and December 31, 2010.

〈사례연구 해답〉

January 2, 2010

	Debit	Credit
Investment in affiliated companies	240,000	
Cash(A)		240,000
(To record investment in ABC)		
Temporary lnvestments–XYZ(A)	32,000	
Cash(A)		32,000
(To record investment in XYZ)		

December 31, 2010:

	Debit	Credit
Investment in affiliated companies	18,000	
Equity in investee earnings		18,000
Cash	1,500	
Investment in affiliated companies		1,500

제14장
사례연구: Explaining Why Debt Is Sold at a Discount

The annual report of American Airlines contained the following note:

> The Company recorded the issuance of $775 million in bonds (net of $25million discount) as long-term debt on the consolidated balance sheet. The bonds bear interest at fixed rates, with an average effective rate of 8.06 percent, and mature over various periods of time, with a final maturity in 2031.

After reading this note, an investor asked her financial advisor why the company didn t simply sell the notes for an effective yield of more than 8.06 percent and avoid having to account for a small discount over the next 20 years. Prepare a written response to this question.

〈사례연구 해답〉

The effective interest rate for a bond is determined by market forces and not the company. American was able to specify the coupon rate for the bonds which determines the periodic interest payments. It appears that American intended to sell the bonds close to par value which would be achieved by having a coupon rate that was the same as the market rate. The market rate of interest continually changes as the result of such factors as inflation expectations and the level of business activity. It is virtually impossible to issue a bond at a point when the coupon rate and the market rate are exactly the same.

제15장
사례연구: Computing Number of Shares

The charter of Mansfield Corporation specifies that it may issue 200,000 shares of common stock. Since the company was incorporated, it has sold a total of 160,000 shares to the public but bought back a total of 20,000. The par value of the stock is $3 and the stock was sold at an average price of $16. When the stock was bought back from the public, the market price was $20.

Required :

1. Determine the authorized shares.
2. Determine the issued shares.
3. Determine the outstanding shares.

〈사례연구 해답〉

Req. 1 The number of authorized shares is specified in the corporate charter: 200,000.

Req. 2 Issued shares are the share sold to the public: 160,000

Req. 3

Issued shares	160,000
Treasury stock	(20,000)
Outstanding shares	140,000

제16장
사례연구: Disclosure Decisions

During your first year as a staff auditor for a large local CPA firm, you encounter the following difficult situations requiring your judgement as to how they should be disclosed.

1. A company involved in the manufacture of flour had several different operations: growing wheat on company-owned land; storing wheat from its own crops and other companies' crops ; milling the wheat into finished products. During the current year, all company land used for growing wheat was sold to another company, along with the equipment used for these operations.
2. During the current period, a company that had previously used the LIFO inventory method changed to FIFO to be consistent with current industry methods.
3. A local farm moved its farming operations to another location up the coast. The costs of this move were high, equal to 50% of revenues for the period. However, the move is expected to improve production for many years.
4. An earthquake damaged the structure of the Bank of Kansas City's main office in downtown Kansas City. The cost to repair the structure will be about 30% of last year's profits. This damage was unusual in that few people actually observed the quake and only a few other companies reported any damage. No one could recall a similar event ever having occurred before in Kansas.
5. During the past period, a client with many foreign operations experienced an unusually large gain from the translation of foreign currency into U.S. currency for financial reporting purposes, five times larger than the largest gain previously reported, and three times larger than all other sources of income for the period.

Required :

Write a memo to your supervisor explaining how you think each of these situations should be reported in the financial statements.

〈사례연구 해답〉

So far I have encountered five difficult reporting issues that I wish to report to you. They are labeled a.e. in the attached worksheet(See problem). I believe these situations should be treated as noted below in my items 1.-5. Please let me know as soon as possible if you do not agree with any of these answers. I can be reached at extension 820-1192. Thank you.

1. This apperars to be the discontinuance of a segment of the business and the results of this sale would be shown on the locome Statement as discontinued operations net of taxes.
2. This is a change in accounting method and the cumulative prior years' effection income(as if the firm had always been on FIFO) woud be shown on the Income Statement(current), or Statement of Retained Earnings(retroactive).
3. The costs of this move could be set up as a reorganization cost and amortized against revenues for the years of improved production.
4. This is an extraordinary loss and would be shown on the income statement as such, net of taxes.
5. Reported as a separate account balance within the stockholders's equity section. No effect on net income.

제17장
사례연구: Basic Purpose of Cash Flow Statement

As an assistant controller for Arrow Software Inc., you are assigned to run an introduction to financial accounting workshop for programmers who have little or no financial accounting knowledge. After introducing the basic techniques and financial statements, you are asked the two following questions:

a. What is the key difference between the information found in an income statement and a statement of cash flows?
b. I notice that depreciation is added back to net income on the statement of cash flows. How does depreciation generate cash?

Required :

Write a one-paragraph answer to each question. Remember that these programmers have not studied accounting.

〈사례연구 해답〉

a. The key difference between the information found in the income statement and the statement of cash flows is the definition of the flow being measured. In the income statement, the flow is defined as accrual revenues and expenses. Revenues are recognized when earned and expenses are recognized when incurred. These flows are generally not the same as the cash inflows and outflows and give a more consistent measure of profitability than does the flow of cash. The statement of cash flows, on the other hand, measures the flows into and out of the business in terms of cash. This measure supplements the information in the income statement and provides details of changes in the cash balance.
b. Depreciation does not generate cash. Rather, depreciation is a periodic charge against net income for the cost of long-lived plant assets. One from of the statement of cash flows begins with net income and adds and subtracts noncash accrual items to arrive at the net cash flow from operatioins. One of the primary noncash charges which reduces net income but not cash is depreciation. Thus, when added to net income on the statement of cash flows, indirect method, it only appears to be a source of cash.

제18장
사례연구 1: Evaluating the Dividend Yield Ratio

Duke Energy is a utility company that provides gas and electric service in North Carolina, South Carolina, Ohio, Kentucky, and Indiana. The company s dividend yield is 6.6 percent. Starbucks, a well-known retailer of coffee products, does not pay dividends, resulting in a dividend yield of 0.0 percent. Both companies are approximately the same size, with market values of $5 billion.

Required :

1. Based on this limited information, why do you think the dividend policies of the two companies are so different?
2. Will the two companies attract different types of investors? Explain.

〈사례연구 1 해답〉

Req. 1 Duke Energy is a utility company that is very established. They have very little opportunity for growth and they have stable business operations. Therefore, they have the ability to have a high dividend yield. On the other hand, Starbucks is a fairly new company with a high opportunity for growth. Due to the fact that they are retaining all of their earnings to invest into their growth, they have a 0.0% dividend yield.

Req. 2 The companies will attract two different types of investors. Duke Energy will attract investors who want and/or need current income, such as someone who is retired. Starbucks will attract investors who want appreciation on their stock price, such as those who are planning for their retirement in 25 years.

사례연구 2: Analyzing an Investment by Comparing Selected Ratios

You have the opportunity to invest $10,000 in one of two companies from a single industry. The only information you have is shown here. The word high refers to the top third of the industry; average is the middle third; low is the bottom third. Which company would you select? Write a brief paper justifying your recommendation.

Ratio	Company A	Company B
Current	Low	Average
Quick	Average	Average
Debt-to-equity ratio	Low	Average
Inventory turnover ratio	High	Average
Price/earnings	High	Average
Dividend yield	Low	Average

〈사례연구 2 해답〉

1. Company A is either extremely efficient at inventory management or it does not carry enough inventory to support its operations. The low current ratio (in combination with an average quick ratio) and the high inventory turnover give an indication of low levels of inventory.
2. Company A appears to have the ability to borrow additional funds given its low debt/equity ratio.
3. Company A seems to pay low dividends and has a high price/earnings multiple. These ratios would suggest good growth opportunities.

찾아보기

국문색인

[ㄴ]

[ㄷ]

[ㅈ]

[A]

[저자약력]

나 영(羅瑩)

- (미)Rutgers University(경영학박사)
- 공인회계사, 세무사, 입법고등고시, 공무원 시험출제위원 역임
- 금융감독원 공인회계사 시험운영위원장 역임
- 한국공인회계사회 윤리위원회 위원 역임
- 한국공인회계사회 윤리조사심의위원회 위원 역임
- 한국회계학회 회계학연구회 회장 역임
- 한국회계학회 회계저널 편집위원장 역임
- 한국경영학회 KBR 편집위원장 역임
- 한국경영교육학회 회장 역임
- 한국연구재단 학술지 전문평가단 및 사회분야 전문위원(RB) 역임
- 한국마사회 경영자문위원 역임
- 선박안전기술공단 사외이사 역임
- 교육부 교과과정 심의위원 역임
- 대한체육진흥공단 투자/기금 심의위원 역임
- 중앙대학교 사무처장/사회과학대학 학장 역임
- (현) 서울신용보증재단 인사위원
- (현) 중앙대학교 경영경제대학 경영학부 명예교수

<최근 주요저서 및 논문>

- 사회과학분야 통계적 연구방법론의 이해 (신영사, 2020)
- 재무회계와 재무분석(신영사, 2017)
- 경영성과와 전략적 관리회계 (영화조세통람, 2003)
- Health Information Technology Competitive Advantage and Financial Performances (Journal of Health and Human Services Admini-stration, 2016)
- Underpricing of Carved-Out Initial Public Offerings(The Journal of Economic Research, 2002)
- 계열사 신규상장 여부와 시장유형에 따른 기업집단 지배구조의 복잡성과 터널링의 연관성(회계저널, 2022)
- 히든챔피언의 내부 및 외부지배구조에 따른 무형자산성 지출의 가치관련성(회계저널, 2021)
- 대규모기업집단의 형태와 사외이사규모 및 재무적 요인에 따른 동일인 승계가 일감몰아주기에 미치는 영향(회계저널, 2021)
- 코스피 속성과 경영자 상황적 요인에 다른 기업외면윤리와 내면윤리의 관련성(KBR, 2019)
- 은행의 조기손실 인식이 경기순응성과 이익관리에 미치는 영향(경영학연구, 2019)
- 정보비대칭과 합병기업의 규모효과(경영학연구, 2019)
- 상장기업과 비상장기업의 BTD 정보효과의 차이에 관한 실증연구(회계저널, 2018)
- 민화전시 관람동기가 만족도를 통해 행동의도에 미치는 영향(경영학연구, 2017)
- 경영자의 재무의사결정과 비대칭적 원가행태(회계저널, 2016)
- 한국 회계학 교수인력의 수급에 관한 기초연구(회계저널, 2015)
- 기업지배구조가 특수관계자 거래에 미치는 영향(회계저널, 2015)
- 이익관리를 위한 비정상재고자산변동액의 활용: 매출액조정액 및 매출원가 조정액의 비교 (경영학연구, 2014)
- 공정공시와 자기자본비용의 관련성 (회계학연구, 2014)
- 수평적 기업합병공시의 산업 내 정보전이효과에 대한 실증분석(회계학연구, 2005)
- 기업연금 도입에 영향을 미치는 특징변수 (경영학연구, 2003)
- 기업어음 신용평가모형의 개발에 따른 비재무정보의 유용성(회계저널, 2002)
- 공기업 경영평가시스템 운용의 유용성에 관한 실증연구(회계학연구, 2001)
- 기후변화대응 및 에너지 목표관리제하의 위험요인과 기회요인에 따른 가치관련성 (경영학연구, 2013)
- 기업규모에 따른 CSR활동과 기업가치에 대한 실증분석(회계저널, 2011)

모경원(牟敬元)

- 한국과학기술원(경영공학박사)
- 미국공인회계사 합격
- 공무원시험출제위원
- 한국회계학회 회계저널 편집위원
- 한국경영학회 경영학연구 편집위원 역임
- 한국국제회계학회 편집위원 역임
- 한국회계정보학회 상임이사 겸 재무회계위원회 부위원장 역임
- 한국관리회계학회 일반이사 역임
- 한국회계학회 일반이사 역임
- 공공기관경영평가 평가위원 역임
- 경기주택공사(GH) 평가위원 역임
- 중앙대학교 대학원 회계학과 학과장 역임
- 중앙대학교 공인회계사반 지도교수 역임
- (현) 중앙대학교 경영경제대학 경영학부 교수

<최근 주요저서 및 논문>

- IFRS 도입이 애널리스트 투자의견 낙관주의에 미치는 영향에 관한 연구 (회계학연구, 2016)
- 기업구조조정 촉진법 상 비협약부채가 기업부채조정 유형 선택에 미치는 영향 (회계저널, 2014)
- Mutual Fund Investments and Labor Investment Efficiency: Evidence from Korea (Applied Economics Letters, 2024)
- Market Reaction to Analyst Forecasts by analysts with familyship: Evidence from South Korea(Finance Research Letters, 2023)
- Mutual Fund Investments and Corporate Social Responsibility: Evidence from Korea (Applied Economics Letters, 2023)
- Mutual Fund Investments, Group Affiliation, and SG&A Cost Stickiness: Evidence from Korea(Applied Economics Letters, 2022)
- Mutual Fund Investment and Corporate Social Responsibility: Evidence from Korea (Applied Economics Letters, 2022)
- The Effects of Chief Executive Officer Gender on Firm Labor Investment Efficiency (Borsa Istanbul Review, 2022)
- Mutual fund investment, group-affiliation, and stock price crash risk: evidence from Korea(Applied Economics, 2022)
- Family ownership and Labour investment efficiency: Evidence from Korea(Applied Economics Letters, 2022)
- Affiliated Mutual Fund Investments and Discretionary Accruals: Evidence from Korea (Finance Research Letters, 2021)
- Do analysts improve labor investment efficiency?(Journal of Contemporary Accounting & Economics, 2020)
- CEO inside debt holdings and labor investment efficiency(Asia-Pacific Journal of Financial Studies, 2019)
- Group-Affiliated Analysts' Strategic Forecasts During a Year: Evidence from Korea (Emerging Markets Finance and Trade, 2019)
- IFRS Adoption and the Choice between Public and Private Debt: Evidence from South Korea(Emerging Markets Finance and Trade, 2018)
- Executive pension, default risk, and earnings management(Asia-Pacific Journal of Accounting & Economics, 2018)
- Manager Retention and Post-Bankruptcy Performance: Evidence from South Korea (Emerging Markets Finance and Trade, 2016)
- Public Debt Issuance Impact on Management Forecasting Frequency: Evidence from Regulation Fair Disclosure(Asia-Pacific Journal of Financial Studies, 2016)

제8판
K-IFRS 회계학원론 - 재무회계의 이해 -

초판발행	2010년 8월 30일
제2판발행	2011년 9월 5일
제3판발행	2013년 8월 30일
제4판발행	2015년 8월 10일
제5판발행	2017년 8월 20일
제5판수정판발행	2018년 8월 20일
제6판발행	2020년 8월 20일
제7판발행	2023년 2월 25일
제8판발행	2026년 2월 25일

지은이	나 영·모경원
펴낸이	안종만·안상준

편 집	우석진
기획/마케팅	박세기
표지디자인	이영경
제 작	고철민·김원표

펴낸곳	(주) 박영사 서울특별시 금천구 가산디지털2로 53, 210호(가산동, 한라시그마밸리) 등록 1959. 3. 11. 제300-1959-1호(倫)
전 화	02)733-6771
f a x	02)736-4818
e-mail	pys@pybook.co.kr
homepage	www.pybook.co.kr
ISBN	979-11-303-9819-8 93320

정 가 37,000원